근대 의료의 풍경

푸른역사

머리말

　이 책은 인터넷 신문 《프레시안》에 2010년 3월 1일부터 12월 23일까지, 그리고 2011년 5월 2일부터 6월 20일까지 주 2회, 총 101회에 걸쳐 연재했던 글을 정리한 것으로 1876년 개항 즈음부터 1910년의 경술국치 무렵까지 우리나라 보건의료 환경의 변화를 다루었다.

　필자가 원고를 작성하면서 가장 염두에 두었던 것은 철저한 사료 비판과 충실한 근거에 바탕을 둔 글쓰기였다. 그것은 이 시기의 보건의료를 다룬 논문이나 책 가운데 사실이 부정확하거나 근거가 미약한 것, 심지어는 사건과 인물을 자의적恣意的으로 해석한 것이 적지 않기 때문이다. 그에 따라 일반인은 말할 것 없고, 이 시기의 역사를 공부하는 사람들 중에서도 왜곡된 지식과 역사상像을 갖고 있는 경우가 많다.

　이 시기 보건의료에 관한 자료는 턱없이 부족하다. 하지만 충분치 않은 자료라도 현미경을 들이대듯이 꼼꼼히 분석하고 또 한편 당시의 시대상과 폭넓게 연결시키다 보면 보이지 않던 모습도 조금씩 드러나게 마련이다. 이 책에 보건의료와 직접 관련이 없어 보이는 기술이 적지 않은 것은 그 때문이다.

　당연히 이 책을 펴내는 데도 많은 사람의 도움을 받았다. 무엇보다도 원고 작성 과정에서 세심한 비판과 조언을 아끼지 않은 명지대학교의 이영아 교수(국문학), 서울시여성가족재단의 김수연 박사(보건학), 푸른역사아카데미의 장근호 부소장(의학)에게 깊은 감사의 뜻을 표한다. 장근호 박사는 필자가 10여 년 동안 풀지 못했던 의학교 위치에 관해 결정적인 단서를 제공하기도 했다. 또한 원고를 인터넷 지면에 걸맞게 편집해 독자들이 보기 편하게 다듬어준 《프레시안》의 강양구 기자에게도 고마움을 전한다. 더불어 원고에 대해 비평과 독려를 아끼지 않은 《프레시안》 독자들에게도 이 자리를 빌려 감사한다.

  원고들이 책다운 체계를 갖추게 된 것은 푸른역사 박혜숙 사장 덕분이다. 또한 푸른역사 관계자들의 전문가다운 작업이 없었다면 이렇게 근사한 책이 되지 못했을 것이다. 그들께 감사와 경의를 전한다.

  지난 1년 동안 개인적으로 가장 뜻깊은 일이라면 꼭 한 갑자 차이가 나는 어린 친구 황시현을 만나게 된 것이다. 첫돌을 맞은 시현에게 이 책을 선물로 준다.

2013년 3월 13일 양재천 남쪽의 집에서
황상익

종두 접종 풍경

차례

머리말 4
프롤로그 _ 근대 의료의 풍경 12

제1부 개국과 보건의료 환경의 변화

1장 한국 근대 의료와 지석영

지석영과 우두술 23 | 최초의 우두의사 31 | 국가의 우두 사업 39
두창 퇴치의 숨은 공로자 김인제 45 | 역병과의 전쟁—무당과 의사 53
이토 히로부미를 추도한 지석영 59

2장 근대식 보건의료 개혁과 좌절

조선 최초의 근대식 보건의료 부서 65 | 1890년대 종두의사 양성 교육 73
잊혀진 의사, 코죠 바이케이 81 | 종두의양성소 졸업생 89
왕비 암살 사건에 연루된 이겸래 97 | 전통과 근대를 넘나든 의사들 105

3장 근대 의료를 꿈꾼 사람들

한국계 미국인 의사 필입 제손 서재필 113 | 최초의 개업의 박일근과 염진호 121
19세기 말부터 시작된 유학 열풍 131 | 일본 유학생들의 장래 희망 139
곤궁한 처지에 빠진 일본 유학생 147 | 일본 유학생 신해영과 안국선 155
일본 유학생들의 기구한 운명 163

제2부 최초의 근대식 국립병원 제중원

1장 제중원을 둘러싼 쟁점

제중원의 실체 173 | 알렌 신화—신데렐라 스토리 179
제중원과 고종의 외교 전략 187 | 〈제중원 규칙〉의 제정과 특징 197
〈제중원 규칙〉을 둘러싼 오해 203 | 제중원의 설립일 211 | 백송에 얽힌 사연 221

구리개 제중원

2장 제중원과 의료진

알렌은 제중원의 '정식 의사'였나? 231 | 제중원 의사들의 월급 239
제중원 의사를 둘러싼 진실 247 | '최초 여의사'의 정체 255

3장 제중원과 의학 교육

제중원 학당의 탄생 263 | 제중원 학당의 학생들 273 | 제중원 학당의 귀결 283

4장 제중원의 변화

최초의 '여성 전용 병원' 293 | 알렌이 '소공동 남별궁'을 요구한 까닭 299
제중원의 '구리개' 이전 309 | 재동 제중원의 뒷이야기 321
제중원 의사의 권세 325 | 외국인 의사를 보는 조선인의 시선—영아 소동 333

5장 제중원의 환자 진료

정말로 제중원에 말라리아 환자가 많았나? 343 | 제중원의 성병 환자 353
두창 이야기 359 | 기생충과 동거는 일상생활 365
수술에 대한 열광, '마취'가 없었다면 375 | 종기와의 전쟁 381
제중원의 입원 환자와 사망 환자 389 | 입원 환자들의 치료 양상 395
제중원 의사들의 윤리 의식 403

6장 제중원 운영권을 둘러싸고

제중원을 둘러싼 막후 경쟁 415 | 에비슨이 사표를 낸 이유 425
제중원 운영권의 이관 431 | 세브란스 병원의 탄생 441 | 제중원 환수의 진실 449

제3부 자주적 의료 근대화를 향하여—의학교와 광제원

1장 100년 전 한국인들의 건강과 질병

재한 일본인들의 건강과 질병 461 | 재한 일본인들의 사망 원인 469
한국인들의 건강과 질병 상태 475 | 일본 내 일본인들의 건강과 질병 ① 483
일본 내 일본인들의 건강과 질병 ② 489 | 대한제국 정부의 전염병 대책 ① 497
대한제국 정부의 전염병 대책 ② 503

2장 최초의 근대식 의학 교육기관 의학교

의학교의 역사적 의의 511 | 근대 의학 교육에 대한 열망 519
의학교의 설립과 〈의학교 관제〉 527 | 의학교의 운영 537

光復獨逸紀念 元年 隆熙四年六月二十日

대한의원 부속 의학교 학생

3장 의학교 교수진

첫 의과대학 교수 김익남 545 | 남순희와 전봉규 561
유세환 · 최규익 · 장도 567 | 의학교 1회 출신의 첫 교관 김교준 571
의학교 1회 출신의 두 번째 교관 유병필 579 | 의학교의 일본인 교사 코죠와 고다케 587

4장 의학교 졸업생

의학교 제1회 졸업생 599 | 의학교 제2회 졸업생 609 | 의학교 제3회 졸업생 615
의학교 졸업생들의 위생계몽활동 623 | 의학교는 어디에 있었나? 627
세브란스 병원 의학교 635 | 이토 히로부미의 일석삼조 645
최초의 의사 단체 의사연구회 655

5장 광제원—전통과 근대의 절충

새로운 국립병원 661 | 광제원의 운영 상황 669 | 광제원의 변천 677
광제원의 의료진 683 | 광제원의 진료 실적 691 | 일제의 광제원 장악 697

제4부 식민지 의료기관 대한의원

1장 대한의원

이완용의 그날 일기 707 | 이토 히로부미의 병원 717
서울대병원 '시계탑 건물'의 내력 729 | 한국인은 홀대한 대한의원 735
대한의원 의학생 743

2장 제국의 의사들

식민지 의사의 두 가지 길—김용채와 이만규 753 | 나도향 스토리 761
을사늑약에 맞선 마지막 항거 767 | 세 번 찔리고 살아난 이완용 775
대한의원의 최대 수혜자 이완용 783 | 이재명의 순국 793
이재명과 이완용 799 | 3 · 1운동과 의학도 809 | 친일파 의사들의 생존법 815
의학과 제국주의 825

에필로그_'주문 맞춤형 연구'는 이제 그만 832

한국 근대 의료 연표(1876~1910) 844 | 참고문헌 858 | 찾아보기 866

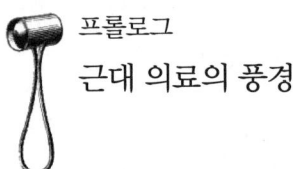
프롤로그
근대 의료의 풍경

　우리는 종종 1876년 '개항' 이전의 조선 후기를 정치·경제·사회·문화적으로 전혀 발전이 없었거나 오히려 퇴보했던 암흑기로 기억하고 있다. 세도정치와 쇄국, 부패와 빈곤, 기아와 전염병, 나태와 무기력 등 부정적 모습만 있었던 양 생각하는 것이다. 그러나 세도와 가렴주구의 가혹한 억압에 대한 민중의 저항이 농민반란의 형태로 분출되고, 특권 상업에 대항하는 근대 지향의 새로운 상업과 상관계가 형성되기 시작한 때가 바로 이 시기였다. 또한 양반의 특권적 문화 향수에 대항하는 민중 문화가 본격적으로 꽃을 피운 것도 이 무렵이었다.

　16세기 말의 동아시아 7년 전쟁(임진왜란) 이후 동아시아 삼국에 공통적으로 나타난 생산력(주로 농업 분야) 발전도 지속되고 있었다. 그 결과 조선에서도 인구 성장, 도시화, 신분제의 이완 등 근대적 특성이 싹트고 있었다. 사상적으로도, 성리학을 부정하지는 않았지만 전통 유학의 변모를 꾀했을 뿐 아니라 외래 종교와 사상에 대한 관심과 수용이 급증하던 것이 '개국'을 앞둔 조선 사회의 실상이었다. 다시 말해 20세기 전반기의 일제 강점과 후반기의 민간·군부 독재라는 엄혹한 상황에서 민주화, 산업화, 세계화의 기반을 닦은 것과 비슷한 모습

강화도조약이 체결되었다는 소식을 듣고 걱정이 되어 강화도 남문 앞에 모여든 민중들(《한일병합사(1875~1945)》, 신기수 엮음, 눈빛 펴냄, 2009). 미지의 변화에 대한 맹목적인 두려움 때문이었을까, 앞으로 다가올 새로운 시련을 예견했기 때문이었을까?

을 19세기 조선 사회에서도 찾아볼 수 있는 것이다.

　이러한 변화와 발전이라는 내적 조건이 갖추어져 가던 상황에서 조선 사회는 1876년의 '조일수호조규朝日修好條規(강화도조약)'를 계기로 선진 자본주의 사회와의 교섭을 경험하게 되었다. 그리고 세계사와 자본주의 질서로의 급격한 편입을 제대로 감당할 수 없었던 결과 마침내 식민지로 전락하고 말았다. 그렇다고 조선 사회가 아무런 준비도 없이 새로운 상황을 맞이했던 것은 아니었다.

　요컨대 개국 이후 외부의 충격에 의해 조선 사회의 운명이 불가항력적으로 '결정'된 것은 아니었다. 그리고 개국 자체도 외견상 외세에 의해 일방적으로 이루어진 것처럼 보이지만 조선 사회의 변화와 발전이라는 내적 조건도 함께 작용한 점을 간과해서는 안 된다.

1870년대 이후의 근대 서양 의학과 의료의 도입과 수용도 같은 맥락에서 읽어야 한다. 이 무렵 전통 의학의 변모와 발전은 아직 그것을 확인할 만한 연구가 충분하지 못해 단정적으로 말하기는 어렵지만, 근대 사회를 지향해 가던 19세기 조선에서도 그러한 가능성이 있었던 점은 가설로나마 말할 수 있을 것이다. 서유럽에서 근대 의학이 싹트고 꽃필 수 있었던 배경을 서유럽 사회 자체가 근대적 모습으로 변모, 발전한 데에서 찾을 수 있듯이 말이다.

그 가능성을 뒷받침하는 한 가지 근거로 당시 상설 약령시藥令市가 개설되고 확대, 발전한 일을 꼽을 수 있다. 그만큼 조선 사회의 의료 수요가 커지고 있었으며, 그 수요를 주로 민간 부문에서 감당하게 된 것이다. 그리고 그러한 변화는 의학과 의료의 발전을 이끄는 힘으로 작용했고, 또한 다른 의학 체계에 대한 관심을 불러일으켰을 것이다.

실제로 이제마李濟馬(1837~1900)는 '사상의학'이라는 나름대로 독자적 의학 체계를 구상하고 있었으며, 그에 앞서 몇몇 실학자들은 서양 의학에 대한 관심을 나타내었다. 특히 두창의 치료와 예방에도 관심이 많던 정약용丁若鏞(1762~1836)은 한역 서양 의서漢譯西洋醫書들을 통해 제너의 우두술을 알게 되었고 1828년에는 자신의 저서 《마과회통麻科會通》에 그 내용을 소개했다.

근대 서양 의학과 의술은 이러한 분위기에서 조선에 점차적으로 도입, 수용된 것이었다. 즉, 근대 의학은 아무런 준비도 갖추어지지 않았고 받아들일 조건이 마련되지 않은 상태에서 느닷없이 외부로부터 일방적으로 조선에 주어진 '천사의 선물'이 아니었다.

그럼 우리나라에서 처음으로 근대 의술을 시행한 사람은 누구였을까? 얼핏 생각하기에는 '최초로 결핵균을 발견한 학자', 또는 '최초

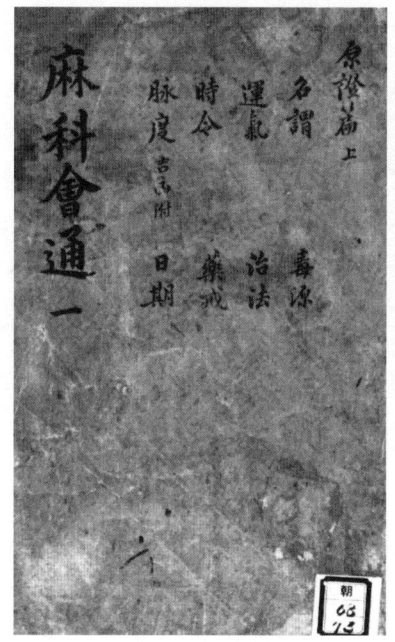

정약용의 《마과회통》. 초간본은 1798년에 나왔으며, 1828년 판본 부록에 제너의 우두술을 조선에 처음으로 소개한 〈신증종두기법상실新證種痘奇法詳悉〉이 실려 있다. 정약용이 실제로 우두술을 시술했다는 기록은 남아 있지 않지만, 그렇다고 시술 가능성이 전혀 없는 것은 아니다.

로 심장이식에 성공한 외과 의사' 등과 마찬가지로 대답하기 쉬운 것 같지만, 사실은 대단히 까다로운 질문이다. 이 문제에 제대로 대답하기 위해서는 '근대 의술'이 뜻하는 바를 명확히 해야 할 것이다. '서양 문물=근대 문물', 따라서 '서양 의술=근대 의술'로 간주한다면 대답은 비교적 쉬울지 모른다.

서양 사회에서 르네상스 이래 몇백 년에 걸쳐 다른 분파들과의 치열한 경쟁을 통해 발달해 온 의학과 의술은 오늘날 우리나라를 비롯해 전 세계를 풍미하는 '보편적' 의학 체계와 의술로 자리 잡았다. 하지만 그렇다고 서양 의학이라는 '진리'와 '정의'가 마침내 모든 거짓과 불의를 제압하고 예정된 승리를 거두었다는 식으로 해석할 수는 없다. 자신의 종교만을 고집하는 사람은 자신이 믿는 종교의 힘이 확대되는 것을 신의 섭리라고 해석할지 모르지만, 의학을 포함해서 인간사는 (종교조차도) 여러 요인과 힘의 상호작용으로 변화하고 발전하는 것이기 때문이다.

우리 사회에서 개항 이래 불과 몇십 년 사이에, 서양으로부터 새로 전래된 의학과 의술이 주인의 자리를 차지하게 된 것은 의학 내외적인 여러 요인이 상호작용한 결과였다. 다른 문물이나 제도와 마찬가지로 우여곡절을 겪은 끝에 그렇게 된 것이었다. 서양 의술과 의학이 이 땅에 첫선을 보였을 때, 오늘날과 같이 번성하리라고 예측한 사람은 아무도 없었다.

여기에서 앞의 질문으로 되돌아가자. 필자는 '근대 의술'이란 어떤 사회에서든지 그것이 근대적인 의미를 가질 때 그 이름에 값한다고 생각한다. 단지 근대 서양 의학의 어떤 지식과 기술, 예컨대 우두술을 이용한다 해서 곧바로 그것이 근대적 의미를 띠지는 않는다. 비유컨대, 누가 최첨단 로봇 물고기를 얘기하고 사용한다고 해서 그 사람이 최첨단 인간이 되는 것은 아니다. 좁게는 보건의료 체계, 넓게는 한 사회의 성격이 근대적인 모습으로 어느 정도 변화했을 때 개개 의술의 근대성도 확보될 수 있을 것이다.

그리 길지 않은 시간이지만 우여곡절을 겪으면서 이 땅에 정착해 주도적 위치를 차지하게 되는 서양 의학과 의술이 조선 사회에 첫선을 보인 것은 우두술牛痘術을 통해서였다. 영국 의사 제너(1749~1823)가 개발한 우두술은 몇 가지 측면에서 의학 역사에서 중요하고도 독특한 자리를 차지한다.

　우선 우두술은 인류사에 커다란 공헌을 했다. 인류가 겪어온 수많은 질병이 흥망성쇠를 거듭했지만, 그 가운데 인간의 힘으로 완전히 물리친 것은 아직까지도 두창痘瘡(일본식 병명으로 천연두)이 유일하다. 그 두창으로부터 인류를 구한 수단이 바로 우두술이다. 제너의 우두술 발견과 보급은 근 2세기에 걸친 두창 퇴치의 길을 열었을 뿐만 아니라, 인류가 질병에 대해 처음으로 진정 효과적인 처방을 구사한 근대화의 상징이라고 할 만하다. 그리고 우두술은 조선, 중국, 일본 등 동아시아를 비롯해 서양 이외의 나라에서 서양 의술의 효능을 뚜렷하게 인식시키는 역할을 했다. 또 동아시아 세 나라 모두 우두의사를 양성하는 교육기관을 만든 것이 새로운 의료인 양성 기관의 효시가 되기도 했다.

　그런데 우두술에 관해 흔히 간과하고 있는 것이 있다. 우두술이 '근대 서양 의학 체계'의 소산인가 하는 문제이다. 우두술은, 의학 역사상 유일하게 서양 사회에서 르네상스 이래 발달하기 시작한 인체해부학과 그것이 임상의학과 결합함으로써 탄생한 국소적局所的 고체병리학固體病理學의 귀결은 아니었다. 우두술보다 한 세기 뒤늦게 성립된 세균학이나 면역학의 논리적 결실은 더더욱 아니었다. 제너라는 영국 의료계의 주변적 인물에 의해 우두술이 개발되었다는 사실이 보여주듯이, 근대 서양 의학의 발달 과정에서 주류적 위치를 차지하는 시술법은 아니었다. 또한 인두술人痘術처럼 우두술이 서양 이외의 나라에서 개발되었다고 해도 전혀 이상한 일은 아니다.

　우두술이 서양 사회에서 일시적으로는 저항을 받았지만, 곧 광범위하게 보급되었던 것은 종래의 인두술에 비해 효과가 뛰어났고 부작용이 적었기 때문이다. 하지만 더 크게는 서양의 여러 나라들이 근대 국민국가의 성격을 갖추었다는 점이 중요한 배경으로 작용했다. 즉 국가가 국민의 건강을 국가 통치의 중요한 문제로 생각하게 되었으며 이를 해결할 수 있는 실천 능력을 갖추게 된 것이 우두술 보급의 의학 외적인 배경이었다. 이러한 사실은 이른바 '후발 국가'들에서 우두술이 보급되는 과정을 통해서도 입증되며, 그 점에서는 우리나라도 예외가 아니었다.

두창은 1960년 마지막 환자가 보고될 때까지, 다른 나라에서와 마찬가지로 오랫동안 한국인들을 괴롭혀 온 질병이다. 그리고 다른 나라들과 마찬가지로 우리나라에서도 여러 대증요법과 더불어 인두술이 사용되어 왔다. 헌종憲宗 때에 정약용, 철종哲宗 때에 남상교南尙敎 등 주로 천주교인들이 비밀리에 우두술을 시도했을 '가능성'이 있다. 그렇다 하더라도 시술 범위는 매우 제한되었을 것이다.

앞의 물음, 즉 우리나라에서 처음 근대 의술을 펼친 사람을 묻는 질문에 대한 대답은 정약용이나 남상교가 될 수도 있을 것이다. 그러나 조금 장황하게 언급했던 근대성이라는 측면에 비추어 보았을 때 그 의미는, 시술 범위가 시사하듯이 제한적일 수밖에 없다. 똑같은 우두술이라 하더라도 그것이 시행되는 시대와 사회의 성격에 따라 의미가 달라질 수 있다는 것이다. 우두술이 우리 사회에서 근대적 의미를 갖게 되는 계기는 개항 이후에 마련되며, 그것은 근대 사회와 근대적 보건의료 체계라는 담론의 등장과 궤를 같이 한다.

제1부
개국과 보건의료 환경의 변화

서울대학교 의과대학 교정에 서 있는 지석영 동상.

I. 한국 근대 의료와 지석영

지석영과 우두술

지석영池錫永(호는 송촌松村, 1855~1935)은 1855년 5월 15일(음력) 한성에서 지익룡池翼龍의 넷째 아들로 태어났다. 지석영은 집안은 경제적으로 넉넉지 못한 편이었지만 어려서부터 세상에 대한 관심이 많아, 강위姜瑋(1820~1884) 등 개혁적 성향의 문장가나 지식인들과 사귀는 데 열심이었다. 그가 사사하거나 교유했던 인물로는 강위 외에도 정대영丁大英(1838~1904), 김홍집金弘集(1842~1896), 황현黃玹(1855~1910), 유길준俞吉濬(1856~1914), 정만조鄭萬朝(1858~1936) 등을 꼽을 수 있는데 황현을 제외하고는 대체로 대외 개방적이고 온건 개혁적인 사람들이었다. 지석영이 평생 거의 일관되게 보인 노선과 행태에는 그러한 교유와 인간관계가 중요한 영향을 미쳤을 것으로 생각된다.

지석영은 한의사이자 역관譯官인 박영선朴永善에게서 어려서부터 한문과 한의술을 배웠다. 아버지의 친구이기도 한 박영선과의 만남은 자연스러운 것이었으며, 덕분에 지석영이 우두술을 익히고 널리 보급하는 일을 할 수 있었을 것이다.

당시 조선에는 여러 가지 전염병이 만연했는데 특히 치명률이 매우

강화도조약 체결 뒤, 제1차 수신사로 일본에 파견된 예조참의 김기수 일행이 1876년 5월 29일(음력 5월 7일) 요코하마 시내를 지나는 모습. 김기수 사절단은 6월 18일 도쿄를 떠날 때까지 20일 동안 철도와 전신국, 군함과 대포 제작창을 비롯해 일본의 근대적 교통, 통신, 산업, 군사, 교육, 보건의료 부문의 여러 시설을 시찰했다.

높은 두창이 크게 유행하고 있었다. 조선에서도 인두술人痘術로 두창을 예방하는 노력을 했지만 사람의 두창을 사용하는 인두술은 소의 두창(우두)을 이용하는 우두술에 비해 부작용이 많았고 효과도 떨어졌다. 이러한 때에(1876년 5월~6월) 마침 정부에서 건량관乾糧官으로 일하던 박영선이 수신사 김기수金綺秀(1832~?)의 수행 의관醫官 겸 통역관으로 일본을 방문하게 되었다. 이 여행에서 박영선은, 일본은 이미 인두술 대신 서양에서 전래한 우두술로 두창을 효과적으로 예방하고 있다는 사정을 알게 된다. 그는 도쿄 쥰텐토의원順天堂醫院의 의사 오다키大瀧富三에게서 약식으로 우두술을 배우고 또 구가久我克明가 저술한 《종두귀감種痘龜鑑》을 구해 귀국했다.

박영선은 귀국해 자신의 방일 체험을 지인과 제자들에게 술회하는 자리에서 우두술에 관한 이야기도 했는데, 특히 지석영이 우두술에

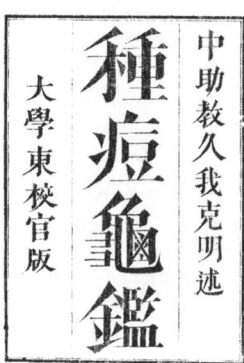

《종두귀감種痘龜鑑》 표지. 본문 22쪽의 소책자로, 대학 동교(도쿄 대학의 전신)의 중조교中助教이자 종두관種痘館 간사인 구가久我克明가 1871년에 펴낸 것이다.

지석영. 《동아일보》 1928년 9월 21일자에 실린 사진으로 70대 때의 모습으로 생각된다.

관심을 보였다. 그해 초 강화도조약이 체결된 이래로 일본인들의 거주지로 성장하고 있던 동래와 초량에서 일본인들이 우두를 시술해 두창을 예방하고 있다는 소식을 지석영은 이미 듣고 있던 터였기 때문이다. 또한 지석영은 박영선이 가져 온 《종두귀감》을 통해 더욱 우두술에 관심을 가졌거니와, 1879년의 두창 대유행 시 조카딸을 잃은 경험도 있었기에 우두술 습득과 보급에 적극적이었을 것으로 여겨진다.

우두술을 배우기로 결심한 지석영은 1879년 9월, 조선에 세워진 최초의 근대 서양식 병원이라고 할 일본 해군 소속의 제생의원에 가서 마츠마에松前讓와 도츠카戶塚積齋에게서 두 달 동안 우두술을 익히고 두묘痘苗(우두 원료)와 종두침種痘針을 얻어 귀경했다. 지석영은 제생의원에서 주로 우두술을 배웠지만 그 외에도 근대 서양 의술의 효과들을 체험하기도 했다.

지석영은 귀경길에 자신의 본향이자 처가가 있는 충주에서 잠시 머물렀다(일단 부산에서 한성으로 돌아왔다가 충주로 갔다는 설도 있다). 그리고는 그곳에서 두 살 난 처남에게 우두술을 시술했다. 우두에 관한 지식이 있을 리 없는 장인 등 처가 식구와 갈등을 겪기도 했지만 지석영은 마침내 어린 처남에게 우두를 시술하는 데 성공했다. 그리고 시술한 지 나흘 만에 접종 효과가 나타나기 시작했을 때의 감격을 지석영은 다음과 같이 술회했다.

평생을 통해 볼 때 과거를 (급제)했을 때와 귀양살이에서 풀려나왔을 때가 크나큰 기쁨이었는데 그때(처남의 팔뚝에 우두 자국이 완연히 나타나는 것을 보았을 때)에 비한다면 아무것도 아니었지요.《매일신보》 1931년 1월 25일자).

'각 방면의 성공고심담, 종두 수입자 지석영씨 (1)' 《중외일보》 1929년 10월 22일자 기사). 처가의 반대를 극복하고 우두를 시행한 과정에 대한 술회이다. 지석영은 그것이 조선(인) 최초라고 언급했지만, 아닐 가능성이 더 많다. 두 살짜리 처남을 '미혼 처남'이라고 표현한 기사 소제목이 이채롭다.

이는 거의 한 세기 전인 1796년 7월 저 멀리 영국 땅에서 에드워드 제너가 제임스 핍스라는 이웃 어린이에게서 사상 처음 우두 접종의 효과를 확인했을 때 맛본 감격과 비견할 수 있을 것이다.

그동안 지석영이 처음으로 우두 시술을 한 날짜는 1880년 1월 17일(음력 1879년 12월 6일)로 알려져 왔다.

그 주장을 뒷받침하는 자료는 《매일신보》 1928년 9월 22일자 '조선에 종두 실시한 은인의 공적을 표창'이라는 제목의 기사 중 "표창기념식은 지석영씨가 50년 전 맨 처음으로 종두를 시행한 음陰 10월 25일 즉 금년 12월 6일에 성대히 거행할 터"라는 구절이다.

《매일신보》 1928년 9월 22일자 기사 '조선에 종두 실시한 은인의 공적을 표창'.

그런데 음력 1879년 10월 25일은 양력으로는 같은 해 '12월 8일'이다. 음력 10월 25일이 양력 '12월 6일'인 것은 1928년의 경우이다. 따라서 '음력 1879년 10월 25일설'을 주장한다면 양력으로는 같은 해 12월 8일이라 해야 할 것이다. 또한 이때 기념한 '50년'은 만滿 50년이 아니라 햇수로 50년 되는 때를 뜻한 것이다.

'10월 25일설'의 주인공일 지석영은,《매일신보》1931년 1월 25일자에서는 날짜를 달리 얘기했다. 즉 자신이 처가에 도착한 날짜가 음력 12월 25일(양력 1880년 2월 5일)이었다는 것으로 두 달 가량 차이가 난다. 두 기사 가운데 내용이 훨씬 구체적인 1931년 1월 25일자 기사에 신뢰가 간다. 하지만 그렇다고 '섯달 스무닷새날'이라는 날짜의 정확성까지 함께 담보되는 것은 아닐 터이다.

《매일신보》1928년 9월 22일자 기사 '조선의 '젠너' 송촌 지석영 선생'. 처남에게 우두를 시술한 과정이 매우 상세하고 구체적으로 묘사되어 있다

요컨대, 신뢰성이 더 높은 자료가 나타나기 전에는 지석영의 첫 우두 시술 날짜를 1879년 12월~1880년 2월경으로 해 둘 수밖에 없을 것이다.

자신을 얻은 지석영은 그곳에서 40여 명에게 더 시술해 우두술의 효과를 거듭 확인한 뒤 한성으로 돌아와 1880년 3월 사설私設로 우두국을 설치하고 공개적으로 우두를 보급하기 시작했다. 정부의 지원이나 공인이 있지는 않았지만 비밀리에 할 필요는 없었다는 점에서 지석영은 정약용과 남상교보다는 시대를 잘 타고났던 셈이다.

그리고 곧 부산 제생의원에서의 수학에 미흡함을 느끼고 있던 지석영에게 새로운 기회가 찾아왔다. 즉 1880년 6월(음력) 김홍집이 제2차

수신사로 일본에 가게 되었을 때 김옥균 등의 도움으로 지석영은 수행원 자격으로 동행할 기회를 얻게 되었던 것이다. 지석영은 이 여행에서 일본 내무성 위생국의 우두종계소牛痘種繼所를 방문해 제생의원에서 미처 배우지 못했던 종묘種苗 제조법을 비롯해 채두가수장법採痘痂收藏法, 독우사양법犢牛飼養法, 채장법採漿法 등 우두술과 관련한 모든 지식과 기술을 습득했다.

일본 방문에서 기대했던 성과를 거두고 귀국한 지석영은 1880년 10월 한성에 종두장을 차리고 본격적인 우두 접종 사업을 비교적 순조롭게 펼쳐 나갔다. 그런데 이러한 지석영의 우두 사업에 역풍이 불어 닥쳤다. 1882년 7월(음력 6월)의 임오군란壬午軍亂이 그것이다. 7월 19일, '신식 군대'에 비해 형편없는 대우를 받던 '구식 군대'의 항거(도봉소 사건都捧所事件)로 시작된 민군民軍 합동의 봉기는 이른바 모든 '개화 문물'에 영향을 미치게 되었다.

조선 정부와 국왕이 도입한 최초의 근대 서양식 제도는 군대에 관한 것이었다. 외세의 침략 가능성이 점차 높아져 가던 당시에 왕권과 국가를 보호하기 위해 불가피한 조치였다. 하지만 구식 군인들과 민중의 처지는 아예 거들떠보지도 않는 '개화'란, 근대적 의미를 갖기는커녕 시대를 역행하는 '삽질'에 지나지 않았다. 개화라는 미명하에 소외된 구식 군인과 민중 들은 그냥 지켜볼 수만은 없었을 것이다. 이 저항 세력에는 우두술이 자신들의 생계를 위협한다고 생각한 무당들도 포함되어 있어 지석영의 종두장을 개화운동의 텃밭이라며 불태워 버렸고 지석영을 개화운동자로 몰아붙여 처단을 요구했다. 이에 놀란 지석영이 충주의 처가로 피신하면서 우두 사업의 제1막이 막을 내린다.

개국과 개화 조치 이래 당시 많은 민중들은 자신들의 삶이 더욱 피

'신식 군대'가 남산 아래 훈련장에서 훈련하는 모습. 조선 정부와 국왕이 최초로 도입한 근대식 제도는 신식 군대였다.

폐해졌다고 생각했다. 조선보다 조금 앞서 산업화를 시작한 일본의 공산품들이 들어와 농촌의 가내수공업 기반을 허물어뜨리기 시작했고, 인플레이션이 심해져 경제생활이 더 악화되었다. 그와 더불어 새로운 외래 문물에 의한 문화적 충격 역시 민중들이 감내하기 쉽지 않은 것이었다.

그러한 상황에서 우두술 등과 같은 외래적인 것에 대한 저항은 일면 당연하고 자연스러운 일이었다. 지석영의 주관적인 생각에는 '폭도들의 만행'이 무지몽매하고 시대착오적인 행동으로 비추어졌을지 모르지만 민중들의 항거에는 나름의 현실적이면서도 역사적인 의미가 있었다. 이러한 지석영류의 '개화 지식인'들과 민중들 사이의 갈등과 모순은 10여 년 뒤 갑오농민전쟁에서도 나타난다.

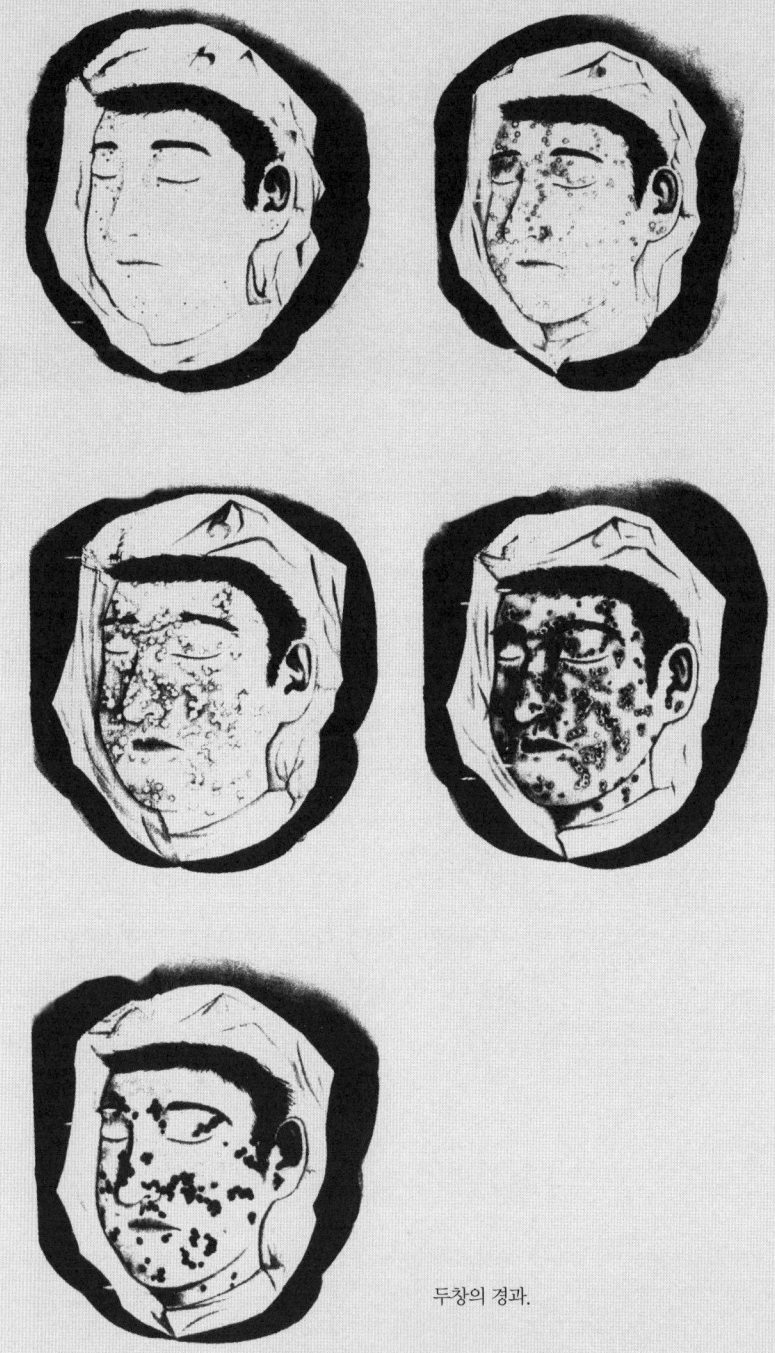

두창의 경과.

최초의 우두의사

임오군란이 수습된 뒤 충주 처가의 피난처에서 한성으로 되돌아온 지석영은 파괴된 종두장을 복구하고 다시 우두 사업을 활발하게 벌여 나갔다. 그리고 이 무렵부터 정부에서도 우두술 보급의 필요성을 인식해 정책 시행을 준비하고 있었다.

먼저 박정양朴定陽은 1881년 조사시찰단朝士視察團(신사유람단)의 일원으로 일본을 방문, 내무성 위생국에서 관할하는 우두 제도와 그 실시 상황 등을 상세히 조사해 국왕에게 보고했다. 요컨대 일본에서는 도쿄부東京府 산하에 우두종계소牛痘種繼所를 설립해서 시술을 하는 등 우두 사업을 정부가 주관해 전국적으로 실시하고 있다는 것이었다. 또한 박정양은 종두의사의 면허와 역할, 접종 대상자의 관리, 접종 시기 등을 규정한 〈종두의 규칙種痘醫規則〉도 정부에 제출했다. 종두의사의 면허에 관해 상세히 규정한 이 〈종두의 규칙〉은 1880년대 조선에서 '우두의사 면허제도'를 실시하는 데 중요한 참고 자료가 되었을 것으로 생각한다.

박정양이 일본 시찰을 마치고 귀국한 뒤 정부에 제출한 〈종두의 규칙〉. 모두 7개조로 이루어져 있는데 종두의사 면허에 관한 사항이 가장 많다.

이 밖에 박정양이 보고, 제출한 〈중앙위생회 직제〉, 〈의사 시험규칙〉, 〈약품 취급규칙〉, 〈전염병 예방규칙〉 등은 당장 활용되지는 않았다. 그만큼 우두술 도입과 우두의사 관리가 당시 조선에서 무엇보다 시급한 문제였던 것이다.

그리고 1882년 9월(음력) 민심 수습을 위해 전라도로 파견된 어사御使 박영교朴泳敎(1849~1884)는 전주에 우두국을 설치할 계획을 세우고 다음과 같이 도민들에게 우두 접종을 장려하는 권유문을 발표했다(일본의 《의사신문》 1883년 6월 15일자).

> 천화두역天花痘疫은 귀천을 가리지 않는바, 이 두창이 창궐할 때마다 어린이들이 그 위험에서 벗어나지 못한다. 의원의 치료도 여의치 않아 10명 중 8~9명이 죽고 요행히 1~2명이 살아남는다 하더라도, 그 10명 중 2~3명은 얼굴에 상처가 남는 등 폐인이 된다. 이러한 자가 1년에도 몇백 명이나 되니 눈물 없이 볼 수 없다.
> 영국의 신의神醫 점나占那(제너)가 고생 끝에 우두라는 새로운 방법을 생각해 내었는데, 100번 시험해서 100번 효험을 보고 또 사람에게 해를 끼치지 않으니 정말로 좋은 방법이다. 이 우두는 한 번의 접종만으로도 실패가 없으며 또 그 효과가 영구히 지속되므로 가장 좋은 방법이다. 이 방법은 시행한 지 87년이 되었으며, 중국에서도 78년 전부터 널리 시술되고 있다.
> 우리나라에서는 지석영이 제생의원에서 그 이치를 배워 여러 해 동안 한성에서 열심히 시술하여 귀신 같은 효과를 거두었다. 그래서 요즈음에는 많은 고관이 자식과 가족들에게 접종을 하도록 하는데 모두 뚜렷한 성과를 거두고 있다.
> 이번에 전주에도 우두국을 설치하고 지석영을 교사로 초빙해서, 이 방법을 배우고자 하는 도내 각 읍의 인사들에게 가르쳐 보급함으로써 자녀를 가진 모두가 그 효험을 보도록 하려 한다.

박영교의 이 권유문으로 몇 가지 사실을 알 수 있다. 우선 당시 조선에서 두창이 커다란 사회적·국가적 문제였으며 그 문제를 박영교 같은 정부 당국자도 심각하게 여겼다는 점이다. 또한 종래의 방법으로는 두창에 효과적으로 대처할 수 없는 반면 제너의 우두술로는 능히 그 문제를 감당할 수 있다는 사실을 관리들도 인식하고 있었다는 사실이다. 두 번째로 알 수 있는 것은 비록 전국적인 차원은 아니더라도 정부에서 두창을 예방하기 위해 우두술을 실시할 계획을 구체적으로 세우게 되었다는 점이다.

이 권유문에 나오는 대로 당시 전주에 우두국이 실제로 설치되어 우두술이 널리 시술되었는지는 확인할 수 없지만, 권유문을 보면 그러한 계획이 있었던 것은 틀림없다. 또한 어사라는 박영교의 직책을 생각할 때 이는 박영교 개인의 계획이라기보다는 정부 정책이었음을 짐작케 한다. 더욱이 전주 우두국 설치에 관한 권유문이 나온 시기가 개화에 대한 민중들의 불만이 거세게 터져 나왔던 임오군란 직후임을 생각하면 우두술 보급에 관한 정부 시책이 즉흥적으로 마련된 것이 아니었음도 짐작할 수 있다. 웬만하면 우두국 설치와 같은, 민심을 수

박영교가 임오군란이 진압된 뒤 청나라에 간 김윤식[雲養大人]에게 보낸 편지. 박영효의 형인 박영교는 갑신 쿠데타 때 도승지를 맡았다가 청나라 군대에 의해 죽임을 당했다. 지석영과는 1880년 김홍집 수신사절단의 일원으로 함께 일본을 방문한 인연이 있다.

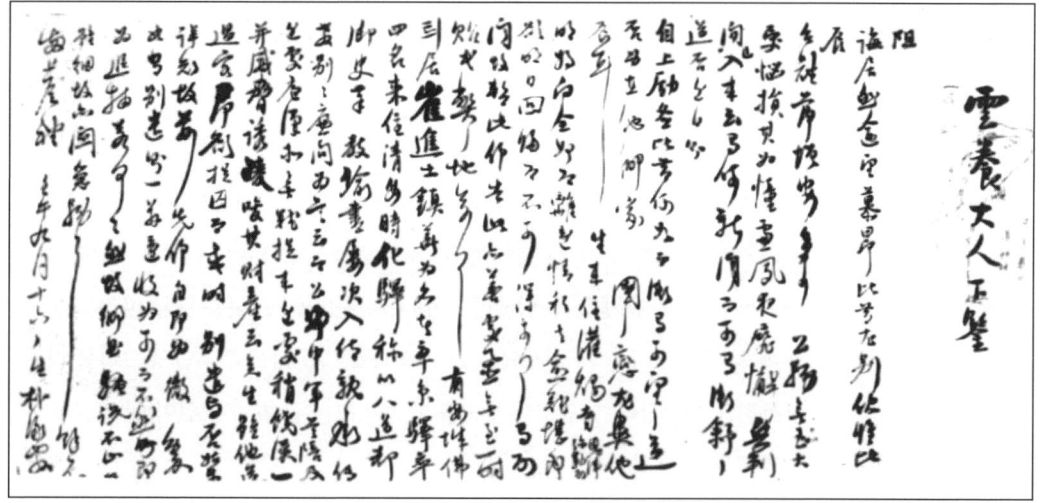

습하기는커녕 오히려 자극할 정책은 적어도 당분간은 발표하지 않았을텐데도 권유문을 발표한 것을 보면 정부에서 그에 관해 지속적으로 논의해 왔기 때문으로 생각된다.

 권유문을 통해 알 수 있는 또 한 가지 사실은 우두술에 관해 지석영의 명망이 상당히 높았다는 점이다. 박영교도 1880년 김홍집 수신사 절단의 일원으로 일본을 방문하면서 수행원이었던 지석영의 우두술에 대한 관심과 조예를 익히 알고 있었던 터였다. 그리고 지석영이 일본에서 우두술을 더욱 철저히 익힌 것은 그 자신의 개인적 관심뿐만 아니라 그에게 그러한 임무가 맡겨져 있었기 때문이기도 함을 전후 사정을 통해 알 수 있다. 지석영 스스로도, 자신을 사절단 수행원으로 추천한 김옥균이 "우두법을 배우는 데 그치지 말고 우두약의 제조법까지 배우라고 쉬임없이 독려했다"(《매일신보》 1931년 1월 25일자)라고 술회했다.

 당시 우두술에 관한 지석영의 명성은 여러 자료로 확인할 수 있는데, 지석영이 1885년에 펴낸 《우두신설牛痘新說》에 실린 김홍집과 이도재李道宰의 서문에도 잘 드러나 있다.

어린이가 태어나 두창으로 죽는 경우가 태반이지만 의원들이 그 기술을 시행하지 못해서 그러하니 군자는 그것을 명命으로 여기지 않는다. 지석영이 아직 과거에 합격하지 않았을 때 우두법을 알게 되어 그것을 시험해 보고는, 두창을 구제할 수 있겠다고 했다. 경진년(1880) 여름 나를 따라 일본에 사신으로 갔을 때 지석영은 그곳 의사를 방문해서 우두법의 묘리를 터득하고 돌아왔다. 그리고 우두술을 베풀어 보니 곧 효과가 있어 백 명에 한 명도 실패가 없었다. ……

지석영은 살린 사람의 수가 거의 만 명에 이르도록 이 법을 널리 베풀었으며, 이제 그 방법을 감추지 않고 경험을 책으로 펴내 널리 전파하게 되었다. 장차 온 세상 사람들을 장수하게 하여 일찍 죽는 두려움을 없앨 것이니 그 공을 어찌 헤아릴 수 있겠는가?(김홍집의 서문).

두창이 사람을 해친 지는 오래되었다. 어린이가 그 병에 걸려 열 명에 두셋이 살아남지 못하고 혹 살아남더라도 나쁜 병으로 변해 고통을 받으며 일생을 마친다. …… 우두법을 터득함으로써 비로소 환난을 예방하는 방법을 알게 되었다. …… 이 법이 서양에서 유래하여 세계 각지에 전해져 일찍 죽는 사람이 없는데 오직 우리 나라만이 궁벽하여 이를 모르고 있었다. 지석영은 마음에 자비로움이 있어 바다를 건너 스승을 찾아 그 지극히 간단하고도 신묘하며 넓은 법을 다 터득하고 돌아와서 시험했다. …… 신령한 효험이 무척 빨랐으므로 이를 널리 베풀었다. 이에 소문을 듣고 그것을

지석영이 1885년에 펴낸 《우두신설牛痘新說》 중의 김홍집 서문(오른쪽)과 이도재 서문(왼쪽). 두 사람은 이후에도 계속 지석영과 인연을 유지하며 도움을 주었다.

배우려고 찾아오는 사람이 날로 문에 이어졌다. 지석영은 번거로움을 마다하지 않고 그 방법을 남김없이 가르쳐 주었다(이도재의 서문).

지석영은 이처럼 김홍집과 이도재李道宰(1848~1909), 그리고 김옥균과 박영교 등 개화파 정치인들에게 인정과 도움을 받았다. 하지만 나중에는 이것이 빌미가 되어 탄압을 받고 귀양살이도 하게 된다.

1876년의 개국 무렵 우두술을 습득하고 시술한 사람으로는 지석영 외에도 이재하李在夏, 최창진崔昌鎭, 이현유李鉉宥 등이 있었으며, 그 가운데서도 가장 먼저 시술한 사람으로 이재하를 꼽는 견해가 있다. 이재하는 1889년에 펴낸《제영신편濟嬰新編》의〈서문〉에서 다음과 같이 언급했다.

을해년(1875)에 내가 평양[浿舘]에 머무를 때 계득하桂得河를 만나 교류하게 되었는데, 지식이 깊고 인정이 넓은 사람이었다. 그는 매번 나에게 영국 양의良醫의 어질고 덕이 빛나는 우두법에 대해 말해 주었다. 그 말을 들으니 장님이 눈을 뜬 듯, 귀머거리가 귀가 트인 듯 상쾌했다. 뒤에 지석영이 일본인에게서, 최창진이 중국인에게서 이 방법을 배웠다.

이 인용문을 꼼꼼히 짚어 보면, 이재하가 계득하에게 우두술에 대해 전해들었다는 얘기만 있을 뿐 실제로 그것을 배우고 시술했다는 언급은 없다. 이재하는 이어서 언제부터인지는 언급하지 않은 채 자신이 기호畿湖 지방에서부터 우두 시술을 했으며, 그 뒤로 강영노姜永老, 강해원姜海遠, 조인하趙寅夏 등과 함께 영남에 우두국을 설치해 본격적으로 우두 사업을 벌였다고 기록했다.

이재하가 펴낸 《제영신편》의 서문. 이재하는 자신이 지석영, 최창진보다 먼저 우두술에 대해 전해들었다고 적었다.

그러면 계득하는 누구인가? 그는 우두술에 대해 그저 알고만 있었을까? 아니면 시술도 했을까? 이재하가 계득하의 국적을 언급하지 않은 것으로 보아 계득하는 거의 틀림없이 조선인일 터이지만, 그 밖에는 알려진 바가 없다.

개국을 전후해서 누가 처음으로 우두를 시술했는지 지금까지의 자료로는 단정할 수 없다. 그리고 그것은 별로 중요한 문제가 아닐지 모른다. 오히려 지석영만이 아니라 여러 사람이 서로 별다른 관련도 없이 우두를 시술했고 또 보급했다는 사실에 더 큰 의미가 있다.

국가가 아직 우두 사업을 계획하기 전에, 이미 지석영을 비롯한 민간인들이 외래 문물이라 금기시했던 우두 접종을 시술하고 있었다. 근대는 위에서 주어지기 전에 바닥에서부터 꿈틀거리고 있었다고 한다면 지나친 것일까?

민간에서 시작된 우두 시술은 정부가 국가 사업으로 채택하면서 더욱 탄력을 받는다. 이렇듯 우두술 보급을 비롯한 새로운 보건의료 조치들은 외부 힘의 주도로 이루어진 것이 결코 아니었다.

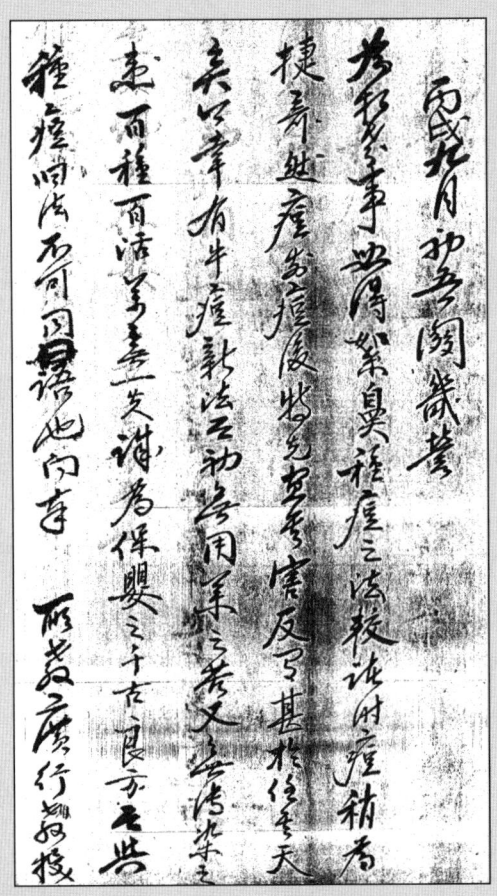

《경기 관초京畿關草》 1886년 10월 2일(음력 9월 5일)자. 이 무렵 정부의 우두 사업이 전국적으로 실시되었음을 알려주는 기록이다.

국가의 우두 사업

박영교의 권유문 외에는 전주 우두국에 관한 자료가 없어 실제로 전주에서 우두 사업을 실시했는지는 확실하지 않다. 그러나 이듬해인 1883년 충청우도 어사 이용호李容鎬(1842~?)의 건의와 정부의 결정에 의해 충청도 우두국이 설치, 운영된 것은 분명하다. 이로써 우두는 민간인들의 사적 시술에서 정부 주관 사업으로 발전한다. 그리고 충청도 우두국은 1885년 이후의 전국적인 우두국 설치와 연결된다는 점에서도 의의가 있다.

《고종실록》 1883년 10월 23일(음력 9월 23일)자에는 이용호가 제안한 우두국 설치에 대해 국왕에게 보고하고, 그 건의대로 실시할 것을 요청하는 내용이 실려 있다.

이용호는 "우두법은 서양 의학에서 비롯된 것으로 백 번 시험해서 백 번 효과가 있으며 만 번 중 한 번의 실패도 없었습니다. 사징전査徵錢 2,900여 냥을 내어 충청 감영에 우두국을 설치하고, 경상도 의원嶺醫으로 하여금 그 기술을 가르치도록 하며, 필요한 기구 등을 갖출 수 있게 내의원이 지시하도록 해 주십시오"라고 건의해 왔습니다. 우두국을 설치해서 기술을 가르치면 성과를 기대할 수 있으니, (국왕께서는) 우선 감영과 고을에서 적절하게 권면하도록 명령을 내려 주십시오.

이 기록에 의하면 1883년에는 우두 보급이 전의감典醫監이 아니라 왕실 의료를 담당하는 내의원內醫院 소관이었던 것으로 생각된다. 또 충청도 우두국에서 우두의사를 양성하는 일이 지석영이 아니라 경상도 의원에게 맡겨졌음도 알 수 있다. 구체적인 이름이 나와 있지 않지만 이재하일 가능성이 높다.

《한성순보》 1883년 12월 9일(음력 11월 10일)자에도 거의 같은 기사가 실려 있는데, 다만 '영의'를 '경상도 의원嶺醫'이 아니라 '관청 의원營醫'이라고 표기한 점이 다르다. 《고종실록》과 《한성순보》 가운데 어느 쪽이 맞는지 단정하기는 어렵지만, 주로 영남 지역에서 활동했던 이재하가 《제영신편》에서 자신이 기호畿湖 지방에서 우두 시술을 시작했다고 언급한 것으로 보아 《고종실록》의 기록이 더 타당해 보인다.

어쨌든 충청도 우두국에서는 지석영이 아닌 다른 의사를 우두 시술과 교육의 책임자로 활용했다는 점에서, 초기에 우두술을 보급한 공로가 지석영에게만 있지 않았다는 사실을 알 수 있다.

정부가 최초의 근대 서양식 국립병원인 제중원을 설립한 1885년에 접어들면 우두 사업도 더욱 본격화된다. 아마 1883년에 설치한 충청도 우두국이 성과를 거두었기 때문일 것이다. 제중원과 마찬가지로 우두 보급 사업도 당시 외래 문물의 도입과 시행을 담당했던 외아문(통리교섭통상사무아문) 소관이었다.

외아문은 1885년 11월 6일(음력 9월 30일), 다음과 같이 충청도 관찰사에게 우두술을 널리 보급해 백성들을 구제하라는 공문을 보냈다.

《고종실록》 1883년 10월 23일(음력 9월 23일)자. 충청우도 어사 이용호가 제안한 우두국 설치에 관한 기사이다.

국왕의 명령을 받들어 부사과副司果 지석영을 본도(충청도) 우두교수관으로 임명하여 보내니 관문(공문)이 도착하는 즉시 각 읍에 지시하여 그들로 하여금 총명한 젊은이를 뽑아 정밀하게 배우도록 하고, 또한 철저하게 효유하여 백성들로 하여금 깨우침이 있도록 하십시오.

외아문의 우두 사업이 2년 전에 이용호가 제안해서 설치한 우두국과 어떤 관련이 있는지 이 기록만으로는 알 수 없지만, 이때부터 외아문이 우두 사업을 관장한 것은 확실하다. 그리고 이 공문에서 '우두교수관牛痘敎授官'이라는 직책이 처음 거론되며, 그 첫 번째 우두교수관으로 종6품(부사과)의 지석영이 임명된 것은 주목할 일이다. 지석영은 조선 정부가 정식 직책을 부여해 공인한 최초의 근대식 의사이자 의학 교수였던 것이다.

한편, 1870년대부터 조선에서 활동한 외국인 의사의 자격에 대해 정부가 공식적으로 인정하거나 규제한 기록은 발견되지 않는다. 다만 1887년부터, 정부가 운영한 제중원에서 진료한 알렌과 헤론, 빈튼, 에비슨 등에게 '제중원 의사'라는 직책을 부여했을 뿐이다. 이렇듯 정부의 공인 절차가 없었기 때문에 엘러스와 하디처럼 자기 나라에서는 의사 자격이 없는데도 의사로 행세하는 일도 가능했다. 지금은 생각할 수 없는 일이다.

이어서 외아문은 한 달 뒤인 12월 8일(음력 11월 3일) 함경북도에도 우두국 설치를 지시하고 유학幼學 김병섭金秉燮(1850~?)을 우두교수관으로 파견했다. 기록으로 확인되기로는 김병섭이 두 번째 우두교수관이다. 이때 외아문이 함경도에 보낸 공문의 내용은 "김병섭을 함경북도 우두교수관으로 파견하니 총명한 젊은이들을 가려 뽑아 우두술을 열심히 공부하게 하고 우두교수관이 가져가는 조규條規 등을 시행하라"는 것이었다.

《통서일기統署日記》 1885년 11월 6일(음력 9월 30일)자. 충청도 관찰사錦伯에게 지석영을 우두교수관으로 임명하여 보내니 우두술을 널리 보급하라는 공문을 보냈다는 내용이다.

1885년 충청도와 함경북도에서부터 시작된 우두의사 양성과 우두 보급 사업은 1년이 채 안 되어 전국적으로 실시되었다. 이렇게 판단하는 근거는 1886년 10월 2일(음력 9월 5일) 외아문이 경기도에 보낸 다음의 공문이다.

> 우두 신법新法을 널리 펴기 위해, 다른 도에는 관찰사의 시행 지침과 제반 규칙, 세칙章程이 구비되어 있고 우두교수관이 파견되어 있는데, 유독 본도(경기도)만 미비되어 있습니다. 그래서 전정前正 박응조朴應祚를 (우두교수관으로) 파견하여 혜택을 주려 합니다. 감영에서는 우두를 거치지 않고 곧장 종두(인두)하는 자는 중벌로 다스릴 것이라는 사실을 즉시 각 읍에 고지하십시오.

《함경도 관초咸鏡道關草》 12월 8일(음력 11월 3일)자. 함경북도에 우두교수관 김병섭을 파견한다는 내용이다.

국가적 우두 보급 정책을 가장 먼저 시행했을 법한 경기도가 오히려 가장 늦어진 이유는 알 수 없지만, 어쨌든 경기도를 마지막으로 정부의 우두 사업은 전국적으로 실시되었다. 또 이 기록을 통해 알 수 있는 것은, 도마다 시행 지침과 제반 규칙, 세칙 등을 마련했고 우두교수관을 중심으로 우두를 보급했다는 점이다. 또한 우두는 장려한 대신 인두는 금지했다는 사실도 알 수 있다.

하지만 이렇게 전국적으로 확대 실시된 우두 보급 사업이 순조롭게만 진행된 것은 아니었던 것 같다. 1886년 10월 이후에도 외아문이 우두국을 설치하라는 공문을 몇 개 도에 새삼 보낸 것을 보면, 일단 시작했더라도 도중에 중단되거나 유명무실해진 경우가 없지 않았음을 짐작할 수 있다.

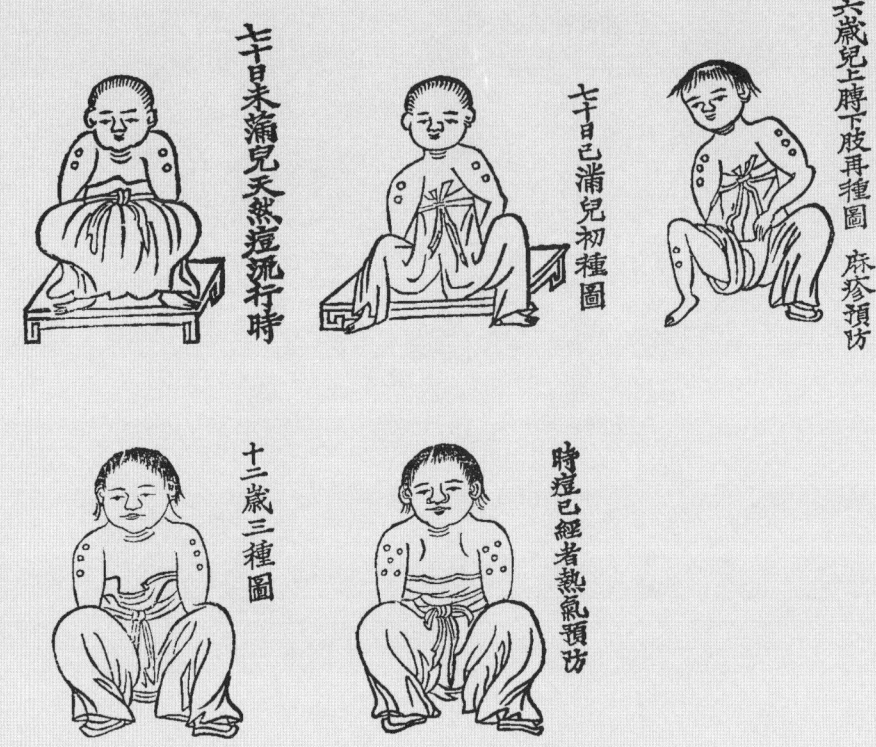

우두 접종시기(《제영신론》, 내부
위생국, 1902)

두창 퇴치의 숨은 공로자 김인제

1880년대 후반 충청우도에서 펴낸 《우두절목牛痘節目》과 《경기 관초》(1888년 9월 29일자), 《함경도 관초》(1890년 4월 25일자) 등의 문서들을 종합해 보면 우두국의 구체적인 운영 방식을 알 수 있다.

각 도道는 감영(도청) 소재지에 우두국(본국)을 설치하고 읍진邑鎭에는 분국을 설치했다. 그리고 각 지역에서 필요한 우두 기계와 우두 약은 본국에서 구매했다. 관찰사(감사)는 도에서 행해지는 우두 사업 전반을 감독했다. 군수와 현감은 우두 사업 실시, 우두의사 감독, 우두 접종 방해자와 기피자 처벌, 외아문에 납부하는 우두세牛痘稅 징수 등을 관장했다. 동과 면의 담당자인 존동임尊洞任과 면임面任은 군수, 현감의 지휘를 받아 미두아未痘兒 명단 작성, 무료 접종 대상자 파악, 접종비 수령 등의 실무를 맡았다.

규정에 따라 모든 영아嬰兒는 귀천(신분)에 관계없이 돌이 되기 전에 자격 있는 우두의사에게 우두 접종을 받아야 했다. 접종비는 1회에 5냥이었으며, 효과가 확인된 다음에 접종 받은 사람(부모)이 존동임·면임에게 접종비를 지불했다. 경제 능력이 없는 노비, 홀아비, 과부의 자녀는 접종비를 면제받았다. 인두 접종을 받거나 돌이 지나도록 접종을 받지 않았다가 두창[時痘]에 걸리는 경우에는 벌금 27냥을 내어야 했다.

요컨대 이 당시의 우두 접종은 강제적이었지만 경제 능력이 없는 일부를 제외하고는 국가의 지원은 전혀 없이 접종받는 사람이 전적으로 접종비를 부담하는 방식이었다. 이런 식의 강제 접종은 우두라는 외래 문물에 대한 정치적, 문화적 거부감과 더불어 민중들이 정부 시책에 저항하는 이유가 되었고, 나아가 국가의 우두 사업이 1890년에 일단 좌초하는 데 중요한 요인으로 작용했다.

우두의사 교육은 감영이 주관했으며, 소정의 교육을 받은 사람에게는 졸업장과 면허장 격인 '본관차첩本官差帖'을 주었다. 이렇게 우두의사는 조선에서는 처음으로 배타적·독점적인 시술권施術權을 정부로부터 인정받았다. 또한 정부는 무당, 종두(인두)의사의 권리를 일체 인정하지 않았으며, 자격을 인정받지 못한 사람이 우두를 시술하는 것도 금지했다.

〈조선정부병원 1차년도 보고서〉에서 알렌과 헤론은 1885~1886년 무렵 조선인의 60~70퍼센트가 인두 접종을 받았음을 시사했다. 그런데 정부는 왜 100년 가까이 널리 활용되어 왔던 인두술을 일거에 금지하고 우두술을 전면적으로 채택했을까?

물론 우두는 인두에 비해 효과가 좋고 부작용이 적은 것이 의학적 정설이다. 하지만 짧은 기간 동안 어떻게 정부가 이 사실에 대해 확신을 가지게 되었을까? 그리고 우두와 인두를 병용할 수도 있었을텐데, 왜 그러한 방식은 취하지 않았을까? 또 우두 보급을 국가 사업으로 추진한 세력은 누구였을까? 아마 김옥균 일파가 우두 보급에 가장 적극적이었을 것이다. 하지만 김옥균 등은 갑신 쿠데타의 실패로 몰락했고, 그들이 추진한 모든 정책은 의심의 대상이 되었을 시기였다. 앞으로 더 많은 연구와 논의가 필요한 지점이다.

우두의사는 세 가지의 세금 또는 수수료를 납부했다. 액수가 가장 큰 것은 군현郡縣과 감영을 통해 외아문에 납부하는 우두세였다. 충청

충청우도에서 펴낸 《우두절목》. 태어난 지 70일이 지난 영아嬰兒는 누구나 우두 접종을 받아야 했다. 서양에서도 대체로 강제 접종을 했지만, 조선은 일본의 영향을 받아 그러한 방침을 채택했던 것으로 보인다. 박정양이 일본을 시찰한 뒤 우두에 관해 보고한 사항은 거의 그대로 실현되었는데, 그 핵심은 강제 접종과 우두의사 면허제도였다. 한 가지 뚜렷한 차이는 일본은 '종두'라 했던 반면, 조선은 '우두'라는 용어를 사용했던 점이다.

우도의 경우, 매해 외아문에 납부하는 우두세가 우두의사 1인당 평균 150냥으로, 총액은 6,000냥 정도였다. 이는 1883년 이용호의 건의로 설립된 충청우도 우두국의 설치 비용 2,900냥의 2배에 해당한다. 그 밖에 우두의사들은 존동임·면임에게 수고비로 접종 1회당 1전을, 군현에 각종 문서 수수료로 1년에 5냥씩 납부했다.

우두의사는 읍에 1명씩 배치되어 독점적으로 우두 시술을 했다. (충청우도의 경우 홍주읍에만 예외적으로 3명의 우두의사가 있었다). 충청우도 지역에서만 적어도 39명의 우두의사가 활동한 것을 보면, 전국적으로는 우두의사가 수백 명에 이르렀을 것으로 추정된다.

이들은 어떤 신분의 사람이었으며, 어떤 동기로 우두의사가 되었을까? 먼저 《우두절목》에 나와 있는 충청우도 우두의사의 명단은 다음과 같다(가나다 순으로 다시 정리한 것임).

구정식具廷植, 김교정金敎正, 김연풍金演豊, 김의제金義濟(대흥읍), 김의제金義濟(예산읍), 김정재金正宰, 김진남金振南, 김혁기金赫基, 노재순盧載淳, 박상면朴相冕, 박영빈朴英彬, 박영서朴永瑞, 박영일朴永日, 박홍순朴弘淳, 신정균申鼎均, 심용섭沈容燮, 심의도沈宜棹, 심의숙沈宜肅, 유병능劉秉能, 윤상규尹相奎, 윤상엄尹相儼, 윤석긍尹錫兢, 윤일병尹日炳, 이굉원李宏遠, 이기하李基夏, 이명섭李命燮, 이민영李敏榮, 이종성李鍾成, 임백찬任百璨, 임병문林柄文, 임보상林輔相, 임헌일林憲日, 지동필池東弼, 지수영池洙永, 최규일崔圭一, 최태영崔泰榮, 표기섭表璣燮, 한익환韓益煥, 홍병철洪秉喆

이 가운데 한익환은 사과司果(정6품)였으며, 심의숙과 윤석긍도 이름 아래에 '출신出身'이라고 적혀 있는 것을 보면 과거시험을 통과한 사람으로 여겨진다. 나머지 사람들의 신분과 배경은 알 수 없지만, 한의환과 같은 중급 관리와 과거시험 합격자가 포함되어 있는 것을 보면 우두의사의 계층이 그리 낮지 않았으리라고 생각된다.

우두의사를 교육, 양성하는 우두교수관은 당연히 우두 시술 경험이 많은 사람이 선정되었을 것이다. 우두와 관련된 경력이 비교적 잘 알려진 지석영을 제외한 나머지 사람들은 언제, 어디서, 누구에게 우두술을 배웠던 것일까? 또 그들의 신분과 배경은 어떠했을까?

1880년대 후반, 정부가 주도한 우두 사업에서 핵심 역할을 했을 우두교수관으로 이름이 확인되는 사람은 지석영(충청도), 김병섭金秉燮(함경도), 박응조朴應祚(경기도) 외에 강남형姜南馨(전라도), 김사익金思益(경기도), 김인제金仁濟(전라도), 유진화俞鎭華(전라도), 이호익李浩翊(경기도), 홍종규洪鍾珪(전라도) 등이 있다.

또한 외아문과 각 감영의 기록에 우두의사라고 되어 있는 강영노姜永老(경상도), 강해원姜海遠(경상도), 곽호숭郭鎬崧(평안도), 박상경朴尙璟(수원부), 박영복朴英馥(평안도), 박중빈朴重彬(개성부), 손흥조孫興祖(평안도), 안경국安景國, 안정安禎(황해도), 이재하李在夏(경상도), 이정주李鼎柱(강원도), 이혁李赫(황해도), 정태호鄭泰好(강원도), 조인하趙寅夏(경상도), 최성학崔性學(경기도), 홍의순洪義淳(경기도), 황종륜黃鍾崙(평안도) 중에서도 기록의 내용에 의하면 실제로 우두교수관 역할을 한 사람이 적지 않을 것으로 생각된다.

이들에 대해 알려진 것이 거의 없지만 적어도 이들은 과거시험 의과醫科에 합격한 의원醫員은 아니었다. 지석영, 김인제, 박응조, 유진화, 홍종규는 문과文科 합격자였다. 즉 지석영이 그렇듯이 우두교수관들은 우두술이라는 외래 의술을 시술하는 새로운 종류의 의료인이었던 것으로 생각된다. 이들과 우두의사들에 대한 좀 더 깊은 연구는 근대 서양 의학 도입 초기의 역사를 이해하는 데에 적지 않은 도움을 줄 수 있을 것이다.

최초의 우두교수관인 지석영이 1887년 초반까지 정부의 우두 사업에 매우 중요한 역할을 한 것은 틀림없다. 하지만 그해 5월 반대 세력의 탄핵으로 전라도 강진현 신지도新智島에 유배되어 지석영의 직접적인 역할은 거의 사라졌을 것으로 생각된다.

1887년 5월 18일(음력 4월 26일), 부사과 서행보徐行輔는 지석영 등을 갑신 쿠데타에 연루되었다며 처벌을 요청하는 상소를 올렸다.

《고종실록》 1887년 5월 18일(음력 4월 26일)자. 서행보가 지석영 등을 갑신 쿠데타에 연루된 인물이라며 처벌할 것을 주장한 내용이다.

갑신년의 흉악한 역적들이 난동을 부릴 때 역적의 지시문을 써서 반포한 자는 신기선이고, 박영효가 흉악한 음모를 꾸밀 때 간사한 계책으로 몰래 도운 자는 지석영이며, 박영교가 암행어사로 나갔을 때 학정을 도와주어 백성들에게 해악을 끼치게 한 자도 지석영입니다. 그런데 신기선은 유배만 보냈고 지석영은 아직도 조적朝籍(공직)에 이름이 올라 있으니, 이러고서도 나라에 법이 있다고 할 수 있겠습니까? 흉악한 지석영은 우두를 놓는 기술을 가르쳐 준다는 구실로 도당을 유인하여 모았으니 또한 그 의도가 무엇인지 알 수 없습니다. …… 신기선, 지석영, 지운영 등을 다 같이 의금부로 하여금 심문해서 진상을 밝혀내도록 하여 속히 국법을 바로잡으소서. 홍영식의 죄는 더욱 크므로 이미 죽었다고 해서 죄를 따지지 않을 수 없으니 속히 해당 형률을 시행하소서.

갑신 쿠데타가 실패로 돌아간 지 2년 반이나 지난 이때 다시 그 일을 거론하며 지석영 등의 처벌을 요청한 연유를 파악하기는 쉽지 않다. 상소문에 의하면, 우두술 자체가 문제된 것은 아니었고 지석영이 우두 보급을 구실로 작당한 것이 규탄의 한 가지 사유였다.

서상보의 상소에 대해 국왕은 처음에는 소극적 반응을 보였지만, 지석영에 대한 탄핵이 이어지자 5월 22일(음력 4월 30일) 마지못한 듯 지석영을 멀고 살기 어려운 섬[遠惡島]으로 유배 보낼 것을 지시했다.

> 지석영은 미천하고 지각이 없는 자이니 애초에 심하게 처벌할 필요가 없다. 그뿐 아니라 여러 사람들이 상소에 열거하여 정상이 밝혀졌으므로 실상 다시 신문할 것이 없고 원악도에 위리안치[圍籬安置]하되 당일로 압송하라(《고종실록》 1887년 5월 22일(음력 4월 30일)자).

이러한 과정을 거쳐 지석영은 1887년 5월 22일부터 1892년 2월 16일(음력 1월 18일)까지 5년 가까이 신지도에 유배되어 있었기 때문에 그가 실제로 정부의 우두 사업에 관여한 기간은 2년이 채 못되었다. 유배에서 풀려난 뒤에도 지석영은 개인적으로 우두보영당[牛痘保嬰堂]을 세워 우두 보급을 했을 뿐 정부 사업에는 참여하지 않았다.

한편 정부 기록으로 확인되는 김인제(1854~?)의 활동은 다음과 같다.

> 전 사과[司果] 김인제가 의학이 깊어 전라좌도 우두교수로 삼아 파견하며, 또한 제주에도 겸임케 할 것이니 제주목[濟州牧]에 알려 우두술을 널리 시행하도록 하십시오(《전라도 관초》 1890년 2월 20일(음력 2월 2일)자).

또한 정부의 우두 사업이 1890년에 들어 좌절된 뒤 재개되는 과정

《통서일기》 1892년 12월 16일(음력 10월 28일)자. 김인제가 다시 설립된 경상도 우두국의 우두교수직을 수락했다는 기사이다.

> ● (公州醫病) 公州郡居 前主事 金元
> 日 金仁濟 等이 內部에 請願호되 本人
> 等이 東西醫藥에 曾有學得이온바現
> 方皇城에 有官立廣濟院호고 又有醫
> 學校호온즉 外各道에도 不無醫立
> 기로矣 等이 自出資本호야 病院과
> 醫學校를 本郡에 將欲設立호니 特爲
> 認許호야 以濟生靈橫罹之疾호고
> 一以敎年少聰俊之才호야 以爲後日
> 需用케호라호앗더라
> ● (廣濟施療) 廣濟院에셔 前月度에
> 病人治療가 一千二百名인딕 藥價收
> 호기 二十四元三錢二里인딕 監獄에
> 罪囚外 至貧無依者에게는 藥價를 不
> 受호고 施療호이더라

《황성신문》 1900년 12월 6일자. 김인제와 김원일 등이 공주군에 병원과 의학교 설립을 추진하고 있음을 보도했다.

에서도 김인제는 중요한 역할을 한 것으로 보인다. 즉 1892년 말 외아문이 경상도에 우두국을 다시 설치하면서 김인제를 그곳의 우두교수로 임명했다.

그리고 김인제의 활동은 뒷날 대한제국기의 우두 사업에도 연결된다. 즉 그는 1900년 충청남도 종두종계소種痘種繼所의 감독을 맡아 새로 배출된 종두의사들과 협력해 우두 보급 사업을 벌였다(《황성신문》 1900년 3월 5일자).* 그뿐만 아니라 김인제는 1900년 12월, 한성의 광제원과 의학교를 본받아 김원일 등과 함께 자신이 거주하는 공주군에 병원과 의학교를 설립하려 했다. 그의 시도는 성공을 거두지는 못했지만, 오랫동안 의업에 종사했기 때문에 가능했던 시도였다.

김인제에 대해서는 "7도(에서) 우두교수하였는데, 본시 대한 제일 선수善手라 활인活人 수만數萬하고 송성頌聲이 자자한데"(《황성신문》 1900년 3월 5일자)라는 평판이 있었다. 이러한 평판대로라면 김인제는 조선의 여러 지역에서 수많은 사람에게 우두를 시술했고 우두의사를 양성했다. 어쩌면 지석영이 아니라 그동안 별로 알려지지 않았던 김인제가 1880년대 후반 이래 국가가 주도한 우두 보급 사업에서 가장 큰 역할을 한 인물일지도 모른다.

* 1890년대 후반부터는 우두 대신 '종두'라는 용어를 더 많이 사용했다.

무당의 배송拜送굿. 두창에 걸린 뒤 대개 열사흘째 되는 날, 무당을 불러 두창 귀신痘神이 말썽 부리지 않고 곱게 물러가도록 배송하는 굿을 벌였다. 우두술 보급은 무당들의 존재와 수입을 크게 위협하는 일이었다.

역병과의 전쟁 — 무당과 의사

외아문이 주관해 1885년 11월에 시작된 국가 우두 사업은 불과 1년 만에 전국으로 확대되었다. 그 뒤 도道에 따라 우두 보급이 중단되거나 유명무실해진 경우도 있었지만 정부에 의한 우두 사업은 지속되었다. 그만큼 두창이 당시 조선 사회에서 가장 큰 보건 문제였다는 의미다. 또한 19세기 말까지 세계적으로도, 확실하고 직접적인 수단으로 대항할 수 있는 전염병이 우두로 예방하는 두창 이외에는 없었기 때문이기도 했다.

《동아일보》 1948년 12월 4일자. 11월 한 달 동안 서울에서 146명의 두창 환자가 발생하여 그 가운데 40퍼센트가 사망했다는 기사이다. 두창은 1950년대까지도 맹위를 떨쳤다. 특히 한국전쟁 때인 1951년에는 4만 3천여 명의 환자가 발생하여 1만 1천 명 이상이 사망했다. 이때 희생자는 대부분 필자 또래의 아기들이었다. 하지만 1960년에 마지막 환자가 생긴 뒤로 두창은 우리나라에서 완전히 퇴치되었다.

1870년대부터 프랑스와 독일을 중심으로 세균학이 탄생, 발전해 각종 전염병의 정체와 원인이 밝혀지기 시작했지만, 효과적인 치료법과 예방법을 개발하기에는 아직도 요원한 시절이었다. 그보다 조금 앞서 서유럽에서부터 활용되기 시작한 상수 관리, 하수 처리, 격리와 같은 위생술이 콜레라 등 몇 가지 전염병의 확산을 방지하는 데에 기여했지만 그것들은 어디까지나 간접적인 방법이었다. 따라서 조선 정부가 우두술 보급을 가장 시급한 보건 사업으로 추진한 것은 적절하고 타당했다고 생각한다. 하지만 어떤 정책이든 당위성과 필요만으로 성공을 거둘 수는 없다.

당시 외교와 통상뿐만 아니라 우두술을 비롯해 외래 문물의 도입과 보급을 담당했던 외아문에는 독판(장관)과 협판(차관)을 제외하고 관리(주사)가 10명도 채 안 되었다. 이들 가운데 보건의료와 관련한 업무를 전담하는 사람이 있었는지도 의심스럽다.

외아문이 우두 사업에 관해 실제로 했던 일은 각 도에 우두교수관을 파견한 것과 관찰사(도지사)에게 우두국을 설치해 우두를 보급하라는 공문을 보낸 것이었다. 그리고 우두 사업이 제대로 시행되지 않는다는 정황이 파악되면 우두 사업을 독려하는 공문을 재차 보낸 정도였다. 또한 제중원에 했던 것과는 달리 우두 사업에 필요한 정부 재원을 마련하는 노력도 거의 하지 않았다. 요컨대 국가 우두 사업의 사령탑인 외아문의 행정·재정 능력은 애초부터 큰 한계를 가지고 있었다.

외아문의 구실이 제한적이었던 만큼 우두 사업 시행에서 도(지방정부)의 역할은 상대적으로 컸다. 그런데 구체적인 사항은 알기 어렵지만, 도에 따라 사업 시행에 편차가 컸다. 관찰사의 관심과 행정 능력 그리고 우두교수관의 의지와 역량이 우두 사업의 성패에 큰 영향을 미쳤을 것이다. 당시 지방의 우두 사업 상황을 잘 보여주는 《우두절목》을 보면, 충청도의 우두 사업은 비교적 잘 시행되었다. 그런 경우라도 시기에 따른 편차가 없지 않았을 것으로 여겨진다.

1885년부터 가장 중요한 국가 보건 사업으로 추진했던 우두 보급은 당시에 어느 정도의 지지를 받았을까? 기존의 인두술은 금지하고 외래의 우두술만을 인정하는 강제적 우두 접종, 이러한 자못 급진적인 국가 정책에 대해 사람들은 어떻게 반응했을까? 아직 이에 대한 구체적 자료가 발견된 바는 없지만 모든 정치 세력이 국가 우두 사업에 찬성했던 것 같지는 않다. 1887년 5월, 반대파가 지석영의 탄핵 사유로 내세웠던 것 가운데 하나는 지석영이 우두 보급을 구실로 작당했다는 것이다. 이렇듯 지석영을 탄핵한 세력도 우두 사업에 대한 반대 의사를 드러냈던 건 아니었지만, 지석영을 제거해 우두 사업에 커다란 타격을 주겠다는 숨은 의도는 가지고 있었을지도 모른다.

민심도 우두 사업에 호의적이지 않았다. 기존의 종두(인두) 의사와 무당처럼 우두 사업의 시행으로 직접적인 손해를 보는 사람들은 말할 것 없고, 외국과 외래 문물에 막연하게든 명확하게든 두려움과 적개심을 갖고 있던 수많은 민중들이 강제 우두 접종에 저항했던 것은 불가피한 일이었다.

1885년 겨울 우두교수관으로 충청도 정산읍을 방문했을 때, 우두술이 어린아이를 죽인다는 소문을 듣고 자녀와 함께 산으로 피신했던 사람이 있었다는 지석영의 술회(《조선사상통신》 1928년 11월 26일자)처럼 우두를 기피한 사람이 적지 않았다. 접종비가 부담스러운 사람들에게는 아예 우두가 증오의 대상이 되었을 수 있다.

일단 우두의사들과 우두교수관들의 비리가 문제였다. 그러한 폐해를 말해 주는 것으로 다음과 같은 기록이 있다. 한 가지는 경기우도 우두교수 김사익金思益이 경기우도뿐만 아니라 경기좌도의 각 읍에 내려 보낸 우두의사들이 어린 아기가 있는 집들에 공갈을 쳐서 접종비를 갈취한다는 보고가 있으므로 그 의사들을 압송하라는 것이다 (1890년 4월 12일(음력 윤2월 23일)자 외아문 공문).

또 한 가지는 전라도 우두교수관 강남형姜南馨이 공문을 위조했다는 데에 대해 의정부와 전라도 감영 사이에 1890년 4월 26일(음력 3월 8일)부터 6월 2일(음력 4월 15일)까지 몇 차례 오간 공문이다(《통서일기》). 이 사건은 강남형을 해임하고 대신 홍종규洪鍾珪를 후임으로 파견해 일단락된 것처럼 보였다. 그러나 그것이 끝이 아니었다. 1890년 7월 4일(음력 5월 18일), 외아문은 급기야 전국 각지(9道 5都와 제주)에 다음과

《조선일보》 1953년 3월 18일자. 우두술이 보편화된 1950년대까지도 '미신'은 남아 있었다. 두창 환자가 한 해에 4만여 명이 생겨 그 가운데 무려 1만 명 이상이 사망한 경험을 하던 시절에 미신이 사라지기를 기대하는 것이 오히려 무리일지 모른다.

같은 공문을 보내 우두국 본국과 분국을 당장 철폐하라고 지시했다.

우두 신법新法을 관에서 허가하여 우두국을 세운 것은 오로지 영아를 보호하고 백성들을 번성[殖民]케 하는 일에 힘을 쓰려 했기 때문입니다. 우두업을 관칙官飭으로 인정하고, 의사를 파견하여 귀 감영에 우두국을 설치토록 했습니다. 지금 각 읍의 우두분국 의사배醫士輩들에 대하여 들으니 관에서 허가한 것을 빙자하여 폐단이 많다 합니다. 아예 우두약을 놓지도 않은 채 보수(접종비)를 챙겨서, 일반 백성들이 왕왕 어린 아기를 품에 안고 깊은 산골짜기에 몸을 숨길 정도입니다. 이와 같은 소문이 낭자하니 통탄할 일입니다. 이에 이 공문이 도착하는 즉시 귀 감영에서 관할하는 우두국은 본국과 분국을 가리지 말고 일체 철폐하십시오. 그리고 우두의사들의 자격증은 일일이 거두어들이고 해당 의사들을 신속히 압송하여 계속 남아서 민폐를 끼치지 못하도록 하십시오. 우두국에 있는 두묘[傳種] 한 그루[一款]는 귀 감영의 백성들끼리 상의해서 의사를 초빙하여 편리한 대로 접종[試藥]하여 원래 취지[款]에 부합되도록 하십시오. 의사배들에게 엄히 명령을 내려 다시 이전과 같이 거짓말하고 토색질하지 못하도록 하십시오.

이 공문에 따르면 다만 우두분국에서 일하는 의사들의 전횡 때문에 전국의 우두국을 철폐하고 우두의사들의 자격증을 환수한다는 것이었다. 또한 관에서 설립하거나 허가한 우두국은 폐지하지만 두묘痘苗는 남겨서 문제가 된 우두분국 소속 의사들 외에 다른 의사들을 민간에서 초빙해 우두 시술을 지속할 수 있도록 하라는 것이었다. 외아문의 조치는 5년 동안 어렵사리 지속해 왔던 국가 우두 사업을 일시에 그만둔다는 것이었다. 그렇다고 외아문이 우두 사업의 정당성과 필요성마저 부인한 것은 아니었다. 우두국 철폐의 직접적 계기가 되었던 것은 우두의사들의 횡포였다.

7월 4일 이후에도 민폐를 끼친 의사 이혁李赫과 안정安禎을 잡아 보내라는 외아문의 지시(황해도 관초 1890년 7월 25일(음력 6월 9일)자)가 있었다. 그러나 이와 같이 몇몇 기록으로 남아 있는 우두의사와 우두교수관들의 잘못만으로 우두국을 철폐하겠다는 외아문의 조치는 선뜻 이해되지 않는다. 설령 우두의사들의 작폐가 그보다 훨씬 심했다 하더라도 외아문의 조치는 지나쳐 보인다. 또한 우두의사들의 작폐는 일차적으로 그들의 부도덕성에서 기인했겠지만, 아무런 사업 비용도 부담하지 않으면서 그저 강제적으로 우두 사업을 시행하려고만 한 정부에게 더 근본적인 책임이 있을지 모른다. 그런 상황에서 우두의사들은 온갖 방법으로 접종 대상자를 늘려 수입을 올리려 했고, 반면 민중들은 강제 접종 방식과 우두의사들에 대해 반감만 키웠을 것이다.

이러한 상황에서 정부는 문제를 해결하려는 적극적인 노력보다는 민중의 불만을 일단 우두의사들에게 돌리는 미봉적이고 책임회피적인 '전략'을 구사했던 것이 아닐까?

1890년 7월의 우두국 철폐 조치 이후에도 정부는 우두 사업을 포기하지 않았다. 그렇다고 정부가 우두 사업 방식을 개선했거나 재정 지원을 했던 것 같지도 않다.

외아문은 1892년 11월 경상도에 다시 우두국을 설치하도록 했고, 1894년 1월 21일(음력 1893년 12월 15일)에는 진주를 비롯하여 경상도

《팔도사도관초八道四都關草》 1890년 7월 4일(음력 5월 18일)자. 외아문이 전국 각지(9道 5都 제주)에 우두국 본국과 분국을 일거에 철폐하고 우두의사들의 자격증을 회수하라고 보낸 공문의 내용이 실려 있다.

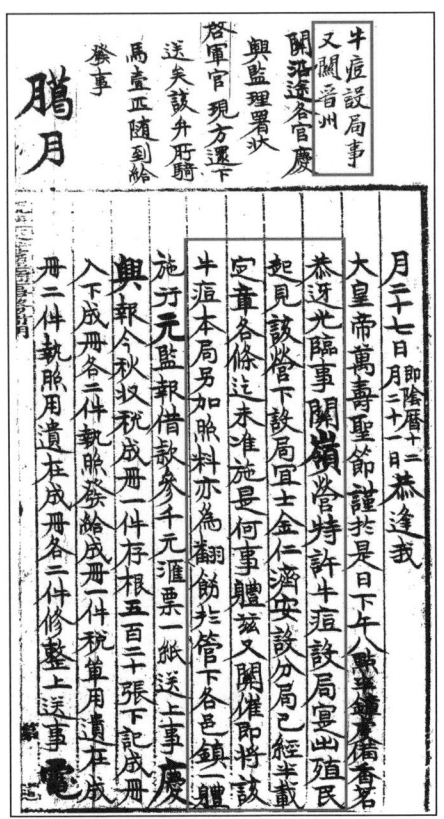

1894년 1월 21일(음력 1893년 12월 15일)자 《통서일기》. 1885년에 시작된 국가의 우두 사업이 비록 한계를 보이지만 1894년까지도 지속되었음을 보여 준다.

의 모든 읍진邑鎭에 우두분국을 설치하도록 독려하는 공문을 보냈다. 하지만 같은 공문에서 경상도 우두국이 사업을 제대로 진행하지 못하고 있음을 지적하는 것으로 보아 국가 주도의 우두 사업이 여전히 순항하지는 못했던 모양이다.

요컨대 1885년에 시작된 국가의 우두 사업은 획기적인 성과를 거두지는 못했지만, 10년 가까이 지속되었다. 그리고 그것은 1890년대 후반 이후의 보다 체계적인 우두 사업으로 이어진다.

이토 히로부미를 추도한 지석영

일제의 한국 침략과 한국인 수탈의 주범은 물론 일본 제국주의자들이다. 또 몇몇 나라가 공범의 역할을 했거나 범죄를 방조했다. 그와 더불어 종범 노릇을 한 한국인들도 적지 않았다. 죄상의 종류와 정도는 여러 가지지만 우리는 그들을 대체로 친일파라고 부른다. 물론 친일파의 기준이 누구나 동의할 수 있을 만큼 명확한 것은 아니다. 그러기 때문에 더 많은 논의가 필요한데도 여태껏 논의를 기피해 문제를 더 까다롭게 만들었다.

국가와 민족의 차원만이 아니라 인류와 개개인이 평화로운 미래를 살아가기 위해서는 수탈과 침략의 역사를 청산해야만 한다. 우리로서는 무엇보다 친일파 문제를 해결해야 한다. 문제 해결은 친일의 모습을 제대로 규명하고 그것을 통해 과거와 현재를 성찰하는 것이다. 친일은 공적인 행위이므로 당연히 사회적으로 규명하고 평가해야 한다.

지석영은 널리 알려져 있듯이 우두술 보급에 매우 큰 역할을 한 사람이다. 그는 또한 우리나라 최초의 근대식 의학 교육기관인 의학교 설립에 결정적인 역할을 했고, 1899년 설립 때부터 1907년 대한의원으로 통폐합될 때까지 의학교의 교장을 지내며 최초의 의사들을 배출했다. 필자는 1876년 문호개방부터 1910년 경술국치까지 근대 서양의료 도입에 가장 공적이 큰 인물을 들라면 망설이지 않고 지석영을 꼽는다.

지석영은 친일 행적으로 여러 차례 거론되기도 했다. 다음의 기사를 보자. 지석영이 이토 히로부미의 추도사를 낭독한 행위로 '과학기술인 명예의 전당' 헌정과 '부산을 빛낸 인물' 선정에서 제외되었다는

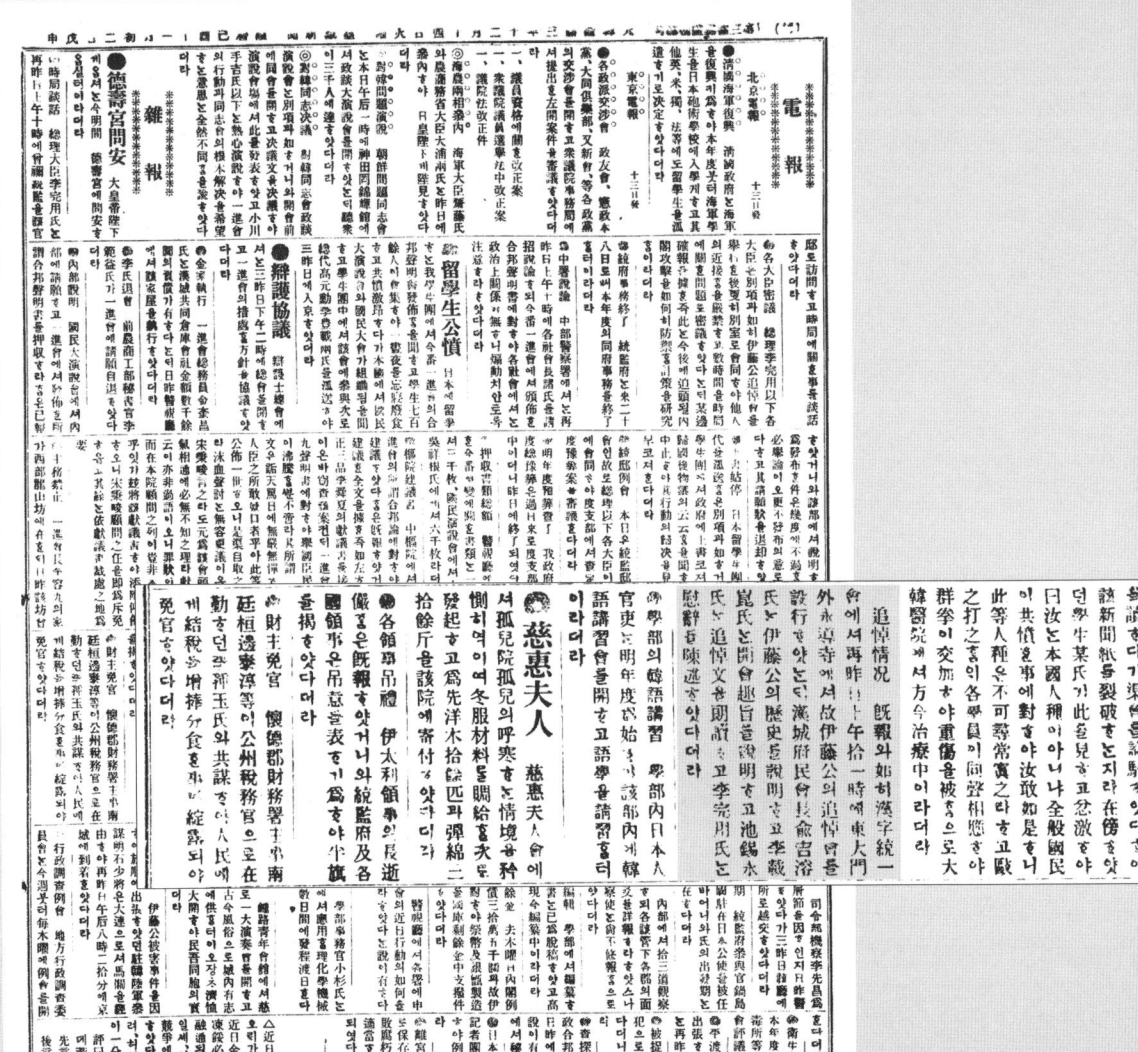

지석영이 이토 히로부미의 추도문을 낭독했다는 《황성신문》 1909년 12월 14일자 기사.

기사이다.

지석영은 친일행각 때문에 최근 한국과학문화재단이 마련한 과학기술인 명예의 전당 등재나 부산을 빛낸 인물 선정 등에서 배제됐다. 부산시사편찬실의 홍연진 상임위원은 "지석영은 1909년 일본 침략의 원흉 이토 히로부미가 안중근 의사에 의해 살해되었을 때 이를 추도하는 모임의 추도사를 읽었다는 사실 등이 밝혀져 친일파라는 불명예를 안게 됐다"며 "구한말 왜곡된 지식인의 모습을 잘 보여준다"고 설명했다. 또 이런 경우를 두고 지식인들이 '역사'를 두려워해야 한다는 말이 나온 것 같다고 덧붙였다.

부산대 이종봉(사학과) 교수는 "지석영의 친일행각은 용서할 수 없지만 우리 민족을 천연두란 고질적인 질병으로부터 구해낸 그의 헌신적인 과학업적은 별도로 인정해야 하며 알릴 필요가 있다"고 밝혔다《부산일보》 2005년 10월 5일자).

1909년 10월 26일 중국 하얼빈 역에서 안중근에 의해 처단된 이토 히로부미는 11월 4일 도쿄 히비야 공원에서 국장으로 장례가 치러졌다. 장례를 전후해 일본에서는 말할 것도 없고 한국에서도 애도와 추모행사가 끊일 줄 몰랐다. 당시 신문들은 관련 기사를 매일 같이 쏟아냈다. 애도의 모범을 보여주는 듯, 10월 29일 대한제국 순종 황제는 '메이지 천황'에게 '吾國의 兇手에게 死', 즉 우리나라 악당에게 죽임을 당했다는 표현을 쓰며 이토의 '훙서薨逝'에 애통한 마음을 전했다. 지석영이 낭독한 추도문의 내용은 전해지지 않지만 아마 순종 황제의 것과 비슷했을 터이다.

지석영은 그 3년 전인 1906년 11월 30일에는 을사늑약에 항거하며 자결한 민영환을 기리기 위해 흥화학교에서 열린 1주기 추도식에서 연설을 했다. 그리고 문제의 이토 히로부미 추도회 열흘 뒤에는 이재명이 이완용을 습격한 사건이 있었는데, 지석영은 이에 연루되었다는 의심을 받아 체포되었다가 무혐의로 석방되기도 했다.

  3년 사이에 정반대 성격의 추모회에서 연설하거나 추도문을 읽었던 지석영. 일제에 우호적인 행위를 했음에도 한 달도 안 되어 반일 혐의를 받았던 지석영. 말할 수 없이 어려운 세월이었지만, 그것이 지석영의 친일적 행위를 정당화하거나 변명해 주지는 못한다. 모두에게 해당되는 것이지만, 특히 역사 앞에서 지식인의 역할과 처신이 어떠해야 하는지를 잘 보여주는 사례다.

이완용 습격 사건 관련 《대한매일신보》 1910년 1월 1일자 기사.

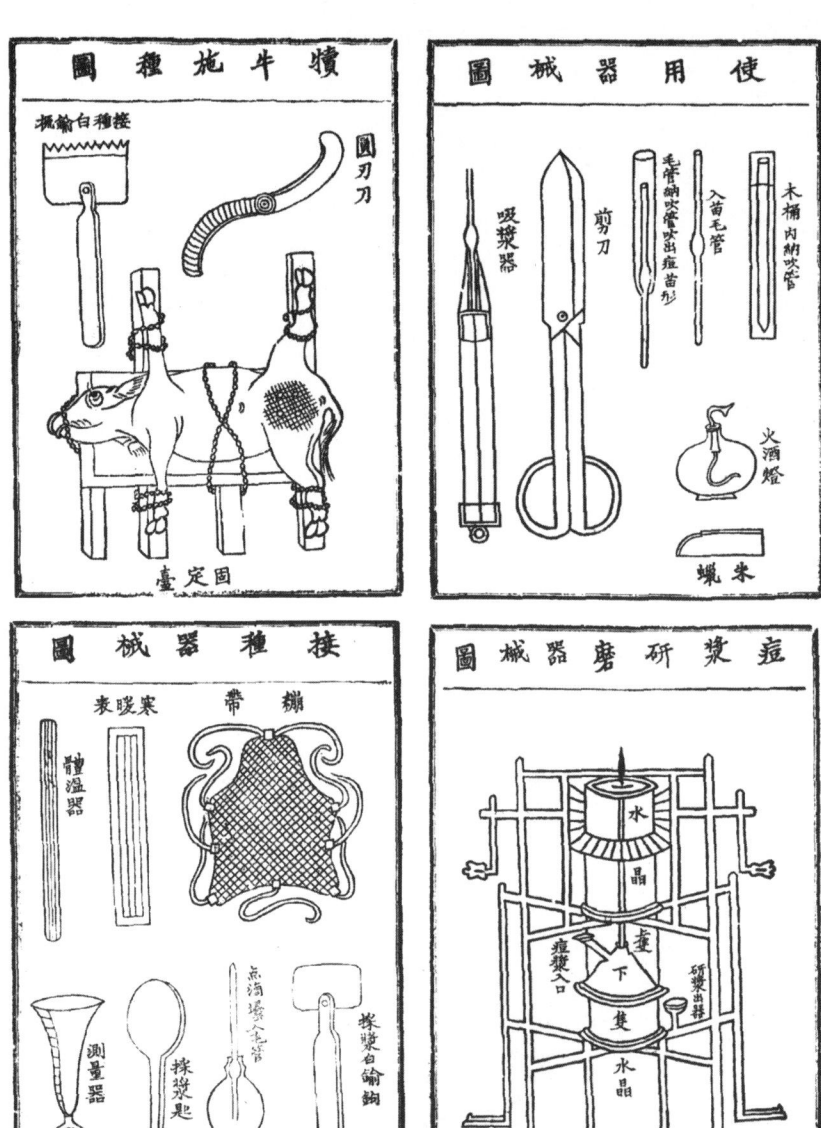

우두 접종액의 채취와 관리를 위한 도구들(《제영신론》, 내부 위생국, 1902).

2. 근대식 보건의료 개혁과 좌절

조선 최초의 근대식 보건의료 부서

1894년은 갑오농민전쟁과 갑오개혁의 해이다. 봉건 타파를 핵심 내용으로 하는 제1차 농민봉기는 민씨 척족 등 집권 세력의 간담을 서늘케 했고, 그만큼 정부의 개혁 조치를 압박했다. 하지만 봉건·매판적인 집권 세력의 대응은 역사를 거스르는 것이었다. 그들은 농민을 비롯한 민중들의 염원은 아랑곳하지 않고, 봉기 진압을 위해 청나라에 파병을 요청해 이미 피폐한 나라와 백성들의 삶을 더욱 파탄으로 몰아넣기 시작했다.

청나라가 군대를 파견하자 일본은 기다렸다는 듯이 1885년의 톈진조약을 내세우며 군대를 보냈다. 이 기회에 조선에 대한 지배권을 공고히 하려는 청·일 두 나라 사이에 전운이 감돌았다. 그제야 조선 정부는 두 나라 군대의 철수를 요청하는 때늦은 조치를 취했다. 역사의 반복을 상기케 하는, 참으로 어리석고 부도덕하고 탐욕스러운 집권 세력이었다. 척족 정권의 반민족적, 반역사적 행위로 조선은 전쟁터가 되었고, 결국 일제에게 침략의 멍석을 깔아준 셈이 되었다.

조선에서 지배력을 구축하고 있던 청나라는 조선 정부의 요청을 받

아산전투 승리 후 한성 근교의 개선문을 통과하는 일본군 (*London News* 1894년 11월 17일 자, 《세밀한 일러스트와 희귀 사진으로 본 근대조선》, 김장춘 엮음, 살림 펴냄, 2009년).

아들인다고 했지만, 청나라 우위의 현상을 타개해야 할 일본은 이를 거부하고 침략의 구실을 삼고자 조선의 내정 개혁을 요구했다. 조선 정부가 이를 내정 간섭이라며 거부하자 일본군은 7월 23일 경복궁에 난입해 무력으로 민씨 척족 정권을 타도하고 김홍집 등 친일 개화파 인사들을 중심으로 정부를 구성했다. 여기서 오늘날 우리가 흔히 사용하는 '친일파'라는 말과 이 당시의 '친일'은 엄연히 구분해야 할 것이다. 김홍집 등이 일본에 우호적(친일적)이기는 했지만 민족을 배반하는 행위를 한 것은 아니었다.

이때부터 1896년 2월의 아관파천에 이르기까지 일본의 간섭과 '후견' 아래 수많은 조치가 따랐다. 그 가운데에는 필요성과 현실성에 문

조선인을 사살하는 청나라 군인들(*The Graphic* 1895년 3월 9일자, 앞의 책).

제가 있는 것도 있었지만, 민중의 요구와 시대의 진운에 부합하는 것도 많았다. 문벌제와 신분제 철폐, 연좌제 폐지, 조혼 금지, 과부 재가 허용과 같은 조치는 갑오농민전쟁 때에 제기된 요구와 대부분 일치했다. 이에 따라 봉건적 구습舊習이 법적으로는 폐기되었다. 하지만 법적 조치가 실제로 자리잡기 위해서는 그 뒤로 짧지 않은 세월과 엄청난 희생이 필요했다.

또한 청나라 연호年號의 사용을 폐지하고 개국기년開國紀年의 사용을 의무화해 청나라와의 사대 관계를 청산하려는 의지를 보였다. 이것은 자주독립 국가라면 너무나 당연한 조치이지만, 여기에는 일본이 조선을 손쉽게 침략하려는 의도가 깔려 있었다. 이렇듯 개혁 조치에는 묵시적으로 또는 명시적으로 일본 등 열강의 이익을 위한 것들이 적지 않았다.

1895년의 '을미개혁기'에는 보건의료 및 위생과 관련해서도 여러 가지 법령이 제정되었고 새로운 제도가 시행되었다. 우선 〈검역규칙〉(1895년 7월 4일), 〈호열자병 예방규칙〉(7월 6일), 〈호열자병 소독규칙〉(7월 25일)이 1895년 여름 콜레라(호열자) 발생을 계기로 제정되었다. 독일의 세균학자 코흐Robert Koch는 '미생물이 우리의 으뜸가는 아군'이라고 말했는데, 콜레라의 창궐이 근대적 위생 제도의 도입을 촉진하는 계기가 된 것이었다.

이어서 당시 최대의 보건 문제였던 두창을 퇴치하기 위하여 〈종두규칙〉(11월 24일), 〈종두의 양성소 규정〉(12월 22일)이 마련되었다. 이때부터 종전의 우두 대신 종두라는 용어가 널리 쓰이게 되었다. 또한 정부는 1896년도 예산에 의학교비, 의학교 부속 병원비, 종두의양성소비, 종두종계소비 등을 계상해 의사와 종두의사를 국가에서 양성하고 종두 접종을 국가 사업으로 추진하는 방침을 명확히 했다.

위와 같은 근대적 보건의료 조치의 시행에 앞서 1894년 7월 30일(음력 6월 28일) 그러한 업무를 관장하는 '위생국衛生局'이 설치되었다. 즉 기존의 6조曹 대신 새로운 중앙 행정 기구인 8아문衙門이 설치되면서, 내무아문 아래 위생국을 둔 것이다. 이때 '전염병 예방, 의약, 우두 등에 관한 사무'가 위생국의 소관 업무로 규정되었으며, 직원으로 참의(국장) 1명과 주사 2명을 두도록 했다.

하지만 실제로 위생국이 제 역할을 하기 시작한 것은 이듬해인 1895년 4월 20일(음력 3월 26일) 칙령 제53호로 내부 관제가 반포(시행은 4월 25일)되고, 4월 25일(음력 4월 1일)자로 김인식金仁植(1862~?)이

《관보》에 개국 기년이 처음 쓰인 날짜는 1894년 7월 31일(개국 503년 6월 29일)로, 김홍집 정부가 출범하고 불과 닷새째 되는 날이었다.

1895년 7월 4일(음력 윤5월 12일) 칙령 제115호로 제정, 반포된 〈검역규칙〉(《관보》 1895년 7월 5일자). 실제로 검역은 1885년부터 시행되었고 1886년에 〈온역장정癌疫章程〉을 제정하기도 했지만 체계적인 법률로 반포된 것은 이것이 처음이다.

위생국장으로 임명되면서부터였다. 그 전에는 위생국의 활동도, 직원 임명도 찾아볼 수 없기 때문이다.

1895년 4월 25일부터 시행된 〈내부 관제內部官制〉(갑오개혁 초기의 내무아문이 내부로 개칭되었다)에 따르면 위생국의 업무는 다음과 같다.

제9조 위생국에서는 다음의 사무를 관장한다.
1. 전염병, 지방병의 예방과 종두, 기타 일체의 공중위생에 관한 사항.
1. 정박한 선박의 검역에 관한 사항.
1. 의사醫師, 약제사藥劑師의 업무 및 약품 판매의 관리와 조사에 관한 사항.

이로써 위생국은 당시 가장 큰 문제였던 전염병 예방, 종두 시술, 검역뿐만 아니라 의사, 약제사, 약품 판매에 대한 관리 업무도 맡아 보건의료 및 위생 전반을 관장하게 되었다. 특히 1880년대부터 우두의사들을 대상으로 시행한 바 있었던 의료인 면허제도를 확대할 계획을 정부가 가지고 있었음을 짐작케 한다.

첫 위생국장으로 임명된 김인식은 1896년 5월 11일 해주부海州府 주사로 전출될 때까지 1년 남짓 위생국장으로 근무했다. 〈검역 규칙〉과 〈종두의 양성소 규정〉 등의 제정, 의학교 설립 계획 등 을미개혁기의 보건의료 및 위생 관련 조치들이 김인식이 위생국장으로 재임했던 시기에 이루어진 것들이다.

위생국장 김인식의 활동은 《관보》에서 확인할 수 있는데, '인천 평양 등지에 임시검역 사무 설치'(1895년 8월

《고종실록》 1895년 4월 20일 (음력 3월 26일)자. 위생국의 업무가 규정되어 있다. 1895년 5월 10일(음력 4월 16일)자 《관보》에 게재된 〈내부內部 분과 규정〉도 똑같은 내용이다.

14일), '인천 검역부 점검'(9월 14일), '인천·평양의 유행병을 박멸하여 검역 사무 완료'(10월 2일) 등처럼 1895년 여름부터 가을까지의 콜레라 유행에 관련된 것들이다.

〈표 1〉 조선과 대한제국 시기의 내부 위생국장*

이름	생년	재임 기간	다른 경력	재임시 중요사항
김인식	1862	1895.4~1896.5	문의군수, 증산군수	〈검역 규칙〉 등 제정 의학교 설립 계획
이근호	1860	1896.5~1897.3	무과 급제, 법부대신 남작(일제 강점기)	
?		1897.3~1898.3		종두의양성소 1기 졸업
최훈주	?	1898.3~1900.4	광제원 원장, 고원군수 사립보통학교 설립	의학교 설립 광제원(내부병원) 설립 〈의사 규칙〉 반포
박준승	1847	1900.4~1903.7	전의典醫, 함평군수 의생(일제 강점기)	한성종두사 설립 의학교 1기 졸업
홍철보	1853	1903.7~1905.3	전의典醫 의생(일제 강점기)	세브란스 병원 준공
민원식**	1863(?)	1905.3(?)~ 1907.12(?)	광제원 원장, 양지군수	대한의원 설립 《위생신문》 발간
유 맹	1853	1907.12~ 1908.8	전북관찰사 내부 토목국장	세브란스 병원 의학교 1기 졸업
염중모	1862	1908.8~1910.1 이후	장연군수 내부 지방국장	대한의원 신축건물 준공

* 1897년 3월부터 1898년 3월까지는 《관보》 등에서 위생국장의 임면 사실이 발견되지 않는다. 기록의 누락인지, 공석이었는지는 알 수 없다.

** 민원식의 위생국장 관련 기사는 《관보》에는 없고 《대한매일신보》 등 신문에만 나와 있어서 임면 날짜가 불명하다.

그러면 김인식은 어떤 경력을 가진 사람이었을까? 위생국장에 임명되기 전의 기록은 찾아볼 수 없다. 위생국장을 그만둔 뒤에는 문의文義, 상주尙州, 증산甑山 등지의 군수를 지낸 것이 확인되는데, 증산군수 재임 시의 부정행위로 태형 40대를 선고받았다는 불명예스러운 보도(《황성신문》 1898년 9월 9일자) 이후로는 아무런 기록도 찾아볼 수 없다. 의과醫科에 합격한 기록도 없는 것으로 보아서 김인식은 일반 행정 관료였던 것으로 여겨진다.

처음으로 근대식 보건의료 행정의 실무 책임을 맡았던 김인식, 그리고 이근호李根澔, 최훈주崔勳柱, 박준승朴準承, 홍철보洪哲普, 민원식閔元植, 유맹劉猛, 염중모廉仲模 등 그 이후의 위생국장들에 대해서도 알려진 바가 별로 없다. 연구가 필요한 지점이다.

履歷書

內閣書記官正三品高源植

貫 濟州　丙子年十一月二十二日 生

居住 漢城南署 鷲香坊 笠洞契 墨洞 里 第十二統 第二戶

| 年號月日 | 學業經歷 任免賞罰 | 資級及陞敍 賞罰理由 |

壬午正月　日 私塾入學
開國 乙未年十二月　日 漢文卒業
建陽元年四月十五日 京城學堂入學
光武二年四月二十日 辭免
光武三年十二月　日
同 十月　日 日語學校入學
同 同 國家富强要見官吏堂當行事務
三年四月九日 第三回種痘學 副敎師敍送
同 同 金科鍊等其七人
同 四月十二日 種痘開業 免許狀受領 内部
六年七月三十日 卒業證書授與
八年七月三十日 命黃海道德進事務委員
同 八月二十五日 移命全羅南道種痘事務委員
同 同 解任
七年八月十五日 命黃海道種痘事務委員
八年四月三十日 解任
九年十月十日 任內部主事敍奏任官六等
同 十二月九日 移任議政府主事敍奏任官四等
同 同 給七級俸

1899년 4월, 종두의양성소를 제3회로 졸업한 고원식高源植의 이력서. 내부대신이 발급한 '종두의술개업 윤허장'을 받은 것으로 기록되어 있다.

1890년대 종두의사 양성 교육

1895년 11월 26일(음력 10월 10일), 내부령內部令 제8호로 〈종두 규칙〉이 제정되었다. 이것은 1883년부터 정부가 시행해 온 종두(우두) 사업을 한층 더 체계화하기 위한 조치로, 이를 통해 이전까지 대체로 간접적이었던 중앙정부의 역할이 강화되고 구체화되었다. 이 법령에 따라 모든 어린이는 생후 70일부터 만 한 살 이내에 의무적으로 종두 접종을 받아야 했으며, 종두 접종을 받지 않은 경우에는 나이와 무관하게 접종을 받아야 했다. 또한 접종 효과가 없으면 다시 접종받게 했다.

한편 종두 시술은 '양성소'의 졸업증서를 받고 내부內部가 주관하는 시험에 합격해 종두의사 인가를 받은 사람만 할 수 있도록 했다. 종두의사 중 관리로 임용된 사람들의 관원官員 이력서를 보면 내부대신이 '종두의술개업 윤허장種痘醫術開業允許狀'을 발급한 것으로 되어 있다. 이미 1880년대부터 우두의사에 대한 면허제도를 지방정부 차원에서 시행했지만, 이때부터는 중앙정부가 본격적으로 의료인의 자격을 관리한 것이었다.

그리고 종두의사에게는 종두 효과 여부[感不感]를 검사해 접종받은 사람에게 종두 증서를 발급하고, 관청에 종두 명세서를 제출하는 의무를 부과했다. 또한 종두 증서 위조, 무자격 시술, 관허官許 없는 두묘 판매, 접종 및 수진受診 태만, 종두의사의 업무 태만 등에 대해 벌금형 또는 신체형(구류)으로 처벌할 것을 규정했다.

이상과 같은 내용의 종두 규칙이 1895년 12월 16일(음력 11월 1일)부터 시행되었으며, 규칙에 나와 있는 '종두의양성소'에 관한 법률은 1895년 12월 22일(음력 11월 7일) 칙령勅令

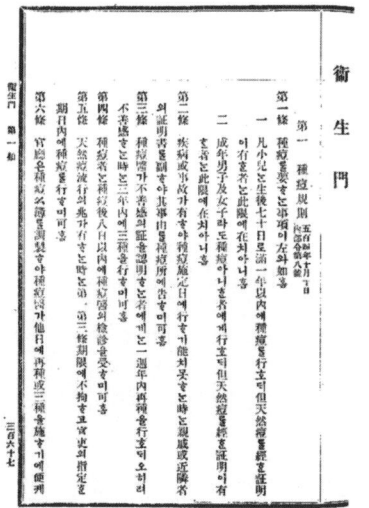

1895년 7월부터 1896년 말까지 제정된 여러 법규를 편록編錄한 《법규류편法規類編》에 수록되어 있는 〈종두 규칙〉, 《관보》 1895년 11월 26일(음력 10월 10일)자에도 같은 내용이 게재되어 있다.

제180호로 반포, 시행되었다. 종두의양성소 규정의 각 조항은 다음과 같다(고어체를 요즈음 표현으로 바꿨다).

제1조 종두의양성소를 한성 내에 설립, 종두의를 양성하여 국내에 종두를 널리 시술함으로써 천연두를 예방하는 것을 주된 목적으로 한다.
제2조 종두의양성소는 내부 관할에 속한다.
제3조 종두의양성소에 다음의 직원을 둔다.
　　　　소장 1명 교수 1명 서기 1명
제4조 종두의양성소 관원은 모두 위생국 관원으로 겸임케 한다.
제5조 수학 기한은 1개월로 한다.
제6조 학기가 끝날 때 졸업시험을 시행하여 합격[登選]한 자에게 졸업증서를 수여하여 종두의로 인정한다.
제7조 졸업시험에 합격한 자는 종두 의적醫籍에 등록하여 국내에서 종두술을 시술할 수 있다.
제8조 본소의 생도生徒는 연령 20세 이상으로 입학시험에 급제하는 자로 한정한다.
입학시험 과목은 다음과 같다. 한문 작문, 국문 작문, 사자寫字.
제9조 입학시험에 응시하려는 자는 제1호 서식에 의해 품청장稟請狀을 작성하여 제출해야 한다.
제10조 입학 허가를 받은 자는 다시 제2호 서식에 의해 보증장保證狀을 작성하여 제출해야 한다.
제11조 본 칙령은 반포일부터 시행한다.

이 규정에 의하면, 종두의양성소는 내부 관할의 관립官立이며 교육

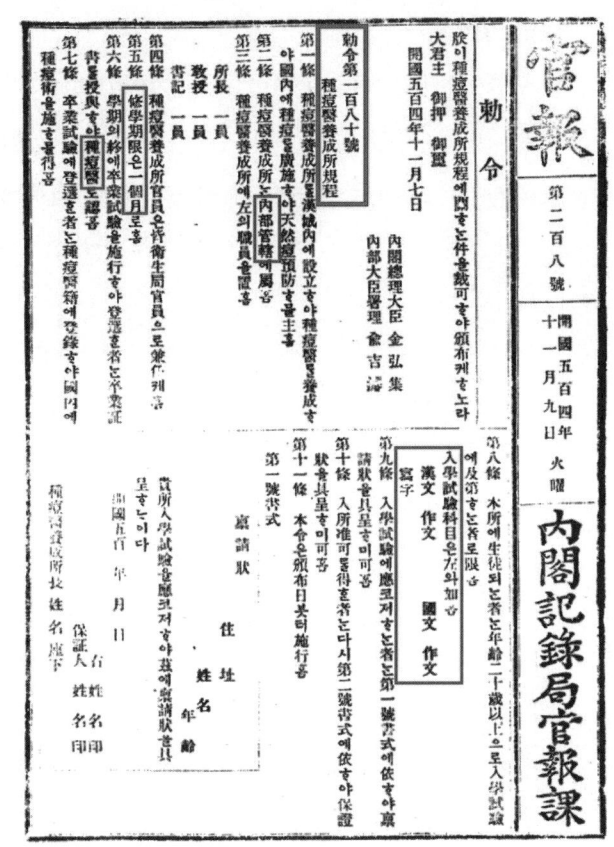

《관보》 1895년 12월 24일(음력 11월 9일)자에 게재된 〈종두의양성소 규정〉. 관할 부서, 수학 기간, 입학 자격뿐만 아니라 입학시험 과목까지 구체적으로 규정되어 있다. 이 〈규정〉은 당시 근대적 교육제도가 자리 잡아가는 모습을 잘 보여 준다.

기간은 1개월이었다. 또한 학생(생도)은 입학시험을 통해 선발하며, 교육 과정을 마치고 졸업시험에 합격한 사람은 종두의로 인정했다. 이렇듯 종두의사가 되기 위한 구체적인 자격과 절차가 법률로 정해졌다. 그리고 이러한 규정은 뒷날 의사를 비롯한 의료인들의 교육에 원용되고 더욱 구체화되었다. 하지만 종두의양성소의 직원을 따로 두지 않고 모두 위생국 직원이 겸임토록 한 것은 교육의 충실성이라는 점에서 문제가 있어 보인다. 물론 당시 정부의 형편상 그렇게 한 것이겠

75 2장 근대식 보건의료 개혁과 좌절

지만 말이다.

법률 제정에 이어 1895년 12월 30일(음력 11월 15일), 1896년도 예산에 종두의양성소비 1,368원과 우두종계비 2,866원이 책정되었다. 이로써 중앙정부의 종두 사업이 순조롭게 진행되는 것처럼 보였다. 하지만 1895년 12월 30일의 〈단발령斷髮令〉 선포와 이에 대한 민중들의 거센 반발로 정국은 극도로 혼란스러워졌다. 마침내 1896년 2월 11일 국왕이 러시아 공사관으로 피신하는 아관파천이 발생하고 총리대신 김홍집이 참살됨으로써 갑오·을미개혁은 순식간에 막을 내렸다. 이에 따라 김홍집 내각이 계획했던 종두의양성소 설립도 일단은 무산되고 말았다.

그러면 종두의양성소 설립 문제는 그 뒤에 어떻게 되었을까?《관보》에는 종두의양성소 졸업에 관한 기록이 세 차례 나온다. 그 기록에 따르면 1897년 7월 10일 10명, 1897년 11월 24일 18명, 1899년 4월 8일 53명 등 도합 81명이 졸업시험에 합격해 종두의양성소를 졸업했다. 따라서 1897년 7월 10일 이전에 종두의양성소가 설립된 것은 분명하다. 지금까지 발견된 기록으로는 정확한 설립 날짜를 알 수 없지만, 2기와 3기 졸업생의 실제 재학 기간이 6개월 내외(〈규정〉의 1개월과는 차이가 크다)인 것으로 보아 1896년 말 또는 1897년 초 무렵에 종두 교육을 시작한 것으로 추정된다.

《관보》에 세 차례 실린 종두의양성소의 졸업 기록과 졸업생 명단은 다음과 같다.

(1) 內部衛生局允許 種痘醫養成所 醫生 卒業試驗榜 優等 二人 李謙來 高義駿 及第 八人 李浩慶 金聖培 林浚相 金教植 金教珏 金益泳 李圭弼 李鴻來

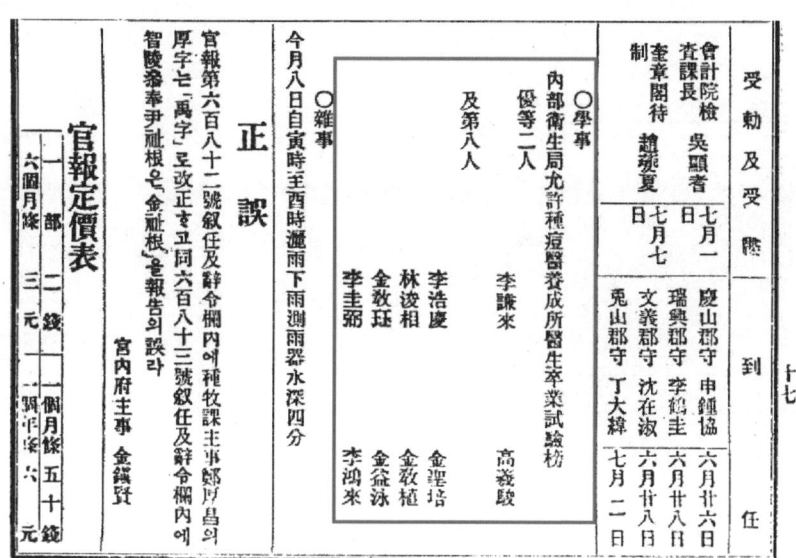

《관보》 1897년 7월 10일자. 내부 위생국이 윤허한 종두의양성소의 졸업시험을 통과한 10명의 명단이 실려 있다.

(1897년 7월 10일자)

(2) 學部認許 種痘醫養成所 醫生 卒業試驗榜 優等 二人 李晩植 李世容 及 第 十六人 申明均 柳春秀 朴馨來 玄東翺 趙東顯 安世顯 李應遠 劉哲相 李寅植 柳興民 沈承憙 李喆鏞 劉文鍾 鄭海觀 崔相赫 皮秉俊 光武元年十一月二十四日(1897년 11월 29일자)

(3) 學部認許 種痘醫養成所 第三回 醫士 卒業試驗榜 優等 九人 李潤善 高源植 金德準 李公雨 張鎭祖 池義燦 林天溪 高洪植 李載翊 及 第 四十四人 申宗熙 方春煥 崔鎭星 沈承薰 李熙敏 崔鍾萬 李昌烈 李永萬 金寬炯 朴旻秀 柳尙珪 金均明 趙鼎國 朴華鎭 元普常 洪顯相 李東彦 康弼祐 李承祚 李哲宇 朴遇用 方漢式 李東煥 李孝善 朴熙斌 李圭庸 金完培 尹鍾模 呂圭冕 劉觀熙 尹晳鉉 金相驥 全瑋鉉 金謂默 李敏教 洪星煥 朴泰勳 鄭高敎 徐邁淳 李鍾赫 宋永鎭 姜文熙 成樂春 金演泰 共 五十三人 光武三年四月八日(1899

년 4월 13일자)

그렇다면 누가 종두의양성소를 설립했을까? 원래 〈종두의양성소 규정〉에는 내부가 관할하며 위생국 관원이 양성소의 직원을 겸하는 '관립'으로 되어 있었다. 그러나 관보에는 종두의양성소가 관립이 아니라 '내부 위생국 윤허'(1897년 7월 10일자) 또는 '학부 인허'(1897년 11월 29일자, 1899년 4월 13일자)라고 되어 있어 '사립'임을 시사하고 있다. 하지만 사립이되 정부의 윤허(인허)를 받아야만 했으며, 종두의양성소를 담당하는 정부 부서가 '내부'에서 1897년 11월경부터는 '학부'로 바뀐 사실도 알 수 있다.

요컨대 원래는 정부가 종두의양성소를 세울 계획을 가지고 있었지만 실제로는 정부가 아닌 민간이 설립했던 것이다. 그리고 그 구체적인 설립자는 다음의 몇 가지 기록으로 확인할 수 있다.

우선 한 가지는 《한성신보漢城新報》 1896년 11월 22일자의 다음과 같은 광고 기사이다(박윤재, "대한제국기 종두의양성소의 설립과 활동" 《정신문화연구》 32권 4호에서 재인용).

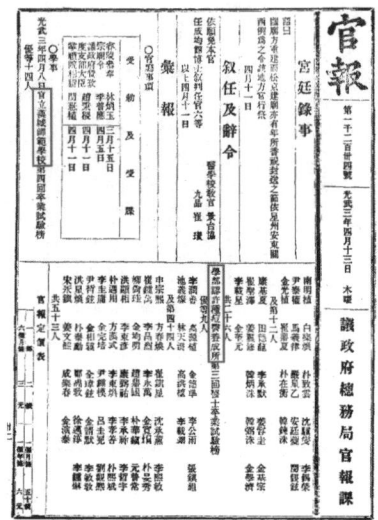

한성사범학교와 종두의양성소의 졸업생 명단을 게재한 《관보》 1899년 4월 13일자. 정부가 설립한 한성사범학교는 '관립', 사립인 종두의양성소는 '학부 인허'라고 표시되어 있다. 사립인 경우에도 담당 관청인 학부의 인허를 받도록 되어 있었음을 알 수 있다.

금회 본 양성소에서 종두의술을 가르칠터히오니 우두종식술牛痘種植術을 전습傳習코자 하는 의학학생은 일자日字 삼십일간으로써 졸업케 하니 지원자는 내학來學하시압. 단 수업료를 요要치 아니홈. 경성 이현泥峴 찬화의원 내 종두의양성소

종두의양성소를 개설하고 학생을 모집한다는 찬화의원의 광고다.

광고 일자는 1896년 11월 22일이지만, 실제로 내부의 윤허를 받아 양성소를 설립한 날짜는 알 수 없다.

또 한 가지 기록은 1897년 11월 24일 종두의양성소를 졸업한 심승덕沈承悳의 이력서다. 여기에는 심승덕이 1897년 8월 4일 진고개[泥峴]에 있는 찬화병원에서 수업받기 시작해서 11월 24일 종두의양성소를 제2회로 졸업했다고 기록되어 있다. 《한성신보》의 광고대로 찬화병원의 종두의양성소에서 실제로 종두 교육을 했음을 뒷받침하는 기록이다.

세 번째 기록은 "일본 사람 고성매계가 …… 종두의양성소를 사립하고 우리나라 자제들을 가르쳐서 졸업시킨 자가 80여 인이 되는데"라는 《독립신문》 1899년 6월 12일자 기사이다. 이 기사의 고성매계, 즉 코죠 바이케이古城梅溪는 《한성신보》 광고와 심승덕의 이력서에 나오는 찬화병원의 원장이다. 또한 80여 명을 졸업시켰다는 기사 내용은 앞에서 보았던 《관보》 기록에 정확히 부합한다.

종두의양성소 제2회 졸업생 심승덕의 이력서. 찬화병원의 종두의양성소에서 실제로 종두 교육을 했음을 시사한다.

《독립신문》 1899년 6월 12일자 기사. 코죠(고성매계)가 종두의양성소를 설립하여 80여 명의 조선인 종두의사를 배출했음을 보도했다.

요컨대 찬화병원 원장 코죠가 1897년(또는 1896년)에 정부의 윤허를 받아 종두의양성소를 설립하고 세 차례에 걸쳐 모두 81명의 종두의사를 교육, 배출했던 것이다.

◉ 古城梅溪　京城府協議會員

本籍地　大分縣東國東郡熊毛村字岐部

現住所　京城府本町二ノ一六（電話二五六番）

君は萬延元年三月二日を以て生れ明治十六年甲種醫學校を卒業し同十九年京城公使館醫員として渡鮮し二十四年辭して私立贊化病院を設立し京城公使館公醫を勤め傍ら種痘醫を養成し八十餘名を卒業せしむ爾來幾多の變遷を經て今日に及ぶ此間醫師會長及び民間議員學校組合議員等に選ばれ更に京城府協議會員たり。

◉ 古城龜之助　贊化堂藥局主　藥品醫療器械販賣

本籍地　大分縣東國東郡熊毛村字岐部

現住所　京城府本町二丁目（電話一〇二番）

君は明治六年十月を以て生る古城萱堂同梅溪兩君の實弟にして同三十一年早稻田專門學校政治科を卒業し翌同三十二年北海道小樽區役所に奉職す三十七年辭して京城に來り三業會社を設立し任じて理事と成り軍需品の用達を營む三十九年九月現業を開始し傍ら京城商業會議所評議員藥業組合長に選ばれ以て今日に及ぶ。

◉ 古城憲治　醫學博士、私立贊化病院長（內科小兒科）

本籍地　大分縣東國東郡熊毛村字岐部

現住所　京城府明治町一（電話病院三自宅三〇三）

君は明治十二年九月十九日島根縣に生る松江中學金澤第四高等學校を經て明治三十五年東京帝國大學醫科大學に入り同三十九年十二月卒業次で同醫科大學內科敎室に入りて助手となる次ぎ東京市醫員となり小石川養育院醫局に勤務す同四十二年四月歐洲に留學し專ら獨逸伯林大學敎室に入り內科小

《경성시민명감》(1922). 코죠古城梅溪와 그의 양아들(古城憲治)의 이력이 나와 있다. 코죠 집안은 진고개에서 30년이 넘게 찬화병원을 운영했다. 코죠의 동생(古城龜之助)은 의사나 약사는 아니었지만 역시 1904년 조선에 와서 찬화당약국을 경영했다.

잊혀진 의사, 코죠 바이케이

'사립' 종두의양성소를 세운 코죠 바이케이(1860~1931)는 누구인가? 1860년 3월 2일, 일본 큐슈九州 동북부의 오이타현大分縣에서 태어난 코죠는 1880년 3월 오이타 현립縣立 의학교에 입학해 3년 반을 공부하고 1883년 10월에 졸업했다. 졸업 직후인 1884년 2월 내무성에서 실시한 시험에 합격해 '의술개업인허장'을 받았다. 코죠가 의사가 된 데에는 1880년에 도쿄 의대를 졸업한 형 코죠 강도우古城菅堂의 영향이 컸을 것이다.

코죠가 태어나 생장한 오이타 현의 위치(동그라미). 일제 강점 기간 동안, 조선에 온 일본인 가운데 오이타현 출신은 대체로 야마구치山口, 후쿠오카福岡, 나가사키長崎, 히로시마廣島, 구마모토熊本에 이어 부현府縣별 순위 6위를 차지했다.

코죠는 1884년 11월에서 1886년 4월까지 1년 반 동안 도쿄의 쥰텐도順天堂 병원에서 근무한 뒤, 1886년 5월 조선 주재 일본 공사관의 의사로 조선에 왔다. 카이로세의 후임인 셈이었다. 코죠는 이때부터 1931년 1월 사망할 때까지, 약 6년을 제외하고는 조선에서 생활했다. 40년 가까운 조선 생활은 일본인 의사로는 아마 가장 오래일 것이다

(1907년 6월 조선에 와서 1945년 12월 일본으로 돌아갈 때까지 경성의학전문학교 교장, 경성제국대학 의학부 교수, 경성여자의학전문학교 교장 등을 지낸 사토 고죠佐藤剛藏(1880~1957)보다도 더 오래 조선에서 살았다).

1891년 5월 공사관 의사를 사직한 코죠는 찬화병원을 설립하는 한편 일본인 거류지 공의居留地公醫로도 활동했다. 1896년에는 조선 궁내부 전의로도 촉탁되었지만 아관파천 때문에 실제로 활동하지는 못했던 것 같다. 그리고 찬화병원 부설로 종두의양성소를 설치하고 81명의 한국인 종두의사를 양성, 배출했다.

코죠는 종두의양성소의 운영으로 얻은 명성과 한국 정부의 신임에 힘입어 1899년 5월부터 1년 동안 우리나라 최초의 근대식 의사 교육 기관인 '의학교'의 교사로 활동했다. 하지만 1900년 4월 의학교 학생들이 그의 해부학 강의를 문제 삼아 수업 거부를 하자 의학교 교사를 그만두고 피신하듯 일본으로 돌아갔다가 한 달 뒤 한국으로 다시 와서 찬화병원 원장으로 재차 근무했다(《경성시민명감》, 《내지인 실업가인명사전》(1913) 등 코죠의 이력을 다룬 책자들에는 의학교에서의 스트라이크 사건에 대한 언급이 전혀 없다).

1903년 6월, 코죠는 위안스카이가 1902년에 톈진에 세운 북양군의학당北洋軍醫學堂에 고빙되어 중국에 갔으며, 1904년 5월부터는 군의학당에 새로 부설된 북양방역의원北洋防疫醫院의 원장직을 맡아 1908년 10월 한국으로 돌아올 때까지 근무했다. 방역의원에서 코죠가 특히 힘을 쏟았던 것은 종두 시술 및 교육과 광견병의 예방, 치료였다.

코죠가 중국에 가 있던 5년 남짓 찬화병원을 맡았던 사람은 바로 친형인 코죠 강도우였다. 1880년 도쿄 의대를 졸업한 강도우는 1887년 인천공립병원 원장으로 조선에 와서 1893년까지 근무하다 일본으로 돌아갔다. 강도우는 동생이 북양군의학당에 근무하는 동안 다시 한국으로 와서 찬화병원 원장으로 일하다 동생이 돌아온 뒤로는 주로 사업가로 활동했다.

형 코죠 강도우는 1907년 3월부터 1909년 3월까지, 동생 코죠 바이

《황성신문》 1903년 6월 5일자 광고. 찬화병원 원장 코죠 바이케이의 후임으로 코죠 강도우가 근무한다는 내용이다. 부원장 코죠 리요시古城俐吉는 이들의 친형제나 자식은 아니다.

케이는 1909년 3월부터 1913년 3월까지 경성의사회 회장을 맡아 경성에서 개업한 일본인 의사들의 대표로 활약했다. 코죠 바이케이의 양아들로 찬화병원의 3대 원장인 코죠 겐지古城憲治 또한 1918년 4월부터 1919년 4월까지 경성의사회 회장을 지냈다. 코죠 겐지는 1906년 도쿄 제국대학 의학부를 졸업하고 1909년 독일 베를린 대학에 유학해 의학박사 학위를 받았다. 코죠 강도우의 양아들 코죠 데이古城貞는 전주 자혜의원의 의관醫官으로 근무했다.

종두의양성소를 세웠던 코죠는 1931년 1월 사망했으며, 사망 직후 일본 궁내성으로부터 정6위正六位를 추서追敍받았다. 조선을 효과적으로 지배하는 데 공을 세운 데에 대한 보상이었을 것이다.

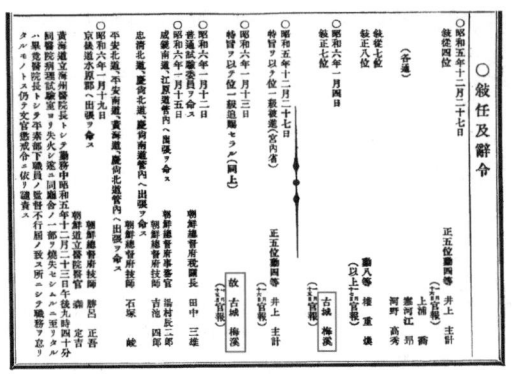

《조선총독부 관보》 1931년 1월 21일자. 코죠가 1월 4일 정7위正七位로 서임받았을 때는 살아 있었으나 1월 13일에는 사망한 것(故)으로 되어 있다. 따라서 1월 4일부터 13일 사이에 사망한 것으로 생각된다.

코죠가 찬화병원 부설로 세운 종두의양성소는 어디에 있었는가? 찬화병원의 위치를 확인하면 될 것이다. 당시 기록에 가장 많이 나오는 표현은 '진고개 찬화병원'이다. 진고개는 지금의 명동 중국 대사관(당시는 청나라 공사관) 남쪽 길에서 세종호텔 뒷편에 이르는 지역을 지칭했다. 그리 높지 않은 이 고개는 비만 오면 사람의 왕래가 끊어질 정도로 땅이 질어 진고개라고 불렸다. 1906년 한성의 도시 환경 개선의 일환으로 진고개 일대를 깊이 2.4미터 가량 파내고는 포장도로로 만들었다. 또한 지름 1.5미터의 하수관을 묻었는데, 한성 시내 근대식 하수 시설의 시초가 되었다. 일본인들의 주된 거주 지역이었기 때문에 통감부와 대한제국 정부가 특별히 신경을 썼을 것이다.

《경성과 내지인京城と內地人》(1910)에는 찬화병원의 주소가 구체적으로 '본정 4정목本町四丁目'이라고 나와 있다. 다음 쪽 지도에서 보듯이 본정 4정목은 지금의 세종호텔 일대이다. 즉 찬화병원과 종두의양성소는 진고개 중에서도 세종호텔 가까이에 있었다.

그러면 코죠는 왜 종두의양성소를 세웠을까? 물론 두창을 퇴치하려는 의사로서의 책임감과 명성을 얻으려는 욕구가 중요한 요인이었을 것이다. 이러한 개인적인 소망과 의욕 외에 일본의 대조선 전략도 함께 작용했으리라고 생각된다. 일본은 갑오농민전쟁에 관여하면서 조선 내정에 본격적으로 개입하기 시작했고, 청일전쟁에서 승기를 잡은 뒤에는 더욱 노골적으로 내정 간섭을 했다. 하지만 그만큼 러시아, 미국 등 다른 열강들의 견제도 심해졌고 마침내 '아관파천'으로 일본

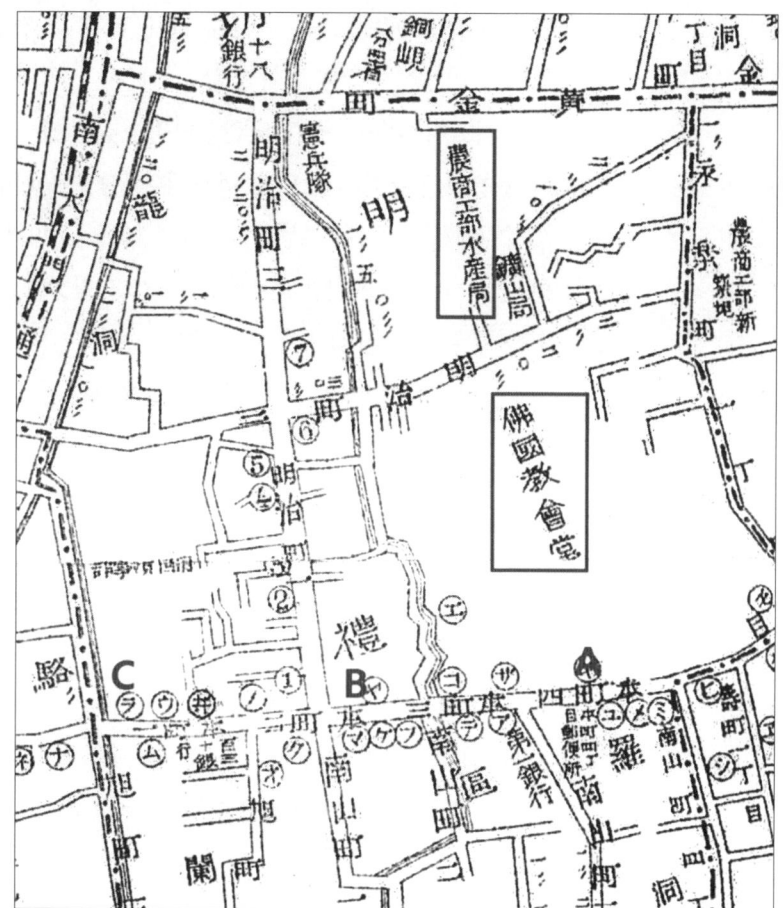

〈경성 시가 전도〉(1910년 제작). 찬화병원과 종두의양성소는 A(지금의 세종호텔 근처), 한성병원은 B(지금의 씨너스 영화관 명동점 자리)에 있었다. 그리고 경성학당은 지금의 중국 대사관(C) 근처에 있었다.

의 영향력은 일거에 퇴조했다. 그뿐만 아니라 방약 무도한 '왕비 암살 사건'(을미사변, 1895년 10월 8일)으로 조선인들의 신뢰마저 크게 잃고 말았다.

이러한 상황에서 일본에게는 조선 정부에 대한 영향력과 조선인들의 민심을 되찾기 위한 새로운 전략, 즉 문화적 접근법이 무엇보다도 필요했다. 1896년 4월 '대일본해외교육회'가 경성학당京城學堂을 세워 조선인들에게 일본어와 근대식 학문을 교육하고, 1895년에 해군군의 야스다安田穰가 설립한 한성병원漢城病院에서 조선인 구료 기능을 확대한 것은 우발적인 일이 아니었다. 성공을 거두지는 못했지만 한성병원에서는 조선인 학생들을 대상으로 의사 양성 교육을 시행할 계획(정원 20명, 수업 기간 16개월)도 가지고 있었다. 코죠가 종두의양성소를 세운 것은 바로 그 무렵이었다.

또한 '경성 일본인 부인회'에서 모은 기금을 경성학당, 한성병원, 종두의양성소 세 곳에 균등하게 지원한 것도 우연이 아니었다. 일본 공사관도 본국 정부에 위의 기관들을 지원해 줄 것을 꾸준히 요청했다. 이러한 노력의 결과, 1898년 12월 대한제국 학부學部는 경성학당에 정부 인가학교 인허장을 교부했고 1899년부터 1년에 360원을 보조하겠다고 통지했다.

한성병원 또한 일본 정부와 민간의 후원을 받아 1900년에 규모를 확대, 현대화하고 한국인 진료에 더욱 힘을 기울여 대한제국 정부와 민중들의 환심을 사는 데 성공했다. 국왕 고종은 1901년 한성병원에 300원을 '하사' 했다.

조선 정부가 계획했지만 설립하지 못했던 종두의양성소도 비슷한 효과를 나타내었다. 종두의양성소를 설립, 운영하고 실제로 교육까지 담당했던 코죠와 그의 조국 일본에 대한 신뢰와 지지가 올라갔던 것이다.

코죠는 거의 평생을 바쳐 조선인 진료에도 헌신했고, 조선의 의학 발전을 위해서도 노력했다. 적어도 코죠의 입장에서는 그러했을 것이다. 종두의양성소에 일제의 대조선 전략이 깃들어 있었을지라도 코죠

개축(1900)한 뒤의 한성병원 (《경성부사》 제2권). 1905년에 부임한 부원장 아메미야雨宮量七郞가 사진에 나와 있는 것으로 보아 1905년 이후에 찍은 사진으로 생각된다. 한성병원은 1908년 대한의원이 준공될 때까지 세브란스 병원과 더불어 조선에서 가장 규모가 큰 현대식 병원이었다. 1901년 국왕은 한성병원에 300원을 '하사' 했다. 1906년 대한제국 정부가 세브란스 병원에 '제중원 찬성금'을 보낸 것과 비슷한 성격의 지원이었다.

改築後の漢城病院
(中央の軍服を着けたのは副院長雨宮量七郞・其の他は醫員事務員看護婦)

의 종두의사 양성 사업의 가치까지 부정할 필요는 없을 것이다. 하지만 코죠의 이름조차 기억하는 사람이 거의 없다. 일제의 조선 강점은 일본인 개개인의 긍정적 활동마저 모두 역사 밖으로 쫓아냈다. 다시는 되풀이되어서는 안 될 일이지만 오늘의 세상은 어떠한가?

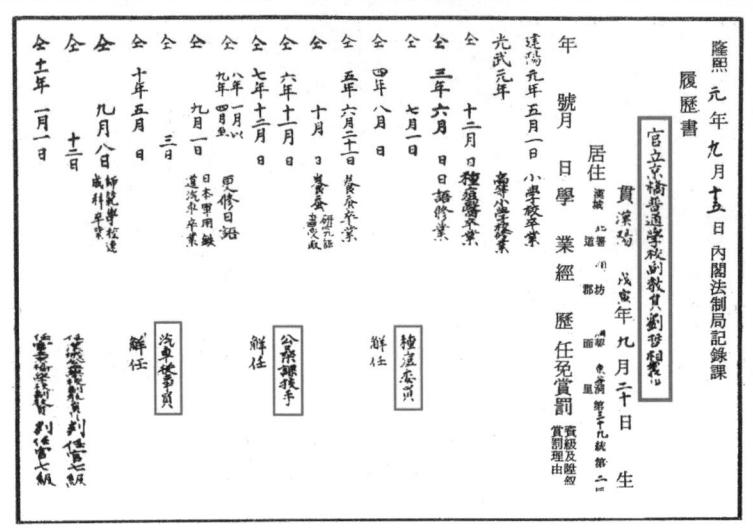

종두의양성소 2기 졸업생 유철상(1878년 생)의 이력서. 종두, 양잠, 철도, 교원 등 근대적 기술과 직업을 편력한 모습이 잘 나와 있다. 공교롭게도 각각의 직책에 1년 남짓 근무한 뒤 그만둔 것으로 되어 있다. 그의 편력 기질 때문인지, 직장이 불안정했기 때문인지는 알 수 없다.

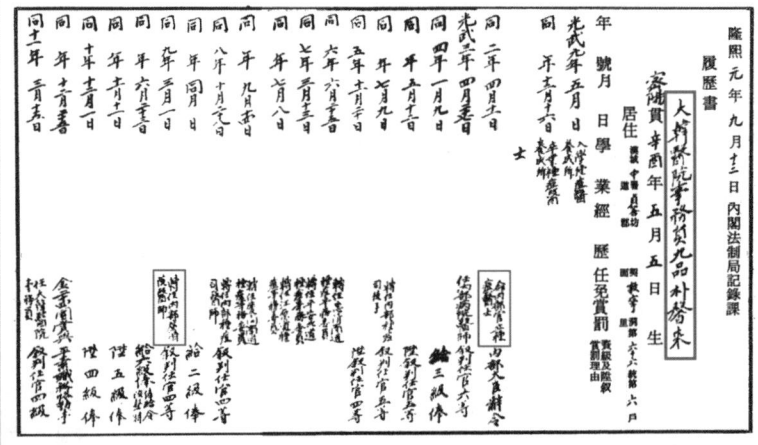

종두의양성소 2기 졸업생 박형래(1861년 생)의 이력서. 종두의양성소에서 수학하기 전의 경력은 알려진 것이 없다. 만 36세에 종두의사가 된 이래 (종두)의사로서 의업에만 종사했다. 대한의원 이후의 경력에 대해서는 알려진 것이 없다.

종두의양성소 졸업생

1899년 4월 14일, 《제국신문》은 4월 9일 남산 노인정老人亭에서 열린 종두의양성소 3회 졸업식을 제법 상세하게 보도했다. 기사는 다음과 같이 세 부분으로 구성되어 있다.

먼저 일본 공사 가토 마쓰오加藤增雄와 공사관 직원, 수비대 장교, 상인 등 일본인이 졸업식에 많이 참석했다는 사실을 보도했다. 이어서 대한제국 궁내부 대신 이재순李載純(1851~1904), 탁지부 대신 조병직趙秉稷(1833~1901), 학부 협판(기사에는 탁지부 협판으로 잘못 표기되어 있다) 민영찬閔泳瓚(민영환의 동생), 학무국장 김각현金珏鉉(1866~1921), 내부 위생국장 최훈주崔勳柱, 의학교장 지석영 등 대한제국 관리 100여 명(이 숫자는 조금 의심스럽다)도 참석했다고 알렸다.

마지막으로 오후 1시 반부터 졸업생 53명에게 졸업장을 주었고, 궁내부와 학부에서는 1천 냥씩의 격려금을, 내부에서는 《위생신론》(코죠 지음) 53권, 종두 기계 9벌, 종두침 및 종두반種痘盤 44개를 전달했다고 보도했다. 구체적인 언급은 없지만 격려금은 종두의양성소, 곧 코죠 바이케이에게, 《위생신론》은 모든 졸업생에게, 종두 기계는 우등 졸업생에게, 종두침 및 종두반은 일반 졸업생에게 지급되었을 것이다.

남산 노인정老人亭에서 열린 종두의양성소 3회 졸업식을 보도한 《제국신문》 1899년 4월 14일자.

언뜻 졸업식을 평범하게 보도한 듯 보이지만, 일본인 하객에 관한 보도로 시작하는 이 기사는 종두의양성소의 일면을 잘 보여 준다. 기사는 한국인 종두의사의 졸업을 축하하기에 앞서 찬화병원장 코죠와 일본의 공적을 찬양, 자축하는 분위기를 잘 전달하고 있는 것이다. 당

남산 북쪽 기슭의 노인정. 당시 한성의 대표적인 상춘賞春 장소이자, 1894년 이래 일본인들이 특별한 의미를 두는 곳이기도 했다.

시 《제국신문》은 아직 반일 성향을 뚜렷이 드러낸 상태는 아니었지만 친일 매체는 결코 아니었다. 따라서 일본인 하객부터 보도한 것은 신문이 친일적인 성향을 띠었기 때문이 아니라 종두의양성소의 성격과 졸업식의 분위기를 제대로 파악했기 때문으로 이해해야 한다.

사실 졸업식이 열린 남산 기슭의 '노인정'의 성격도 그렇다. 노인정은 1894년 7월 15일, 일본 공사 오토리大鳥圭介가 이른바 '5개조 개혁안'을 제시하며 조선의 내정에 본격적으로 개입할 의도를 보였던 '노인정 회담'이 열렸던 장소다. 그때부터 노인정은 일본인들에게 긍지와 영광의 장소로 여겨졌다. 이 같은 일본의 새로운 부상은 실로 놀랄 만한 일이었다. 불과 1년 전인 1898년 초 공사 가토는 본국 외무성에 다음과 같이 보고했다.

위로는 국왕으로부터 아래로는 서민에 이르기까지 조선의 상하 관민은 모두 배일 열기에 가득 차 있어 일본을 나라의 원수로 여깁니다. 이로 인해 내륙 행상자는 도처에서 폭도에게 살상당하고 개항장에 있는 자도 항상 박해를 받습니다. 일본인의 언동은 모두 의심과 불쾌감만 사기 때문에 권리의 확장은 고사하고 단지 세력 범위의 유지에도 여력이 없는 상황입니다(강재언, 《한국 근대사》, 한울에서 재인용).

《관보》 1899년 5월 1일자. 1899년 4월 26일자로 내부병원 의사로 임명받은 사람의 대부분이 종두의양성소 출신이었다. 하루 뒤에 임명받은 피병준 역시 양성소 출신이었다.

하지만 졸업식에는 그런 의미만 있었던 것은 아니었다. 근대 의술을 배운 종두의사들에 대한 대한제국 정부와 사람들의 기대가 담겨 있었던 것이다. 그랬기에 종두의양성소나 종두의사와 직접 관련되는 학부와 내부의 관리들뿐만 아니라 궁내부 대신과 탁지부 대신 등 고위 관료들이 참석했을 것이다.

정부의 기대는 4월 말 내부 관할로 신설된 국립병원(내부병원)의 인사에 반영되었다. 4월 26일자로 임명받은 의사 12명 가운데 이호형李鎬瀅, 한우韓宇, 노상일盧尙一 세 사람을 제외하고, 김교각, 임준상, 김성배, 이호경(이상 1기), 이만식, 이응원, 이인직, 이세용, 박형래(이상 2기)가 종두의양성소 출신이었다. 또한 병원 서기로 임명된 조동현과 하루 뒤에 의사로 발령받은 피병준도 양성소 2회 졸업생이었다. 오늘날 내부병원을 한방 위주의 병원이었다고 간주하는 경향이 있는데, 적어도 초기에는 종두술이라는 근대 의술을 시술하는 것을 주된 활동으로 하는 병원이었다.

1899년 4월 24일, 칙령 제14호로 반포, 시행된 〈병원 관제〉에는 의사 정원이 15명 이하로 규정되었으며, 그 가운데 3분의 2인 10명이 종두의로 배정되었다. 그리고 종두의양성소 출신이 종두의 정원 모두를 채웠으며, 이로써 그들이 병원을 주도해 나갔을 것이다.

그러면 종두의양성소를 졸업한 이 종두의사들은 대체 어떤 사람들이었을까? 종두의양성소 제1회(1897년 7월 10일) 우등 졸업생 이겸래李謙來와 고희준高羲駿 두 사람에게 눈길이 가지만 그에 앞서 종두의양성소 재학 사실과 그 밖의 학력, 경력 등이 이력서로 확인되는 사람들부터 알아보자.

《관원官員이력서》상에 종두의양성소 졸업 사실이 명기되어 있는 사람은 박형래, 심승덕, 유철상, 이응원, 피병준(이상 2기), 고원식, 고준식, 유일환, 이공우(이상 3기) 등 9명이다. 이밖에 이력서에 졸업 사실이 명기되어 있지 않지만, 졸업생으로 추정할 수 있는 사람으로 박우용, 이철우 등 몇 명이 더 있다.

〈표 2〉《관원이력서》상에 종두의양성소 졸업 사실이 명기되어 있는 사람들의 학력과 경력*

이름	기	생년	졸업때 나이	다른 학력	의업醫業 경력	다른 경력
박형래	2	1861	36		내부병원/광제원 의사 종두사무위원 대한의원 사무원	
심승덕	2	1876	21	한성사범 졸업 수학강습증 취득		후동소학교 교사 경교보통학교 교원
유철상	2	1878	19	고등소학교 수업 양잠養蠶 졸업 일본군용철도 졸업 사범 속성과 졸업	종두사무위원	공상과工桑課 기수 기차종사원 한성공립학교 부교원
이응원	2	1877	20	한성사범 졸업	내부병원/광제원 의사 종두사무위원 대한의원 약제사	
피병준	2	1864	33	과거(의과) 합격	내의원약방 침의針醫 내부병원/광제원 의사 대한의원 의원	
고원식	3	1876	23	경성학당 수학	종두의양성소 부교사 종두사무위원	성진 군수 의정부 참서관
고준식	3	1879	20	우무郵務학당 졸업		우체사郵遞司 주사 농상공부 서기
유일환 (유관희)	3	1871	28		내부병원/광제원 의사 대한의원 사무원	
이공우	3	1879	20	한성사범 졸업	종두사무위원 내부병원 의사 광제원 기수	한성부 주사

* 이들이 양성소를 졸업할 때의 나이는 평균 24.4세였다. 유일환劉日煥이 유관희劉觀熙로 되어 있는 기록들도 있는데, 이력서 작성 무렵 유일환으로 개명한 것으로 생각된다.

이 9명은 전체 81명의 10퍼센트 남짓에 불과하며, 또 정식 관원으로 임용되었다는 점에서 종두의양성소를 졸업한 종두의사들의 일반적 특성을 그대로 대변한다고 할 수는 없을 것이다. 하지만 이들을 통해 당시 종두의사들의 일면을 파악할 수는 있다.

1890년대 후반에도 종두술을 공부해 종두의사가 되는 것은 누구에게나 쉬운 일은 아니었다. 집안 분위기가 '개화적'이거나 자기 자신이 매우 진취적이지 않으면 엄두를 내기 쉽지 않았다. 이들의 경력에는 대부분 그러한 점이 잘 드러나 있다.

먼저 종두의사 자격 취득 이전의 경력을 살펴보자. 박형래(1861년생), 피병준(1864년 생), 유일환(1871년 생) 등 나이가 상대적으로 많은 사람을 제외하고, 나머지 6명은 종두의양성소 입학 이전에 근대식 교육을 받은 경험이 있었다. 특히 고원식은 경성학당에서 1896년 4월부터 2년 동안 일본어를 공부했는데, 그가 종두의양성소에 입학하자마자 학생이면서도 부교사직을 맡았던 것도 일본어가 가능했기 때문이었을 것이다.

피병준은 1885년에 과거시험 의과醫科에 합격하고 왕실 의료를 담당하는 내의원에서 약 10년간 침의針醫로 일한 경력이 있었다. 박형래와 유일환은 입학 전의 경력이 알려져 있지 않고, 나머지 사람들은 나이로 보아 아마 생업보다는 수학修學의 경험만 있으리라고 생각된다.

한편 종두의사 자격을 얻은 뒤의 경력은 크게 세 가지로 나뉜다. 하나는 의업 활동은 (거의) 하지 않고 다른 일을 한 경우다. 심승덕은 한성사범학교를 졸업한 경력을 살려, 후동소학교 교사와 경교보통학교 교원을 지냈다. 고준식은 우체사郵遞司 주사와 농상공부 서기로 일했다. 유철상은 잠시 종두사무위원을 지냈지만, 새로운 기술과 직업을 찾아 편력의 젊은 시절을 보냈다. 이러한 부류의 사람들은 일본어를 배우고 일본인들과 교제하기 위해 또는 당시의 스펙을 쌓기 위해 종두의양성소에 다녔을지 모른다.

두 번째는 의업 활동을 하다 일반직 관료로 전직한 경우다. 이공우는 내부병원 의사 등 의업에 종사하다 1906년에 한성부 주사가 되었는데, 한성부 주사 업무의 구체적 내용을 알 수 없어 그가 의업을 그만두었는지 단정하기는 어렵다. 고원식은 1905년부터 성진 군수, 의정부 참서관을 지낸 것으로 보아 의업 활동은 중단한 것으로 생각된다.

세 번째는 박형래, 피병준, 유일환, 이응원 등과 같이 이력서를 작성한 시점(대체로 1907년)까지 계속 의업에 종사한 경우다. 이응원을 제외한 나머지 3명은 나이가 많은 사람들이다. 이들은 전직할 수 없어서 마지못해 의업을 계속했던 것일까? 아니면 의업을 천직으로 여겼기 때문이었을까? 또는 종두의사 중에서는 내부병원, 광제원, 대한의원 등 가장 안정된 직장을 가졌기 때문이었을까?

隆熙元年 九月三十日 内閣法制局記錄課

履歷書

姓名李秉常前副撰調事諫来		
貫廣州 乙酉年三月十五日生		
居住 漢城中署貞洞坊貞洞契補訓鍊院前洞面新村里統第八戶		

年號月日	學業經歷	任免賞罰 資級及陞叙官訓理由
開國五百四年貢十六日	渡文	任副尉 委任五等
同 同	同	補訓鍊院前洞 六品
同 八月二十日		休職
光武二年三月二十四日		任秘書院郎
同 四月七日		依免
同 二月八日		任宏文院侍讀官 同
同 九月二十五日		陞正品
同 三年 十月三十日		任秘書院承官同
同 四年 二月七日		依免
同 七年 二月二十日		任奎章閣直閣理
同 八年 二月二十日		陞從一品
同 十年 二月二十日		任掌禮院卿 轉任三等
同 四月二十日		願遞
同 九月二日		任祕書院記調 同
同 九月九日		任奉常司副撰調 同

《대한제국 관원이력서》(국사편찬위원회 편, 1971)에 수록되어 있는 이겸래의 이력서. 이력서의 작성 시기인 1907년 9월 30일 이겸래는 종2품으로 봉상사奉常司(왕실의 제사와 시호諡號에 관한 사무를 맡아 보던 관청) 부제조副提調를 지냈다.

왕비 암살 사건에 연루된 이겸래

종두의양성소를 졸업한 사람은 1기 10명, 2기 18명, 3기 53명 등 모두 81명이며, 이 가운데 (종두) 의사 경력이 확인되는 사람은 53명이다. 1기 4명, 2기 6명, 3기 18명 등 28명은 (종두) 의사로 활동한 기록이 남아 있지 않은데, 기록의 누락이나 유실 또는 실제로 활동을 하지 않은 경우일 것이다.

* 한성종두사(1900~1905), 내부병원(1899~1900), 광제원(1900~1907), 대한의원(1907~1910) 임용자 중 별도로 직책이 기재되어 있지 않은 사람은 의사로 근무했음을 뜻한다.
** '비고'는 (종두)의사 경력이 발견되지 않는 인원 수이다.

〈표 3〉 종두의양성소 졸업생들의 (종두)의사 경력*

	종두사무위원	한성종두사	내부병원	광제원	대한의원	비고**
1기 (10명)	김교식 김익영 (2명)	이호경 김성배 (2명)	이호경 김성배 임준상 김교각 (의사,기사) (4명)	김성배 임준상 (2명)		4명
2기 (18명)	이세용 신명균 류춘수 박형래 안세현 이응원 유철상 류흥민 이인직 이만식 (10명)	이세용(서기) 박형래(기수, 의사) (2명)	이인직 이세용 박형래 조동현(서기) 이응원 피병준 (6명)	박형래 조동현(서기) 이응원 (의사,제약사) 피병준 (4명)	박형래 (사무원,주사) 이응원 (약제사,조수) 피병준 (의원,조수) (3명)	6명
3기 (53명)	이윤선 고원식 이공우 장진조 지의찬 임천규 이재익 심승훈 최종만 이창렬 이영만 김관형 김균명 조정국 박화진 홍현상 이철우 박우용 박희빈 이규용 김완배 여규면 윤석현 김서묵 이민교 홍성환 박태훈 정설교 서매순 이종혁 송영진 강문희 성낙춘 김연태 (34명)	이공우(기수) 홍현상(위원) 유일환 송영진 성낙춘 (5명)	이공우 유일환 성낙춘 (3명)	유일환 송영진 (2명)	유일환 (사무원,주사) (1명)	18명
81명	46명	9명	13명	8명	4명	28명

의업 활동이 확인되는 53명 가운데는 한성종두사(9명), 내부병원(13명), 광제원(6명), 대한의원(4명)에 근무한 경우도 있지만, 87퍼센트인 46명이 지역 종두사무위원으로 활동했다. 즉 종두의양성소 졸업생들의 주된 활동 무대는 각 지방[道]이었으며, 이들은 이전 시대의 우두교수관처럼 담당 지역에서 종두를 시술하는 한편 '종두인허원種痘認許員'(과거의 우두의사)을 양성하는 역할도 했다.

종두사무위원 가운데에는 김능준金能峻(관보 1900년 10월 11일자), 조필하趙弼夏(1901년 1월 28일자), 최경욱崔擎昱(1901년 4월 24일자) 등과 같이 종두의양성소와 무관한 사람도 더러 있지만, 대부분 양성소 졸업자였다. 즉 대한제국기의 종두 업무는 종두의양성소 졸업자들이 주도했다. 새로운 종두의사들의 등장과 세력 장악에는 코쵸가 교육한 종두술이 과거보다 진일보한 점도 어느 정도 작용했겠지만, 일본 세력의 부상이라는 새로운 정치적 요인도 관련이 있을 것이다.

한편, 종두의양성소 출신으로 (종두)의사 활동을 확인할 수 없는 사람은 다음과 같다.

1기: 이겸래, 고희준, 이규필, 이홍래 (4명)

2기: 현동숙, 심승덕, 이철용, 유문종, 정해관, 최상혁 (6명)

3기: 김덕준, 고준식(고홍식의 개명), 신종희, 방춘환, 최진성, 이희민, 박민수, 류상규, 원보상, 이동언, 강필우, 이승조, 방한식, 이동환, 이효선, 윤종모, 김상기, 전위현 (18명)

이 가운데 심승덕과 고준식은 앞에서 보았듯이 종두의양성소를 졸업하고 각각 교사와 기술·행정 관료로 활동했다.

《황성신문》1899년 10월 13일자. 황해도 종두사무위원 고원식과 이창렬이 종두를 보급하는 한편, 종두인허원을 시험으로 선발하여 각 군에 파견할 것이라는 기사이다.

《황성신문》1900년 3월 5일자. 충청남도 종계소 위원 이만식과 박태훈이 과거에 전국 도처(7도)에서 우두교수를 지낸 김인제와 동심합력하여 종계 사무를 잘 할 것이라는 기사이다. 종두 업무를 둘러싸고 신구新舊 세력이 갈등과 분쟁을 겪은 경우가 적지 않았지만, 이처럼 협력이 잘 된 경우도 있었다.

1기 우등(2등) 졸업생 고희준高羲駿(1878~?)은 1895년 관비 유학생으로 일본에서 유학했고, 종두의양성소를 졸업하고는 1898년 1월부터 1901년까지 경성학당 교원으로 일본어를 가르쳤다. 그 뒤 1904년 궁내부 주사를 시작으로 탁지부 기수, 거제 군수 등 관직을 역임했다. 1909년 5월 군수를 그만두고 일진회에 가입하면서부터 일제 말년까지 노골적인 친일 매국 행각을 벌였다.

2기 현동숙玄東翿은 갑산부 경무관보(1895)와 탁지부 주사(1896)를 지낸 현동숙과 동일 인물일 것으로 생각된다. 그리고 3기의 방춘환方春煥은 관립소학교 졸업(1898), 이희민李熙敏은 법부 주사(1902), 박민수朴旻秀는 일어학교 우등 졸업(1904), 강필우康弼祐는 외국어학교 교관(1901), 방한식方漢式은 삼화감리서 주사(1904), 이동환李東煥은 외국어학교 부교관(1901), 전위현全瑋鉉은 잠업시험장 졸업(1901) 등의 경력을 가졌다(이 가운데 동명이인의 경우도 있을 수 있지만 가능성은 많지 않다고 생각한다). 이처럼 종두의양성소 출신으로 기록상 종두의사 경력이 확인되지 않는 사람들도 대체로 근대적 활동을 했다.

《매일신보》 1924년 5월 5일자.
"독립이 실현하면 조선민족은 과연 행복일까"라는 고희준의 지론이 실려 있다.

이제 종두의양성소 제1기를 수석으로 졸업한 이겸래를 살펴보자. 여전히 낯설었을 신설 종두의양성소의 수석 졸업 자체도 흥미로운데 애써 얻은 자격을 전혀 활용하지 않아 더욱 관심을 끄는 인물이다.

이겸래는 19세기 말과 20세기 초의 기록에 세 차례 나타난다. 첫 번째는 일본의《초우야신문》 1886년 7월 29일자에 제중원 의학당 생도로 언급된 13명 중의 하나인 이겸래이다. 연세대학교 의과대학은 1999년 4월,《초우야신문》 기사를 근거로 이겸래 등에게 명예졸업장을 수여했다. '제중원 학당'은 조선 정부(외아문)가 설립한 기관인데, 대한민국 정부(외교부나 교육부)가 아닌 연세 의대가 명예졸업장을 수여한 것은 도무지 이해가 가지 않는다. 게다가 명예졸업장을 주기에는 근거도 미약하다.

두 번째는 종두의양성소 제1기 수석 졸업생 이겸래다. 그리고 세 번째는 1907년 9월 30일에 작성된 관원 이력서의 주인공 이겸래다.

그러면 세 명의 이겸래는 동일 인물일까? 우선 제중원 학당의 생도 이겸래와 종두의양성소 졸업생 이겸래는 상식적·논리적으로 생각해서 같은 사람일 가능성이 많다. 새로운 의학을 공부하려 제중원 학당에 들어간 사람이 나중에 비슷한 성격의 종두의양성소에서 수학하는 것은 자연스럽기 때문이다.

다음으로 관리로 출세한, 즉 관원 이력서상의 이겸래와는 동일인물일까? 어떤 연구자는 이겸래가 당시 외부外部 교섭국장이었기 때문에 종두의양성소와 무관하다고 주장한다. 하지만 이겸래가 교섭국장이 된 것은 1898년 3월 14일이므로(종두의양성소 1기 졸업은 1897년 7월 10일) 그러한 주장의 근거가 될 수 없다. 이겸래는 위의 이력서에 의하면 1895년 8월 22일 이후 교섭국장에 임명될 때까지 별다른 직책이 없었다.

이겸래의 경력을 꼼꼼히 짚어 보자. 이겸래는 스무 살 되던 1885년 과거[式年試] 잡과 운관과雲觀科(음양과)에 합격했다. 그 사실이 기록되어 있는 《운관과목안雲觀科目案》에는 장인 전홍묵全弘默이 혜민서 훈도[惠訓]를 지

《운관과목안雲觀科目案》. 1885년 을유시乙酉式 운관과에 이겸래 등 12명이 합격했다고 나와 있다. 또한 이겸래의 장인 전홍묵이 혜민서 훈도를 지낸 사실도 적혀 있다.

100 제1부 개국과 보건의료 환경의 변화

냈다고 되어 있다. 여기에서 이겸래가 제중원 학당에 입학하게 된 동기의 일단을 엿볼 수 있다. 이겸래의 1907년 이력서에는 운관과 합격과 제중원 학당에 관한 언급이 전혀 없다.

1907년 이력서에는 이겸래가 1895년 6월 18일(음력 5월 26일) 부위副尉로 임명받아 훈련2대에 근무한 기록이 있다. 잡과에 합격한 사람이 무관武官이 된 것인데, 그렇게 된 연유는 알 수 없다. 하지만 그에 앞서 이겸래가 1894년 동학농민전쟁 때 정부군으로 출전해 여러 차례 전공戰功을 세운 사실에 대해서는《갑오군공록甲午軍功錄》등과 같은 많은 기록이 있다.

이겸래가 근무한 훈련대訓練隊는 일본의 주도로 1895년에 창설된 부대로 일본인 교관이 직접 지도하는 친일 세력의 무력 중추였으며, 1895년 10월 8일(음력 8월 20일)의 왕비 암살 사건(을미사변)에 깊이 관여했다. 훈련대가 왕비 제거에 가담한 직접적인 계기는 사건 며칠 전, 왕비를 중심으로 한 친러파 세력이 곧 훈련대를 해체한다는 정보를 입수한 것이었다. 이때 훈련대의 제1대대장은 이두황李斗璜(1858~1916), 이겸래가 속한 제2대대장은 우범선禹範善(1857~1903, 육종학자 우장춘의 아버지)이었다. 우범선은 을미사변 당일 훈련대 병력 동원의 책임자였으며 왕비의 시신을 마지막으로 처리하는 과정에도 가담했다.

이겸래의 이력서에는 변란 이틀 뒤인 10월 10일(음력 8월 22일)에 휴직했다고 기록되어 있다. 하지만 정부 공식 기록은 그와 조금 다르다.《일성록》에는 10월 22일(음력 9월 5일) 군부대신 조희연趙羲淵이 국왕에게 이민숙李敏俶과 이겸래 등 훈련대 장교 9명을 면직시킬 것을 제

《갑오군공록甲午軍功錄》. 순무별군관巡撫別軍官 이겸래가 기호畿湖 지방 여러 읍에서 세 차례 전공을 세웠음이 기록되어 있다.

청했다고 기록되어 있으며, 같은 날짜 《관보》에는 그 9명 중 제2대대 중대장 최영학崔永學과 이겸래 등 4명은 휴직 조치, 이민숙 등 5명은 보직 변경한 것으로 되어 있다. 처벌의 수위가 높은 것은 아니었지만, 이로써 이겸래는 사실상 군대에서 축출된 것으로 보인다. 그 뒤 훈련대는 10월 30일(음력 9월 13일) 칙령 제169호로 폐지되었고, 이두황과 우범선은 일본으로 망명했다. 이겸래는 어떻게 되었을까? 우리가 아는 사실은 그가 1897년 7월 10일 종두의양성소를 수석으로 졸업했고, 1898년 3월 14일에 외부 교섭국장이 되었다는 것이다.

여기까지 살펴보았으니 훈련대 장교, 즉 관원 이력서상의 이겸래와 종두의양성소 졸업생 이겸래가 동일 인물이라는 사실을 굳이 논증할 필요는 없다. 물론 종두의양성소에 입학하게 된 구체적인 과정, 그리고 종두의양성소 수학 및 졸업 이력과 교섭국장 임명과의 관계에 대해서는 앞으로 연구가 필요할 것이다. 관료로서 별다른 경력이 없는 이겸래가 외교 실무의 핵심 자리를 차지한 것은 선뜻 이해가 가지 않기 때문이다.

이겸래가 외부 교섭국장, 중추원 의관, 농상공부 기사, 외부 참서관, 옥구 감리, 봉상사 부제조 등으로 관운을 누리면서 (종두)의사로 활동할 여지는 없었을 것이다. 요즘도 별로 다르지 않을 것이다. 뿐만 아니라 고위 관료로 출세한 이상 이력서에 잡과雜科 합격, 제중원 학당 수학, 종두의양성소 졸업에 관해 기재할 필요성을 느끼지 않았거나 오히려 숨기려 했을지 모른다. 이겸래는 《광주 이씨 대동보大同譜》에 따르면 1911년 9월 5일 사망했다.

〈표 4〉 이겸래(1865~1911)의 약력*

날짜 및 활동 내용	출처
1865년 4월 10일(음력 3월 15일) 출생	이력서
1885년 과거시험 운관과(雲觀科) 합격	《운관과목안》
1886년 제중원 학당 입학	《초우야신문》 1886년 7월 29일자
1894년 동학농민전쟁시 정부군으로 여러 차례 전공	《갑오군공록》 등
1895년 6월 18일 훈련대 제2대대 부위	이력서, 《일성록》 1895년 6월 18일자
1895년 10월 22일 훈련대 휴직(사실상 철직)	《일성록》 1895년 10월 22일자 《관보》 1895년 10월 24일자
1897년 7월 10일 종두의양성소 제1기 수석 졸업	《관보》 1897년 7월 10일자
1898년 3월 14일 외부 교섭국장	이력서, 《관보》 1898년 3월 17일자
이후 중추원 3등 의관(1898년 4월 17일) 등 여러 관직 역임하고 품계가 종2품(차관급)에 이름	이력서, 《관보》, 《황성신문》 등
1911년 9월 5일 사망	《광주 이씨 대동보》

* 이력서에 나타나지 않은 사항을 다른 자료들로 보완하여 재구성했다.

《매일신보》1915년 4월 1일자. 피병준이 총독부의원을 그만두고 외과 전문인 창덕의원을 개원한다고 보도했다. "와룡동 창덕의원을 설시하고 독립으로 진찰과 수술을 행할 터인데 수술요금도 아무쪼록 병자의 사정을 보아 저렴하게 하고 다년 경험한 술법으로 부스럼, 종기, 기타 외과에 고통하는 병자를 넓게 구제할 터이라더라." 피병준이 '외과 전문 의원'을 개설한 데에는 내의원 침의鍼醫 경력, 대한의원과 총독부의원에서의 진료 경험이 함께 작용했을 것으로 생각된다. 또한 이 기사는 1910년대에도 여전히 종기 환자가 많았음을 말해 준다.

전통과 근대를 넘나든 의사들

종두의양성소 1기 졸업생 김달식金達植(1878~1936)은, 그의 이력서에 따르면 1896년 종두학교(종두의양성소)에 입학했다. 종두의양성소가 1897년이 아니라 1896년에 시작되었음을 보여주는 한 근거이지만 이것만으로 개교 시기를 1896년으로 단정할 수는 없다.

김달식(일명 김교식)은 1899년 8월 함경북도 종두사무위원으로 임명받아 7개월가량 근무한 뒤, 1900년 4월 의학교에 입학해 3년을 다니고 1903년 7월 제2회로 의학교를 졸업했다. 김달식은 종두의양성소와 의학교 두 군데 모두를 졸업한 유일한 사람이다. 의학교를 졸업한 김달식은 다시 전라남도(1903년 9월), 강원도(1904년 9월) 종두사무위원으로 임명받아 활동했으며, 1905년 4월부터 일제에 의해 대한제국 군대가 해산될 때까지(1907년 8월에서 9월 사이)는 군의관으로 근무했다(김달식의 군의관 해임 날짜는 9월 3일).

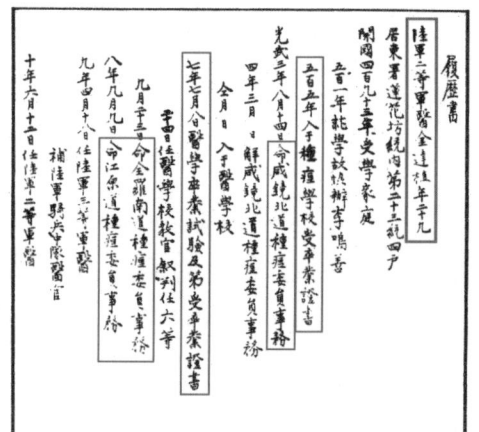

김달식金達植의 이력서. 김달식과 김교식金敎植이 동일인물이라는 사실을 확인할 수 있는 것은 김교식이 1899년 8월 14일자로 함경북도 종두사무위원으로 발령받았다는 《관보》 기사 덕분이다. 위 이력서에 적혀 있는 김달식의 종두위원 임명 사실과 똑같다.

김달식이 의학교를 졸업해 의사가 되었는데도 얼마간 종두의사로 활동한 것은 당시 의학교 출신 의사들이 일할 관직이 별로 없었기 때문인 것으로 생각된다. 1904년부터 대거 군의관으로 입대할 때까지 의학교 출신들은 대개 '임시 위생원 위원', '임시 유행병 예방위원' 등 말 그대로 임시 관직에만 촉탁되었을 뿐 안정적인 일자리를 갖지 못했다. 그러니 종두의사로 활동할 수 있었던 김달식은 상대적으로 처지가 나은 셈이었는지 모른다.

일제에 의해 군대에서 축출된 뒤 김달식은 어떤 활동을 했을까?

《황성신문》 1910년 9월 2일자 광고에는 김달식이 화평당和平堂 진찰소에서 의사로 활동하고 있음이 나타나 있다. 화평당은 이응선李應善이 1909년 무렵 개설한 약방 겸 진찰소로 일제 강점기 내내 번창했다. 김달식은 화평당의 고용 의사로 일한 것이었는데, 그 뒤 어느 정도 재산을 모아 독자적으로 개업을 한 것으로 여겨진다. 의학교 출신 의사들, 즉 우리나라 초창기 의사들의 처지를 엿볼 수 있는 모습이다.

《황성신문》 1910년 9월 2일자 광고. "본당 진찰소 의사 김달식씨는 전 육군 군의, 의학교 교관으로 의계의 저명한 선생이니 환자는 내진하시오." 《대한매일신보》에 의하면 김달식은 이에 앞서 몇해 동안 황토현(광화문 네거리 근처) 보생관에서도 진료 의사로 일했다.

이번에는 종두의양성소 2기 졸업생 피병준皮秉俊에 대해 알아보자.

피병준의 초·중기 경력은 1907년에 작성된 관원 이력서에 고스란히 담겨 있다. 그래서 이겸래와 달리 행간을 살필 필요도 없고 빠진 사실을 찾으려고 다른 자료를 애써 뒤질 필요도 없을 것 같다.

1864년 2월 10일 한성에서 태어난 피병준은 스물한 살 때인 1885년 9월 과거시험[增廣別試] 의과醫科에 합격했다. 1882년 2월부터 4년간 의학 수업을 받았다고 되어 있는데, 처음에는 혜민서에서 공부하다(그의 아버지는 혜민서 참봉을 지냈다) 혜민서가 폐지된 뒤 전의감典醫鑑으로 옮겨 수학했을 것이다. 이렇게 피병준은 조선시대 말 의원醫員이 되기 위한 전형적인 코스를 밟았다.

피병준은 조선 말 대표적인 의원 가문인 홍천洪川 피皮씨이다. 《의과방목醫科榜目》과 《승정원 일기》에 따르면 아버지 피상건皮相健은 혜민서 참봉, 할아버지 피종순皮宗舜은 혜민서 주부, 증조부 피재원皮載元은 전의감 직장直長을 지냈다. 또한 홍천 피씨는 희성稀姓인 데도 1874년부터 1891년까지 의과 합격자의 6퍼센트인 12명을 배출했다.

피병준은 과거에 합격한 지 석 달 뒤인 1885년 12월 약방藥房(즉 내의원) 침의針醫에 임명되어 9년 동안 근무했다. 그리고 갑오개혁 때인 1894년 7월 군무아문 주사를 지냈고, 1896년 3월 관직에서 물러나 개업醫業을 했다.

의과醫科에 합격하고 내의원에서 근무했던 피병준이 종두의사가 된 것은 이례적인 일이다. 피병준은 1897년 5월 9일 종두의양성소에 입학해 11월 24일(이력서에는 12월) 졸업했다. 그리고 1898년 4월 12일 내부대신이 발급하는 '내부 관립 종두의사' 면허장을 받았다. 같은 2기 졸업생인 이응원과 박형래의 이력서에도 마찬가지로 적혀 있는데, 다만 박형래의 이력서에는 날짜가 4월 11일로 되어 있다.

《의과방목醫科榜目》. 피병준의 집안이 전형적인 의원 가문임을 잘 보여 준다. 증조부부터 피병준에 이르기까지 4대에 걸쳐 전의감, 혜민서, 내의원 등에서 의원으로 활동했다.

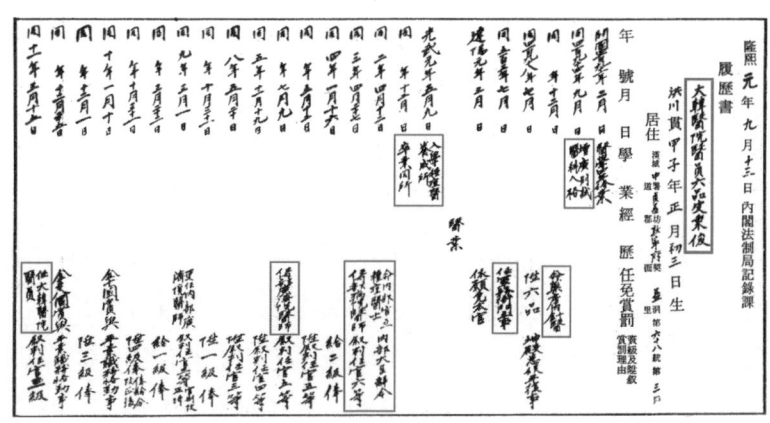

종두의양성소 2기 졸업생 피병준의 이력서. 그의 경력이 잘 드러나 있다.

종두의사의 감독관청인 내부가 졸업 몇 달 뒤에야 2기 졸업생들에게 면허장을 발급한 연유는 연구가 더 필요한 부분이다. 3기생인 고원식, 고준식, 이공우의 이력서에는 면허장의 명칭이 '종두의술개업윤허장'으로 되어 있으며 발급 날짜도 졸업 3일 뒤인 4월 12일이다. 의료인 관리 제도가 점차 정착되어 가는 과정을 보여주는 것일 터이다.

그 뒤 피병준은 1899년 4월부터 내부병원과, 내부병원을 개칭한 광제원에서 계속 근무했으며, 1907년 일제가 의학교, 광제원, 적십자사병원을 통폐합해 만든 대한의원에서도 의사 생활을 지속했다. 피병준은 대한의원을 승계한 조선총독부의원에서 1915년까지 근무하다가 그해 4월 창덕궁 앞 와룡동에 '외과 전문' 창덕의원昌德醫院을 개업했다.

또한 피병준은 1911년 8월 4일 총독부 당국으로부터 '의술개업인허장'을 발급받았다. 의술개업인허장은 통감부(통감 이토 히로부미) 시절인 1908년 6월부터 일제가 정식으로 근대식 의학 교육을 받았다고 인정한 사람들에게 발급한 것(1910년 8월 29일 강제 병탄 때까지는 대한제국 내부 명의로 발급)으로, 일제의 기준에 비추어 자격에 문제가 있는데도 발급받은 사람으로는 피병준(98호) 외에 이규선李圭璿(87호)이 있다. 대한의원에 근무했던 이들이 정식으로 근대식 의학 교육을 받은 경력이 없는데도 의술개업인허장을 수여받은 연유에 대해서도 연구가 필요하다. 섣불리 '친일'과 연관지을 필요는 없을 것이다.

피병준은 1885년 의과에 합격한 이래 30년이 넘게 전통 의술과 근대 의술을 넘나들고 아우르는 의사 생활을 지속했다. 당시로는 예외적일 뿐만 아니라 파격적이라고까지 할 만한 삶이었다. 또한 그는 내부병원 창립 때부터 조선총독부의원에 이르기까지 16년 동안 내리 근

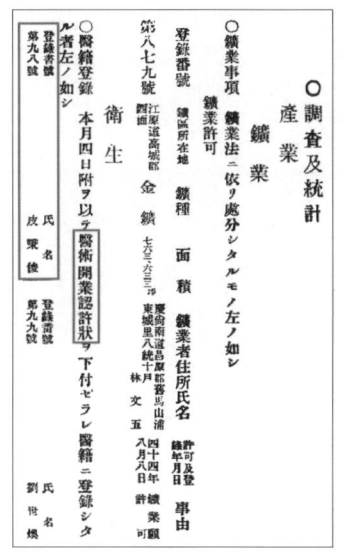

《조선총독부 관보》 1911년 8월 10일자. 피병준에게 8월 4일자로 의술개업인허장(제98호)을 발급한 사실이 기재되어 있다.

무한 유일한 사람이었다. 이겸래와는 참으로 대조적인 생애였다. 세상은 예나 지금이나 이런저런 사람들이 사는 곳인가 보다.

피병준처럼 과거시험 의과에 합격한 전형적인 전통 의사이면서도 근대 의학을 공부한 사람으로는 의학교 제1회 졸업생인 김성집金性集(1871~1934)과 이제규李濟奎(1873~?)가 있다.

1885년 열네 살 때 의과에 합격한 김성집의 집안은 전형적인 의원 가문이었다. 아버지 김윤金潤은 내의원 침의, 할아버지 김낙용金樂鏞은 전의감 전함前銜과 직장直長을 지냈으며, 증조부 김규金珪는 내의內醫로 자헌대부資憲大夫(정2품)의 품계까지 받았다. 장인 한정현韓鼎鉉도 의과에 합격하고 첨정僉正 벼슬을 지냈다.

열다섯 살 되던 1888년 의과에 합격한 이제규의 집안 역시 의원이 적지 않았는데, 증조부 이진우李鎭宇가 의과에 합격했으며, 외조부 김형적金亨遁은 혜민서 교수를 지냈다. 사실 이제규의 친가보다 처가인 천녕川寧 현씨가 의원 집안으로 더 유명했는데, 이제규의 장인 현행건玄行健을 비롯해 고종 시대에만 10명의 의과 합격자를 배출했다.

김성집과 이제규 모두 의과에 합격한 뒤 내의원에서 근무했고, 1891년에 국왕으로부터 상을 받았다. 특히 피병준은 1887년과 1890년 두 차례에 걸쳐 내의원 근무 공로에 대해 국왕의 치하를 받았다. 두 사람이 언제까지 내의원에 근무했는지는 알 수 없지만, 1899년 9월 의학교에 제1회로 입학하여 3년간 수학한 뒤 1902년에 졸업하고 근대식 의사가 되었다. 그리고 이제규는 의학교를 졸업한 뒤인 1904년 태의원太醫院(내의원의 후신) 주사로도 근무했다.

조선헌병대 산하 경성 제2헌병분대 장교와 하사관들(1910년대). 이제규는 일제시대에 조선헌병대 사령부(지금 필동 한옥 마을 자리) 등에서 군의관으로 근무했다. 조선헌병대 사령부 근무 시의 이제규의 구체적인 행적이 드러난 것은 없지만, 민족문제연구소는 일본군 부대에서 장교로 근무한 사실만으로도 충분한 친일 행위라고 판단하여 《친일인명사전》(2009)에 이제규의 이름을 올렸다. 왼쪽 위의 작은 사진이 이제규이며, 정확한 시기는 알 수 없지만 일제시대의 것으로 생각된다.

친가나 처가가 조선시대 말 대표적인 의원 가문이었던 피병준, 김성집, 이제규가 (종두)의사가 되어 근대 의술을 시술한 사실을 보면, 이 당시 전통 의학(의사)과 근대 의학(의사)이 적대적이지만은 않았다는 생각을 하게 된다.

조선 주재 일본 변리공사 가토가 외무대신 니시西德二郎에게 보낸 기밀 제3호 '독립신문 매수의 건.' 서재필이 양도대금으로 제시한 것은 약 4,000원이며 금액의 지불은 1회로 하든 2회로 하든 일본 측의 편의대로 하라고 했다는 등 내용이 매우 구체적이다. 또한 이 문서에는 《독립신문》의 자산과 운영 내역도 상세히 적혀 있다.

3. 근대 의료를 꿈꾼 사람들

한국계 미국인 의사 필립 제손 서재필

일제 강점기의 대표적인 온건파 민족주의자 조만식曺晩植(1882~1950)은 《개벽》 제31호(1923년 1월 1일자)에서 다음과 같이 말했다.

> 그 지방의 연고자가 그 지방을 버린다면 그 지방을 위하야 일할 다른 사람은 누구이며 또 일하는 그 사람으로 볼지라도 비교적 지정地井이 닥기어진 자기의 지방을 버린다면 그보다 일하기에 편할 지방은 어느 지방이겟습니까. …… 제각기 자기의 향토를 지키기로 합시다. 죽기로써 지켜봅시다. 그래서 조선사람이라는 우리가 제각기 의거依據하야써 존립할 근기根基를 지어봅시다.

국가든 지역이든 제대로 발전하기 위해서는 여러 분야의 인재를 길러야 한다는 데는 재론의 여지가 없을 것이다. 조선(한국)에서 근대 의학의 꽃을 피우기 위해서는 무엇보다도 조선(한국)인 의사를 배출해야만 했다. 제중원의 경험이 그것을 잘 말해 준다. 정부가 김익남을 일본에 유학보내 근대 의학을 배워 오게 하고, 1899년에 '의학교'를 세운 데에는 그러한 경험이 많이 작용했을 것이다.

한편 1900년 1월 2일 내부령 제27호로 〈의사 규칙醫士規則〉, 〈약제사 규칙〉, 〈약종상 규칙〉 등 의료인의 자격을 규율하는 법률이 제정되었다. 점차 (근대) 의료에 대한 수요가 커지면서 신문에 광고를 내는 등 의료인을 자임하는 사람이 늘어난 것이 법령 제정의 한 가지 중요한 계기였을 것이다. 또한 이들 법률이 형식적으로만 존재했던 것이 아니라 실제로 활용되었다는 것은 다음의 기사들로 익히 입증된다.

(제생의원) 본원 의사 박일근朴逸根 씨가 10년 전에 외국에 유학할새 의학에 전문하야 8년을 근공勤工타가 2년 전에 환국하매 제생의 심心을 발하야 작년에 의원을 중서 수진동 제1통 9호에 설하고 대방大方, 부인, 소아, 내외과, 안과를 수증치지隨症治之하는데 신효를 입견立見하오니 구치求治하실 첨군자는 본 의원으로 왕문하시오(《황성신문》 1899년 3월 7일자).

(의약사의 소청) 근일 내부 위생국에셔 각 의사와 약제사를 초집招集하야 시험한 후에 3원식 징수하고 준허장准許狀을 수여하야 시술 행판行販케 하얏더니 작일에 5서내 의사들이 동현銅峴 등지에 회동하야 내부에 호소한다는 개의槪意에 장정章程을 의依하야 금차에 3원만 납納하면 경更히 책납함이 무無할터인지 확정한 명문明文을 수치受置한다더라(《황성신문》 1900년 3월 10일자).

(장연병원) 장연거長淵居 박병규朴秉珪 씨가 내부에 청원하되 본이本以 의업 자생醫業資生이 이경已經 20여년이라 방금 한성에 이유已有 위생병원衛生病院하니 본인도 안변安邊 최달빈崔達斌 덕원德原 최용환崔龍煥의 예를 의하

야 본 군에 사립병원을 설하고 제중케 하겟다 하얏더라《황성신문》 1900년 7월 11일자).

(유치병원) 최홍섭崔弘燮 씨가 유치병원幼穉病院을 설치하기로 내부에 청원하얏더니 지령하되 소관이 지중至重하니 의사 약품을 선택하며 본부 시험을 경經한 후에 준행準行이라 하얏더라《황성신문》 1901년 2월 12일자).

그러면 대한제국 시기 내부령 제27호에 따라 정부로부터 자격을 인정받은 의사와 약제사, 약종상은 얼마나 되었을까? 유감스럽게도 그에 관한 한국 정부 기록이나 신문 기사 등은 발견된 바가 없다. 하지만 조선총독부 기록을 통해 관련된 정보를 유추해 볼 수 있다.

1910년판 《조선총독부 통계연보》(1912년 12월 발행)는 1910년 12월 말 현재 조선인 의사는 1,344명, 조선인 약제사와 약종상은 각각 44명과 2,551명이라고 기록했다. 또한 1911년도 《조선총독부 통계요람》(1911년 11월 발행)에는 1909년 12월 말 조선인 의사는 2,659명, 약제사는 143명, 1910년 9월 1일 현재 조선인 의사 1,806명, 약제사 207명으로 나와 있다.

《황성신문》 1900년 3월 10일자. 내부 위생국에서 의사와 약제사들을 소집하여 시험을 치렀다는 기사이다. 또한 위에서 언급한 장연병원과 유치병원 기사를 보면, 의료인뿐만 아니라 사립 병원의 설립도 내부의 허가를 받았음을 알 수 있다.

1911년도 《조선총독부 통계요람》(1911년 11월 발행). 1909년 12월 말 현재 조선인 의사 2,659명, 약제사 143명, 산파 33명, 간호부 32명, 매약업(자) 3,265명이었는데, 8개월 뒤인 1910년 9월 1일에는 각각 1,806명, 207명, 2명, 11명, 3,103명으로 약제사를 제외하고는 크게 줄었다. 일본식 기준에 미달하는 의료인을 축출했기 때문이었을 것이다.

115 3장 근대 의료를 꿈꾼 사람들

제1차 《통감부 통계연보》(1907년 12월 발행)에는 의사 193명, 간호부 88명, 산파 59명, 약제사 32명, 약상藥商 130명, 제약자 1명으로 나와 있는데, 이는 일본인 의료인 수만 계산한 것으로 보인다. 통감부는 1906년 4월 한국 내에서 개업할 일본인 의사들을 통감부의 의적醫籍에 등록시키고 개업권을 부여하는 것에 관한 〈의규醫規〉를 제정했다. 일본 동인회同仁會가 한국에 의사를 파견한 것도 이 〈의규〉에 의한 것이었다.

이 가운데 가장 적은 수치를 택하더라도 1910년 무렵 조선인 의사 수는 1,300명을 넘는다. 총독부가 의사 수를 조사, 파악한 방법이 나와 있지 않아 이들이 모두 한국 정부나 조선총독부로부터 자격을 인정받은 사람인지는 불명확하지만, 1910년 이후 의사 수는 대폭 줄고 그만큼 의업자醫業者나 의생醫生이 늘어난 것을 보면(일제의 강제적 조치 때문으로 생각된다) 1910년 무렵에는 의사 자격을 인정받았던 것으로 여겨진다.

정부로부터 정식으로 자격을 인정받았든 아니면 의사로 자임한 것이든 이들 의사의 대부분은 한의사였던 반면 근대식 의사는 그 10분의 1에도 훨씬 못 미쳤다. 그러면 그 극소수의 신식 의사 가운데 한국에서 가장 먼저 의료 활동을 한 사람은 누구였을까?

한국계韓國系로서 최초로 근대식 의학 교육을 받고 의사가 된 사람은 서재필徐載弼(1864~1951)이다. 김옥균의 천거로 일본 육군유년학교에 유학한 경험이 있는 서재필은 갑신 쿠데타에 가담해 비록 '3일 천하'였지만 불과 20세에 병조참판(국방차관)을 지냈다. 쿠데타가 실패로 돌아가자 서재필은 일본을 거쳐 서광범徐光範(1859~1897) 등과 함께 미국으로 망명했는데, 다른 사람들은 얼마 지나지 않아 일본으로 돌아가는 바람에 미국에 홀로 남게 되었다.

<표 5> 일제 강점 초기 의료인 수(각 연도《조선총독부 통계연보》에 의함)*

연도/민족		의사	한지 개업의	의업자 醫業者	의생 醫生	소계	치과 의사	약제사	약종상
1910년	日	368				368		43	303
	朝	1344				1344		44	2551
	外	26				26			6
	合	1738				1738		87	2860
1911년	日	413				413	27	57	387
	朝	479		1365		1844	4	55	3203
	外	25		3		28	1		11
	合	917		1368		2285	32	112	3601
1912년	日	353	42			395	14	41	427
	朝	72		1653		1725			4848
	外	32				32	1		5
	合	457	42	1653		2152	15	41	5280
1913년	日	395	26			421	18	54	609
	朝	183			1462	1645	2		6382
	外	38	3			41	1		12
	合	616	29		1462	2107	21	54	7003
1914년	日	464	82			546	18	53	524
	朝	144	1		5827	5972	1		7601
	外	33	8			41	1		20
	合	641	91		5827	6559	20	53	8145

* 일日은 일본인, 조朝는 조선인, 외外는 외국인, 합合은 합계를 가리킨다. 조선총독부는 1913년 11월 15일 〈의사 규칙〉, 〈치과 의사 규칙〉, 〈의생 규칙〉 등을 제정하고 1914년 1월 1일부터 시행함으로써 통감부 시기부터 시작된 의료인 통제를 더욱 강화했다. 1400번대 의생 면허 번호가 부여된 것은 1914년 8월이므로 1913년 통계치는 그 무렵에 조사된 것으로 보아야 할 것이다. 또한 이 통계를 보면 〈의사 규칙〉 등이 제정되기 전에 이미 법적 근거도 없이 조선인 의사들의 자격을 박탈하고 대신 의업자醫業者로 등록시켰음을 짐작할 수 있다(통감부는 1909년 10월 23일 통감부령 제34호로 〈변호사 규칙〉을 제정하여 한국인 변호사들을 통제하기 시작했는데, 의료인에 관해서는 그런 법을 제정했다는 사실이 발견되지 않는다).

미국에서 서재필이 사용하던 의료 도구(《독립운동총서》 제11권, 민족사바로찾기연구원 펴냄, 2002).

  망명 생활에서 수많은 어려움을 겪어낸 서재필은 마침내 1892년 컬럼비안 대학교Columbian University(조지 워싱턴 대학교의 전신) 의과 대학을 졸업하고 의사가 되었다. 그리고 개화파 정부 인사들의 권유로 망명 11년 만인 1895년 12월 25일 조선으로 돌아왔다.

  서재필은 조선에서 '미국 의사 서재필' 또는 '닥터 필입 제손Philip Jaisohn'이라고 행세했지만 1898년 4월 다시 미국으로 돌아갈 때까지 2년 반 동안 의사로 활동한 적은 전혀 없었다(서재필은 컬럼비안 대학교 재학 시절인 1890년 6월 10일 조선인으로는 최초로 미국 시민권을 얻었다).

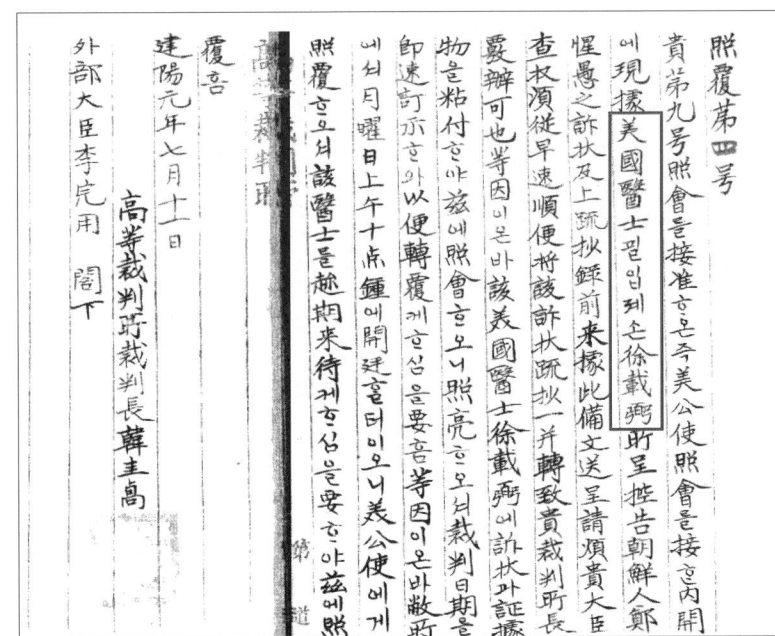

고등재판소래거문서來去文(1896년 7월 11일자). 서재필이 고소한 사건에 관련해 고등재판소 소장 한규설韓圭卨(1848~1930)이 외부대신 이완용에게 보낸 공문으로 서재필을 '미국 의사醫士 필입 제손 서재필'로 부르고 있다.

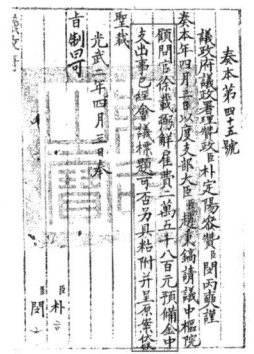

탁지부대신 조병호趙秉鎬가 청의한 "중추원 고문관 서재필 해고비 2만 5800원을 예비금에서 지출하는 건"에 관한 주본奏本 제45호(1898년 4월 3일자).

서재필은 미국에서는 80평생 거의 대부분을 의사로 지냈다. 만약 그가 조선에 와서도 의사로 활동했다면, 근대 의학의 보급은 한결 순조롭지 않았을까? 하지만 의사로 생활하기에는 서재필의 꿈이 너무 컸던 것일까? 조선 정부의 외부협판(차관) 제의도 거절한 서재필은 월급 300원(외국인 중에서도 많이 받는 편이었다)의 중추원 고문으로 활동하면서 《독립신문》 지면과 강연 등을 통해 근대식 위생사상 보급을 비롯해 계몽운동을 활발히 벌였다(독립신문사로부터 받은 봉급은 월 150원이었던 것 같다.)

그 뒤 서재필은 친러파 및 러시아 세력과 갈등을 빚게 되어 다시 미국으로 돌아간다. 서재필은 원래 중추원 고문으로 10년 계약을 맺

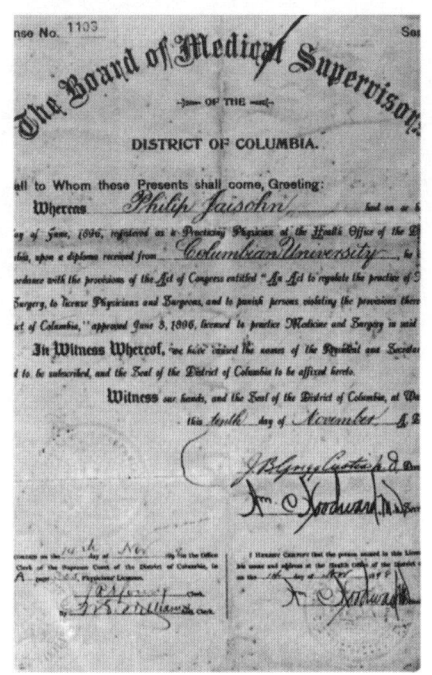

서재필의 병원 개설 허가증.

었지만 3년도 채 되지 못해 해약하고 본국(미국)으로 돌아갔다. 그러나 이것은 조선 정부의 사정에 의한 해약이었으므로 그는 나머지 7년치 봉급 2만 5,200원과 귀국 여비 600원도 지급받았다(정확하게는 7년 10개월이 남았는데, 10개월치는 무슨 이유에서인지 지급되지 않았다).

서재필이 일본과도 불화했다고 하지만《독립신문》을 일본 측에 팔아넘기려 한 것을 보면 반드시 그렇지만은 않았던 것 같다. 일본 변리공사 가토加藤增雄가 본국 외무성에 보고한 세 차례 공문을 보면 일본 측과 서재필 사이의 독립신문 매각 협상이 거의 성사 단계에 이르렀는데, 어떤 이유 때문인지 결렬되어《독립신문》은 1898년부터 윤치호가 운영하게 되었다.

《매일신보》 1936년 1월 12일자에 실린 박일근과 제생의원 사진. 박일근은 무교동에서 25년 이상 개업을 하다 정확히 언제인지는 알 수 없지만 도렴동(현재 외교통상부 청사 근처)으로 이전했다. 이 사진에 의하면 제생의원에서는 소아과, 내과, 안과 그리고 화류병(성병) 환자를 진료했다. 의료인에 대한 통제가 강화된 일제 시대에도 '의생 박일근'이 '의사'로 활동하는 데에 별 지장은 없었던 것으로 보인다. 그렇다면 의생과 의사의 차이는 무엇이었을까 하는 보다 근본적인 문제가 제기될 수 있을 것이다.

최초의 개업의 박일근과 염진호

그러면 한국 땅에서 근대식 의사로 실제 활동한 최초의 인물은 누구일까?《매일신보》는 1936년 새해를 맞아 "현대 조선 원조 이야기, 그것은 누가 시작했던가?"를 12차례에 걸쳐 연재했다. 여기에 '양의洋醫 원조'로 소개된 사람이 박일근朴逸根이었다.

《매일신보》1936년 1월 12일자 '양의洋醫 원조 박일근 씨' 기사를 찬찬히 읽어 보자. 이 기사의 내용은 대체로 객관적 사실에 잘 부합해 사료로서의 가치가 있다고 생각된다.

> 박시제중博施濟衆 신농유업神農遺業 등의 간판을 걸은 한약방은 몟백 년 전부터 나려온 것이라 이미 중국에서 조선으로 그 의술이 들어온지도 오래이엇스나 생사람의 갈비를 끈어내거나 또는 창자를 끈어 다 죽어가는 사람을 살이게 되는 즉 재생의 은인이라고까지 이르는 양의洋醫는 조선에 들어온 지 불과 40여 년 박게 아니 된다. …… 명치明治 31년, 즉 38년 전 4월에 조선인으로서 비로소 병원 간판을 걸고 개업을 한 이가 잇스니 그는 현재 도렴동 3번지의 2호 제생의원이라는 간판을 걸고 65세의 노령이것만 아즉도 젊은 의사 지지 안케 꾸준이 환자를 다루고 잇는 박일근 씨이다.

이 기사에 의하면 박일근이 처음 의원을 개원한 것은 1898년 4월이다. 1899년《황성신문》의 제생의원 광고에도 1898년에 의원을 개설했다고 나온다. 이것들을 종합하면 박일근이 뒤에 언급할 염진호와 함께 한국인으로서는 가장 먼저 근대 서양식 의원을 개원한 것은 틀림없다고 여겨진다. 1936년의《매일신보》기사는 근대 서양 의학을 "생사람의 갈비를 끊어내거나 또는 창자를 끊어 다 죽어가는 사람을

《황성신문》 1899년 3월 7일자 (왼쪽), 8월 4일자(가운데), 8월 17일자(오른쪽). 이 광고에 따르면 박일근은 제생의원을 1898년 (4월) 중서 수진동(1936년에는 종로서 뒷골목으로 지금의 청진동 '욕쟁이 할머니집' 근처로 생각된다)에 개원했고 이듬해 8월 10일(음력 7월 5일) 모교毛橋 남로南路 동변東邊 두 번째 집(현재 모전교 네거리 남동쪽 무교동 1번지 효령빌딩 근처)으로 옮겼다. 이 당시에는 의원과 약국을 혼용하고 있었음도 볼 수 있다.

살리게 되는, 즉 재생의 은인이라고까지 이르는" 것으로 묘사해 외과 시술을 그 특징으로 여기고 있다.

(기자) 내지에서 어느 의학교를 마추엇나요? (박) 그 당시는 의학교는 업섯습니다. 각처의 의학강습소가 잇엇지요. 나는 웅본현 의학강습소熊本醫學講所를 마추엇습니다. …… 28세 때에 졸업을 하고 바로 조선으로 와서 현재 종로서 뒤골목인 청진동에서 1년간 개업하다가 무교정 4번지에다 역시 지금과 가티 제생의원이라는 간판을 걸고 영업을 하엿습니다. …… 내가 영업을 시작한 지 5년 후에 김익남 씨라는 분이 개업을 하고 6년 후에 박종환 씨, 그 후 8년 만에 안창호(안상호의 오기) 씨 등이 순서로 사설 병원을 설치하섯지요.

박일근은 이 기사에서 자신이 유학할 당시에는 일본에 정규 의학교가 없어서 큐슈九州의 구마모토 의학강습소를 졸업했다고 말했다.

1899년 《황성신문》 광고에 의하면 박일근은 1889년부터 1897년까지 8년 동안 구마모토에서 의학을 공부했다. 박일근의 말이 사실일까?

박일근이 유학했다고 하는 1880, 90년대에는 도쿄에 도쿄(제국)대학 의학부, 지케이의원慈惠醫院 의학교 등이, 지방에도 오사카大阪와 교토京都 의학교 등 정규 의학 교육기관이 여럿 있었다. 그리고 1890년대 말에는 일본 정부가 학력을 인정한 양의洋醫가 무려 2만 명이나 되었다. 따라서 당시 일본에 정규 의학교가 없었다는 박일근의 말은 사실과 다르다.

그러면 구마모토는 어땠을까? 구마모토의 의학 교육기관은 흥망성쇠를 거듭했다. 1871년 7월 관립(국립)의학교 겸 병원이 세워졌다가 1875년 폐교했으며, 1878년부터 1888년까지는 현립縣立 의학교가 있었다. 그리고 다시 1896년 2월에 사립 구마모토 의학교가 개설되어 1904년에 의학전문학교로 승격되었다(지금의 국립 구마모토 대학의 전신이다). 따라서 박일근이 유학했다는 기간의 대부분에는 의학교가 없었던 셈이다.

어쨌든 박일근은 1898년부터 1938년까지 꼭 40년 동안 (양)의사로 활동했다. 지금까지 밝혀진 바로는 한국인으로는 최초의 근대식 의사인 셈이다(한국계 미국인 필입 제손 서재필을 제외하고). 정부는 박일근의 의사 자격을 인정했을까? 대한제국의 관련 기록은 발견된 것이 없지만 의사 자격을 인정받았을 것으로 생각된다. 한편 조선총독부는 박일근의 학력을 인정하지 않아 의사면허증 대신 의생醫生 면허증을 주었다. 그렇다고 세상 사람들이 박일근을 의사로 인정하지 않은 것은 아니었다. 그뿐만 아니라 1911년 조선총독부의원의 일본인 의사들을 중심으로 만들어진 일제 강점기 가장 대표적인 의사단체인 '조선의

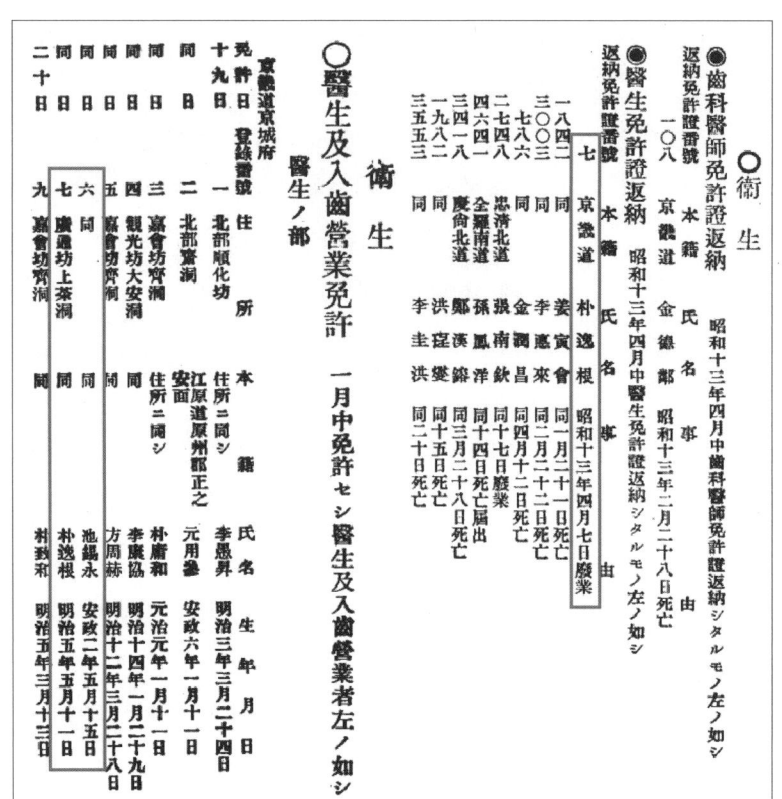

《조선총독부 관보》 1914년 2월 13일자(왼쪽)와 1938년 5월 13일자(오른쪽). 박일근은 〈의생 규칙〉에 의거해서 의생 면허증(제7호)을 받아 1938년 4월 제생의원을 폐업할 때까지 24년 동안 의생으로 활동했다. 8년 동안 의학교 교장으로 재직했던 지석영은 의생 면허 제6호였다.

학회'에서도 박일근을 회원으로 받아들였다. 박일근은 일제 강점기에 법적으로는 의사가 아니었지만 사회적으로는 큰 지장이 없이 의사로 활동했던 것으로 보인다.

(기자) 그때 경성의 병원은 몇개나 되었습니까? (박) 내가 개업한 후 2, 3년 만에 대한병원大韓病院, 즉 현 성대의원城大醫院(경성제국대학 의학부 부속 의원)이 잇섯을 따름입니다. 가장 원조의 병원은 제중원이지요. 내가 개업을

《조선의학회 잡지》 제9호(1914년 2월 14일 발행)의 '조선의학회 회원 명단.' 1911년 4월에 창립된 조선의학회는 일본인 의사들을 중심으로 조선인 의사들도 참여한 일제시대의 가장 대표적인 의사단체이다. 박일근은 적어도 1916년까지 조선의학회 회원이었으며 그 뒤에도 박일근의 회원 자격이 변동되었다는 기록은 발견하지 못했다. 반면 박일근은 경성에서 개업한 일본인 의사들이 1905년에 설립한 경성의사회에는 조선인으로는 최초로 1911년 봄에 가입했다가 1914년 8월 의사가 아니라는 이유로 제명되었다.

하고저 조선에 와보니 10년 전에 설립되엇다고 하는 것을 들엇습니다.

박일근이 언급한 대한병원은 1899년 내부內部가 설립한 병원, 즉 광제원을 말하는 것으로 여겨진다. 그리고 박일근은 1885년에 세워진 제중원을 일본에 가기 전에는 몰랐고 귀국 후에야 알게 되었다고 했다. 그렇다면 어떤 동기와 계기로 일본까지 가서 '신' 의학을 공부했는지 의아하다.

(기자) 선생이 개업 당시에 약갑은 얼마식이나 바드섯습니까? (박) 1일분에 그때 돈 두 양인데 지금 4전이엇지요. 그리고 진찰요는 한푼도 밧지 아니하엿습니다. …… 그 시절은 모든 물가가 그러케 싸고 또 생활 정도도 엿트시니까요. 그리고 그 당시 약갑도 싼 관계이지만 엇지나 사람들이 밀리는지 여간 밥부지 아니 하엿습니다. (기자) 지금은 경긔가 엇더십니까? (박) 다소의 시대지時代遲의 감이 잇다고들 하야 그다지 큰 재미는 못 보아도 소일

125 3장 근대 의료를 꿈꾼 사람들

감은 넉넉합니다. 나는 아즉도 자신이 잇스니까요.

이와 가티 문답을 하는 시간 30분간은 되엇는데 환자가 3, 4명이나 와서 기다림으로 실례를 말하고 떠나왓다.

일제 강점기에 소학교(초등학교) 초임 교원의 봉급이 대략 30원圓이었으니 하루 약값 4전은 지금 돈으로 2,000원쯤 될 것이다. 이 기사에 따르면 박일근의 초창기 제생의원은 밀려드는 환자로 성황을 이루었다.

박일근은 의사로 활동하는 한편 집에서 어린 학생들에게 글을 가르치는 교육 활동도 벌였다. 구체적으로 누구를 대상으로 어떤 내용을 가르쳤는지는 알 수 없지만 애국계몽운동이 활발해지기 훨씬 전인 1899년에 이미 그런 활동을 한 것으로 보아 상당히 의식 있는 사람이었던 것으로 여겨진다.

《독립신문》 1899년 7월 8일자. 양약국 하는 박일근이 집에서 글을 가르쳤다는 내용이 언급되어 있는 기사이다.

박일근이 학생 교육에 관심이 많았다는 사실은 《황성신문》 1908년 4월 14일자 기사로도 뒷받침된다. 자신이 사는 미동에 봉명학교가 세

경성 종로 경찰서 고등계 비밀 문서京鍾警高秘 제8953호의 2 '대한통의부 선내鮮內 기관 설치의 건'(1924년 7월 12일자). 박일근, 예동진芮東進, 백대진白大鎭, 권중국權重國 등이 의심 인물로 지목되어 있다. 하지만 "지금까지 구체적인 증거는 없지만 매우 의심스러운 것도 사실이며, 엄밀히 사찰 중"이라고 보고한 것으로 보아 결정적인 단서는 확보하지 못한 상태였다. 백대진은 이에 앞서 1922년 월간 《신천지》의 발행인 겸 편집인으로 이 잡지에 '일본 위정자에게 고함'을 게재하여 일제를 비판하다 6개월 징역형을 받은 바 있었다. 백대진은 일제 강점기 내내 대체로 친일적인 행각을 보였는데, 이 무렵에는 다른 모습이었던 것 같다. 그리고 박일근은 이 당시 예동진과 함께 대동단 기관지인 《대동신보大同新報》에 관여하고 있었는데, 이 보고서에 언급된 대동민보大東民報와 관련이 있는지는 알 수 없다.

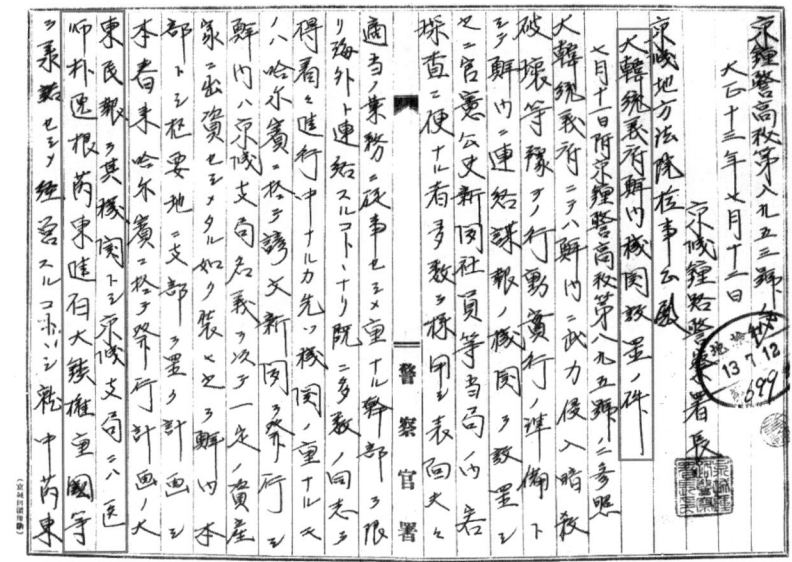

워지자 그에 적극 찬성한 박일근은 학교 임원과 학생들을 무료로 치료해 주고 학교의 청결을 위해 석탄산수를 제공하겠다고 제의했다는 것이다. 또한 일제 강점기인 1913년에는 정동공립보통학교에 비품과 교기校旗를 기증해 총독부로부터 목배木杯를 수여받기도 했다.

1924년 7월 12일 종로경찰서장은 경성지방법원 검사정(지검장 격)과 경무국장(경찰청장 격)에게 대한통의부大韓統義府가 조선 내에 비밀조직을 설치하려는 것과 관련해 그동안 수사한 내용을 보고京鍾警高秘(제8953호의 2)했다. 대한통의부는 1922년 남만주 지역에서 활동하던 조선인 민족주의자들이 만든 대표적인 무장독립운동 연합단체로 평안북도 삭주와 강계의 경찰주재소를 습격하는 등 모두 20여 회의 무장투쟁을 수행했다. 그리고 통의부는 경성지국 등 조선 내에도 조직을 설치하려다 일제의 고등계 경찰에게 적발되었다. 종로서장이 보고한 내용 중에는 '의사 박일근'도 조직원 용의자로 언급되어 있었다. 실제로 박일근이 통의부와 관련된 활동을 했는지를 뒷받침하는 다른 자료가 없기 때문에 사실 여부를 판단하기는 힘들다.

박일근과 비슷한 시기에 근대 서양식 의원을 개원한 사람으로는 염진호廉鎭浩가 있다. 《독립신문》 1899년 3월 10일자에는 "남대문 밧게서 약국하는 렴진호 씨의 의슐이 고명하야 병인들이 신효를 만히 본 일은 이왕브터 일흠이 잇섯거니와 근래에 각색 양약과 각종 병치는 긔계를 만히 구하야 놋코 병인들을 보아 치료하는데 ……"라는 기사가 실려 있다. '이왕브터'라는 것이 정확히 언제를 가리키는 것인지는 알 수 없지만 적어도 1898년부터는 남대문 밖에 약국 또는 진료소를 차려 놓고 환자를 보았던 것으로 여겨진다. 한달 뒤인 4월 13일자 기사에도 "념씨의 의슐이 고명한 일은 이왕에도 만히 들엇거니와"라고 되어 있다.

그리고 《제국신문》에는 1899년 10월 16일부터 11월 18일까지 26회에 걸쳐 다음과 같은 광고가 실렸다.

《독립신문》 1899년 3월 10일자. 염진호의 진료 활동을 소개한 기사이다. 염진호는 이 기사가 나가기 전부터 신식 의술로 이름을 날리고 있었다. 오전에는 집(약국)에서 환자를 보고 오후에는 왕진을 다닌다고 되어 있다.

> 남문밧 이문골 아래 양약국하는 렴진호가 병인의 래왕이 멀다하는 고로 황토현 신쟉로 안에 벽돌집에다 약국을 또 설시하엿는대 오젼은 문밧게서 병을 보고 오후에는 황토현 벽돌집에서 병을 보오니 쳠군자는 래림하옵소셔. 시의제생당施醫濟生堂 렴진호 고백

염진호가 황토현(지금의 광화문 네거리 근처. 당시는 남대문 방향으로 가는 길이 없어서 세거리였다)에 약국(진료소)을 하나 더 열었다는 이 광고를 통해 염진호의 약국이 성황을 이루었음을 짐작할 수 있으며, 이전 기사들에는 없었던 옥호屋號가 시의제생당임이 밝혀져 있다.

염진호의 의술이 매우 뛰어났음을 말해 주는 기사는 더 있다. 《황성신문》 1900년 1월 26일자는 서양인 의사 여러 명이 치료했지만 효과를 보지 못한 독일 상인 고샬키Gorshalki의 다리 부위 총상을 시의제생당 '의사' 염진호가 탄환을 뽑아내고 치료하는 중이라고 보도했다(정동에 있던 고샬키 상회는 모카 커피, 건포도, 푸딩, 러시아 캐비어, 훈제 연어, 잼 등을 수입해서 판매했는데, 금계랍(키니네)도 주요 상품 가운데 하나였다).

그러면 염진호는 어디에서 근대 서양 의술을 배웠을까? 그가 별도로 의학을 공부했다는 기록은 발견되지 않는다. 다만 1894년 9월 제중원의 운영권이 에비슨에게 이관되기 전까지 구리개 제중원에서 주사로 근무했던 경력이 눈에 띈다. 주사 중에서 진료 조수 역할을 한 학도學徒였는지는 알 수 없다. 염진호가 제대로 의학을 공부했다면 의술이 어느 정도가 되었을까?

비록 정규적인 의학 교육을 받지는 않았지만 박일근과 염진호 등이 1898년경부터 근대 서양 의술을 시술하고 있었다. 그만큼 근대 의술이 한국인들에게 더 가까이 다가오고 있었던 것이다. 한국 최초의 정규 의학 교육기관인 의학교가 세워진 것은 바로 그 무렵이었다. 시대적 요청의 결과였다.

1895년에 일본 유학생으로 파견된 학생들. 1896년 1월 6일 일본 주재 조선 공사관에서 촬영한 사진이다. 《친목회 회보》 제1호(1896년 2월 15일 발행)에 실려 있다.

19세기 말부터 시작된 유학 열풍

〈의학교 규칙〉이 일본의 영향을 많이 받은 것이라는 지적이 있다. 타당한 지적이다. 조선은 개항 이래 근대 문물의 도입 과정에서 그 어느 나라보다도 일본의 영향을 많이 받았으며 근대화가 진행될수록 그러한 경향은 더욱 농후해졌다. 을사늑약 이후를 제외하고는, 특히 갑오·을미 개혁 시기에 두드러졌다.

일본은 자신들의 이익을 추구하기 위해 여러 면에서 조선을 '일본화'하려고 애썼다. 그중에서도 특히 자신들의 '선진적인' 법과 제도를 이식하려 했고, 후에는 종교도 일본식으로 개조하려 했다. 법과 제도는 일상생활을 가장 강력하고 근본적으로 규정하는 것이다. 또 종교는 개인과 집단의 마음과 의식, 과거와 미래까지 지배한다. 종교에 따라 조상과의 관계 맺기조차 달라진다. 제국주의자들이 영토 침략, 경제적 수탈과 더불어 법, 제도, 종교의 이식을 꾀하는 것은 그 때문이다. 그리고 상황에 따라 그러한 시도는 천사의 얼굴로도 악마의 모습으로도 나타난다.

조선은 개항 이래 일본의 끊임없는 침략에 시달려 왔으며, 이에 대한 견제 장치로 국왕과 정부는 구미 열강들을 끌어들였다. 그러나 이이제이以夷制夷 전략은 약이 되기도 하지만, 잘못 쓰면 치명적인 독극물이 된다. 특히 미국에 대한 국왕의 기대와 호의는 지나치다 할 정도였다. 결국 조선은 일본과 구미 제국의 놀이마당과 먹잇감이 되었고, 광산, 철도, 전기 등 수많은 개발 이권이 근대화라는 명분으로 고스란히 그들에게 넘어갔다. 조선의 지배층이 '국익'을 지키려고 노력했더라도

일본 주재 청국 공사관 참찬관 황쭌셴黃遵憲이 지은 《사의조선책략私擬朝鮮策略》. 조선이 친중국親中國, 결일본結日本, 연미국聯美國하고 자강을 도모해야 러시아의 침략을 막을 수 있다고 했다. 또한 중국과 일본에 유학생들을 파견하여 무기 제조, 외국어, 천문지리, 화학 등 서양의 여러 학문과 기술을 습득하게 하고, 개항장에 신식 학교를 세울 것을 권장했다.

1890년대의 평안북도 운산雲山 금광. 동양의 '엘도라도'라고 불렸다. 당시 최대의 경제적 이권이 걸린 사업장으로 미국인 모스J. R. Morse를 거쳐 역시 미국의 실업가인 헌트L. S. Hunt가 차지했다. 그 과정에서 주한 미국 변리공사辨理公使 알렌의 재능이 크게 빛났다. 이 밖에 독일은 강원도 당현堂峴 금광, 영국은 전라남도 은산殷山 금광, 일본은 충청남도 직산稷山 금광, 러시아는 함경북도 경원慶源 금광 등에서 조선의 이권을 탈취해 갔다.

결과가 어떠했을지 장담하기 어려운데, 국왕을 비롯한 대부분의 권력자들이 사익에만 집착했으니 결말은 뻔했다.

구미 열강은 주로 조선에서 직접적인 이권을 취하는 데에 힘을 쏟았을 뿐, 장기적으로 법과 제도를 자기네 방식으로 개조하는 데에는 관심을 두지 않았다. 조선 역시 구미 열강으로부터 직접 근대적인 법과 제도를 도입할 노력은 하지 않았다. 의지가 없었다기보다는 역량이 미치지 못했기 때문이었을 것이다. 그리고 일본이라는 도입 통로가 있었다. 구미로부터 근대 문물을 곧바로 도입하는 길밖에 없었던 일본과는 그 점에서 차이가 있었다.

보건의료 분야도 예외가 아니었다. 1880년대 중반부터 미국, 캐나다, 호주, 영국 등 서양의 의료인들이 조선에 와서 의료 사업을 벌였지만 그들의 활동은 주로 환자 진료와 선교에 관련된 것이었다. 종종 국가의 방역 사업에 참여하기도 했지만, 그들이 보건의료 분야의 법과 제도의 마련에 본격적으로 관여하기에는 경험도 역량도 부족했다. 이런 형편에서 〈의학교 규칙〉 등 보건의료에 관련된 법령을 제정하고 제도를 마련하는 데에 일본의 영향이 미치는 것은 어느 정도 불가피한 일이었다. 문제는 조선 정부가 얼마나 자주적으로 그리고 실정에 맞게 법과 제도를 마련하고 운용하는가 하는 것이었다.

조선이 일본의 피보호국 더욱이 식민지가 되면서 자주성은 사라졌다. 1906년의 통감부 설치 이전에는 일본의 간섭을 받기도 했지만 대체로 조선 정부가 그 일을 주도했다. 일본의 법과 제도를 도입하더라도 조선의 실정과 경험에 맞게 변형시키는 노력을 기울였다. 조선은 '근대식' 의료와 교육에는 뒤졌지만, 의료와 교육 자체가 아예 없었던 미개국이나 야만국이 아니었던 것이다.

갑오·을미 개혁기에 김홍집 내각이 가장 노력을 기울였던 것 가운데 하나가 교육 개혁이고 근대적 교육 제도의 수립이었다. 1880년대에도 정부가 동문학, 제중원 학당, 육영공원, 연무공원 등을 세워 근대식 교육을 시행해 약간의 성과를 거두기도 했지만 결국 용두사미가 되고 말았는데, 이제 그때의 경험을 바탕으로 좀 더 체계적으로 '인재 양성'을 위한 교육을 실시하게 된 것이었다. 그것은 1895년 2월 26일, 다음과 같은 교육에 관한 국왕의 조칙, 즉 〈교육입국조서敎育立國詔書〉로 가시화된다(교육입국조서는 원래 그렇게 이름 붙였던 것이 아니라 이만규의 《조선교육사》에서 비롯된 것이다).

짐朕이 정부에 명하여 학교를 널리 세우고 인재를 양성하는 것은 너희들 신하와 백성의 학식으로 나라를 중흥시키는 큰 공로를 이룩하기 위해서이다. 너희들 신하와 백성은 임금에게 충성하고 나라를 사랑하는 심정으로 너의 덕성, 너의 체력, 너의 지혜를 기르라. 왕실의 안전도 너희들 신하와 백성의 교육에 달려 있고 나라의 부강도 너희들 신하와 백성의 교육에 달려 있다.

요컨대 국왕은 이 조칙을 통해 신교육의 목표가 신학문과 실용을 추구하는 데 있으며 오륜의 행실을 닦는 덕양德養, 체력을 기르는 체양體養, 격물치지格物致知의 지양智養을 교육의 3대 강령으로 삼아, 학교를 많이 설립하고 인재를 길러내는 것이 곧 국가의 중흥과 보전에 직결되는 일임을 천명했다. 아직 자아 실현이나 개인의 권리로서의 교육은 때 이른 것이었다.

또한 국왕은 이 조칙의 발표에 앞서 1895년 1월 7일 왕족과 백관을 거느리고 종묘에 나아가 〈독립서고문獨立誓告文〉과 함께 공포한 〈홍범洪範 14조〉에서도 "나라 안의 총명하고 재주 있는 젊은이들을 널리 파견하여 외국의 학문과 기술을 익히도록 한다國中聰俊子弟 廣行派遣 以傳習外國學術技藝"(제11조)라고 선언한 바 있었다.

위의 조칙에 따라 〈법관양성소 규정〉(1895년 4월 19일), 〈한성사범학교 관제〉(5월 10일), 〈외국어학교 관제〉(6월 11일), 〈소학교령〉(9월 7일)이 잇달아 제정, 반포되었으며, 또 그 법률들에 의거해 법관양성소, 한성사범학교, 외국어학교, 소학교가 설립되었다. 또한 이때 의학교 설립도 추진했는데, 만약 그 시도가 성공을 거두었다면 일본인들이 의학 교육에 크게 관여했을지 모른다. 그 무렵이 일본의 간섭이 특히 심했을 때이고, 여전히 근대식 의학 교육과 고등 교육을 받은 조선인이 거의 없었기 때문이다.

한편 국내에 학교를 많이 설립해 인재를 양성하는 것과 더불어 정부가 역점을 기울였던 것은 유학생 파견이었다. 학문과 기술이 뒤떨어진 나라가 선진국에 유학생들을 보내어 배우도록 하는 것은 당연하고 자연스러운 일이다. 이는 동서고금에 두루 적용되는 보편적 이치다. 일본과 미국이 학문 후진국에서 선진국으로 도약한 데에는 유학

《고종실록》 1895년 2월 26일 (음력 2월 2일)자. 국왕은 '교육입국教育立國'을 조칙詔勅으로 반포했다.

어윤중魚允中(1848~1896). 을미 개혁 시기에 탁지부 대신으로 재정 개혁을 주도했다. 아관 파천 때 일본 망명 제의를 거절한 어윤중은 며칠 뒤 고향인 보은으로 피신하던 도중 향반鄕班들에게 피살되었다. 어윤중은 정부 고관으로는 유일하게 동학 '비도匪徒'들을 '민당民黨'이라고 지칭하여 지배층으로부터 거센 비난을 받았다고 한다. 최초의 일본 유학생들인 유길준, 류정수, 윤치호는 모두 어윤중의 문인門人이었다.

(생)의 공이 매우 컸다. 19세기 당시 선진 학문을 주도하던 유럽 나라들 사이에서도 마찬가지였다.

영선사領選使 김윤식의 인솔로 근대적 기술과 문물을 습득하기 위해 청나라로 갔던 경우를 제외하고 개항 초기의 유학은 모두 일본으로 향했다. 1880년 지석영이 수신사 김홍집의 수행원으로 일본에 가서 잠시 우두술을 배운 적이 있지만, 본격적인 일본 유학은 1881년 유길준兪吉濬(1856~1914)과 류정수柳定秀(1857~?)가 게이오 의숙, 윤치호尹致昊(1865~1945)가 도닝샤同人社에 입학한 것으로부터 시작되었다. 이들 세 사람은 모두 어윤중魚允中(1848~1896)이 조사시찰단朝士視察團(신사유람단)의 일원으로 일본을 방문했을 때 그의 수행원으로 가서 일본에 계속 머물렀다.

그 뒤 급진 개화파는 1884년까지 유학생 100여 명을 게이오 의숙, 육군 도야마학교戶山學校(서재필이 다녔다), 조선소 등에 파견하다가 갑신 쿠데타의 실패 후 10년 남짓 유학생 파견이 중단되었다. 그러다 〈교육입국조서〉가 발표되고 두 달이 지난 1895년 4월 다시 일본에 유학생을 파견하게 되었다. 정부의 전반적인 교육 개혁 정책의 일환으로서 유학생 파견은 사실 박영효가 일본 망명 때인 1893년에 이미 피력한 바가 있었다.

> 박영효 씨는 나에게 조선에서 젊은이 100명가량을 데려와 의학, 상업, 군사기술을 배우게 하겠다는 자신의 계획도 말했다Mr. Pak Yong Hio further told me of his plans for bringing out about hundred young men from Corea to be taught in medicine, commerce, and military tactics(《윤치호 일기》 1893년 10월 31일자).

박영효는 갑신 쿠데타 이전에 김옥균과 함께 유학생들을 일본에 보낸 경험도 있었고, 1893년에는 장차 유학생들을 위해 사용할 친린의숙親隣義塾이라는 기숙사를 실제로 세웠다고도 한다. 이처럼 박영효가 망명 시절부터 유학생을 대거 일본으로 받아들일 구상을 했던 것은 조선을 근대화시키려는 계획이기도 했거니와 자신의 권력 기반을 다지려는 복안이기도 했다.

1894년 6월 일본군의 진주進駐로 조선의 정세가 크게 바뀌면서 이에 힘입어 귀국한 박영효는 그해 말 내부대신이 되어 자신의 계획을 실현할 기회를 갖는다. 1895년 상반기는 김홍집 총리대신과 박영효 내부대신의 연립내각이라고 할 정도로 박영효의 발언권이 강할 때였다. 특히 일본과 직접 관련이 있는 유학생 파견은 박영효가 주도했다. 유학생 선발부터 게이오 의숙에 위탁하는 일까지 모든 과정을 박영효가 주관해서 처리했다는 당시 유학생 어담魚潭의 술회도 이를 뒷받침한다(박찬승, "1890년대 후반 관비유학생의 도일 유학", 《근대 교류사와 상호인식》, 고려대 아세아 문제연구소, 2001년).

한편, 일본도 조선 유학생들을 받아들일 나름의 계획을 가지고 있었고, 조선 정부에 제의한 적도 있었다. 장차 조선에서 중요한 역할을 할 가능성이 많은 청년 엘리트들을 자신들의 편으로 끌어들일 좋은 기회라고 생각했기 때문이다.

이렇게 조선(특히 박영효)과 일본의 이해가 맞아 떨어진 1895년의 유학생 파견은 학부에서 관비 유학생을 일본에 파견하는 형식으로 이루어졌다. 또한 그 규모도 대단히 커서 1895년 한 해 동안 무려 150여 명이 유학생으로 파견되었다. 이는 개항부터 1910년까지의 유학생 파견 중 최대 규모였다. 이 대규모 유학생단에는 남순희南舜熙, 방한숙

方漢肅, 김익남金益南 등 의학교와 직접 관계되는 사람들도 포함되어 있었다.

○本會々員動靜

魚允廸　應日本國帝國大學校朝鮮語學敎授移留東京本鄕區向夕岡彌生町三番地村井ナミ方
金允求　前年十二月廛普通科卒業現修鐵道事務移留茨城縣北相馬郡取平町日本鐵道會社事務所
陳熙星　仝上
金益南　仝上卒業現修醫學于東京芝區慈惠醫院移留南佐久間町二丁目十七番地鈒持方
崔炳台　仝上卒業現修軍務于東京牛込區成城學校移留本校
張明根　仝上
金錫胤　移留東京芝區小山町三十七番地
姜璟熙　移留麻布區東洋英和學校
髙熙駿　仝上
李秉武　軍務卒業歸國
趙元杰　歸國任法部主事旋遞
尹基周　歸國任內藏司主事施遞
金世泰　歸國任郵遞司主事
朴正善　前年十二月廛普通科卒業歸國任元山府主事
李鍾華　歸國任內部主事
玄公廉　歸國
崔李福　仝上

《친목회 회보》 제2호의 '회원 동정'. 김윤구와 김익남 등의 게이오 의숙 졸업 뒤의 진로가 기록되어 있다. 1897년 종두의양성소 제1기를 2등으로 졸업하게 될 고희준은 이 당시 도요에이와학교東洋英和學校에 다니고 있었다.

일본 유학생들의 장래 희망

친일적인 개혁 정부는 1895년 한 해 동안 150여 명의 관비 유학생을 일본에 파견하여 우선 후쿠자와 유키치福澤諭吉(1835~1901)가 교주인 게이오 의숙慶應義塾에 입학시켰다. 이 가운데 절반가량인 72명이 게이오 의숙 보통과를 졸업했으며, 이어서 61명이 상급 학교에 진학해 대부분이 전문학교나 육군사관학교를 졸업하고 귀국했다. 이렇게 많은 사람이 일본에 유학해 새로운 전문 지식과 기술을 습득하고 돌아온 것은 당시 조선의 형편에 비추어 볼 때 대단한 일이었다.

유학생 파견의 실무는 학부가 담당했다. 학부는 한문 시험과 체격 검사를 통해 응시자 400여 명 중에서 114명을 선발했다. 공개 선발 형식을 갖추었지만, 개화파 관료들과 연관되는 사람들이 적지 않게 합격한 것을 보면 그리 공정하지만은 않았던 것 같다.

합격자 가운데에는 내부대신 박영효의 조카 박완서朴完緒, 농상공부 대신 김가진金嘉鎭의 장남 김중한金重漢 그리고 탁지부대신 어윤중과 내부협판 유길준의 친척들도 있었다. 또한 윤치호의 동생 윤치오尹致旿와 윤치성尹致晟은 그보다 조금 앞서거나 뒤에 유학생 대열에 합류했다.

이것을 부정적인 시각으로만 볼 필요는 없다는 주장도 있다. 당시 여전히 개화와 외국 유학 등에 비우호적인 분위기를 타개하기 위한 개화파들의 솔선수범이고 고육지책이었다는 것이다. 요즈음의 고관 자녀 특혜에는 어떤 핑계거리가 있을까?

4월 12일(음력 3월 18일) 학부대신 박정양朴定陽은 선발된 유학생들에게 다음과 같은 요지의 훈시를 했다(박찬승, "1890년대 후반 관비유학생의 도일 유학", 《근대 교류사와 상호인식》, 고려대 아세아 문제연구소,

2001년).

대군주 폐하의 교육대정敎育大政 조칙을 본 대신이 받들어 총명한 인재들을 선발하여 이웃 나라에 파견하게 되었다. 여러분은 각과에 나뉘어 실용 사무를 실심강구實心講究하여 지식을 넓히고 사리를 깨우쳐 의연한 정신으로 독립 문명한 세상의 필요에 응하기 바란다. 여러분은 힘껏 덕행과 재예를 함께 닦아 일신의 사사로움을 잊고 나라를 사랑하여 국왕에게 충성하는 뜻을 확립하라. 일체 학업 질서는 경응의숙慶應義塾의 지도를 준수하여 수치스러운 일이 없게 하고 본 정부가 바라는 뜻을 저버리지 않도록 노력하라. 여러분의 학자금, 의식주 비용, 잡비 등은 복택유길福澤諭吉 씨를 통해 관비에서 지출할 터이니 낭비하지 말기 바란다.

유학을 포기한 한 사람을 제외한 113명은 4월 26일 꿈만 같았을 유학 길에 올랐다. 그들은 한성에서 인천까지 도보로, 인천에서 1박한 뒤 부산까지 화륜선으로, 부산에서 다시 1박한 뒤 나가사키까지 기선으로, 나가사키에서는 2박한 뒤 기선을 타고 고베로 그리고 그 다음 날인 5월 1일 기차편으로 도쿄 신바시新橋 역에 도착했다. 5박 6일의 긴 일정이었다. 하지만 조선통신사 시절에 비하면 대폭 짧아진 여정이었다. 그만큼 세상은 좁아지고 빨라지고 있었다. 아니, 이미 그렇게 변화한 세상에 조선(사람)도 적응해야만 했다.

출발 때와 마찬가지로 마지막 도정도 도보 행진이었다. 환영 나온 게이오 의숙 생도 200여 명이 앞장서고, 청색, 백색, 녹색의 조선 옷을 입은 유학생들이 태극기와 '대조선국 제생동창학회大朝鮮國諸生同窓學會'라고 쓴 깃발을 높이 들고 그 뒤를 따랐다. 이들보다 앞서 도쿄에 유학 온 윤치오, 어윤적魚允迪(어윤중의 동생), 이병무李秉武 등 10여 명과 일본 주재 공사관원들도 행진에 함께했다.

위풍당당하게 게이오 의숙까지 행진한 일행은 곧 연설관으로 인도되어 후쿠자와의 일장 연설을 듣고는 기숙사로 가서 여장을 풀었다. 소설가 박태원朴泰遠(1909~1986)은 1933년 12월 8일부터 《매일신보》에 연재한 소설 〈낙조落照〉에서 1895년 일본 유학생들을 몇 회에 걸쳐 묘사하고 있다. 경오년(1870) 생 최 주사를 화자話者로 하고 있는 이야기는 대체로 사실에 부합되는 것으로 보이며, 다른 기록에서 찾아보기 어려운 몇 가지 사실도 전하고 있다. 선발 시험 전에 일본인 의사가 신체검사를 한 일(피검자를 온통 발가벗겼다는 묘사로 보아 매우 강압적이었던 것 같다), 일본 도착 직후 모두 단발斷髮을 한 일(조선에 〈단발령〉이 내려진 것은 그보다 8개월가량 뒤인 1895년 12월 30일이었다), 게이오 의숙 교복 차림으로 시내 술집에 갔다가 쫓겨난 일 등이다.

유학생 거의 대부분이 건달이었다는 등 당시 일본 유학생들에 대해 상당히 부정적인 묘사를 하고 있는 이 소설에서 주목을 끄는 장면은 후쿠자와 유키치와 관련된 부분이다(연재 제4회).

"우리가 들어가는 길루 복택유길福澤諭吉이를 맛낫구려."
"어듸서요?"
"학교서…… 우리가 경응의숙慶應義塾엘 다녓섯거든…… 지금두 동경에 그런 학교 잇지요?"
"잇습니다."
"처음에 복택이가 물어보드구면. 성명이 무엇시요. 아무개요 대답하니까 조선 사람들은 성명 외에 자가 잇구 별호가 잇구 하다니 그것두 말하우 하길래 일일히 대겟다. 그랬드니 이번엔 신분을 물어 보드군. 황족皇族이시요 화족華族이시요 사족士族이시요 하구 …… 백여 명 유학생을 일일히 물어보구 나드니 이번엔 지망이 무어냐구 뭇습되다그려."

"그래 뭐라구 그러셋습니까?"

"흥!"

노인은 자조미自嘲味가 풍부한 코웃음을 치고 나서 어느 틈엔가 또 불이 꺼진 담배에 다시 석냥을 거대고 그리고 또 한번 "흥!"하고 코웃음을 친 다음에야 이야기를 계속한다.

"역시 관직官職을 원한다고 그랫조. 하나하나 물어보니까 백 명이 하나 빼지 안쿠 관직 지망자라구 그러는구료."

"그럼 모두 정치과에 들어가세야만 하겟군요."

"앗다 이 냥반, 그냥 얘기나 들으슈 하하하 …… 그래 그 말을 듯드니 복택유길이 얼골에 실망하는 긔색이 떠오릅듸다. 자긔는 설마 백 명 학도 하나 빼지 안쿠 그러케 대답할 줄이야 몰랏섯든게지. 원내가 사농공상士農工商 중에 농공상 세 가지가 나라 흥하는 근본이로구려. 관직이란 매양 거저먹구 행세하구 엄벙뗑하는 그저지 아무것두 아니예요. 그야 하나두 업서서야 그도 어렵겟지만, 이건 모도들 그걸 하겟다니 될 말인가. 정작 농공상 세 가지는 아주 천하게들 생각하구 …… 흥! 참!"

《매일신보》1933년 12월 11일자. 박태원의 중편소설 〈낙조落照〉 제4회차가 실려 있다. 후쿠자와가, 일본에 막 도착한 유학생들을 면담하여 일일이 신원과 지망을 묻고는 조선인 학생들이 근대적 실용 학문과 기술에 관심이 없다며 실망하는 모습이 그려져 있다. 이 소설에는 유학생 지망자가 천명에 이르렀다고 되어 있다.

1만 엔円짜리 일본 은행권에 새겨져 있는 후쿠자와 유키치 福澤諭吉(1835~1901). '일본 근대화의 아버지', '일본 제국주의의 이데올로그'라는 상반되는 것 같으면서도 연결되는 평가를 받고 있다. 조선인 유학생들을 후쿠자와가 세운 게이오 의숙에 입학시킨 데에서도 박영효와 일본 정부, 그리고 후쿠자와 등의 의도를 짐작할 수 있다. 후쿠자와는 유학생들에게 강연을 하는 등 직접적으로도 적지 않은 영향을 주었다. 하지만 인간은 주어진 조건과 환경에 의해 일방적으로 결정되는 존재는 아니다.

관비 유학생 1진이 일본으로 건너간 지 한 달 남짓 지난 6월 13일에는 김익남을 포함한 2진 26명이 게이오 의숙에 합류했다. 그리고는 다시 한 달 가량 뒤 이들 유학생들에게 청천벽력 같은 소식이 전해졌다. 7월 6일 박영효가 내부대신 직에서 전격 해임되고 일본으로 다시 망명했다는 것이었다. 많은 유학생들이 일본에서 새로운 학문을 공부한다는 기대와 함께 박영효를 통해 입신출세하겠다는 야망을 품고 있었을 것이다. 그런데 졸지에 출세는커녕 자신들도 역적으로 몰릴지 모를 처지에 놓인 것이다. 실제로 1896년 아관파천 이후에 구성된 친러·친미·반일反日 내각은 관비 유학생들을 '역적의 손으로 파견된 유학생'이라고 공언했다고 한다(박찬승, "1890년대 후반 관비유학생의 도일 유학").

일본의 《고쿠민 신문國民新聞(현재 도쿄 신문의 전신)》은 유학생들이 망명 온 박영효를 마중나갔다고 보도했다. 설상가상이었다. 유학생들은 고쿠민 신문에 항의해 잘못된 보도를 바로잡도록 했고, 그러한 사실을 본국 정부에 보고하는 한편 수업도 중단해 자신들의 결백을 호소했다. 필사적이었을 것이다. 또한 일본 주재 조선공사관도 전말을 파악해 정부에 보고했다. 여기에 정부는 유학생들에게 동요하지 말고 학업에만 전념하라는 지시를 보냈다. 1907년 6월 박영효가 다시 귀국할 때 조직된 '박영효 씨 환영회'에는 이들 유학생들이 발기인의 중요한 축을 이루었다. 달면 삼키고 쓰면 뱉는 것은 만고의 인지상정인가?

유학생들은 자신들의 처지가 조변석개함을 느끼면서 그럴수록 학업에 열중해야 했다(박태원의 소설 〈낙조〉에는 최 주사 등 많은 학생들의

《대조선 일본유학생》 친목회 회보》 제2호(1896년 6월 16일 발행)의 '친목회 일기'. 1895년 12월 29일(음력 11월 14일) 김윤구, 김익남, 박정선, 장명근 등 8명이 유학생들 중 처음으로 게이오 의숙 보통과를 졸업했으며, 특히 이 가운데 김윤구와 김익남은 상을 받았다고 기록되어 있다. 김익남의 '관원 이력서'와도 잘 부합하는 내용이다. 김익남은 이미 조선에서 일본어를 6개월가량 공부해서 그렇다 치더라도, 그러한 경력이 확인되지 않는 김윤구는 어학에 특별한 재능이 있었는지 모른다. 김윤구는 상급 학교에 진학하지는 않고 철도 실무를 익혀 귀국한 뒤 철도 관련 업무에 종사했다.

주업이 놀고먹는 것으로 묘사되어 있지만). 이들이 우선 공부해야 할 과목은 말할 것도 없이 일본어였다. 유학생 가운데에는 조선에서 일본어를 배운 사람도 더러 있었다. 일본《지지 신보時事新報(1882년 후쿠자와 유키치가 창간)》 5월 4일자에 의하면 "8명은 이미 경성에 있는 일본어학교에서 6개월간 어학을 배워 일본어에 자못 능통했다"고 한다. 2진으로 도착한 김익남도 그런 학력을 가지고 있었지만 대부분은 일본어를 공부한 적이 없었다.

게이오 의숙에서는 〈조선인 유학생 학칙〉을 만들어 1년 8개월 만에 졸업시키는 계획을 세웠다. 그에 따라 일본어 실력별로 학급을 편성해 학생들에게 우선 일본어를 배우고, 이어서 게이오 의숙 보통과 과정을 이수하도록 했다. 학생들은 보통과 과정에서는 일본어 한문, 영어, 지리, 역사, 수학, 일본어 습자, 미술, 역독譯讀 등을 공부했다.

그리고 유학생들은 세 차례에 걸쳐 보통과 과정을 졸업했다. 1895년 12월에는 김윤구, 김익남, 박정선, 장명근, 최병태, 진희성, 유문상, 김동완 등 8명, 1896년 7월에는 신해영, 이면우(1905~1906년 법관양성소 소장을 지냈으며 1910년 이재명 재판 때 변호를 맡았다), 남순희 등 45명, 1896년 12월에는 원응상, 박완서(박영효의 조카) 등 19명이 졸업했다. 이들 '1895년 유학생'보다 먼저 게이오 의숙에 입학했던 윤치오는 1896년 12월에야 보통과를 마쳤다. 유학생 친목회 회장을 맡아 유학생들을 뒷바라지하느라고 졸업이 늦은 것이었을까?

조선인 유학생으로 게이오 의숙을 처음으로 졸업한 8명 가운데 김윤구金允求, 진희성陳熙星, 유문상劉文相은 상급 학교에 진학하지 않고 철도와 우편전신 실무를 익혀 귀국한 뒤 철도와 체신 관련 업무에 종사했다. 한편 김익남金益南은 이들 중에서 최초로 고등교육기관인 도쿄 지케이의원慈惠醫院 부속 의학교에 진학해 1899년에 의사가 되었다. 김동완金東完은 몇해 뒤 도쿄농과대학東京農科大學에 진학해 1905년 졸업한 뒤 한국으로 돌아와서 농상공부 기사를 지냈다. 그리고 장명근張明根과 최병태崔炳台는 일본 육군사관학교의 예비학교 격인 세이조학교成城學校에 진학했다.

반면에 박정선朴正善은 게이오 의숙만 마친 뒤 곧바로 귀국해 원산부元山府 주사가 되었다. 원산에는 일본인 거주자가 많았으므로 일본 관계 업무를 보았을 것으로 짐작된다.

후쿠자와가 조선인 유학생들이 근대적 실용 학문과 기술에 관심이 없다며 실망했다는 말과는 달리 적지 않은 사람이 철도, 우편전신, 의학, 농학 등을 공부했고 귀국 뒤에도 그 일에 종사했다. 이는 후쿠자와의 영향 때문이었을까?

이렇게 3차례에 걸쳐 72명, 즉 전체 유학생의 절반가량이 1차 관문을 통과했다. 1902년 한국 최초의 정규 의학 교육기관인 '의학교'를 수석으로 졸업하게 될 방한숙은 게이오 의숙에 입학은 했지만 졸업은 하지 못했다. 게이오 의숙 도난 사건에 억울하게 연루되어 조기에 귀국했기 때문일지 모른다(방한숙은 귀국 전에 누명은 벗었다). 함께 일본에 유학했던 김익남과 방한숙은 몇해 뒤, 의학교에서 사제 관계로 다시 만난다.

1894년 9월 평양 전투 직후, 부상당한 청나라 병사들을 치료하는 일본군 의료진. 선전용으로 찍은 사진임이 잘 드러난다. 관타나모의 미군 수용소에서 '테러리스트'들을 치료하는 장면을 연상시킨다. 일본군은 전투뿐만 아니라 의료, 선전(심리전), 병참 등 모든 분야에서 청나라 군대를 압도했다.

곤궁한 처지에 빠진 일본 유학생들

일본의 이토 히로부미와 청나라 리훙장 사이에 청일전쟁을 일단락짓는 시모노세키 조약下關條約이 맺어진 것은 1895년 4월 17일이었다. 조약의 주요 내용은 조선에 대한 청나라의 종주권 포기, 일본에게 청나라의 랴오둥 반도遼東半島·타이완臺灣·펑후 제도澎湖諸島(타이완 바로 서쪽) 등의 할양, 열강과 동등하게 일본의 특권을 인정한 청일 통상조약 체결, 일본에게 전쟁 배상금 약 3억 엔(일본 정부의 4년치 세출 예산에 해당) 지불 등이었다.

아편전쟁(제1차 중영中英전쟁, 1839~1842) 이래 구미 열강들에게 이미 여러 차례 치욕을 겪은 청나라였지만 이웃한 소국 일본에게 전쟁에서 참패하고 조약 체결 과정에서 온갖 수모를 경험한 것은 두고두고 잊지 못할 일이었다. 또한 조선도 이미 몇 달 전인 1월 7일 국왕이 〈독립서고문獨立誓告文〉을 반포해서 청나라를 '배신'한 바 있었는데, 그것을 청나라 스스로 공인한 셈이었다.

조약 내용 가운데 랴오둥 반도 할양은 러시아, 프랑스, 독일의 이른바 '3국 간섭'으로 철회되었고 대신 일본은 청나라로부터 배상금 4,000여 만 엔을 더 받는 것으로 내용이 수정되었다. 그리고 5월 8일 청나라의 즈푸芝罘(지금의 옌타이)에서 비준서가 교환되어 청일전쟁은 종결되었다.

전쟁과 조약 체결을 통해 청나라가 무위무능한 종이호랑이임이 명백히 드러났다. 반면에 일본은 실질적인 이익을 크게 얻었을 뿐만 아니라, '근대화된 일본제국'에 대한 국민들의 자부심이 하늘을 찔렀다. 그러한 일본을 바라보는 조선인들의 심정은 어떠했을까? 청일전쟁과 갑오농민군 토벌로 조선 전역을 유린, 약탈하고 수많은 민중을 학살한 일본에 대한 적개심과 더불어 두려움이 조선인들을 사로잡았을 것이다. 또 일부에서는 신흥 강국 일본에 대한 선망도 싹트고 있었을 것이다.

1895년 유학생들이 일본에 도착한 것은 바로 이 무렵이었다. 한편으로는 전쟁 승리의 도취감이, 또 한편으로는 자신들이 응당 차지해야 할 중요한 전리품인 '만주滿洲 이권'을 가로챈 러시아에 대한 적개심이 일본 열도를 휩쓸 때였다. 이러한 분위기에서 자신과 일본(인)을 동일시하는 심리가 유학생 가운데 생겼을 법도 하다. 하지만 근대 학문과 기술 섭취, 그를 통한 입신출세라는 유학생들의 꿈은 잇단 사건으로 퇴색되어 갔다. 자신들의 가장 든든한 후원자인 박영효의 실각(7월 6일), 조선 주재 일본 공사 미우라三浦梧樓(1846~1926)의 진두지휘로 자행된 민 왕비 살해 사건(을미사변, 10월 8일), 일본군과 친일파들에 의해 경복궁에 유폐된 국왕을 빼돌리기 위한 친미-친러파의 시도(춘생문 사건, 11월 28일) 등은 유학생들의 입지를 점차 좁혀 갔다.

그런 가운데서도 김홍집 정부의 유학생 정책은 크게 흔들리지는 않았다. 정부가 책정한 1896년도 예산 중에 유학생비는 4만 426원으로 학부 전체 예산 12만 여 원의 3분의 1에 이르렀다. 유학생비 중 의화군義和君(고종의 5남, 1877~1955)과 이준용李埈鎔(고종의 조카, 1870~1917)의 유학비 9,000원을 제외한 3만 원가량이 실제 유학생 학자금으로 책정된 것인데, 이는 1인당 연간 200원꼴인 셈으로 원래의 계획과 맞아떨어진다. 1895년 7월 조선 정부와 게이오 의숙 사이에 맺어진 '유학생 감독 위탁계약'에 의하면 조선 정부가 지불하기로 약속한 유학생 학자금은 1인당 월 15원이었다. 15원 가운데 2원은 게이오 의숙의 감독비, 5원은 식비, 5원은 피복비 및 의약비, 3원은 필묵비筆墨

《관보》 1896년 1월 20일자. 총 세출 예산 630여 만 원 중 학부 소관은 12만 6천 여 원으로 2퍼센트였다. 그리고 그 가운데 유학생비는 4만 426원이었다. 의화군(고종의 5남)과 이준용(고종의 조카)의 유학비 9,000원을 제외한 약 3만원이 실제 유학생 학자금으로 책정된 셈인데, 이는 1인당 연간 200원꼴로 원래의 계획에 부합되는 것이었다.

費였다고 한다.

유학생들에게 가해진 결정타는 1896년 2월 11일의 아관파천이었다. 국왕이 러시아 공사관으로 기어들면서 내린 지시에 따라 김홍집 내각은 붕괴되었고, 총리대신 김홍집, 탁지부대신 어윤중, 농상공부대신 정병하鄭秉夏는 참살되었다. 이로써 더욱 무능하고 기회주의적인 친러-친미파가 조선을 좌지우지하게 되었다.

아관파천 보름 남짓 뒤인 2월 28일 이범수李範壽, 여병현呂炳鉉(1867~?), 임병구林炳龜 등 유학생 6명이 자취를 감추었는데, 이들은 그날 새벽 게이오 기숙사를 빠져나가 요코하마에서 미국행 기선을 탔다. 특히 유학생 친목회 회계 이범수는 공금 423원을 빼돌려 지닌 채였다. 미국으로 간 이범수 등이 주미 공사 서광범을 통해 정부에 학비 지원을 요청했지만 받아들여질 턱이 없었다. 그리고 여병현은 미국과 영국에서 공부하고 돌아와 배재학당의 영어교사가 되었다. 이들의 행동은 비난받아 마땅하지만, 당시 유학생들의 동요하던 심경을 잘 읽을 수 있다. 이미 박영효의 실각 뒤부터 신병, 부친상, 집안 사정 등의 이유로 조선으로 돌아가는 사람이 생기기 시작했으며, 특히 아관파천 이후에 귀국자가 속출했다. 결국 절반가량은 게이오 의숙도 졸업하지 못한 채 조선으로 돌아왔다.

1896년 예산에 책정되었던 도일 유학생 학자금은 실제로는 1897년 5월까지 전혀 지급되지 않았다. 또한 친러-친미 내각은 관비 유학생들을 '역적의 손으로 파견된 유학생'으로 취급했다. 더욱이 1896년 말에는 정부가 러시아에 유학생 30여 명을 파견할 것이라는 소문도 돌았다(실제로 정부가 그런 계획을 세웠는지는 확실하지 않다). 유학생 파견국을 다변화하는 것은 바람직한 일이다. 하지만 이미 파견한 유학생들에게 아무런 지원도 하지 않는 상태에서 새로운 유학생 파견에 대한 풍문이 있었던 것은 작은 문제가 아니었다.

유학을 떠나기 앞서 "저희들이 이번에 일본국에 유학하는 명을 삼

《독립신문》 1896년 12월 12일자. 정부가 러시아에 유학생 30여 명을 파견할 것이라는 소식을 전하고 있다.

가 받들었으니 이 명령을 받든 뒤에는 밤낮으로 노력하여 학업에 종사하되 중도에 폐지하는 폐가 없을 뿐더러 졸업한 후라도 관官에 들어와 국은國恩을 만분의 일이라도 갚을 것"(박찬승, "1890년대 후반 관비 유학생의 도일 유학")을 선서한 유학생들에게 정부가 취한 태도는 실망을 넘어 분노를 일으키기에 충분한 것이었다.

국가의 능력 부족으로 충실한 지원을 하지 못한 것은 어쩔 수 없다 하더라도, 친러·친미·친일 정파 간의 갈등으로 유학생들을 박대한 것은 안타까운 일이었다. 또한 그러한 박대 속에 유학생들의 일부는 일본의 자그마한 호의에도 감복할 조건이 마련되고 있었다. 그러나 그런 어려운 사정 가운데 적지 않은 유학생들이 나름대로 최선을 다해 원래 유학의 목적이었던 근대 학문과 기술을 습득했다.

그 가운데 최영식崔永植, 강영우康永祐, 안형중安衡中, 박정선朴正銑, 홍인표洪仁杓, 현귀玄楏, 김정우金鼎禹는 도쿄 고등공업학교에서, 그리고 남순희南舜熙, 안창선安昌善, 장승두張承斗는 도쿄 공수학교工手學校에서 공학을 공부했다. 또한 이주환李周煥은 육지측량부수기소陸地測量部修技所에서 측량술을, 한만원韓萬源, 박완서朴完緖, 강용갑姜龍甲, 우태정禹泰鼎, 변하진卞河璡은 항해학교에서 항해술을 습득했다. 한편 농학을 공부한 사람으로는 도쿄농과대학을 졸업한 김동완金東完, 도쿄 인근의 에바라군荏原郡 농과대학에서 수학한 정석환鄭錫煥, 오성모吳聖模, 안경선安慶善 등이 있었다.

1895년 도일 유학생 가운데 의학 분야 전공자는 도쿄 지케이의원 의학교를 졸업한 김익남金益南이 유일했다. 그리고 3년 뒤부터 안상호, 박종환(이상 관비 유학생), 유세환, 유한성(이상 사비 유학생) 등이 김익남의 뒤를 이었다(김익남에 앞서 일본에 가서 의학을 공부한 사람으로 박일근朴逸根(1872~?)이 있었다).

이들은 귀국한 뒤 주로 관립학교에서 교관(교수)을 지내거나 정부의 관련 부서에서 기술 관료로 활동했으며, 사립학교와 회사에서 자신들의 전공을 살린 경우도 있었다. 크게 출세한 것은 아니었지만 근대 사회의 골간이 될 과학기술과 공학 분야의 기반을 닦는 데 헌신했던 것이다. 변하진과 오성모처럼 정치 사건에 연루되어 처형됨으로써 자신들의 경륜을 펴지 못한 경우도 있었다.

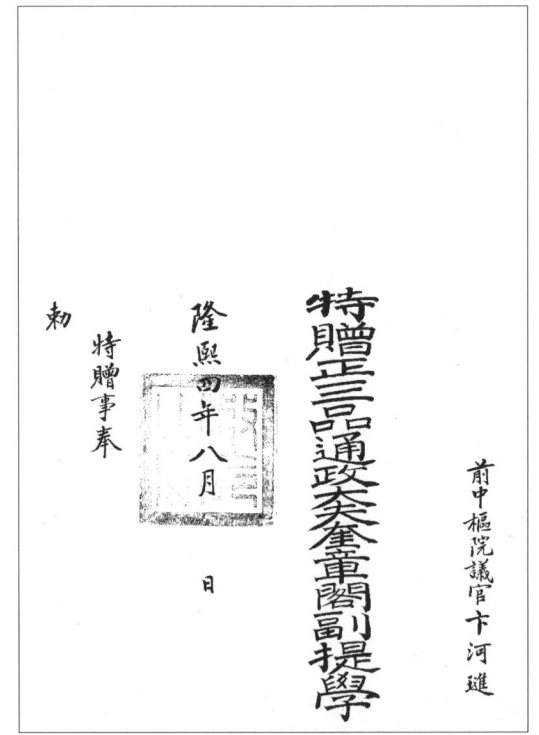

망국 직전인 1910년 8월 변하진에게 추증된 '정3품 통정대부 규장각 부제학' 교지(장서각 소장). 일본 유학에서 항해술을 전공한 변하진은 독립협회 시절부터 구국의 항로를 개척하다 1902년경 처형당했다.

〈표 6〉 공학, 과학기술, 농학, 의학 분야를 전공한 도일 유학생들

분야	졸업 학교		이름(생년) 및 주요 경력
공학	도쿄 고등 공업학교	염직공학	최영식
			강영우(1873년) 철도원 기사, 제실帝室재산정리국 주사 *1888년 식년시 의과醫科 합격
			안형중(1870년) 농상공학교 교관, 공업전습소 기사 *1891년 증광시 역과譯科 합격
			박정선(1869년) 상공학교 교관, 탁지부 건축소 사무관
		응용화학	홍인표(1881년) 오사카大阪제약회사 사무견습, 의학교 부속 병원 제약사, 농상공학교 교관, 육군무관학교 교관
			현귀(1874년) 농상공학교 교관 *1891년 식년시 역과 합격
		기계공학	김정우(1857년) 평식원平式院 기사, 군기창장軍器廠長, 육군포병부령副領
	도쿄 공수학교	채광 야금	남순희 – 의학교 교관 (재직 중 1901년 8월 사망)
			안창선(1868년) 일어학교 교원, 농상공부 기수技手
		토목	장승두
측량학	육지측량부수기소		이주환 – 의학교 교관, 내부 치도국治道局 기수
항해학	항해학교		한만원
			박완서
			강용갑
			우태정 – 농상공부 주사
			변하진 – 1902년경 처형
농학	도쿄 농과대학		김동완(1880년) 농상공부 기사, 이왕직李王職 사무관, 한성은행 지점장
	에바라군 농과대학		정석환(수의학)
			오성모 – 1902년 처형
			안경선(1874년) 경무청 권임權任, 총순總巡 *농대 졸업 뒤 도쿄 법학원法學院 교외생校外生 등록
의학	도쿄 지케이 의원 의학교		김익남(1870년) 의학교 교관, 육군 군의장軍醫長

안국선이 쓴 대표적인 개화기
소설 《금수회의록》(1908) 표지.

일본 유학생 신해영과 안국선

'1895년 도일渡日 유학생' 가운데 21명이 과학기술, 공학, 농학, 의학 등 이른바 '이과理科' 계열의 고등교육기관에서 2, 3년씩 공부하고 졸업했다는 것은 당시로는 놀라운 일이었다. 하지만 달리 생각하면, 기존 체제를 위협할 위험성이 적다고 여겨진 분야를 주변에서 권유하고 스스로도 택했기 때문은 아니었을까?

그러면 정치, 경제, 재정, 법률 등 '문과文科' 분야는 어땠을까? 한국에서는 아직도 고등학교부터 학급 편성과 학과목이 '문과' '이과'로 분리되어 있어 학문 영역 간의 소통과 융합에 어려움이 적지 않은데, 이는 시급히 청산해야 할 일제 잔재 중 하나다. 특히 인문학적, 인간학적 측면이 중시되어야 할 의학을 이과로 편제한 것은 매우 큰 문제이다.

개항 이래 일부 급진개화파와 그 대척점의 위정척사파를 제외하고는, 국왕을 비롯하여 조선(한국) 지배층의 기본적 국정 노선은 동도서기東道西器 또는 구본신참舊本新參이었다. 즉 사상, 철학, 이념은 전통 성리학을 고수하면서, 그 바탕 위에 서양 기술을 흡수한다는 것이었다. 그러한 노선이 올바르고 성공적이었는지도 논의의 대상이거니와, 더욱 근본적으로 도道와 기器가 분리 가능한 것인가 하는 문제도 재고해 볼 여지가 있다.

오늘날에도 도(사상, 철학, 이념)와 기(과학기술, 실무 분야)가 분리 가능하며 둘 사이에 상하 위계가 존재하는 것처럼 생각하는 경향이 적지 않다. 하지만 철학, 사상과 분리되는 과학기술과 실무 분야라는 것이 있을까? 근대 과학기술은 합리주의와 경험주의 등 근대 철학의 바탕 위에서 발전해 왔으며, 또 거꾸로 그 자신 근대 철학 나아가 근대 세계의 형성에 크게 기여해 왔다. 의술과 (의)철학, 법률과 (법)사상 사이의 관계 역시 마찬가지다. 의학사를 공부하는 사람으로서 가장 곤혹스러운 경우는, '동양 의학'은 철학적이고 '서양 의학'은 과학적이라는 식의 이야기를 들을 때이다.

합리주의, 민주주의, 공화주의 등 근대적 정신은 불온시해 철저히 배제한 채 '부국강병'과 생산력 증대에 도움이 된다고 여긴 과학기술, 의술, 법률 조항과 재정 운영 기법 등만을 수용하겠다는 국정 노선은 애초부터 성공할 가능성이 거의 없었다. 이것이 대한제국기의 이른바 '광무개혁'이 근대적인 겉모습을 띠었지만 실제 개혁은 이루지 못한 채 결국 망국으로 이어진 근본적인 이유였다고 생각한다.

정치, 경제, 재정, 법률 등을 공부한 사람들이 관리로 등용된 경우는 과학기술과 공업 분야를 학습한 사람들에 비해 상대적으로 적었고 등용 시기도 뒤졌다. 예컨대 이인식李寅植과 정인소鄭寅昭가 도쿄 전문학교東京專門學校를 졸업하고 귀국했을 때, 학부에서 내부, 외부, 법부, 탁지부에 공문을 보내 이들의 발탁을 요청했지만 실현되지 못했다. 또한 관리로 임용되더라도 그들이 학습한 학문 정신이나 이념이 아니라 실무 역량만을 취하려 했다. 그에 따라 '문과' 출신자들은 사립학교 등 민간 부문에서 활동한 경우가 더 두드러졌다.

유학생 중 일부는 이미 민권사상에 눈뜨기 시작했다. 국왕과 지배층이 받아들일 수 없는 사상이었고, 그러한 불온사상을 품고 있다고 여겨진 유학생들은 등용되기는커녕 의심과 경계의 대상이 되었다.

나라란 무엇을 이름인가. 만인의 공중公衆을 이름이라. 나라는 1인의 소유인가. 만인의 소유이다. 그런즉 만인이 공정한 의무를 각자 애호하여 국세를 공고히 하고 민권을 확장하여 자주독립을 확고히 세움이 국민의 공정한 의무로다(유창희, "국민의 의무", 《친목회 회보》 제3호, 1896).

도쿄 전문학교(나중에 와세다早稻田 대학으로 개편)에서 정치학, 외교학, 경제학을 공부한 사람으로는 이인식, 정인소, 김용제金鎔濟, 권봉수權鳳洙, 어용선魚瑢善, 김기장金基璋 그리고 신해영申海永과 안명선安明善이 있었다. 당시 이들이 도쿄전문학교에서 공부한 과목은 논리학, 근세사, 국가학, 행정학, 국제공법, 근세외교사, 일본헌법, 각국 헌법, 헌법사, 법학통론, 민법대의, 상법대의, 경제원론, 경제학사, 화폐론, 재정론, 외국무역론, 예산론, 은행론, 공채론, 응용경제학 등이었다.

《황성신문》 1899년 12월 13일자. 학부에서 내부, 외부, 법부, 탁지부에 일본 유학에서 5년 만에 돌아온 이인식과 정인소를 등용해 달라고 요청했다는 기사이다.

이들 가운데 이인식은 1906년 11월 한국인들이 경영하던 한일은행韓一銀行 지배인에서 물러나(정확히 언제부터 근무했는지 알 수 없지만 한일은행이 설립된 것은 1906년 5월이었다) 광신廣信상업학교에서 교편을 잡았다. 김용제(1868년생)는 광흥학교光興學校 등 사립학교 교사를 지낸 뒤 1901년 관리로 임용되어 궁내부 비서과장, 제도국 이사 등을 지냈다. 김용제가 광흥학교에 재직했을 당시의 동료 교사는 권봉수, 어용선, 신해영, 남순희 등 도일 유학생 동기들이 대부분이었다. 권봉수(1870년 생)는 1902년 궁내부 주사로 시작하여 내부 서기관, 주일공사관 참서관, 경무국장, 내장원 부경副卿, 충청북도 관찰사(1908) 등 유학생 출신으로는 최고위급에 이르렀다. 어용선(1869년 생)은 사립학교인 광흥학교 교감, 화동학교華東學校와 장단보창학교長湍普昌學校

교장, 그리고 관립 한성일어학교 교관 등 주로 교육계에서 활동했으며, 뒤에 학부 시학관視學官과 내각 서기관 등 관직도 지냈다. 김기장은 1904년부터 시종원侍從院 시종, 주일 공사관 참서관, 경리원 감독 등을 지냈다.

한편 유학 시절부터 리더십을 보여 유학생 친목회 회장을 지냈던 신해영(1865~1909)은 1898년 귀국 후 독립협회 운동에 참여해 독립협회 추천으로 중추원 의관議官으로 임명되었다. 그리고 중추원 회의에서 변하진과 함께 박영효와 서재필을 대신大臣 후보로 천거해 국왕 측근의 미움을 사는 바람에 투옥되기도 했다. 신해영은 석방된 뒤로는 정치 활동보다 주로 광흥학교, 광성학교光成學校, 한성법학교漢城法學校 등 사립학교에서 교사 생활을 했다. 그리고 1904년 12월 탁지부 참서관을 시작으로 관직에 몸을 담아 1906년 8월 학부 편집국장으로 임명되어 1907년 4월까지 재직했으며, 그 뒤 1909년 사망할 때까지 재일 한국 유학생 감독(학부 서기관)으로 일본을 내왕했다.

또한 신해영은 이용익李容翊(1854~1907)이 1905년 초 보성학교(교장 김중환)를 설립할 무렵 그 상급학교인 보성전문학교(고려대학교의 전신) 개설에 관여해 그해 3월부터 적어도 1907년 말까지 교장으로 재임했다(신해영은 재일 한국 유학생 감독으로 일하면서도 교장직을 수행했으며, 사임한 시기는 확실치 않다). 철저한 반일주의자 이용익이 일본 유학 경력이 있는 신해영을 발탁한 것은 조금 의아한데, 이는 아마도 신해영의 능력과 인품을 높이 평가했기 때문일 것이다. 개교 당시 보성전문학교에는 법학과, 이재학과理財學科, 농업학과, 상업학과, 공업학과 등 5개과가 설치되었는데, 이것도 신해영의 아이디어였다고 한다.

신해영은 교사, 교육행정가뿐만 아니라 저술·출판가로도 이름을

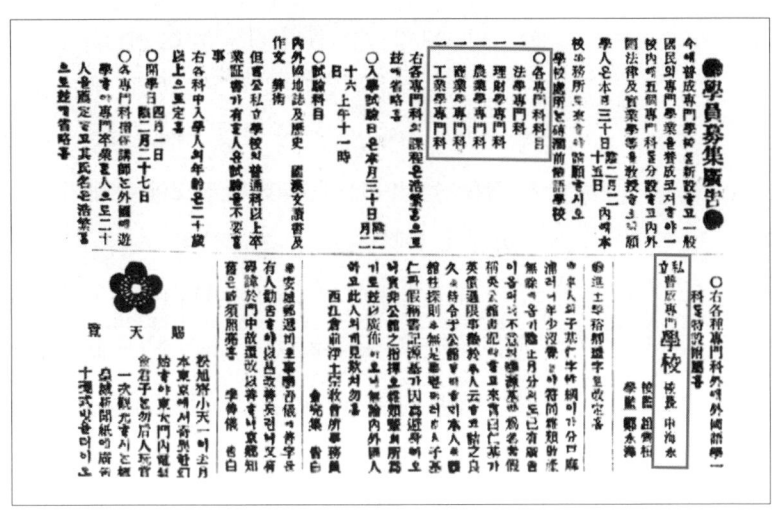

《황성신문》1905년 3월 22일자. 4월 1일 개교 예정인 보성전문학교 제1회 학생 모집 광고. 개교 당시 보성전문학교에는 법학과, 이재학과, 농업학과, 상업학과, 공업학과 등 5개과가 있었다. 교주 이용익은 전문학교 설립에 관한 모든 일을 교장 신해영에게 일임했다고 한다.

신해영이 펴낸 《윤리학 교과서》(1906년 보성중학교 발행). 모두 4권 2책 466쪽이다. 이 책은 1909년 공공연히 애국심을 고취하고 국권 회복을 선동하는 불온한 교과서라 하여 통감부로부터 발매 금지 처분을 받았다.

날렸다. 1901년에는 일본인 마츠나가松永五作가 지은 《잠상실험설蠶桑實驗說》을 번역했고, 유학 동기인 법률가 이면우가 쓴 《회사법會社法》(1907)을 교열했으며, 역시 유학 동기인 원응상과 함께 《경제학》(1907)을 저술하기도 했다. 특히 신해영은 1906년 6월 당시 대표적인 윤리 교본 《윤리학 교과서》(보성중학교 발행)를 편술, 애국심 고취를 통해 청년 학생들에게 국권 회복의 의지를 심어주고자 했다. 통감부는 1909년 이 책을 일본을 배척하고 국권 회복을 선동하는 불온한 교과서라며 발매 금지시켰다.

여러 방면에서 활발하게 활동하던 신해영은 독립 자강이라는 자신의 꿈을 이루지 못한 채 1909년 9월 22일 일본에서 세상을 떠났다.

도쿄 전문학교를 졸업한 또 한 사람으로, 우리에게 '신소설가' 안국선安國善(1907년 4월에 개명)으로 더 잘 알려져 있는 안명선安明善(1878~1926)이 있다. 안국선은 변하진, 신해영과 마찬가지로 귀국 뒤

독립협회에서 급진적 정치 활동을 하다 1898년 말 독립협회의 해산 시에 체포, 투옥되었다. 그리고 1902년에는 유학 동료인 오성모와 함께 대역사건에 연루되어 참형을 선고받았다가 오성모와는 달리 다행히 감형되어 1907년 3월까지 진도에 유배되었다.

귀양살이에서 풀려난 안국선은 그 뒤 주로 애국계몽단체에서 정치와 경제에 대해 강의를 하는 한편 《정치원론政治原論》, 《연설법방演說法方》, 《외교통의外交通義》(번역서) 등 저술에도 힘을 쏟았다. 그리고 안국선은 1908년 탁지부 서기관에 임명된 것을 시작으로 관직에도 종사했다.

안국선이 지금까지도 사람들의 기억에 남아 있는 것은 1908년 《금수회의록禽獸會議錄》을 저술한 덕분이다. 대표적인 개화기 소설 《금수

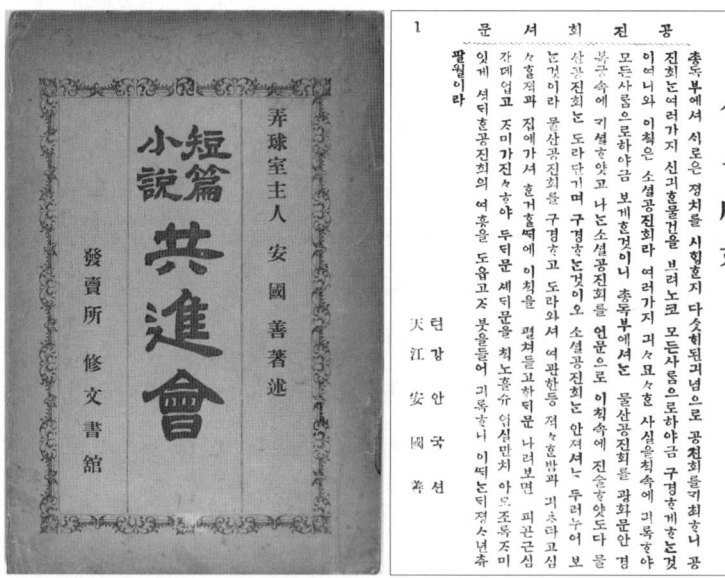

《공진회》(1915) 서문. 《금수회의록》과의 차이만큼이나 인생과 세계에 대한 안국선의 자세도 달라졌다.

회의록》은 까마귀, 여우, 개구리 등 여덟 가지 동물의 입을 빌려 인간을 풍자한 우화소설로, 풍자 대상은 나라가 망하든 말든 동포가 죽든 말든 외국인에게 아첨해 벼슬을 얻으려는 자, 부모 자식 간에 서로 사랑하지 않고 섬기지 않는 자, 남의 나라를 침략해 속국으로 만들려는 외세 등이었다. 1909년 통감부에 의해 소설로는 처음으로 판매 금지되었다. 《연설법방》 또한 금서 목록에 올랐다.

안국선의 또 한 가지 대표적인 작품은 1915년에 펴낸 《공진회》다. 안국선은 여기에서는 그 전의 비판 정신과 기개를 잃고 패배주의에 빠진 현실순응주의자들을 통해 일제 통치의 미덕을 그리고 있다. 일제 강점 초기 청도 군수를 지내고 금광 개발, 주권 등에 손을 대는 등 일제에 저항을 포기한 그의 삶이 작품에도 고스란히 드러난다.

도쿄 전문학교 출신 역시 나중에 훼절한 사람도 나타났지만, 대체로 자신들이 유학을 통해 습득한 것을 한국 사회에 적용해 보려고 애쓰고 있었다.

少忽丁此矣至於甲午變奐以後遂廢不舉允所痛恨者也依賑恤廳例另設一官稱以惠民院逐日會同爛商方略令各條陳苟能使斯民不至死亡者朕豈無懷保之念予雖豐年常設勿廢以養鰥寡孤獨之顚連無告者此實所以行我家法而俾周漢不得專美者也亦天下萬國所同行之事也其各悉體朕意勿視以文具務究實效以保我元元○法部大臣申箕善奏接準平理院裁判長李根澤質稟書則被告河元泓等案件由檢事公訴審理被告等或往來於日本悶怨於本國東萊蔚山等地通謀國事犯亡命人朴泳孝等相議陪奉大駕還御北闕祕通外兵左右挾勢顚覆政府屠殺守舊黨之事而運動做事費十萬元以上辦得然後事可諧矣或假稱總巡各持六穴砲或持朴泳孝所給通符虛傳勅令於慶南富豪家四五處勒奪金錢乃至十餘萬兩其事實前後證供及自陳明白共犯隨從者崔米鵬金鳳儀鄭成玉金仁俊姜慶祚吳賢奎韋雲涉桂明陸李在順元之燦禹敬九宋聖文李秉植劉昌熙等在逃未捉故被告河元泓嚴柱鳳趙永斗李秉確朴基浩張泰允李容旭金基鉉李聖日玆照大明律賊盜編謀叛條凡謀叛共謀者不分首從律賊盜處斷例第七條一人或二人以上不分晝夜拳脚桿棒或使用兵器威嚇殺傷刦取財物者不

辛丑

《고종실록》 1901년 10월 9일 (음력)자. 박영효와 연결된 하원홍河元泓의 정부 전복 음모 사건에 대한 기사이다. 유창희는 도피하여 체포를 면했다고 되어 있다. 적지 않은 도일 유학생들이 여러 가지 역모 사건에 연루되어 목숨을 잃거나 패가망신했다.

일본 유학생들의 기구한 운명

갑오·을미 개혁 정부가 사범학교, 외국어학교, 소학교에 앞서 가장 먼저 설립한 근대식 교육기관은 법관양성소였다. 조금 의아스럽기도 하지만, 그만큼 신식 교육을 받은 법관이 필요했기 때문일 것이다. 친일 개혁정부는 주로 일본을 따라 단기간에 많은 근대식 법령을 제정했다. 따라서 새로운 법령에 의해 소송과 재판을 담당할 사법관의 수요가 많이 생겼다.

법관양성소의 성격은 "생도를 범모汎募하여 규정한 학과를 교수하고 졸업 후에 사법관으로 채용할 만한 자격(자)을 양성하는 곳"(〈법관양성소 규정〉 제1조)이었다. 그리고 제11조에 "졸업증서를 영유領有하는 자는 사법관에 채용함을 득한다"라고 다시 양성소의 위상과 목적을 분명히 했다. 수학 기간을 6개월로 정한 것(제8조)은 그만큼 새로운 교육을 받은 사법관을 단기간에 배출해야 하는 당시의 다급한 사정을 잘 말해 준다. 또한 학과목과 수업시간(주당 총 13.5시간)이 법학통론(3시간), 민법 및 민사소송법(4.5시간), 형법 및 형사소송법(3시간), 현행법률(1.5시간), 소송연습(1.5시간) 등 거의 대부분 소송 실무로 이루어져 있는 것도 법관양성소의 성격과 지향을 생생히 보여 준다.

이러한 법관양성소는 1895년 12월 25일 제1회 졸업생 47명, 이듬해 4월 22일 제2회 졸업생 39명 등 86명을 배출하고는 1903년까지 장기간의 표류에 들어갔다. 정치적 혼란 속에 법관양성소가 문을 닫은 것으로 여겨지지만, 일단 시급한 법관 수요는 채웠기 때문에 법관양성소를 운영할 필요가 줄어들었기 때문일지도 모른다.

법관양성소에서 새로운 법률에 따른 소송을 담당할 실무 관료는 양성했지만, 조선(한국)인들이 본격적으로 '근대 법학'을 처음으로 접하

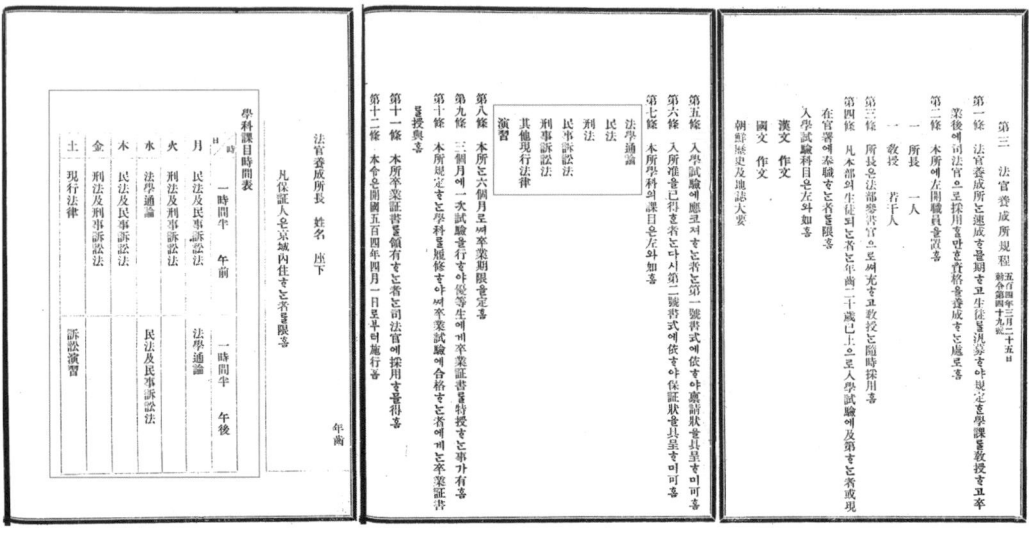

〈법관양성소 규정〉(1895년 4월 19일 반포, 4월 25일 시행). 법학통론, 민법, 형법, 민사소송법, 형사소송법, 현행법률, 소송연습 등 학과목뿐만 아니라 주週수업시간도 규정되어 있다.

고 공부한 것은 일본 유학을 통해서였다. 특히 도쿄 법학원東京法學院(나중에 주오中央대학으로 개편)이 초기에 그런 역할을 담당했다.

1895년 유학생으로 도쿄 법학원에서 수학한 사람은 유창희劉昌熙, 정재순鄭在淳, 유진방兪鎭方, 장규환張奎煥, 박만서朴晩緖, 안경선安慶善, 유치학兪致學(兪致衡으로 개명), 이면우李冕宇, 원응상元應常, 장도張燾 등이었다.

유창희는 도쿄 법학원 동기생 유치학, 이면우, 장도와 같이 1899년 11월 하순 귀국했다. 이때 일본 주재 공사서리 박용화朴鏞和가 이들을 관리로 임용할 것을 요청했지만 받아들여지지 않았으며, 유창희는 이듬해 2월부터 광흥학교 법률과에서 장도와 함께 교사로 근무했다.

유학 시절 민권사상에 눈뜬 유창희는 1901년 10월 무렵 하원홍河元泓의 정부 전복 음모 사건에 연루되었지만 미리 피신해 체포는 면했다. 이후 행적은 기록으로 확인되지 않는다.

정재순은 1906년에야 한성재판소 주사에 임명되었으며, 그 뒤 함흥 군수 등을 지냈다. 그리고 장규환(1874년생)은 1901년 법부 주사로 발령받았지만 며칠 뒤 그만두고는 그 뒤로 왕실의 말馬과 가마를 관리하는 태복사太僕司 주사, 종묘서령宗廟署令 등의 직을 맡았다.

박만서(1879년생)는 1906년부터 법부 법률기초위원, 평리원 판사, 법관양성소 교관을 지냈으며, 1909년부터는 변호사로 활동했다. 1920년에는 경성조선인변호사회 부회장으로 선출되었다.

안경선(1874년생)은 1899년 11월 에바라군荏原郡 농과대학을 졸업한 직후 도쿄 법학원에서 교외생校外生으로 수학한 경우다. 1903년 잠시 중추원 의관을 지냈으며, 1905년 11월부터 경찰에 투신해 경무청 권임權任과 총순總巡 등의 직책을 맡았고 일제 강점기에도 1920년대까지 경찰에서 근무해 경시警視직까지 올랐다.

유치학(1877~1933)은 1900년 8월부터 공립 철도학교 교사로 근무했으며, 1901년 9월 법부의 법률기초위원으로 임명되었다. 1902년 6월부터는 궁내부 회계과장, 제도국 참서관, 이왕직李王職 사무관 등 주로 왕실 업무를 보았다. 또한 유치학은 왕족과 귀족의 교육기관인 수학원修學院 교관도 지냈으며, 대동전문학교와 보성전문학교에서 헌법, 민법, 해상법 등을 가르치기도 했다. 유치학은 1948년 대한민국 제헌헌법을 기초한 유진오兪鎭午(1906~1987)의 아버지다.

이면우는 1902년 농상공부 주사로 관직을 시작해 1904년 한성재판소 검사를 거쳐 1905년부터 1906년까지 법관양성소 소장을 지냈다. 1906년부터 변호사로 활동한 이면우는 1907년, 1908년에 한국 최초의 변호사 단체인 한성변호사회의 초대 및 2대 회장을 지냈다. 그리고 1910년 이재명 재판 때에는 피고인들의 변호를 맡았다.

원응상(1869년생)은 도쿄 법학원을 졸업하고 다시 부기학교簿記學校에서 잠시 공부한 뒤, 세무관리국과 일본 은행에서 실무 견습을 받고 귀국했다. 그는 1902년 탁지부 주사를 시작으로 외부 번역관과 참사관, 의정부 참사관, 탁지부 사세국장司稅局長, 수도국장 등을 지냈다. 그런 한편 보성전문학교에서 경제학을 가르쳤다. 1907년, 원응상은 당시 보성전문학교 교장이던 유학 동기 신해영의 교열을 받아 《재정학》을 출간했고, 또 신해영과 공저로 《경제학》을 출간했다. 보성전문학교 교과서로 쓰인 것으로 보이는 이 두 가지 책은 개화기에 한국인이 저술한 경제학 서적 가운데 가장 뛰어난 것으로 평가받고 있다.

이면우가 펴낸 《회사법》(1907)의 머리말. 일본 유학 동기인 신해영이 교열[檢閱]했다.

원응상은 1910년 전라남도 참여관, 1918년 강원도 지사, 1921년 전라남도 지사, 1924년 중추원 칙임참의勅任參議를 지내는 등 일제에 적극 협조했다.

장도(1876년생)는 도쿄 법학원을 졸업하고 3개월간 대심원 도쿄 공소원, 도쿄 지방재판소 및 검사국에서 실지사무견습을 한 뒤 1899년 11월 귀국했다. 1900년 2월부터 사립 광흥학교에서 법학통론, 형법, 재판소구성법, 일본어 등을 가르쳤으며, 1901년 11월에는 의학교 교관으로 임용되어 1904년 10월까지 3년 동안 근무했다. 그 뒤 외부 번역관을 거쳐 1905년부터 평리원 검사, 법부 법률기초위원, 변호사 시험위원, 한성재판소 판사, 법관양성소 교관 등을 지냈다. 1908년부터는 변호사로 활동했다. 또한 한성법학교, 보성전문학교, 양정의숙 등 사립 교육기관에서 형법과 법학통론 등을 가르쳤다.

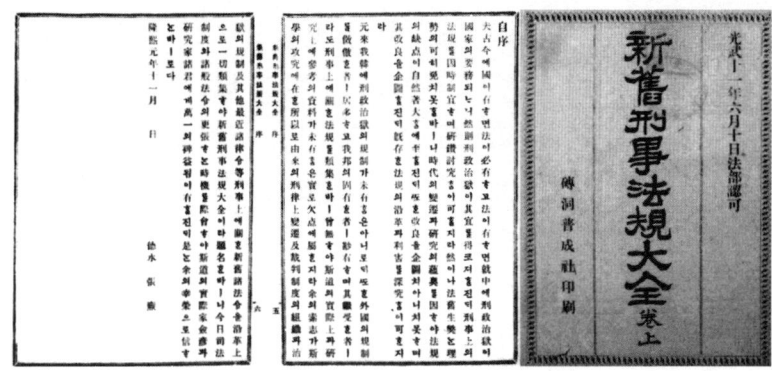

장도가 펴낸 《신구 형사법규 대전新舊刑事法規大全》(1907). 상권 875쪽, 하권 484쪽의 대저大著이다.

《황성신문》 1910년 3월 15일자. 법률 서적 광고. 이 당시 법률 책의 저자는 장도, 유치형, 안국선, 박만서 등 거의 모두가 도일 유학생 출신이었다.

장도는 판검사와 변호사로 이름을 날렸으며 한국 형법학의 선구자로서도 높은 평가를 받고 있다. 특히 《형법론 총칙刑法論總則》(1906)과 《신구 형사법규 대전新舊刑事法規大全》(1907)은 개화기에 한국인이 저술한 가장 대표적 법률 서적이라고 한다.

통감부 시기부터 일제에 가까워진 장도는 결국 경기도 도평의회 의원을 거쳐, 1921년 중추원 참의로 임명되는 등 일제에 적극 협력했다.

장도는 또한 1919년 4월 조선인 변호사와 일본인 변호사들이 함께 참여한 경성변호사회 회장에 당선되기도 했다. 원래 일본인 변호사들의 경성京城제1변호사회와 조선인 변호사들만의 제2회로 분리되어 있었던 경성변호사회는 1919년 4월, 경성지방법원 검사정 고우츠鄕津友彌의 권고로 통합 총회를 조선호텔에서 개최했다. 당시 등록된 회원은 조선인이 31명, 일본인이 34명이었는데 일본인 몇 사람이 불참하는 바람에 장도가 일본인 오쿠보大久保雅彦를 한 표 차이로 물리치고 회장에 당선되었다. 하지만 일본인 변호사들이 이에 불복해 1년 만에 다시 경성조선인변호사회와 경성내지인內地人변호사회로 분리되었다. 조선인변호사회는 초대 회장에 장도, 부회장에 박만서를 선출했다.

《동아일보》 1920년 4월 1일자 (창간호). 경성변호사회가 회장 문제로 1년 만에 다시 2개로 분리되었음을 보도했다. 일제 당국의 선전과는 달리, 식민지 지배 방식으로는 일선융화日鮮融和란 도저히 이루어질 수 없는 것이었다.

도쿄 전수학교專修學校에서 재정학을 공부한 사람으로는 유승겸兪承兼, 신우선申佑善, 지승준池承浚, 서정악徐廷岳 등이 있었고, 김대희金大熙와 한진용韓震用은 도쿄상업학교에서 상업학을 수학했다. 이 가운데 유승겸(1876~1917)은 1900년 전수학교 이재과理財科를 졸업한 뒤 대장성大藏省에서 사무견습을 마치고 1902년 귀국해 관직생활과 교편생활을 하면서 저술 활동도 했다. 1906년 탁지부 주사를 시작으로 탁지부 세무과장과 경리과장을 지냈으며, 보성전문학교, 양정의숙, 관립 농상공학교에서 학생들을 가르쳤다. 저서로 《중등 만국사中等萬國史》(1909)와 《최신 경제교과서最新經濟教科書》(1910)가 있다.

신우선(1972년생)도 전수학교를 마친 뒤 대장성 사무 견습을 거쳐 귀국했다. 1904년 법관양성소 교관에 취임했으며, 1905년에는 육군무관학교 교관이 되었다. 그리고 1906년부터는 탁지부 관리로 일했다.

지승준은 1899년에 귀국해 사립 한성의숙漢城義塾과 그 후신인 낙영학교樂英學校에서 교사 생활을 했으며, 서정악은 주로 궁내부 관리로 근무했다. 한진용도 1905년부터 돈녕사敦寧司와 내장사內藏司의 주사를 지냈다.

김대희(1878년생)는 귀국 후 낙영학교 교사로 일하다 1904년에는 관립 농상공학교 교관이 되었다. 그리고 다시 1906년부터 사립 광신상업학교廣信商業學校에서 교편을 잡았다. 또한 1909년에는 부기원리의 응용을 가르칠 목적으로 부기전습소簿記傳習所를 세우기도 했다. 그는 강점 뒤 보성전문학교에서 상업학을 강의하다 얼마 안 되어 그만두고는 행적을 감추었다고 한다.

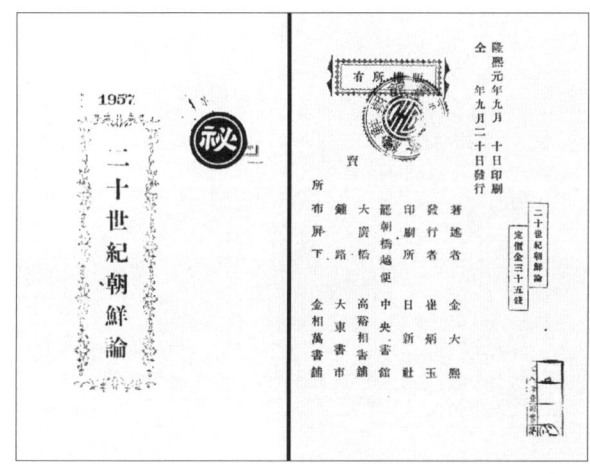

김대희가 지은 《20세기 조선론》(1907)의 표지(왼쪽)와 서지사항(오른쪽). 표지에 '비秘' 자가 찍혀 있다. 신해영의 《윤리학 교과서》, 안국선의 《금수회의록》과 함께 통감부 시기의 대표적인 금서였다.

그는 《20세기 조선론二十世紀朝鮮論》(1907), 《응용상업부기학應用商業簿記學》(1909) 등을 펴내었는데, 이 가운데 실업 발달과 교육 진작을 통해 일제에 맞설 것을 주장한 《20세기 조선론》은 1909년 통감부의 압력으로 발매 금지처분을 받았다.

169 3장 근대 의료를 꿈꾼 사람들

제2부
최초의 근대식 국립병원 제중원

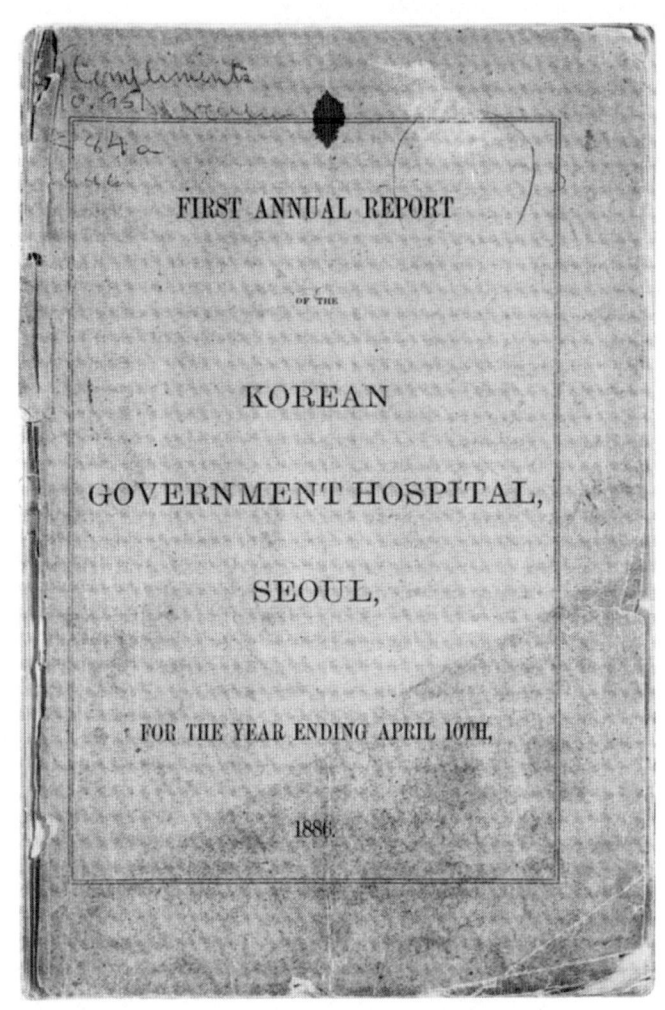

〈조선정부병원 제1차년도 보고서〉(연세대학교 학술정보원 소장)의 속표지.

I. 제중원을 둘러싼 쟁점

제중원의 실체

적지 않은 사람들이 잘못 알고 있는 바와는 달리 제중원이 세워지기 전에 이미 조선에는 근대 서양 의술을 시술하는 병원이 여럿 있었다. 그런데도 어째서 일본인들이 운영하던 그 병원들이 아니라 제중원을 최초의 근대 서양식 병원으로 꼽는 것일까?

한 가지 이유는 제중원 이전의 일본 병원들이 조선인이 아닌 일본인을 주된 진료 대상으로 삼았기 때문일 것이다. 물론 조선인들도 그곳에서 진료를 받았고 조선인 환자가 더 많은 적도 있었지만, 원천적으로 그 병원들은 일본인을 위해 존재했다.

두 번째는 병원의 설립과 운영에 관련된 것이다. 제중원은 조선 정부가 국왕 고종高宗의 재가(윤허)를 얻어 1885년 4월에 설립한 병원이다. 외국인들은 제중원을 왕립병원Royal Hospital이나 정부병원Government Hospital이라고 불렀다. 알렌Horace Newton Allen(1858~1932)과 헤론 John W. Heron(1856~1890)이 첫 1년 동안 자신들이 제중원에서 활동한 내용을 정리한 영문 보고서의 명칭도 *First Annual Report of the Korean Government Hospital*(《조선정부병원 제1차년도 보고서》)이었다.

외국인들이 제중원을 왕립병원이나 정부병원이라고 불렀던 것과는 달리, 조선 정부의 문서에는 그런 표현이 없으며 일반 사람들도 그런 용어를 사용하지 않았다. 사람들은 제중원을 나라(국가, 국왕)에서 설립, 운영하는 병원으로 받아들였다. 이전의 혜민서惠民署에 해당하지만 혜민서와는 달리 주로 서양인 의사들이 서양 의술을 행하는 곳으로 여겼다.

'공립의원公立醫院'이라는 명칭이 제중원 설립 과정에서 등장하지만 이것은 〈병원 규칙〉의 초안('공립의원 규칙')으로 한 번 나타났을 뿐 실제 쓰인 것은 아니다. 국가에서 설립, 운영한 제중원은 조금 뒤인 1890년대 후반 이후의 표현으로는 '관립병원官立病院'이며, 오늘날의 용어로는 '국립병원國立病院'에 해당한다.

태학太學을 고구려 시대의 국립교육기관, 국자감國子監을 고려 시대의 국립대학이라고 하듯이 국가에서 설립한 제중원을 국립병원이라고 일컫는 것은 문제가 없다고 생각한다. 한편 제중원이 국립병원이었다는 사실과, 일부에서 주장하거나 우려하는 것과 같이 제중원을 서울대학교병원의 모체나 전신이라고 하는 것은 차원이 전혀 다른 이야기다.

제중원은 오늘날의 외교통상부에 해당하는 통리교섭통상사무아문統理交涉通商事務衙門(간략하게 외아문外衙門) 소속이었다. 지금은 보건의료에 관한 업무를 주관하는 정부부처가 보건복지부지만 그것은 세계적으로도 제2차 세계대전 이후의 일이다. 그전에는 대체로 내무부(행정자치부)가 보건의료 업무를 담당했으며 우리나라도 1894년의 갑오개혁 때부터 그러했다(제중원은 갑오개혁 시기인 1894년 8월 18일 내무아문內務衙門으로 소속이 바뀌었다).

제중원이 설립된 1885년 무렵에는 외교와 통상뿐만 아니라 새로운

헌법재판소 자리에 있었던 통리교섭통상사무아문(외아문). 제중원뿐만 아니라 우두 업무도 외아문에서 관장했다.

근대 문물을 도입, 시행하는 업무를 대체로 외아문이 관장했으므로 제중원이 외아문에 소속된 기관이라는 사실이 이상할 것은 없다. 조선 정부가 1880년대 중후반 보건의료와 관련해 가장 큰 힘을 기울였던 우두牛痘 업무도 외아문 소관이었다.

외아문의 독판督辦이나 협판協辦이 제중원의 책임자(당상堂上)를 겸했고, 그 휘하의 관리(낭청郎廳)들이 제중원을 운영했다. 관리들의 직급과 직책은 다양했지만 대부분 주사主事로 불렸다. 제중원에서 근무한 외국인 의사들이 주사들의 무능과 부도덕성을 비난한 경우가 종종 있었지만 주사들이 병원 운영에 기여한 바가 적지 않았을 터이다.

병원의 주업무인 환자 진료는 외국인 의사들과 조수 격인 조선인 학도學徒(학생이라기보다는 일종의 직책)들이 도맡았다. 전문 진료는 의사들이 했지만 환자들을 24시간 간호, 구료한 것은 학도들의 몫이었을 터인데 그들의 이름은 주사들과는 달리 거의 알려져 있지 않다. 학도들도 주사로 총칭했기 때문일 수 있다.

외국인 의사들의 역할은 의당 환자 진료였지만 그들의 궁극적인 목적은 기독교 선교였다. 그들은 의사이기에 앞서 선교사로 자임했다. 제중원에서 5년 남짓 일한 헤론은 자신의 처지와 심경을 이렇게 말했다.

단지 저의 의술을 베푸는 것이 아니라 위대한 의사[예수]를 전해야 하는 저의 사명을 잊을 수 없습니다. 저는 이 사람들에게 그들을 위하여 돌아가신 진실한 구세주를 전파하기를 갈망합니다(헤론이 미국북장로교 선교본부 엘린우드 총무에게 보낸 1885년 6월 26일자 편지).

이 땅의 사람들이 영생을 모른 채 죽어가지 않도록 해주십시오. 제가 매일 만나는 이 가난하고 비참한 사람들이 가엾습니다(헤론이 엘린우드에게 보낸 1889년 12월 18일자 편지).

1885년 5월 감리교 의료선교사로 조선에 와서 시병원을 열었던 스크랜튼.

이들 선교 의사들은 제중원이 선교의 거점이 되기를 바랐다. 하지만 조선 정부는 제중원에서 선교를 허용하지 않았다. 점차 선교를 묵인하는 추세였지만 공식적으로 금지하고 있어 국가에서 설립하고 운영하는 제중원에서 선교를 허용할 수는 없었던 것이다. 특히 개인이 운영하는 시병원施病院에서 선교의 자유를 누리는 감리교 선교 의사 스크랜튼William B. Scranton(1856~1922) 등과 비교했을 때 제중원에서 일하던 의사들이 느꼈을 불만은 작지 않았을 것이다.

이 점을 헤론은 엘린우드에게 보낸 1889년 4월 28일자 편지에서 이렇게 호소한다.

1889~1891년 외아문 독판을 지낸 민종묵(1835~1916). 《조선귀족열전》(1910)에 실린 사진이다. 민종묵은 강제병탄 뒤 일제로부터 남작 작위를 받았다. 《고종실록》(1905년 11월 23일자)에 의하면 을사늑약 체결 직후에는 관련 대신들을 처벌할 것을 상주上奏하기도 했다.

정부병원 일을 가능하면 오래 잘 하려고 합니다만, 우리 자신의 병원이 있었으면 하고 간절히 바랍니다. 그러면 정부병원에서보다 환자들을 더 잘 보살필 수 있고 기독교에 대한 교육도 더 많이 할 수 있을 것입니다.

그러했기 때문에 조선 정부 및 제중원의 조선인 관리들과 외국인 의사 사이에 종종 갈등이 불거졌으며, 빈튼Charles C. Vinton(1856~1936)이 제중원 의사로 재직할 때에 특히 심해 제중원에서 해임될 지경에 처하기도 했다.

1891년 4월 3일부터 제중원에서 일한 빈튼은 한달 남짓 뒤인 5월 11일 제중원 운영비의 사용권을 요구하며 근무를 거부했다. 제중원에서 처음 있는 일이었다. 이에 대해 6월 27일 외아문 독판 민종묵閔種默은 미국 공사 허드Augustine Heard에게 "제중원은 본디 정부에서 설치한 것이므로 함부로 그 정한 규칙을 바꿀 수 없다. 그(빈튼)가 다시 올 뜻이 없다면 다른 의사를 고용하고 면직시키는 편이 좋겠다該院係是朝家設置凡屬定章不可擅改 如或無意再來卽須明是否以便延他醫師免致休曠可也"는 내용의 경고성 공문을 보냈다.

1890~1893년 미국 공사를 지낸 허드. 알렌에 의하면 허드는 빈튼 문제를 해결하기 위해 외아문에서 꼬박 이틀 반을 보냈다.

조선 정부의 원칙적이고 강경한 대응에 미국 공사 허드는 6월 29일자 공문을 통해 "빈튼 의사는 병원의 규칙을 기꺼이 따를 것이며, 그의 요구는 단지 약품 구입에 한정되는 것Dr. Vinton is perfectly willing to abide by the regulations of the Hospital, and only desires contract of a sufficient part of the funds for medical purposes"이라고 즉시 해명했고 빈튼이 7월 4일 근무를 재개하면서 그의 항명 파동은 일단 진정되었다.

이 사건을 둘러싸고 민종묵과 허드 사이에 오간 공문은 제중원의 성격과 운영권의 소재를 단적으로 보여준다. 또한 허드의 공문에서 외국인 의사가 약품 구입에 대해서도 온전한 권한을 갖지 못했음을 알 수 있다.

제중원의 운영비 사용 문제를 제기했다가 곤욕을 치른 빈튼은 이번에는 제중원 구내에 교회를 세우려 했지만 이 또한 조선 정부에 의해 좌절되었다. 이에 불만을 품은 빈튼은 병원 근무에 더욱 소홀했고, 9월 1일부터는 아예 조선 정부가 마련해 준 자신의 집에 진료소를 차리고 환자 진료를 하면서 선교 활동을 하기에 이르렀다. 이처럼 당시 다른 곳에서의 선교 활동은 묵인했지만 제중원에서의 선교는 엄격히 금지한 데에서도 제중원의 성격을 잘 알 수 있다.

요컨대 제중원은 1894년 9월 에비슨Oliver R. Avison(1860~1956)에게 모든 운영권이 이관될 때까지 전적으로 조선 정부의 의료기관이었고 그 운영권은 조선 정부에 있었다. 운영권 이관 이전의 제중원을 선교병원이라고 하는 것은 설득력이 없다. 외국인 의사들이 자신들의 제중원 진료 활동 자체를 선교사업이라고 여기는 것과 제중원이 선교병원이라는 것은 차원이 크게 다른 이야기이다.

제중원이 국립병원이라고 해서 선교 의사들의 진료 활동의 의미가 줄어드는 것은 결코 아니다. 오히려 그들의 헌신성이 더욱 돋보이기도 하는 것이다.

알렌 신화 – 신데렐라 스토리

한국 근대사는 수많은 사건으로 점철되어 있지만, 그 가운데에서 빼놓을 수 없는 사건이 갑신 쿠데타(갑신정변)다. 3일 만에 실패로 돌아가 '삼일천하'라고도 부르는 이 사건으로 조선의 국내외적 정치 지형도가 크게 바뀌었을 뿐 아니라 개인들의 삶에도 영욕과 희비가 교차했다.

가장 크게 운명이 바뀐 사람들은 급진개화파에 목숨을 잃은 민영목, 민태호, 윤태준, 이조연, 조영하, 한규직 등 온건개화파나 수구파 거물 정객들이다. 하지만 그들보다 더 주목을 받아온 인물은 민영익閔泳翊(1860~1914)이다. 1874년에 친아들과 함께 암살당한 민승호의 양자로 입적해서 왕비의 친조카가 된 민영익은 불과 스물네 살이지만 실력과 연줄을 겸비해 이미 여러 요직을 지냈고 앞으로도 친청親淸 세력을 이끌 재목으로 촉망받고 있었다.

한때 김옥균金玉均(1851~1894) 등과 노선이 비슷했지만 1882년 임오군란을 계기로 그들과 사이가 벌어지기 시작한 민영익은 그런 만큼 급진개화파들의 제거 대상 1호로 떠올랐다. 1884년 12월 4일, 우정국 개청을 축하하는 만찬 자리를 정적 숙청의 기회로 삼았던 급진파의 계획에 차질이 생겨 그 자리에서는 민영익 한 사람에게만 중상을 입히는 데 그쳤다.

그날 밤 그 자리의 또 다른 주인공은 홍영식洪英植(1855~1884)이었다. 우정국 총판으로 만찬의 호스트인 홍영식은 비록 사흘 동안이지만 쿠데타 세력 중에서는 최고위직인 우의정을 지낸다. 중상을 입고 '확인자살刺殺' 직전에 몰린 민영익을 구한 것은 홍영식이었다. 이념과 노선은 갈렸지만 짧지 않은 우정 때문이었는지, 어차피 죽을 상태

조선에 온 최초의 서양인
의사 알렌.

정사正使 민영익(앞줄 가운데)과 부사副使 홍영식(그 왼쪽). 1883년 가을 보빙사報聘使 일행의 정·부 책임자로 워싱턴을 방문하여 찍은 사진. 이들은 우리나라 최초의 공식적 방미사절단이었다.

라 더 이상 공격이 필요 없다고 생각했기 때문인지는 알 수 없지만 홍영식이 자객을 제지했던 것이다.

세 번째 등장 인물은 묄렌도르프Paul George von Moellendorf(1848~1901)이다. 1882년 리홍장李鴻章의 천거로 조선에 온 그는 사건 당시 외아문 협판 겸 총세무사였다. 직책으로든 실권으로든 그 자리에 당연히 참석해야 했던 묄렌도르프가 '만약' 참석하지 않았다면 민영익의 운명은 바뀌었을지 모른다. 리홍장의 천거에서 짐작할 수 있듯이 묄렌도르프는, 국적은 독일이지만 일본과 미국 등 다른 나라들로부터 청나라의 이익을 지키고 확대하는 것이 임무였다.

묄렌도르프에게 민영익은 노선과 이해관계를 같이하는 동반자일 뿐만 아니라 국왕과 왕비의 가장 가까운 친인척이자 총신이었다. 민영익을 살려내는 것은 두 번 생각할 필요도 없는 절체절명의 일이었다. 그는 소란 속에서도 침착하게 나름의 응급처치를 하고는 민영익

묄렌도르프의 집은 1882년 임오군란 때 봉기한 군민에게 타살당한 당시 선혜청 당상 민겸호의 집이었다(민겸호의 아들이 을사늑약 후 자결로 항거한 민영환이다). 묄렌도르프의 집은 1906년부터 명신학교(뒤에 숙명여고로 개칭)에서 사용하다 헐렸고, 지금 그 자리에는 코리언리빌딩이 서 있다.

을 자신의 집으로 옮겼다.

사건이 일어난 우정국은 오늘날 '체신기념관' 자리로 지금의 조계사曹溪寺 바로 동북쪽이며 묄렌도르프의 집은 서남쪽으로 불과 200미터 남짓 떨어져 있었다. 사실 묄렌도르프 자신의 안위도 보장할 수 없는 상황에서 집이 가까이에 있었던 것은 천만다행이었다.

일단 급한 불을 끈 묄렌도르프는 누구를 부를지 생각했다. 만약 다른 방안이 있었다면 그가 경계하는 미국 공사관 소속의 알렌에게 끝내 연락하지 않았을지 모른다. 일본 공사관 의사 카이로세도 그에게는 요주의 인물이었다. 알렌이 묄렌도르프의 집에 도착했을 때 한의사들이 있었다는 알렌의 일기를 보면 일단은 전의典醫들을 청했던 것 같다.

이제는 이 날 밤의 스타 알렌이 등장할 차례다. 당시 미국 공사관과 관저는 지금의 대사관저와 마찬가지로 덕수궁 뒤 정동에 있었고 알렌의 집도 바로 그 옆에 있었다. 묄렌도르프 집에서는 1킬로미터 남짓

정동의 미국 공사관. 알렌의 집은 공사관 바로 동북쪽 옆에 있었다.

되는 거리이다. 민영익이 자객에게 중상을 입고 민영익의 친아버지(생부)인 민태호 등이 살해당하던 그날 밤(음력 10월 17일)은, 알렌의 일기에 따르면 "날씨가 맑고 달빛은 대낮같이 밝았다. 인적이 드문 거리는 너무나 조용하고 달빛에 비친 거리 모습은 무척이나 아름다웠다."

그 다음의 신데렐라 스토리는 너무나 많이 회자되었으므로 여기에서 반복할 필요는 없을 터이다. 요컨대 알렌은 민영익을 성공적으로 치료해 회복시켰고, 그 덕에 민영익뿐만 아니라 국왕과 왕비의 높은 신뢰를 얻게 되었으며 이를 계기로 제중원이 탄생케 되었다. 알렌의 일기대로 갑신 쿠데타는 외국인들에게도 작지 않은 사건이었으며, 특히 그에게는 일생일대의 사건이 되었다.

적지 않은 사람들이 제중원을 갑신 쿠데타가 낳은 산물이며, 또 제중원이 설립되고 그곳에서 서양인 의사들이 진료를 하면서 조선에 근대 서양 의학이 주어졌다고 생각하는 것 같다. 과연 그럴까?

갑신 쿠데타 첫날(12월 4일) 밤에 대해, 특히 민영익을 치료한 과정을 꼼꼼하게 기록한 1884년 12월 5일자 알렌 일기의 첫 부분. "어제 밤, 서울에 거주하는 외국인들에게는 아주 중대한 사건이 발생했다"라고 시작된다.

비록 외국인(일본인)들에 의한 것이기는 하지만 제중원 이전에도 조선에는 이미 근대 서양식 병원이 여럿 있어 적지 않은 조선인들이 서양 의술을 체험하고 있었다.

다른 문물이나 체제의 수용과 마찬가지로 새로운 의술이 수용되는 과정에서 민중들의 체험과 반응이 매우 중요하다는 사실은 새삼스레 말할 필요가 없을 것이다. 수용의 주체는 사라진 채, '문명인'이 '미개인'에게 '문명'과 '근대'를 일방적으로 선사한다는 생각은 시대착오적이고 제국주의적인 발상일 뿐이다.

또한 조선인 스스로가 중심이 되어 우두술을 도입, 수용하고 있었고 근대 의료에 대한 담론도 점차 확산되는 중이었다. 이렇듯 새로운 의학과 의술의 도입은 여러 경험의 축적으로 점차 이루어져 나가는 것이리라. 그것도 사회경제적 이해관계의 장場에서 전진과 후퇴를 거듭하면서……

범위를 좁혀서, 갑신 쿠데타와 알렌의 성공적인 민영익 치료가 없었다면 제중원이 세워지지 않았을까?

알렌 스스로는 직접적으로 그 사건(쿠데타와 치료)에 너무나 큰 영향을 받았으므로 다른 데에 시선이 가지 않았을 수 있다. 이후의 모든 일을 그 엄청난 사건과 경험에 연결 짓는 것은 인간인 이상, 특히 알렌과 같이 조선의 사정에 밝지 않은 외국인 의사로서는 자연스러운 일이다. 하지만 100년도 더 지난 지금, 냉철하게 역사를 조망하고 성찰해야 할 우리가 알렌처럼 당시의 분위기에 휩싸여 있다면 곤란하지 않을까?

알렌은 역사를 공부하는 사람에게 보배와 같은 존재다. 그가 남긴 많은 기록들을 선입관을 버리고 차분한 마음으로 검토해 보면 우리는 더 많은 사실을 얻어낼 수 있다. 알렌은 갑신 쿠데타 두 달 전에 제중원 설립과 관련해 다음과 같은 중대한 기록을 남겼다.

미국 공사 푸트 장군은 제가 의사이고 적절한 시기가 올 때까지 설교나 그 외의 사역을 하지 않을 것이라는 사실을 알자 저를 극진히 맞아주었습니다. 게다가 그는 문제를 사전에 방지하려고 자원해서 저를 공사관 의사로 정식 임명했습니다. 급여는 없습니다. 그는 본국 정부에 이것을 알렸고, 국왕을 알현할 때 제가 온 사실과 부지 구매에 대한 제 의사를 전했습니다. 제가 선교사인지 묻는 국왕의 질문에 '공사관 의사'라고만 답했습니다.

푸트 장군은 곧, 아마 봄에는 기독교 학교와 의료 사업이 허락될 뿐만 아니라 은근히 장려될 것이라는 국왕의 사적인 확언을 받았다는 말도 했습니다(General Foote also said that he had the private assurance of the King that soon, probably in the spring, mission schools and medical work would not only be allowed, but quietly encouraged(알렌이 선교본부 총무 엘린우드에게 보낸 1884년 10월 8일자 편지).

국왕의 언질과 푸트 공사의 전언 그리고 알렌의 편지가 허황된 것이 아니라면, 갑신 쿠데타나 민영익의 치료와 크게 관계없이 제중원(혹은 다른 이름의 병원)은 이듬해(1885) 봄에 세워졌을 것이라고 보는 게 합리적이지 않을까? 갑신 쿠데타 '때문에' 제중원이 세워진 것이 아니라 급진적 정변에 따른 반동적反動的 분위기에도 '불구하고' 세워졌다고 말하는 편이, 또 그만큼 국왕과 조선 정부의 열망이 강했다고 해야 올바르지 않을까?

그렇다고 국왕의 강한 열망이 그대로 '인정仁政'과 통하는 것은 아니다.

제중원과 고종의 외교 전략

제중원 설립에 우연적인 요소가 없지 않았지만 서양식 의료기관을 세우려는 조선 정부, 특히 국왕 고종의 의지가 중요하게 작용했다. 그러한 점을 여러 대목에서 읽을 수 있는데, 우선 국왕은 묄렌도르프에게 서양식 병원과 의학교 설립 계획을 지시했다. 그리고 1884년 여름 잠시 조선에 왔던 일본 주재 감리교 선교사 맥클레이Robert Maclay가 김옥균을 통해 제안한 병원과 학교 설립에 대해 허가의 뜻을 밝혔다. 또한 미국 공사를 통해 알렌에게도 의료 사업을 허락하거나 은근히 장려하겠다는 언질을 준 바 있었다.

국왕이 맥클레이와 알렌에게 준 언질이 독자적인 의료사업의 허락을 뜻하는지, 국립병원 설립과 운영의 파트너로 생각한 것을 뜻하는지는 알기 어렵다. 맥클레이에게 한 약속에 따라 감리교 선교 의사 스크랜튼이 1885년 5월 조선에 와서 9월에 자체적으로 진료소(시의원)를 열었다. 스크랜튼이 알렌에 앞서 왔다면 그가 알렌의 역할을 했을지도 모를 일이다.

서양식 병원을 세우겠다는 국왕의 의지가 강했다 하여, 1882년에 대민의료구휼기관인 혜민서와 활인서를 폐지[革罷]한 데 대해 "서양식 의료기관을 설치하겠다는 구상을 하고 있었기 때문이 아니었을까"라고 추론하는 것은 지나친 것 같다. 그 무렵 국왕은 위정척사파를 경계해 다음과 같이 '동도서기' 원칙을 밝힌 정도이지 서양 의술을 도입할 구체적 계획을 가졌던 것은 아니었다.

기계를 만드는 데 조금이라도 서양을 본받는 것을 보기만 하면 대뜸 사교 邪敎에 물든 것으로 지목하는데, 이것도 전혀 이해하지 못한 탓이다. 그들

'동도서기' 원칙을 밝힌 국왕의 전교傳敎. 《고종실록》 1882년 8월 5일자(음력). 임오군란이 발발한 지 두 달 뒤로, 국왕의 '개화' 의지가 뚜렷했음을 알 수 있다. 하지만 국왕이 추진한 개화는 백성들과 함께 하는 것이 아니었다.

의 종교는 사교이므로 마땅히 음탕한 음악이나 미색처럼 여겨 멀리해야겠지만, 그들의 기계는 이로워서 이용후생할 수 있으니 농기구·의약·병기·배·수레 같은 것을 제조하는 데 무엇을 꺼려하겠는가? 그들의 종교는 배척하고, 기계를 본받는 것은 병행하여도 사리에 어그러지지 않는다.

설령 서양식 병원을 설치할 구상을 가졌다 하더라도, '백성'들을 위하는 생각이 있었다면 실제로 그것을 만들고 난 뒤에 혜민서를 폐지하면 될 일이다. 이유가 무엇이든 혜민서와 활인서를 없앤 일은 국가의 최소한의 대민 복지(구휼) 기능마저도 포기한 것이었으며, 국왕이 내세우는 '인정仁政'이 허구적인 이데올로기에 지나지 않는다는 사실을 보여주는 것이다.

1885년 1월 27일 알렌의 〈병원설립제안[朝鮮政府京中設建病院節論]〉이 조선 정부에 제출되자 제중원 설립 준비가 시작되었다. 미국 대리공사 폴크George Clayton Foulk의 추천서를 덧붙여 외아문 독판 김윤식金允植에게 제출된 〈병원설립제안〉의 주요 내용은 다음과 같다.

귀 정부에서 다행히 저로 하여금 (백성을) 두루 보호할 방도를 베풀게 하신다면, 저 또한 서양 학문으로 조선의 병든 군사들과 병든 선비들을 지극히 필요한 방도로 치료할 수 있을 것입니다. 더불어 조선의 생도들이 서양의 의법을 배워 약을 쓰는 방법을 알 수 있고 또 조리하는 절차를 깨닫게 할 수 있을 것입니다 貴政府如以使僕幸垂周護之道 則僕亦使西洋學文能有朝鮮病軍病士處極要之道 且有朝鮮生徒 亦學西洋醫法 能識用藥之法 又覺調理之節矣.

조선 정부에서 병원을 건립하여 운영한다면, 저는 책임자의 임무를 담당하겠으며, 귀 정부의 연금은 비록 한 푼일지라도 받지 않고자 합니다朝鮮政府如或營建病院 則僕當主首之任 而於貴政府年金 則雖一錢不欲取矣.

몇 가지 조건만 해결되면 충분히 병원을 세울 수 있습니다. 1. 한성에 있는 공기가 잘 통하고 그윽하며 정결한 큰 집 한 채. 1. 병원 운용에 들어갈 등불과 연료, 의사를 보조하는 간사 월급, 병자를 돌보는 간사 월급, 하인 등속의 월급, 그리고 가난한 환자들의 매일의 음식 등. 1. 각종 약재 가격의 차용금 300원此以數件事 亦足以設建 一 朝鮮京中空氣通行 淸幽精潔大一家屋 一 病院入用之財 則燈燭柴炭 與爲醫師幹事人月給 爲病者幹事人月給 下人等屬月給 又貧寒病人每日食飮等節 一 各種藥材價之假三百圓.

조선의 대군주와 정부에서 이 몇 가지 일에 대해 윤허해 주신다면, 저는 마땅히 의사 한 사람을 초청할 것이니, 비용이 들어가면서부터 여섯 달 뒤면 능히 이 병원을 세울 수 있습니다而朝鮮大君主政府 此等事件如有好允之道 則僕當招致醫師一員 自費六朔之後 能建此院.

한성에 병원이 건립되면 이것은 조선 정부의 병원입니다建院于朝鮮京中 此是朝鮮政府之病院.

이 제안에서 알렌은 "책임자의 임무를 담당하겠다當主首之任"라고 했는데, 병원 운영의 모든 권한을 갖기 원한다는 것으로 보인다. 하지만 결국 진료에 한정되는 것으로 정리되었다. 알렌이 1885년 6월경 선교본부에 제출한 〈조선에서의 의료사역Medical Work in Corea〉이 그 점을 잘 보여준다.

> Proposal for founding an Hospital for the Government of His Majesty the King of Corea in Seoul. Since the recent troubles I have been called upon by many Corean

우리와 제중원과의 관계는 단지 의료에 관한 관리업무를 제공하는 것으로 확실히 이해되었습니다Our connection with it is distinctly understood to be simply in furnishing the medical superintendence.

1885년 1월 22일자 알렌 일기에 기록되어 있는 〈병원설립제안Proposal for founding an Hospital for the Government of His Majesty〉. 실제 조선 정부에 이것이 접수된 것은 1월 27일로 며칠 동안 한문으로 번역하는 등의 작업을 했을 것이다.

이렇듯 알렌이 〈병원설립제안〉을 제출할 수 있었던 데에는 민영익의 부상을 치료하면서 왕실과 정부로부터 얻은 신임이 크게 작용했다. 이에 대한 좀더 구체적인 정황은 1886년 육영공원 교사로 조선에 온 길모어George William Gilmore(1858~1933)가 남긴 다음 기록을 통해서 살펴볼 수 있다.

> In a conversation with the king, some time after the emeute, the work of the hospitals in the Western lands was brought to his attention, and the description the doctor gave of their operation and benefits interested the king so much that he suggested, or acted upon the suggestion of Dr. Allen, that one be established in the capital. This was warmly welcomed by Dr. Allen, and

반란(갑신 쿠데타)이 있은 지 얼마 뒤 (의사 알렌이) 국왕과 면담하는 중 서양의 병원 업무가 국왕의 관심을 끌었다. 의사가 병원의 운영 방식 및 그 이점利點들을 설명하자 국왕은 매우 흥미로워했고 수도에 그러한 병원 하나를 세울 것을 제의했거나 의사 알렌의 그런 제안에 맞장구를 쳤다. 이에 대해 알렌은 깊이 반기는 바이었다(Korea from its Capita 295쪽).

길모어의 Korea from its Capita (Presbyterian Board of Publication, 1892년) 295쪽. 이 부분의 번역문(〈한국의 초기 선교사업〉, 《향토 서울》 제4호, 1959)에는 'operation'을 '수술'로 번역하는 등 몇 가지 오역이 있다.

알렌은 3개월여 전에 의료사업에 대한 국왕의 언질을 푸트 공사를 통해 간접적으로 들었다. 하지만 갑신 쿠데타로 정세가 매우 어수선하고 개화에 대해 반동적인 분위기가 농후한 가운데 알렌이 곧바로 병원설립제안서를 제출하기란 쉽지 않았을 것이다. 길모어의 언급처럼 국왕의 제의나 내락이 있었기에 가능했다고 생각된다. 실제 병원 설립이 알렌이 기대했던 것보다 훨씬 빨리, 수월하게 진행된 사실도 이러한 점을 뒷받침한다. 알렌은 병원 설립에 6개월 정도 걸릴 것이라고 생각했지만 불과 두 달 남짓 뒤에 제중원이 탄생했다.

국왕이 서양식 병원을 세울 생각을 가졌으면 소관 부서에 지시해서 추진하는 방법도 있었을 텐데, 왜 굳이 알렌에게 이니셔티브를 주는 방식을 취했을까? 여기서 국왕의 외교적 고려와 계산을 생각하게 된다. 임오군란과 갑신 쿠데타 등을 겪으면서 국왕은 일본과 청나라를 매우 경계하게 되었고, 다른 서양나라들도 신뢰하지 못하게 되었다. 오직 조선에 대해 영토적 야심이 없다고 여긴, '아름다운 나라 미국美國'만이 조선과 국왕의 편이 되어 주리라고 기대했다. 물론 청나라의 권고나 《조선책략朝鮮策略》과 같은 책의 영향도 있었다.

국왕으로서는 서양식 병원을 세우는 것도 중요했지만 그러한 과정을 통해 미국과 더욱 돈독한 관계를 가지기를 원했다. 국왕은 알렌을 통해 '미국 끌어당기기'를 시도했던 것으로 보인다.

알렌의 일기와 선교본부 총무 엘린우드에게 보낸 편지들을 보면, 알렌은 묄렌도르프가 병원 설립을 방해할까 두려워했다. 알렌이 갑신 쿠데타 때 '스타'가 될 수 있었던 것은 묄렌도르프가 왕진을 청했기 때문인 것을 생각하면 아이러니컬한 일이다.

만약 묄렌도르프가 나의 병원설립제안 소식을 들으면 나의 모든 계획을 방해하거나 묵살할지도 모른다(1월 22일자 일기).

저는 어떻게 해서든 그(묄렌도르프)의 통제 아래 있고 싶지 않았습니다. 저는 폴크 대위를 통해 (병원 설립을) 신청했습니다. 묄렌도르프는 푸트 장군에 대해서와 마찬가지로 폴크 대위에 대해서도 적개심을 가지고 있기 때문에, 묄렌도르프는 제 선교 계획에 해를 입히고 제 병원 계획도 수포로 돌아가게 할지 모릅니다(2월 4일자 편지).

묄렌도르프가 정부 일로 일본에 가 있는 동안 폴크 대위는 병원 일이 잘 진행되도록 최선을 다하고 우리는 병원이 순항하도록 노력하고 있습니다(4월 3일자 편지).

저는 어제 묄렌도르프와 두 시간 가량 얘기했습니다. 처음 그는 병원을 없애겠다고 하다가 마침내 힘을 다해서 저를 돕겠다고 했을 뿐 아니라 몇몇 선교사를 정부 학교들에 고용하겠다고까지 약속했습니다(4월 5일자 편지).

하지만 바로 위의 편지처럼 위협은 있었을지언정 실제로 묄렌도르프의 방해는 없었다. 병원을 없애겠다는 위협도 병원 일에서 배제된 데 대한 화풀이 정도였다. 알렌은 개인적으로 묄렌도르프를 경계했지만, 당시 더 중요한 측면은 조선, 미국, 청나라 사이의 세력 관계였다. 묄렌도르프는 몇 달 뒤에는 왕실의 지시로 청나라와 일본을 견제하기 위해 러시아와의 밀약 체결에 관여해 청나라의 눈 밖에 나게 되었지만, 이 무렵에는 청나라의 이익을 대변하고 있었다.

병원 설립의 책임자로 몇 해 동안 근대 문물 도입을 주도해 온 묄렌도르프가 아니라, 새로 외아문 독판이 된 김윤식을 선정한 데서도 미국을 고려하는 국왕의 방침을 읽을 수 있다. 묄렌도르프가 병원 설립과 운영에 관여하지 못한 것은 우연이 아니었다.

알렌의 제안서가 제출된 지 꼭 20일 뒤인 2월 16일에 병원 설립 책임자로 임명된 김윤식은 이틀 뒤 미국 공사관을 직접 방문해 홍영식의 집을 병원 건물로 결정했다고 통보했다. 갑신 쿠데타 실패 후 책임자급으로는 유일하게 망명하지 않고 남아서 참살당한 홍영식의 집이 최초의 근대식 국립병원으로 정해진 것이다.

그렇게 된 데에는 몇 가지 이유가 있다. 우선 몰수된 역적의 집이므로 따로 구입 비용이 들지 않고, 비교적 넓어서 병원으로 쓸 만하다는 점이다. 또한 제중원을 관할할 외아문이 바로 옆에 있어 관리에 편리한 점도 중요하게 작용했다. 외아문은 종로구 재동의 헌법재판소 자리에 있었으며 홍영식의 집은 헌법재판소 북서쪽 담 안쪽에 지금도 남아 있는 약 600년 된 백송나무 근처에 있었다.

알렌의 기록에 따르면 3월 초까지만 해도 폐허처럼 보였던 홍영식의 집은 불과 한 달 사이에 근대식 병원으로 면모를 일신했다. 병원으로 개조하는 데 든 600~1,000달러는 물론 조선 정부가 지불했다.

외아문의 준비작업은 일단 4월 3일로 마무리된다. 즉 홍영식의 몰수된 집을 병원으로 단장했고 병원 규칙을 마련했으며 새로운 병원이 설립되었다는 사실을 공포했다. 이제 국왕의 재가 절차만 남은 것이다.

외아문이 4월 3일(음력 2월 18일) 사대문과 종각에 게시한 공고문은 다음과 같다.

본 아문에서 시의원施醫院 한 곳을 설치했는데, 북부 재동 외아문 북쪽으로 두 번째 집에 위치한다. 미국 의사 안련安連(알렌)을 초빙했으며, 아울러 학도學徒와 의약 및 제 도구를 갖추었다. 오늘 18일부터 매일 미시未時(오후 1~3시)에서 신시申時(오후 3~5시)까지 병원 문을 열어 약을 줄 것이다.

종각. 사대문을 여닫기 위해 치는 종을 달아두는 곳으로 고종이 1895년 '보신각普信閣'이라는 현판을 사액한 뒤로는 보신각으로 불린다. 1885년 4월 3일 새로운 병원의 설립을 알리는 공고문이 이곳에 내걸렸다. 공고에는 4월 3일부터 병원 문을 연다고 되어 있는데 실제 진료가 시작된 것은 엿새 뒤인 4월 9일이었다.

해당 의사의 학술은 정교하고 양호한데 특히 외과에 뛰어나서 한 번 진료를 받으면 신통한 효과를 보게 될 것이다. 본 병원에는 남녀가 머물 병실이 있으니 무릇 질병에 걸린 자는 병원에 와서 치료받을 것이며 약값은 나라에서 대줄 것이다. 이를 숙지하여 하등 의심을 품지 말고 치료를 받으러 올지어다.

또한 외아문은 한성부에 지시해 모든 계契(동의 상위 조직인 계는 당시 한성에 300여 개가 있었다)에 공고문을 게시토록 했으며, 지방에도 각 읍마다 공고하게 했다.

The following rules were sent me today from the Foreign Office and are for the regulation of the hospital, being gotten up by Usuiha they show his ability.

Rules. A commissioner shall be appointed for the hospital from the Corean Officials.

" 2 There shall be two officers appointed one of whom shall be at the hospital continually to attend to its running.

" 3 Four students shall be appointed

1885년 4월 3일자 알렌 일기.
〈제중원 규칙〉에 대해 만족을
표시했다.

〈제중원 규칙〉의 제정과 특징

아쉽게도 〈제중원 규칙〉의 한문 원본은 전해지지 않고 단지 알렌 일기에 영문 번역본만 남아 있을 뿐이다. 이 영문본마저 전해지지 않았다면 우리는 제중원에 대해 모르는 것이 더 많았을 텐데 다행스러운 일이다. 일기의 4월 3일자에는 구체적 조항에 앞서 다음과 같이 기록되어 있다.

> 오늘 외아문에서 나에게 다음의 규칙을 전해왔다. 병원 운영을 규정하는 이 규칙은 테시카가 작성한 것으로 그의 능력을 보여준다.

알렌의 이 기록에는 규칙의 명칭이 없다. 아직 병원의 이름이 정해지지 않은 때문일 것이다. 알렌이 '광혜원廣惠院'이라는 병원 이름을 일본 공사관 의사 카이로세 도시코海瀨敏行에게 전해들은 것은 국왕의 재가 바로 전날인 4월 13일이다. 따라서 그 규칙의 명칭은 4월 3일에서 13일 사이에 결정되었을 것이다. 이 규칙의 제정에 카이로세(알렌은 테시카라고 부르고 있다)가 관여했는데, 조선의 사정을 어느 정도 아는 '신식 의사'였기 때문일 것이다.

카이로세는 민영익의 치료에도 참여한 바 있으며, 그에 앞서 《한성순보》(1884년 3월 18일자)에 명의名醫로 소개된 적도 있었다. "이 규칙은 테시카의 능력을 보여준다"라는 언급으로 보아 알렌은 〈규칙〉을 만족스러워했던 것 같다.

4월 14일 국왕의 재가로 병원이 정식으로 설립되면서 이 규칙은 〈광혜원 규칙〉으로 불렸고, 4월 26일 제중원으로 개칭되면서 〈제중원 규칙〉으로 이름이 바뀌었을 것으로 생각된다. 특별한 명칭이 없었을 수도 있다. 1891년 5월 '빈튼 파동' 시 외아문 독판 민종묵이 보낸 공문에는 단지 '장정'으로, 미국 공사 허드의 공문에는 'regulations of the Hospital'이라고만 표기되어 있다. 하지만 이 글에서는 편의상 〈제중원 규칙〉으로 부르기로 하겠다. 이제 〈제중원 규칙〉의 각 조항을 하나씩 살펴보자.

- 제1조. 병원 업무를 위해 조선인 관리 중에서 당상堂上을 임명한다 Commissioner shall be appointed for the hospital from the Corean Officials.

묄렌도르프. 제중원 설립 과정에서부터 사실상 배제되었으며, 〈제중원 규칙〉에 의해서 제중원에 관여할 근거를 완전히 상실했을 것이다.

병원의 최고책임자(원장)에 대한 조항이다. '조선인 관리 중에서'라는 구절은 다른 데서는 찾아볼 수 없는 이색적인 것으로 특별한 의미를 갖는다. 실제로 제중원 당상은 외아문의 독판이나 협판이 겸했는데, 당시 협판이던 묄렌도르프를 배제할 목적으로 넣었을 것이다. 그리고 알렌이 '테시카의 능력'이라고 평가했던 것이 특히 이 조항과 관련 있다고 생각한다. 이 조항에 따라 알렌에게 눈엣가시인 묄렌도르프는 제중원의 당상이 될 수 없었을 것이기 때문이다.

- 제2조. 주사主事 2명을 임명하며, 그 가운데 1명은 병원 운영을 위해 상근한다 There shall be two officers appointed one of whom shall be at the hospital continually to attend to its running.

상근 주사로 규정된 직책은 병원 운영의 실무책임자로 오늘날의 행정부원장이나 행정실장쯤으로 생각된다. 나머지 1명은 비상근으로 외아문 본청직과 겸직이었을 것이다.

- 제3조. 학도學徒 4명을 임명한다Four students shall be appointed.

'student'는 흔히 생각하는 학생이라기보다는 병원의 한 가지 직책을 뜻하는 것으로, 조수助手직에 해당한다. 1886년 3월 29일부터 운영한 '제중원 학당'에서 공부한 생도生徒와는 구별된다. 1886년 6월 제중원 직원들의 포상 기록(濟衆院別單施賞有差,《일성록》1886년 6월 14일[음력 5월 13일]자)을 보면 "김의환을 학도로 승진시키고 이의식을 주사로 승진시킨다金宜煥陞敍學徒李宜植主事陞差"라는 언급이 있는데 여기의 '학도'가 이 조항의 'student'에 해당하는 것으로 보인다. 그리고 이 학도는 언급 순서상 이의식이 임명받은 주사직보다 상위직으로 추정된다. 제중원의 직원들을 주사라고 통칭했지만 여러 직급이 있었으며, 학도는 〈제중원 규칙〉에 제3항으로 언급되어 있는 것으로 보아서도 제법 중요한 직책인 듯하다.

- 제4조. 학도들은 의사를 보조한다. 의사의 지도 아래 약을 조제·투약하고 외국인 의사들이 사용하는 기구의 사용법을 익힌다. 학도들은 환자를 간호하며 의사가 지시하는 것을 수행한다These students shall help the Dr. Shall put up and administer medicines under the Dr's supervision and learn to use the machines which foreign doctors use. They are to nurse and do what the Dr. tells them.

《일성록》1886년 5월 13일(음력)자 기사.

학도는 앞에서 언급했듯이 조제·투약·간호 등 조수 업무를 담당했다. 〈병원설립제안〉의 "의사를 보조하는 간사인爲醫師幹事人, 병자를 돌보는 간사인爲病者幹事人"에 해당한다. 알렌의 기록에 조수가 마취를 했다는 등의 언급이 있으며 제중원에서 일한 다른 외국인 의사들도 약을 조제하는 사람에 대해서 언급했다. 24시간 내내 (입원) 환자들을 가료, 간호하는 일은 학도들의 몫으로 생각된다. 병원에서 실제로 중요한 역할을 하는데도 김의환을 제외하고는 이름이 알려진 사람이 없는 것으로 보아 학도 역시 주사로 통칭했을 가능성이 있다. 1885년 여름부터 제중원에 잠시 근무했던 기생 의녀들이 이 범주에 속하는지는 확실하지 않다.

- 제5조. 병원 기록과 회계를 담당하는 서기書記 2명을 임명한다. 이들은 1년에 두 차례 당상에게 보고해야 한다Two secretaries shall be appointed to keep the records of the hospital and the expense accounts. Twice a year they must report to the Commissioner.

서기라는 직책 역시 다른 기록에서는 발견되지 않아 이들도 주사로 통칭했을 가능성이 있다. 〈조선정부병원 제1차년도 보고서〉 말미에 'Treasurer'라고 언급된 것이 이 직책일 것이다. 규칙에 규정된 순서로 보아 학도 아래 직급으로 생각된다. 대체로 제중원에서 근무한 주사의 수가 4~5명 정도 되는데 제2조의 주사뿐만 아니라 다른 직급을 망라했기 때문으로 보인다. 규정상으로는 제2조부터 제5조까지의 직원은 모두 8명이다.

- 제6조. 병원 내에 근무하는 인원 2명을 둔다. 이들은 병원 물품

들을 청소, 정돈하며 의사의 도구들을 관리한다.
- 제7조. 문지기(수위) 2명을 둔다. 1명은 병원 바깥문의 출입을 관장하며 진료권을 발급한다. 다른 1명은 병원 안쪽 문의 출입을 관장하며 진료권을 접수한다.
- 제8조. 고원雇員(하인) 5명을 둔다. 2명은 취사를 하고, 2명은 정원과 건물의 청소와 잔심부름을 하며, 나머지 1명은 물을 긷는다.
  (제6조부터 제8조까지의 인력은 관리官吏가 아니라 단순 고용인으로 생각한다. 제2조부터 제8조까지를 모두 합하면 17명이다.)
- 제9조. 의사를 환자의 집으로 청하는 경우 의사에게 왕진료로 5,000전錢을 지불해야 한다.
- 제10조. 입원 환자는 네 등급으로 구분한다.
  개인 전용 병실을 사용하는 1등급은 입원비가 하루에 1,000전.
  1, 2인용 병실을 사용하는 2등급은 입원비가 하루에 500전.
  3인 이상 병실을 사용하는 3등급은 입원비가 하루에 300전.
  빈민용 일반 병실을 사용하는 경우 입원비는 무료.
- 제11조. 모든 진료비는 회복된 뒤에 수납한다.
- 제12조. 누구든지 병원을 이용하는 사람은 처신이 단정하도록 주의를 기울여야 한다.

왕진료 5,000전은 50냥兩으로 약 3달러에 해당하는 당시로는 매우 큰 돈이다. 문구로 보아 왕진료는 의사 개인의 수입이었던 것 같다. 그리고 확실하지는 않지만 진료비는 제11조에 규정된 것과 달리 그때 그때 지불한 것으로 보인다.

이 규칙에 의해 제중원은 당상의 책임 아래 상근 주사 이하 20명에 가까운 직원들이 각자의 업무를 맡아보도록 규정되어 있다. 병원의 (외래) 진료 시간은 규칙에 규정되어 있지 않지만, 외아문의 4월 3일자 게시문처럼 대체로 매일 미시未時부터 신시申時까지 오후 한나절 동안 진료한 것으로 보인다. 그리고 왕진료와 입원비 관련 규정은 조선 사회에서 그때까지 경험하지 못한 일이었다.

그런데 병원에서 가장 중요한 역할을 담당하는 의사에 대한 조항이 없는 것이 이 〈규칙〉의 특징이다. 앞으로 살펴보겠지만 외국인 의사가 제중원에 고용된 직원이 아니었기 때문인 것으로 여겨진다. 외국인 의사가 제중원의 정식 직원이 된 1887년 이후에는 당연히 의사에 대한 조항이 〈제중원 규칙〉에 포함되었거나 그에 상응하는 조치가 있었을 것으로 생각되지만 관련 자료를 아직 발견하지 못했다.

〈제중원 규칙〉을 둘러싼 오해

제중원 운영과 성격에 관한 오해의 중심에는 〈제중원 규칙〉과 '공립의원 규칙' 작성의 시기적 선후관계가 자리 잡고 있다. 제중원 규칙의 초안 격인 공립의원 규칙의 내용은 다음과 같다.

> 제1조. 생도生徒 약간 명이 매일 학업하는 시간은 오전 7시부터 오후 4시까지이고 휴일 외에는 마음대로 놀 수 없으며 학업에 정통하고 남달리 재능이 뛰어나 중망을 얻은 자는 공천하여 표양한다.
>
> 제2조. 생도는 약을 제합[合藥製藥]하고 기계 등의 설치를 담당하며 의사의 지휘를 어기지 말고 따라야 한다.
>
> 제3조. 서기 2명은 모든 문서·장부와 계산을 담당하며 하나하나 상세하게 해야 한다. 6개월마다 전체 통계를 낸 뒤 병원의 각 부서에 고감考鑑하게 한다.
>
> 제4조. 당직 2명은 각 방을 정결하게 하고 의약과 여러 도구 및 원내 물품을 관리한다. 이유 없이 물품이 없어졌을 때는 그 죄를 조사하여 처분한다.
>
> 제5조. 문지기 2명 가운데, 1명은 바깥문에서 환자의 성명을 먼저 기록하고 차례대로 패牌를 지급한 뒤 들어가도록 하며, 다른 1명은 중문에서 갑을 등의 기호가 적힌 문패를 받아 살펴본 뒤 의사를 만나도록 허락한다. 빈패貧牌를 가진 사람은 원패元牌를 가진 사람이 모두 들어간 다음에 입실을 허락한다.
>
> 제6조. 환자가 바깥문에서 이름을 기록할 때 동전 2전을 내도록 하며 가족이나 의탁할 자가 없는 경우에는 빈자패貧字牌를 주어 들어가도록 한다. 패를 잘 살펴본 다음에 그것을 가지고 들어가도록 한다.
>
> 제7조. 사환은 5명 이내로 2명은 주방 일을 담당하며, 2명은 뜰을 청소하

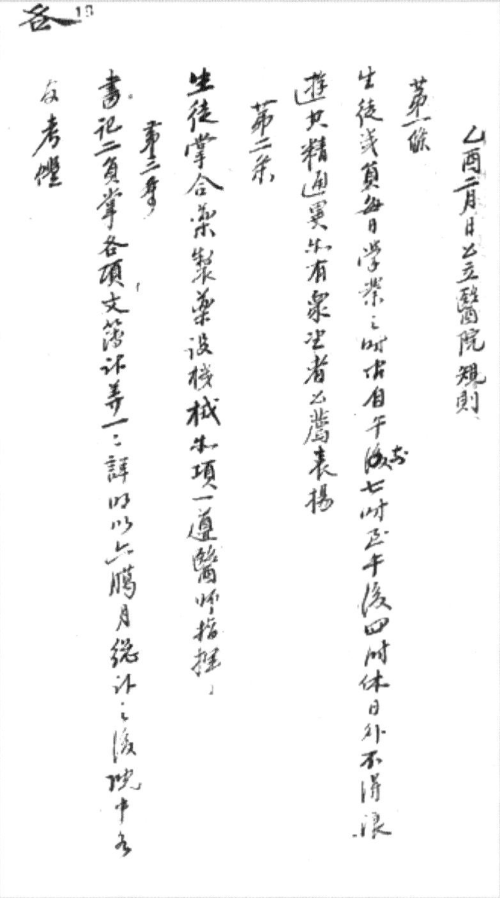

乙酉二月日公立醫院規則

第一條
生徒淺質每日學業之時指自午前七時至午後四時休日外不得懶惰
遵共精通實業有衆望者公薦表揚

第二條
生徒掌合製藥設機械朱項一遵醫師指揮

第三條
書記二員掌各項支簿許差一二謀以上騰月終計之後院中支給考桯

《팔도사도삼항구일기》에 1885년 2월(음력, 날짜는 적혀 있지 않다)자로 수록되어 있는 '공립의원 규칙'.

고 아궁이에 불을 지피는 등 여러 가지 일을 하며, 나머지 사환 1명은 물을 긷는다.

제8조. 환자가 거동하지 못해 의사를 청해서 의사가 왕진을 하는 경우, 매번 동전 50냥을 선납하고나서 의사를 만난다.

제9조. 입원 환자는 다음과 같이 자신이 비용을 내야 한다. 상등 환자의 일비日費는 동전 10냥, 중등 환자는 5냥, 하등 환자는 3냥이다. 가족이나 의탁할 자가 없는 사람은 본 병원에서 대준다.

제10조. 약값은 상·중·하등 환자가 사용한 물품에 따라 비용을 치르도록 하며, 가족이나 의탁할 자가 없는 사람은 본 병원에서 대준다.

제11조. 본 병원에 임용되는 모든 사람은 세 사람의 보증과 추천을 받는다. 만약 물품이 없어지면 물품의 값을 그 담당자에게 징수하고 담당자가 감당하지 못할 때에는 곧 세 사람의 보증·추천인에게 징수한다.

제12조. 간병하는 시간은 오후 2시에서 4시까지다.

제13조. 문병인이 아닌데 허락받지 않고 들어왔을 경우에는 그 사람을 중징계하고 문을 지키는 사람에게도 태벌을 가한다.

(제13조와 제14조의 '문병인問病人'은 환자를 위문하러 온 사람이 아니라 환자를 지칭하는 것으로 해석된다.)

제14조. 문병인을 제외하고 학도와 간사인을 보러 오는 자가 있을 때는 바깥문에서 문지기를 통해 연락한 뒤 들어온다.

외아문 일지 격인 《팔도사도삼항구일기八道四都三港口日記》의 표지.

공립의원 규칙은 〈제중원 규칙〉과 일견 비슷하지만 몇 가지 차이점이 있다. 가장 뚜렷한 차이는 〈제중원 규칙〉의 제1조와 제2조가 없다는 점이다. 즉 제중원 직제와 운영의 핵심이 없는 것이다. 이것은 체계상으로도 적합하지 않을 뿐만 아니라 실제 제중원 운영과 부합하지

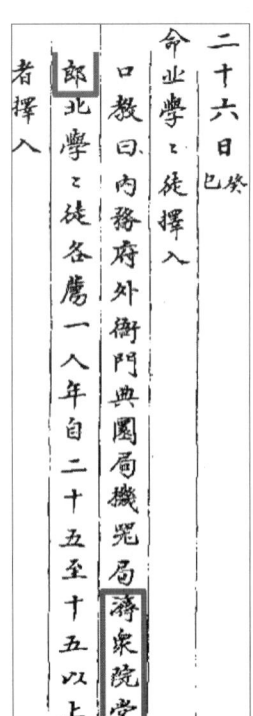

《일성록》 1885년 8월 6일(음력 6월 26일)자. '제중원 당랑'에게 북학학도를 천거하라는 국왕의 지시로, 〈제중원 규칙〉 제1조, 제2조의 존재를 뒷받침한다.

않는다. 예컨대 "국왕은 내무부, 외아문, 전환국, 기기국, 제중원의 당랑으로 하여금 15세 이상 25세까지의 북학학도 1인씩을 각각 천거케 하다"(《일성록》 1885년 8월 6일자)라는 기록에서 보듯이 제중원 당랑堂郎(당상과 낭청)의 존재가 명백함에도 공립의원 규칙에는 그 핵심적인 부분이 빠져 있는 것이다. 이 밖에도 "별도로 원院 하나를 설치해 광혜원이라 부르고 외서外署에서 전적으로 관할하게 하는 동시에 당상과 낭청을 차출하는 것과 일체 사무를 처리하는 것은 모두 해당 아문에서"(《고종실록》 1885년 4월 14일(음력 2월 29일)자) 등 〈제중원 규칙〉에 따라 제중원이 운영되었음을 입증하는 조선 정부와 선교사들의 기록은 상당히 많다. 이런 점에서 규칙이 확정되는 과정에서 제1조와 제2조가 들어간 것으로 생각된다.

또한 공립의원 규칙 제1조의 '생도'에 관한 규정 역시 실제 운영 상황에 전혀 부합하지 않는다. 어쩌면 제중원 설립 준비 과정에서 생도(학생)들을 가르치는 교육 부서와 교육 기능을 논의한 흔적일 수 있지만 교육 부서(제중원 학당)는 1년이나 지나서 마련되었다. 이 조항도 당시 현실에 맞게 제중원 규칙의 제3조로 수정되었다. 공립의원 규칙의 제11조~제14조도 규칙이 확정되는 과정에서 탈락되었다.

그리고 공립의원이라는 용어는 당시 일본인들이 사용하던 것으로 일본 공사관 의원 카이로세의 아이디어인 듯하다. 1886년 8월 14일 알렌이 외아문 독판서리 서상우에게 보낸 편지에 '공립병원公立病院'이라는 용어가 나오는데 그러한 표현을 한 연유를 살펴볼 필요가 있을 것이다. 영어 원문에는 'Government Hospital'로 되어 있다. '관립(국립)'과 구별되는 '공립'이라는 용어가 본격적으로 쓰이기 시작한 것은 1895년부터이다.

사정이 이러한데 일각에서는 4월 3일 알렌이 전달받은 것이 '초안'이고 여기에 알렌의 의견이 반영되어 '공립의원 규칙'으로 수정되었다고 주장한다. 나아가 "조선 정부는 초안 제1조와 제2조에서 한국인 관리를 책임자로 파견한다고 명기하여 제중원의 운영을 관할하려는 의도를 보였"지만 "알렌과의 협의 과정에서 이 부분이 완전히 삭제"되었으며, "즉 재정 지원 등 조선 정부의 관심은 좋으나, 실제 의료에 있어 자신이 불필요한 간섭을 받게 될 여지를 없애 버린 것이었다. 조선 정부도 이러한 알렌의 의도를 수용하여 가이세(카이로세)가 작성한 초안에서 이 부분을 삭제했다"라고 주장해 제중원의 성격과 운영권에 대해 실제와 전혀

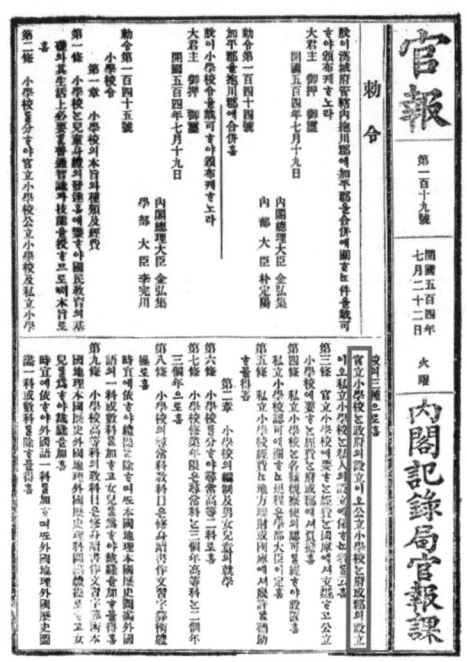

1895년 9월 7일(음력 7월 19일)자로 반포된 〈소학교령〉. "관립소학교는 정부의 설립이오 공립소학교는 부府 혹은 군郡의 설립이오." 이때부터 '관립'(국립)과 구별되는 '공립'이라는 용어가 법령에 의해 공식적으로 쓰였다.

다른 해석을 하고 있다. 요컨대 조선 정부는 재정 지원 등만을 했을 뿐 처음부터 제중원의 운영권은 알렌에게 있었다는 것이며, 그에 따라 '제중원 제1대 원장 알렌' 등의 표현을 하는 것이다.

앞에서 살펴본 대로 〈제중원 규칙〉은 외아문 차원의 병원 설립 준비가 마무리되는 1885년 4월 3일 알렌에게 전달되었다. 알렌이 그 규칙에 대해 이의를 제기했고 그에 따라 수정되었다는 언급이나 근거는 어디에도 없다. 오히려 알렌은 '테시카의 능력'이라며 만족했다. 그리고 제중원은 '공립의원 규칙'이 아니라 〈제중원 규칙〉에 의해 운영되었다.

알렌은 제중원 제1대 원장은커녕 1887년 이전에는 '제중원 의사', 즉 제중원의 정식 직원도 아니었다. 알렌을 비롯해 외국인 의사들이

제중원에서 중요한 역할과 기여를 한 것은 틀림없는 사실이다. 하지만 적어도 1894년까지는 조선 정부가 설립하고 운영한 제중원의 틀 안에서 그들의 활동이 이루어진 점도 분명한 사실이다.

조선 정부는 재정 지원 등만 했을 뿐이며 제중원의 운영권은 외국인 의사에게 있었다는 주장은 1894년 9월 제중원 운영권이 에비슨(미국북장로교 선교부)에게 이관되었을 때부터만 타당하다.

알렌은 병원 설립을 제안하고 그것이 진행되는 과정에서 자신이 병원에 대해 모든 권한을 갖기를 기대했을 것이다. 그러나 결과는 사뭇 달랐다. 조선 정부가 자신을 철저히 이용만 했다고 여겼을지도 모른다. 하지만 알렌은 거기에 대해 불만을 표시하지 않았다. 제중원과 인연을 가지고 거기에서 일하게 된 것만 해도 큰 성과라고 생각했을지 모른다. 길모어가 "Dr. Allen, by his shrewdness and conservatism, had thus opened the way for the working of missionaries in a land which a little over two years before had been sealed against them"(*Korea from its Capita* 295쪽)이라고 평했듯이 알렌의 통찰력과 신중함이 길게 보아 선

1885년 9월 7일자 알렌의 일기. "나는 이미 제공한 봉사 기간을 포괄하기 위해 5월 초부터 보수를 받아내려고 (해관 의사 임용에 관한 계약서 작성일자를) 8월 31일로 했다it was dated August 31st to draw payment from the beginning of the Fifth Moon in order to cover the period of services already rendered." 알렌이 해관 의사로 일한 것은 9월 초순부터이므로 '이미 제공한 봉사'는 제중원에서 일한 것을 뜻한다고 생각한다. 그런데 제중원에서 일한 4월부터가 아니라 5월부터로 한 이유는 알 수 없다.

교의 교두보를 마련하게 되었다고 볼 수 있을 것이다.

그러면 왜 처음부터 외국인 의사를 '제중원 의사'로 정식 임용하지 않았을까? 의사의 급료를 절약하기 위해서였다고 해석하기도 하지만 (알렌 자신도 〈병원설립제안〉에서 봉급을 받지 않겠다고 했다), 조선 정부는 1885년 9월 초 알렌을 해관(세관) 의사로 임명했고 월급은 소급해 5월부터 지급한 것으로 보아(1885년 9월 7일자 알렌의 일기) 그러한 설명도 충분해 보이지 않는다. 앞으로 해결해야 할 연구 과제다.

공립의원 규칙에 대한 또 한 가지 잘못된 해석은 규칙이 작성된 시기를 잘못 파악했기 때문에 생겼다. 앞에서 언급했듯이 그것은 1885년 2월(음력)에 작성되었다. 날짜가 적혀 있지 않지만 3월 17일(음력 2월 1일)부터 4월 2일(음력 2월 17일) 사이에 작성되었다가 알렌에게 전달된 대로 수정되었을 것이다.

1886년 2월 1일자 《한성주보》. '공립의원 규칙'이 열 달이나 뒤늦게 게재된 연유에 대해서도 연구가 필요하다. 이때는 제중원 학당의 생도들을 모집할 때인데, 그것과 관련이 있을지도 모른다.

오해는 이 공립의원 규칙이 《한성주보》 1886년 2월 1일(음력 1885년 12월 28일)자에 "금년 정월 25일에 총리아문에셔 聖諭를 奉하야 병원를 齋洞西邊에 刱達하고 院號는 濟衆이라 하고 官員을 設하며 學徒를 모와 院中의 두고 美利堅敎師 哉蘭(알렌)과 憲論(헤론) 兩人를 延請하며"라고 제중원 설립 날짜 등 오류가 있는 기사와 함께 때 늦게 게재된 데에서 비롯되었다. 이미 《팔도사도삼항구일기》에 1885년 2월자(음력)로 수록되어 있는 사실을 몰랐던 연구자들(필자를 포함하여)은 〈제중원 규칙〉을 개정해 '공립의원 규칙'이 만들어졌다고 오해했던 것이다. 또 그러한 오해에서 제중원에 대해 여러 가지 잘못된 해석이 가해지기도 했다.

二十九日亥記
遣永肯偕 宗廟 景慕宮奉審摘奸
永禧殿酌獻禮吉日令以來三月登聞擇入
因禮曹啓稟有是命

命另設一院以廣惠院稱號令外署專管

議政府啓言惠民活人兩署況已革罷矣其在朝
家廣濟之意殊涉欠缺另設一院以廣惠稱號
外署專管堂部差出及一並事務並令該樹門諸
草記稟處允之
迭同春秋徐相雨同敦寧金炳璸
乙酉二月

《일성록》 4월 14일(음력 2월 29일)자. "별도로 원 하나를 설치하여 광혜원이라 부르고 외서에서 전적으로 관할하라고 국왕이 명하다命另設一院 以廣惠院 稱號 令外署專管."

제중원의 설립일

이번에는 주로 날짜 이야기를 해보자. 병원 설립을 위한 외아문의 실무적인 준비작업은 일단 1885년 4월 3일로 마무리되었다. 홍영식의 몰수된 집을 병원으로 단장했고 병원 규칙을 마련해 알렌에게도 보냈으며, 새로운 병원이 설립되었다는 사실을 전국에 공포했다. 이제 국왕의 재가만 남겨 놓았다.

알렌의 일기는 이 과정을 잘 보여 준다.

(3월 31일) 병원은 내일 (공사를) 마칠 예정이며, 모든 것이 근사하게 보이기 시작한다 The hospital is to be finished tomorrow and just as everything begins to look lovely.

(4월 3일) 오늘 외아문에서 나에게 다음의 규칙을 전해왔다. 병원 운영을 규정하는 이 규칙은 테시카가 작성한 것으로 그의 능력을 보여준다.

(4월 10일) 어제 병원을 열었는데 외래 환자가 20명이었으며, 절단 수술을 받아야 할 환자 3명은 아직 동의하지 않은 상태다 The hospital opened yesterday with 20 out patients and three cases for amputation who have not consented.

(4월 13일) 새 병원은 광혜원이라는 새로운 이름[*]을 가졌는데, 덕을 베푸는 집이라는 뜻이다 the new hospital, which has a new name also Kwang Hay Won or virtue civilized house.

* 조선 정부의 옛 병원의 이름이 혜민서라는 것과 대비하여 언급한 것이며 이 날 카이로세가 알렌에게 알려준 것이다.

외아문이 4월 3일 사대문과 종각에 게시한 공고문에는 "오늘부터 매일 미시未時에서 신시申時까지 병원 문을 열어 약을 줄 것"이라고 했는데, 알렌의 4월 10일자 일기에는 어제, 즉 4월 9일에 병원을 열었다고 되어 있다. 어떻게 된 일일까?

> Apl 10th. The hospital opened yesterday with 20 outpatients and three cases for amputation who have not yet consented.

1885년 4월 10일자 알렌 일기. "어제(4월 9일) 병원을 열었다."

"4월 3일부터 병원 문을 열어 약을 줄" 계획이었는데, 무엇인가 문제가 생겨 실제로는 "4월 9일에 병원을 열었다"라고 추론할 수 있을 것이다. 아니면 4월 3일부터 8일까지 엿새 동안은 알렌 없이 병원 업무를 보았다고 해석할 수도 있다. 어쨌든 뚜렷한 근거 없이 외아문의 공고를 허언虛言이라고 한다면 성급한 일일 터이다.

〈조선정부병원 제1차년도 보고서〉(1886)의 병원 개원을 언급한 부분. 1885년 4월 10일자 일기와는 개원 날짜만 하루 차이 날 뿐, 'open'의 의미가 달라 보이지 않는다.

> The hospital was opened April 10th, 1885, without any especial ceremony. A public dinner was given later on, in honor of the event, by the Foreign Minister.

그런데 병원을 개원한 날짜가 4월 10일이라는 주장도 있으며, 알렌이 작성한 〈조선정부병원 제1차년도 보고서〉의 "병원은 1885년 4월 10일 특별한 의식 없이 문을 열었다"라는 언급을 근거로 들고 있다. 그 밖에 미국 대리공사 폴크가 미국 국무부에 5월 30일자로 보낸 보고와 *The Korean Repository*(1892), *Korea Mission Field*(1908)에도 4월 10일로 되어 있지만 참고사항일 뿐이다.

그러면 같은 알렌이 남긴 기록 중에서 어느 쪽을 더 신뢰할 수 있을까? 4월 10일을 지지하는 사람들은 〈일기〉는 사적私的인 데 반해 〈보고서〉는 공(식)적인 것이므로 신뢰성이 더 높다고 주장한다. 〈조선정부병원 제1차년도 보고서〉의 내용에 대해서는 앞으로 꼼꼼히 살펴보기로 하고, 여기에서는 형식적인 측면에 대해서만 언급하자.

영문으로 된 보고서의 명칭은 *First Annual Report of the Korean Government Hospital, Seoul*이다. 'Korean Government Hospital, Seoul'은 물론 제중원을 가리키는 것이므로 〈제중원 제1차년도 보고서〉라 한다고 해서 틀린 것은 아니겠지만, 정확한 번역은 당연히 〈조선정부병원 제1차년도 보고서〉이다. 그럴 리는 없겠지만, '조선정부병원'이라는 성격을 가리기 위해서 굳이 〈제중원 보고서〉라고 하는 것이라면 작지 않은 문제이다.

보고서의 작성자는 알렌과 헤론 두 사람으로 되어 있다. 알렌은 자신의 직책을 조선해관 의사(H.K.M. Customs Medical Officer. H.K.M.은 His Korean Majesty, 즉 조선국왕전하라는 뜻이다) 겸 공사관 의사Legation Doctor라고 했으며, 헤론은 아무런 직책과 소속을 표기하지 않았다. 앞에서도 언급했듯이 이들은 제중원에서 중요한 활동을 해왔지만 정식 직원이 아니므로 '제중원 의사'라는 표현은 쓰지 않고 있는 것이다.

보고서는, 영문으로 되어 있는 것 등으로 보아 알렌과 헤론이 미국 북장로교 선교본부에 제출하기 위해서 작성했을 것이다. 그에 대해 헤론은 선교본부 총무 엘린우드에게 보낸 1886년 4월 8일자 편지에서 다음과 같이 언급했다.

알렌 의사와 저는 지난 1년 동안 우리가 했던 사업에 대한 보고서를 거의 마쳐가는 중이며, 몇 부 정도는 출판하고 싶습니다Dr. Allen and I have been getting ready a report of our work for the past year, a few copies of which we hope to have published.

그러나 막상 보고서에는 작성을 의뢰한 단체나 기관은 물론이고 제출처에 대해서도 아무런 언급이 없다. 〈조선정부병원 제1차년도 보고서〉라는 제목만 보면 정부의 공식 문서로 보이지만 사실은 그런 것이 아니다. 이 보고서는 일기와 달리 '공적'인 것이라고 할 수 있겠지만, '공식적'인 것이라고 하기는 어렵다.

공(식)적인 기록이 사적인 일기보다 반드시 신뢰성이 높다고 할 수는 없다. 오히려 일기가 거짓이 가장 적은 기록일 수 있다. 그보다도 바로 다음 날(4월 10일) 쓰인 알렌의 일기 기록이 잘못되었다고 입증되기 전에는 그것을 믿지 않을 이유란 없다. 1년 뒤에 작성된 보고서에는 4월 10일에 개원했다고만 되어 있을 뿐이다. 요컨대 알렌이 첫 진료를 시작한 날이 4월 9일임을 부정하는 근거는 없다.

알렌에게는 제중원에서 자신이 진료를 시작한 날이 가장 의미가 있을 것이다. 한편 제중원 설립 준비에 관여한 외아문 관리들에게는 4월 3일이 가장 소중할 수 있다. 그러면 '객관적으로' 가장 뜻이 깊고 따라서 '제중원 설립일'이라고 할 만한 날짜는 언제인가?

제중원이 나라에서 세운 병원임을 잊지 않는다면, 당시 조선이라는 왕권 국가의 주권자인 국왕의 '윤허(재가)'가 내려진 날을 설립일로 삼는 것이 가장 타당하다고 생각한다. 그날은 언제인가?

《한성주보》 1886년 2월 1일자 기사 "금년(1885) 정월 25일에 총리아문總理衙門에서 성유聖諭를 봉奉하야 병원를 재동서변齋洞西邊에 창달刱達하고 원호院號는 제중濟衆이라 하고"를 근거로 1885년 3월 11일(음력

1월 25일)이 국왕의 재가 날짜라고 하는 주장이 있다. 기사를 꼼꼼히 보자. 이 기사는 '聖諭를 奉하야(받들어)'라고 했지, 3월 11일에 '聖諭가 내려졌다'라고 한 것이 아니다. 기사의 정확한 뜻은 "통리아문에서 국왕의 지시[聖諭]를 받들어 1885년 3월 11일에 병원을 재동 서쪽 끝에 새로 열고[刱達] 병원 이름은 제중(원)이라 하고"이다. 사실에 부합하지 않거니와 국왕의 재가 날짜도 없다.

그럼 《일성록日省錄》, 《고종실록》, 《비변사등록備邊司謄錄》과 같은 조선 정부의 기록에는 어떻게 되어 있는가? 《일성록》을 보자.

의정부에서 아뢰기를, 혜민서와 활인서를 이미 혁파했는데 이는 조정에서 널리 구휼하는 본의로 놓고 볼 때 아주 결함이 됩니다. 별도로 원院 하나를 설치해 광혜원廣惠院이라 부르고 외서外署에서 전적으로 관할하게 하는 동시에 당상과 낭청을 차출하는 것과 일체 사무를 처리하는 것은 모두 해당 아문에서 초기草記하여 품처稟處하게 하는 것이 어떻겠습니까, 하니 윤허했다議政府啓言 惠民活人兩署 旣已革罷矣 其在朝家廣濟之意 殊涉欠缺 另設一院 以廣惠稱號 令外署專管 堂郞差出及一竝事務 並令該衙門請草記稟處 允之《일성록》 1885년 4월 14일(음력 2월 29일)자).

《고종실록》에 똑같은 기록이 날짜도 같은 4월 14일자로 실려 있으며, 《비변사등록》에도 '광혜원이라 부르고以廣惠稱號' 대신 '제중원이라 부르고以濟衆稱號'라고 했을 뿐 똑같은 내용의 기록이 있다. 다만 날짜가 4월 12일(음력 2월 27일)로 이틀 앞서 있다.

국왕의 재가가 광혜원이라는 명칭과 외아문의 관할에 한정되는 것이지 병원 설치에 대한 것이 아니라는 주장도 있다. "혜민서와 활인서가 이미 혁파되어 아주 결함이 되므로 병원 하나를 설치하여 광혜원이라고 부르자"는 의정부의 보고와 그에 대한 국왕의 재가를 병원 설치와는 무관하다고 주장하는 것이다. 답답한 일이다.

여러 차례 살펴본 것처럼 제중원의 설립에는 국왕의 강한 의지가 담겨 있다. 그에 따라 독판 김윤식을 중심으로 외아문이 신속하게 병원 설립 준비를 했으며, 마침내 최고 결재권자의 최종 재가를 받아 새 병원 설립 과정이 완결된 것이다.

광혜원, 제중원이라는 병원 이름은 누가 지었는가? 국왕이 작명하여 '하사下賜'했다는 주장도 있지만, 이 기록들에는 분명히 정부에서 마련한 것을 국왕이 재가한 것으로 되어 있다. 실제 설립 준비를 한 외아문이 작명했을 가능성이 높다. 알렌의 한자식 이름 안련安連도 국왕이 작명했다는 이야기도 있지만 근거 없는 낭설일 뿐이다.

이상의 기록으로 국왕이 새 병원 설립을 최종적으로 재가했으며, 그와 더불어 인사 등 제중원의 모든 사무[堂郎差出及一竝事務]가 외아문 소관이 된 사실을 확인할 수 있다. 그러면 국왕의 재가가 떨어진 날이 《일성록》과 《고종실록》에는 4월 14일, 《비변사등록》에는 4월 12일로 되어 있는데 어느 쪽이 맞는 것일까?

알렌이 카이로세에게 병원 이름이 광혜원으로 정해졌다는 이야기를 들은 것이 4월 13일이므로 국왕의 재가는 4월 12일에 내려졌다는 주장이 있다. 국왕이 병원 명칭을 하사한 것이라면, 어전회의가 열리기 전에 알기 어려울 터이므로 4월 12일설이 더 유력할 것이다. 하지만 조금 전에 살펴보았듯이 광혜원이라는 이름은 정부에서 마련해 국왕의 재가를 받은 것이다. 국가 안위에 관련된 기밀 사항도 아닌데 병원과 관련된 사람들에게 비밀로 하는 게 오히려 이상하다 할 것이다.

병원 규칙은 이미 4월 3일에 알렌에게 통보되지 않았던가? 병원 명칭도 정부에서 정한 뒤에 자연스레 카이로세와 알렌에게 알려졌다고 해석하면 될 것이다.

날짜 이외에 《일성록》 및 《고종실록》과 《비변사등록》의 차이점을 다시 한번 생각해 보자. 병원 이름이 각각 '광혜원'과 '제중원'으로 기록되어 있는 것이 유일한 차이점이다. 조금 뒤에 언급하겠지만, 병원 이름은 4월 26일에 역시 외아문의 제의와 국왕의 재가로 환자 진료의 뜻이 보다 명료한 제중원으로 개칭된다.

《비변사등록》에 '제중원'으로 기록된 것은 그것이 4월 26일 이후에 작성된 것을 뜻한다. 반면에 《일성록》과 《고종실록》에 '광혜원'으로 되어 있는 것은 4월 26일 이전, 아마도 당일에 기록한 것이거나 그것을 토대로 편찬한 것을 뜻한다. 알렌의 기록에서처럼, 사건 발생 당일 또는 좀더 가까운 시기에 작성된 문서의 신빙성이 더 높을 것이다. 그러므로 국왕의 재가가 내린 날은 4월 14일이며, 그 4월 14일을 제중원의 공식적 설립일로 보는 것이 가장 타당하다.

광혜원이 제중원으로 개칭된 날짜는 4월 26일(음력 3월 12일)로 이 점에 대해서는 이견이 거의 없다. 《고종실록》 4월 26일자에 "통리교섭통상사무아문에서, 광혜원을 제중원으로 개칭했습니다라고 아뢰었다 統理交涉通商事務衙門 以廣惠院改稱濟衆院 啓"라는 기록이 이를 뒷받침한다. 국왕의 재가라기보다 외아문의 보고로 제중원이라는 새 병원 명칭이 확정되었다.

제중원으로 이름을 고친 것은 단순한 개칭이 아니라 소급 개칭한

《비변사등록》 4월 12일(음력 2월 27일)자. 병원의 명칭이 '광혜원'이 아니라 '제중원'으로 되어 있다.

事體乎第念倉勢之殘業難支捨此而要無他抹摸之方故耳上項未收米太特許詳代限五年排納事分付何如允之○以李寅應爲刑曹判書金允植爲弘文館提學○駐紮北京英國署理欽差大臣照會于督辦交涉通商事務衙門會內開大英國署理欽差大臣辦理朝鮮督辦交涉通商事務大臣照得本署會同大朝鮮交涉通商事務大臣現准本國水師官將大朝鮮國以南之小島英名哈米笞茲因應防不測我國業准本國來咨內開者暫行居守屬向大朝鮮國政府密行照知等因前由相應備文照知須至照會者一千八百八十五年四月二十四日○十一日敎曰仁川多所面松林里劒建農務極爲嘉尚其在勸農之道不可尋常處之令道臣農鼓一坐賜給○十二日統理交涉通商事務衙門以廣惠院改稱濟衆院啓○十三日設春到記于勤政殿講幼學劉起龍詩幼學閔泳轍拉直赴殿試○敎曰近來賊患大熾於京外聞甚驚駭至於匪骸討財前所未有之賊變也前後申飭不啻截嚴內而營捕廳外而營梱邑鎭若尋常至有此變豈可曰國有法綱乎固當重勘而第第觀來頭姑令戴罪擧行自今以後別般嚴飭非徒譏校雖閭散之民若有捕捉者當酬勞施賞如是夏飭之下終無實效則隨其賊變所

것이며, '개부표改付標'가 그것을 보여준다. 다시 말해 4월 14일 국왕의 재가를 얻어 광혜원이라는 명칭을 쓰게 되었지만, 같은 날짜로 소급해 제중원이라고 고쳐 부르게 한 것이다. 따라서 광혜원이라는 명칭은 4월 26일까지 쓰였지만, 형식상(법률상)으로는 존재한 적이 없는 것이다.

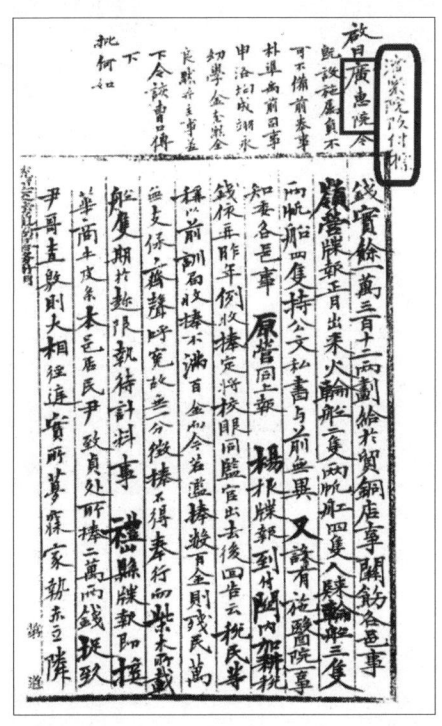

《통서일기統署日記》1885년 4월 21일자. "이제 광혜원을 설립했으니 거기에 속하는 관리를 두지 않을 수 없습니다." 이미 작성했던 '광혜원廣惠院'이라는 글자 옆에 나중에 '제중원개부표濟衆院改付標'라는 종이쪽지箋를 붙여 소급 개칭했음을 나타내고 있다.

219 1장 제중원을 둘러싼 쟁점

이 기사(《동아일보》1933년 7월 23일자)는 '재동 백송' 자리의 내력을 다음과 같이 구체적으로 설명하고 있다. "한동안은 어느 재상가의 뒤뜰로 어떤 때는 외국무역을 감시하는 외무아문外務衙門으로 또 어떤 때는 조선의 양약洋藥이 처음으로 들어왔을 때 이를 감독하든 광제원廣濟院으로……" 기사 내용으로 보아 제중원을 광제원으로 오기誤記한 것으로 여겨진다.

백송에 얽힌 사연

서울 재동의 헌법재판소 북서측 담 안쪽에는 수령이 600년이나 된다는 높이 17미터의 거대한 백송白松 한 그루가 서 있다. 제중원이 1885년 4월부터 1886년 11월경까지, 그 뒤 광제원廣濟院이 1900년 10월부터 1907년 11월까지 사용하던 건물들은 모두 없어지고 '재동 백송'(천연기념물 제8호)만이 남아 묵묵히 세월의 변화를 지켜보고 있는 것이다.

서울에서는 원래 '통의동 백송'(천연기념물 제4호)이 가장 유명했다. 그 백송이 1990년 여름 강풍을 동반한 벼락으로 수명을 다한 뒤에 재동 백송이 바통을 이어받았다. 서울의 또 하나의 명물 백송은 지금은 조계사 경내이지만 100여 년 전에는 전의감 자리에 있었다. 우연의 일치겠지만 전통 의료와 근대 의료 그리고 그 혼합체를 대표하는 의료기관에 백송이 자리 잡고 있었던 것이다.

제중원 자리가 '북부 재동 외아문 북쪽으로 두 번째 집'(외아문의 1885년 4월 3일자 공고문)이며 홍영식의 집이라는 사실은 여러 기록을

지금까지 알려지기로는 가장 오래 된 '재동 백송'과 제중원 건물 사진이다(《동아일보》1924년 7월 1일자). "이 백송은 지금 경성녀자고등보통학교 재동 데이 긔숙사 안에 잇는데 몃백년 전부터 그곳에 그러케 흰몸을 벗틔고 섯답니다. 그리고 이 백송의 고향은 중국입네다"라는 기사가 실려 있다. 백송 오른쪽에 제중원과 광제원으로 쓰였던 건물이 보인다. 사진 속의 건물은 창덕여고 시절인 1950년대 후반에 철거된 것으로 추정된다.

THE KWANG HEI WON—"House of Extended Grace."
Originally the residence of HONG YUNG SIK, it was here that Dr. Allen opened the Royal Korean Hospital in 1886. This picture was taken in 1934. The building is now used as a dormitory by the Higher Common School for Korean Girls.

Korea Mission Field 1934년 8월호에 실린 광혜원(제중원) 사진. "현재 조선 소녀들을 위한 고등보통학교Higher Common School for Korean Girls의 기숙사 건물로 쓰이고 있다"라는 설명이 붙어 있다.

통해 확인할 수 있으므로 대강의 위치는 짐작할 수 있지만, 백송과 제중원 도면이 남아 있어 그 위치를 좀더 정확히 파악할 수 있다.

　사진으로나마 유일하게 남아 있는 제중원 건물은 어떤 용도로 쓰였던 것일까? 여기에 대해서는 연세대 의대 박형우 교수의 선행 연구가 있다. 박 교수는 1932년도 경성여자고보 졸업생의 증언과 오늘날의 지적도 등을 종합해, 다음과 같이 일제시대 경성여자고보 기숙사 배치도(도면 1)와 1886년의 제중원 배치도(도면 2)를 복원해 냈다. 그리고 이를 토대로 사진 속의 건물이 외과 병동(도면 2에 직사각형으로 표시. 여기에는 일반 병동 및 안과 병동으로 되어 있지만 1885년에는 외과 병동으로 쓰였다)이라고 추정했다.

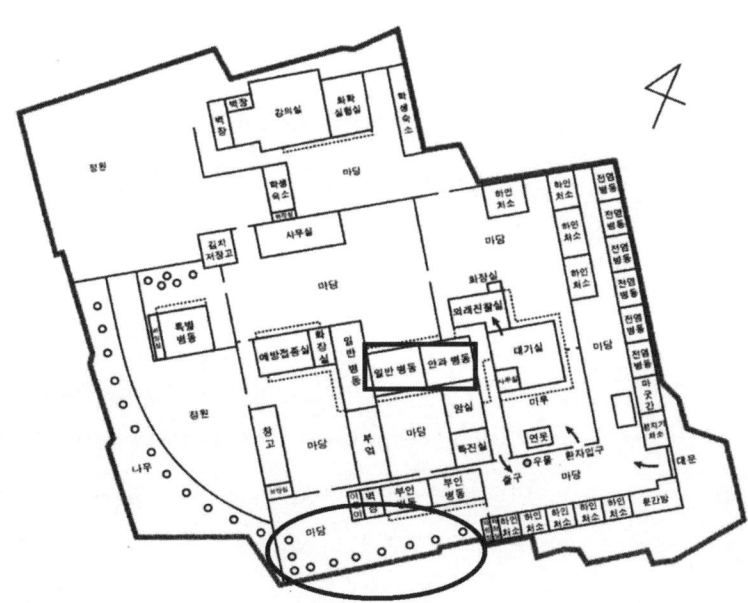

도면 1. 일제시대 경성여자고보(경기여고) 기숙사 배치도(《제중원》, 박형우 지음, 21세기북스 펴냄, 2010년, 80쪽). 마름모로 표시한 것이 백송의 (추정)위치이다.

도면 2. 〈조선정부병원 제1차년도 보고서〉에 실린 도면을 박 교수가 지적도에 맞추어 다시 그린 제중원 배치도(앞의 책, 90쪽). 박 교수는 직사각형으로 표시된 일반병동과 안과병동을 *Korea Mission Field* 1934년 8월호에 실린 광혜원(제중원) 건물로 추정했다.

223 1장 제중원을 둘러싼 쟁점

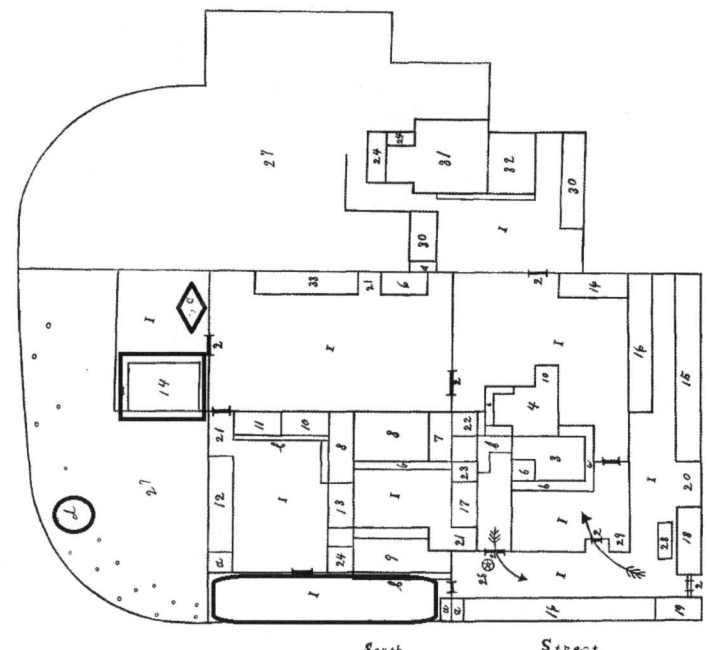

도면 3. 〈조선정부병원 제1차년도 보고서〉(연세대학교 학술정보원 소장)에 실려 있는 제중원 배치도. 도면 1, 2와 비교하기 쉽도록 원래 배치도를 시계 반대방향으로 돌렸다.

　이번에는 알렌이 작성한 〈조선정부병원 제1차년도 보고서〉(1886)의 제중원 배치도(도면 3)를 살펴보자. 〈도면 3〉의 왼쪽 아래 원(d) 주위에 점으로 표시된 것은 나무를 뜻한다. 이해가 되지 않는 것은, 원본인 〈도면 3〉의 아래쪽 타원형 부위에는 나무가 없는데 똑같은 장소인 도면 2의 타원형 부위에는 나무가 그려져 있다는 점이다. 또한 〈도면 1〉의 백송이라고 표시된 부위에도 1886년의 원래 도면에는 나무가 없다(알렌이 1885년 6월경 선교본부에 보낸 도면에는 도면 2처럼 나무들이 그려져 있는데, 그 뒤에 나무들을 뽑았거나 옮긴 것으로 보인다). 즉 〈도면 1〉과 〈도면 2〉의 나무 표시에 문제가 있으며, 따라서 백송 앞에 서 있는 사진 속 건물에 대한 추정은 잘못된 것이다.

'박규수 선생 집터' 표석은 백송의 북쪽 편에 세워져 있다. 표석 자리는 틀림없이 제중원 구내이다.

사실 문제는 그리 복잡하거나 까다로운 것이 아닌 듯하다. 백송이 제중원 구내에 있었다면, 그 위치는 〈도면 3〉의 원(d) 오른쪽 아래 부분일 수밖에 없다. 다른 장소에는 아예 나무가 없으며, (d) 위쪽은 방향이 맞지 않기 때문이다. 그리고 백송과 마주보는 사진 속 건물은 〈도면 3〉의 직사각형(14)으로 표시된 개인전용 병동private ward으로 생각된다.

문일평文一平은 "재동여고(경성여자고보) 기숙사는 옛날 유명한 박정승(박규수)의 집터이다. 그 뜰에 있는 백송은 수령이 육백년쯤 된 조선에 드문 진목珍木으로 본디 박정승집 중사랑 뜰에 섰던 것이다"라는 기록을 남겼다(《호암전집》 제3권). 그리고 백송의 바로 북쪽에 '박규수 선생 집터'라는 표석이 1988년에 세워졌다.

이에 대해 두 가지 경우를 생각해볼 수 있다. 한 가지는 개화파들의 스승인 박규수朴珪壽(1807~1876)가 세상을 떠난 뒤 제자 홍영식이 재동 35번지의 그 집을 구입한 것이다. 재동 제중원은 구조가 복잡한 점으로 보아 둘 이상의 가옥이 합쳐진 것이라는 추정대로, 홍영식이 원래 자기 집 옆에 있던 박규수의 집을 매입해 확장했을 가능성이 있다. 또 한 가지는 박규수의 집이 제중원 자리인 35번지 바로 남쪽인 75번지에 있었을 경우이다(도면 4 참조). 두 번째가 맞고 문일평의 기록이 정확하다면, 백송은 제중원 바로 바깥에 있었을 것이다. 하지만 여러 가지 정황상 백송은 제중원 구내에 있었을 가능성이 높다.

좀더 뚜렷한 근거가 나와야 확실히 말할 수 있겠지만, 홍영식이 박규수의 집을 구입해 자신의 집을 확장한 것으로 여겨진다. 만약 그렇

도면 4. 일제시대에 만들어진 경성부 지적도 '일필매壹筆每'(1929년 발행)에 실린 재동의 한 부분. 외아문은 재동 83번지 및 76번지에, 제중원은 35번지에 있었던 것으로 생각된다. 제중원 자리가 '북부 재동 외아문 북쪽으로 두 번째 집'이라는 기록에서 추정한 것으로 다른 사실들과도 잘 부합한다. 그리고 외아문과 제중원 사이인 75번지에 가옥 한 채가 있었다. 일제시대의 지적도는 아직도 사용되며 지번地番도 대체로 유지되고 있다고 한다.

도면 5. 1880년대와 2000년대. 왼쪽은 도면 4의 제중원 터에 도면 3(《조선정부병원 제1차년도 보고서》의 제중원 배치도)을 얹어놓은 것이다. 경성부 지적도의 재동 35번지와 완전히 일치하지는 않지만 대체로 잘 부합한다. 오른쪽은 최근의 헌법재판소(흰색 목目자 건물)와 주변을 공중에서 촬영한 것이다(Daum 지도). 1886년 제중원의 북쪽은 지금 헌법재판소의 북쪽 담, 서쪽은 북서쪽 담, 동쪽은 주차장의 서쪽 끝 근처, 남쪽은 헌법재판소 건물의 북쪽에 이르렀다. 실제 측량을 하면 더 정확한 사실을 알 수 있을 것이다. 양쪽 그림의 네모 표시는 그때나 지금이나 한결같이 서 있는 백송을 가리킨다.

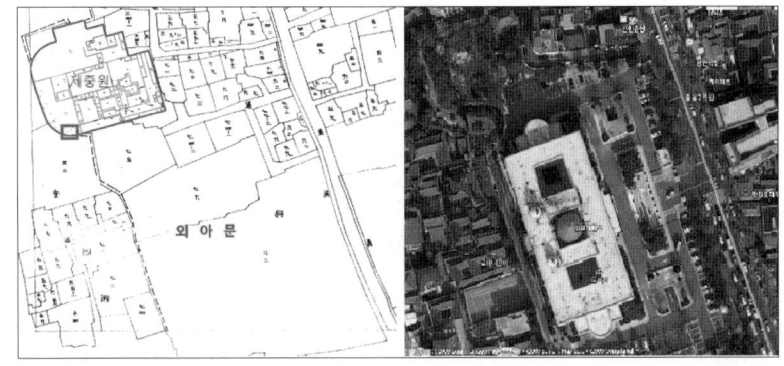

다면, 제중원은 갑신 쿠데타의 주역 홍영식의 집뿐만 아니라 개화파의 비조인 박규수가 살았던 집에 세워진 셈이다.

백송의 위치와 〈도면 3〉의 건물 배열, 그리고 지적도를 잘 감안하면 〈도면 5〉와 같이 제중원의 건물 배치를 실제와 가깝게 복원하고 현재의 헌법재판소 건물 및 부지와의 관계도 파악할 수 있을 것이다.

한 가지 풀리지 않는 문제는 알렌이 작성한 〈도면 3〉의 마름모 표시 (c), 즉 '당산나무sacred tree'에 관한 것이다. 필자는 'sacred tree'(당시로는 기독교와 관련된 나무일 리는 없을 것이다)라는 단어를 보면서 백송을 떠올렸다. 백송 이외에 영험한 나무가 그곳에 또 있었으리라고 생각하기 어렵기 때문이다. 그런데 당혹스럽게도 백송은 건물(개인전용 병동. 박규수 집의 중사랑채였을 가능성이 있다)을 사이에 두고 알렌의 1886년 도면에 있는 'sacred tree'와 정반대쪽에 있다.

지금으로는 세 가지 가설을 생각한다. 첫째, 이제는 없어졌지만 그 자리에 백송이 아닌 다른 당산나무가 있었을 가능성으로, 가장 합리적인 추정일 것이다. 둘째는, 당산나무의 위치를 잘못 표시한 경우이다. 셋째는, 가능성이 매우 적지만 무슨 연유에선가 당산나무를, 즉 백송을 현재의 자리로 옮겨 심었을지 모른다는 것이다.

모처럼 헌법재판소까지 찾아갔으니 제중원 표석이 크게 잘못 되었다는 점도 지적해야겠다. 우선 표석이 헌법재판소 건물 바로 앞쪽(동쪽)에 세워져 있는데, 제중원의 실제 위치인 북쪽 방향으로 옮겨야 한다. 그보다 더 문제는 표석의 내용이다.

표석에는 '광혜원 터'라는 제목 아래 "고종 22년(1885) 고종 황제의 윤허로 미국 선교 의사 알렌이 한국 최초의 서양식 병원 광혜원을 이곳(홍영식 참판댁)에 설립 4월 10일 개원하였다. 동년 4월 23일 제중원

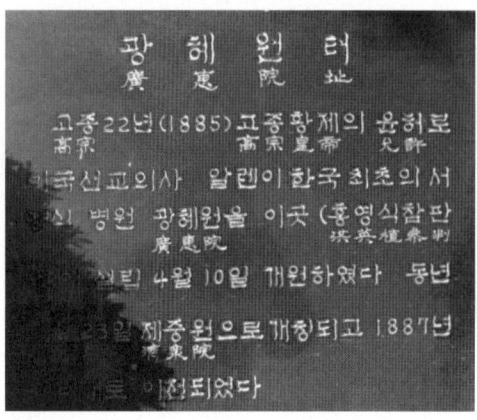

헌법재판소 건물 앞쪽에 세워져 있는 표석. 거의 모든 부분이 사실과 다르게 기재되어 있다. '국격'에 맞지 않는 일이다.

으로 개칭되고 1887년 구리개로 이전되었다"라고 적혀 있다.

병원의 처음 이름은 '광혜원'이지만, '제중원'으로 개부표改付標했으므로 표석의 제목을 '제중원 터'라고 하는 것이 적절하다.

고종이 황제로 불린 것은 1897년 10월 12일 원구단에서 황제 즉위식을 가지면서부터이므로, 이 표석에는 국왕으로 표시하는 것이 타당하다.

또한 제중원은 1885년 4월 14일 국왕의 윤허로 국가에서 설립한 최초의 근대 서양식 병원이다. 알렌이 병원 설립을 제안하는 등 초기부터 중요한 역할을 했고 제중원에서 도합 3년가량 진료를 했지만, 그렇다고 하여 알렌이 제중원을 설립했다고 하는 것은 사리에 맞지 않는다. 지석영이 의학교 설립에 결정적인 역할을 했고 또 의학교가 존속한 8년 내내 교장으로 크게 기여했지만 지석영을 의학교의 설립자라고 하지는 않는다.

제중원으로 개칭한 날짜도 4월 23일이 아니라 4월 26일이다. 또한 홍영식의 직책과 직위를 표시하는 문제도 간단하지 않다. 비록 사흘 동안이지만 그는 갑신 쿠데타 때 우의정을 지냈다.

제중원 표석. 헌법재판소 건물로 오르는 계단 오른쪽에 설치되어 있다. 실제로 제중원이 있었던 백송 근처로 옮겨야 한다. 내용의 광정匡正이 더 중요하고 시급한 일이다.

그리고 이 자리에는 제중원만이 아니라 훗날 광제원도 있었다. 제중원이 2년이 채 안 되는 기간 동안 이곳에 있었다면, 광제원은 여기에서 7년이 넘게 환자를 진료했다. 그것도 주로 조선인 의사들의 힘으로. 이러한 내용도 표석을 수정하면서 담아야 할 것이다.

백송의 주소지는 재동 35번지이다(문화재청 홈페이지). 따라서 백송이 박규수의 집에 있었다는 문일평의 기록이 틀린 것이 아니라면, 홍영식이 박규수의 집을 구입해서 자기 집을 확장한 것이 거의 확실하다. 제중원이 홍영식의 집뿐만 아니라 박규수가 살았던 집에 세워졌다는 것도 마찬가지다. '제중원 터' 표석은 실제 제중원이 있었던 백송 근처로, 기왕이면 '박규수 선생 집터' 표석과 나란히 세우는 것이 가장 좋을 듯하다.

2011년 봄에 새로 세운 '제중원 터' 표석. 표석 내용이 개정되었지만, 제중원 설립 주체('주어')와 설립일이 빠져 있으며 광제원에 대한 언급이 없는 등 아직도 문제가 적지 않다.

*뒷이야기: 제중원 표석은 2011년 봄에 위치도 바뀌었고 내용도 개정되었다. 하지만 표석 내용에는 제중원 설립 주체('주어')와 설립일이 빠져 있으며 광제원에 대한 언급이 없는 등 아직도 문제가 적지 않다. "제중원 및 광제원 터. 제중원은 1885년 4월 14일 국왕 고종의 재가로 통리교섭사무아문이 설립한 우리나라 최초의 근대식 국립병원이다. 1886년 11월 초 구리개로 옮겼다. 또한 이 자리에는 1900년 10월부터 1907년 11월까지 대한제국기의 국립병원인 광제원이 있었다"로 고쳐야 할 것이다.

'박규수 선생 집터' 표석(왼쪽)과 새로 세워진 '제중원 터' 표석(오른쪽).

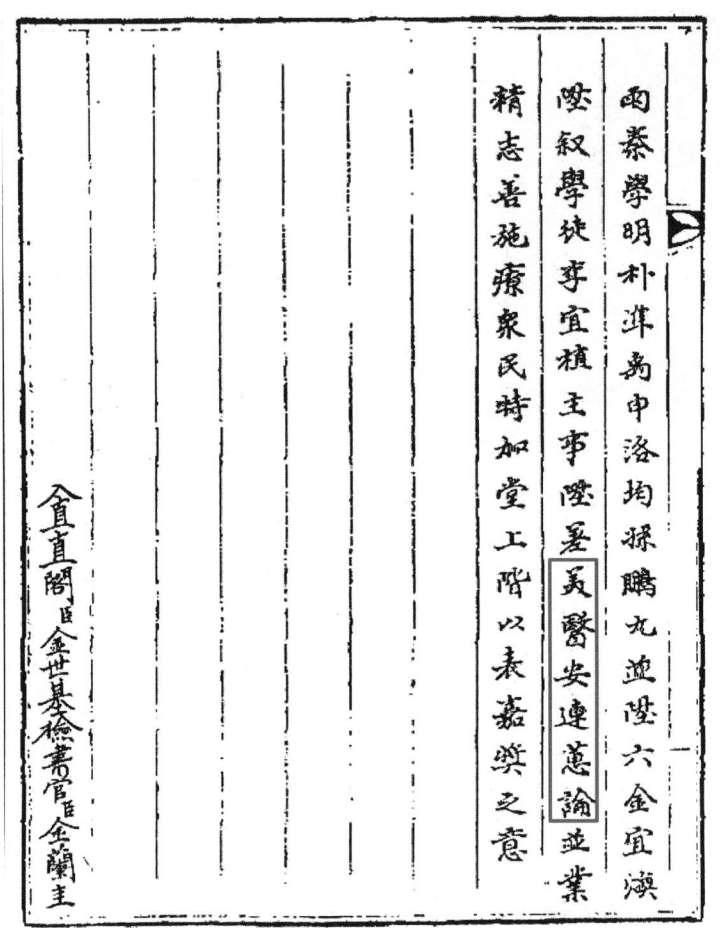

《일성록》 1886년 6월 14일(음력 5월 13일)자. 알렌과 헤론을 '미국인 의사美醫'로 표시했다.

2. 제중원과 의료진

알렌은 제중원의 '정식 의사'였나?

제중원은 조선 정부의 병원이었지만, 알렌과 같은 미국인 의사가 없었다면 근대 서양식 정부 병원의 운영은 물론이고 설립조차 어려웠을지 모른다. 이미 10여 년 전부터 일본인 의사들이 조선에서 진료를 하고 있었고 그들에 대한 평판도 대체로 좋았다.

알렌은 1884년 10월 1일 선교본부 총무 엘린우드에게 보낸 편지에서 일본인 병원에 대해 다음과 같이 언급했다.

> 그(조선인)들은 항구마다 하나씩 있는 작은 병원에서 일본 의사들이 제공하는 서양 의료에 호감을 보입니다They take readily to foreign medicine which the Japanese doctors supply at their small hospitals, of which they have one in each port.

하지만 조선 정부와 국왕은 일본인 의사들을 직접 활용할 생각은 없었던 것 같다. 일본을 경계한 때문이기도 하지만, 적극적으로 미국을 자기편으로 끌어들일 의도가 중요하게 작용했을 것이다.

미국 북장로교회 소속인 알렌과 헤론은, 그들이 엘린우드에게 보낸 다음의 편지에서 잘 나타나 있듯이, 스크랜튼과 미국 북감리교회가 자신들의 자리를 차지할지 모른다고 몹시 우려했다. 그들의 기록에는 일본인 의사들에 대한 염려는 전혀 없다. 미국에 대한 조선 정부와 특히 국왕의 짝사랑을 간파했기 때문일 것이다.

저는 감리교에서 여기로 (여의사) 한 사람을 보낼까 봐 매우 염려가 됩니다. 그들이 그렇게 한다면, 저는 여기에서 나가야 하고 우리는 기반을 잃게 될 것입니다I am very afraid that the Methodists will send one here, if they do, then I am out and our place is lost(알렌, 1885년 10월 7일).

알렌의 기록들을 보면, 조선 정부와 왕비가 미국인 여의사를 매우 필요로 했던 것 같다. 자신들의 사활이 걸렸다고 생각한 그 문제에 대해 알렌은 감리교 쪽을 매우 의식하고 경계했다. 뉴욕의 북장로교 선교본부가 무리하게 엘러스를 파견한 것도 그 때문이었던 것으로 보인다.

감리교 선교회는 이미 자신들의 병원을 가지고 있기 때문에 그것(제중원)을 취하지 않을 것입니다. 그 병원은, 정부병원에서는 아마 앞으로도 허용되지 않을 기독교 사업의 기회를 그들에게 제공하고 있습니다The Methodist mission would not take it, for they have already one of their own, which gives them what the government hospital probably never will be hampered opportunities for Christian work(헤론, 1886년 12월 27일).

헤론의 이 편지에 제중원의 성격이 잘 드러나 있다. 헤론은 북감리교가 이미 선교까지 할 수 있는 독자적인 병원을 가지고 있기 때문에, 선교가 허용되지 않는 제중원의 자리를 넘보지는 않을 것이라고 애써 생각하고 있다. 하지만 스크랜튼과 감리교에 대한 우려는 알렌이 미국 주재 조선 공사관의 서기관으로 임명받아 제중원과 조선을 떠난 뒤에 증폭된다.

물론 우리가 여기에서 힘을 잃게 된다면, 스크랜튼 의사가 기꺼이 병원(제중원)과 제 개인적인 일 모두를 차지하게 될 테고 그러면 우리는 회복불능이 될까 두렵습니다Of course, if we ever lose our grip here, Dr. Scranton would take all the work up, both hospital and private, gladly and it would be, I fear, irretrievable(헤론, 1888년 1월 8일).

박사님, 제물포나 근처 어디에 의사 한 사람을 더 두기를 간절히 바랍니다. 그래야만 헤론 의사가 병을 앓는 경우에도 그의 일을 스크랜튼에게 넘길 필요가 없게 될 것입니다I do wish, Dr., that you had another physician at Chemulpo, or somewhere near so that in case of sickness, Dr. Heron would not have to hand over his work to Scranton(알렌, 1888년 2월 16일).

각설하여, 조선 정부가 미국인 의사들과 함께 병원을 운영할 생각이었으면 그들에게 정식으로 직책을 부여하는 방법이 있었을 텐데, 왜 처음부터 그렇게 하지 않았을까? 묄렌도르프를 외아문 협판이라는 고위직으로 임용하는 등 전례가 없지 않았는데 말이다.

이에 대해 두 가지 경우를 생각할 수 있다. 한 가지는 조선 정부 측 입장에서, 알렌을 신임하기는 하지만 관리로 정식 임용하는 것은 시기상조라고 여겼을 가능성이다. 급료를 절약하기 위한 방편일 수도 있다. 또 한 가지는 알렌의 입장에서, 조선 정부에 고용되어 자유로운 활동에 제약받을 것을 꺼려했기 때문일 수 있다. 알렌이 〈병원설립제안〉에서 봉급을 받지 않겠다고 한 것도 이유일지 모른다.

하지만 알렌이 1885년 8월 31일자로 조선 정부에 해관 의사로 고용되고 월급은 5월 초부터 소급해 받은 사실로 보아 두 가지 설명 모두 충분한 것 같지는 않다. 알렌이 해관 의사로 일한 것은 9월 초부터이므로 5월부터 8월까지 넉 달치 월급은 해관에서 일한 대가가 아니다.

제중원 설립 과정에서 마련된 〈제중원 규칙〉에는 의사에 관한 조항이 없다. 이것은 외국인 의사들이 제중원의 정식 직원이 아니라는 의미이며, 또 한편으로는 고용된 상태가 아님을 뜻하기도 한다. 알렌과 헤론이 고용되지 않았다는 사실은, 그들이 조선 정부와 대등한 자격으로(혹은 아예 독단적으로) 병원 운영에 참여했다는 주장의 근거가 되어 왔다. 그들이 끝내 고용되지 않았다면 그러한 주장도 일리가 없지 않을 것이다. 하지만 사실은 그렇지 않았다. 외국인 의사들은 1887년 초 알렌을 시작으로 제중원 의사로 고용되었다. 이러한 점을 무엇보다도 제중원에서 일했던 외국인 의사에 대한 호칭의 변화와 월급 지급에서 찾아볼 수 있다.

제중원이 설립되고 1년 남짓 지난 1886년 6월 14일 조선 정부는 외아문 독판이자 제중원 당상인 김윤식을 비롯한 제중원 관리들을 포상하고 알렌安連과 헤론蕙論에게 당상堂上의 품계를 제수했는데, 이때 알렌과 헤론의 호칭은 '제중원 의사'가 아닌 '미의美醫', 즉 미국인 의사였다.

또한 같은 해 10월 알렌에게 다시 2품계를 특별히 제수할 때에도 '미의美醫'라고 칭했다.

敎曰美醫安連效勞旣多甚庸嘉尙特授二品階《일성록》1886년 10월 24일(음력 9월 27일)자)

그리고 알렌과 헤론이 작성한 〈조선정부병원 제1차년도 보고서〉(1886)에도 자신들의 직책을 알렌은 '조선국 해관 의사 겸 공사관 의사'로 표기하고 헤론에 대해서는 아무런 직책이나 소속을 표시하지 않았다. 다른 기록에서도 알렌은 자신을 '美醫生敖蘭(미국인 의사 알렌)'(초기에는 알렌의 한자이름을 安連, 敖蘭, 哉蘭 등으로 혼용했다. 일각에서 주장하듯이 국왕이 '安連'이라는 이름을 하사했다면, 다른 이름을 사용한다는 것은 상상할 수 없는 일이다) '大朝鮮濟衆院留醫生敖蘭(대조선 제중원에 머무는 의사 알렌)'(1885년 5월 7일 외아문 독판 김윤식에게 보낸 편지) 식으로 표현하지, 정식 직책을 뜻하는 '제중원 의사'라는 호칭은 사용하지 않고 있다.

헤론도 1886년 5월 무렵에는 조선 정부의 직책을 가지게 된 것으로 보인다. 알렌은 5월 13일 엘린우드에게 보낸 편지에 다음과 같이 썼다. "지금 그(감리교도)들은 추방당할까 봐 매우 걱정하고 있습니다. 헤론과 저는 정부 관리이기 때문에 안전합니다." 그들이 당상관 품계를 받은 것은 한 달 뒤인 6월 14일이므로 그것을 지칭하는 것은 아니다. 아마도 해관 의사로 임명받은 것으로 생각된다.

그런데 1887년 초부터는 조선 정부가 알렌을 '제중원 의사醫師(또는 醫士)'라고 호칭하며 매달 월급 50원(멕시코 은화 50원으로 50달러와 같다)을 지급하기 시작

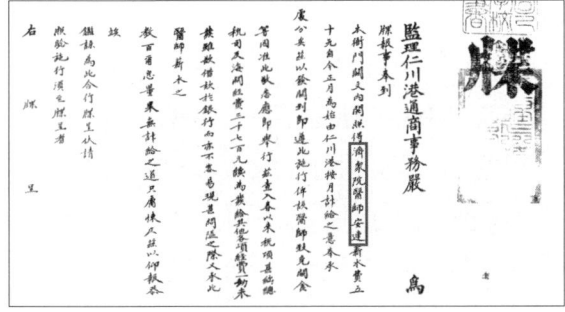

인천항통상사무 엄세영의 보고膝모 1887년 2월 23일(음력 2월 1일)자. '제중원 의사 알렌安連'이라고 부르고 있다.

했다. 이것은 단순한 호칭의 변화가 아니라 알렌의 신분이 이때부터 제중원의 정식 의사로 바뀌었음을 의미한다.

한편, 알렌과 함께 제중원에서 일해 온 헤론의 호칭은 1888년 1월(음력 1887년 11월)까지도 여전히 미국인 의사[美醫師]였으며, 역시 함께 근무하던 엘러스 Annie J. Ellers도 제중원 의사가 아니라 미국인 여의사[美女醫師]로 불렸다.

1888년 1월까지 미국인 의사로 호칭되던 헤론은 그해 3월부터는 '제중원 의사'로 불리기 시작했으며, 음력 3월부터 월급 50원을 지급받았다. 헤론의 월급은 알렌과는 달리 장기간 체불되었다가 음력 1889년 말 22개월치를 한꺼번에 받았다.

알렌이 '제중원 의사'로 근무할 동안에는 정식으로 임명받지 못했던 헤론은 알렌이 미국 주재 조선 공사관의 서기관으로 제중원을 떠난 뒤 그것도 반년이 지나서야 비로소 제중원의 정식 의사가 될 수 있었던 것이다(알렌은 제중원을 떠난 뒤에도 6개월이나 월급을 받았다. 공사관 직원 월급도 물론 받았다). 이러한 점으로 보아 제중원 의사의 정원은 1명이었을 것으로 생각된다.

이렇듯 제중원에서 일하는 외국인 의사들의 신분은 똑같지 않았다. 알렌은 1887년 초부터, 헤론은 1888년 2월(음력)부터 '제중원 의사'로 임명받아 근무했으며, 그 이전에는 정식 직원이 아닌 일종의 '자원봉사자'(알렌이 1885년 5월 7일 제중원에서 일할 의사 한 명을 허락해 달라고 김윤식에게 보낸 편지에 '故自願有醫相助救療者'라는 표현이 보인다) 또는

《일성록》 1888년 1월 6일(음력 1887년 11월 23일)자. 그동안의 공로를 인정하여 헤론에게 2품계를, 엘러스에게 정경부인 貞敬夫人을 특별히 제수한다는 내용이다. 헤론의 호칭은 여전히 미국인 의사美醫師이며, 엘러스는 한자이름이 없어서인지 '미녀의사美女醫師'라고만 되어 있다.

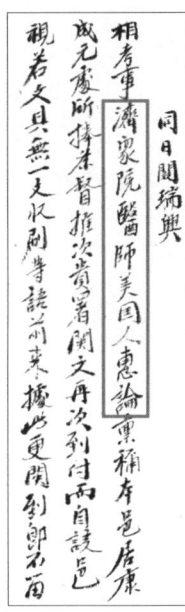

《황해도관초黃海道關草》 1888년 3월 31일(음력 2월 19일)자. 강성원으로 하여금 '제중원 의사' 혜론惠論에게 속히 돈을 내어줄[推給] 것을 재촉하라는 관문關文이다.

'객원의사' 자격으로 일했던 것으로 생각된다.

알렌이 봉급을 받는 제중원 의사로 임명받기 위해서는 〈제중원 규칙〉을 개정했거나 그것에 상응하는 조치가 있었을 터이지만 이에 관한 근거 자료는 아직까지 발견된 바가 없다.

빈튼은 1891년 6월 27일자 외아문 공문 '제중원 경비 사용 불허와 및 의사 빈돈彬敦 거취의 건'으로 보아 근무 시작 때부터 정식 직원으로 일했던 것 같다. 에비슨도 미국 공사 실John M.B. Sill의 공문 '제중원 의사 예비신芮婓信 자퇴의 건'(1894년 5월 10일자)으로 보아 정식 의사로 활동했던 것으로 보인다. 그 밖의 엘러스, 호튼, 하디 등에 대해서는 확실한 근거가 발견될 때까지 판단을 유보하는 편이 적절할 터이지만 정식 의사로 일했을 가능성은 희박하다.

그러면 초기에는 제중원 의사로 고용되지 않았던 알렌이 1887년 초부터 정식으로 고용된 이유는 무엇일까? 지금으로서는 추정만이 가능한데, 우선 조선 정부가 처음과는 달리 알렌을 의사로 고용하는 것이 적절하다고 판단했을 수 있다. 또한 알렌으로서도 정식으로 고용되어 일하는 편이 안정적이며 낫다고 생각한 결과가 아니었을까?

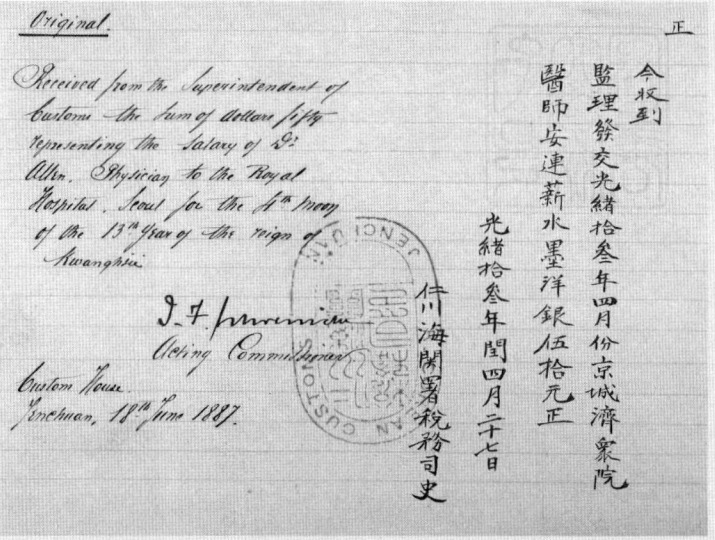

인천해관 세무사 쉐니케J.F. Schonicke가 '제중원 의사' 알렌의 1887년 4월분 월급墨洋銀(멕시코 은화) 50원을 인천감리로부터 지급받고 6월 18일(음력 윤4월 27일)자로 발급한 영수증. 왼쪽은 영문으로 오른쪽은 한문으로 기록했으며, 영문 맨 끝에 쉐니케의 서명이 있다. 월급을 영문으로 'Salary', 한문으로 '薪水'라고 표현했다.

제중원 의사들의 월급

제중원의 성격, 그리고 운영에 대한 외국인 의사의 역할과 권한 등은 외국인 의사의 봉급 문제와 관련이 있다. 어떤 연구자들은 외국인 의사들이 조선 정부에 예속되지 않고 독립적으로 병원 운영에 참여했다는 유력한 근거로 그들이 봉급을 받지 않았음을 주장하고 있다. 구체적인 목소리를 들어보자.

> 병원설립안에서 제시한 것처럼 알렌이나 헤론은 보수報酬(salary)를 받지 않았지만 약간의 돈이 '신수비薪水費'라는 명목으로 지급된 적은 있었다. 조선 정부는 개원 후 1년 이상이 경과된 1887년 1월(음력)부터 신수비로 월 50원씩을 정기적으로 지급하여 생활을 보조하기로 했다.
> 그러나 이를 보수로 보기에는 육영공원 교사 등 조선 정부에 고용된 다른 외국인들에게 지급된 보수와는 금액에서 많은 차이가 있었고, 지급도 대단히 부정기적이었다는 점에서 무리가 있다.
> 또 월급의 성격이면 제중원에 근무하는 모든 의사들이 받았어야 마땅할 터인데, 알렌과 헤론 그리고 엘러스가 있었음에도 한 사람에게만 지급했던 것이다.
> 알렌은 이 비용이 제중원의 약품 구입을 위해 지급된 것이었음을 밝혔다. 한편 1899년 의학교가 개교하고 일본 의서를 번역하기 위해 고용했던 아사카와麻川松次郎의 계약을 보면 봉급 이외에 신수비가 명시되어 있다. 이는 신수비가 정상적인 보수가 아니라 일종의 보조비적인 성격을 가졌음을 나타내는 것이라 볼 수 있다(《한국근대서양의학교육사》, 박형우 지음, 청년의사 펴냄, 2008, 36쪽).

외국인 의사들이 봉급을 받지 않았다는 근거로 ① '보수(봉급)'와 '신수비'라는 명칭의 차이, ② 지급 액수(육영공원 교사 보수와의 비교) ③ 수령자의 제한성, ④ 지급 비용의 성격 등을 들고 있다. 이러한 근거들에 대해 하나씩 살펴보자.

① 알렌은 〈병원설립제안朝鮮政府京中設建病院節論〉에서 "귀 정부의 연금은 비록 한 푼일지라도 받지 않고자 합니다"라고 했으며, 실제로 1886년 말까지 제중원에서 일하는 데에 대해 '공식적으로' 봉급을 지급받은 적은 없다. 이에 관해 헤론은 다음과 같이 언급했다.

저는 정부 병원에서 일하는 것에 대해 정부로부터 아무것도 받지 않습니다. 알렌 의사 역시 마찬가지입니다(1886년 4월 8일 엘린우드에게 보낸 편지).

다만 1885년 5월부터 8월까지 알렌이 받은 봉급의 성격은 앞으로 연구가 필요할 것이다.

그런데 1887년부터 인천해관(세관)에서 알렌에게 매달 50원(멕시코 은화)씩 지급했다. 그 과정을 살펴보자. 1887년 3월 23일(음력 3월 1일) 감리인천항통상사무監理仁川港通商事務 엄嚴 씨는 잠상공사 경리 마르텐麥登司의 2월분 신수비(416원 6각 6푼)와 '제중원 의사' 알렌의 정월분 월봉(50원) 등을 세무사 쉐니케史納機에게 지급했다는 사실을 외아문에 보고했다.

이보다 한 달 앞선 2월 23일(음력 2월 1일) 인천해관에서는 1월부터 알렌에게 매달 신수비 50원씩을 지급하라는 외아문의 지시에 해관의 관세 수입이 부족해 지급하기 어렵다는 보고를 한 바 있었는데 사정이 나아져 1월분부터 소급해 지급하기 시작한 것이다.

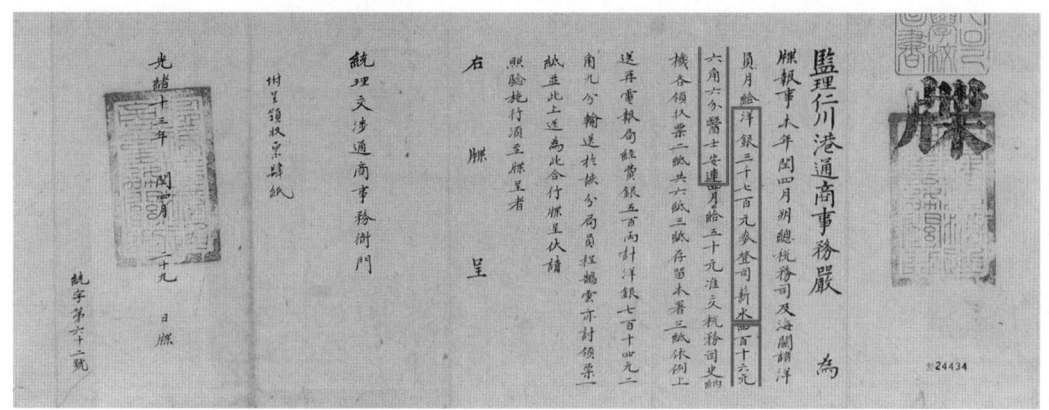

인천해관에서 잠상공사 경리 마르텐의 2월분 신수비 416원 6각 6푼과 '제중원 의사' 알렌의 정월분 월봉 50원 등을 세무사 쉐니케에게 지급했음을 외아문에 보고한 공문.

    그 뒤의 기록을 보면, '2월분 신수 양은 50원'(4월 17일), '3월분 월급 양은 50원'(4월 29일), '4월급 50원'(윤4월 27일), '윤4월 월급 50원'(6월 5일), '5월분 월급 양은 50원'(7월 7일), '월급 7월조'(9월 7일), '8월 신수 양은 50원'(10월 5일), '9월분 월급 50원'(11월 7일), '10월분 신수 50원'(12월 8일), '11월분'(1888년 1월 10일), '정월조 50원'(5월 11일), '2월조 50원'(5월 12일) 식으로 되어 있다(여기의 날짜는 편의상 모두 음력으로 나타내었다).

    이 기록들에서 '월급'과 '신수비'가 혼용되고 있는데, 당시에는 월급月給과 신수비薪水費가 똑같은 뜻으로 쓰였기 때문이다. 같은 문서, 심지어 한 문장에서도 월급과 신수비가 혼용되었다.

    1888년 1월과 2월(음력)의 월급이 3, 4개월 뒤에 지급된 것은 이미 그 전해 8월(음력) 제중원을 떠난 알렌에게 계속 월급을 지급해야 할지에 대한 결정이 늦어진 결과로 보인다. 결국 알렌에게 1888년 두 달치 월급을 지급하고, 헤론에게는 3월부터 지급하기로 결정한 듯하다. 1887년 12월분 월급에 대한 기록이 없는데 그 이유는 알 수 없다.

아울러 인용글 마지막 부분에 신수비의 의미와 관련하여 거론된 아사카와麻川松次郎와의 계약에 대해서도 주의 깊은 검토가 필요하다. 《황성신문》 1899년 10월 16일자에 학부에서 아사카와를 고용하면서 월급 75원 이외에 신수비 10원을 별도로 지급하기로 했다는 기록이 보인다. 여기서 신수비가 월급과 다른 뜻으로 쓰인 것은 누가 보아도 자명하다. 하지만 이 기록을 근거로 월급과 신수비가 '항상' 다른 뜻이라고 판단하는 것은 넌센스다. 앞에서 살펴보았듯이 알렌이 월급을 받던 시기에는 월급과 신수비가 똑같은 뜻으로 쓰였던 것이다.

따라서 "알렌이나 헤론은 보수를 받지 않았지만 약간의 돈이 신수비라는 명목으로 지급된 적은 있었다"라는 언급은 사실과 크게 다르다.

② 알렌과 헤론이 받은 월급 50원은 길모어, 벙커, 헐버트 등 육영공원 교사의 월급 160원의 3분의 1에도 미치지 못한다. 세 사람의 월급을 합친 480원을 한 사람의 월급으로 간주하여 10분의 1밖에 되지 않았다는 주장도 있다. 앞의 인천항 공문에 나오는 잠상공사 경리 마르텐의 신수비 416원에 비교하면 8분의 1도 안 되는 액수다. 하지만 당시 조선 사람들의 수입과 비교해서는 엄청나게 많은 봉급이기도 하다. 그보다도 알렌이 일본 공사관의 의사로 받은 봉급은 연봉 500달러였다. 알렌이 청국 공사관, 영국 영사관에서 받은 급료도 연봉 500달러 내외였다. 조선해관 의사로 받은 연봉은 720달러였다. 이런 것들로 보아 월 50원(달러) 내외가 당시 서양인 의사들의 급료 수준이었던 것으로 여겨진다.

알렌의 또 다른 기록도 그 점을 뒷받침한다.

이곳(제물포) 해관이 저를 고용할지 확실하지 않다는 점도 말씀드려야 하겠

《황성신문》 1899년 10월 16일자. 월급 75원 이외에 신수비 10원이 별도로 설정되었다는 기사이다. 이것은 신수비의 의미가 그 이전과 달라진 시대의 이야기일 따름이다.

습니다. 그들은 지금 월 30달러로 일본인 의사를 고용하고 있습니다. 저는 서울(해관)에서 받았던 60달러와 같은 액수를 요구하려 합니다(알렌이 1890년 3월 26일 엘린우드에게 보낸 편지).

제중원 의사 알렌은 월급을 별 연체 없이 꼬박꼬박 받았다. 그와 달리 헤론은 거의 2년이나 밀린 급료를 1889년 말(음력)에 한꺼번에 받은 것으로 보인다. 연유가 어떻든 간에 조선 정부의 잘못이라고 해야 할 것이다. 하지만 그런 일은 비일비재했다. 미국 공사관이 외아문에 보낸 공문들 가운데 연체된 미국인 봉급을 빨리 지급해 달라는 독촉장이 큰 비중을 차지할 정도였다.

봉급과 관련해 종종 비교 대상이 되어 온 육영공원 교사들의 월급 지급은 어떠했을까? 1892년 3월 15일 감리원산항통상사무가 외아문에 보낸 공문 '체불된 육영공원 교사 월급액 지급에 관한 건'의 내용은 이렇다. 육영공원 교사들의 신수비를 1886년 12월분부터 지급하라는 명령이 내려왔는데 현재 원산해관의 관세 수입이 적어 우선 1887년 7월분까지만 먼저 보내고 1887년 8월부터 1891년 12월까지

1892년 3월 15일 감리원산항통상사무가 외아문에 보낸 공문 '체불된 육영공원 교사 월급액 지급에 관한 건'.

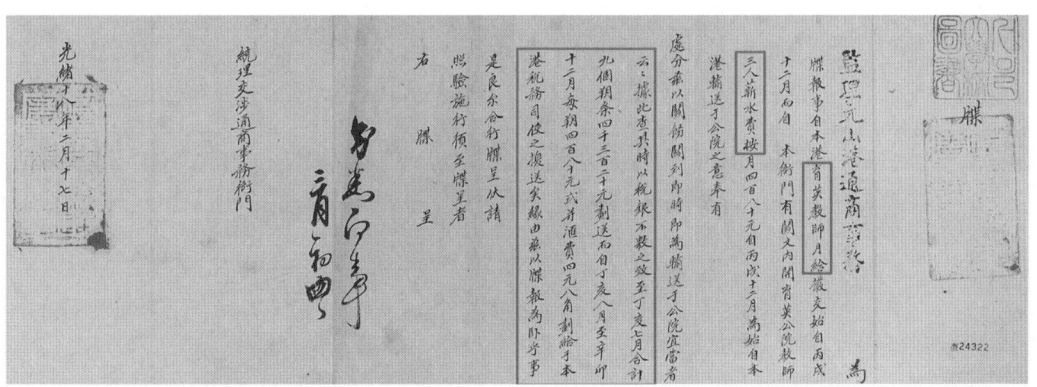

의 신수비는 원산항 세무사에게 수표(어음)를 발급받아 보냈다는 것이다.

1886년 9월에 개교한 육영공원의 교사들은 처음 몇 달 동안만 월급을 받고는 무려 5년이나 급료가 체불되어 있었던 것이다. 육영공원의 교사들은, 무료로 일하겠다며 제중원에서 근무를 시작한 알렌이나 헤론과 달리 정해진 봉급을 지급한다는 정부의 약속을 받고 미국에서 조선으로 건너 온 사람들이다. 조선 정부나 국왕의 체면이 참으로 말이 아니었을 것이다.

③ "또 월급의 성격이면 제중원에 근무하는 모든 의사들이 받았어야 마땅할 터인데"라는 주장에 대해서는 앞에서 언급했듯이 조선 정부는 제중원에서 일한 의사들 중 정식으로 고용된 의사에게만 월급을 지급했다는 설명으로 족할 것이다.

④ "알렌은 이 비용이 제중원의 약품 구입을 위해 지급된 것이었음을 밝혔다"라고 하면서 그 근거로 알렌이 엘린우드에게 보낸 1890년 8월 11일자 편지를 들었다. 하지만 앞에서 설명했듯이 알렌과 헤론에게 매달 지급된 50원은 월급이지, 병원 운영에 필요한 약값이 아니다. 또한 알렌의 1890년 8월 11일 편지에는 비용(월급)이 약품 구입을 위해 지급된 것이라는 이야기는 없고, 대신 이해가 잘 가지 않는 다음과 같은 내용이 적혀 있다.

1890년 8월 13일 외아문이 인천감리에게 보낸 공문. 제중원 의사 알렌의 신수 50원은 알렌이 미국으로 돌아간 뒤 헤론이 수령했는데, 이제 헤론이 사망하여 알렌이 다시 근무하기로 했으므로 이 달부터 신수 50원을 알렌에게 지급하라는 내용이다. 헤론이 사망한 지 20일도 안 된 시점의 공문으로 당시 실정에 비추어 매우 신속한 조치이다.

또한 제가 떠난 이래로, 헤론은 약품 구입을 위한 용도로 적절하게 병원에 배정된 연年 600달러를 인출해 왔습니다. 제가 선교부에서 사임하고 병원에서 살게 된다면 그 돈은 제 소관이 될 것입니다. 저는 사임하지 않았지만 (알렌은 이틀 뒤인 8월 13일 선교부에서 사임했다. 이에 앞서 7월에 조선주재 미국 공사관 서기관으로 취임했기 때문인 것으로 생각된다) 그 돈을 약품 구입에 사용하는 데 동의했습니다 Also, since my departure, Heron has drawn $600 per annum which rightfully belonged to the hospital for medicines. It was made to me if I would resign from the mission and live at the hospital. I didn't resign but agreed to use it for medicines.

그리고 9월 18일자 편지에는 다음과 같은 구절이 있다. 7월 달에 사망한 헤론이 약값 600달러를 이미 다른 데에 썼기 때문에, 그것을 벌충하기 위해 알렌은 자신의 월급을 약값으로 사용했다는 뜻으로 보인다.

저는 매년 헤론에게 해관에서 나온 돈 600달러를 맡겼습니다. 그 돈은 다른 어떤 용도로도 사용해서는 안 되는 것이었습니다. 이미 그들은 제게 월급으로 매달 50달러를 주었습니다. (그것은 규칙적으로 지불됩니다.) 그러나 저는 그 월급을 사라져 버린 해관 돈을 대신하여 약값으로 사용했습니다
I turned over to Heron $600 per annum from the Customs which was not to have been used in any other way. Already they have given me $50 per month (and it is paid regularly) as a salary, but I have turned it over for medicines in place of the Customs money now lost.

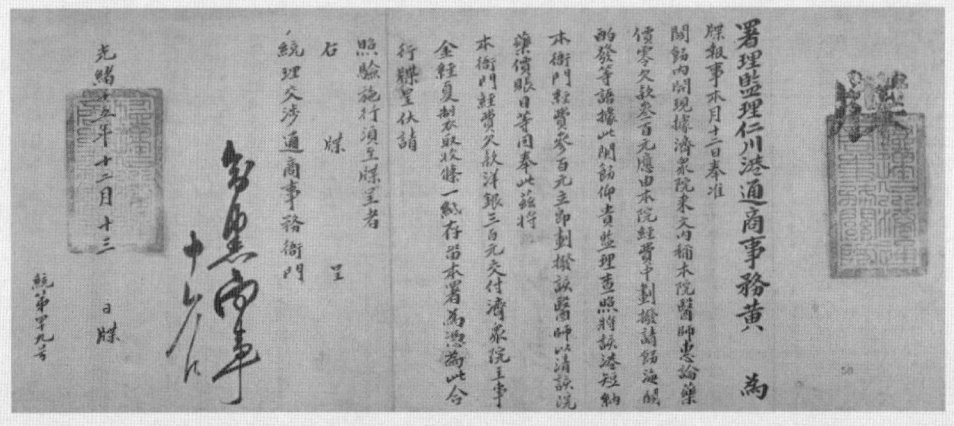

1890년 1월 3일(음력 1889년 12월 13일) 외아문에서 인천항감리에게 보낸 공문. 인천감리는 인천항이 납부할 외아문의 경비 300원을 즉시 제중원 의사 헤론에게 대출해 주어 제중원의 약값과 구휼비로 사용토록 하라는 내용이다.

제중원 의사를 둘러싼 진실

조선 정부가 알렌에게 1888년 2월분까지 월급을 지급하고 헤론에게는 3월부터 지급하기로 결정한 것은, 헤론이 1888년 12월 6일 엘린우드에게 보낸 다음의 편지에도 잘 드러나 있다. 그런데 편지의 내용을 꼼꼼히 살펴보면, 헤론은 자신에게 월급(이 편지에는 '국왕이 의사에게 주라고 명령한 돈'이라고 표현했지만 그 다음 편지에는 '월급'으로 명기되어 있다)을 지급하기로 결정된 사실을 최근에야 알게 된 것으로 보인다. 이해하기 쉽지 않은 일이다. 그리고 헤론은 월급이 거의 1년치가 밀렸고 약값도 제대로 지급되지 않는 점으로 보아, 자신이 월급을 받지 못할 것을 걱정하고 있다.

> 올해 3월 이래 국왕이 의사에게 주라고 명령한 돈이 지불되지 않았다는 사실을 알았습니다. 지난 3월 병원 약값이 지불된 이후로 단지 소액만이 지불되었습니다. 대체 그것을 받을 수 있을지 모르겠습니다 find that no money has been paid in on account of the money the king ordered to be paid over to the physician since the 3rd moon of this year, so that only a little has been paid since I dug it out to pay for the hospital drugs last March. I do not know if I can get it at all(헤론, 1888년 12월 6일).

그런 뒤 두 달 가까이 지나서도 월급이 지급되지 않자 헤론은 '기금'에서 250달러를 인출하고는 그 돈을 생활비로 써도 될지를 엘린우드에게 묻고 있다.

> 국왕이 주는 월급에 관해서, 인출되지 않았고 지불되지 않았다는 사실을

알았습니다. 제 생활을 안정되게 하는 데 쓰려고 기금에서 250달러를 인출했지만 아직 쓰지는 않았습니다. 박사님께서 제가 사용해서는 안 된다고 결정하시면 다시 돌려놓겠습니다 In relation to the salary from the king, I find that not having been drawn out, it has not been paid in. I drew from the fund $250, which I intended to use in insuring my life, but have not used yet. So that if you decide that I shall not use it, I will refund it(헤론, 1889년 1월 28일).

1890년 1월 3일 외아문에서 인천항에 보낸, "제중원 의사 헤론의 22개월치 신수비 1100원을 즉시 지급하라"는 공문. 헤론의 신수비를 지급하라고 공문을 보냈고 헤론 자신도 신수비를 달라는 요청을 인천감리에게 했는데도 아직 시행되지 않은 까닭을 모르겠지만, 즉시 지급하라는 내용이다.

2월 17일자 편지를 보면 헤론은 엘린우드의 회신이 도착하기 전에 250달러를 썼다. 그리고는 엘린우드의 편지를 받은 다음 자신의 행동이 잘못되었다고 생각해 사용한 돈을 차차 돌려놓겠다고 약속했다.

국왕의 돈에서 꺼냈던 250달러를 차츰 돌려놓겠습니다. 저는 그 돈을 생활을 안정되게 하는 데 사용했습니다. 박사님께서 괜찮으시다면 차차 갚겠습니다. 저는 본래 목적 외로 돈을 사용하는 것이 현명치 못하다는 박사님의 생각에 전적으로 동의합니다 I will refund the $250, I have from the king's money, this is I will do so gradually. I used it to insure my life with and I will pay it back by degrees, if you are willing. I agree with you perfectly that it is not wise to use money from outside work(헤론, 1889년 2월 17일).

헤론이 이러한 행동을 하게 된 데에는 조선 정부가 월급을 장기간 연체한 잘못이 크다. 그렇다고 헤론의 행위가 정당화되지는 않을 것이다. 그 이후

양화진 외국인 선교사 묘역에 있는 헤론(1856~1890)의 묘지와 묘비. 헤론은 조선에 와서 최초로 순직한 개신교 선교사이고, 헤론의 사망을 계기로 양화진 묘역이 조성되었다. 묘비 맨 아래에는 "하느님의 아들이 나를 사랑하시고 나를 위하여 자신을 주셨다The son of God loved me and gave himself for me"라고 쓰여 있다.

다른 편지나 기록이 없어 헤론이 돈을 갚았는지 여부는 알기 어렵다. 앞의 알렌의 편지는 헤론에게 대단히 불리한 것이 사실이다. 더욱이 헤론은 이미 사망했으므로 해명할 기회도 가질 수 없었다.

조선 정부 측 기록도 약값으로 책정된 돈에 문제가 있었음을 시사하고 있다. 외아문에서는 1890년 1월 3일, 인천항 감리서리에게 제중원 약값으로 부족한 300원을 해결하기 위해, 외아문에 책정된 300원을 즉시 헤론에게 대출해주어[劃撥] 제중원의 약재와 구휼 품목 등에 사용하도록 하라고 지시했다. 또한 그와 거의 같은 시기인 1889년 12월 16일과 1890년 1월 3일, 외아문은 인천항에 헤론에게 연체된 월급을 즉시 지급하라는 공문을 보냈다.

이런 일이 있고 몇 달 뒤인 1890년 7월 26일 헤론이 이질에 걸려 급서하고, 우여곡절 끝에 알렌이 다시 제중원에서 진료를 시작하게 되었다. 그리고는 알렌이 제중원의 약값 문제 등을 조사해 8월 11일과 9월 18일에 엘린우드에게 편지를 보냈던 것이다.

헤론은 환자 진료도 성심껏 했지만, 그가 더 심혈을 기울인 것은 선교였다. 그는 "주님을 위해 영혼들을 구하겠다는 희망이 없다면 단 하루라도 조선에 머무르지 않겠다"(헤론이 1889년 12월 18일 엘린우드에게 보낸 편지)라고 할 정도였다. 그러한 열성 덕택인지, 불과 3년 만에 주일 성수를 하는 교인만도 25명이 되었다고 한다. 일본에서는 어느 선교사가 10년 동안이나 선교를 했어도 고작 두 명이 전부였다.

일본에서 활동한 선교사들의 열성이 조선에서보다 크게 뒤떨어졌을 리 없으므로, 이러한 차이는 기독교를 수용하는 일본과 조선의 감

우리나라 최초의 개신교 교회인 소래교회. 설립자 가운데 한 명인 서경조徐景祚는 뒤에 필자의 외증조부 김국주金國柱와 더불어 초기의 한국인 목사들 가운데 한 사람이 되었다. 함석헌은 저서 《죽을 때까지 이 걸음으로》(한길사 펴냄)에서 김국주에 대해 다음과 같이 회고했다. "목사 중에 내 속에 존경하는 맘을 일으켜준 이 별로 없었다. 가장 인상 깊은 이는 처음에 나 자라던 교회의 목사 노릇을 했던 김국주 목사다. 주일이면 20리 밖에 있는 자기 집에서 당나귀를 타고 와서 예배를 보아주고 가곤 했는데, 그는 참 온순한 점잖고 말 적은 이였다. 인자해 뵈는 이였다." 김국주의 아들 성겸聖謙은 1914년 세브란스 의학교를 제4회로 졸업했다.

수성이나 태도에 기인한 것인지도 모른다. 사실, 조선에는 서양인 선교사들이 오기 전에 이미 교회가 세워졌다. 1883년 5월 16일, 서상륜과 서경조 형제를 비롯해 순전히 우리나라 사람들이 황해도 장연군 대구면 솔내松川에 세운 '소래교회'가 그 예다.

'빈튼의 항명 파동' 당시인 1891년 7월 3일 알렌은 엘린우드에게 다음과 같은 편지를 보냈다. 이 편지를 통해 빈튼도 조선 정부로부터 월급을 받고 있었음을 알 수 있다.

조선 정부의 법률 고문인 그레이트하우스 장군은 (미국 공사) 허드 씨에게 빈튼의 행동은 뉴욕 법에 따르면 월급을 받고도 그것에 해당하는 일을 하지 않으므로 횡령에 해당한다고 말했습니다 General Greathouse, legal adviser to the Government, told Mr. Heard that Vinton's action amounted to embezzlement, by New York law — accepting a salary and doing nothing to earn it.

《에비슨 전기》. 저자 알렌 클라크가 이 책을 쓰는 데 사용한 주된 자료는 에비슨이 1940년 여든 살 때 작성한 두 권의 타자판 회고록이다(저자 서문).

에비슨이 받은 월급에 대해서는 알렌 클라크Allen DeGray Clark의 《에비슨 전기》(연세대학교 출판부 펴냄, 1979)에 잘 나와 있다(84쪽).

나는 그곳(제중원)에서 여섯 달 동안 재직했으니까 국왕이 약속한 연간 기여금(하사액)의 절반은 이미 받았어야 하는데, 단지 그 절반의 반(즉 4분의 1)만 받았을 뿐이다 had been there six months and should already have received half the annual contribution promised by the king, but had received only half of that half.

그(주사)는 내게 그러지 말라고 빌면서, 그 일본 의사를 내보내고 국왕이 제공한 돈 전액을 내가 받도록 하겠다고 약속했다He begged me not to do it, promising to get rid of the Japanese doctor and to see that I received the full amount of money provided by the King.

지금까지 살펴보았듯이, 조선 정부에 의해 고용된 '제중원 의사'들은 비록 뒤늦게 받거나 처음에 예정되었던 금액 전부를 받지 못한 경우가 있었다 하더라도, 1887년 초부터 월급을 받았다. 봉급 액수는 알렌과 헤론의 경우 월 50원이었으며, 빈튼과 에비슨도 마찬가지였을 것으로 생각된다.

이들이 월급을 받은 것은 하등 이상한 일도 잘못된 일도 아니다. 월급을 받았다고 그들의 공로와 업적이 퇴색하는 것도 아니다. 일의 대가를 받는 것은 너무나 당연한 일이고 근대 자본주의 사회의 철칙이기도 하다. 세월이 오래 지나고 기억이 희미해지면서 그들이 월급을 받지 않았다는 '신화'가 생겼는지도 모른다. 하지만 사실과 유리된 신화에서는 빨리 벗어나는 것이 그 외국인 의사들을 위해서도 좋을 것이다.

그런데 이해하기 어려운 것은, 바로 그 당시에도 알렌이나 에비슨이 월급을 일체 받지 않았다는 주장이 있었다는 사실이다. 기억의 자연스러운 퇴색 탓이 아니라 의도적인 왜곡 때문이었을까? 1894년 5월 10일 미국공사 실John M.B. Sill이 외아문 독판서리 김학진에게 제중원 의사 에비슨이 제중원을 사직한다는 공문에 그런 내용이 있었다.

(에비슨은) 일한 것에 대해 아무런 보수도 받지 못했고, 이 집을 사용한 것이 유일한 대가였습니다. 이 병원은 민영익의 도움과 국왕 전하의 따뜻한 동의와 지원으로 우리 공사관을 통해 설립되었던 것임을 본인은 설명코자 합니다. 알렌 의사는(병원의 책임을 맡고 있었고 아무런 보수를 받지 않고 일했습니다) (조선) 정부의 요청에 따라 다른 의사를 확보했고, 이 의사가 사망하자 알렌은 새로운 의사를 구해 달라는 요청을 받았습니다Receiving no pay for his services, the use of this house was his only compensation. I would like to say in explanation that this hospital was organized thro this Legation with the assistance of Min Yong Ik and the warm consent and support of His Majesty. At the request of the government Dr. Allen, (who was in charge and working for no pay) secured the services of another Dr. When this one died, he (Allen) was asked to secure a new one.

미국 공사 실이 외아문 독판서리 김학진에게 보낸 1894년 5월 10일자 공문(한문 번역본) '제중원 의사 예비신芮斐信 자퇴의 건'. 에비슨과 알렌이 신수비를 전혀 받지 않았다고 되어 있다. 또한 제중원은 미국 공사관에서 설립한 것이라고도 언급되어 있다.

어떻게 해서 미국 공사가 조선 정부의 외무대신 서리에게 이렇게 사실과 다른 공문을 보내게 되었을까? 공사가 사정을 몰랐기 때문이었을까, 알고도 그런 공문을 보낸 것이었을까? 두 경우 모두 문제다. 알렌은 당시 미국 공사관의 서기관으로 일하고 있었으므로 이 공문의 발송에 당연히 관여했을 것이다. 제중원 설립 때부터 제중원에 관한 중요한 사실을 잘 알고 있는 알렌은 자신도 관련된 이 일에 어떤 입장을 취했던 것일까?

 이 공문은 1894년 제중원의 운영권이 에비슨(미국북장로교 선교부)에게 이관되는 과정에서 신호탄 역할을 한 것으로 보인다.

별세한 지 1년 뒤인 1939년 10월 *Korea Mission Field*에 실린 엘러스(1860~1938)의 사진.

'최초 여의사'의 정체

1886년 7월 4일 엘러스Annie J. Ellers(1860~1938)가 제물포에 도착했다. 육영공원에서 교사로 일할 헐버트 부부, 길모어 부부, 벙커Dalziel A Bunker(조선식 이름은 방거房巨, 1853~1932)와 함께였다. 독신으로 조선에 온 엘러스와 벙커는 꼭 1년 뒤 부부가 되었다.

'조선에 온 최초의 여의사'라는 엘러스. 하지만 그녀는 의사가 아니었다. 다음은 헤론이 1886년 10월 19일 엘러스가 의사가 아니라는 문제에 대해 엘린우드와 편지로 상의한 대목이다.

> 저희는 엘러스 양을 좋아합니다. 그녀는 (임무를 마치고) 교체될 때까지 역할을 잘 감당할 것이라고 생각합니다. 물론 정식 의사라면 많은 면에서 더 나을 것입니다. 그녀가 의학 교육을 받지 않았다는 사실, 다시 말해 그녀가 의사가 아니라는 사실을 여기서는 알지 못합니다. 그녀가 궁궐에 소개되었을 때, _____ 의사였습니다. 그래서 우리는 매우 불안한 처지에 놓여 있습니다We like Miss Ellers and think she will fill the place well until she is relieved. Of course a regular physician would be better in many respects; it is not known here that she has not a medical education, in other words that she is not a doctor. When she was introduced to the palace it was a _____ physician, so that it is a very uncertain place we are in.

알렌도 비슷한 사정을 1886년 12월 16일 엘린우드에게 보낸 편지에서 언급했다.

> 새로운 여의사 한 사람도 파송하셔서 박사님이 엘러스 양에게 약속하신

대로 그녀가 저희와 함께 귀국하여 2년 동안 학위를 받을 수 있도록 하시는 것이 좋겠습니다You had also better send a new lady Dr. and allow Miss Ellers to go home with us and obtain her degree as she is bound to do in two years anyway by your promise to her.

알렌의 말대로 엘러스가 의학 학위를 받기 위해 2년 동안의 과정이 더 필요하다면, 엘러스는 의학 교육을 어느 정도 받고 조선에 왔던 것일까? 일부에서는 "1881년 일리노이 주 록퍼드 대학을 졸업하고 보스턴 의과대학에 진학했으며 선교사로 파견될 무렵 의학 과정을 거의 마친 상태"(《제중원》, 박형우 지음, 21세기북스, 2010년, 180쪽)라고 하지만 과연 그럴까?

미국에서 4년제 의과대학의 효시는 1893년에 설립된 존스홉킨스 의대다. 1880년대에는 하버드 의대 등 몇 군데만이 3년제였고, 대부분 2년제이거나 그보다 더 짧았다. 알렌은 1년, 헤론은 2년 동안 의대를 다녔다. 설령 당시 보스턴 의대가 3년제였다 하더라도, 알렌의 언급대로 2년을 더 다녀야 한다면 엘러스는 조선에 오기 전에 1년간 의대를 다녔을 뿐이다. 한편 헤론은 엘러스가 '의학 교육을 받지 않았다'라고 했다.

정리해 보면, 엘러스는 의학을 전혀 공부하지 않았거나 조금 공부한 상태로 조선에 와서 의사 행세를 한 것이었다. 따라서 엘러스는 '조선에 온 최초의 여의사'가 아니라 '조선 최초의 무자격 의사'라고 하는 게 정확한 표현이다.

미국 북장로교 해외 선교부 총무인 엘린우드는 이러한 사실을 언제 알았을까? 헤론의 10월 19일자 편지를 통해 처음 알게 된 것일까? 같은 편지의 다른 구절을 보면, 헤론의 보고 이전에 엘린우드도 이미 무언가 알고 있었던 듯한 인상이다.

박사님께서 저희에게 보내신 지난 편지에 또 다른 여의사 파송에 관해 물어보신 데에 대해서, 그것은 필요하지 않다고 생각합니다In reference to the question asked in your last letter to us, concerning the sending out of another lady physician, it does not seem to be necessary.

앞에서 인용한 알렌 편지의 '박사님이 엘러스 양에게 약속하신 대로'라는 구절은 더욱 의아하다. 엘린우드가 엘러스에게 그러한 약속을 한 시기가 나와 있지 않지만, 처음부터 의사가 아니라는 사실을 알고서도 엘러스를 조선으로 파견하며 나중에 의학 교육을 받게 해주겠다고 약속한 것이었을까?

엘린우드가 사실을 알게 된 시기보다, 그가 전후 사정을 알고서도 시정 조치를 취하지 않았다는 점이 더욱 중요한 문제이다.

1년 이상이 지났는데도 별다른 변화가 있었던 것 같지 않다. 그러다가 감리교 측에 새로 온 여의사 때문에 엘러스의 자질 문제가 궁궐 내에서 불거지는 듯하자, 서둘러 학위를 소지한 여의사를 파송해 달라는 요청을 하기에 이른다. 헤론은 1887년 11월 13일 엘린우드에게 보낸 편지에서 다음과 같이 말했다.

(왕비의) 약을 받으러 온 관리가 감리교 선교병원에 새로 온 여의사(메타 하워드)에 대해 물으면서 그녀와 벙커 여사 중 누가 더 훌륭한 의사냐고 했습니다. 저는 벙커 여사는 알지만 이 (새로 온) 여성은 온 지가 얼마 안 되어 잘

모르겠다고 답하기는 했지만, 그런 질문을 듣고 깜짝 놀라 무슨 뜻일까 생각해 보았습니다. 그래서 박사님께 호튼 양을 지체 없이 보내 달라고 요청하는 것입니다. …… 벙커 여사가 학위가 없다는 사실이 드러나면 당장 우리 둘 모두에게 어려움이 닥치지 않을까 염려됩니다The official who came to get the medicine inquired concerning the new lady doctor at the M.E. compound, "whether she or Mrs. Bunker were the best physicians?" I replied that "I knew Mrs. Bunker and that this lady had been too short a time for me to know her", but I was startled at hearing such a question and wondered what it meant and it made me decide to urge you to send out Miss Horton without delay. …… If it should come out that Mrs. Bunker has not a degree, I am afraid trouble would at once arise for us both.

엘린우드Frank Field Ellinwood (1826~1908). 딸 메리 엘린우드가 1911년에 편찬, 발간한 《엘린우드의 생애와 활동》에 수록된 사진이다. 그는 예순이 다 된 1880년대 중반부터 1900년대 초까지 20년 가까이 미국북장로교 해외선교부 총무로 조선 선교를 총괄하면서 노익장을 과시했다.

의사가 아닌데도 의사 행세를 한 엘러스, 그러한 사실을 알고도 별다른 조처를 취하지 않은 헤론과 알렌(엘러스를 귀국시키자고 건의는 했다) 그리고 엘린우드. 선교사, 의사, 종교지도자 이전에 인간으로서의 소양을 다시 생각하게 하는 대목이다.

미국에서라면 이들이 이렇게 행동했을까? 이들은 과연 조선이라는 나라와, 조선 국왕과 왕비를 어떻게 여겼던 것일까? 당시 북장로교가 조선에서 감리교와 치열한 선교 경쟁을 했고, 그 핵심에 여의사 파견이 있었던 점은 분명하다. 하지만 아무리 그러한 사정이 있었다 해도 이들의 행동이 합리화될 수 없다.

그리고 여의사 파견의 주된 목적이 조선 여성들의 건강을 돌보기 위한 것이었을까? 당연히 그러한 목적이 있었을 것이다. 하지만 그보다 더 중요한 목적은 왕비와 국왕의 환심을 사기 위한 것이었다. 알렌이 엘린우드에게 보낸 편지(1887년 5월 30일)에 따르면, 엘러스와 알렌

은 거의 매일 입궐했는데 대개 진료는 이목을 피하기 위한 구실이었
고 국왕과 왕비에게 바깥소식을 전하는 게 주된 일이었다고 한다.

앞에서 말했듯이 1887년 7월 엘러스는 벙커와 결혼식을 올렸다. 예
식 장소는 알렌의 집이었고, 주례는 신랑의 육영공원 동료 교사이자
목사인 길모어가 맡았다. 조선 왕실에서는 결혼을 축하해 신혼부부에
게 집을 장만해 주었으며, 신부에게는 조선산 금 60돈(8온스)으로 만
든 커다란 팔찌를 선물했다.

국왕은 1888년 1월 엘러스에게 정2품 정경부인貞
敬夫人을 특별히 제수했다. 이때 헤론에게도 2품계를
내렸다. 그런데 특이하게도 국왕은 엘러스에게 내린
직첩(사령장)과 문적(관련 문서)은 세상에 반포하지 말
라고 명했다. 국왕이 엘러스의 문제점을 간파했기
때문이 아닌지 생각하게 하는 대목이다.

국왕과 정부로부터 상당한 대우를 받았는데도, 특
히 결혼 뒤에 엘러스의 근무 태도에 문제가 많았음
을 헤론은 다음과 같이 언급했다.

주사들이 제게 말하기를 때때로 그녀(엘러스)를 거의 하루
종일 기다려야 한답니다. 그녀는 오전 11시에 출근해야
하는데도 종종 오후 2, 3시쯤 와서 기껏 15분이나 20분 있다가 가 버린다
고 합니다. 병원 관리들의 불평이 대단합니다 Chusa's tell me, that they have to
stay almost all day sometimes, waiting for her, going often at 2 or 3 pm, when her
hours is eleven am. She hurries through and goes away, never staying more than 15 or
20 minutes and often less. The hospital officials complain greatly(헤론이 엘린우드에게

《일성록》 1888년 1월 6일(음력
1887년 11월 23일)자. 국왕은 엘
러스에게 내린 직첩과 문적은
세상에 반포하지 말라職牒文蹟
勿爲頒布고 명했다.

보낸 1888년 1월 15일자 편지).

이러한 사항만으로 엘러스를 평가하는 것은 부당할지 모른다. 엘러스는 조선 여성들의 교육에 힘써 정동여학당(정신여학교의 전신)을 탄생시켰다. 1917년 정신여학교를 졸업한 필자의 외조모는 자신의 신앙심과 민족의식이 주로 정신학교 재학 시절에 길러졌으며, 그 덕에 3·1운동 때 처녀 교사 처지임에도 가혹한 감옥살이를 견뎌낼 수 있었다고 말하곤 했다.

엘러스는 1894년 감리교로 소속을 바꾸어 1926년까지 선교사로 활동하다 미국으로 돌아갔다. 그리고 1932년 사망한 남편의 유골을 양화진 외국인 선교사묘원에 안장했으며, 1937년 조선으로 돌아와 1년을 더 살았다. 1938년 8월 8일 세상을 떠난 엘러스는 남편 곁에 합장되었다. 이들 부부의 묘비에는 "날이 새고 흑암黑暗이 물러갈 때까지 Until the day dawn the shadows free away"라는 말이 새겨져 있다.

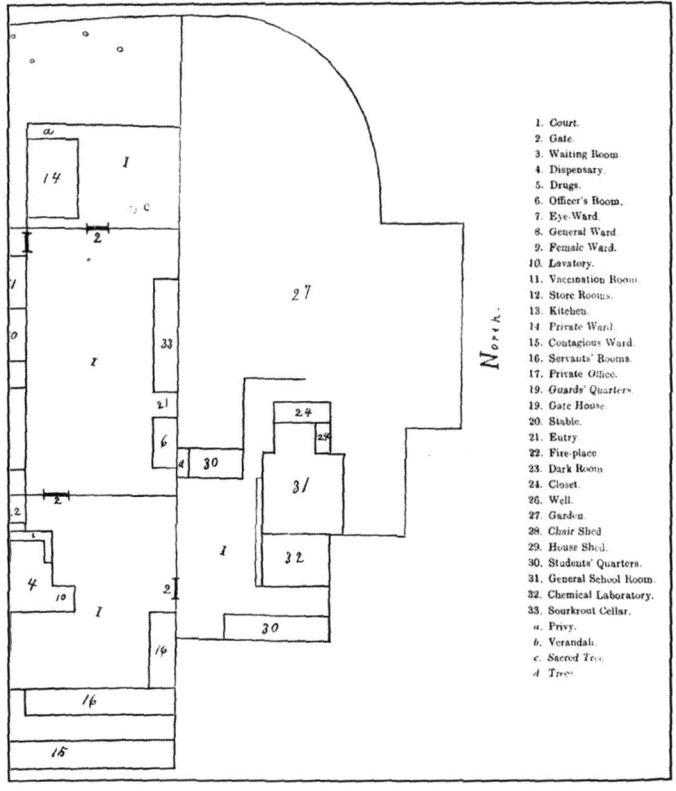

〈조선정부병원 제1차년도 보고서〉(연세대학교 학술정보원 소장)의 제중원 도면.

3. 제중원과 의학 교육

제중원 학당의 탄생

근대 서양 의학을 가르치는 교육기관의 필요성과 중요성에 대해서는 조선 국왕과 정부가 충분히 인식하고 있었다. 외아문 협판 묄렌도르프 역시 국왕의 방침에 따라 의학교 설립 계획을 가지고 있었던 것으로 생각된다.

알렌의 〈병원설립제안〉에도 "더불어 조선의 생도들이 서양의 의법을 배워 약을 쓰는 방법을 알 수 있고 또 조리하는 절차를 깨닫게 할 수 있을 것입니다且有朝鮮生徒 亦學西洋醫法 能識用藥之法 又覺調理之節矣"라고 하여 제중원의 교육 기능이 언급되어 있다. 이러한 알렌의 제안은 〈제중원 규칙〉에 잘 반영되어 있다.

〈제중원 규칙〉 제3조와 제4조의 학도學徒는 학생이라기보다는 직책을 뜻하지만 그들은 "의사의 지도 아래 약을 조제·투약하고 외국인 의사들이 사용하는 기구의 사용법을 익히는" 일종의 피교육과정의 조수직이다. 즉 제중원에 교육부서를 별도로 설치한 것은 아니지만 이들 학도에게 '조제, 투약, 의료기구 사용법' 등을 교육하려 했던 것이다.

〈제중원 규칙〉대로 학도 4명이 항상 갖추어졌는지 확인할 수는 없지만, 제중원 설립 초기부터 학도들이 근대 서양 의술을 배우면서 조수 역할을 하고 있었다는 점은 다음 기록들을 통해 알 수 있다. 주로 여성 환자들의 진료를 위해 1885년 8월부터 배치된 기생 의녀妓生醫女들도 비슷한 역할을 했을 것이다.

증례 1은 첫 번째 입원 환자이자 최초의 수술 환자에 관한 것이다. 그것은 위험한 경우였다. 훈련받지 않은 조수들이 클로로포름 마취를 해야 했으며, 그래서 생긴 나쁜 결과는 새로 세워진 병원에 타격을 줄 수 있었기 때문이다Case I was the first hospital patient and the first operation. It was a critical one, since the chloroform had to be administered by the untrained assistants and a bad result would have injured young hospital(〈조선정부병원 제1차년도 보고서〉 30~31쪽).

이것은 대퇴골 괴사로 부골절제술sequestrotomy을 받은 25세의 남성 환자에 대한 언급이다. 제중원의 첫 수술은 제대로 된 교육과 훈련을 받지 못한 조수들이 마취를 하는 가운데 이루어졌다. 이 글만으로 결과를 단정하기 어렵지만, 어쨌든 상당히 위험한 수술이었음을 잘 알 수 있다.

정확한 수술날짜는 기록에 없지만 '첫 번째 입원 환자이자 최초의 수술 환자'라고 한 것으로 보아 1885년 4월이었을 것이다. 이 기록을 통해 개원 초에 이미 2명 이상('assistants'라고 표현했으므로)의 조수(학도)가 있었음을 알 수 있다.

따로 거들 사람이 없어서였기 때문으로 생각되지만, 의사가 훈련받지 않은 사람들에게 마취를 맡긴다는 것은 오늘날의 기준으로는 상상

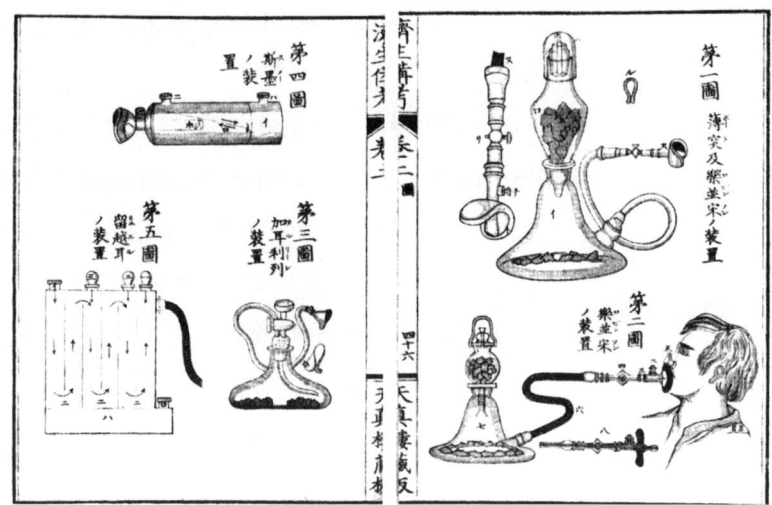

스기다杉田成卿의 저서 《제생비고濟生備考》(1850)에 소개된 마취 방법. 스기다는 독학 5년 뒤에야 에테르로 마취하고 화상 환자를 수술하는 데 성공했다.

도 할 수 없는 일이다. 더욱이 언급된 '위험한 경우'가 환자를 염려해서가 아니라 '새로 세워진 병원에 타격을 줄 수 있었기 때문'이라는 것은 경악할 일이다. 의사 이전에 인간으로서의 소양을 다시 생각하게 하는 대목이다. 히포크라테스 이래 시대를 뛰어넘어 의사들의 철칙은 무엇보다도 환자에게 "해로운 일을 하지 말라Do no harm"는 것이었다. 동서東西의 차이가 없는 문제다. 환자에게 이로운 치료를 하는 것은 그 다음 일이다.

알렌의 일기 1885년 12월 1일자의 "이 같은 사실은 지금 국왕의 통역관 일을 하는 나의 이전 학생pupil이 말해 주었다"라는 언급도 학도의 존재를 뒷받침한다.

또한 헤론도 자신이 제중원에서 근무를 시작한 1885년 6월 "한 조선인 조수는 우리 중 한 사람의 지도하에 약을 준비하기에 충분히 훈련되었다"라고 했으며, 언더우드는 엘린우드에게 보낸 1885년 8월

31일자 편지에서 "누구의 도움 없이도 처방을 내릴 수 있는 조선인 학생student이 있다"고 했다.

요컨대 앞에서 보았듯이 알렌의 〈병원설립제안〉에는 '교육 기능'에 관한 언급이 있을 뿐 '의학교 설립'에 대한 것은 없다. 그리고 조수 역할을 하는 '학도'는 제중원 진료에 참여하며 도제식 교육을 받았고, 의학교와 같은 별도의 교육기관에서 수업을 받은 것은 아니었다.

초안으로만 존재했던 '공립의원 규칙'에 "생도 약간 명이 매일 학업하는 시간은 오전 7시부터 오후 4시까지이고 휴일 외에 마음대로 놀 수 없으며 학업에 정통하고 남달리 재능이 뛰어나 중망을 얻은 자는 공천하여 표양한다"라는 조항이 있는 것으로 보아 처음 〈병원설립제안〉에는 없었지만 제중원 설립 준비 과정에서 교육 부서에 대한 논의가 있었던 것으로 여겨진다. 하지만 이것은 현실에 맞지 않아 취소되었다.

그럼에도 "제중원 설립과 함께 의학교 개설을 건의했지만 알렌의 건의 내용에 담긴 의학교 설립은 제중원 개원 1년이 지나도록 이루어지지 않았다"라는 일각의 주장과 같이, 지금까지는 대부분 "왜 제중원에 의학교를 설치하는 것이 예정보다 1년이나 늦어졌을까?" 하는 식으로 질문을 했다. 그리고 거기에 대해 대체로 "알렌이 환자를 치료하는 데에 바쁘기도 했고, 그보다도 시설과 가르칠 사람이 없었으므로 불가능했다", "제중원의 재정 형편이 어려운 점도 중요한 이유였다"라고 답하곤 했다.

그러나 그러한 질문부터가 적절하지 않다고 생각한다. 애초에 별도의 교육 부서를 둘 계획이 없었기 때문이다. 또한 해답으로 얘기하는 사정이 1년 뒤라고 크게 달라진 바도 없다. 알렌과 헤론 두 사람이 환

```
              TREASURER'S REPORT.
                                              CASH.
Amount spent by former Treasurer in fitting up buildings ...  400,000
   "      "      "    present   "    on repairs, including the
                                         School.............  1,000,000
   "      "      "      "       "    " wages................  1,000,000
   "      "      "      "       "    " funerals.............     35,000
   "      "      "      "       "    " food.................    150,000
   "      "      "      "       "    " clothes..............    100,000
   "      "      "      "       "    " fuel.................    800,000
                                                              _____
                     Total in cash .........................  3,485,000
                     @ 1,800 cash to $1.00........  $2,171.87

      This money, together with 200 bags of rice, was given by the
Government.
                                        KIM CHUSAH,
                                                 Treasurer.

Received of Foreign Office .......................... $1,000.00
    "       "  Kim Chusah...........................      12.00
Spent for Medicines ................................    $500.00
  "     "  Instruments .............................     250.00
  "     "  Dynamo Machine ..........................      12.00
  "     "  School Apparatus ........................     250.00
                                                       _____
           Total ........................ $1,012.00   $1,012.00
                                         H. N. ALLEN.
```

〈조선정부병원 제1차년도 보고서〉 32쪽의 재정 보고. 흔히 제중원의 재정이 1887년 이후에야 안정되었다고 이야기한다. 재원이 인천, 부산, 원산 등의 세관 수입으로 고정됨으로써 이전처럼 임기응변식으로 조달하지 않아도 되었다는 점에서는 적절한 언급이다. 그렇다고 제중원 비용이 증가한 것은 아니다. 1885~86년의 첫 1년 동안도, 1887년 이후의 연 3,000원과 마찬가지로, 3183.87원(달러)이 지출되었다.

자 진료를 하는 것도 마찬가지이고, 제중원 학당에서 교육을 담당한 알렌, 헤론, 언더우드는 이미 1년 전에 조선에 와 있었다. 또 재정 형편이 크게 나아지지도 않았고 그렇다고 나빠진 것도 아니었다. 그리고 시설 문제는 국왕의 조치로 별로 어렵지 않게 해결되었다.

따라서 "제중원이 기왕에 도제식 교육 기능을 가지고 있었는데, 왜 별도의 교육 부서를 설치하게 되었을까?"라고 질문하는 편이 오히려 적절할 터이다. 1880년대까지도 미국과 캐나다의 의료인 교육에서 도제식徒弟式이 여전히 큰 부분을 차지하고 있었으며(에비슨이 약사가 된 과정이 좋은 예이다), 당시 제중원의 사정을 보면 도제식 교육이 더 현실적으로 보인다. 때문에 별도로 의학교를 설립하자는 알렌의 구상은 선뜻 이해하기 쉽지 않다.

더욱이 알렌은 1881년 미국 오하이오 주의 웨슬리언 대학교에서 이학사 학위를 받은 뒤 1년 동안 의학을 공부하고 1883년 3월 신시내티의 마이애미 의대를 졸업했을 뿐, 연구와 교육 경력이 없으며 학교를 설립하거나 운영한 경험도 물론 없었다. 그뿐만 아니라 제대로 된 임상 경험과 훈련조차 없었다. 이 사실은 1887년 1월 3일 엘린우드에게 보낸 알렌의 편지에도 잘 나타나 있다.

박사님이 나중에 저를 다시 조선으로 파송하게 된다면, 저는 외과분야에서 졸업 후 과정을 밟는 것이 바람직할 것입니다. …… 저는 조선에 오기 전에 경험이 전혀 없었고, 순전히 독학으로 공부했기 때문에 이 제중원과 같이 전국적인 영향력이 있는 병원에서 시술해야 할 큰 수술을 다룰 자신이 없습니다. 그래서 그렇게 해서는 안 되는데도 불구하고, 그러한 일을 회피하고 있습니다In case you wish me return to Korea after a time, it would be very desirable for me to take a postgraduate course in surgery. …… Yet I had no experience before coming, am altogether self-taught and consequently I have not confidence enough to tackle heavy work that should be done at an institution of the national influence of this Hospital. This work is therefore turned away, and it should not be so.

헤론은 미국에서 4년간 교사(중등학교) 생활을 했지만 제중원 학당 설립에는 관여하지 않았고 학당 개설 직전에야 알렌에게서 그러한 사실을 듣고 학당의 교육에 참여하게 되었다.

그러면 왜 의학교 설립을 추진했는지 알렌의 이야기를 들어보자. 알렌은 병원의 영향력과 기회를 증대시킬 가장 바람직한 방법이라고 생각해 교육 부서의 설치를 제안하고 추진한 것으로 보인다. 그러한 것이 원래 의도였는지는 알 수 없지만, 앞에서 보았듯이 알렌이 〈병원설립제안〉에서 의학교 설치를 제의했던 것은 아니다.

〈병원설립제안〉에서 언급했듯이, 병원에 의학교를 설치하는 것이 원래의 의도였다. 물론 이 일이 당장 시작될 수는 없었다. 하지만 설립한 지 1년이 다 되어 갈 즈음 병원이 매우 성공적이었으므로, 우리는 병원의 영향력과 기회를 증대시킬 방법과 비용을 생각하기 시작했다. 가장 바람직한 '방법'은 교육 부서를 개설하는 것으로 보였다It was the original intention, as expressed in the proposal for founding the institution, to include a school of medicine under the hospital management. Of course this could not be begun at once, but as the institution very successfully neared the close of the first year of its existence, we began to think of ways and means for enlarging its influence and opportunities. The 'way' which best recommended itself seemed to be the opening of the school department(〈조선정부병원 제1차년도 보고서〉 5쪽).

알렌에 따르면, 교육기관(부서)의 설립 계획은 다음과 같이 1885년 12월 이전에 시작되었다. 12월 1일 알렌의 일기에 이런 언급이 있는 것으로 보아 구상은 그보다 얼마간 앞섰을 것이다.

조선 대학교를 설립하는 계획을 세웠다. (대리공사) 폴크는 처음에는 그 계획에 대단히 호의적이었지만 미국으로부터 교사들이 아직 오지 않았다는 이유로 지금은 전체 계획에 반대하고 있다 have had a scheme for the founding of a Corean University. Mr. Foulk was very much in favor of it at first but objects to the full plan now as the teachers from America are not here(1885년 12월 1일자 알렌의 일기).

언더우드에 의하면, 알렌의 대학교 설립 계획은 어느 조선인이 언더우드에게 동문학同文學에서 영어 과목을 맡으라고 제안한 데서 비롯됐다. 언더우드에게서 이러한 얘기를 들은 알렌은 영어뿐만 아니라 여러 과목을 가르치는 대학교(근대식 중등교육 과정이 없는 상태에서 대학교가 의미하는 바는 오늘날과 다른 것이다) 설립을 계획했다고 한다.

폴크가 아직 오지 않았다고 한 교사들은 다음 해에 조선 정부에 의해 설립될 육영공원에서 일할 교사들일 것이다. 폴크로서는 교사로서의 자격과 경험이 있으리라고 생각한 사람들이 도착하지 않은 가운데 대학교를 개설한다는 것이 받아들이기 어려웠다.

민영익은 1883년 국왕의 특사(보빙사) 자격으로 미국에 다녀온 뒤 영어를 본격적으로 가르칠 수 있는 교육기관의 설립 계획을 마련해 1884년에 국왕의 허락을 받았다. 하지만 갑신 쿠데타 등으로 계속 미뤄지다가 1886년 9월 23일, 길모어, 벙커, 헐버트 등 미국인 교사 3명을 초청해 동문학을 대체하는 육영공원의 문을 열었다. 육영공원에서는 젊은 관료들과 양반 자제들을 대상으로 영어 외에도 수학, 지리, 정치, 경제 등을 가르쳤다.

대학교 설립에 폴크는 부정적인 견해를 보였지만 알렌은 다음과 같이 국왕의 지원을 받아 학교 설립을 계속 추진했다.

국왕은 나의 학교 설치 계획을 간파하고 폴크에게 이를 적극 추진하라고 요청했다. 물론 폴크는 당연히 그렇게 해야만 했다. 그들(조선 정부)은 화학, 철학philosophical, 해부학 도구 구입비로 250달러를 지급했다The king got wind of my school scheme and asked Foulk to push it through, of course he had to. They gave $ 250.00 for a chemical, philosophical and anatomical outfit(1885년 12월 20일자 알렌의 일기).

여기에서 말하는 학교school와 12월 1일자의 대학교University가 같은 것인지, 구상이 변경되었던 것인지는 확실하지 않다. "물론 폴크는 당연히 그렇게 해야만 했다"라는 표현에서 알렌의 자신감을 엿볼 수 있으며, 그러한 자신감은 국왕의 신임과 지원에서 비롯된 것이라 할 수 있다. 또한 여기에 언급된 250달러는 〈조선정부병원 제1차년도 보고서〉의 '학교 도구school apparatus 구입비 250달러'와 같은 것으로 생각한다.

이후 학당 설립이 매우 신속하게 진행되었다는 사실은 1886년 2월 11일, 외아문이 8도 감영에 내린 다음과 같은 공문을 보면 잘 알 수 있다.

본아문(외아문) 학당과 제중원 학당의 생도가 아직도 많이 갖추어지지 못했습니다. 지벌을 따지지 말고 반드시 총명, 영오, 근실한 14~5세에서 17~8세까지 3~4명을 가려 뽑아서 빨리 올려보내 입학할 수 있도록 하십시오本 衙門學堂及濟衆院學堂生徒 尙多未備 無論地閥 必擇聰明穎悟勤實之幼童 自十四五

271 3장 제중원과 의학 교육

歲至十七八歲 揀取三四人 不日起送入學事(《통서일기》1886년 2월 11일[음력 1월 8일]자).

이 공문에 "생도가 아직도 많이 갖추어지지 못했다"라고 한 것은 거꾸로 이미 그 전에 생도 선발을 시작했음을 말해 준다. 국왕이 학교 설립을 재가하고 두 달도 채 안 되어 '제중원 학당'이라는 명칭이 정해지고 생도 선발이 상당 정도 진행된 것이다. 여기서 외아문 학당은 통역관 양성소인 동문학을 지칭하는 것으로 보인다. 당시 외아문에서 관할했던 교육기관은 동문학뿐이기 때문이다.

《통서일기》와 같은 내용을 담은 《구도사군관초九道四郡關抄》2월 8일(음력 1월 5일)자에는 "아침 저녁은 학당이 제공할 것이며, 이번 그믐 안, 또는 내달 초에 한성에 도착하여 수업을 받도록 하며, 늦어지지 않도록 할 것"이라는 언급이 덧붙여져 있다.

이러한 과정을 거쳐 1886년 3월 29일 제중원 학당이 개교했다.

제중원 학당의 학생들

제중원 학당의 개교 전후의 상황을 조금 더 상세히 살펴보자. 알렌과 조선 정부 모두 학당에 대해 커다란 의욕과 기대를 가지고 있었음을 볼 수 있다. 자신감도 느껴진다.

> 정부 학교(대학)가 개교할 때가 되자, 정부는 큰 관심을 나타내고 있습니다. 저는 다른 일에 시간을 쓸 수 없을 것입니다. 외아문은 경쟁 시험으로 생도들을 뽑으며, 그들에게 재학 기간 동안 저녁을 제공하고, 졸업하면 일반 의사(관리) 자격을 주기로 약속했습니다. 그(생도)들은 전적으로 공부를 해야 할 의무가 있습니다With the Government school (college) about to open, in which the Government is displaying great interest. I won't have time for other work. The foreign office have promised to appoint the scholars by competitive examination and give them their supper during the school period, making them General physicians (Officers) on graduation. They will also be compelled to stay their full time(알렌이 1886년 2월 1일 엘린우드에게 보낸 편지).

무엇보다 중요한 대목은 졸업생들에게 의사 자격을 주고 정부 관리로 채용하겠다는 정부(외아문)의 방침이다. 이러한 방침은 우두의사에 대한 조치를 보아도 공허한 것이 아니었다고 생각한다.

조선 정부는 1885년 가을부터 충청도를 시작으로 순차적으로 각 도에 우두국을 설치해 본격적으로 우두 접종을 실시했다. 이를 위해 지석영 등 우두교수관牛痘敎授官을 파견해 우두의사를 양성했으며, 소정의 교육을 받은 사람에게는 졸업장과 면허증 격인 '본관차첩本官差帖'을 주었다. 이러한 우두 사업을 총괄한 부서도 외아문이었다.

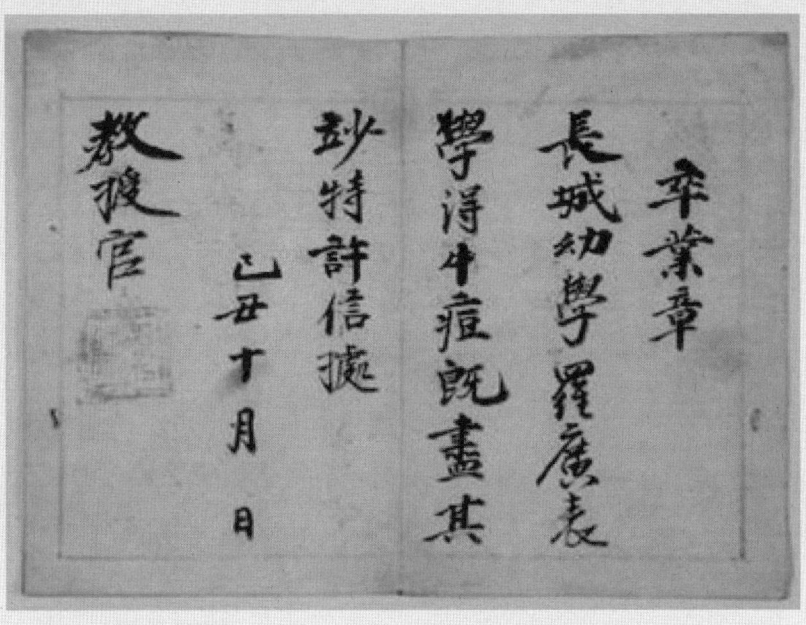

1889년(기축년) 10월 나광표에게 수여된 우두의사 졸업장. 졸업장에도 '특허'를 부여한다는 구절이 적혀 있다.

알렌에 따르면, 제중원 학당이 사용할 대지와 건물은 국왕의 명령으로 마련되었다. 제중원 바로 북쪽으로 붙어 있는 집 한 채가 그것이다.

백성들을 위한 의료 사업에 항상 자비롭고 적극적이신 국왕 전하는 즉시 명령을 내려, 병원에 바로 붙은 가옥을 매입하고 거기에 교사校舍를 꾸미도록 하여 주셨다His Majesty, ever gracious and kindly disposed to the medical work for his people, at once caused orders to be issued for the purchase of a compound of buildings adjoining the hospital and the fitting up of the same for a school-house(〈조선 정부 병원 제1차년도 보고서〉 5쪽).

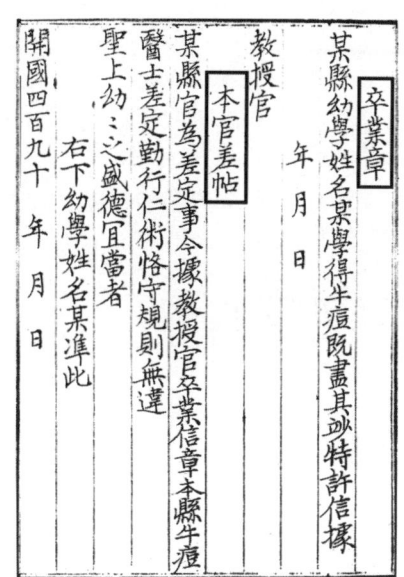

우두의사에게 주는 '졸업장'과 '본관차첩' 서식. 우리나라에서 본격적으로 근대 의학 교육이 시작되었음과 면허제도의 탄생을 보여주는 자료이다. 몇해 전부터 지석영 등 민간인과 지방정부에 의해 실시되었던 근대 의학 교육이 이제 중앙정부에 의한 것으로 확대, 발전되었음을 알 수 있다. 그리고 교육을 담당한 우두교수관은 우리나라 최초의 근대적 의학 교육자인 셈이다.

외국인들은 제중원에 부속된 이 학교(교육 부서)를 Government School, School of Medicine, School Department, Medical and Scientific School, Government Medical School, Hospital School, Medicoscientific School, Royal Korean Medical College와 같이 여러 가지로 불렀다. 이렇게 여러 이름이 있는 것은 영문 명칭이 특별히 정해진 것이 없어 자의적으로 불렀기 때문이다.

또한 당시 일본의《초우야신문朝野新聞》1886년 7월 29일자에는 '제중원 의학당'으로 기록되어 있는데, 서양인들이 사용한 명칭을 나름대로 번역한 듯하다. 그러나 제중원의 이 학교는 정부 기관의 부서이므로 정부의 공식 문서에 나오는 '제중원 학당'으로 부르는 게 가장 적절하다.

〈조선정부병원 제1차년도 보고서〉(5쪽)에는 다음과 같이 제중원 학

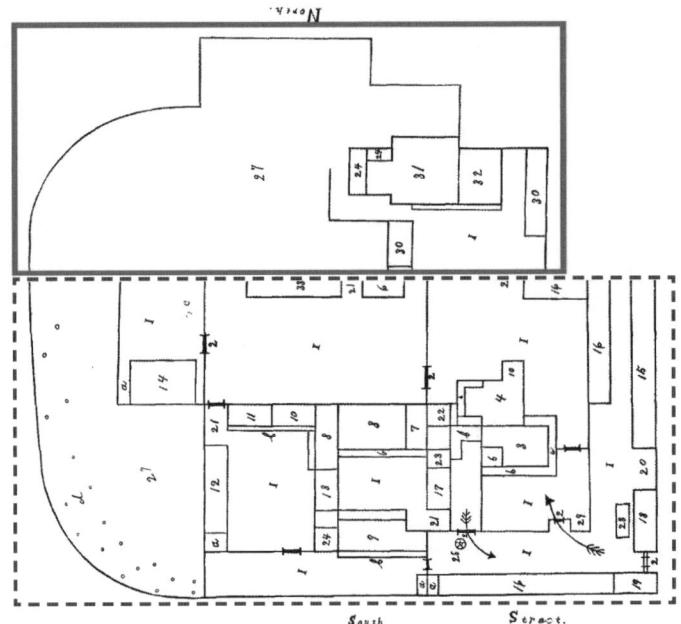

〈조선정부병원 제1차년도 보고서〉의 제중원 도면. 아래쪽(남쪽) 점선 부분이 제중원이고, 위쪽(북쪽) 실선 부분이 제중원 학당이다. 학당 건물을 구입하여 교사로 단장한 정확한 시기는 알 수 없지만, 제중원의 경우를 보아 단장이 끝난 뒤 곧 개교했을 것으로 추정된다.

당의 운영을 비교적 상세하고 체계적으로 언급하고 있다.

제중원 학당은 1886년 3월 29일에 경쟁 시험으로 선발된 16명의 생도로 개교했다. 이들에게 가능한 한 빠르게 영어를 가르치고 있다. 일부 생도는 영어가 상당한 수준에 도달해 있어, 우리는 곧 이들이 과학 과목들을 배울 수 있을 것으로 기대하고 있다.

외아문의 독판, 협판들과의 논의에서 채택된 학교 규칙에 의해 이 젊은이들은 4개월 동안의 시험기간을 거친 후 상위 12명을 선발하여 정규 과정에 진급시키고, 하위 4명은 탈락시킬 예정이다. 12명의 생도는 매년 선발할 예정이다.

이들에게는 식사, 숙소, 학비 등을 제공할 것이며, 과정을 끝내면 주사의 직급을 가진 정부 관리로 등용할 것이다.

생도들은 이사회의 역할을 하는 외아문 독판, 그리고 학당 교원들의 허락 없이는 중퇴할 수 없다They will not be allowed to leave except on permission of the President of the Foreign Office, who acts as a board of trustees, and the faculty of the institution.

조선 해군의 첫 군함이 취항하게 되면 우리는 군의관medical officer 1명을 그 배로 보낼 수 있기를 희망한다.

이 기록을 보면, 1886년 3월 29일 개교 당시 제중원 학당의 생도 수는 16명이었으며, 구체적인 경쟁률과 선발 방법은 알 수 없지만 그들은 경쟁 시험으로 선발되었다. 또한 이 생도들은 정부로부터 식사, 숙소, 학비 등을 제공받는 장학생이었다. 또한 소정의 과정을 마치면 주사로 등용된다는 것도 상당한 특혜로 생각된다. 하지만 알렌이 엘린우드에게 보낸 편지에서 언급한 '일반 의사general physician'라는 표현이 없어졌는데 그 의미는 알 수 없다.

이러한 특혜가 있는 대신 생도들은 외아문 독판과 교원들의 허락 없이는 중퇴할 수 없었다. 시험 기간을 거친 뒤 상위 12명을 선발해 정규 과정에 진급시키고, 하위 4명은 탈락시킨다는 것은 면학을 위한 조치라고 생각된다.

학당 운영의 최고 기구로 여겨지는 이사회의 구성은 조금 불분명하다. 즉 "President of the Foreign Office, who acts as a board of trustees"라고 되어 있어 외아문이 이사회인지, 외아문 독판이 홀로 이사회를 구성하는지 명확하지 않다. 다만 학당 교원은 이사회의 구성원이 아닌 것으로 보인다. 이 기록이 작성되는 시점에서(헤론이 4월 8일 엘린우드에게 보낸 편지에서 보고서를 이미 작성했다고 한 것으로 보아 4월 8일 이전으로 생각된다) 생도들에게 영어를 가르치고 있었고 아직 과학은 수업을 시작하지 않은 상태였다.

일본《초우야신문》1886년 7월 29일자 '조선통보朝鮮通報' 란에는 다음과 같이 제중원 학당에 관한 기사가 실려 있다.

의학당을 제중원에 설치하고 영재인 자제 13명을 선발하여 화학, 영문, 의술, 제약 등을 학습시켜 의도醫道에 정통하는 것을 기다려 널리 세민世民을 구휼할 목적이라 한다. 13명의 성명을 열거하면, 이의식木(李의 오식이다)宜植, 김진석金鎭成, 우제익禹濟翌, 이겸래李謙來, 김진성金震聲, 최규성崔奎星, 최종악崔鍾岳, 윤호尹鎬, 이진호李軫鎬, 진학순秦學洵, 상소尙瀟, 고제자高濟秄, 한 명 누락一人欠. 그리고 교사는 화학교사 안륜安綸, 의사 헤론蕙論, 영어교사 원덕우특元德禹特.

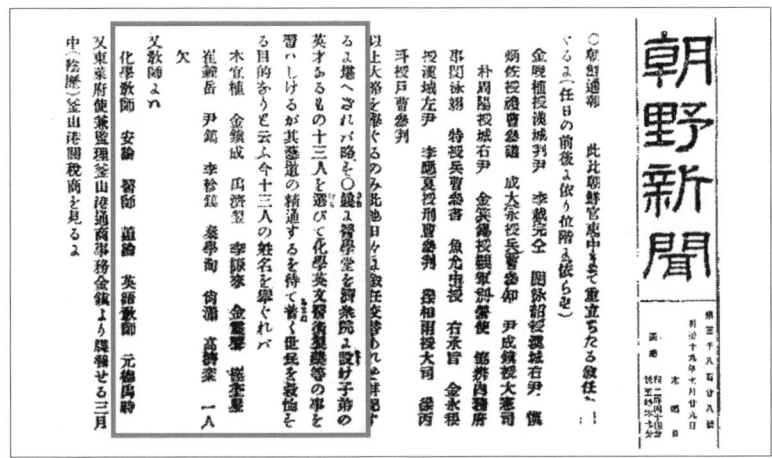

《초우야신문》1886년 7월 29일자. 기사가 작성된 시점은 6월 14일 이전으로 보인다.

이 기사는 〈조선정부병원 제1차년도 보고서〉의 기록과 상당히 흡사하다. 더욱이 '의도에 정통하는 것을 기다려 널리 세민을 구휼'할 것이라는 학당의 목적이 나와 있다. 이 기사에서 특히 관심을 끄는 것은 다른 데서 찾아볼 수 없는 생도 12명의 이름이다. 이 기사가 작성된 시점에 이름이 누락된 1명을 포함하면 13명이 학당에서 공부하고 있었다. 보고서의 16명과는 약간 차이가 있는데, 개교한 뒤 이 기사 작성 때까지 3명이 학당을 그만둔 것일 수 있다.

《일성록》에 의하면 생도 가운데 이의식은 6월 14일(음력 5월 13일)자로 제중원 주사로 임명받았다. 이의식의 이력서에는 "제중원에서 의학을 수업하고 졸업受業於濟衆院醫學卒業"해 6월 13일에 주사로 임명된 것으로 적혀 있다. 따라서 이의식을 생도로 보도한 《초우야신문》 기사는 6월 14일 이전에 작성된 것으로 생각된다. 학당의 생도이면서 제중원 주사일 리는 없기 때문이다.

그렇다면 이름이 밝혀진 12명을 일부에서 주장하듯이 "1886년 7월 말에 본과생으로 결정된 것으로 추정"하는 것은 근거가 박약하다. 우리가 이야기할 수 있는 것은 이들 12명이 학당 개설 초기에 생도였을 가능성이 있다는 점이다. 이 가운데 이의식은 이력서로 보아 생도였던 것이 확실한 것 같다. 나머지 11명은 다른 데에서 제중원 학당 관련 기록을 전혀 찾아볼 수 없다. 이겸래, 최종악, 윤호, 이진호, 진학순, 상소 등 이력서가 남아 있는 사람들도 제중원 학당에 대해서는 전혀 언급하지 않고 있다. 경쟁시험을 거쳐 장학생으로 선발되어 특혜를 받았다면 그러한 경력을 내세울 만한데 이력서에 없다는 것은 이해하기 어렵다.

이의식의 경우도 의아스러운 면이 있다. 즉 이의식은 입학한 지 불이의식의 이력서. 이의식이 제중원 학당을 다녔던 것은 확실해 보이지만, 그의 이력서에 적힌 경력은 오히려 제중원 학당의 성격을 모호하게 만들고 있다. 입학을 하고 두 달 남짓 만에 졸업을 하고 규칙에 정해진 대로 주사가 되었다면, 제중원 학당의 위상과 성격을 어떻게 해석해야 할지 모르겠다. 헤론은 학당 개교 직후인 1886년 4월 8일 엘린우드에게 보낸 편지에서 "생도들은 의학의 모든 과정을 마치고 관련된 과학 분야를 어느 정도 배우기 위해서 3년에서 5년은 다녀야 할 의무가 있다"라고 했는데, 두 달 사이에 방침이 바뀐 것인가?

과 두 달 보름 만에 졸업을 하고 학당의 규칙에 따라 제중원 주사가 됐다. 이것을 어떻게 해석해야 할지 어리둥절할 따름이다. 이러한 추론은 가능할 것이다. 이의식이 주사로 임명받은 것은 정부의 공식기록에 나와 있으므로 확실하지만 '의학졸업'은 그가 자의로 적은 것이라는 해석이다. 즉 이의식은 학당 졸업과 무관하게 제중원의 주사로 임명받은 듯 보인다.

한편 일각에서 제중원 학당의 '2기 생도'라고 주장하는 김의환은 앞에서 언급했듯이 제중원 규칙 3항의 학도, 즉 제중원 조수로 임명받은 것이지 학당과는 관련이 없다고 보는 것이 타당하다.

학당의 교사에 관한 부분은 여러 기록이 대체로 일치한다. 학당의 개설 초기부터 알렌, 헤론, 언더우드가 교사로 활동했다. 특히 정부의 문서인 《평안도관초》(음력 1889년 4월 30일자)와 《황해도관초》(음력 1889년 6월 5일자) 등에 '제중원 교사 元杜尤(언더우드)'라고 언급되어 있는데, '제중원 교사'라는 직책이 있었음을 짐작할 수 있다.

이들 교사가 가르친 과목은 《초우야신문》에는 화학(알렌), 영어(언더우드)라고 되어 있으며, 언더우드 부인은 언더우드가 물리와 화학을 가르쳤다고 회고하고 있다. 의학 교육과 관련해서는 《초우야신문》에 "화학, 영문, 의술, 제약 등을 학습시켜"라고 되어 있을 뿐 당시 다른 기록에서는 관련된 사항을 찾아볼 수 없다. 후대에 백낙준이 쓴 《한국 개신교사》(영문판 1929년, 한글판 1973년)에 알렌과 헤론이 실용의학을 가르쳤다는 정도의 기록만이 있다.

各邑牛痘醫士姓名及稅則	
公州 朴相晁	稅五百兩
燕岐 林憲日	稅一百十兩
魯城 尹相奎	稅一百二十三兩
恩津 尹日炳	稅一百七十七兩
石城 表璣燮	稅七十兩
扶餘 池洙永	稅一百三十二兩
定山 池東弼	稅一百十七兩
青陽 林柄文	稅一百三十兩
報恩 朴英彬	稅二百十兩

《우두절목牛痘節目》중의 우두의사 명단. 1880년대 충청도에서 배출된 우두의사 39명의 이름과 그들에게 부과된 세금 액수가 기록되어 있다. 세금은 매해 12월에 징수하여 우두 사업을 총괄한 외아문에 납부했다.

제중원 학당의 귀결

제중원 학당은 근대 의학 교육에 대한 의욕과 기대를 가지고 자못 호기롭게 출발했지만 큰 성과를 거두지 못했다. 생도들이 3년 내지 5년의 교육 과정을 마치면 일반 의사general physician 자격을 주고 관리로 임용하겠다는 애초의 계획은 이루어지지 않았다. 생도로 입학해 제중원 주사가 된 이의식의 경우도 성공 사례로 보기 어렵다.

제중원 학당의 교육은 우두의사 교육과 대비된다. 거의 전적으로 조선 정부(외아문)와 조선인들의 힘으로 이루어진 우두의사 교육은 충청도 지역에서만 적어도 39명의 우두의사를 양성하는 성과를 거두었다. 물론 우두 한 가지만 시술하는 우두의사 교육과 의사 교육을 일률적으로 비교할 수는 없다. 하지만 우두 접종은 당시 가장 심각한 문제였던 두창(천연두)을 예방하는 효과적인 방법으로 우두의사의 역할은 상당히 컸다. 또한 일본에서 그랬듯이 우두의사 교육은 서구 이외의 많은 나라들에서 근대 의학 교육의 효시가 되었다.

제중원 학당 교육이 기대했던 성과를 거두지 못한 이유는 무엇일까? 남아 있는 자료가 적어 판단하기 쉽지 않지만 가장 큰 책임은 당연히 조선 정부에 있었다. 국왕과 정부는 근대 의학 교육이 성과를 거두기 위한 실제 준비와 실행에는 소홀했다. 지금까지 살펴보았듯이, 국왕의 '진두지휘식' 개입만 두드러졌을 뿐 정부(외아문)가 의제를 마련하고 또 그것을 해결하려는 시스템의 작동은 별로 보이지 않는다. 한 가지 예를 더 들어보자.

> 병원 학교도 다소 경시되어 왔습니다만 국왕께서 듣고서 즉시 새 생도들을 보내고 이전 생도들은 적절히 지원을 하라고 명령을 내렸습니다. 그래

서 지금은 잘해 나가고 있습니다. 하지만 저는 하루에 한 시간도 가르치기 어렵고 최근에는 전혀 가르치지 못했습니다The hospital school has also been somewhat neglected, but the king, when informed, promptly gave orders that the new students should be sent and the old ones properly supported, so that now we are getting on well. I find it now however difficult to give them an hour a day for teaching and often recently have not been able to teach them at all(헤론이 엘린우드에게 보낸 1887년 11월 13일자 편지).

왕권 국가에서 국왕의 역할은 당연히 중요하다. 하지만 그러한 국왕의 역할이 정부 시스템을 통하지 않고 전제적專制的으로 작동할 때 효과는 즉흥적이고 미미할 수밖에 없었다. 이 경우에도 국왕의 근대적 개혁에 대한 관심은 대체로 '과시'에 그칠 수밖에 없는 내재적 결함을 지니고 있었다.

학당에서 실제 교육을 담당했던 알렌과 헤론 등은 어떠했을까? 알렌은 학당을 병원의 영향력과 기회를 증대시킬 가장 바람직한 방법이라고 생각했다. 그렇게 생각했으므로 '다른 일에 시간을 쓸 수 없을 것'이라고까지 했다. 하지만 막상 학당 교육이 시작된 이후 〈조선정부 병원 제1차년도 보고서〉에 비교적 자세한 기록을 남겼을 뿐 알렌의 일기와 편지에는 학당에 관한 언급이 거의 없다. 일이 순조롭게 진행되었기 때문은 아닌 것 같다.

제중원 학당 교육이 성과를 거두려면 무엇보다도 교육에 참여한 알렌, 헤론, 언더우드의 협력이 필수적이었다. 하지만 학당을 준비하는 과정에서 헤론과 언더우드는 소외되어 있었고, 개설 직전에야 그러한 사실을 알고 참여하게 되었다. 알렌은 당시 사정을 다음과 같이 기록했다.

이 (의학교 설립) 계획은 내가 창안해서 추진했다. 그러나 일을 추진하면서 동료들로부터 반감을 사게 되었다. 일전에 우리는 모임을 가졌는데, 그 모임에서 이들은 나와 함께 일하기로 했다The scheme originated with me and I put it through. Had the antagonism of my co-workers to deal with. We had a meeting the other day, in which these gentlemen worked to use me up(1886년 3월 29일자 일기).

알렌과 헤론 사이의 갈등은 그들이 제중원에서 함께 일한 초기부터 시작된 것으로 매우 고질적이었다. 따라서 서로에 대한 언급은 조심스럽게 해석해야 한다. 하지만 다음의 기록에서 1886년 10월 무렵 헤론이 제중원 학당에서 매일 한 시간씩 교육을 해야 했다는 사실은 알 수 있다.

헤론은 격주로 하루 세 시간만 일하는 것 이외에 모든 시간을 자신의 개인적 일에 사용해 왔습니다. 그는 병원학교에서 매일 한 시간씩 가르쳐야 하는 것에 크게 불평을 하면서 항상 그 일을 하지 않으려고 합니다(Heron has had all of his time to himself except, say three hours daily every other week (not more). He complains greatly at having to teach an hour daily in the Hospital School and is always trying to worm out of it(알렌이 1886년 10월 2일 엘린우드에게 보낸 편지).

이번에는 헤론의 이야기를 들어보자. 오히려 헤론은 알렌에 비해서 학당 교육에 관한 기록을 비교적 많이 남기고 있다. 헤론은 초기부터 학당 교육을 선교의 한 수단으로 생각했다. 제중원과 달리 학당에서는 어느 정도 선교가 가능했다는 사실은 언더우드도 언급한 바 있다.

이것(학당 교육)은 우리 일을 지속할 수 있는 좋은 자료(기회)를 제공합니다. 우리가 가르치는 동안, 이곳 조선에서 기독교에 대해 말할 일 _____ This give us good material to work on, and if in our teaching _____ work which will tell for Christianity here in Korea(헤론이 1886년 4월 8일 엘린우드에게 보낸 편지).

이처럼 헤론 역시 알렌과는 다른 이유에서였지만, 학당 교육을 중요하게 생각했다. 하지만 중요하게 생각한 만큼의 많은 시간을 교육에 할애하지는 못했다. 초기에는 하루 1시간씩 교육했고 뒤에는 거의 교육을 할 수 없었다. 다른 일로 바쁜 것이 주된 이유로 보인다. 그 다른 일이란 제중원 진료인 경우도 있었지만, 그 밖의 이유가 더 많았다.

1885년 4월 제중원이 문을 열고 몇 달 동안 알렌과 6월에 합류한 헤론이 환자 진료에 진력했던 것은 사실이다. 그러나 가을에 들면서부터는 오히려 환자가 줄어들어 진료가 큰 부담이 되지 않았다. 어떤 때에는 알렌과 헤론이 격주로 번갈아 진료를 할 정도였다.

지금 이곳에는 의사 두 명이 있을 필요가 거의 없습니다. 진료소에 오는 사람의 수가 약간 감소했고, 이곳 관리들이 약을 조제하는 것을 잘 도와주기 때문입니다Two physicians were scarcely needed here now, as the attendance at the dispensary had slightly decreased and good assistance in preparing medicines was given by the officials there(헤론이 엘린우드에게 보낸 1885년 10월 26일자 편지).

이 편지는 제중원 학당 개교 이전에 작성된 것이지만, 의사 두 명이 일할 필요가 없을 정도로 제중원 환자가 많지 않았음을 알려준다.

제중원 진료가 큰 부담이 되지 않았다는 점은 알렌의 기록을 보아도 알 수 있다. 다음은 알렌이 제중원을 이전, 확장하자고 외아문에 건의했을 무렵인 1886년 8월 23일 알렌이 엘린우드에게 보낸 편지이다.

오늘 병원으로 막 떠나려는데 국왕이 사람을 보내 저를 불렀습니다. 이번 주는 제 (근무) 주라서 헤론에게 대신 병원에 가 달라고 부탁했는데, 그는 딱 잘라 거절했습니다. 저는 환자가 많지 않아서 병원 일은 2시간이 걸리지 않을 것이라고 말했습니다 Today I was sent for by the King just as I was setting out for the Hospital. This is my week. I asked Heron to go instead and he flatly refused. I mentioned that it would not take two hours to do the hospital work, for the number is very low now.

따라서 그들이 학당 교육에 충분한 시간을 할애하기 어려웠던 이유가 제중원 진료 때문은 아니었다. 그들이 더 많은 시간을 썼던 것은 대체로 제중원 진료 이외의 일이었다. 그러한 사정을 헤론이 엘린우드에게 보낸 편지를 통해 들어보자.

물론 그(알렌)가 매우 많은 기금을 끌어오기 때문에 그것이 당연하다고 말할지 모르겠습니다만, 그러나 이를 위한 시간을 그에게 주기 위해서 조선인 진료를 거의 모두 제가 하고 있습니다 Of course it may be said that this is only right since he brings in the funds very largely, but as in order to give him time for this, I do all or nearly all with the Korean practice(1886년 8월 27일자).

알렌이 미국 주재 조선 공사관의 서기관으로 임명받아 떠난 뒤, 헤론의 일은 더 많아질 수밖에 없었다. 제중원 환자가 한때 증가해 헤론이 그 일만으로도 벅차한 적이 있었지만 대체로 다른 업무가 더 큰 부담이었다. 그 다른 업무란 외국인 진료, 왕실 진료 그리고 제중원이 아닌 헤론 자신의 집에서 진료하는 것 등의 일이었다.

저는 1년 동안 이곳 일을 저 혼자서 잘할 수 있을지 모르겠습니다. 박사님도 외국인 진료가 얼마나 많은지 아십니다. 그리고 제 생각에 지금 궁궐 일은 무척 힘듭니다I don't know how it will be possible to do well the work here for a year, single handed. You know how much of the foreign practice there is and the palace work is now, I believe, quite heavy(1887년 9월 4일자).

이것(제중원 일)은 제 업무의 비교적 작은 부분이라는 것을 말합니다. 외국인 진료와 집에서 환자 보는 것이 가장 힘이 많이 들어가는 부분입니다This tells comparatively the smaller part of my work. The foreign practice and the patients I see at home making up the most laborous part of it(1888년 5월 20일자).

헤론은 이러한 일들로 바빠 교육을 거의 할 수 없었고, 그래서 다음과 같이 헐버트와 언더우드가 주로 교육을 담당했다.

헐버트 씨는 현재 하루에 두 시간씩 병원 학교에서 가르치고 있습니다. 제가 거기서 정기적으로 가르치는 것은 거의 불가능합니다. 그래서 그가 도와주어 정말 기쁩니다. 아시다시피 언더우드 씨도 하루에 두 시간씩 가르치고 있습니다Mr. Hulbert is at present teaching two hours a day in the hospital

1886년부터 1891년까지 육영공원 교사로 일한 헐버트. 1888년 3월경부터는 제중원 학당 교육도 사실상 주도한 것으로 여겨진다. 헤론에 의하면, 그때부터 자신들이 그 대가로 매달 25달러를 헐버트에게 지불했다고 하는데, 그 연유에 대해서 앞으로 연구가 필요하다.

school. I find it almost impossible to be regular in teaching there, so I am very glad to have his help. As you know, Mr. Underwood teaches two hours a day(1889년 12월 18일자).

요컨대 헤론은 제중원 학당 교육의 중요성을 인지하고 있었지만 주로 과외의 업무 때문에 그 일을 충실히 할 수 없었다. 그래서 언제부터인가 교육은 육영공원 교사 헐버트Homer Bezaleel Hulbert(1863~

1949)와 학당 초기부터 관여했던 언더우드가 거의 전담했다. 따라서 학당은 '의학 교육기관'으로서의 구실을 제대로 할 수 없었다. 헤론의 기록에 따르면, 헐버트는 이미 1888년 3월경부터 하루 2시간씩 제중원 학당에서 교육을 하고 있었다.

《통서일기》 1890년 4월 21일(음력 3월 3일)자에 제중원 교사라는 언급이 있는 것으로 보아 적어도 그 무렵까지 제중원 학당이 존속했던 것 같다. 하지만 지금까지 살펴보았듯이, 그보다 훨씬 전에 의학 교육 기관으로서의 의의는 상실했던 것으로 보인다.

조선 정부와 외국인 의사, 양쪽 모두 의욕은 있었지만 학당을 애초 계획대로 운영할 준비와 역량이 갖추어지지 못한 상태에서 큰 성과를 기대하는 것은 처음부터 무리였을지 모른다. 차라리 제중원 학도들을 대상으로 도제식 교육을 충실히 하는 편이 당시로는 현실적이었다고 생각한다.

서구 사회에서 의학 교육은 대체로 19세기부터 도제식에서 정규 대학 교육으로 이행, 발전했다. 그 전에는 정규 교육을 받은 의사는 전체 의사들 중 극소수일 뿐이었다. 그 점에서 미국과 캐나다는 서구 국가 중 가장 뒤늦은 편이었다. 하지만 사정에 따라 도제식 교육이 더 적절한 경우도 있는 법이다.

비교적 여건이 좋아진 후에도 에비슨은 주로 도제식 교육을 통해 1908년에야 처음으로 의사를 배출했다. 조선에 오기 전 캐나다에서 약학대학과 의과대학의 교수 경력을 가졌던 에비슨도 정규 학교식 교육보다 도제식 또는 혼합식 교육을 활용했는데, 1880년대에 벌써 정규 학교식 교육이라니 지나치게 의욕이 앞선 일이었는지 모른다. 더욱이 대학에서 교육을 해 본 경력이 전혀 없는 알렌과 헤론에게는 매우 벅찬 일이었을 것이다.

　실패는 성공의 어머니다. 당시의 경험을 살려, 조선 정부는 1899년에 독자적으로 의학교를 설립해 1902년에 우리나라 최초로 근대식 의사 19명을 배출했고, 외국인 선교의사들도 1908년에 7명의 의사를 탄생시킬 수 있었다.

알렌의 검안경(연세대학교 의과대학 동은의학박물관 소장).

4. 제중원의 변화

최초의 '여성 전용 병원'

제중원은 개화파의 시조격인 박규수와 그의 제자이자 갑신 쿠데타의 세 주역 중 한 사람인 홍영식의 집에 세워졌다. 설립 당시 제중원의 면적은 약 2,000제곱미터(600평)이었다(도면 1). 그 뒤 1년 사이에 북쪽으로 825제곱미터(250평) 가량 확장되었으며, 건물들의 쓰임새도 조금 변했다(도면 2). 이 글에서는 편의를 위해, 원래 알렌이 1885년과 1886년에 작성한 도면에 한글 명칭을 붙인 것(《제중원》, 박형우 지음, 몸과마음, 2002년, 88쪽 및 91쪽. 2010년 초에 출간된 21세기북스 판도 음영 표시만 약간 다를 뿐 똑같다)을 사용했다.

〈도면 1〉과 〈도면 2〉를 통해 1년 사이의 변화를 살펴보자. 각각의 변화가 생긴 구체적인 시기는 도면만을 보아서는 알기 어렵다. 〈도면 2〉에 표시한 숫자 순서대로 언급한다.

(1) 가장 큰 변화는 제중원 학당 설립과 관련된 것이다. 학당용으로 약 825제곱미터의 가옥을 구입하여 거기에 강의실, 화학 실험실, 학생 숙소를 마련했다.

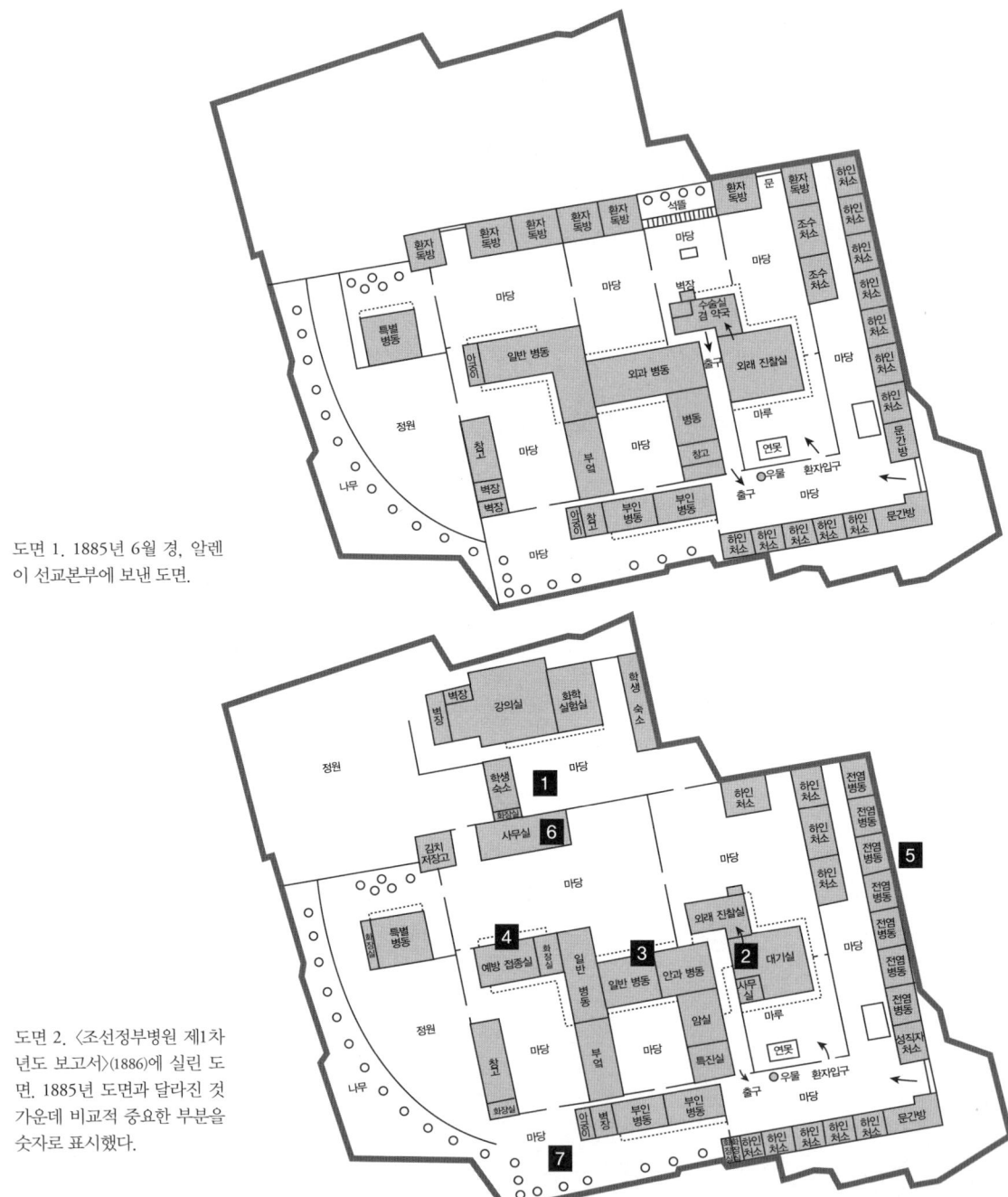

도면 1. 1885년 6월 경, 알렌이 선교본부에 보낸 도면.

도면 2. 〈조선정부병원 제1차년도 보고서〉(1886)에 실린 도면. 1885년 도면과 달라진 것 가운데 비교적 중요한 부분을 숫자로 표시했다.

294 제2부 최초의 근대식 국립병원 제중원

(2) 외래진찰실이 대기실로, 수술실 겸 약국(원래 도면에는 'Drug and Operating Room'으로 되어 있으므로 '약국 겸 수술실'이라고 해야 할 것이다)은 외래진찰실로 바뀌었다. 환자용 대기실이 생긴 대신, 진료를 할 수 있는 공간이 줄어들었다.

(3) 외과 병동은 일반 병동과 안과 병동으로 바뀌었다. 안과 환자가 많았음을 시사하는 대목이다. 이렇게 외래의 수술실과 외과 병동이 없어진 정확한 이유는 알 수 없지만, 수술에 자신 없어 한 알렌의 태도와 관련이 있는지 모른다.

(4) 일반 병동의 일부가 예방 접종실로 변경되었다. 이곳에서 우두 접종을 했을 것이며, 1885년 후반부터 정부가 본격적으로 우두 사업을 펼친 것과 관련이 있을 것이다.

(5) 외부와 접한 곳에 전염 병동이 신설되었다. 이는 전염병 환자들을 다른 환자들과 격리하기 위한 조치였다. 전염 병동은 다른 환자들뿐만 아니라 외부와도 멀리 떨어진 곳에 설치하는 것이 적절할 터인데, 그럴 만한 공간이 없기 때문에 취한 고육지책일지 모른다.

(6) 환자 독방이 사무실로 바뀌었다. 사무실은 주사들이 사용했을 것이다. 원래 도면에는 그중 왼쪽이 'Sourkrout Cellar'라고 되어 있어 정확한 쓰임새는 알 수 없지만 그 왼쪽 부분은 지하실이었던 것 같다.

(7) 부인 병동 앞의 나무들이 철거되었다. 〈도면 2〉에는 나무들이 표시되어 있지만, 원래의 도면에는 나무가 없다. 여성 환자 병동의 아늑한 분위기를 위해서는 나무가 있는 편이 더 적절한데, 다른 계획이 있었기 때문인지 모른다. 실제로 얼마 뒤 그 남쪽으로 여성환자 전용 공간이 확장되었다.

〈조선정부병원 제1차년도 보고서〉의 재정 보고는 학당을 포함해 건물의 개조 및 수리비로 550달러(100만 푼)가 쓰였다고 되어 있다. 요컨대 1년 사이에 제중원 건물의 쓰임새는 환자들의 특성과 수요, 그리고 의사들의 역량 등에 따라 변경되었다. 이것을 보아서도 당시 큰 문제였던 질병은 두창을 비롯한 전염병과 안질 등이었음을 알 수 있다.

이러한 제중원의 제1차 개조 및 확장에 이어 제2차 확장이 있었다. 여성환자 전용 공간(부녀과)을 위해서였다. 알렌은 '남녀 7세 부동석男女七歲不同席'의 조선 사회에서 여성 환자들을 진료하면서 고충이 적지 않았다. 그러면서 스스럼없이 여성 환자들을 진료할 수 있는 여의사가 오기를 기대했다. 헤론 역시 미국에서 여의사가 파견된다면 의료 사업뿐만 아니라 선교에도 큰 도움이 되리라고 생각했다. 알렌과 헤론은 이를 위해 여성 전용 병원의 건립을 간절히 바라고 있었다. 헤론이 1886년 4월 8일 엘린우드에게 보낸 편지를 통해 그러한 사정을 알아보자.

그녀(왕비)는 약 때문에 알렌 의사에게 여러 차례 사람을 보내, 자기가 의료 서비스가 필요할 때 (궁궐로) 와서 진찰할 수 있는 여의사가 있으면 좋겠다는 뜻을 전해 왔습니다. 여의사가 궁궐에서 기다리는 동안 왕비의 시녀들을 접할 수 있다면 이곳에서의 기독교 선교를 여러 해 앞당기게 될 것입니다 She has repeatedly sent to Dr. Allen for medicines and for us to have a lady physician who can go to see her when she needs medical attendance, who can visit her ladies in waiting in the palace, will advance many years the cause of Christianity in this land.

(박사님이) 여의사를 파송할 가능성을 생각하여, 조선왕립병원의 확장을 담보할 조치들을 취해 왔습니다. 그것은 여성들만을 위한 독립된 건물이 될 것입니다. 그 건물은 아마도 병원에 인접해 있어서 저희들이 필요한 도움이라면 무엇이든 줄 수 있을 것입니다In view of the possibility of your sending out a lady doctor, we have taken steps to secure an extension of the royal Korean hospital, which will be in a separate building to be entirely devoted to women. This will probably be located adjoining the hospital, so that we may be able to give any assistance which may be necessary.

며칠 뒤인 4월 20일 알렌이 엘린우드에게 보낸 편지는 다음과 같이 여성 전용 병원 설립이 순조롭게 진행되고 있음을 말해 준다.

국왕은 병원 계획에 대해 전적으로 동의한다는 뜻을 밝혔고, 현재의 병원과 외아문 사이의 크고 멋진 가옥을 그 목적을 위해 마련해 줄 것입니다. …… 그 집이 현재 병원보다 더 좋은 것 같습니다The King has given his full consent to the hospital scheme and will appropriate the large fine house between the present hospital and the Foreign Office, for the purpose. …… It is probably a better set of buildings than the present hospital.

〈1886년 한성의 건강에 대한 알렌 의사의 보고서〉(《제중원》, 박형우 지음, 21세기북스 펴냄, 2010년, 192쪽에서 재인용)는 다음과 같이 계획이 결국 실현되었음을 보여 준다. 조선 최초로 여성 전용 병원이 세워졌으며, 미국 북장로교선교부는 엘러스Annie J. Ellers를 그곳에서 일할 '최초의 여의사'로 파견한 것이다. 하지만 앞에서 보았듯이 엘러스는 의사가 아니었다.

국왕의 특별한 배려로 멋진 새 건물이 하사됐다. 환자의 수는 지속적으로 증가될 것으로 기대된다. 큰 방이 있다. 부녀과를 위한 적절한 구역이 마련돼 엘러스의 책임하에 운영되고 있다. 설비가 잘된 학교도 새 병원의 한 면모이다.

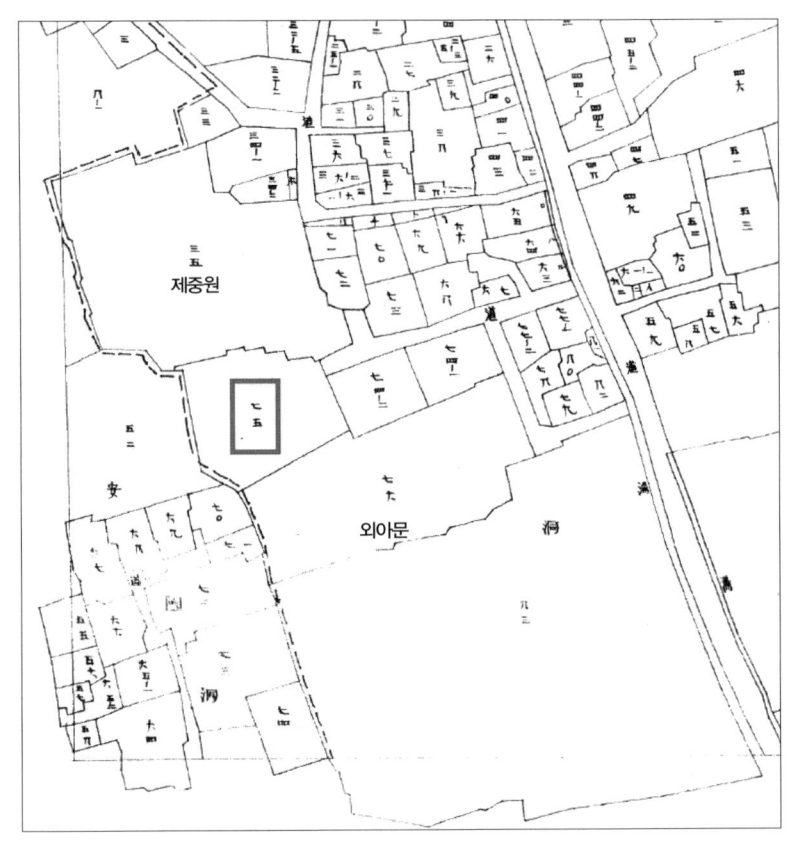

여성 전용 병원은 제중원과 외아문 사이인 재동 75번지에 있었을 것이다. 그 오른쪽(동쪽)의 74번지도 포함되었을지는 알 수 없다. 원래의 여성 병동과의 통합을 위해 미리 그 병동 앞의 나무들을 없앤 것일까?

알렌이 '소공동 남별궁'을 요구한 까닭

여성 전용 병원의 설치를 의미하는 재동 제중원의 제2차 확장이 마무리된 시기는 엘러스가 조선에 도착한 전후일 것이므로 1886년 7월 초쯤으로 생각된다. 그런데 그로부터 얼마 지나지 않은 8월 14일에 알렌은 외아문 독판 서리 서상우徐相雨에게 공문을 보내 제중원을 재동에서 남별궁으로 이전할 것을 요청했다.

이때 알렌이 보낸 공문을 흔히 '공립병원公立病院 이건移建 확장에 대한 건의'라고 부른다. 하지만 그것은 1967년 고려대학교 아세아문제연구소에서 규장각에 소장된 조선 말에서 대한제국기의 외교문서들을 묶어서 《구한국외교문서》로 펴낼 때 편의를 위해 임의로 붙인 문서 이름이지, 원래 문서에는 제목이 없었다.

아마도 알렌 측에서 영어 공문에 첨부하는 한문본을 작성하면서 'Government Hospital'을 '공립병원'이라고 번역했는데, 1년여 전 '공립의원 규칙'에 한 번 등장했을 뿐 그 밖에는 쓰이지 않던 단어가 사용된 연유에 대해서는 앞으로 연구할 필요가 있을 것이다.

알렌은 이 문서에서 제중원의 이전 이유로 첫째, 병원이 너무 좁고 둘째, 인구 중심지에서 너무 멀리 떨어져 있으며 셋째, 너무 비위생적이어서 중요한 수술들을 안전하게 할 수 없다는 점을 제시했다. 그리고 이 문제들을 해결하기 위해 새 건물을 제공하고 수리비와 운영비를 지급해 줄 것을 외아문 독판 서리에게 요청했고, 나아가 바람직한 곳으로 남별궁南別宮을 지목했다.

알렌이 제중원의 이전 장소로 요청한 남별궁이란 어떤 곳인가? 남별궁은 지금의 웨스틴 조선호텔과 황궁우皇穹宇 자리에 있던 큰 저택으로, 대지 면적은 재동 제중원의 다섯 배쯤 되는 약 2만 2천제곱미터

> Seoul Korea August 14
>
> Dear Sir.
>
> The present Government Hospital has served its purpose very well. Some fifteen thousand patients have been treated and the wear and tear has been quite severe.
>
> The house was simply a Korean residence before it was used for a hospital. It is too small, too far removed from the center of the city's population and its construction is such that it is impossible to keep it clean. Mud floors and paper walls will not answer for a hospital as the germs of disease collect and poison the atmosphere that we cannot in safety do important operations.
>
> As the institution has been so successful I beg to suggest that you ask your approbation by giving us a new building and sufficient funds to repair it and run it as hospitals should be.
>
> I might take the liberty of suggesting Nam Piel Khun would be a desirable spot.
>
> Trusting that this may meet with your excellencies earnest consideration and approval.
>
> I remain Dear Sir.
> Your humble servant
> H. N. Allen.
>
> To
> His Excellency
> So Sang Woo
> President of the Korean Foreign Office.

알렌이 1886년 8월 14일 외아
문 독판 서리 서상우에게 보
낸 공문. 알렌은 서상우에게
제중원을 남별궁으로 옮길 것
을 요청했다.

(6,700여 평)에 이른다. 현재는 행정구역상 중구 소공동 87번지에 속한다. 원래 이 집은 태종太宗의 둘째 딸 경정공주慶貞公主 부부가 살던 집이었으며, 소공동小公洞이라는 지명도 바로 '작은 공주 댁'에서 유래한 것이다.

남별궁이라 이름이 붙은 연유에 대해서는 몇 가지 설이 있다. 1580년대 선조宣祖가 특히 총애하던 아들 의안군義安君이 거주하면서 남별궁이라 불렸다는 얘기도 있고, 임진왜란 때 그곳에 주둔한 명나라 장수 이여송李如松을 국왕 선조가 자주 찾아갔기 때문에 붙여진 이름이라는 전언도 있다. 남별궁은 이여송 이래 조선을 방문한 명나라와 청나라의 최고위급 사신이 머물던 곳이었다. 그래서 거기에 중국 칙사勅使가 머물 때면 조선의 고관대작들과 그들이 준비한 선물들이 끊임없이 이어졌다고 한다.

1882년 임오군란 때 청나라 군대를 인솔해 온 우창칭吳長慶과 1883년 11월 총판조선상무總辦朝鮮商務(공사)로 부임한 천서우탕陳壽棠도 남별궁에 머물렀다. 소공동 일대에 차이나타운이 조성된 것은 바로 그 무렵이었다. 천서우탕이 도착하기 직전에 이미 오늘날 명동의 중국대사관 자리에 청나라 공사관[商務公署]이 완공되었지만 천서우탕은 전임자들처럼 남별궁에 머물렀다. 그만큼 남별궁은 청나라가 오래도록 포기하지 않은 곳이었다. 그러다 청나라가 조선 정부에 남별궁을 되돌려 준 것은 1884년 7월 지금의 롯데호텔 자리(을지로 입구 남서쪽)에 청상회관淸商會館을 짓고나서였다.

그런데 알렌은 1885년 12월, 청나라 공사관원에게 다음과 같은 제의를 받았다. 이때는 얼마 전인 11월 17일(음력 10월 11일)에 부임한 위안스카이袁世凱(1859~1916)가 주차조선총리교섭통상사의駐箚朝鮮總

일제에 의해 철거되기 전의 원구단(한국문화유산정책연구소 소장). 1897년 10월 12일 이곳에서 고종이 황제 즉위식을 가졌다. 이에 앞서 10월 3일 고종은 아홉 차례 사양 끝에 신하들의 황제 즉위 요청을 마지못해 수락하는 '절차'를 거쳤다.

理交涉通商事宜라는 기세등등한 직함을 가지고 이미 '총독'처럼 군림하던 시절이었다. 조선인뿐만 아니라 외국인 눈에도 그렇게 비쳤다.

중국인들은 자기네 공사관을 구궁舊宮으로 옮기기를 기대하며, 내게 지금의 (공사관) 자리를 병원과 학교로 쓸 것을 제의했다The Chinese expect to move their Legation to the old Palace and offered me their present place for a hospital and school(알렌의 일기 1885년 12월 20일자).

이 문장에서 구궁은 남별궁, 병원은 제중원을 가리킴이 틀림없다. 또한 아직 세워지기 전이지만 학교 역시 제중원 학당일 것이다. 즉 중국인들은 자신들의 '구궁'이었던 남별궁으로 공사관을 옮겨가고 싶어 했으며, 명동에 있던 청나라 공사관 자리에는 제중원을 유치하려 했다.

조선철도국이 1913년부터 남별궁 자리의 원구단을 헐고 1914년에 완공한 조선철도호텔(한국문화유산정책연구소 소장). 보통 조선호텔로 불렸다. 앞의 사진과 비교해 보면, 호텔 건물 오른쪽의 황궁우는 철거하지 않고 남겨 두었다. 새 건물의 위용을 더 두드러지게 한다고 생각한 때문이었을까? 이것 이외에 나머지 부속 건물들은 철거되거나 이전되었다. '고종 황제'의 공덕을 기리기 위해 1902년에 세워진 석고각은 나중에 이토 히로부미(伊藤博文)를 추모하는 사찰인 박문사(博文寺)(서울 신라호텔 영빈관 자리에 있었다)의 종루가 되는 신세가 되었다. 1939년 10월 15일 안중근의 아들 준생은 박문사를 방문하여 참배했고 그 다음날 조선철도호텔에서 이토의 아들에게 아버지를 대신하여 사죄했다. 모진 세월, 가혹한 운명이었다.

여기서 한 가지 더 짚고 넘어갈 것은 알렌 일기의 원문에는 위안스카이가 그러한 제안을 했다는 언급이 없다는 점이다. 하지만 적지 않은 사람들이 위안스카이가 알렌에게 직접 제의했다고 알고 있다. 원문을 오독했거나 잘못 번역된 것을 보아서 그럴 것이다. 물론 청나라 공사관원의 그런 제의는 위안스카이의 지시를 받았거나 적어도 승낙을 얻었겠지만 말이다.

청나라 공사관 측이 그런 제의를 한 구체적 의도가 무엇인지, 또 그 제의에 알렌이 어떻게 대처했는지를 알려주는 기록이나 자료는 아직 발견된 게 없다. 어쨌든 청나라 측의 계획은 실현되지 않았다. 무엇보다 공사관을 남별궁으로 이전하는 일이 생각한 대로 되지 않았기 때문이다. 이는 위안스카이의 힘이 모자라서가 아니라 남별궁을 지키려는 조선 국왕과 정부의 의지가 그만큼 강력했기 때문으로 생각된다.

그 뒤의 일을 보아도 그러한 점을 잘 알 수 있다. 1897년 10월 12일, 고종은 남별궁 자리에 새로 지은 원구단圜丘壇에서 황제로 즉위함과 동시에 나라 이름도 대한제국으로 선포하는 의식을 거행했다. 청나라로부터 되찾은 남별궁은 그만큼 국왕과 국가의 위엄과 자존을 뜻하는 곳이었다. 또 그러했기에 일제가 1913년 원구단을 철거하고 그 자리에 조선철도호텔을 지었던 것이다. 그 결과 원구단뿐만 아니라 남별궁의 각별한 의미도 훼손시켰다.

알렌은 그러한 내력을 지닌 남별궁으로 제중원을 이전할 것을 요청했다. 남별궁이 조선 국왕과 정부에 어떤 의미를 지니고 있는지, 알렌이 모르진 않았을 것이다. 이미 여덟 달 전에 청나라 측으로부터 남별궁과 관련되는 제안을 받았고, 그 제안이 어떻게 되었는지 보았던 알렌이기 때문이다. 그렇다면 알렌은 자신의 힘을 확인하거나 과시하고 싶어 그러한 요청을 했을까? 아니면 협상용 카드였을까?

당연히 조선 정부(외아문)는 알렌의 요구에 응하지 않았다. '백성들을 위한 의료 사업에 항상 자비롭고 적극적이신' 국왕도 알렌의 이 청원은 들어줄 수 없었을 것이다. 대신 국왕은 알렌에게는 여러 모로 남별궁에 못지않은 새 병원('구리개 제중원') 부지를 마련해 주었다.

이제 앞에서 알렌이 제시한 병원 이전 이유들에 대해 순서대로 생각해 보자. 우선, 알렌은 재동 제중원이 너무 좁다고 했다. 좁고 넓은 것은 상대적인 개념이다. 재동 제중원이 남별궁이나 구리개 제중원보다 좁은 것은 사실이다. 하지만 처음 설립되었을 때의 넓이가 약 2,000제곱미터(600여 평)이었고, 두 차례의 확장으로 거의 두 배로 늘어났다. 제중원 학당을 제외하고도 50퍼센트 가량은 넓어졌다. 또한 단순히 면적이 넓어진 것이 아니었다. "국왕의 특별한 배려로 멋진 새 건물이 하사됐다", '설비가 잘 된 학교도 새 병원의 한 면모'라면서 크게 반겼던 알렌이었다.

더 중요한 것은 환자 수의 증감이다. 환자가 계속 늘어났다면 병원도 확장되어야 할 것이다. 하지만 환자는 오히려 줄어들었다. 〈조선

정부병원 제1차년도 보고서〉에 의하면 첫 1년 동안 진료한 외래환자는 모두 1만 460명이었으며, 그 가운데 첫 6개월 동안은 7,234명이었다. 따라서 나중 6개월의 환자는 3,226명으로 처음 6개월의 절반 미만(45퍼센트)으로 줄어들었다. 오히려 구조조정을 해야 할 판이었다.

헤론은 이미 1885년 10월에 의사 두 사람이 근무할 필요가 없다고 했으며, 실제로 1886년 1월부터는 알렌과 헤론이 격주로 번갈아 병원에 출근했다. 알렌이 외아문에 '이건 확장'을 제의한 8월에도 그들은 격주로 일하고 있었다.

둘째로, 재동이 인구 중심지에서 너무 멀리 떨어져 있다는 점을 들었다. 재동은 당시 양반들이 살던 북촌北村 마을의 어귀이며, 그 남쪽의 중인 및 서민 거주지에서 멀지도 않고 접근성이 떨어지는 곳도 아니었다. 그리고 재동 제중원 자리에는 1900년부터 1907년까지 7년이 넘게 대한제국기의 국립병원 광제원廣濟院이 설치되어 수많은 환자를 진료했다. 이렇듯 재동은 당시 한성에 사는 조선인들을 위한 병원의 위치로 최적지였다.

알렌과 엘러스가 수시로 드나들었다는 경복궁도 남별궁이나 구리개보다 재동에서 훨씬 가깝다. 또한 재동 제중원은 외아문과 바로 붙어 있는 장점도 있다. 어쩌면 그 점이 알렌으로서는 매우 중요한 이전 이유였는지 모른다.

남별궁이나 구리개의 지리적 특징은 알렌을 비롯한 서양인들이 주로 살던 정동에서 가깝다는 점이다. 청나라 사람들의 거주지와는 더욱 인접해 있었다. 일본인들도 1885년 무렵부터 구리개 제중원의 남쪽에서 남산 아래쪽에 걸쳐 밀집해 살기 시작했다.

셋째로, 알렌은 재동 제중원이 비위생적이라 했다. 알렌이 이전 요

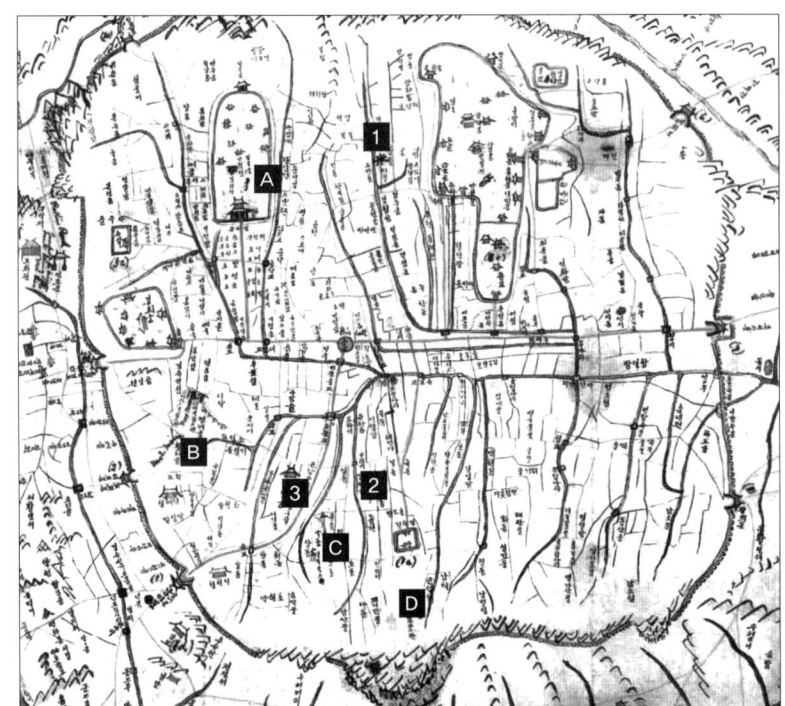

〈수선전도首善全圖〉. 김정호의 〈수선전도〉를 기초로 펜으로 필사한 지도로, 1892년 무렵 제작되었으며 미국인 선교사들이 사용했던 것으로 추정된다. (1) 재동 제중원(재동) (2) 구리개 제중원(을지로 2가) (3) 남별궁(소공동) (A) 경복궁(세종로 1가) (B) 미국 공사관(정동) (C) 청국 공사관(명동) (D) 일본 공사관(예장동)

    청을 할 때까지 조선 정부가 제중원의 수리, 개조에 비용을 지출하지 않았던 것이 아니다. 1년 4개월 사이에 위생적인 병원 환경을 갖추지 못했다면, 정치적·행정적 책임은 조선 정부에게 있겠지만 기술적·실무적 책임은 누구에게 있을까?

    알렌의 소원대로 구리개로 이전해서 그러한 점이 개선되었는가? 구리개 제중원에서 근무한 여의사 에바 필드의 다음 기록(〈미국장로교 해외선교위원회 제63차 연례보고서〉 1900년, 169쪽)을 보면, 심지어 에비슨이 운영권을 이관받고 5년이 지난 뒤에도 제중원의 위생 환경 문제는 거의 개선되지 않았다.

선교부는 현재 우리가 일하는 환경처럼 나쁜 곳에서 일 시킬 권리는 없다. 한 여성을 수술하기 위해 높이가 다른 마당을 두 번 지나야 남자 환자들이 훤히 보이는 수술방 문에 이르게 된다. 수술이 끝나면 다시 바깥으로 나가서 높이가 다른 마당을 두 번 지나 깨끗하게 소독된 침대가 아니라, 누가 어떤 질환으로 또 얼마나 많은 환자가 누웠는지도 모르는 종이 바닥에 누워야 한다(《제중원》, 박형우 지음, 21세기북스 펴냄, 2010년, 246쪽에서 재인용).

실제 이전의 이유가 무엇이든, 제중원은 재동 시절을 마감하고 새로운 구리개 시대로 접어든다.

외환은행 본점 건물 서쪽 끝 근처에 설치되어 있는 (구리개) 제중원 터 표석. 재동 제중원 터 표석과 마찬가지로 위치와 내용이 바뀌어야 한다.

제중원의 '구리개' 이전

알렌이 엘린우드에게 편지로 보고한 내용을 중심으로, 재동에서 구리개로 제중원을 옮긴 과정을 알아보자.

국왕은 훌륭한 새 병원을 약속했고 그 일을 담당할 관리를 임명했습니다. 저는 어느 날 국왕을 진료하면서 그것을 제안했습니다The King has promised a new good hospital and has delegated an officer to look it up. I proposed it to him one day while examining him(1886년 8월 20일자).

알렌이 국왕에게 직접 제안한 시점이 외아문 독판서리 서상우에게 공문을 보낸 1886년 8월 14일 이전인지 이후인지는 확실하지 않다. 하지만 이번에도 다른 때와 마찬가지로 자신을 신임하는 국왕의 힘을 빌려 새 병원 이전 문제를 해결하려 했다.

저는 외아문 대신에게 보낼 (새 병원에 관한) 편지를 헤론 의사에게 보여주고 그의 전적이고 자발적인 동의를 받았습니다. …… 저희는 요청한 장소(남별궁)를 얻지 못했지만, 제가 아는 새로운 장소를 제안 받았습니다I had written a letter to the Foreign Minister which I showed to Dr. Heron and obtained his full and free consent to it. …… We failed in obtaining the place asked for but that a new place, on known to me, was proposed(1887년 1월 17일자).

위의 편지는 발송 시기가 매우 뒤늦은데, 알렌이 새 병원 문제를 둘러싸고 헤론과의 갈등이 심화되자 그에 대해 해명하기 위해 보낸 것이기 때문이다. 이때 알렌은 위의 편지에서처럼 처음부터 헤론과 충분히 협의를 해 가며 일을 진행시켰다고 주장했고, 헤론은 알렌이 자신과는 아무 상의 없이 새 병원의 이전을 추진했다고 호소했다.

새 병원은 우리의 기대보다도 훨씬 더 훌륭합니다. 병원 부지는 광대하고, 바로 도시 한복판의 언덕 위에 있어 도시 전체와 시골까지 조망할 수 있습니다 The new hospital is far excelling our highest anticipations. The site is magnificent, right in the heart of the city and on a hill overlooking the whole town and some country(1886년 10월 2일자).

새 병원은 업무를 시작할 준비를 거의 마쳤는데 제 기대를 훨씬 뛰어넘습니다. 많은 점에서 이 병원은 이 도시에서 최고의 건축물입니다. 건물과 대지 비용 이외에 수리비만 3,000달러 이상 들었습니다. 모든 가구를 외국제로 장만할 것으로 기대합니다 The new hospital is nearly ready for occupation and is far ahead of my highest anticipations, in many respects it is the best house in the town. Beside the buildings and ground the repairs simply have cost over $3,000 and I expect an appropriation for foreign furniture throughout(1886년 10월 28일자).

새 병원의 위치는 구리개(지금의 을지로 2가) 일대이다. 알렌은 새 병원을 '이 도시에서 최고의 건축물'이라면서 처음 요청했던 남별궁보다도 더 만족했던 것으로 보인다. 수리비만도 제중원의 1년 예산인 3,000달러 이상을 지출했으니, 조선 정부로서는 최선을 다한 셈이었다. 그러면 '한성 최고의 건축물'인 구리개 제중원으로 이사한 시기는 언제일까? 유감스럽게도 정확한 날짜를 알려 주는 기록은 남아 있지 않다.

사정을 가장 잘 알고 있을 알렌은 미국 공사 자격으로 외무대신 유기환俞箕煥에게 보낸 1902년 4월 22일자 공문에서는 '1886년'이라고 했으며, 저서 *Korea: Fact and Fancy*(1904)에는 '1887년'이라고 기록했다. 또한 알렌의 '세브란스 병원 정초식 기념사'(1902년 11월 27일)에는 '정해년'(1887)으로 되어 있다. 그 밖에 올링거(1886)와 스크랜튼(1887)의 언급이 있지만 참고사항일 뿐이다. 당사자라고 할 수 있는 알렌의 증언도 엇갈리는 판이다.

그러면 실제 이사를 했을 1886~1887년의 기록은 어떠한가? 일부에서는 "착오가 있을 수 있는 아라비아 숫자에 비해 '정해'는 혼동할 확률이 매우 적다는 점을 상기하면 재동 제중원의 이전은 1887년 1월 24일(음력 정해년 1월 1일) 이후에 이루어진 것이 확실하다"(《제중원》, 박형우 지음, 몸과 마음, 2002년, 186쪽)고 주장한다. 그리고 다음의 헤론의 편지를 그 근거로 덧붙였다.

> 저는 몇 주 동안 외부의 소식통으로부터 알렌 의사가 새로운 병원과 관련하여 정부와 교섭했다는 사실을 알게 되었습니다. 그러나 그는 그 문제에 관해 저에게 한마디 말도 없었습니다 I had known from outside information for a number of weeks that Dr. Allen was in communication with the government concerning the new hospital. He had however said nothing on the subject to me(헤론이 1886년 12월 27일 엘린우드에게 보낸 편지).

언뜻 보면 헤론이 이 편지를 보내기 몇 주 전에 처음으로 병원 이전에 대해 알게 된 것 같다. 하지만 사실 이 편지는 몇 달 전인 9월 초에 표출되었던, 이 문제를 둘러싼 알렌과의 갈등에 대해 헤론이 나중에야 엘린우드에게 보고한 것이다. 그 점은 알렌의 다음 편지를 보면 분명하다.

그(헤론)가 저를 비난하는 유일한 이유는 제가 자기 도움 없이 새 병원을 얻었다는 것이었습니다. …… 그는 어느 날 밤 외아문 저녁식사 자리에서 처음으로 어느 외국인에게서 우리가 새 병원을 얻게 되었다는 사실을 들었다고 말했습니다. …… 앞에서 언급한 저녁식사가 있던 날 오후에 새 병원을 선정할 관리가 임명되었습니다 The only thing he could accuse me of was in getting the new hospital without his assistance. …… Then he said that at the Foreign Office dinner the other night he first heard that we had a new hospital from another foreigner. …… An officer had been appointed to select a new hospital, the afternoon of the dinner mentioned(1886년 9월 7일).

요컨대 헤론이 다른 외국인에게서 병원 이전에 대해 들은 것은 외아문에서 저녁식사가 있었던 8월 20일(새 병원 이전 담당 관리가 임명된 날) 무렵이었고, 그 문제에서 자신을 소외시켰다고 알렌을 비난한 것은 9월 7일쯤이었다. 따라서 12월 27일자 헤론의 편지는 1886년에 병원을 이전했다는 것을 부인하는 근거가 되지 못한다.

앞에서 언급한 10월 28일자 알렌의 편지로 되돌아가보자. 알렌은 "새 병원은 업무를 시작할 준비를 거의 마쳤다"라고 했다. 따라서 별다른 문제가 없었다면 곧 이사를 했을 것이다. 혹시 무슨 사정이 생겨서 뒤로 미루어졌을 수도 있다. 이런 경우 어떻게 판단해야 할까? 업무를 시작할 준비를 거의 마친 상태에서 별 문제가 생겼다는 근거가 없는 이상 이때, 즉 10월 말 또는 11월 초에 이사했다고 보는 것이 타당할 것이다.

이번에는 '구리개 제중원'의 위치와 면적 등에 대해 알아보자. 에비슨은 《신동아》 1933년 1월호에서 구리개 제중원이 황금정 동양척식주식회사(지금 을지로 2가 외환은행 본점의 서쪽 부분)의 바로 옆에 있었다고 언급했다. 선교사 알렌 클라크도 《에비슨 전기》에서 1934년 에비슨이 동양척식회사 앞에 서서 그 근처가 제중원 자리라고 말한 것을 기억한다고 기록했다. 이것만으로도 일단 구리개 제중원의 위치는 어느 정도 알 수 있다.

더 구체적인 사항은 연세대학교 왕현종 교수 등의 연구에 의해 상당 부분 밝혀졌다. 지금으로서는 관련 문헌, 지적도, 지적목록, 사진 등을 활용한 그 연구에 추가하거나 보완할 사항이 별로 없다. 왕 교수 팀이 구리개 제중원이 있었음이 분명하다고 언급한 곳은 다음 쪽 〈도면 1〉에서 (1)과 (2)이다. 병원 부분인 (1)은 황금정 2정목 193번지로 면적이 1,100평이며, 에비슨의 집이 있었던 (2)는 명치정 1정목 3번지로 710평이다. 이 두 부분을 합치면 1,810평이다.

(1)은 1905년 '제중원 환수' 이후 대동구락부, 광무기관 관방鑛務技官官房, 농상공부를 거쳐 귀족회관이 되었으며, 지금은 외환은행 본점 건물의 동쪽 부분과 주차장이 있다. (1)의 서쪽에는 1908년부터 일제의 대표적 수탈기구인 동양척식회사가 있었으며, 지금은 외환은행 본점 건물의 서쪽 부분이 서 있다. (2) 자리에는 현재 서울 YWCA 건물이 있다.

〈도면 1〉에서 사각형으로 표시한 부분은, 왕 교수 팀이 확실하지는 않지만 구리개 제중원 부지였을 가능성이 많다고 여기는 곳이다. 이곳들과 위의 (1), (2) 부분을 합치면 면적이 5,046평에 이른다. 조선 정

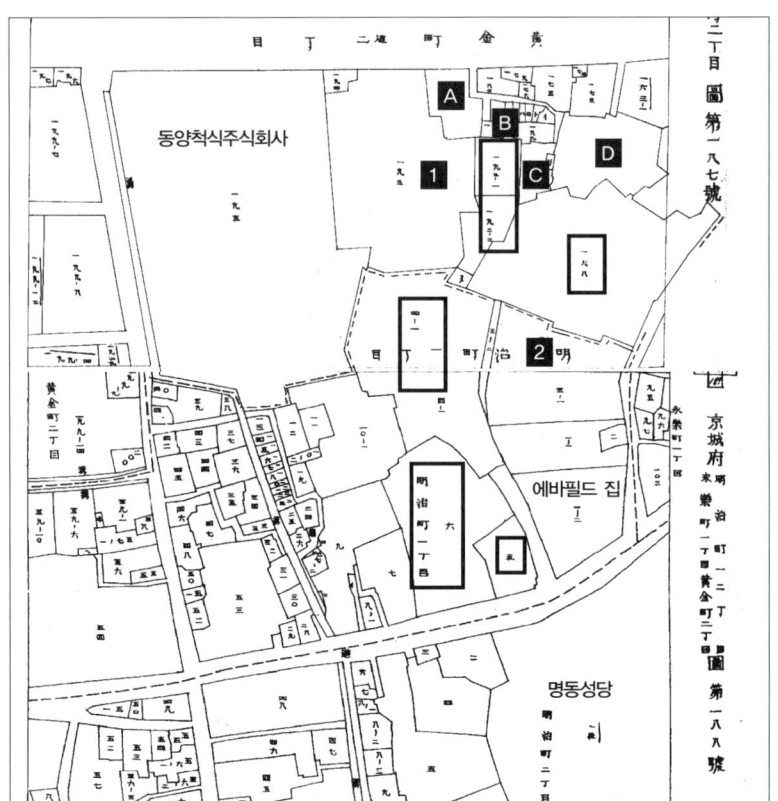

도면 1. 일제시대에 만들어진 경성부 지적도 〈일필매壹筆每〉 (1929년 발행)에 구리개 제중원 관련 사항을 표시했다. 구리개 제중원에 근무한 여의사 에바 필드의 집(지금 한국 YWCA연합회 빌딩)은 제중원 바깥이었는데, 1905년 '제중원 환수' 때 조선 정부가 사들였다.

부에 남별궁(6,700평)을 요청했고, 그에 앞서 청나라 측으로부터 제중원을 청국 공사관(6,405평)으로 옮길 것을 제의받았던 알렌이 '병원 부지는 광대하다'라고 표현한 사실을 생각하면 사각형 부분도 포함되었을 것이다.

필자는 그 밖에 (A) (B) (C) (D) 구역(약 600평)도 포함되었다고 생각한다. 〈도면 2〉는 1907년에 발행된 〈최신경성전도最新京城全圖〉의 구리개 제중원 터와 그 주변이다. 이 도면에 '헌병 의무실'로 표시된 부

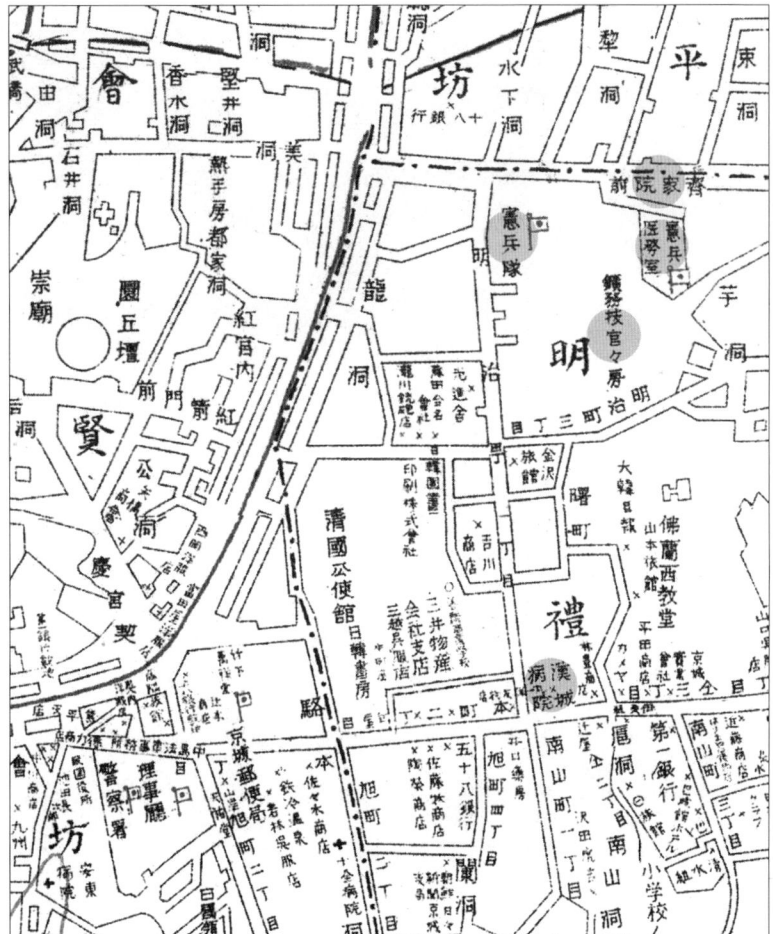

도면 2. 1907년에 발행된 〈최신경성전도〉 중 구리개 제중원 터와 그 주변. '제중원 전前' 바로 아래에 '헌병 의무실'이 표시되어 있다. 구리개 제중원 주변은 1880년대 중반부터 청나라의 프랜차이즈였다. 구리개 제중원을 중심으로 서쪽에는 청상회관(롯데호텔서울 자리), 동쪽에는 청국군 병영(을지로 2가 네거리 남동쪽), 남서쪽에는 청국 공사관(중국대사관 자리)이 있었으며 소공동, 북창동, 명동, 관수동에는 차이나타운이 형성되어 있었다. 그러다가 청일전쟁에서 일본이 승리한 뒤 청국군 병영을 일본수비대가 사용하는 등 일본인들이 그 자리를 많이 차지하게 되었다.

분이 그 구역을 포괄하고 있기 때문이다. 일본 헌병대가 제중원 바깥 구역에 의무실을 설치했을 수도 있지만, 기왕에 병원으로 썼던 곳을 의무실로 사용했을 가능성도 있다.

1886년 늦가을, 이미 중국인들의 거점 지역이 된 구리개로 제중원

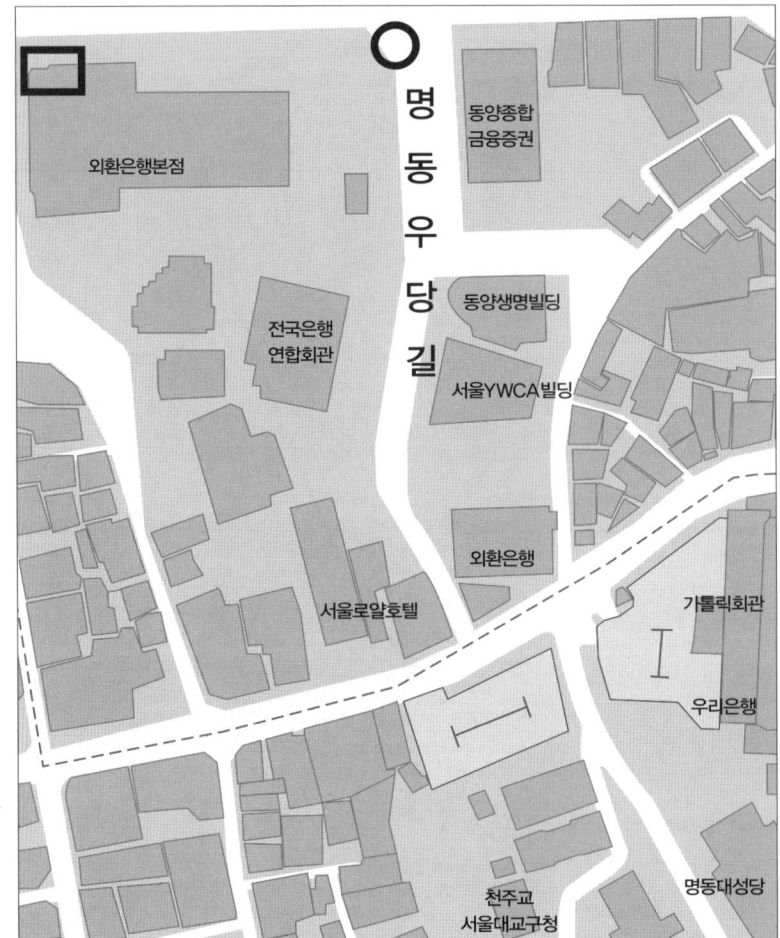

도면 3. 구리개 제중원은 지금의 외환은행 본점의 동쪽 부분, 전국은행연합회관, 서울로얄호텔, 서울YWCA빌딩, 동양생명빌딩, 동양종합금융증권 등을 포함하는 자리에 있었다고 여겨진다. 네모 표시는 현재 '구리개 제중원 표석'이 설치되어 있는 곳이고, 원 표시는 그 표석이 옮겨져야 할 위치이다.

을 이전한 이유를 확실하게 말해 주는 자료는 없지만, 알렌의 다음과 같은 언급이 수수께끼를 푸는 단서가 되지는 않을까?

제가 병원과 제 영향력을 중국에 넘겨준다면, 병원에 대한 완전한 지원과 저에게 만족스러운 봉급이 보장될 것이라고 확신합니다I am assured of full support for the hospital and a good salary for myself if I will turn the institution and my influence over to China(알렌이 1887년 6월 15일 엘린우드에게 보낸 편지).

'구리개 제중원 터 표석'은 외환은행 본점 건물 서쪽 끝 근처에 설치되어 있는데, 동쪽 구역의 '명동 우당友堂길' 입구 근처로 옮기는 것이 타당할 것이다. 그리고 내용도 "제중원은 1885년 4월 14일 설립된 우리나라 최초의 근대식 국립병원으로 1886년 늦가을 재동에서 옮겨왔다"로 바꾸는 것이 적절하다고 생각한다.

구리개 제중원 사진으로 남아 있는 대표적인 것은 다음의 두 가지다. 하나는 해링턴Fred Harvey Harrington의 저서 *God, Mammon, and the Japanese*(1966)에 수록된 것으로, 남쪽(명동성당 쪽)에서 북쪽(을지로 쪽) 방향으로 찍은 것으로 생각된다. "도시 전체와 시골까지 조망할 수 있다"라는 알렌의 기록과 잘 부합한다.

또 하나는 선교 잡지 *Korea Mission Field*의 1934년 8월호에 실린 사진이다. 경사로 보아 사진의 왼쪽은 명동성당 쪽, 오른쪽은 을지로 쪽으로 생각된다. 따라서 규모가 상당히 큰 이 사진 속 건물은 동향東向으로 생각되며, 왼쪽에 조금 보이는 건물은 에비슨의 사택일 가능성이 있다. 많은 사람이 포즈를 취하고 있는 것으로 보아, 병원의 중심이 되는 건물 앞에서 찍은 기념사진이다.

YWCA 주차장 옆, '명동 우당友堂길'에는 '이회영·이시영 6형제 집터'의 표석이 세워져 있다. 이 표석은 우리나라 역사상 대표적 노블레스 오블리주인 독립투사 이회영友堂 李會榮(1867~1932) 가문의 집터를 알리는 것이다. 이회영 등 6형제가 그곳에서 태어나 1908년 무렵 모

알렌이 20년 동안 조선에서 선교사와 외교관으로 활동한 내용을 정리한 해링턴의 저서 *God, Mammon, and the Japanese* (1966년판)에 수록되어 있는 구리개 제중원 사진. 이 책을 번역하여 《개화기의 한미관계—알렌 박사의 활동을 중심으로—》를 펴낸 이광린은 원저의 제목 '하느님, 맘몬(재물의 신), 일본인'이 알렌의 조선에서의 활동을 잘 요약하는 것이라고 했다. 이 사진에서는 구리개 제중원의 존립 연도를 1887년부터 1902년까지라고 했다.

Korea Mission Field 1934년 8월호에 실린 구리개 제중원 사진. 1897년에 찍은 것으로 제중원을 조선왕립병원Royal Korean Hospital으로 표현하고 있다.

THE CHEI CHUNG WON—"House of Universal Helpfulness" As it appeared in 1897, with Dr. O. R. Avison in the center of the picture. Early stages of Medical Work in the Royal Korean Hospital —1885 to 1897.

든 재산을 처분하고 만주(지금의 중국 동북 3성 지역)로 망명할 때까지 살았다고 한다. 시기와 위치가 구리개 제중원과 상당 부분 겹친다. 이회영 집의 정확한 위치가 어디였는지, 구리개 제중원 터와 관련해 앞으로 연구가 필요하다.

'이회영·이시영 6형제 집터' 표석. 표석 앞의 길이 '명동 우당길'이며, 뒤가 YWCA 주차장이다. 이회영은 안중근이 일제에 의해 처형된 중국 뤼순旅順 감옥에서 고문 후유증으로 옥사했다. 2011년은 이회영 형제들이 만주에 세워 항일독립운동의 중요한 인적·물적 기반이 된 '신흥무관학교' 설립 100주년이 되는 해였다.

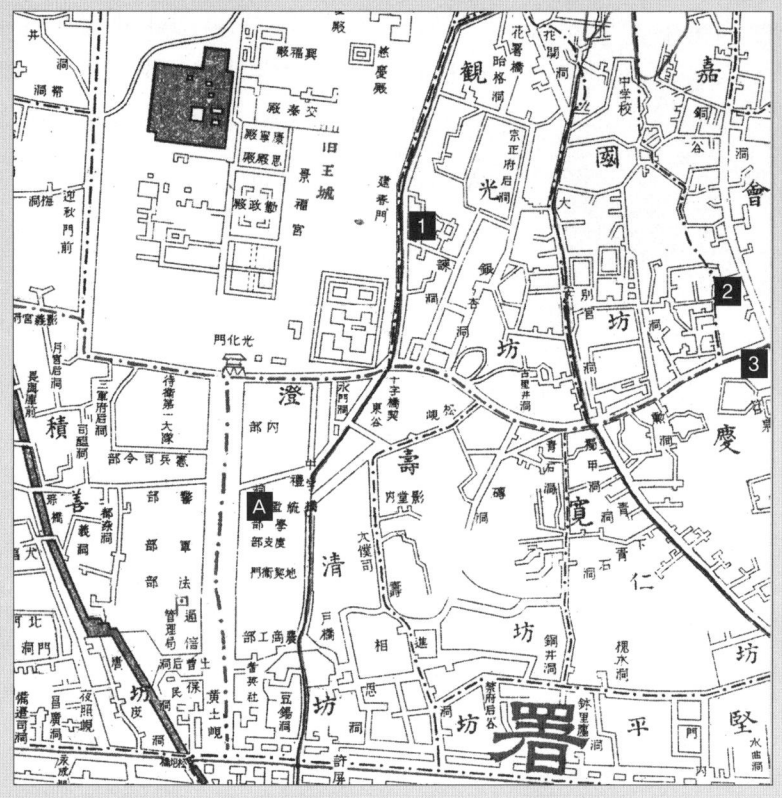

〈최신경성전도〉(1907). (A) 외부外部가 있었던 자리. 이 지도에는 이미 외부 대신 통감부가 자리 잡고 있다. (1) 광제원의 첫 자리 (2) 1900년 10월에 이전한 광제원 자리 (3) 의학교 자리. 당시 중요한 국립 의료·의학 교육기관들은 대개 이 지역에 있었다.

재동 제중원의 뒷이야기

1886년 늦가을, 제중원이 구리개로 이전한 뒤 재동에 있던 제중원 건물들은 어떻게 되었을까? 1885년 4월에 설립한 뒤 1년 반 동안 크게 두 차례 확장과 단장을 했지만 졸지에 소박을 맞은 셈이었는데, 소박당한 신세처럼 뒷 소식도 별로 관심을 끌지 못했다.

재동 제중원 건물이 다시 주목받을 기회는 몇 차례 있었다. 1895년 의학교 및 부속 병원 설치가 논의되었을 때, 1899년 의학교가 실제로 설립되었을 때 그리고 같은 해 내부 소속의 병원(후에 광제원으로 개칭)이 창설되었을 때이다. 새로운 의료기관을 설립할 때 기왕에 병원으로 썼던 건물을 이용하는 편이 여러 모로 편리할 것이기 때문이다.

하지만 그 세 차례의 경우에 재동 제중원을 활용하려 한 기록은 찾아볼 수 없다. 1895년에도 그 전해에 에비슨에게 운영권이 넘어간 구리개 제중원을 환수하려는 시도는 있었지만, 재동 제중원에 대한 언급은 없다. 관련된 기록이 유실되었을 수도 있고, 소유권이 민간인에게 넘어가서 고려의 대상이 아니었는지도 모른다. 항간에는 이상재月南 李商在(1850~1927)가 한때 재동 제중원 자리에 살았다는 이야기가 있기는 하지만 확실하지는 않다.

1899년 5월 30일자 《독립신문》 기사. 내부 소속의 병원(대한 병원이라고 표기했다)이 6월 1일 전 사간원 건물[公廨]을 이용하여 개원한다는 사실을 알렸고, "행여 문구로만 돌리지 말고 …… 외국 병원들과 같이 내실 있게 사업을 하기 바란다"라며 이 병원에 대한 기대와 우려를 나타내었다.

그러다가 《황성신문》에 1900년 10월 13일자와 15~18일자 등 다섯 차례에 걸쳐 다음과 같은 광고기사가 실렸다. "광제원을 북서 재동의 전 외아문 위 왜송나무 있는 집으로 이전했으니 병을 가진 남녀 여러분은 찾아오십시오. 광제원에서 알림廣濟院을 北署齋洞 前外衙門上 倭松빅이집으로 移設ᄒ얏스니 抱疴士

女는 來臨ᄒ시오 廣濟院 告白". 이 기사대로 외아문(갑오개혁 뒤에 지금의 세종로 미국 대사관 근처로 이전했고 명칭도 外部로 바뀌었다) 윗집이라면 예전 제중원 자리임이 거의 틀림없을 것이다. 한 가지 걸리는 것은 '백송나무' 가 아니라 '왜송나무' 라고 한 점이다. 혹시 근처에 왜송나무가 있는 집이 따로 있었던 것일까?

광제원은 대한제국기의 국립병원으로, 요즈음 식으로 말해 양한방 협진 병원이었다. 그 병원의 성격처럼 대한제국 정부의 의료정책의 골간은 근대 서양 의학과 전통 한의학을 병용하는 것이었다. 그 시기의 국정방침인 구본신참舊本新參에 부합하는 것이기도 했다.

앞에서 말했듯이 광제원은 내부 소속이었다. 제중원도 1894년 8월까지는 외부 소속이었지만, 갑오개혁 때 내부로 소속이 바뀌었다. 광제원의 처음 이름은 그저 '병원' 이었으며 내부 소속이어서 흔히 '내부병원' 으로 불렸다. 광제원의 처음 위치는 경복궁 건춘문建春門 앞 사간원司諫院 자리였다. 지금의 지명으로 사간동에서 개원한 것이다. 처음부터 재동 제중원을 이용하거나 구리개 제중원을 환수받아 문을 열었을 법도 한데 말이다.

광제원은 처음부터 환자가 적지 않았다.

《독립신문》 1899년 10월 5일자. 한성병원에서 9월 한 달 동안 외래환자 519명을 보았고, 투약시술 수는 868명이라고 보도했다. 외래환자와 투약시술자를 구별한 기준이 무엇인지는 알 수 없지만, 그 두 가지를 합치면 광제원을 이용한 환자 수와 비슷했다. 또한 한성병원(지금 Cinus 명동점 자리)이 있던 곳은 이미 일본인 밀집 지역이었는데, 환자가 모두 한국인이라고 한 것은 이해하기 어렵다.

《황성신문》 1908년 2월 8일자. 학부學部에서 관립여학교를 설립할 것이며, 학교 건물을 빠른 시일 내에 새로 짓기 어려워 이전의 광제원을 사용할 것이라는 기사이다.

1930년대 경성여자고보(경기여고) 기숙사. 제중원 및 광제원 자리에 있었다.

외래환자 수는 한 달에 1,000명이 넘었고, 양약 시술을 받은 환자와 한약 시술을 받은 환자의 비율은 대체로 6 대 4였다. 환자 수로는 일본인이 운영하던 한성병원漢城病院과 비슷했고, 구리개 제중원보다는 많았다. 광제원은 개원 1년 4개월 뒤인 1900년 10월 재동 제중원으로 자리를 옮겼다. 사간원 건물이 원래 병원으로 지어진 것이 아니어서 여러 모로 불편하고, 또 많은 환자를 감당하기 어려웠기 때문으로 생각된다.

1907년 3월 광제원은 의학교, 적십자사병원 등과 함께 대한의원大韓醫院으로 통폐합되었다. 그리고 1907년 11월 재동에서 대한의원 신축 건물(지금의 서울대학교병원 자리)로 이전했다. 또한 제중원이자 광제원이었던 터와 건물은 관립여학교(지금의 경기여자고등학교의 시초)로 이관되었다. 이는 1908년 2월 8일자 《황성신문》이 잘 보여주고 있다. 《대한매일신보》도 같은 날짜에 같은 내용을 게재했다.

지금까지 논의한 것을 정리하면, 1886년 후반부터 약 15년 동안 옛 제중원이 어떤 용도로 쓰였는지 알 수 없지만 1900년 10월부터 1907년 11월까지 7년여 동안 광제원으로 쓰였다가 다시 관립여학교로 넘어간 것이다. 관립여학교가 제중원 자리에 있었던 것은 여러 다른 자료들로도 확인되는 바이므로 앞에서 언급했던 '왜송' 문제도 해결된 셈이다.

제중원 의사의 권세

구리개 제중원은 1894년 9월에 에비슨에게 운영권이 이관되었다가 10년 반이 지난 1905년 4월에 대한제국 정부로 환수되었다. 일부에서는 그 사이에는 정부가 제중원을 환수하려는 의사가 없었다고 하지만, 제중원을 되돌려 받으려는 계획은 1895년과 1902년, 두 차례 있었던 것으로 보인다. 1899년에 학부 소속의 의학교와 내부 소속의 병원을 설립할 때에도 논의가 있었는지 모른다.

갑신 쿠데타의 실패로 일본에 망명했던 박영효朴泳孝(1861~1939)는 근 10년 만인 1894년 8월에 귀국한 뒤 12월에 내부대신에 임명되어 7개월 가량 재임했다. 박영효는 이 가운데 처음 5개월은 친일 성향의 김홍집과, 나중 한 달 남짓은 친미적인 박정양과 연립내각을 이끌면서 정국을 주도했다.

앞에서 살펴보았듯이, 1895년 6월 14일(음력 5월 22일) 내부대신 박영효는 외부대신 김윤식에게 공문을 보내, 앞으로 쓸 일이 있으므로 에비슨에게 빌려준 전前 제중원 관사를 되돌려 달라고 했다. 제중원은 그 전해 8월에 내부로 소속이 바뀌었지만, 그 직후인 9월에 에비슨에게 제중원 운영권을 이관한 부서는 외부였기 때문일 것이다.

제중원을 환수하려는 박영효의 계획은 실현되지 않았다. 20여 일 뒤인 7월 6일 박영효가 내부대신에서 전격 해임되었기 때문이다. 박영효의 갑작스러운 실각에 대해서는, 그가 일본과 너무 가까워서, 오히려 일본이 그를 견제해서, 왕권을 제약하려 해서 국왕의 눈 밖에 났기 때문에 또는 역모를 꾀했기 때문이라는 등 여러 가지 설명이 있다. 그만큼 실각 사유가 명확하지 않다는 뜻이기도 할 것이다.

청일전쟁에서 승리한 일본의 기대와는 달리, 1895년 봄 러시아, 프

Therefore, it is hereby agreed that the party of the Second Part
consents to waive its claim to one year's notice as previously agreed,
upon the carrying out of the following conditions:--

(First) Immediate payment of the following sums, as per the agreement of September, 1894,

    Physician's house   Yen 8500.00
    Servants' quarters   260.00
    Well   300.00 Yen 9060.00

奎23174

        forward   Yen 9060.00
   Repairs on Korean buildings Yen 2000.00
   Book room   150.00
   Fixing large room   44.90
   Recent repairs   15.00 2209.90
              Yen 11269.90

〈제중원 반환에 관한 약정서〉
영문본. 중개축 및 수리 비용의 내역이 적혀 있다. 원래 두 쪽에 나뉘어 기록된 것을 편의상 합쳐서 나타내었다.

《조선귀족열전》(1910)에 수록된 박영효 사진. 박영효는 일제에 의해 '후작' 작위를 받았으며, 조선귀족회 회장으로 귀족회관 건물주가 됨으로써 옛 구리개 제중원 자리를 차지하게 되었다.

랑스, 독일의 '삼국간섭' 이후 박정양, 이완용, 이범진, 이채연, 윤치호, 이하영 등 친미-친러파가 세력을 점차 넓혀 갔다. 미국 주재 공사를 지낸 박정양朴定陽(1841~1904)이 5월 31일 총리대신에 임명된 것도 그러한 정세 변화의 한 단면이었다. 또한 알렌이 당시 총리 임명 과정에 관여했다는 설이 있을 정도로, 이때에도 알렌에 대한 국왕의 신임은 각별했다. 알렌은 미국 주재 조선 공사관 재직 시절 박정양, 이완용, 이채연 등과 함께 근무한 인연이 있었다. 특히 이채연은 제중원 주사로 재직할 때부터 알렌과 가까운 사이였다.

제중원 환수 시도가 실각에 얼마나 영향을 미쳤는지 알 수 없지만, 미국과 친미파의 세력이 더 커가는 상황에서 그러한 행동이 박영효에게 도움이 되었을 리는 만무하다. 그리고 이때의 일이 다른 정치인들과 관료들에게 상당한 '학습 효과'를 주었을 것이다.

이 무렵, 제중원과 관련되는 또 다른 일이 발생했다. 6월 25일(음력 윤5월 3일), '에비슨의 순검(경찰관) 폭행 사건'이 일어난 것이다. 사건의 내용은 이렇다. 서흥에 사는 오치서吳致瑞라는 사람이 제중원 앞에서 횡사해 순검이 조사해 보니, 병을 고치러 제중원을 찾았다가 치료가 어려워지자 의사가 쫓아내 횡사했다는 것이다. 그래서 한성부에 문서를 보내어 매장하도록 했는데, 그날 밤에 제중원의 서양인 의사 어비슌(에비슨)이 병원 고용인 10여 명을 거느리고 구리개 파출소[交番所]로 와서 시체를 옮기려 하면서 당번 순검을 무수히 구타했다는 것이다.

이 문제에 대해 경무사(경찰청장) 이윤용은 외부대신 김윤식에게 6월 27일자로 공문을 보내, 위와 같은 조사 결과를 알리고 순검이 잘못

327 4장 제중원의 변화

한 일이 없는데도 서양인 의사에게 폭행과 모욕을 당했으니 이러한 일이 재발하지 않도록 조치를 취해 달라고 요청했다. 이윤용의 이 보고가 과연 사실일까? 다른 자료가 없어 단정하기는 어렵지만 어느 정도 추론은 가능하다.

이윤용李允用(1854~1939)은 동생인 이완용과 함께 나중에 일제의 주구 노릇을 하지만, 1895년 무렵에는 춘생문 사건과 아관파천에 깊이 관여하는 등 친미-친러파의 대표적 인사였다. 즉 당시 정치외교적 노선 때문에 에비슨을 공격할 리는 없는 것이다. 또한 이윤용은 평생 줄서기와 눈치 보기의 대가로서 공연히 에비슨을 무고해 미국의 눈 밖에 날 일을 할 사람도 아니다. 또한 이 사건이 에비슨의 개인적 일탈행위인지, 제중원 반납 요청에 대한 불만의 표현인지 알 수 없지만 시기적으로 묘하게 겹쳐 있는 것은 사실이다.

경무사 이윤용이 외부대신 김윤식에게 보낸 1895년 6월 27일(음력 윤5월 5일)자 공문.

이러한 일들이 있고 얼마 지나지 않은 7월 6일 내부대신 박영효는 국왕의 명령으로 해임되었으며, 경무사 이윤용은 경무관 이규완, 최진한과 더불어 내부의 제청으로 해직되었다. 체포령이 내려진 박영효는 그 즉시 일본으로 달아나 다시 10여 년간의 망명생활을 한다. 이윤용은 얼마 뒤인 8월 13일 경무사로 다시 임명을 받았다가 10월 8일의 '왕비 암살 사건(을미사변)' 뒤 다시 친일파들이 득세하자 재차 쫓겨나 동생 이완용과 함께 정동의 미국 공사관에 숨었다.

이윤용. 일제에 적극 협력한 공으로 훈일등욱일대수장勳一等旭日大綬章과 욱일동화대수장旭日桐花大綬章을 받았고, 또한 남작 작위도 받았다.

그 뒤 이들 정동파(친미-친러파)는 11월 28일, 일본군과 친일파들에 의해 경복궁에 유폐되어 있던 국왕을 구출(탈취)하기 위해 '춘생문春生

門 사건'을 일으켰다. 이 '거사'는 실패했지만 두 달 반 뒤인 이듬해 2월 11일 이들은 다시 '아관俄館파천'을 감행해 성공했다. 12·12 군사반란 때처럼 수도의 한복판이 활극의 무대였다.

이 춘생문 사건 때 에비슨은 언더우드, 헐버트 등 선교사들과 함께 권총으로 무장하고 국왕의 침실을 지켰다 (《구한말 비록 (상)》, 에비슨 지음, 대구대학교 출판부 펴냄, 47~53쪽). 이는 에비슨에 대한 국왕의 신임이 보통이 아니었음을 잘 보여주는 일화다. 이때 알렌도 미군 10명을 이끌고 국왕이 있는 경복궁으로 향했다고 한다.

《일성록》 1895년 7월 6일(음력 윤5월 14일)자. 여기에는 박영효, 이윤용 등의 해임 사실만이 간략하게 적혀 있다.

한참 뒤인 1902년 11월 4일자 《황성신문》에는 원수부元帥府에서 2연대를 창설하기 위해 구리개 제중원과 인근 가옥을 매입할 계획이 있다는 기사가 실렸다. 후속 보도나 다른 기록이 없어 얼마나 신빙성이 있는지 알 수 없지만, 만약 그러한 논의가 있었다면 이미 재동 광제원과 훈동 의학교 및 부속 병원이 있는 이상 정부가 구리개 제중원을 환수하더라도 병원으로 사용할 계획은 없었다는 뜻일 것이다.

실제로 구리개 제중원이 정부로 환수된 것은 1905년 4월이었다. 이때 미국 측과 협상을 한 것은 일본 공사관의 서기관 하기와라萩原守一였고, 일본이 나섰던 것은 물론 자신들의 이익을 위해서였다. 즉 제중원을 환수받아 에비슨이 쓰던 사택은 전형적인 친일파 미국인으로서 당시 대한제국 정부의 외교 고문이었던 스티븐스D.W. Stevens의 사택으로 사용하고, 병원은 일본인과 친일파의 사교 클럽인 대동구락부가 활용하기 위해서였다. 그러니 제중원의 환수 조치는 에비슨에게서 되찾아 사실상 일본인들에게 다시 넘겨주는 것으로, 대한제국의 입장에서는 하나마나한 일이었다. 아니, 환수하기 위해 치를 비용을 생각하면 오히려 손해나는 일이었는지 모른다.

환수를 위한 비용이란 1894년 9월 제중원의 운영권을 에비슨에게 넘겨주면서 맺은 협정에 따른 것이다. 즉 에비슨 측이 건물의 증개축, 수리 등에 들인 비용을 정부가 환수 시에 지불해야 하는 돈이다. 이 협정에 따라 정부는 에비슨 측에 건물의 증개축, 수리 비용 1만 1,269원 90전과 임차료 및 이사비용 1,700원을 지불했다. 그 밖에 별도로 제중원에 이웃한 에바 필드의 집과 대지 구입 비용으로 1만 9,020원을 지불했다. 그리고 대한제국 정부가 대금 지불을 끝낸 뒤 곧바로 대동구락부 신축 공사에 들어갔다.

대한제국 정부로서는 하나 마나하거나 오히려 손해나는 환수를 했지만, 어쨌든 환수는 했다. 일본의 힘을 빌리지 않고 독자적으로 제중원을 환수한다는 것은 꿈도 꿀 수 없는 일이었다. 전시작전권 환수만큼이나 어려운 제중원 환수였다.

마지막으로 정부가 에비슨 측에 지불한 건물의 증개축, 수리 비용 1만 1,269원 90전의 내역을 살펴보자. 〈제중원 반환에 관한 약정서〉(1905년 4월 10일)에는 다음과 같이 내역이 밝혀져 있다.

의사 사택 건축비(Physician's house)	8,500원
하인 거처비(Servants' quarters)	260원
우물 비용(Well)	300원
한옥 수리비(Repairs on Korean buildings)	2,000원
서재 비용(Book room)	150원
거실 수리비(Fixing large room)	44원 90전
최근 수리비(Recent repairs)	15원
	1만 1,269원 90전

이 가운데 병원과 관련해서 지출한 비용은 얼마나 될까? 에비슨의 사택이 양옥 한 채, 한옥 한 채라고 하니 '한옥 수리비' 중의 일부는 병원 수리비로 쓰인 것일까? '의사 사택 건축비'만 하더라도 거의 3년치 제중원 운영비다. 반면에 '하인 거처비'의 구체적 내역은 알 수 없지만, 고작 260원이다.

에비슨이 자기 집을 짓는 데 사용한 비용의 일부라도 병원에 들였더라면, "선교부는 현재 우리가 일하는 환경처럼 나쁜 곳에서 일 시킬 권리는 없다"라고 한 에바 필드의 하소연이 조금이나마 줄어들지 않았을까? 에비슨이 그토록 제중원의 운영권을 넘겨받으려 했던 이유가 진정 무엇이었을까 다시 생각하게 된다.

1885년 4월부터 1887년 2월까지 거문도를 불법 점령했던 영국 해군 소속의 데어링호 선장 데이비스(가운데)와 페가서스호 선장 그렌펠(데이비스의 오른쪽)이 거문도 주민들과 찍은 사진(김용구 지음, 《거문도와 블라디보스토크》, 2008). '신사의 나라' 영국은 1885년 4월 20일, 청나라와 일본 정부에 점령 사실을 알렸지만, 당사자인 조선 정부에는 한달 뒤에야 "예측할 수 없는 일을 방지하기 위해 거문도에 잠시 머문다"라고 통보했다.

외국인 의사를 보는 조선인의 시선 – 영아 소동

1888년 6월 18일 조선 주재 미국 공사 딘스모어Hugh A Dinsmore는 외아문 독판 조병식趙秉式에게 공문을 보냈다. "외국인들이 조선의 어린 아이들을 잡아다 삶아 먹고 쪄 먹는다는 헛소문이 갑자기 생겼는데, 조선 정부에서 방榜을 만들어 한성 각처와 지방城外에 게시하면 소문이 가라앉을 것"이라는 내용이었다. 그리고 그 다음 날에는 미국, 러시아, 일본, 프랑스, 영국, 독일 공사들이 합동으로 외국인에 대한 조선인들의 폭행을 엄단할 것과 폭행을 미연에 방지하기 위해 순찰을 강화해 줄 것을 요청하는 공문을 조병식에게 발송했다.

이에 대해 외아문에서는 즉시 상응하는 대책을 취할 것을 약속하는 공문을 보냈다. 그리고 실제로 조선 정부는 사람들이 여러 명 모여 있지도 못하게 하고 위반자에게 극형極刑을 다짐하는 등 계엄령을 방불케 하는 강압 조치를 구사했다. 이른바 '영아 소동baby riots'을 둘러싼 외국 공관과 조선 정부의 대응이었다.

6월 10일 무렵부터 한성에서 시작해 전국 여러 곳에 흉흉한 소문이 나돌았다. 서양 사람들이 어린이를 유괴해서 수프를 끓여 먹는다, 아기의 심장과 눈을 도려내어 외국인의 요리상에 올린다, 어린아이를 납치해 삶아 먹고 눈알은 빼내 약이나 사진 자료로 사용한다, 어린아이를 외국으로 빼돌려 노예로 팔고 있다는 등이 소문의 주된 내용이었다. 그리고 영아원, 제중원과 같은 서양식 병원, 공사관 등 외국인들이 관여하는 시설이 그러한 끔찍한 일이 일어나는 장소로 지목되었다.

실제 이러한 소문으로 폭력 사태가 벌어지기도 했다.

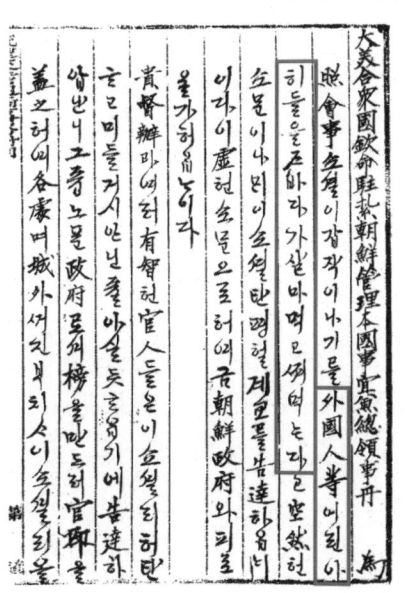

미국 공사 딘스모어가 외아문 독판 조병식에게 보낸 1888년 6월 18일자 공문(국한문 번역본). "외국인들이 어린아이들을 잡아다가 삶아 먹고 쪄 먹는다"는 악성 유언비어에 대한 조치를 촉구했다.

그런데 폭력의 피해는 외국인의 앞잡이로 여겨진 조선인들에게만 집중됐다. 외국인들은 위협을 받은 적은 있었지만 실제로 피해를 받았다고 보고된 경우는 없었다. 이러한 일이 조선에서 있기 몇해 전 중국 톈진에서 비슷한 사건이 발생했을 때 여러 가톨릭 신부와 수녀, 프랑스 공관원 등 외국인이 많이 살해되었던 것과는 사뭇 다른 양상이었다. 중국과 달리 조선에서는 '폭도'들도 감히 서양인에게는 실제로 폭력을 행사할 수 없었던 것일까?

당시 제중원에서 일하던 미국인 여의사 호튼Lillias Stirling Horton(언더우드 부인, 1851~1921)은 이러한 소문이 외국인뿐만 아니라 제중원에 대한 적대감과도 관련이 있다고 기록했다.

몹시 악의를 품은 몇몇 사람이, 외국인들이 어린아이의 심장과 눈알을 도려내어 약에 쓰려고 어린아이를 훔쳐 오는 사악한 조선인들에게 돈을 준다는 소문을 퍼뜨리기 시작했다. 소문은 들불처럼 번져 나갔다. 끔찍한 이야기들이 떠돌았다. 이를테면 독일, 영국, 미국 공사관에서 어린애들을 잡아먹는다는 것이었다. 이 피에 굶주린 작업의 총본부는 물론 병원(제중원)인데, 병원이 약을 만들고 병을 치료하는 곳이기 때문이라고 했다.
어느 날 내 진료소에서 돌아오자 험악하게 생긴 남자들이 내 가마를 둘러싸더니 가마꾼들에게 나를 다시 병원에 태워다 주면 모조리 죽여 버리겠다고 했다. 참으로 무시무시한 테러였으므로 그 다음 날 가마꾼들은 나를 절대로 태워 줄 수 없다고 했다. 그래서 나는 말을 타고 도시 한복판을 지나 병원으로 갔다. 제중원 학당의 책임을 맡고 있던 언더우드 씨가 나를 호위해 주었다. 흥분이 고조되었던 어느 날 저녁에는 미국 공사관으로부터, 폭도들이 우리가 사는 집에 쳐들어가려 한다는 제보가 있으니 공사관에서 총을 쏘아

신호를 하면 신변의 안전을 위해 공사관으로 급히 피하라는 전갈을 받았다

(호튼, *Fifteen Years among the Top-knots or Life in Korea*, 1908년판, 15~17쪽).

> THE BABY RIOTS 15
>
> made in any way to hinder us. Christians and other attendants on services came and went unmolested. Christianity has grown much since then, and is acknowledged as a factor in the politics of more than one province. No one ever thinks now of disguising or in any way concealing our work, yet *that law has never to this day been rescinded*. This is exactly in accord with Eastern customs. Laws become a dead letter, and pass into disuse; they are not often annulled.
>
> Another event of interest, which occurred during these first months after my arrival in Korea, was the excitement culminating in what were called "the baby riots." Similar troubles in Tientsin, China, had some years previously resulted in the massacre of a number of foreigners, including Jesuit priests, nuns and two or three French officials.

호튼의 *Fifteen Years among the Top-knots or Life in Korea*에서 '영아 소동'을 언급한 부분. 호튼은 제중원에서 일한 최초의 '진짜' 여의사였다.

헤론도 엘린우드에게 보낸 1888년 7월 23일자 편지에서 헛소문이 제중원과 관련이 있음을 언급하고 있다.

우리가 아기들을 약으로 사용한다는 소문으로 인해 14~15일 동안 의료사업이 크게 피해를 입었지만, 분명 의료사업은 조선인들의 마음을 얻는 길입니다.

영아 소동이 막 발발할 무렵인 6월 11일, 미국 주재 조선공사관에 근무하던 알렌은 선교본부의 사브리Dr. Savry에게 다음과 같이 조선

에 있는 선교사들의 행동을 우려하는 편지를 보냈다.

최근 조선에서 오는 소식들은 조선 정부가 선교사들 때문에 상당히 골치를 앓고 있다는 내용입니다. 외아문 독판은 제게 보낸 편지에서 선교사들은 매우 다루기 어렵고 법을 어기기로 작정한 사람들이라고 했습니다. 언더우드와 아펜젤러 목사가 주요한 선동자들이고 다른 사람들, 아마도 (육영공원) 교사들이 그들을 제지하려고 애쓰지만 효과가 없다고 합니다. 그들은 대중 집회를 열어 조선어로 설교하고 세례를 준다고 합니다. 또 이것이 가톨릭의 예수회 수도사들을 자극했으며, 그래서 그들 역시 대놓고 전도를 하고 잘 알려진 높은 곳에 성당을 짓고 있습니다. 그래서 정부가 그들을 점잖게 타일러 기다리라고 했으며, 약속을 지킬 것을 요청했다고 합니다. 하지만 그들은 아주 무례할 뿐입니다.

알렌은 선교본부의 로우리Dr. Lowrie에게 보낸 6월 22일자 편지에서는, 조선인들이 언더우드의 집에 있는 소년들이 부자연스러운 목적을 위해 있다고 굳게 믿고 있다고도 했다.

영아 소동은 한성에서는 6월 말, 다른 지방에서도 7월 하순에는 대체로 진정되었다. 하지만 그것으로 완전히 종식된 것은 아닌 것 같다. 헤론은 다음과 같이 새로운 사태의 발발을 우려하는 편지를 여러 차례 선교본부로 보냈다.

다른 소동이 분명 또 일어날 것 같아 미리 경고해 드리려고 이 편지를 씁니다. 저뿐만 아니라 모든 외국인들이 그렇게 판단하고 있습니다(1888년 9월 25일자).

선교사들 외에도 데니 판사, 딘스모어 공사, 이안 뮐렌도르프 씨를 포함하여 모든 외국인이 거의 예외 없이 아이들을 사 먹는다는 비난을 받았습니다(1888년 10월 5일자).

사태가 무르익어 갑니다. 어쩌면 다음 달에 폭발할지 모릅니다. 아이들을 훔쳐 간다는 소문이 다시 퍼지고 있습니다(1889년 4월 28일자).

"서양인들이 조선 아이들을 잡아먹는다"라는 이야기 자체는 근거가 없는 낭설일 터이다. 그러한 헛소문은 서양인들의 낯선 행동을 오해한 데서 나온 것일 수도 있고, 아니면 악의를 품은 사람들이 날조한 이야기일 수도 있다. 호튼도 "왕비의 파멸을 획책하는 적들이 고의로 만들어낸 것이라는 사실을 의심하지 않았다"라고 썼다(호튼, *Fifteen Years among the Top-knots or Life in Korea*, 18쪽).

남한산성의 수어장대守禦將臺(호튼의 위의 저서에서). 병자호란 이래 한성 남쪽의 가장 중요한 군사기지인 이곳은 1880년대부터 선교사들의 별장으로 쓰였으며, 제중원에서 일하던 외국인 의료인들은 여름철에 도시의 무더위를 피해 이곳에서 지냈다. 당시 외국인 선교사, 의료인들의 이러한 모습을 보는 조선인들의 심정은 어떠했을까?

인천의 알렌 별장(《사진으로 보는 인천 한 세기》, 2003). 1893년, 고종의 이궁離宮 예정지 옆에 지어졌다고 한다.

    문제는 객관적으로 보아서 터무니 없는 유언비어가 널리 퍼졌고 적지 않은 사람들이 이 유언비어를 사실로 받아들였다는 점이다. 유언비어의 생산은 무지와 음모 때문일 수 있지만, 그것이 전파되고 수용되는 데에는 나름의 근거와 배경이 있다. 즉 이것은 1880년대 중반 이래 조선에 영향력을 더욱 넓혀가고 있던 서양과 서양인에 대한 적대심과 불안감의 표현일 수 있다.

    이 유언비어 사건 직전인 1885년부터 1887년까지는 영국군이 거문도를 점령했다. 또한 군사적 침탈 외에도 경제적, 종교적, 문화적, 일상적인 측면에서 서양 세력의 진출이 확대되어 가고 있던 시기였다. 이를 체험한 민중들의 서양에 대한 우려와 불안감은 상당히 자연스러운 것이다.

1882년에도 조선 민중들은 일본이라는 외부 세력의 진출에 거부반응을 보였는데, 그로 인해 벌어진 사건이 임오군란이었다. 임오군란 당시 자신이 애써 일구어 온 종두장이 '폭도'들에 의해 완전히 불타버린 모습을 보고 지석영은 무지한 민중들에게 배신감을 느꼈을지 모른다. 하지만 모든 사람에게 '근대화'의 의미와 손익損益이 똑같을 수는 없었다.

1888년 '영아 포식捕食'이라는 유언비어가 생산, 유포된 것 역시 조선 민중들이 서양이라는 외부 세력의 진출에 대해 자신들의 의중을 표현하려 했던 것이 아닐까? 그러한 민중들의 저항의 근본 이유에 대해 헤론은 엘린우드에게 보낸 1889년 7월 11일자 편지에서 다음과 같이 언급했다.

몽매한 조선인들은 우리가 온 뒤로 살기가 더 힘들어졌다고들 합니다. 쌀값과 옷값이 오르고 화폐 가치는 전보다 3분의 1내지 2분의 1로 떨어졌습니다. 관리들은 외국 상인들이 많은 돈을 수탈해 가서 자신들이 차지할 돈이 없다고 불평합니다. 그래서 우리들은 양쪽 모두에게 미움받기 시작했습니다. 제가 걱정이 많은 사람은 아니지만 우리 앞에 폭풍이 몰아칠까 염려됩니다. 우리 선교사들은 전보다 더 주변을 잘 살피고 조심해야만 합니다.

서양 제국에 대한 민중들의 불안과 우려는 시간이 흐를수록 점점 더 근거 있는 것이었음이 드러났다. 1890년대부터 미국과 영국 등이 더욱 노골적으로 이권을 침탈했고, 급기야는 일제가 조선(대한제국)을 본격적으로 침략하고 강점하는 과정에서 일제를 지원했다. 민중들의 생각이 터무니없지 않았던 것이다. 그렇다고 당시 모든 서양인과 일본인을 제국주의 침략의 하수인으로 보는 것도 지나친 생각이다. 요컨대 "서양인들이 아이들을 잡아먹는다"라는 소문 자체는 황당한 유언비어이지만, '영아 소동'은 서양 제국주의 국가들에게 조선이 아무 힘없는 아기처럼 침탈당하는 현실을 민중들이 정확히 꿰뚫어 보고 반응한 것으로 해석할 수 있을 것이다.

예나 지금이나 민중들의 마음을 파악하는 일은 무엇보다 중요하다. 괴담이건, 농담이건, 은유건, 유언비어건, 여론이건, 선거건 하나라도 허투루 대해선 안 된다. 선거에 나타난 민심을 잘 읽어야 파국을 피할 수 있는 것은 물론이거니와, 유언비어에 담긴 민중들의 마음도 제대로 헤아려야 좀 더 나은 세상으로 나아갈 수 있다. 민중들의 의중은 읽으려 하지 않은 채, 언로를 봉쇄하고 여론을 조작하고 정당한 주장조차 괴담으로 몰아세운다면 그러한 자들은 숨어들 쥐구멍도 찾지 못할 것이다.

> Chemulpo Sept. 18. 9. P.M.
> This is to certify that I have carefully examined C. F. Welch. Tide Waiter, and find is general condition such as to demand a prompt change of climate. I therefore recommend a leave of absence for a couple of weeks with a trip by sea.
>
> Signed H. N. Allen. M.D.

1885년 조선해관 의사 알렌이 발급한 진단서(연세대학교 의과대학 동은의학박물관 소장).

5. 제중원의 환자 진료

정말로 제중원에 말라리아 환자가 많았나?

해링턴은 알렌의 조선에서의 활동을 자신의 저서 제목 *God, Mammon, and the Japanese*처럼 '하느님, 맘몬(재물의 신), 일본인', 이 세 가지 키워드로 요약했다고 했는데, 여기에 '기록자chronicler 알렌' 이라는 칭호 한 가지를 더 붙여야 할 것이다.

알렌은 *Korea: Fact and Fancy*(1904), *Things Korean*(1908)과 같은 저서뿐만 아니라 일기, 편지, 보고서 등 매우 많은 기록을 남겼다. 그 기록들은 19세기 말에서 20세기 초 우리나라의 모습과 미국과의 관계를 잘 보여주고 있거니와, 특히 제중원의 속살을 들여다보는 데에는 필수불가결한 것이다. 알렌의 그 같은 기록들이 없었다면 제중원에 관한 우리의 이해는 훨씬 피상적이었을 뿐만 아니라 상당 부분 잘못 되었으리라 생각한다.

알렌 역시 당시의 다른 서양인들과 마찬가지로 오리엔탈리즘적 시각과 편견에서 크게 벗어나지 못했다. 그는 조선의 문화, 종교, (전통) 의료를 대부분 이해하지 못했을 뿐만 아니라, 문명적 요소가 거의 없다고 여긴 조선을 그저 개화開化와 교화敎化의 대상으로만 생각했다.

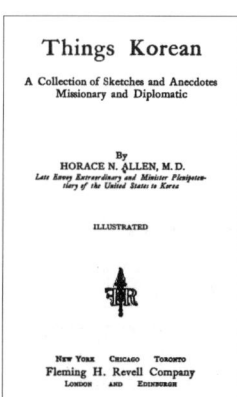

*Things Korean*의 표지. 《알렌의 조선 체류기》, 《조선 견문기》 등 두 종류의 한글 번역본이 있다.

이것은 알렌 개인의 잘못이 아니다. '서세동점西勢東漸'의 시류 속에서 서양인들은 자신들만이 진정한 문명인이라고 생각했다. 게다가 선교사들은 일반 서양인들보다 더 강한 기독교식 '선민의식選民意識'으로 무장되어 있었다.

이러한 점에서 당시 다른 서양인들의 기록을 대할 때와 마찬가지로 알렌이 남긴 기록을 볼 때에도 주의가 필요하다. 하지만 그 기록들을 통해 많은 지식과 정보뿐만 아니라 성찰거리를 얻을 수 있음도 분명한 사실이다.

알렌의 〈조선정부병원 제1차년도 보고서〉는 알렌과 헤론이 제중원에서 첫 1년 동안 자신들이 활동한 내용을 정리한 것이다. 작성을 의뢰한 기관이나 단체는 물론이고 제출처에 대해서도 아무런 언급이 없는 것으로 보아 공식 문서는 아니었다.

엘린우드에게 보낸 편지를 보면 헤론은 1886년 4월 8일자에서 "보고서를 이미 작성했습니다"라고 했으며, 알렌은 4월 12일자에 "연례 보고서를 펴내느라 분주합니다"라고 했다. 이것으로 보아 대체로 4월 초순에 보고서 작성이 완료되어 출판 준비를 시작한 것으로 생각된다. 그리고 알렌의 6월 20일자 편지에 "병원 보고서들을 입수했습니다. 보고서 중 얼마를 박사님께 보내드리겠습니다"라고 한 것으로 보아 보고서는 6월 20일 이전에 발행(표지에 인쇄처가 일본 요코하마의 Meiklejohn 회사로 되어 있다)된 것으로 보인다.

보고서는 표지, 제중원 도면, 병원에 관한 서술, 외래환자 분류, 외래환자들에 대한 설명, 입원 환자의 상세한 기록, 입원 환자들에 대한 설명, 재정 보고 등 총 38면으로 구성되어 있다. 이 가운데 보고서의 총론격인 '병원에 관한 서술'과 '재정 보고'는 알렌 혼자 작성했으며,

나머지 부분은 알렌과 헤론이 공동으로 서술한 것으로 생각된다.

알렌은 '병원에 관한 서술' 부분의 말미에서 1년 동안 제중원을 찾은 환자의 질병에 대해 다음과 같이 언급하고 있다.

말라리아는 가장 흔한 질병으로, 4일열four-day ague이 가장 흔하다. 매독은 말라리아 다음으로 많으며, 그 영향(증상)이 매우 많고 다양하다. 쌀을 먹는 모든 나라들과 같이 물론 소화불량이 많다. 소화불량으로 고생하고 있는 사람들은 종교가 아닌 다른 대상물들을 신봉하거나 적어도 그에 대한 믿음은 확실하다. 나병이 흔하다. 모든 종류의 피부병을 볼 수 있다. 수종水腫이 흔히 보인다. 연주창이 매우 많다. 요컨대 이곳에서는 잘 알려진 모든 질병이 다양하게 변형된 상태로 보이며 각기와 멜라닌증[黑色症] 등 흔치 않은 병들도 있다. 디스토마와 사상충증도 있는 것으로 알려져 있다.

> Malaria is the most common cause of disease and "four-day ague" the most common complaint. Syphilis ranks next to malaria as a causative agent, and its effects are very numerous and varied. Of course, as is the case with all rice-eating nations, indigestion bows more subjects than religion, or at least the bowing is more sincere. Leprosy is common. Skin diseases are seen in all varieties. Dropsies are frequently met. Scrofula is very common. In short all of the diseases commonly known are seen here with various modifications, and some uncommon ones, such as Beri-beri and Melanosis. Distoma and filaria are known to exist.

〈조선정부병원 제1차년도 보고서〉 7쪽. 제중원을 찾은 환자들에서 보이는 질병에 대해 언급되어 있다. 이 기록에 따르면, 첫 해 동안 제중원을 찾은 환자 가운데 말라리아와 매독을 가진 사람이 가장 많았다.

이것은 언뜻 평범한 임상 기록으로 보이지만, 우리나라 의료사에서 매우 중요한 기록이다. 현재 남아 있는 기록 중 근대 서양 의학의 관점으로 우리나라의 질병 발생 상황을 다룬 최초의 것이기 때문이다. 1883년 4월부터 1885년 3월까지 부산의 제생의원 원장을 지낸 고이케이(池正直)가 자신이 제생의원에서 진료한 조선인과 일본인 환자들의 질병에 대해 상세한 기록을 《계림의사鷄林醫事》에 남겼지만, 그 책이 출간된 것은 알렌의 보고서보다 1년 늦은 1887년이다.

알렌은 이렇게 환자들의 질병을 개관한 다음, '외래환자 분류'에서 다음 표와 같이 질병을 크게 18가지로 분류했다. 이러한 질병 분류 방법은 요즈음과는 조금 차이가 나는데, 당시 미국에서 사용하던 것으로 생각된다.

〈표 7〉 외래 환자의 질병 양상*

	질병 분류	환자수	%
1	발열(Fevers)	1,147	11.0
2	소화기계 질병(Diseases of the Digestive System)	2,032	19.4
3	순환기계 질병(Diseases of the Circulatory System)	114	1.1
4	호흡기계 질병(Diseases of the Respiratory System)	476	4.6
5	신경계 질병(Diseases of the Nervous System)	833	8.0
6	림프선계 질병(Diseases of the Lymphatic System)	214	2.0
7	비뇨생식계 질병 및 매독(Genito-urinary Diseases & Syphilis)	1,902	18.2
8	전신성 질병(General Diseases)	365	3.5
9	새로운 질병(New Diseases)	7	0.1
10	눈병(Eye Diseases)	629	6.0
11	귀병(Diseases of the Ear)	318	3.0
12	종양(Tumors)	145	1.4
13	골, 관절 및 건 질병(Diseases of Bones, Joints, and Tendons)	105	1.0
14	외상(Wounds and Injuries)	140	1.3
15	기형(Malformations)	37	0.4
16	결체조직 질병(Diseases of the Connective Tissue)	363	3.5
17	피부병(Skin Diseases)	845	8.1
18	부인병(Diseases of Women)	67	0.6
	미분류	721	6.9
		10,460	100.0

* 이 표는 〈보고서〉에 기술되어 있는 내용을 필자가 정리한 것이다.

표에서 보듯이 제중원을 찾은 환자는 소화기계 환자(19.4퍼센트), 비뇨생식계 환자 및 매독 환자(18.2퍼센트), 발열 환자(11퍼센트) 순이었다. 여기에서 한 가지 주의할 점은 이 기록은 제중원을 찾은 환자에 관한 것이지 전체 국민을 대상으로 조사한 것이 아니라는 사실이다. 그렇기는 하지만 당시 조선의 질병 발생 상황을 어느 정도 반영하고 있다고 보면 된다.

이제 가장 흔한 세 가지 중 발열 환자에 대해 살펴보기로 하자. 보고서에 따르면 전체 발열 환자 1,147명 중 4일열이 713명(62퍼센트), 매일열 177명(15퍼센트), 3일열 171명(15퍼센트), 우두(접종부작용) 31명(3퍼센트), 이장열弛張熱 18명(2퍼센트), 각기 15명(1퍼센트), 두창 8명 순이었다.

〈보고서〉 8쪽. 발열 환자를 접촉성contagious, 접종부작용by innoculation, 풍토병성endemic 등으로 세분했는데, 대부분(94퍼센트)이 풍토병성 발열 환자였다.

DISPENSARY CASES CLASSIFIED.			
I. FEVERS.			
Contagious :		Forward	50
Non-eruptive,		Endemic :	
Typhus	1	Remittent	18
Erysipelas,		Intermittent,	
Face	9	Quotidian	177
General	1	Tertian	171
Eruptive,		Quartan	713
Variola	8	Brow ague	2
By Innoculation :		Kako	15
Vaccinia	31	Acute rheumatism	1
		Total	1,147

앞의 '병원에 관한 서술'에서 언급한 것과 연결지어 보면 알렌은 4일열, 매일열, 3일열 등 풍토병성 발열을 모두 말라리아로 여겼다. 이 점은 '외래환자들에 대한 설명'을 보면 더욱 뚜렷하다.

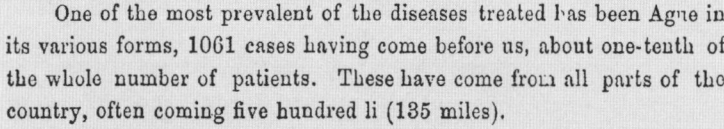

<보고서> 22쪽. 알렌과 헤론은 말라리아 환자 중 겨울에는 4일열이, 여름과 가을에는 매일열과 3일열 환자가 많았다고 기록했다.

One of the most prevalent of the diseases treated has been Ague in its various forms, 1061 cases having come before us, about one-tenth of the whole number of patients. These have come from all parts of the country, often coming five hundred li (135 miles).

One peculiarity has been that almost all our cases during the winter have been Quartan Ague, while those who came during the Summer and Autumn were largely Quotidian and Tertran.

라베랑(위)과 로스(아래). 이들이 말라리아 연구로 각각 1907년과 1902년에 노벨 생리의학상을 받은 것은 당시 말라리아가 조선과 같은 후진국에서만이 아니라 아시아와 아프리카 등을 침략하던 서구 선진국에서도 큰 문제였음을 뜻한다.

치료한 질병 중 가장 흔했던 것 가운데 한 가지가 다양한 종류의 말라리아였는데, 모두 1,061례를 진료하여 전체 환자의 대략 10분의 1을 차지했다. 이러한 환자들은 전국 도처에서 찾아왔으며, 500리(135마일)나 떨어진 곳에서 오는 경우도 종종 있었다.

한 가지 특이한 것은 겨울에 본 환자들은 거의 모두 4일열 말라리아였고, 여름과 가을에 병원에 온 환자들은 주로 매일열과 3일열 형이었다는 점이다.

사실 이때까지 서구에서도 말라리아에 대한 연구는 크게 진척되지 않았다. 1880년 프랑스의 기생충 학자 라베랑Alphonse Laveran(1845~1922)이 알제리에서 말라리아를 일으키는 원충原蟲을 처음으로 발견했다. 영국의 기생충 학자 로스Ronald Ross(1857~1932)가 아노펠레스 모기가 사람을 물 때 말라리아 원충이 사람의 핏속으로 들어간다는 사실을 확실히 밝힌 것은 1895년이었다. 또한 증상만이 아니라 혈액 검사를 통해 말라리아 여부와 종류를 진단한 것은 서구에서도 20세기 들어서의 일이었다.

우리나라에서 발생하는 말라리아는 거의 모두가 3일열 형쫲이다. 1930년 충청남도 서산과 홍성에서 처음 4일열 말라리아의 발생이 보고되었는데, 그것도 오진으로 보는 학자가 있을 정도로 4일열은 매우 희귀하다. 그렇더라도 1880년대에는 4일열이 많았을 것이라고 주장하는 것은 무리가 있다. 생태계의 급격한 변화와 같은 뚜렷한 이유 없이 몇십 년 사이에 말라리아의 주된 타입이 바뀔 수는 없기 때문이다.

따라서 알렌이 4일열 말라리아라고 진단한 것은 열이 4일 주기로 오르는 다른 종류의 질병들을 제대로 분간(감별진단)하지 못한 때문이다. 그리고 그것은 알렌의 능력이 부족해서라기보다는 당시 근대 서양 의학의 말라리아 진단 기술의 한계 때문으로 보아야 한다. 또한 외국인인 알렌으로서는 조선에서 발생하는 말라리아가 거의 3일열이라는 사실을 알 수 없었기 때문에 열의 특성이 어떻든 말라리아로 생각했을 것이다.

요컨대 제중원에서 말라리아 환자라고 진단받은 사람 가운데 실제 말라리아 환자는 보고치보다 훨씬 적었다고 생각해야 한다. 다른 근거가 없는 이상 3일열 형만 말라리아로 간주하는 것이 타당해 보인다. 당시 진단이 어떻든 발열에 대한 치료제는 무조건 '특효약' 금계랍이었으므로 진단의 의미는 크게 중요하지 않았다(1899년 독일 바이엘 제약회사가 아스피린을 출시한 뒤로 해열제로서의 금계랍의 독점적 지위는 무너졌다.) 요즈음은 발열의 원인을 모른 채 무작정 해열제를 쓰는 것은 금기에 가까운 일이다. 하지만 그때는 지금과 달랐다.

'마라리아의 증세와 치료법'. 당시 경성제국대학 의학부 부속의원에 재직하던 박병래가 쓴 글로 《가톨릭 청년》 1933년 7월호에 실렸다. 이 글에서 박병래는 4일열 말라리아가 충남 등지에 더러 발생한다고 했는데, 그것조차도 오진이었을 것으로 생각하는 기생충학자도 있다. 그만큼 우리나라의 말라리아는 거의 모두가 3일열 형이다.

조선에는 삼일열(하루거리) 사일열(이틀거리)은 충남(忠南)등지에 더러 잇슴니다. 이케일만큼 충발육의사십팔시간을요하며 따라서 격일즉삼일만에 열을하게되고 사일열은 그발육이칠십이시간을요하나니 즉일간격을두고 사일만에 발열이됨니다. 「마라리아」발벌이잇슬째에는 발벌증세잇기전에 츤신이 피곤한써도잇스나 되는급작히시작되기도함니다. 얼골빗이창백하고 고 맥이가틀고 또만하짐니다. 그후에 체온은컵컵을나가 사십도—사십일도에이름니다. 그다음에컵컵으로 불거지며 호흡수도만코 맥은크고 속하게됨니다. (戰慄期)떠는증세약반시쯤게속되고 얼골빗이 피부가더웁고 얼골빗이 (灼熱)

349 5장 제중원의 환자 진료

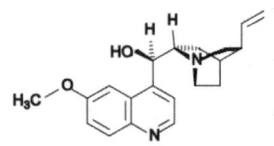

(위) 키니네의 화학 구조식.
(아래) 기나나무 Cinchona pubescens (金鷄蠟樹). 페루의 국목國木이다.

남아메리카 페루(잉카)의 원주민들이 오래 전부터 말라리아와 같은 열병 치료에 사용하던 기나나무 껍질이 유럽에 도입된 것은 1630년대였다. 그리고 200년쯤 뒤인 1820년에 프랑스의 약사 펠레티에Pierre Joshep Pelletier와 카방투Joshep Bienaim Caventou가 기나나무 껍질을 분리, 정제해서 키니네(중국인들은 음을 따서 '금계랍金鷄蠟'이라고 적었다)를 만들어 냈다. 키니네는 말하자면 아메리카 전통 의료와 유럽 근대 과학의 합작품인 셈이다.

프랑스에 이어 곧 독일, 영국에서도 키니네의 대량 생산에 들어갔고, 19세기 말에는 미국도 이 대열에 합류했다. 약의 성격이 채집, 재배되는 식물(약초)에서 공산품으로 변화하는 시초였다. 그리고 새로운 약품을 생산한 나라들은 새로운 시장을 필요로 하게 되었다.

그러면 금계랍이 조선에 들어온 시기는 언제쯤일까? 황현黃玹(1855~1910)이 쓴《매천야록梅泉野錄》에는 다음과 같은 기록이 있다.

하루 걸러 앓는 학질은 속칭 '당학唐瘧'이라는 병인데, 우리나라 사람들이 이 병을 아주 두려워했다. 노쇠한 사람은 열에 네다섯은 사망했으며 젊고 기력이 좋은 사람도 몇 년을 폐인처럼 지내야 했다. 금계랍이란 약이 서양에서 들어온 뒤로는 사람들이 그것을 한 돈쭝만 복용해도 즉효가 있었다. 이에 다음과 같은 노래가 불려졌다. "우장牛漿(우두 원료)이 나오자 어린아이가 잘 자라고, 금계랍이 들어오자 노인들이 명대로 살게 되었네."

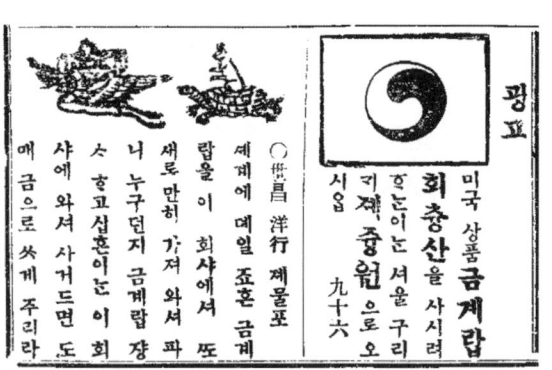

1898년 10월 12일자《독립신문》. 세창양행과 제중원의 금계랍 광고가 나란히 실려 있다. 세창양행은 독일제, 제중원은 미국제를 수입해서 팔았다. 당시 금계랍은 황금을 낳는 닭鷄이었다. 제중원 광고 기사 위의 태극 문양이 인상적이다.

이어서 황현은 "이 해부터 서양의 습속

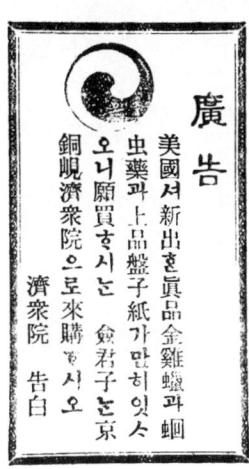

1899년 8월 9일자 《황성신문》. 당시 제중원에서는 미국산 금계랍 외에 회충약과 고급 벽지盤子紙도 팔았다. 제중원의 광고는 1899년 8월부터 10월, 1901년 8월부터 10월 사이에 거의 매일 게재되었다. 태극 문양의 위 아래가 《독립신문》과는 반대이다.

을 따라서 석탄, 석유, 성냥을 쓰게 되었다"라고 한 다음, 석유에 대해 "우리나라는 경진년(1880) 이후 처음 사용했는데 처음에는 색이 붉고 냄새가 무척 지독했으며 한 홉이면 열흘 밤을 켤 수 있었다"라고 기록했다.

이것을 보면 금계랍이 처음 전래된 시기는 알 수 없지만, 이미 1880년 무렵부터는 조선에서 널리 쓰이고 있었음을 짐작할 수 있다. 문호를 개방한 지 몇 해 지나지 않아 벌써 조선은 서양산 약을 수용하고 있었던 것이다. 그리고 제중원을 찾은 열병 환자가 많은 것으로 보아 제중원도 금계랍을 보급하는 데 한몫했을 것으로 생각된다.

금계랍은 1890년대와 1900년대 대표적인 수입 히트상품이었다. 《독립신문》에는 1896년 11월 7일부터 1899년 12월 4일 폐간 때까지 금계랍 광고가 600회 이상 실렸다. 전체 광고 4,693건의 15퍼센트나 되었으니 인기를 짐작할 만하다. 금계랍 광고 가운데 가장 많은 것은 독일인 마이어Eduard Meyer가 경영하는 세창양행世昌洋行 광고였고, 간혹 제중원에서 내는 광고도 실렸다. 제중원의 금계랍 광고는 《황성신문》에 게재한 경우가 더 많아 100회가 조금 넘었다. 1899년 독일 바이엘 제약회사가 아스피린을 출시한 뒤로 해열제로서의 금계랍의 독점적 지위는 무너졌다.

일제시대의 금계랍 포장지. 금계랍은 일제시대에도 여전히 가장 많이 쓰인 약 가운데 하나였다.

슈테판 프랑칼트의 판화 〈난 처한 비너스〉(1500년대). 매독 의 여러 단계가 그려져 있는 데 아래쪽 가운데 부분은 매 독 환자가 수은훈증요법을 받 는 모습이다.

제중원의 성병 환자

보고서에 말라리아 다음으로 많다고 언급된 매독과 비뇨생식계 질병들에 대해 살펴보자. 이 계통의 환자 1,902명 가운데 매독 환자가 760명이었고, 매독 골막염 96명, 매독성 항문 고무종 89명, 매독성 궤양 60명, 매독과 나병 병발 52명, 매독성 여각진 44명, 안면 매독 결절 21명, 매독성 인후궤양 18명 등 매독의 후유증으로 제중원을 찾은 환자는 380명이었다(매독 공포증 7명은 제외). '외래 환자에 대한 설명'에는 매독 후유증을 200례例 이상 치료했다고 기록되어 있다. 매독과 그 후유증을 합치면 1,140명으로 전체 환자 1만 460명 중 10.9퍼센트를 차지했다. 그리고 연성하감 235명, 임질 156명, 경성하감 146명, 만성 임균성요도염 51명으로 매독 이외의 성병 환자는 모두 588명으로 전체 환자의 6퍼센트였다.

매독은 1494년 이탈리아와 프랑스의 전투 과정에서 돌연히 발생해 유럽, 아시아, 아프리카 등 '구대륙' 각처로 전파된 것으로 알려져 있다. 즉 그 전에는 매독을 구대륙에서 볼 수 없었다는 말이다. 어떻게 해서 1494년 유럽의 한 복판에서 새로운 병(한동안 매독은 '새로운 병', '프랑스 병', '이탈리아 병' 등으로 불렸다)이 생겨난 것일까?

이에 대해서는 크게 두 가지 설이 아직도 대립하고 있다. 먼저, 아메리카로부터의 전래설로 1492년 콜럼버스 원정대가 자신들이 '발견'한 카리브 제도(서인도제도)에서 유럽으로 가져왔다는 것이다. 또 하나는 원래 유럽에 미미하게 있었던 매독이 이 무렵 여러 사회적·자연적 조건의 변화로 맹위를 떨치게 되었다는 설명이다.

기원이야 어떻든 유럽에서 출발한 매독은 1498년 인도, 1500년 무렵에는 벌써 중국에 이르렀다고 한다. 그리고 일본에는 1512년부터

이탈리아의 시인이자 의사인 프라카스토로 Girolamo Fracastoro (1478~1553). 유명한 의학시醫學詩 〈프랑스 병에 걸린 시필리스 Syphilis sive morbus gallicus〉(1530)를 지었다. 시필리스(매독)라는 병명은 여기에서 유래되었으며, 이 시에는 매독이 성적 접촉에 의해 전파된다는 사실이 처음으로 적혀 있다.

매독에 대한 기록이 등장하며, 조선에도 1515년쯤에는 상륙했을 것으로 추정한다. 당시의 교통수단을 생각하면 매우 빠른 전파였다.

어느 나라든 일단 매독이 발을 들이면 무서운 속도로 번져나갔다. 조선시대에는 대유행의 기록이 남아 있지 않은데, 그렇다고 전혀 유행이 없었을 것이라고 단정하기도 어렵다. 매독은 성 풍속과 관련이 있으므로 성에 엄격했던 조선에서는 전파 속도가 상대적으로 느렸을 수는 있다. 하지만 매독에 대한 뾰족한 예방과 치료 방법이 없었고, 위생과 영양 상태가 좋지 않았던 시절에 매독 환자가 병리생태적 균형에 이를 때까지 점차 늘어나는 것은 당연한 이치였다. 다른 성병도 마찬가지였을 것이다.

제중원의 성병 환자가 전체 환자의 16퍼센트나 되므로 매우 많게 보이지만 그것을 부정할 근거도 별로 없다. 당시 혈청검사나 세균검사로 매독과 임질 등을 진단한 게 아니므로 오진의 가능성이 없지는 않았을 것이다. 1905년 독일의 동물학자 샤우딘Fritz Schaudinn(1871~1906)과 피부과 의사 호프만Erich Hoffmann(1868~1959)이 매독균을 발견하고, 다음 해에 독일의 세균학자 바서만August von Wassermann(1866~1925)이 매독의 혈청검사법(바서만 법)을 개발하기 전에는 의사의 임상적 판단이 진단의 유일한 기준이었다. 임질 등 다른 성병도 마찬가지였다.

성병들 사이의 감별진단이 까다로울 수는 있지만, 성병과 그 밖의 다른 질병들을 분간하는 것은 대체로 어려운 일은 아니다. 따라서 〈조선정부병원 제1차년도 보고서〉의 매독 환자 11퍼센트, 그 밖의 성병 환자 6퍼센트라는 보고는 상당히 신뢰할 만하다고 생각한다. 물론 그렇다고 그 수치가 전체 인구의 성병 감염률을 대변하지는 않는다.

알렌과 헤론은 '외래 환자에 대한 기록'에서 자신들의 매독 치료 효

최초의 매독 특효약인 '살바르산 606'을 개발하는 데 성공한 독일의 면역학자 에를리히 Paul Ehrlich(1854~1915)와 일본의 세균학자 하타 사하치로秦佐八郎(1873~1938). 엄밀히 말해 이 약을 개발하는 데에는 하타의 공이 더 컸다고 평가된다. 이들의 업적은 매독 치료에 머무는 것이 아니라 화학요법의 길을 연 것이었다. 에를리히는 이미 1908년에 면역반응의 이론으로 곁가지설[側鎖說](side chain theory)을 제창하는 등 면역학에 관한 업적으로 메치니코프Ilya Ilich Mechnikov와 함께 노벨 생리의학상을 수상했다.

매독 특효약인 살바르산 계통 화합물의 구조식. 이제 약초에서 유효 성분을 추출, 정제하여 약을 생산하는 데에서 한 걸음 더 나아가 실험실에서 연역적으로 신약을 합성하는 시대가 열리기 시작했다. 이러한 일은 자본과 기술이 축적된 회사와 나라에서만 가능했으므로, 약의 세계적 독점시대가 개막된 것이기도 하다.

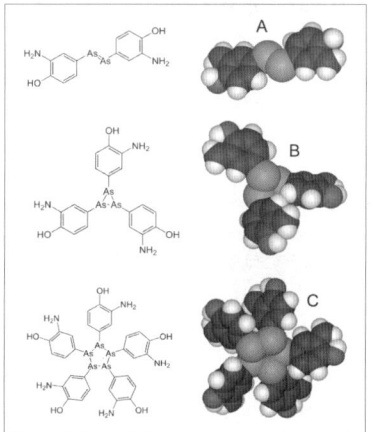

과가 매우 좋아서 제중원을 찾는 매독 환자가 증가하고 있다고 했는데, 그 점은 이해하기 어렵다. 외과적 절개 등으로 종창이나 고름이 생긴 환자의 증상을 어느 정도 완화시킬 수는 있었지만, 근대 서양 의학도 전통 의술과 마찬가지로 매독이나 그 밖의 성병들을 제대로 치료할 수 있는 시대는 아니었기 때문이다.

최초의 매독 특효약인 '살바르산 606'은 1910년에 세상에 선을 보였고, 다른 세균성 성병들에 대한 치료는 항생제가 개발된 1940년대에나 가능했다. 그 밖에 1932년부터 만들어진 설파제가 어느 정도 치료 효과를 거두었을 뿐이다.

살바르산 606이 개발되기 전에 매독 치료제로 가장 많이 썼던 것은 수은과 발열 요법이다. 〈조선정부병원 제1차년도 보고서〉에도 그에 관한 언급이 있다.

동서양을 막론하고 많은 사람이 매독에 걸려 죽었고, 또한 수은 치료를 받다 수은 중독으로 죽기도 했다. 모차르트도 매독 치료 중 수은 중독으로 죽었다는 설이 있으며, 모파상은 1877년 친구에게 보낸 편지에 자기는 매독 때문에 수은 처방을 받았다는 이야기를 무용담처럼 썼다.

서양에서는 매독을 비너스와 머큐리(로마 신화의 상업과 교역의 신으로 수은을 뜻하기도 한다)가 쏜 화살에 의해 생기는 병으로 여겼기 때문에 수은을 치료제로 썼는지 모른다. 일종의 이열치열이라 할까? 동·서양은 언뜻 생각하기보다 공통점이 많았다. 신토불이도 마찬가지다. 유럽에서 아메리카로 이민 보내는 데에 있어서 가장 어려웠던 점 가운데 한 가지가 민중들이 가진 신토불이 사상을 극복하는 것이었다고 한다.

이제 보고서에서 매독에 관련된 부분을 살펴보자.

우리는 끔찍한 경우를 몇 차례 보았다. 이곳 의사들은 매독을 수은으로 치료하는데, 우리의 의사 동료들은 이 약이 흔히 훈증법으로 투여되고 있다는 사실을 알면 흥미로워할 것이다. 우리는 수은의 과다한 사용으로 중독된 환자를 한 차례 보았으며, 수은 치료 때문에 침을 흘리는 경우를 많이 보았다(18쪽).

> We have seen some terrible cases. We find that native physicians treat it with mercury, and our medical friends will be interested in knowing that this drug is usually administered by fumigation. We have seen one case in which the patient was poisoned by the excess of mercury used, and we have had a number of cases of salivation caused by it.

〈보고서〉 18쪽. 당시 조선에서 사용하던 매독 치료에 대한 언급이다.

병실과 외래에서 많이 본, 점액성 종양이 항문에 생긴 환자들은 감홍(염화수은)을 국소에 발라 치료했으며, 또 내복약으로 매독 치료를 했다(30쪽).

〈보고서〉 30쪽. 알렌과 헤론이 수은 도포법으로 매독을 치료했다는 기록이다.

> The many cases of mucous tumors at the anus, occurring in the hospital and out-practise, have been treated with calomel insupplation locally, and anti-syphilitic treatment internally.

매독 치료에 수은을 쓰는 것은 마찬가지인데, 조선인 (한)의사들은 끔찍하게도 '훈증燻蒸법'을 사용했는데, 자신들은 '도포塗布법'으로 좋은 치료 효과를 거두었다는 기록이다. 아쉽게도 이들이 사용한 내복약의 명칭은 나와 있지 않다. 그리고 수은 중독 환자 1명이 6일 동안 입원했는데, 치료 효과는 '없었다nil'라고 했다(24쪽).

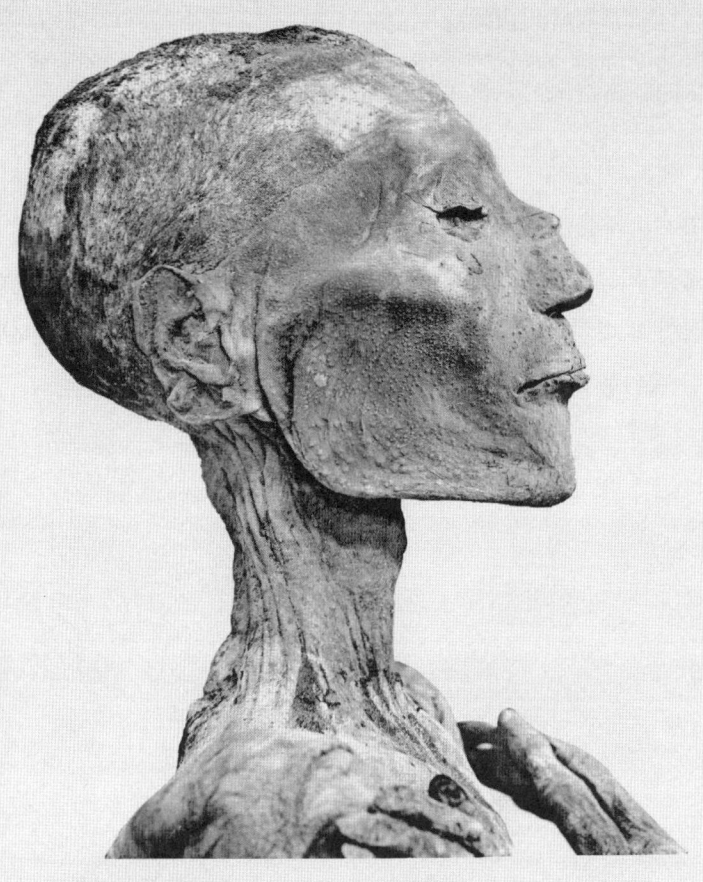

이집트의 파라오 람세스 5세 (기원전 1160년 무렵)의 미라. 얼굴에 곰보자국이 있어 두창을 앓았음을 나타낸다. 두창은 적어도 3천 년의 역사를 가지고 있다. 또한 두창은 아직까지는 인류의 노력으로 퇴치한 유일한 질병이다. 1980년 세계보건기구WHO는 두창이 완전히 근절되었음을 선포했다.

두창 이야기

다음은 보고서에 언급된 두창(일본인들은 근대 서양 의학을 받아들이면서 천연두라는 새로운 이름을 붙였다. 인위적으로 접종하는 우두와 구별하기 위해서였을 것이다)에 대해 알아보자. 보고서 8쪽에는 발열 환자 1,147명 중 우두 접종에 의한 발열 환자가 31명, 두창에 의한 발진성 발열 환자가 8명 있었다고 했다.

우선 당시에 가장 흔한 질병이 두창이었던 점을 생각하면 두창 때문에 제중원을 찾은 환자가 의외로 적다. 조선인들에게 두창은 치료할 질병이라기보다는 기원祈願의 대상이었기 때문일지 모른다. 아니면 공교롭게도 제중원 첫 1년 동안 두창 발생이 주춤했을 수도 있다.

그리고 우두 접종의 부작용으로 열이 난 환자 31명 가운데 몇 명이 제중원에서 접종을 받았던 환자인지 알 수 없다. 다만 제중원에서 우두 접종을 받은 사람은 모두 19명이라는 기록으로(〈보고서〉 15쪽) 보아서 상당수는 다른 곳에서 접종받고 열이 나 제중원을 찾은 것으로 생각된다.

또한 당시에는 우두牛痘보다 인두人痘 접종을 받은 사람이 훨씬 많았을텐데, 인두 접종 부작용으로 제중원을 찾은 환자에 대해서는 전혀 언급이 없다. 전통적인 인두 접종을 받은 사람은 부작용이 생기더라도 서양식 병원은 찾지 않았던 것일까?

〈보고서〉 16쪽 '외래 환자에 대한 기록'에는 다음과 같이 두창에 관한 좀더 상세한 언급이 있다.

두창은 매우 흔했는데, 100명의 아이 가운데 60~70명이 접종받을 것이고, 나머지는 자연적으로 두창에 걸릴 것이다. 접종이나 보통의 전염에 의해 이

병에 걸리지 않고 성인까지 자라는 경우는 100명 중에 1명도 되지 않는다. 널리 쓰이는 (인두) 접종 방법은 두창 환자의 고름을 사용하는 것으로, 흔히 성별에 따라 왼쪽 또는 오른쪽 콧구멍으로 넣는다. 2살 이전에 이 병에 걸린 아이 100명 가운데 20명가량은 죽고, 2~4세 사이에 걸리는 아이는 100명 가운데 40~50명이 죽을 것으로 예측된다. 이곳의 (한)의사들은 조선인 사망의 약 50퍼센트는 두창 때문인 것으로 간주한다. 이 병에 걸린 환자들은 합병증이나 후유증이 있는 경우를 제외하고는 치료를 받지 않는다. 두창에 걸린 꼬마 환자들은 유모 등에 업힌 채 길거리를 자유롭게 나다니며, 이 병은 별로 공포의 대상이 아니다.

> Variola is very common: of one hundred children, sixty to seventy will be inoculated, the others will take small-pox naturally. Not more than one child out of one hundred grows up to adult life without having had the disease either from inoculation or by the ordinary contagion.
>
> The universal method of inoculation is by pus from a small-pox patient (usually introduced into the left or right nostril, according to the sex). Of one hundred children who have received the disease under two years, about twenty are expected to die, and of the same number taken between two and four years, forty to fifty are expected to die. It is estimated by the native faculty that about fifty per cent of the deaths in Korea are from small-pox. Cases of the disease are not presented for treatment except for the complication or sequellæ. The little patients are freely exposed in the streets on the backs of their nurses and the disease is not much feared.

〈보고서〉 16쪽의 두창과 인두 접종에 대한 언급.

알렌과 헤론이 조선의 사정을 얼마나 정확하게 파악하고 있었는지 알 수 없지만, 이 기록에 따르면 당시 아이들의 60~70퍼센트가 접종을 받았다. 첫 문단에서 언급한 접종이 인두 접종만을 가리키는지 우두 접종을 포함하는지 알 수 없지만, 그 다음 문단을 보면 인두 접종을 뜻한다. 보고서의 이 언급이 신뢰할 수 있는 것이라면, 당시 인두 접종은 널리 보급되어 있었다.

이규경李圭景(1788~?)이 쓴 《오주연문장전산고五洲衍文長箋散稿》의 〈종두변증설種痘辨證說〉에도 "근세에 종두(인두)하지 않는 자가 없다"라고 되어 있는 것을 보면 보고서의 언급은 상당히 신뢰할 만하다. 우두가 보급되기 전에도 조선이 두창에 의학적으로 무방비 상태였던 것은 결코 아니었다.

10세기 무렵 중국 의사들은 두창에 걸리면 나중에 다시 그 병에 걸리지 않는다는 사실을 알게 되었다. 그들은 한걸음 더 나아가 인위적으로 두창을 가볍게 앓도록 하면 병을 예방할 수 있을 것이라고 생각했고, 마침내 인두법을 개발했다. 인도 의사들도 비슷한 시기에 그와 같은 방법을 만드는 데 성공했다. 인두, 즉 사람[人]에 생긴 두창[痘]의 딱지를 이용하는 시술이었다. 남자에게는 딱지를 가루 내어 왼쪽 콧구멍으로, 여자에게는 오른쪽 콧구멍으로 불어넣었다. 이러한 인두법이 조선에서 쓰이기 시작한 것은 18세기라고 여겨진다.

인두법이 서양에 알려지고 보급된 데에는 터키 주재 영국 대사의 부인인 몬태규Mary Wortley Montagu(1689~1762)의 역할이 컸다. 1717년에 터키에서 두창에 걸린 몬태규는 그때 태어난 첫딸에게 그곳에서 이미 오래전부터 해 오던 인두 시술을 받게 했다. 그리고 인두법의 효과를 확인한 몬태규 부인은 그것을 영국에 소개했다.

몬태규 부인의 초상. 두창을 앓기 전에는 빼어난 용모로 유명했다. 몬태규가 영국에 인두법을 소개할 무렵, 런던 시민의 3분의 1이 곰보자국이 있었다고 한다.

영국에서 인두법의 운명은 순탄하지 않았다. 잘못된 시술로 효과가 없거나 부작용으로 사람들의 신뢰를 잃는 적이 많았다. 두창을 사람에게 접종할 때 제대로 하지 못하면 위험이 따랐다. 숙련되지 못한 사

제너가 어린이에게 우두 접종을 하는 청동 조각(1873년 몬테베르데의 작품). 제너가 첫 번째 접종을 자기 아들에게 했다는 얘기는 사실이 아니다.

람이 시술하는 경우 약이 아니라 독이 되기도 했다. 또한 동양에서 왔다는 문화적 편견도 인두법의 보급에 장애가 되었을 것이다.

1796년 제너Edward Jenner(1749~1823)가 사람의 두창이 아닌 소[牛]의 두창을 이용하는 우두牛痘법을 개발했다. 근대 서양 의학의 상징처럼 여기는 우두법이 중국이나 인도 또는 우리나라에서 처음 개발되었다고 해서 이상할 것은 없다. 다시 말해 우두법은 해부병리학의 성립, 세균의 발견 등과는 달리 근대 서양 의학의 논리적 귀결이 아닌 것이다. 우두법이든 인두법이든 그 효과를 학문(면역학)적으로 어느 정도 설명할 수 있었던 것은 1890년쯤이나 되어서였다.

우두법도 초기에는 쉽게 받아들여지지 않았다. 1797년 영국 왕립학회는 제너가 제시한 우두 접종 효과를 인정하지 않았으며 그 밖에도 많은 사람들이 제너의 발견을 믿으려 하지 않았다. 특히 1798년에 결성된 영국 우두접종반대협회의 저항이 대단히 거세었다. 당시 많은 사람들은 우두 접종이 별 효과가 없을 뿐만 아니라 해로운 영향을 줄 수 있다고 생각했다. 어떤 의사는 우두를 접종받은 뒤에 얼굴이 소처럼 변한 아이를 보았다고 보고했다. 또 한 소녀가 개나 고양이와 같은 동물이 걸리는 옴에 걸렸다고 주장하는 의사도 있었다. 그러한 얘기들은 대개 터무니 없었지만 우두에 대한 사람들의 선입견을 강화하는 구실을 했다.

하지만 제너의 시련은 오래 가지 않아서 1802년에는 영국 정부로부터 1만 파운드의 연구비를 지급받아 우두 접종법을 더 발전시킬 수 있었다.

우두가 인두보다 더 효과적이고 부작용이 적은 것은 의학적으로 확실하다. 그렇다고 모든 나라에 우두가 쉽게 보급되지는 않았다. 영국에서 그랬듯이 조선에서도 마찬가지였다. 게다가 서양(문물)에 대한 경계심이 강할 때인 1880년대 조선에서는 더욱 그러했다. 중국은 조선보다도 더 반감이 심했는지 우두법이 이미 1800년대 초에 소개되었지만 널리 보급된 것은 100년이나 지나서였다.

기생충과 동거는 일상생활

질병 분류	환자 수	%
제2군 - 소화기계 질병	2,032	19.4

소화불량582 설사306 이질184 치질105 항문누공94 회충93 유구조충86 가슴앓이70 단순성인후궤양65 비장비대65 충치60 구내염55 장염49 황달46 탈장32 변비31 장탈출26 항문열창21 위염11 인두염10 편도선염6 중이염5 간경변4 간염4

제3군 - 순환기계 질병	114	1.1

각혈92 코피12 승모판부전증7 동맥류2 동맥염1

제4군 - 호흡기계 질병	476	4.6

천식148 기관지염141 소모성질병50 기관지루38 백일해30 실성증失聲症15 호흡곤란증14 늑막염14 취비증臭鼻症11 폐기종4 코감기3 후두염3 폐렴1

제5군 - 신경계 질병	833	8.0

간질307 마비225(반신60 전신49 안면41 상지23 하반신19 진전(파킨슨 병)18 운동실조성14 발)1 야간동통66 요통62 히스테리36 신경통28 좌골신경통22 편두통16 치통15 정신병13(조증6 우울증4 치매3) 진전섬망12 뇌막염4 부분무뇌증4 실금증失禁症4 야간발한4 불면증3 백치3 무도병2

* 이 표는 〈보고서〉에 기술되어 있는 내용을 필자가 정리한 것이다. 개개 질병 뒤에 있는 숫자는 환자 수이다.

소화기계 질병

보고서에 나와 있는 소화기계 질병은 소화불량, 설사, 이질, 치질, 항문누공, 회충, 유구조충(보고서에는 'Tinea Salium'이라고 되어 있는데 'Taenia solium'을 잘못 적었을 것이다) 순이다. 당시에는 별다른 진단검사법이 없었으므로 대체로 임상적 증상에 따라 진단했으리라고 생각된다.

설사와 이질痢疾의 구분도 증상의 차이에 의거했을 것이다. 설사에 피와 점액이 섞인 경우를 대개 이질이라고 하지 않았을까 짐작된다. 그리고 설사와 이질의 치료법은 보고서에 나와 있지 않은데, 의사

패트릭 맨슨의 연구실.

시겔라균을 발견한 일본인 세균학자 시가. 자서전 격인 《어느 세균학자의 회상》(1966) 표지에 나와 있는 만년의 사진이다. 시가는 1920년 조선총독부 부속 의원장 겸 경성의학전문학교 교장으로 임명받아 조선에 와서 경성제국대학 의학부장(1926~29)과 총장(1929~31)을 지낸 뒤 일본으로 돌아갔다. 페스트균을 발견한 스승 기타사토北里柴三郎(1852~1931), 살바르산 606을 개발한 하타와 더불어 제국주의시대 일본의 가장 대표적인 의학자이다.

들. 이 두 질병에 대해 아직 원인치료를 할 수 없었던 때이므로 어느 쪽으로 진단을 내리더라도 증상만 완화시키는 대증요법에 머물렀을 것이다. 또한 링거액의 정맥주사와 같은 수액輸液요법이 나오기 전이였으니 증상의 뚜렷한 호전을 기대하기도 어려웠다.

1897년 일본인 세균학자 시가志賀潔(1871~1957)가 적리균赤痢菌(발견자의 이름을 따서 시겔라 균이라고도 한다)을 발견한 뒤로는 시설과 인력만 갖추어진다면 세균학적 방법으로 세균성 이질을 정확하게 진단할 수 있게 되었다. 그렇더라도 항생제가 개발되기까지는 이질을 효과적으로 치료할 수 없었다. 불과 100여 년 전이지만 근대 서양 의학은 지금과는 비교할 수 없을 정도로 매우 무력했다.

한편 치질과 항문누공에 탈장, 변비, 장탈출, 항문열창 등을 합하면 대장–항문 부위에 이상이 있는 환자는 모두 309명이다. 이러한 질병이나 증상은 대개 당시에 어느 정도 외과적 처치가 가능한 것들로, 제중원의 성가를 높였을 것이다. 간–담도 질병으로 여겨지는 것들로는 황달, 간경변, 간염이 있는데, 이들 사이의 구분(감별진단)을 어떻게 했을지 궁금하다.

단순성인후궤양, 인두염, 편도선염, 중이염 등 요즈음은 이비인후과에서 다루는 질병과 충치, 구내염을 소화기계 질병으로 분류한 점도 흥미를 끈다.

〈보고서〉에는 다음과 같은 언급이 있다.

틀림없이 더 많은 기생충 환자가 있을 것이다. 회충과 조충은 매우 흔해 외국인도 감염되지 않은 경우가 거의 없는데, 대개 크게 고통을 받거나 의사들이 묻지 않으면 별 치료를 하지 않는다(16쪽).

위의 지적대로 당시 조선에 살면서 기생충을 가지고 있지 않은 사람은 거의 없었을 것이다. 인분 등 오물 처리가 제대로 되지 않는 사회에서 장내 기생충의 감염 사이클이 차단될 수는 없었다. 그런 환경에서 산토닌과 해인초海人草 같은 당시의 구충약도 효과가 제한적이었을 수밖에 없고, 사람들은 치료할 생각도 별로 하지 않았을 것이다. 회충 환자와 유구조충 환자가 93명, 86명에 지나지 않은 것은 그러한 사정 때문이었을 것이다.

순환기계 질병

순환기계 환자는 114명으로 전체의 1.1퍼센트에 불과해 당시 평균수명이 30세 안팎일 정도로 짧았던 점을 감안하더라도 매우 적다. 게다가 요즈음 기준으로는 각혈과 코피를 순환기계 질병으로 보기 어려우므로, 제중원을 찾은 순환기계 환자는 거의 없었다는 얘기다.

이탈리아의 리바 로치Scipione Riva-Rocci(1863~1937)가 임상적으로 유용한 혈압계를 만들어낸 것이 1896년이므로, 그보다 10년 전인 1885~1886년에 혈압 이상 환자를 찾아내기는 어려웠을 것이다. 하지만 순환기계 질병으로 오직 승모판부전증 7명, 동맥류 2명, 동맥염 1명만 보았다는 것은 이해하기 쉽지 않다. 중풍(뇌졸중)은 그 이전부터 적지 않게 있었으므로, 신경계 질병으로 분류된 마비 중에 사실은 순환기계 질병인 중풍이 상당수 있었던 것은 아닐까?

《조선(왕조)실록》에만도 중풍中風에 관한 기록이 100여 차례 나와 있다. 예컨대《세종실록》에는 "총제摠制 이춘생이 중풍으로 목숨이 끊어졌다가 다시 살아나니 상왕이 말하기를, 요사이 중풍병으로 갑자기 죽은 사람이 20여 인이나 되니, 마땅히 응급치료의 방문方文을 써서 대궐 안과 병조에 방榜을 붙이게 할 것이다, 라고 했다"는 기록이 있다.

보고서에는 각혈咯血과 관련해 다음과 같은 매우 흥미로운 언급이 있다.

각혈 환자 92명 중에는 의심할 여지없이 많은 (폐)디스토마 환자가 포함되어 있다. 하지만 우리는 현미경이 없고 사후 부검을 할 수 없어 이를 확인할 수는 없다(〈보고서〉 16쪽).

세종 원년(1418) 11월 5일(음력)자. 중풍에 대해 기록되어 있다.

1878년 커버트Kerbert가 암스텔담 동물원에서 죽은 벵갈산 호랑이의 폐에서 폐디스토마 충체蟲體를 처음 발견했다. 이어서 1879년에는 링거Sydney Ringer(링거액을 만든 생리학자와는 동명이인이다)가 타이완에 살았던 포르투갈 사람을 부검하던 중 그 사람 폐에서 폐디스토마 충체를 발견했다. 그리고 패트릭 맨슨Patrick Manson(1844~1922)이 1880년 각혈하는 일본인 환자의 객담에서 미지未知의 충란蟲卵을 관찰했고, 1883년에는 그것이 링거가 발견했던 충체의 충란이라는 사실을 알아냈다. 이로써 동아시아에서 폐디스토마가 각혈의 한 가지 중요한 원인이라고 알려지게 되었다. 또한 1889년 류카르트Leuckart는 커버트가 발견했던 폐디스토마도 맨슨이 확인한 것과 같은 종류라는 사실을 입증했다.

링거와 맨슨의 새로운 발견을 알렌과 헤론이 어떻게 알게 되었는지는 알 수 없지만, 그 지식을 자신들의 환자들에게 대입시켜 보았던 것

열대의학의 창시자라고 불리는 패트릭 맨슨. 폐디스토마, 사상충, 말라리아, 주혈흡충 등의 연구에 크게 기여했다. 맨슨이 관여하여 1887년에 설립된 홍콩 의학교香港華人西醫書院의 제1회 입학생 가운데는 1911년 중국 신해혁명의 주역이 된 쑨원孫文도 있었다.

이다. 그때까지 조선에서는 폐디스토마가 보고되지 않았고, 또 충체와 충란만 알려졌을 뿐 감염경로 등이 밝혀지지 않았는데도 그들이 각혈의 원인으로 폐디스토마를 생각한 것은 이례적이다.

당시로서는 각혈은 뒤에서 살펴볼 폐결핵과 연관 짓는 편이 더 자연스러웠을텐데, 이것을 굳이 순환기계 질병으로 분류하고 폐디스토마라는 생소한 질병을 연상했다니 이해하기 쉽지 않다. 그만큼 질병에 대한 생각이 지금과 많이 달랐던 시대였기 때문일 것이다. 알렌과 헤론의 희망대로 현미경이 있었거나 부검을 할 수 있었다면, 우리나라에서도 일찍이 1880년대에 폐디스토마가 발견되었을지 모른다. 그러면 제중원에서는 각혈을 어떻게 치료했을까, 각혈의 원인이 폐디스토마로 밝혀졌다면 치료는 어떻게 달라졌을까?

호흡기계 질병

제중원을 찾은 호흡기계 질병 환자도 그리 많지 않아 전체 환자의 4.6퍼센트인 476명이었다. 호흡기계 질병들의 진단과 감별도 증상에 의해 이루어진 것으로 생각되며, 천식과 기관지염이 각각 30퍼센트가량으로 가장 많았다. 또한 호흡기계 질병에 대한 치료도 다른 대부분의 질병과 마찬가지로 대증요법이었을 것이다.

여기서 소모성 질병phthisis이라고 한 것은 폐결핵*을 뜻하는 것이

---

* 'tuberculosis(일본인들이 결핵이라고 번역했다)' 라는 새로운 병명은 결핵 환자의 병소病巢에 나타나는 'tubercle(결절)' 에서 유래한 것이다. 그리고 1882년 독일의 세균학자 코흐Heinrich Hermann Robert Koch(1843~1910)가 결핵의 원인균을 발견하고는 'Mycobacterium tuberculosis' 라고 이름 붙였다.

다. 폐결핵의 정체와 원인을 몰랐을 때에는 환자의 신체가 쇠약해지고 축나는 모습을 보고 소모성 질병이라고 불렀으며, 막연히 유전 때문에 생기거나 과로에 기인하는 것으로 여겼다. 그리고 분류하자면 호흡기계 질병보다는 전신성 질병에 속하는 병이었다.

〈보고서〉에는 비록 소모성 질병이라는 구식 병명을 사용했지만, 호흡기계 질병으로 분류한 것으로 보아 대체로 폐결핵을 뜻하는 것으로 보인다. 19세기 유럽과 미국에서는 결핵이 전성기를 누렸지만, 조선에서는 아직 맹위를 떨치기 전이라 환자가 아주 많지는 않았다. 그러나 환자가 많든 적든 뾰족한 치료법이 없기는 마찬가지였다.

19세기 후반 미국의 대표적인 내과 책 *Modern medical therapeutics*(필라델피아의 Brinton 출판사, 1882)에 나와 있는 폐결핵 치료법. 급성인 경우 적극적인 약물치료를 하고, 만성 환자에게는 위생과 식이요법을 쓰라고 되어 있다. 급성 환자에게 사용한 약은 주로 염화 암모닐, 황화 퀴닌(키니네) 같은 것이었다. 키니네는 일종의 만병통치약이었다.

PHTHISIS.

This formidable disease usually presents itself in one of two forms: (1) acute miliary tuberculosis or galloping consumption; (2) the insidious and much slower varieties known as chronic phthisis.
The treatment of the two kinds is broadly distinct. Acute phthisis, if cured at all, must be by immediate and active medication; while the management of chronic phthisis is largely hygienic and dietetic, and the exhibition of drugs plays but a subordinate part.

결핵균은 폐결핵만이 아니라 림프선결핵, 척추결핵, 장결핵 등도 일으킨다. 요컨대 같은 병원체가 감염, 증식하는 부위에 따라 형태와 특성이 조금씩 다른 결핵을 일으키는 것이다. 이러한 사실을 몰랐을 때에는 각각 연주창, 포트 병, 장간막 위축 등으로 이름도 달랐고 서로 관련이 없는 질병으로 생각했다. 보고서(11쪽)에서 전신성 질병으로 분류된 연주창은 대개 림프선결핵이었을 것이다. 결핵에 대한 효과적인 치료는 말할 것 없고, 개념도 아직 제대로 서지 않았던 시절이었다.

코흐는 결핵에 관한 연구 업적으로 1905년에 노벨 생리의학상을 받았다. 이 사진은 그가 1900년 무렵 제자이자 동료인 기타사토의 초청으로 일본을 방문했을 때 서른두살 어린 두 번째 부인 헤드비히와 함께 찍은 것이다. 나이가 들면서 연구자로서 한계를 느끼며 실의에 빠졌던 코흐에게 삶의 용기를 새로 불어넣어 주고 다시 연구를 하도록 한 사람이 스무 살도 채 안 된 애송이 여배우 헤드비히였다. 이혼한 첫 번째 부인 에미는 코흐의 서른살 생일 때 현미경을 선물하여 코흐가 세균학자로 입문하는 계기를 마련해 주었다.

신경계 질병

신경계 질병으로는 간질, 마비 그리고 야간동통, 요통, 신경통, 좌골신경통, 편두통, 치통 등 '동통'과 히스테리, 진전섬망振顫譫妄, 조증, 우울증, 치매 등 오늘날 '신경정신성 질병'으로 여겨지는 것으로 크게 구분된다. 이들 질병도 역시 증상에 따라 진단을 내렸다. 앞에서 언급했듯이 마비 환자 중에는 중풍 환자도 포함되었을 것이다. 아쉽게도 〈보고서〉에는 다른 대부분의 질병과 마찬가지로 마비 환자의 치료에 관해서도 아무런 언급이 없다.

간질 환자는 모두 307명으로 1년 동안 제중원을 찾았던 전체 환자의 3퍼센트가량 된다. 여기에서 언급된 간질이 대발작인지 소발작인지 알 수 없지만, 소발작에 대해서는 잘 몰랐을 때이므로 대부분은 대발작 증상을 나타낸 환자로 추정된다.

그렇다고 이 통계를 근거로 당시 조선의 전체 인구 중에 대발작 간질 환자가 그렇게 많았다고 생각하기는 어렵다. 간질은 대체로 시공간에 관계없이 전체 인구의 1퍼센트 내외로 추산되며 그 가운데에서도 대발작 환자는 소수이기 때문이다. 제중원에서는 간질 환자들을 어떻게 대하고 치료했을까? 300명이 넘는 간질 환자가 제중원을 찾았는데, 이를 보면 무엇인가 그들에게 도움이 되는 치료가 있었을 것으로도 생각된다.

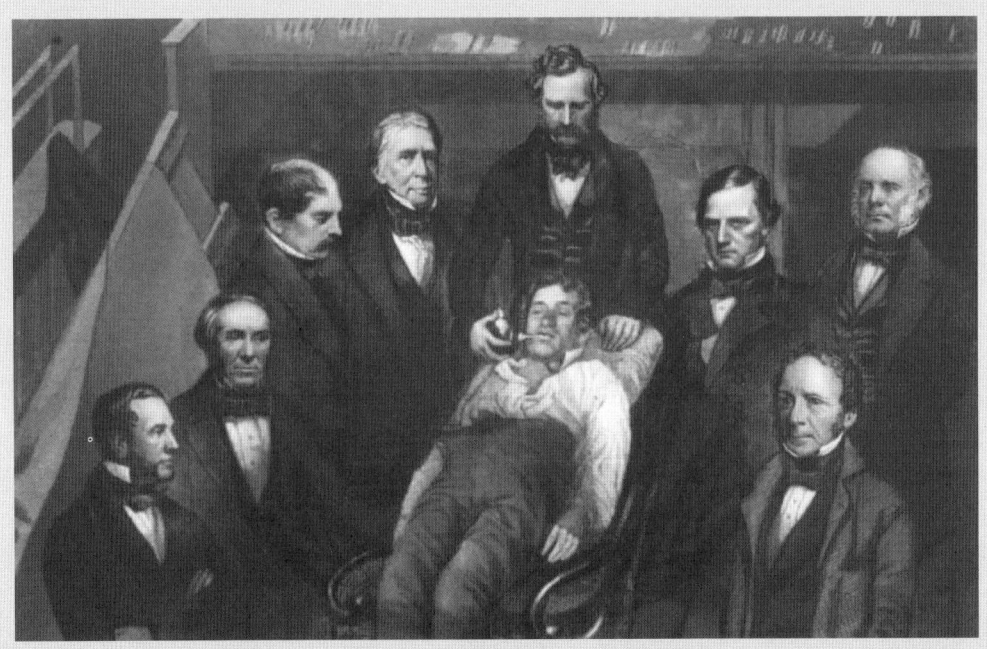

1846년 10월 16일 매사추세츠 종합병원 수술장에서 모튼(누워 있는 환자 바로 뒤)이 에테르로 환자를 마취하는 모습. 환자는 목 뒤에 커다란 종기가 있었는데, 68세의 외과 과장 워렌(모튼의 바로 왼쪽)이 에테르 마취 하에 그 종기를 제거했다. 환자는 수술 도중은 물론 마취에서 깨어나서도 전혀 통증을 느끼지 않았다. 모튼은 외과의 역사에 길이 남을 업적을 남겼지만, 뒤에 마취 '특허권'을 둘러싼 분쟁에 휘말려 남은 생애 내내 고통을 겪다 결국 자살로 삶을 마감했다. 사실 에테르 마취를 가장 먼저 성공시킨 사람은 미국 조지아의 외과의사 롱Crawford Williamson Long (1815~1878)이었다. 롱이 에테르 마취에 처음 성공한 것은 1842년으로 모튼보다 4년 앞섰지만, 세상에 별로 알려지지 않았다. 롱의 성품 탓도 있지만 자신이 한 일의 의의를 잘 알지 못했기 때문이었다. 또한 롱은 특허권에도 별로 관심이 없어 그로 인한 소용돌이에도 휘말리지 않았다.

수술에 대한 열광, '마취'가 없었다면

널리 알려져 있듯이 제중원 진료의 하이라이트는 외과였다. 앞에서 본 것처럼 내과계 질병에 대해서는 근대 서양 의학도 별다른 대처 수단을 갖지 못했던 시대였기 때문이다. 파스퇴르Louis Pasteur(1822~1895)와 코흐 등이 세균성 전염병들의 정체와 원인을 밝히기 시작했지만 효과적인 예방과 치료는 대체로 몇십 년 뒤에야 가능했다.

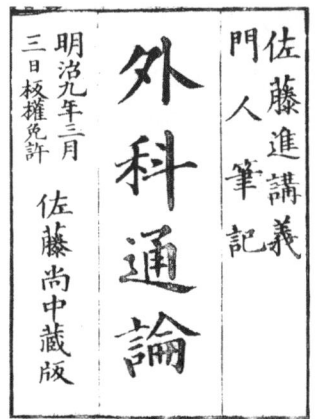

일본 근대 외과학의 개척자인 사토 스스무佐藤進가 펴낸 《외과통론》 제1권의 표지. 사토는 유럽 유학에서 돌아오자마자 1876년부터 1880년까지 4년에 걸쳐 24권으로 된 《외과통론》을 펴내었다. 도쿄 제국대학 병원장을 거쳐 청일전쟁과 러일전쟁 때 군의총감軍醫總監을 역임한 사토는, 조선과 중국의 의학 분야를 장악하기 위해 설립된 동인회同人會의 핵심 멤버로 의료계의 통감부 격인 대한의원大韓醫院의 창설준비위원장과 원장을 지냈다. 사토 스스무는 의학 분야의 이토 히로부미였다.

그에 비해 외과는 좀더 앞선 시기부터 뚜렷한 성과를 보이기 시작했다. 일본이 메이지 유신 초기부터 근대 서양 의학을 전면적으로 받아들이기로 결정한 것도 서양 외과의 능력을 인정했기 때문이었다. 일본 정부는 독일 등 구미의 외과 의사들을 초빙해 진료와 의사 양성을 맡기는 한편 사토 스스무佐藤進(1845~1921) 등을 유럽에 유학 보내 근대 서양 의학을 배우게 했다.

사토는 1869년 메이지 정부가 발급한 제1호 공식 여권으로 독일 베를린 대학 의학부에 유학하여(첫해는 자비였고 둘째 해부터 일본 정부가 지원했다) 졸업했으며, 1874년에는 아시아인으로는 처음으로 의학박사가 되었다. 그는 또한 오스트리아 빈으로 가서 당대 최고의 외과의사로 명성을 날리던 빌로트Theodor Billroth(1829~1894)의 가르침을 받으며 근대 외과술을 익혔다. 이처럼 근대 의학의 도입 과정에서 일본과 조선은 시기뿐만 아니라 방법에서도 큰 차이를 보였다. 일본(인)은 조선과 달리 처음부터 근대 의학의 핵심에 접근하는 전략을 취했던 것이다.

근대 서양 외과의 바탕은 물론 해부학이다. 르네상스 후기인 1500년대에 베살리우스Andreas Vesalius(1514~1564)가 인체해부학을 새로운 학문으로 정립시키자 인체의 구조에 대해 정확하게 알게 되었다. 그뿐만 아니라 해부학은 18세기에 해부병리학을 잉태함으로써 히포크라테스 이래 2000년이 넘도록 군림했던 의학 체계를 환골탈태시켰다.

서유럽 이외에 인체 해부학을 스스로 발전시킨 경우는 없었다. 일본에서는 1700년대 중반부터 인체해부를 시작했는데, 유럽 특히 네덜란드의 영향 때문이었다. 스기다 겐파쿠 杉田玄白(1733~1817)와 마에노前野良澤, 나카가와中川淳庵 등이 각고의 노력 끝에 네덜란드의 해부학 책을 번역해 1774년에 《해체신서解體新書》를 펴냈으며, 그에 앞선 1772년에 가와구치河口信任는 처형된 사형수의 시신을 직접 해부해 《해시편解屍編》을 출간했다. 이런 점에서도 일본과 조선은 커다란 차이가 있었다.

베살리우스의 명저 《인체의 구조에 대하여 De humani corporis fabrica》(1543)에 나와 있는 베살리우스의 모습. 베살리우스는 자신의 인체해부학 연구에 대단한 자부심을 가지고 있었지만, 해부학이 마침내 히포크라테스와 갈레노스 Galenos(130~200)의 의학을 지양止揚한 새로운 근대 의학 탄생의 견인차 역할까지 하게 될 줄은 생각하지 못했을 것이다.

인체의 구조에 대해 정확히 알게 됨으로써 외과가 발전할 바탕은 이미 마련되었지만, 실제로 외과 의사가 환자들을 안전하고 효과적으로 수술하기 위해서는 몇 가지 문제를 반드시 해결해야 했다. 즉 수술 시 통증을 줄이거나 없애는 것, 수술 부위에 생기는 염증을 방지하거나 처리하는 것, 크든 작든 수술에 따르는 출혈을 극복하는 것 등이 해결되기 전에는 제대로 된 수술을 기대할 수 없었다.

그 가운데서도 가장 먼저 해결해야 할 숙제는 통증의 제거, 즉 마취제의 개발이었다. 마취를 처음 성공시킨 것은 뜻밖에도 당시 서양 의학의 변방국 미국에서였다. 우선 아산화질소가 마취제 후보로 떠올랐지만 성공을 거두지 못했고, 1846년 10월 16일 미국 보스턴의 매사추

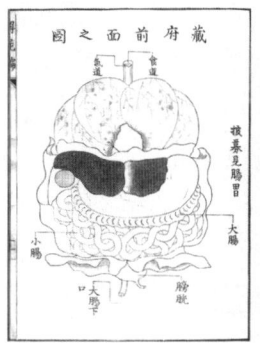 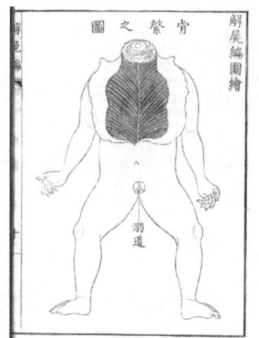 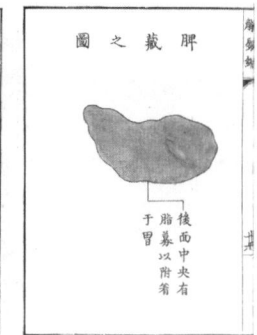

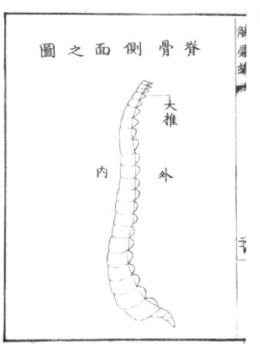 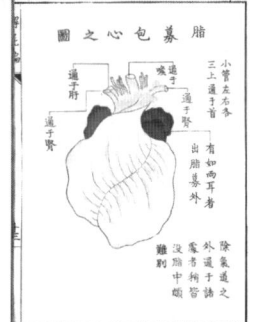 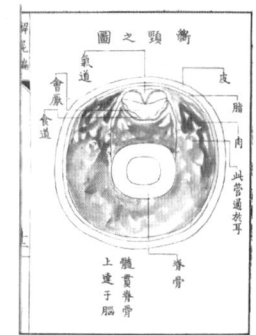

가와구치河口信任의 《해시편》(1772)에 있는 내장도. 1770년 4월 25일 교토에서 처형된 사형수의 시신을 가와구치가 직접 해부하여 그린 것으로, 네덜란드 해부책의 번역서인 《해체신서》보다 2년 먼저 출간되었다. 일본은 이처럼 해부학을 일찍부터 받아들였기 때문에 근대 서양 의학을 도입, 수용하는 것이 상대적으로 순조로웠을 것이다

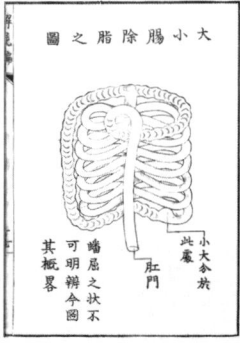 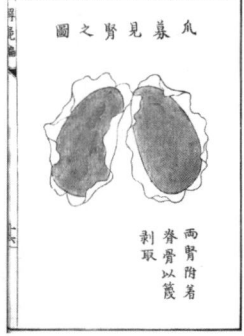 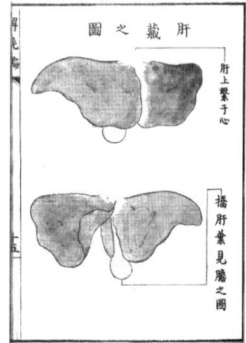

《해체신서》의 원본인 해부학 책 *Ontleedkundige Tafelen*. 독일의 쿨무스Johan Adam Kulmus가 펴낸 *Anatomische Tabellen*의 네덜란드어 판이다. 스기다 등은 네덜란드어를 거의 모른 채 번역 작업을 시작했다고 한다.

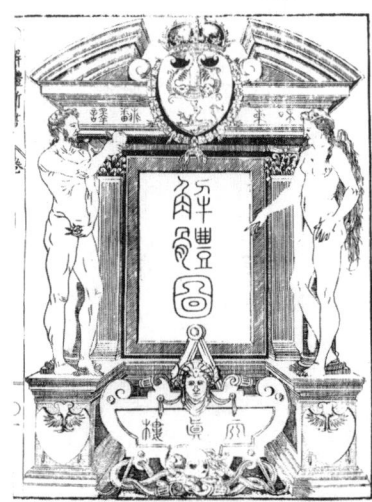
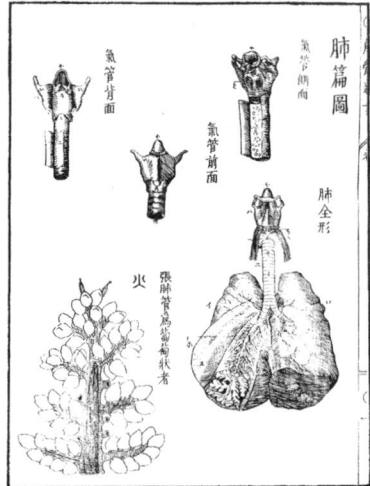

《해체신서》중의 폐肺 해부도(오른쪽). 이때 만들어진 해부학 용어가 오늘날 우리나라와 일본에서 쓰이는 것의 원형인 셈이다.

세츠 종합병원MGH 수술장에서 치과 의사 모튼William Thomas Green Morton(1819~1868)은 에테르의 뛰어난 마취 효과를 밝혔다. 모튼은 종기 환자를 에테르로 마취했고, 외과 의사 워렌John Collins Warren은 환자가 편히 잠든 사이에 환자 목 뒤에 있는 커다란 종기를 무난히 제거할 수 있었다.

이 성공적인 마취와 수술은 보스턴의 신문들에 즉시 보도되었으며, 닷새 뒤인 10월 21일에는 다음과 같이 《보스턴 내과외과》 잡지에도 그 소식이 실렸다.

이 도시에서 있었던 근사한 일이 신문들에 보도되었는바, 한 환자가 아무런 통증을 느끼지 않고 수술을 받을 수 있을 만큼 오래 그리고 충분히 처치되었다.

에테르에 이어 영국의 산부인과 의사 심슨James Young Simpson (1811~1870) 등에 의해 클로로포름도 못지않은 마취 효과가 있음이 곧 밝혀졌다. 이로써 외과, 더 넓게는 의학의 새로운 시대가 열리게 되었다. 만약 알렌과 헤론 등 서양인 의사들이 몇십 년 앞서 조선에 왔다면 사람들의 눈길을 끌지 못했을 것이다. 마취제의 개발로 외과가 본격적으로 발전할 채비를 갖추기 전에는 서양 의학이 뚜렷이 내세울 만한 게 많지 않았기 때문이다.

일제시대와 해방 직후에 종기 치료 목적으로 많이 쓰였던 이명래 고약(서울대학교병원 의학박물관 소장). 기름종이에 싸인 고약을 성냥불로 녹여 종기 부위에 붙이면 고름이 빠지고 상처가 아물었다.

종기와의 전쟁

〈조선정부병원 제1차년도 보고서〉(15쪽)에는 외래에서 시행한 수술에 관한 기록이 있다. 그것을 시술 건수 순서대로 정리하면 다음 표와 같다.

〈표 8〉 진료실 수술 실적

	시술 종류	건수	%	비고
1	종기 절개abscess opened	200	50.7	
2	비강 폴립 제거	32	8.1	
3	낭종cyst 제거	29	7.4	83건 21.1%
4	지방종 제거	22	5.6	
4	임질 감염 치료	22	5.6	
6	도관 삽입	21	5.3	
7	안검내반entropion 수술	20	5.1	
8	우두 접종	19	4.8	
9	발치	15	3.8	
10	외상 봉합	4	1.0	
11	골절 교정	2	0.5	
11	림프성 종창bubo 절개	2	0.5	
11	복수 천자	2	0.5	
11	표저(생손앓이) 절개	2	0.5	
15	탈구 교정	1	0.3	
15	영아嬰兒 발가락 분리	1	0.3	
		394	100.0	

1885년 4월부터 1년 동안 제중원을 찾은 환자 1만 460명 가운데 4퍼센트가 조금 안 되는 394명이 외래 진료실에서 '수술operation'을 받았다. 이 수술 중 대부분은 종기를 절개해 고름을 배출排膿한 것과 비강 폴립, 낭종, 지방종을 제거한 것들로 전체 수술의 70퍼센트가 넘었다.

요즈음 기준으로는 수술이라기보다는 가벼운 '외과적 처치'에 해당하는 것들이지만 당시에는 사정이 달랐다. 오늘날에는 보기 힘든 '종기'가 조선시대에는 가장 흔하면서도 사람들을 크게 괴롭혔던 '질병'이었다. 아직 논란이 있지만, 정조의 사인이 종기였으며 그 밖에 문종, 성종, 중종, 효종, 현종, 숙종, 경종, 순조도 종기로 크게 고생했거나 그 때문에 사망한 것으로 전해지고 있다.

국왕이 그럴 정도였으니 일반인들은 오죽 했을까? 사람들의 영양 상태와 위생 상태가 나빠 종기를 일으키는 포도상구균과 같은 병원균들에 잘 감염되었고, 한번 감염되면 잘 낫지 않았다. 커다란 종기를 몇 개씩 얼굴과 몸에 달고 평생을 지내는 이가 드물지 않았다.

종기는 비단 우리나라만의 문제가 아니었다. 모튼과 롱이 처음으로 에테르로 마취한 환자들도 모두 종기 환자였다. 또 종기를 짜내기 위해 마취까지 한 것을 보면 종기의 크기와 고름의 양이 상당했으리라.

동서를 막론하고 이렇게 흔하면서도 위중한 질병이다 보니, 조선에도 종기를 전문적으로 치료하는 '종기 의사'가 따로 있었다. 그중에서도 임언국任彦國(16세기), 백광현白光玹(1625~1697), 이의춘李宜春(19세기) 등이 특히 이름을 날렸다.

종기 의사들은 종기를 내과적으로 치료하기도 했지만 침이나 칼을 이용해 고름을 짜내는 외과적 처치(수술)도 했다. 말하자면 종기 의사는 조선시대의 외과 의사였다.

보고서의 '외래환자에 대한 설명'(18쪽)에는 외래에서 종기 환자를 치료한 데에 대해 다음과 같이 언급되어 있다.

통계에서 볼 수 있듯이 203명의 환자가 몸의 거의 모든 부위에 생긴 종기

종기와 부스럼의 특효약으로 한 시대를 풍미한 '이명래 고약'을 만든 이명래李明來(1890~1952). 이명래 고약은 1906년에 처음 선을 보여 일제시대는 물론이고 항생제가 보급된 해방 뒤에까지 애용되었다. 그만큼 종기가 많았음을 나타낸다.

abscess로 치료를 받았다. 몇몇 종기는 매우 컸다. 무릎 뒤쪽인 오금에 있었던 종기는 절개했을 때 고름이 280그램(10온스) 이상 나왔고, 똑같은 부위에 생긴 종기에서 220그램(8온스) 이상 나온 경우도 있었다. 또 넓적다리, 두피의 절반을 포함한 머리, 가슴근육, 겨드랑이에 생긴 종기에서도 각각 220그램가량의 고름이 나왔다.

이러한 종기 가운데 일부는 급성이었지만 대다수는 만성이었다. 우리는 만성 종기가 연주창과 관계가 있음을 발견했는데, 보통 목 근처에 생겼다. 이러한 경우 종기가 생긴 부위의 모든 결합조직에 골이 패였고 공동空洞구멍이 생겼다. 이러한 환자들은 병원을 한번 찾고는 다시 오지 않는 경우가 많았다.

우리는 대체로 통상적인 치료를 했는데, 두 군데를 절개하여 고름을 짜냈고, 때때로 흡인기를 사용하기도 했다. 40분의 1로 희석한 석탄산수로 고름 부위를 팽창시키는 경우도 있었다. 우리가 경과를 추적할 수 있었던 환자들은 대개 치료 결과가 좋았다.

외래에서 외과적으로 치료한 것으로도 종기가 압도적으로 많았거니와, 입원실에서도 종기 환자가 가장 많았다. 증세가 심한 종기 환자는 입원시켜 수술하고 경과를 지켜보았을 것으로 생각된다.
 종기에서 나온 고름의 양이 많은 환자를 보고서에서 특별히 언급한 것은 그 무렵 미국에서는 그러한 환자를 별로 볼 수 없었기 때문일 것이다. 불과 몇십 년 사이에 구미에서는 주로 영양과 위생 상태의 개선으로 심한 종기 환자는 사라지고 있었다.

〈보고서〉는 또한 결핵의 일종인 연주창일 가능성이 있는 종기에 대해서 언급하고 있다. 세균학적 검사로 확진確診을 내리는 시대가 아니었으므로 사실 여부를 판단하기는 어렵지만 주로 목 근처 림프절에 생기는 림프성 결핵이 조선에도 있었음을 시사하는 임상 보고이다. 하지만 그러한 환자들은 병원을 다시 찾지 않은 것으로 보아 별다른 치료법이 없었던 것으로 여겨진다.

석탄산수는 고름 부위를 팽창시키기 위해 사용했는데, 그와 더불어 소독, 멸균 효과가 있었을 것이다. 종기의 외과적 치료에서 서양식과 조선식의 중요한 차이는 소독, 멸균에도 있었는데 다음과 같은 언급이 이를 잘 보여준다.

> 우리는 이곳의 (한)의사가 치료했던 종기 환자를 많이 보았다. 그들의 치료는 그저 종기 부위를 열고, 길게 꼰 종이를 심지 구실을 하도록 집어넣는 단순한 것이었다. 이러한 치료가 종종 염증의 원인이 되었던 것으로 보였다. 제중원으로 후송될 정도로 심한 환자들은 이 종이심지를 제거하고 매일 석탄산수를 주입해 주는 것으로 대개 괄목할 효과를 보았다.

> We have seen many abscesses which had been treated by native physicians. Their treatment seemed to consist simply in opening, and then introducing a long twisted strip of paper to act as a tent. Often these seemed to be a source of irritation, and in those cases which were serious enough to send in to the Hospital, we usually found marked improvement when these tents were removed, and the abscess injected with aq. carb. daily.

조선의 전통적인 종기 치료 방법에 관한 〈보고서〉(18쪽)의 기록.

제중원의 치료에서 특기할 것은 안과 분야이다. 눈에 이상이 있어 제중원을 찾은 외래환자는 모두 629명(전체 환자의 6퍼센트)으로 안검

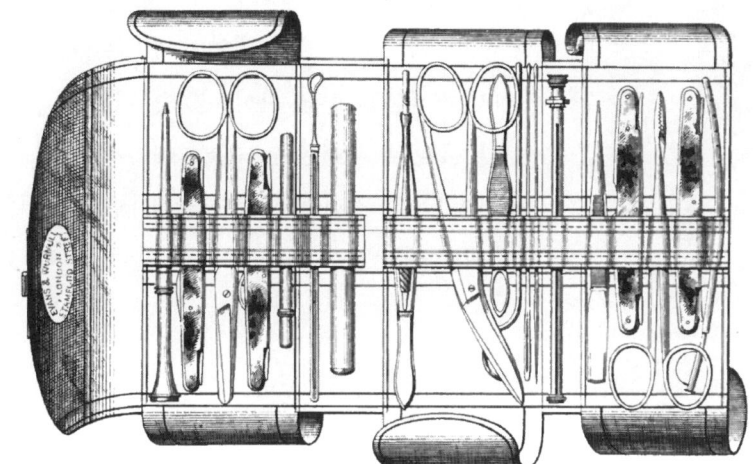

19세기 말의 휴대용 수술 세트 (*Illustrated Catalogue of Surgical Instruments*, 영국 Evans & Wormull, 1876). 제중원의 외래진료실에서도 이와 비슷한 수술도구를 사용하여 수술을 했을 것이다.

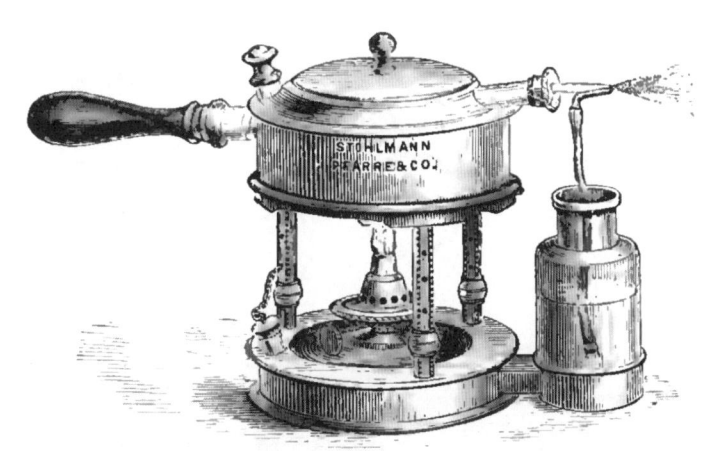

1880년대의 멸균용 분무기(*A Text-book on Surgery*, 미국 D. Appleton and Co, 1889). 석탄산수와 같은 멸균, 소독제를 환부에 주입하기도 했지만 분무기를 이용하여 수술장에 뿌리기도 했다.

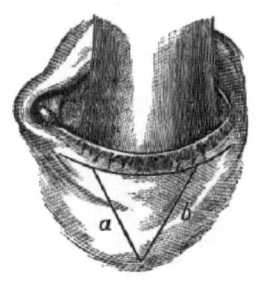

안검내반 수술의 원리를 설명하는 모식도(Manual of Eye Surgery, 미국 Wilstach, Baldwin, Co, 1874). 19세기 후반에 가장 간단하면서도 치료 효과가 좋은 안과 수술이었다. 여러 가지 면에서 효과 만점이었다.

내반(110명), 각막혼탁(104명), 변연안검염(72명), 결막염(67명), 각막궤양(59명), 백내장(53명), 각막염(46명), 흑내장(25명), 홍채염(12명), 포도종(12명), 익상편(10명), 사시(5명) 순이었다.

각막 질환과 백내장은 수술을 해야 하는 경우 모두 입원을 시켰다. 외래에서 외과 처치를 한 것은 안검내반뿐이었다. 입원을 해서 수술을 받은 안검내반 환자 13명이 모두 '완치cure' 된 것으로 보아 그보다 심

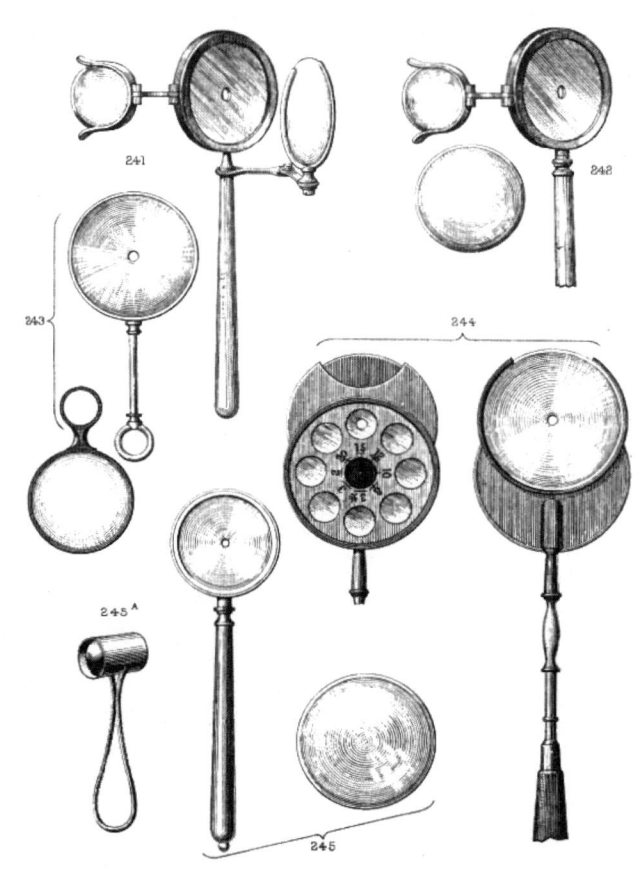

19세기 말의 검안경(Illustrated Catalogue of Surgical Instruments, 영국 Evans & Wormull, 1876). 독일의 물리학자 헬름홀츠 Hermann von Helmholtz(1821~1894)가 1851년 처음으로 검안경을 만든 이래 다양한 종류가 출시되었다. 안과 환자가 적지 않았던 제중원에서도 검안경을 이용했을 것이며, 알렌의 유품으로 알려진 것 가운데 이와 비슷한 검안경이 있다.

하지 않았을 외래 수술 환자 20명의 치료 효과도 물론 좋았을 것이다.

안검내반眼瞼內反은 아래 눈꺼풀의 가장자리가 안쪽으로 구부러지는 것으로 속눈썹이 각막상피를 찔러 손상을 주는 것과 같은 합병증이 없는 경우 대개 수술을 받을 필요가 없으며, 수술이 필요한 경우라도 이미 19세기 후반에는 쉽게 시술, 완치되었다. 하지만 그러한 치료 경험이 없었던 조선에서는 상당한 수술로 평가받았을 법하다.

〈보고서〉에서는 우두 접종과 임질 감염의 치료도 외과 수술로 취급했다. 당시까지만 해도 임질과 매독 등 성병의 치료는 외과 의사의 일이었으며, 20세기에 들어서야 피부비뇨기과 소관이 되었다. 제중원에서는 대체로 성병 중에서 증상이 비교적 가벼운 임질은 외래에서 치료했고 매독, 연성하감, 경성하감은 환자를 입원시켜 치료했다.

도관 삽입으로 치료한 경우는 21건이었는데, 어떤 질병의 환자에게 어느 부위에 도관을 삽입했는지는 기록되어 있지 않다. 환부에 도관을 집어넣어 수종水腫이나 고름을 뽑아낸 것 같다. 복수腹水가 생긴 환자에서 복수 천자穿刺를 한 경우도 2건이 있었으며, 그 가운데 한 명은 천자를 다섯 차례 받았다. 수종 치료는 대체로 만족스럽지 못했고, 증세가 호전되면 환자들은 다시 병원을 찾지 않았다고 한다.

HOSPITAL IN-PATIENTS IN DETAIL.

Number.	Age.	Sex.	Disease.	Operation.	Operator.	Number of Days in Ward.	Result.
1	25	M.	Necrosis Femur	Sequestrotomy	A.	24	Good
2	40	"	Dislocation Knee, Old	Too old	....	6	Nil
3	36	"	Bright's Disease	....	....	3	Died
4	42	"	Remittent Fever	....	....	8	Good
5	—	"	Syphilitic Ulcers	....	....	3	Nil
6	—	"	Ulcer Cornea	Refused	....	3	"
7	20	F.	Necrosis Knee joint	Sequestrotomy	A.	39	Fair
8	49	M.	Ascites	....	....	2	Nil
9	30	F.	Gastrodynia	....	....	32	Good
10	30	"	Prolapse Uteri	Reduction	A.	24	Fair
11	60	M.	Necrosis Metatarsus	Removal	S.	38	Good
12	15	"	Scabies et Eczema	....	....	38	Cure
13	58	F.	Ecthyma	....	....	122	"

〈조선정부병원 제1차년도 보고서〉 22쪽에서 29쪽까지 '입원 환자의 상세한 기록Hospital In-Patients in Detail'이 적혀 있다. 여기에는 입원 환자 265명의 일련번호(입원 순), 나이, 성별, 질병 명, 수술 종류, 수술 의사, 입원 일수, 치료 결과가 나와 있다. 수술 의사 A는 알렌Allen, S는 스크랜튼Scranton, H는 헤론Heron을 나타낸다.

제중원의 입원 환자와 사망 환자

265명. 개원 첫 1년 동안 제중원에 입원한 환자의 수다. 이제 이 265명을 통해 제중원의 보다 내밀한 속살에 접근해 보자. 그리 많은 환자 수는 아니지만 1880년대 우리나라 병원 기록으로 질병과 치료 등에 관해 가장 많은 정보를 주는 점에서 주목을 끈다.

입원 환자 265명 가운데 남자는 229명(86퍼센트), 여자는 36명(14퍼센트)이었으며, 남자 환자의 평균 나이는 32.3세, 여자 환자는 39.8세로 환자 전체의 평균 나이는 33.3세였다. 당시 조선인의 평균수명이 30세 안팎인 점을 감안하면 입원 환자, 특히 여자 환자의 나이는 상당히 많았던 셈이다.

〈표 9〉 입원 환자의 성별 분포와 평균 나이

	환자 수	평균 나이
남자	229명(86%)	32.3세
여자	36명(14%)	39.8세
합계	265명	33.3세

제중원 입원 환자의 연령대를 보면, 20대가 83명으로 가장 많고 30대가 78명, 40대 39명 순이었다. 10세 미만은 불과 2명이었고, 10대도 21명에 지나지 않았다. 여자 환자는 30대가 11명으로 가장 많고 20대, 40대, 50대, 60대가 5~7명으로 비슷했다. 10대 여자 환자의 나이도 19세로, 결국 소아청소년기의 여자 환자는 한 명도 없었다.

〈표 10〉 입원 환자의 연령 분포

	~9세	10대	20대	30대	40대	50대	60대	70대	미상	합계
남자	2	20	76	67	34	13	14	1	2	229
여자	–	1	7	11	5	6	6	–	–	36
합계	2 (1%)	21 (8%)	83 (31%)	78 (29%)	39 (15%)	19 (7%)	20 (8%)	1 (0.4%)	2 (1%)	265

제중원에 입원한 환자들의 주요 질병이나 증상은 안과 질병 43명(16퍼센트), 성병 38명(14퍼센트), 종기 26명(10퍼센트), 외상 22명(8퍼센트), 대장항문 질병 22명(8퍼센트), 궤양 19명(7퍼센트), 골관절 질병 10명(4퍼센트), 복수腹水 7명(3퍼센트), 생식기 질병 6명(2퍼센트) 등이었다. 이들을 합하면 193명으로 전체 환자의 73퍼센트를 차지했으며 대개 외과적 처치를 필요로 하는 질병들이었다.

여자 환자는 안검내반이 8명으로 가장 많았고, 성병이 6명(매독 2명, 경성하감 2명, 연성하감 2명)으로 뒤를 이었다. 그 밖에 농양과 궤양이 2명씩이었으며 화상, 각막 포도종, 탈구, 대농포진, 골절, 위경련, 수은 중독, 골관절 괴사, 구강 폐색, 골육종, 자궁주위염, 고막 천공, 자궁 탈출, 직장질 누공, 류마치스성 관절염으로 각 1명씩 입원했다.

이처럼 오늘날의 입원 환자와는 질병 종류에서 많은 차이를 보이는데, 당시 질병 발생의 양상이 현재와 크게 달랐으며 또 진단 기술의 미비로 발견하지 못한 질병이 적지 않았기 때문이다. 예컨대 암癌은 골육종 1건 이외에는 보이지 않는데, 당시에는 지금보다 암 발병이 적기도 했지만 암을 진단할 방법도 마땅치 않았다.

〈표 11〉 제중원 입원 환자의 질병 또는 증상

종기(농양) 26명 (10%)	
항문 부위 종기 10명	
대장항문 질병 22명 (8%)	
항문(직장)누공 18명, 치질 4명	
안과 질병 43명 (16%)	
안검내반 13명, 각막 질병 12명(궤양 2명, 혼탁 6명, 포도종 4명), 백내장 11명, 안염眼炎 3명, 안검유착증 1명, 사시 1명, 익상편 1명, 망막 박리 1명	
성병 38명 (14%)	
매독 22명(매독성 항문 고무종 18명), 연성하감 10명, 경성하감 3명, 횡현橫痃 3명	
생식기 질병 6명 (2%)	
포경 4명, 음경상피종양 2명	
외상 22명 (8%)	
골절 7명, 탈구 2명, 총상 4명, 칼 창상 4명, 낙상 2명, 화상 2명, 타박상 1명	
궤양 19명 (7%)	
* 위와 12지장 등에 생기는 소화성 궤양이 아니라 피부, 관절 부위에 생기는 궤양임	
골관절 질병 10명 (4%)	
골관절 괴사 10명	
복수 7명 (3%)	
기타	
각기 4명, 이장성 발열 3명, 단독 3명, 봉와직염(피부감염) 3명, 구강 폐색 3명, 비장 비대 2명, 나병 2명, 소모증 marasmus 2명, 콜레라성 설사 2명, 낭종 2명, 수종 2명, 기관지염 2명, 상피증 1명, 조충 1명, 동창 1명, 위경련 1명, 언청이 1명, 수은 중독 1명, 장 폐색 1명, 골육종 1명, 하반신 마비 1명, 늑막염 1명, 폐렴 1명, 편도선염 1명, 고막 천공 1명, 고실염 1명, 자궁 탈출 1명, 자궁주위염 1명, 대농포진 1명, 류마치스성 관절염 1명	

　입원 환자 가운데 '수술'을 받은 사람은 135명이었고, 받지 않은 사람은 130명으로 비슷했다. 의사들이 수술을 한 건수는 알렌이 87건으로 가장 많았으며, 헤론이 31건, 스크랜튼이 3건의 수술을 했다. 또한 알렌과 헤론이 함께한 수술이 13건, 알렌과 스크랜튼이 함께한 수술도 1건 있었다. 알렌보다 늦게 조선에 온 헤론이 제중원에서 진료를 시작한 이후에도 알렌이 55건의 수술을 한 것으로 보아 여전히 수술

을 알렌이 주도했음을 짐작할 수 있다.

환자들의 입원 일수는 평균 17.3일이었으며, '수술'을 받은 경우의 입원 일수는 18.9일로 받지 않은 경우의 15.7일보다 3일가량 길었다. 입원 일수가 210일, 122일이나 된 경우도 있었으며 30일 이상이 44명, 20일 이상이 87명 있었다. 210일 동안 입원했던 환자는 발에 천공성 궤양이 있었던 남자이며, 122일 입원했던 환자는 대농포진大膿胞疹이 있는 여자였다.

의사들이 스스로 평가한 치료 효과는 '완치' 106명(43퍼센트), '효과 좋음' 82명(33퍼센트), '효과 양호' 15명(6퍼센트) 등 대체로(82퍼센트) 긍정적이었다. 이에 반해 치료 효과가 부정적인 경우는 '효과 없음' 35명(14퍼센트), '효과 나쁨' 2명(0.8퍼센트), '사망' 7명(3퍼센트)이었다.

제중원에서 사망한 환자 7명은 브라이트씨 병(신장질환), 비장 비대증, 각기, 복수, 전신성 단독, 수종, 폐렴을 앓던 환자로 이 가운데 복수 환자만 천자穿刺(가는 바늘이나 관을 찔러 넣어 몸속의 액체를 뽑아내는 시술)를 받았을 뿐 다른 환자들은 별다른 처치를 받지 못한 채 각각 입원한 지 3일, 25일, 28일, 4일, 8일, 14일, 7일 만에 사망했다.

이 7명 외에 제중원에 입원했던 환자 5명이 더 사망했는데, 의사들은 다음과 같은 이유로 이들을 사망자에 포함시키지 않았다.

우리가 치료했던 입원 환자 265명 중에서 1년 동안 사망한 사람은 6명뿐이었다(사망자 수가 여기서는 7명이 아닌 6명으로 되어 있지만 앞에서 살펴 본 '입원 환자의 상세한 기록'이 훨씬 구체적인 내용을 담고 있으므로 그것에 근거하여 7명으로 보는 것이 더 타당하다고 생각한다). (그 외에) 5명은 위중한 상태에서 친구들이 (집으로) 데려간 경우로 퇴원 후 곧 사망했다. 사망자 6명에 이들을 추가해야 적절할 수 있겠지만, 무리하게 움직인 것이 죽음을 재촉했고 또 우리는 퇴원을 반대했기 때문에 이들을 사망자 수에 넣지 않았다(〈보고서〉 31쪽 '입원 환자에 대한 설명').

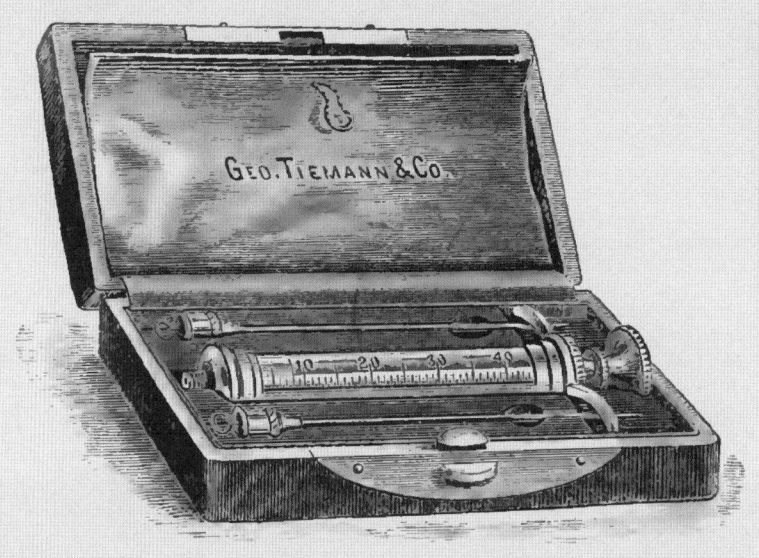

치질 치료용 주사기(*A Textbook on Surgery—General, Operative, and Mechanical*, 미국 D. Appleton and Co, 1889). 제중원에서 치질 환자를 어떻게 치료했는지 자세한 언급은 없지만 당시 널리 사용하던 이러한 관장용 주사기로 치질 부위의 대장(직장)을 확장시켰을 것으로 생각된다.

입원 환자들의 치료 양상

종기(농양)

제중원에 종기로 입원한 환자 26명 가운데 20, 30대가 20명으로 대부분을 차지했으며 평균 나이는 31.9세였다. 여자 환자는 2명뿐이었다. 종기가 생긴 부위는 항문이 10명으로 가장 많았고, 3명은 항문 누공瘻孔(주로 염증 때문에 조직에 생긴 구멍)이 함께 있었다. 그 밖에 두피, 목, 겨드랑이, 유방, 허리, 엉덩이, 넓적다리, 오금, 발 등 거의 모든 부위에 종기가 생겼다. 여자 환자 1명은 폐농양을 가지고 있었는데 이것은 몸 표면에 생기는 일반적인 종기와는 달랐을 것으로 생각된다.

치료로는 19명(73퍼센트)이 배농 수술을 받았으며 1명은 습포제(파스)를 발랐다. 항문에 누공이 병발한 환자 3명 가운데 2명은 괄약근 절제수술을 받았고, 1명은 시술을 거부하고 이틀 만에 퇴원했다. 이 환자를 포함해 4명은 외과 처치를 받지 않았다.

이들 환자의 평균 입원일수는 17.1일이었으며, 괄약근 절제수술을 받은 환자 1명은 53일 만에 퇴원했다. 보고서 작성 당시 아직 입원 중이었던 4명을 제외하고 '완치' 14명, '효과 좋음' 7명, '효과 없음' 1명으로 치료 효과가 매우 좋은 것으로 기록되어 있다. 폐농양이 있던 여자 환자도 개방성 배농술을 받고 23일 만에 치료 효과가 좋은 상태로 병원 문을 나섰다.

대장·항문 질병

대장과 항문에 누공이나 치질이 생겨서 입원한 환자도 22명이나 되었으며, 평균 나이는 27.9세였다. 이러한 환자가 많았던 것은 목욕을 거의 하지 않는 등 불결한 위생 상태와 밀접한 관련이 있을 것으로 생각된다. 직장-질 누공이 있는 55세의 여자 환자 1명을 제외하고는 모두 남자였다. 여자에게 대장항문 질병이 적었는지, 아니면 병이 있어도 제중원을 찾지 않았기 때문인지는 알 수 없다.

여자 환자 1명을 제외하고는 누공 환자들은 모두 괄약근 절제술을 받았다. 이 여자 환자는 병소 부위 조직이 '너무 약해서' 별다른 치료를 받지 않고 3일 만에 퇴원했다. 치질 환자는 모두 확장술을 받았는데, 아마도 관장용 주사기로 치질이 생긴 부위의 대장을 확장시켰을 것으로 생각된다.

이 여자 환자를 제외한 대장·항문 질병 환자들의 평균 입원일수는 19.1일이었으며, 모두 완치되거나 치료 효과가 좋은 상태에서 퇴원했다.

안과 질병

눈에 생긴 질병으로 입원한 환자는 43명(16퍼센트)으로, 질병 부위별로 볼 때 으뜸이었다. 그 가운데에서도 안검내반이 13명으로 가장 많았다. 남자는 5명, 여자는 9명으로 여자 환자가 많은 이례적 경우다. 남자 환자의 평균 나이는 33.6세였으며, 10대도 2명 있었다. 여자 환자의 평균 나이는 55.1세나 되었다.

안검내반 환자는 전원이 수술을 받고 완치되어 평균 4.9일 만에 퇴원했다. 입원 기간은 가장 짧고 치료 효과는 가장 뛰어난 질병이었다.

각막에 이상이 생긴 12명(궤양 2명, 혼탁 6명, 포도종 4명)은 안검내반과 달리 각막 포도종 환자 1명을 제외하고는 모두 남자 환자였으며 평균 나이는 35.2세였다.

각막 궤양 환자 1명은 치료받기를 거부하고 3일 만에 퇴원했으며, 1명은 천자술을 받고 치료 효과가 좋은 상태에서 8일 만에 집으로 돌아갔다. 각막 혼탁 환자 6명은 모두 홍채 절제술을 받고 치료 효과가 좋거나 양호한 상태에서 평균 8.7일 만에 퇴원했다. 각막 포도종 환자 중에서 1명은 별다른 치료를 받지 않고 6일 만에 퇴원했으며, 2명은 천자술, 1명은 홍채 절제술을 받고 치료 효과가 좋은 상태에서 평균 9.3일 만에 퇴원했다.

백내장 환자 11명은 모두 남자로 30~70세였으며, 평균 나이는 51.8세였다. 초기 환자 1명은 천자술로 치료했고, 1명은 보고서 작성 시 입원 2일째로 수술을 기다리는 중이었으며 1명은 날씨가 너무 추워서 수술을 받지 못하고 30일 만에 퇴원했다. 나머지 8명은 모두 수정체 적출 수술을 받고 평균 20.5일 만에 퇴원했다. 백내장 수술은 전부 알렌이 한 것으로 기록되어 있다. 보고서에 따르면 치료 효과는 '완치' 3명, '효과 좋음' 3명, '효과 나쁨' 2명이었다. 다음은 경과가 나쁜 환자에 대한 언급이다.

사례 22번은(60세의 남자로 47일 동안 입원했다) 백내장 수술을 받은 환자다. 그 환자는 어느 날 오전에 수술받은 4명 중의 하나로, 다른 수술들은 잘 되었지만 그 환자는 전안염全眼炎이 생겨 눈을 잃었다. 사례 155번 환자(58세 난 남자로 17일 만에 퇴원했다) 역시 전안염이 생겼으나 눈은 구했다. 이 사례는 매우 실망스러운 경우다. 이것은 백내장 수술 가운데 가장 잘된 경우였다. 수정체가 단단했으며 따라서 아무런 문제 없이 수정체 전체를 들어내었다. 그러나 환자는 앉아 있기를 고집했고 담배를 피웠으며, 우리들이 자리를 비운 사이 관리들이 문병을 허락한 친구들에게 자기 눈을 보여주려고 붕대를 풀었다. 그런 짓을 했으니 환자가 시력을 잃은 것은 당연히 그에게 내린 벌로 우리는 생각했다. 하지만 그렇게 잘 된 수술이 망쳐진 것은 우리에게는 매우 실망스러운 일이었다(〈보고서〉 31쪽 '입원 환자에 대한 설명').

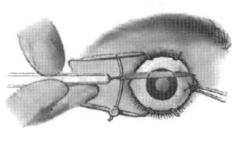

백내장 수술법(*A Course of Operative Surgery*, 미국 P. Blakiston, Son & Co, 1884). 단순히 수정체(렌즈)를 적출하는 수술로 편차는 있지만 시력 회복 효과가 괜찮았다고 한다.

안염眼炎 환자 3명은 모두 20대 남자로 외과적 처치는 받지 않았으며, 두 사람은 각각 10일, 11일 만에 치료 효과가 좋은 상태에서 퇴원했고 1명은 16일째 입원 중이었다. 안검유착 환자는 48세의 남자로 알렌에게 절단 및 봉합 수술을 받고 57일 만에 치료 효과가 좋은 상태에서 퇴원했다. 사시 환자는 20세의 남자로 헤론이 건腱절단 수술을 했지만 치료 효과 없이 3일 만에 퇴원했다.

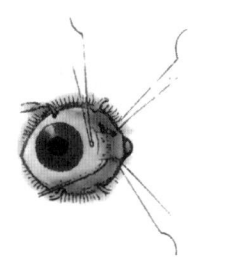

사시 수술법(*A Course of Operative Surgery*, 미국 P. Blakiston, Son & Co. 1884). 안구를 움직이는 근육의 힘줄(건)을 자르는 수술이다.

익상편 환자도 40세의 남자로 알렌이 결찰 및 절제 수술을 해 입원 26일 만에 완치되어 퇴원했다. 망막 박리 환자 역시 40세의 남자로 별다른 외과적 처치는 받지 않았지만, 치료 효과가 양호한 상태로 30일 만에 퇴원했다.

〈보고서〉에 따르면 안과 환자들에 대한 치료 효과는 대체로 좋은 편이었으며, 특히 알렌의 수술 솜씨가 괜찮았던 것으로 여겨진다. 개원 초에는 없었던 안과 병동을 설치한 것도 이와 관련이 있을 것이다.

알렌은 선교본부 총무인 엘린우드에게 보낸 편지에서 자신은 제대로 외과 훈련을 받지 못해 앞으로 정식 외과 교육을 받고 싶다는 속마음을 털어놓았는데, 〈보고서〉의 기록은 그 편지 내용과는 사뭇 다른 느낌을 준다.

성병

성병으로 입원한 환자는 모두 38명으로 전체 입원 환자의 14퍼센트를 차지했다. 그 가운데에서도 매독이 22명으로 가장 많았고, 연성하감(10명), 경성하감(3명), 횡현(3명)이 뒤를 이었다.

〈표 12〉 매독으로 입원한 제중원 환자들의 특성과 치료 효과

나이	성별	질병 명	수술 종류	수술 의사	입원 일수	치료 결과
16	남	매독성 항문고무종	…	…	32	효과 좋음
16	남	〃	…	…	15	효과 좋음
18	남	〃	…	…	19	효과 좋음
19	남	〃	…	…	30	효과 좋음
19	남	〃	도관 삽입	알렌	21	효과 양호
20	남	〃	…	…	20	효과 좋음
20	남	〃	…	…	20	효과 좋음
20	남	〃	…	…	15	효과 좋음
20	남	매독성 궤양	…	…	15	효과 좋음
22	남	매독성 항문고무종	절제술	헤론	17	효과 좋음
22	남	〃	…	…	6	효과 좋음
22	남	매독성 여각진	…	…	30	효과 좋음
23	남	매독성 항문고무종	절제술	헤론	20	효과 좋음
23	남	〃	…	…	10	입원중
24	남	〃	…	…	40	효과 좋음
25	남	〃	…	…	23	효과 좋음
25	남	〃	…	…	13	효과 좋음
25	남	〃	…	…	25	효과 좋음
28	남	〃	괄약근 압착술	알렌	21	완치
-	남	매독성 궤양	…	…	3	효과 없음
20	여	매독성 항문고무종	…	…	3	효과 없음
30	여	매독성 발진	…	…	10	효과 좋음

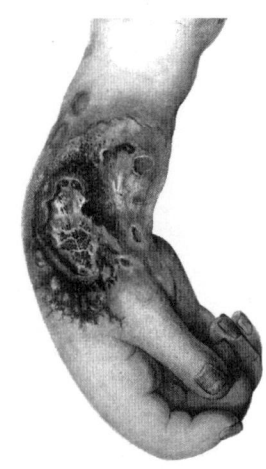

매독 환자 손목에 생긴 고무종 궤양(*A System of Syphilis*, Oxford University Press, 1914). 제중원을 찾은 매독 환자들은 이러한 고무종이 주로 항문 부위에 있었다.

매독 환자 22명 중 20명이 남자였고 여자 환자는 2명뿐이었다. 나이는 10대가 5명, 20대가 15명, 30대가 1명으로 평균 21.6세였다. 그리고 매독성 항문 고무종이 18명으로 대부분을 차지했고, 매독성 궤양이 2명, 매독성 여각진과 발진이 각각 1명이었다. 이들 환자 가운데 4명만 절제술과 압착술 등의 수술을 받았으며, 대부분은 수은 등의 내과적 치료를 받은 것으로 보인다. 치료 효과는 3일 만에 퇴원한 2명을 제외하고는 좋은 편이었고 평균 입원일수는 20.3일이었다.

병원(입원실)과 외래에서 본 많은 항문 점액성 종양 환자들은 감홍(염화수은)을 국소도포하여 치료했으며 내복약으로 항매독 치료를 했다. 이것은 여성 대신 소년을 이용하는 변태적인 성행위와 관계가 있어 보인다. 그러한 행위는 또한 항문이나 그 근처에 많이 생기는 연성하감과도 관련이 있으리라고 생각된다(〈보고서〉 30쪽 '입원 환자에 대한 설명').

동성애와 성병을 연관 짓는 태도가 새삼스러운 일이 아니지만, 19세기 말 구미에서 동성애에 대한 혐오가 극심했던 것이 의사들에게도 영향을 미쳤을 것이다. 더구나 일반인들보다 동성애에 대한 증오가 더욱 강한 기독교 선교사들은 낯선 이국에서 접하는 성병에 과도한 종교적, 인종주의적 해석을 했을 법하다.

연성하감 역시 남자 8명, 여자 2명으로 남자 환자가 대부분이었으며 평균 나이는 33.9세로 매독 환자보다 12세가량 많았다. 절개술과 도관 삽입 등 외과적 처치를 받은 3명을 제외하고는 모두 내과 치료만 받았다. 항생제 등 특효약이 나오기 훨씬 전이므로 대증요법과 소독처치를 받았을 것으로 여겨지는데, 치료 효과가 좋은 상태(완치 8명,

수은 치료법(*Modern Surgical Therapeutics*, 미국 D.G. Brinton, 1878). 수은을 사용하는 경우 짧은 기간 동안 다량을 적극적으로 주는 것이 당시의 경향이었다.

> ***Rules for giving Mercury.***—Avoid mercury in all chancroids and all doubtful cases; even in well-marked cases of true chancre it is better to defer the administration of mercury until secondary symptoms appear. It should be used, however, if the chancre assumes a phagedenic form, or if circumstances demand that the sore be speedily healed.
> When giving mercury, do so actively, and for short periods, rather than in small and long-continued doses.

효과 좋음 2명)에서 평균 14.2일 만에 퇴원했다고 적혀 있다. 경성하감 환자는 여자 2명, 남자 1명이었으며 외과적 처치는 받지 않았다. 여자 환자 1명은 치료 효과를 보지 못한 채 4일 만에 퇴원했고, 또 다른 여자 환자는 9일 만에, 남자 환자는 32일 만에 치료 효과가 양호하거나 좋은 상태로 퇴원했다고 기록되어 있다.

당시는 효과가 뚜렷한 성병 치료제가 나오기 전이어서, 실제 회복되었을 가능성이 많지 않았을 것 같다. 그런데도 제중원에 입원했던 성병 환자들은 대개 치료 효과가 좋은 상태로 퇴원했다고 〈보고서〉는 기록하고 있다.

In the cases where fingers, toes, and penis were removed, we did not consult long, but had them off before the patient was really aware what was about to happen. They were always pleased with the result.

⟨보고서⟩ 30쪽. 환자들의 동의를 구하지 않고 손가락, 발가락, 음경을 절단하더라도 환자들은 만족해했다라고 기록되어 있다.

제중원 의사들의 윤리 의식

생식기 질병

생식기 질병으로 제중원에 입원한 환자 8명은 모두 남자로, 그 가운데 4명(평균 나이 20.8세)은 포경, 2명(30, 32세)은 생식기 부위의 부종, 2명(43, 45세)은 음경상피종양을 가지고 있었다.

포경이 있던 사람들은 포피包皮를 잘라내는 등의 수술을 받고 평균 19.8일 만에 완쾌되어 퇴원했다. 부종 환자 가운데 1명은 부기를 뽑아내는 천자술을 받고 3일 만에 치료 효과가 좋은 상태에서 퇴원했고, 다른 1명은 외과적 처치는 받지 않고 15일 만에 완치되어 퇴원했다.

음경에 상피종양(〈보고서〉의 기록만으로는 악성인지 양성인지 판단하기 어렵다)이 생긴 환자 가운데 1명은 음경절단술을 받고 24일 만에 완치되어 퇴원했다. 여기서 '완치'라고 한 것은 수술 부위가 잘 아물었다는 뜻으로 생각된다. 반면에 다른 1명은 음경절단술을 거부하고 8일 만에 퇴원했다.

음경절단술을 시행한 환자에 대해서는 다음과 같은 언급이 있다.

손가락, 발가락, 음경을 절단하는 경우 우리는 환자와 길게 상담하지 않고 그들이 (자신들에게) 무슨 일이 일어날 것인지를 알아차리기 전에 절단했다. 환자들은 항상 결과에 만족해 했다(〈보고서〉 30쪽 '입원 환자에 대한 설명').

의료 기술뿐만 아니라 환자에 대한 의사의 윤리도 지금과는 많이 다른 시절이었다. 오늘날 환자의 동의를 구하지 않고 의사가 일방적으로 음경을 잘라낸다면 어떻게 될까? 손해배상은 말할 것 없고, 의사 면허도 취소될 것이다. 또한 당시 미국에서 의사가 그런 행위를 했다면 어떻게 되었을까? 그리고 과연 제중원 환자가 자기도 모르는 사이에 음경을 절단 당하고 진정으로 만족해 했을까?

외상

외상으로 입원한 환자는 골절 7명, 탈구 2명, 총상 4명, 칼에 의한 창상 4명, 낙상 2명, 화상 2명, 타박상 1명 등 모두 22명으로 전체 입원 환자의 8퍼센트를 차지했다.

골절 환자는 콜레씨(손목) 골절이 생긴 40세 난 여자를 제외하고는 모두 남자(평균 나이 38.3세)였으며, 골절이 생긴 부위는 쇄골(빗장뼈), 전두골(앞머리뼈), 하악골(아래턱뼈), 슬개골(종지뼈), 요골(앞팔뼈), 경골(정강이뼈) 등 다양했다. 5명은 부러진 부위를 부목으로 고정했고, 2명은 부러진 곳의 피부를 수술실로 꿰매서(봉합) 치료했다.

슬개골 골절 환자는 고정술로 치료 효과를 보지 못한 채 불과 이틀 만에 퇴원했지만, 나머지 환자들은 대개 치료 효과가 좋았다. 경골이 부러진 환자는 보고서 작성 당시까지 90일 동안 입원하고 있었다. 슬(무릎)관절이 빠진 40세 남자와 견(어깨)관절이 빠진 60세 여자는 손상이 너무 오래 되어 별다른 치료를 받지 않고 각각 6일, 3일 만에 차도 없이 퇴원했다.

총상 환자 4명은 20~26세의 남자로 3명은 손가락에, 1명은 머리 부위에 총에 의한 창상을 입었다. 손가락 총상 환자 3명은 모두 손가락 절단 수술을 받고 완치되어 평균 41.7일 만에 퇴원했다. 이 경우도 '완치'는 수술 부위가 잘 아물었다는 뜻일 것이다. 머리 총상 환자는 드레싱 치료를 받고 33일 만에 완치되어 퇴원했다. 아마 상처 부위를 석탄산수 등으로 소독하고 깨끗한 붕대로 감아 주는 치료였을 것이다.

칼에 의한 창상 환자도 4명이 입원했다. 그 가운데 복부에 상처를 입은 환자는 드레싱 치료로 회복되어 10일 만에 퇴원했고, 상처 부위가 명기되지 않은 3명은 상처 부위를 꿰매는 수술(봉합술)을 받고 완치되어 평균 42.3일 만에 퇴원했다.

타박상 환자 3명 역시 드레싱 치료와 배농술을 받고 치료 효과가 좋은 상태에서 퇴원했으며, 화상 환자 2명은 외과적 처치는 받지 않은 채 회복되어 퇴원했다.

보고서에 따르면 다음과 같이 큰 사지절단 수술은 환자의 거부로 시행되지 않았다고 한다.

우리는 큰 사지 절단 수술을 전혀 하지 못한 것을 매우 유감스럽게 생각한다. 절단이 필요한 환자가 여럿 있었지만, 다리를 잃을 것이라는 말을 듣고는 더 이상 들으려고 하지 않았다. 그 환자들은 죽어서 고통에서 벗어나지 않았다면 아마 아직도 고생하고 있을 것이다(〈보고서〉 30쪽 '입원 환자에 대한 설명').

그러나 알렌이 엘린우드에게 보낸 1887년 1월 3일자 편지를 보면 사지 절단과 같은 큰 수술을 하지 않은 이유가 환자의 거부 때문만은 아닌 듯하다.

저는 조선에 오기 전에 경험이 전혀 없었고, 순전히 독학으로 공부했기 때문에 이 제중원과 같이 전국적인 영향력이 있는 병원에서 시술해야 할 큰 수술을 다룰 자신이 없습니다. 그래서 그렇게 해서는 안 되는데도 불구하고, 그러한 일(큰 수술)을 회피하고 있습니다.

사지절단 수술을 하지 못한 이유가 환자의 거부 때문이든 알렌의 실력 부족 때문이든 간에, 사지 절단 수술은 당시에도 크게 위험한 수술이었다.

1880년대의 고관절 절단 수술 사망률(A Textbook on Surgery, 미국 D. Appleton and Co, 1889). 고관절 절단 수술을 받은 환자의 사망률이 64퍼센트였고, 외상환자의 사망률은 무려 82퍼센트였다. 당시 뉴욕 시립병원과 육군병원 등 미국 일류 병원의 치료 성적이 이 정도였으니, 사지 절단 수술은 여전히 목숨을 건 도박행위였다.

V. General Summary of Six Hundred and Thirty-three Cases of Hip-joint Amputation for all Causes.

NATURE OF CASE.	Recovered.	Died.	Undetermined.	Total.	Mortality per cent.
Pathological	156	105	15	276	40·2
Traumatic	54	254	1	309	82·4
Cause unknown	10	34	4	48	77·2
Total	220	393	20	633	64·1

* Undetermined cases omitted in computing percentages.

궤양

궤양으로 입원한 환자는 19명으로(전체 입원 환자의 7퍼센트), 여기에서 궤양은 위궤양이나 십이지장궤양 등 요즈음 흔히 보는 소화성 궤양이 아니라 피부, 관절 부위에 생기는 궤양이다. 남자가 17명으로 대부분(89퍼센트)을 차지했고, 평균 나이는 34.8세였다. 궤양이 생긴 부위는 목 1명, 부위가 기록되지 않은 1명을 제외하고는 모두 발목, 발바닥 등 하지下肢였다.

이 가운데 17명은 외과 처치를 받은 기록이 없으며, 1명은 절제술, 다른 1명은 '이식술'을 받은 것으로 적혀 있다. 이식술을 받았다는 환자는 30세 된 남자로 발에 천공성 궤양이 생긴 환자였다. 어떤 조직을 어떻게 이식했는지에 대해서는 언급이 없는데, 입원 210일 만에 치료 효과가 '양호'한 상태로 퇴원했다고 기록되어 있다. 당시는 이식 시의 거부반응에 대해서도 개념이 없던 시대로 이식술의 내용이 무엇이었는지 자못 궁금하다.

어쨌든 환자들은 1명을 제외하고는 치료 효과가 좋은 상태로 평균 33.1일 만에 퇴원했다.

19세기 후반 궤양 환자의 치료법(*Modern Surgical Therapeutics*, 미국 D.G. Brinton, 1878). 주로 브롬 화합물로 치료했다. 적어도 살균 효과는 있었을 것이다.

> DR. JOHN H. BRINTON, OF PHILA.
> In sloughing and gangrenous ulcers, this surgeon frequently uses *bromine*, pure or in the following formula:
>
> 235. ℞. Brominii,   f.ʒj
>   Aquæ,   f.ʒij
>   Potassii bromidi, gr.xxx.   M.
>
> Apply to the surface with a small sponge. He has used this agent in very many such cases with wonderful success; it is rarely necessary to make more than one application. (*Medical and Surgical Reporter*, Dec. 1870.)

골관절 질병

골관절 질병 환자 10명은 모두 골관절에 괴사가 생긴 환자로 남자가 9명(평균 나이 31.2세), 여자가 1명(20세)이었다. 괴사가 생긴 부위는 대퇴골(넓적다리뼈) 3명, 슬(무릎)관절 2명, 중족골(가운데 발뼈) 2명이었으며, 제1족지골(엄지발가락 뼈), 늑골(갈비뼈), 견(어깨) 관절이 각각 1명이었다.

수술은 부골 절제술 2명, 절단술 1명, 제거술 1명이었다. 그리고 수술을 거부한 중족골 괴사 환자 1명을 제외하고는 치료 효과가 괜찮았다. 입원 일수는 평균 21.7일이었다.

부골절제술을 받은 환자 1명에 대해서는 다음과 같이 상세하게 언급되어 있다.

특수한 사례 한 가지를 언급한다. 증례 1은 첫 번째 입원 환자이자 최초의 수술 환자에 관한 것이다. 그것은 위험한 경우였다. 훈련받지 않은 조수들이 클로로포름 마취를 해야 했으며, 그래서 생긴 나쁜 결과는 새로 세워진 병원에 타격을 줄 수 있었기 때문이다.

그 환자는 오그라든 다리의 상처에서 고름이 흐르는 채로 실려 왔다. 악취가 너무 심해 아무도 그 환자와 같은 방에 있으려 하지 않았다. 그는 12년 동안 그 병을 앓아 왔다. 며칠 동안 상처를 처치한 뒤 수술을 해서 약 15센티미터 길이의 골침과 대퇴골막을 제거했다. 그는 빠르게 회복되어 24일 만에 목발로 걸어서 퇴원했다. 그리고 그는 1년 가까이 건강하게 지내고 며칠 전 보통 사람처럼 똑바로 서서 병원에 찾아 왔다(〈보고서〉 30~31쪽 '입원 환자에 대한 설명').

제중원에서 처음 수술로 치료한 경우로 〈보고서〉에 따르면 치료 효과가 대단히 좋았다. 하지만 아무런 경험이 없는 조선인들에게 마취를 맡긴 것은 이해하기 어렵다. 마취과 의사가 따로 독립되기 전에는 외과 의사의 일로 가장 중요한 것 가운데 하나가 마취였다. 일제 강점기 백인제가 외과 의사로 명성을 날렸던 이유 가운데 하나는 뛰어난 마취 솜씨였다.

복수

복수腹水로 입원한 환자는 7명으로 모두 남자(평균 나이 55.6세)였으며, 원인에 대해서는 언급된 게 없다. 당시까지만 해도 복수의 원인들을 제대로 규명하지 못했고, 따라서 치료도 대증요법으로서 천자술을 시행하는 정도였다.

천자술을 받은 환자 가운데 1명은 입원 4일 만에 사망했으며, 다른 3명은 천자술을 받고 상태가 나아져서 평균 26.7일 만에 퇴원했다. 다른 2명은 별다른 처치를 받지 않고 퇴원했으며, 1명은 보고서 작성 때까지 천자술을 받지 않은 채 10일째 입원 중이었다.

각기

각기는 일종의 '문명병'이라고 할 수 있다. 각기는 기원전 1000년 무렵의 중국 고서들에도 증상을 묘사한 기록이 있는 것으로 보아 역사는 오래 된 병이지만 근대 이전까지는 그리 흔한 병은 아니었다. 각기가 사람들의 주목을 크게 끈 것은 1870년대부터 1900년대 초까지 주로 동아시아, 동남아시아 등지에서 대규모로 발병하면서부터다. 그리고 나중에 역학적으로 밝혀진 사실은 환자들이 대체로 지나치게 도정搗精한 쌀이나 밀을 주식으로 먹는 사람들이라는 점이었다. 새로운 도정 방법으로 비타민 B_1을 많이 함유한 곡물 껍질이 깎여나가면서 비타민 B_1 결핍이 초래된 것이다.

19세기 말 네덜란드 식민지인 자바에서 일하던 네덜란드 의사 에이크만Christiaan Eijkman(1858~1930)은 자신이 진료하던 죄수들에게서 각기가 많이 발병한다는 사실을 알았다. 그리고 그는 각기가 음식물, 특히 백미와 관련이 있으리라는 생각을 하게 되었다. 에이크만은 백미 대신 현미를 죄수 환자들에게 섭취하게 하여 각기를 치료하고 예방할 수 있었다. 에이크만은 거기에서 멈추지 않고 닭과 비둘기를 대상으로 실험을 했다. 1897년 그는 실험동물들에게 백미만을 먹게 하여 각기 증세를 일으키는 데 성공했으며, 다시 현미를 줌으로써 각기를 치료하는 성과를 거두었다. 그에 따라 에이크만은 쌀의 껍질 중 어떤 성분이 각기병과 관련이 있다는 사실을 확인하게 되었으며 거기에서 '필수영양소'라는 개념이 생겨났다. 이렇게 에이크만은 처음으로 각기의 정체와 그 치료법을 과학적으로 규명했다. 뿐만 아니라, '결핍성 질환'을 실험적으로 유발하는 데 성공했으며 또 '비타민'의 개념을 도입했다. 에이크만은 이러한 업적으로 1929년 노벨 의학상을 수상했다.

제중원의 각기 환자는 4명 모두 20~30세의 젊은 남자였다. 특이한 것은 보고서에서 'beriberi'라는 서양식 병명보다 'kakke(脚氣)'라는 일본식 병명을 더 많이 사용한 점이다. 그만큼 일본에서 환자가 많이 발견되었다는 뜻이기도 하고, 또 한편으로는 일본 의학이 서양에서 인정받기 시작했음을 나타내는 징표이기도 하다.

각기 환자가 구체적으로 어떤 내과적 치료를 받았는지 기록되어 있지 않지만, 발열성 질병으로 분류된 것으로 보아 키니네를 복용했을 것이고 그 밖에 신경염, 부종, 권태감 등의 증상을 완화시키는 대증요법을 받았을 것이다. 아직 각기가 비타민 B_1(타이아민) 결핍 때문에 생긴다는 사실을 알지 못했던 시대였기 때문이다. 어쨌든 환자 1명은 28일 만에 사망했고, 나머지 3명은 평균 8.7일 만에 각기가 나아서 퇴원했다고 기록되어 있다.

에이크만Christiaan Eijkman (1858~1930). 그의 각기병 연구에서 '비타민' 개념이 생겨나 의학과 영양학에 새로운 문이 열렸다.

이장성 발열

열이 오르고 내리는 것을 반복하는 이장성弛張性 발열(말라리아와는 다른 것으로 분류되었다)로 입원한 환자(3명)에게는 별다른 처치를 하지 않았다. 열이 났으니, 당연히 키니네를 주었을 것이고 치료 효과가 좋아 평균 6.7일 만에 퇴원했다. 당시까지만 해도 대체로 열의 원인과 무관하게 해열제를 써서 열을 떨어뜨리는 식의 치료를 했다. 요즈음과는 치료의 철학이 크게 다른 시절이었다.

콜레라성 설사

콜레라성 설사로 입원했던 환자는 한 살짜리 남자 아기와 25세 된 남자였다. 1883년에 콜레라균이 발견되었지만 제중원에서 세균 검사를 하지는 않았다. 설사의 양상을 보고 콜레라성이라고 진단했을 것이고 '콜레라 혼합물'로 치료했을 것이다. 콜레라 혼합물은 황산, 아편, 박하, 고추로 이루어졌는데, 이 가운데 아편(양귀비)은 우리나라에서도 오래전부터 지사제止瀉劑로 써오던 것이다. 그런데 아편이 단순 설사가 아닌 콜레라성 설사에 어느 정도 효과가 있었을까? 어쨌든 환자는 각각 3일과 4일 만에 완치되어 퇴원했다.

나머지 질병들도 대체로 증상을 보고 진단을 내렸고, 치료도 증상을 완화시키는 것이 대부분이었다. 서양 의학은 18세기 후반부터 이론적으로는 그 전의 히포크라테스-갈레노스 의학과 크게 달라졌지만, 환자의 질병을 진단하고 치료하는 점에서는 아직도 큰 발전을 이루지는 못하고 있었다.

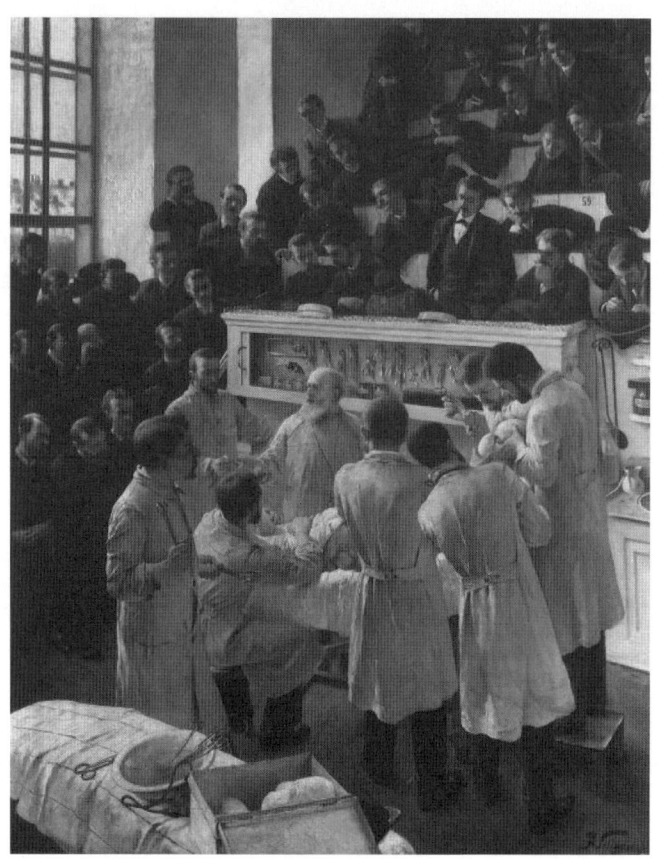

빌로트가 수술하는 모습(1880년대). 이 당시까지도 평상복 차림의 청중들이(의료인뿐만 아니라 일반시민도 있다) 보는 가운데 수술을 했다. 빌로트를 비롯한 외과 의사들도 마스크와 수술장갑을 착용하지 않은 상태이다.

서양의 외과는 1840년대 마취술의 개발로 한의학 등 다른 문명권의 외과와 차별성을 보이기 시작했다. 하지만 서양의 수술도 '외과外科'라는 한자 용어가 말해 주듯이 아직은 사람 신체의 겉[外] 부분에만 머물고 있었다. 물론 오스트리아의 빌로트Theodor Billroth(1829~1894)와 같은 세계 최첨단의 외과 의사는 1880년대부터 위궤양 수술, 위암 수술 등 복부腹部 수술을 시작했지만 당장 뚜렷한 성과를 낸 것은 아니었으며, 또 그것이 보편화되기까지는 몇십 년을 더 기다려야만 했다.

따라서 제중원에서 본격적으로 선 보인 근대 서양 의술은 물론 전통 한의술과 여러 가지로 대비되는 것이었지만 외과를 제외하고는 크게 우위를 보이는 점은 그리 많지 않았다. 조선인들은 그런 새로운 의술을 받아들이기도 혹은 거부하기도 했다.

OLIVER R. AVISON, M.D. (1860-1956)

국립병원 제중원과 사립 세브란스병원에서 40여 년을 재직한 에비슨.

6. 제중원 운영권을 둘러싸고

제중원을 둘러싼 막후 경쟁

1885년 6월 조선에 와서 5년 남짓 제중원에서 일한 헤론이 1890년 7월 26일 서른넷의 아까운 나이에 이질로 사망했다. 헤론의 사망 직후 한성의 미국북장로교 선교지부는 긴급 대책 회의를 열고, 조선 정부가 동의한다면 이 기회에 선교부가 제중원을 인수해 선교병원으로 만들기로 의견을 모았다. 그리고 언더우드가 선교지부를 대표해서, 알렌이 선교지부 멤버의 자격으로 제중원 일을 맡을 것을 요청했다. 그런데 알렌은 마침 이 요청을 받기 며칠 전인 7월 21일 조선 주재 미국 공사관의 서기관으로 임명된 상태였다. 알렌은 선교사직은 사임(8월 1일)하고 제중원 의사 일은 맡겠다고 했는데, 선교지부가 이를 거부하자 사태는 복잡해졌다. 이때 알렌은 제중원이 원래 자신에게 맡겨졌던 것이므로 선교부 산하 기구가 아니라고 주장한 반면, 언더우드는 선교부가 의료 선교사들을 파견해 왔던 곳이므로 선교부 산하라고 맞섰다.

이들의 논쟁은 당시 조선에 와 있던 선교사들 사이에서는 의미가 있었을지 모르겠다. 하지만 제중원이 엄연히 조선 정부의 기관인 점과 미국의 선교본부에서는 조선 정부가 '제중원 의사'로 감리교, 영국성공회, 가톨릭 등 다른 교파 사람을 임명할까 봐 전전긍긍했던 사정을 생각하면 생뚱맞은 논쟁이었다.

그 뒤 상황은 알렌에게 유리하게 전개되었다. 조선 정부는 알렌을 제중원 의사로 임명해 월급을 지급하기로 결정했으며 미국의 선교본부도 알렌의 손을 들어주었다. 이때부터 1891년 4월 빈튼이 도착할 때까지 알렌이 제중원의 진료를 주도했다. 이에 선교지부는 하디 Robert A Hardie(1865~1949)를 임시로 써 줄 것을 알렌에게 요청했다. 알렌이 이 제의를 받아들여 하디가 1월부터 제중원에서 일하게 되었다. 이러한 사정을 알렌은 선교본부의 엘린우드 총무에게 보낸 편지에서 다음과 같이 전하고 있다.

저는 제중원을 정식으로 선교지부에 넘겼습니다. 그래서 그들은 행동에 자유스러울 것입니다. 그들은 의사 한 사람이 파송될 때까지 하디 의사를 저의 지도 아래 제중원 일을 하도록 해 줄 것을 저에게 제의했습니다. 저는 그것에 대해 동의했고 하디 의사가 제중원 일에 익숙해질 때까지 그와 함께 일하기로 했습니다. 하디는 경험이 없는 젊은이로 일을 잘하고 있는 것 같지 않습니다. 저는 박사님이 곧 의사 한 사람을 보내 주시리라고 믿습니다(1891년 1월 5일자).

저는 하디에게 제중원을 넘겼습니다. 그러나 그는 부적절함의 본보기로, 의과대학을 졸업하지 않아 아기의 탯줄을 어떻게 묶는지도 몰랐습니다. 조선 사람들은 (하디가 근무를 시작한 지) 한 달이 지난 뒤부터 그가 제중원 일을 보는 것을 철저히 거부하고 있습니다. 저는 박사님께서 보내신 사람이 오는 중이라는 좋은 소식을 접하면서 이제 다시 일을 시작하려 합니다. 저는 그가 유능하고 신사이기를 진심으로 기도합니다(1891년 2월 23일자).

하디河鯉泳의 조선 선교 40주년 기념식을 보도한 1929년 9월 27일자 《동아일보》 기사. 이 당시 그의 직책은 기독신보사 사장이었다. 하디는 그 뒤로도 5년 더 조선에서 활동하다 1935년에 미국으로 돌아갔다. 그는 무려 45년 동안이나 조선에서 선교사로 봉직했다.

하디의 제중원 근무는 단명으로 끝났다. 1929년 9월 27일자《동아일보》기사에는 하디가 1891년 4월에 부산으로 내려가 그곳에서 오랜 동안 의료선교사업을 했다고 되어 있다. 요컨대 헤론이 사망하고 빈튼이 도착할 때까지 약 8개월 동안 알렌이 미국 공사관의 서기관으로 근무하면서 제중원 의사로 겸무했다. 알렌은 오전 10시 공사관에 출근하기 전과 오후 4시 퇴근한 뒤에 환자를 진료했다고 한다. 하지만 알렌의 열성과 무관하게 진료는 파행적일 수밖에 없었다.

1891년 4월 3일 빈튼이 한성에 도착해 근무를 시작하면서 제중원 의사 문제가 일단락되는 것처럼 보였다. 하지만 빈튼이 제중원 경비 사용 문제를 제기하고 나아가 5월 11일부터 7월 3일까지 근무를 거부하면서 새로운 문제가 발생했다.

빈튼Charles C Vinton(1856~1936). 1891년부터 1893년까지 제중원 의사를 지냈고, 1905년 제중원 환수 과정에서는 미국 북장로교를 대표하여 약정서에 서명했다. 사진 설명의 'K.R.T.S'는 '조선성교서회聖教書會'를 뜻하며 '대한기독교서회'의 전신이다. 우리나라에서 가장 오래된 개신교 출판사로 2010년 6월 25일, 120돌을 맞았다.

미국 공사관의 주재로 빈튼이 〈제중원 규칙〉을 준수할 것을 다짐하며 7월 4일부터 근무를 재개해 고비는 넘겼다. 그러나 빈튼을 불신한 조선 정부는 그 과정에서 영국 성공회의 선교단체인 '해외복음선교회'에 소속된 와일스Julius Wiles를 제중원 의사로 임명하려 했다. 조선 정부는 외아문 독판 민종묵이 미국 공사 허드에게 보낸 6월 27일자 공문에서 "다른 의사로 교체할 수 있다"라고 경고한 것을 실행에 옮기려 했던 것으로 보인다. 알렌과 헤론이 오래전부터 우려하던 사태의 일보직전에 이르렀던 것이다.

이 사건을 계기로 미국과 북장로교 선교부가 제중원을 아예 장로교 소속의 선교병원으로 전환시킬 결심을 굳혔을 법도 하다. 이때의 사정을 미국 공사관 서기관으로 직접 중재에 나선 알렌은 엘린우드에게 보낸 1891년 7월 3일자 편지에서 다음과 같이 말하고 있다.

마침내 외아문 독판이 빈튼 문제를 국왕에게 가져갔습니다. 국왕은 "미국에서 조선의 환자들을 치료하려고 온 사람이 화가 나서 병원 문을 닫는다면 차라리 떠나는 편이 낫다"라고 했답니다. 국왕은 만일 빈튼이 규칙을 받아들이지 않는다면 다른 의사로 교체하라는 명령을 내렸습니다. 조선 정부 관리들은 제게 와서 다른 의사를 구해 달라고 요청했지만, 저는 당연히 거절했습니다. 그러자 그들은 제중원 의사 자리를 복음선교회의 와일스 의사에게 주기로 결정했습니다. 저는 박사님께 이미 영국 영사와 모든 영국인들이 제중원을 차지하기를 희망해 왔다고 말씀드렸습니다.

와일스 의사는 허드 공사의 친구이고 가족의사입니다. 그러나 허드 공사는 이 일을 영국에 넘기면 안 되는 이유를 인식하고 있었습니다. 그는 이 문제로 외아문에서 이틀 밤을 보냈습니다. 그는 마펫Samuel A Moffett과 빈튼과 빈번히 대화를 나누면서 그들에게 제중원의 중요성을 보여주면서, 그들이 포기하려는 그 병원을 영국 주교가 얻기 위해서 큰 힘을 기울이고 있으며 가톨릭에서도 갖기 원한다는 사실을 알려 주었습니다. …… 어제 빈튼 의사는 당장은 제중원에서 계속 일하기로 결정했습니다. 제가 그에게 선교본부는 더 이상 당신을 지지할 수 없다고 말한 결과라고 생각합니다.

조선 정부가 이렇게 강경한 자세를 보였지만, 빈튼이 근무를 재개하지 않았을 경우 실제 행동에 옮길 수 있었을지는 의문이다. 파국에 가까운 사태를 겪은 이후 빈튼의 태도에 변화가 없었는데도 조선 정부가 별다른 조치를 취하지 않은 것을 생각하면 어느 정도 당시의 상황을 짐작할 수 있다.

빈튼은 1891년 9월 1일부터 조선 정부가 마련해 준 사택에 진료소를 꾸려 환자를 진료하며 전도 활동을 벌였다. 자기 집에서 환자를 진료한 것은 빈튼이 처음은 아니었다. 알렌과 헤론 때부터 이미 그러했으며 그들은 종종 제중원 진료보다 외부의 진료가 일이 더 많고 더 힘들다고 선교본부에 호소하곤 했다. 하지만 그들이 제중원 진료를 방기한 것은 아니었다.

또한 엘러스(벙커 부인)의 무책임하고 불성실한 태도에 제중원 관리들이 크게 불평한 적도 있었지만 엘러스는 '제중원 의사'가 아니라 보조적인 역할을 하는 위치에 있었다. 정식으로 임명받은 제중원 의사 빈튼이 근무에 극히 태만하고 불성실한 것은 엘러스의 경우와 차원을 달리하는 것이었다. 조선 정부의 법률 고문인 미국인 그레이트하우스Clarence R. Greathouse(1846~1899)는 "빈튼의 행동은 뉴욕 법에 따르면 월급을 받고도 그것에 상응하는 일을 하지 않은 것이므로 횡령에 해당한다"라고 했지만, 그것은 법률 조항 이전에 도덕성과 신의에 관한 문제로 해서는 안 되는 행동이었다.

1885년에는 다른 선택지가 없었던 데에 반해 1891년에는 대안이 없지 않았다. 와일스뿐만 아니라 여러 나라, 여러 선교단체의 의사들이 조선에서 활동하고 있었다. 이것은 조선 정부에게 유리한 조건이었다. 실무적으로만 생각하면 그들 가운데에서 제중원 의사를 임명하면 될 문제였다. 하지만 와일스나 또는 다른 의사를 제중원 의사로 임명했으면 어떻게 되었을까?

결국 조선 정부는 제중원 의사를 교체하는 조치를 취하지 않았다. 못했다라고 하는 편이 더 적절할지 모른다. 제중원의 정상 운영만을 생각한다면 조선 정부의 이 같은 행태는 이해하기 어렵다. 하지만 '외교적 고려'라는 측면을 덧붙이면 정부의 태도는 어느 정도 이해할 수 있다. 1885년 제중원 설립 때와 마찬가지로 이때도 조선 정부와 국왕에게는 외교적 고려가 중요하게 작용했던 것으로 보인다. 제중원 의사의 교체로 미국과의 관계가 파탄나지는 않았겠지만 조선 정부는 작지 않은 외교적 부담을 져야만 했을 것이다. 사실 여부를 떠나, 미국은 당시 조선(국왕)이 유일하게 기대하고 의지할 수 있는 나라였다. 그렇기 때문에 조선 정부에게 제중원 의사의 임명 문제는 빈튼과 와일스 등을 두고 호불호에 따라 선택하는 단순한 문제가 아니었던 것이다.

만약 당시에 조선 정부와 국왕에 충성스러운 조선인 의사가 있었다면 어땠을까? 그랬다면 조선 정부에 좀더 유리한 상황이 전개될 수 있었을 것이다. 제중원은 분명히 조선정부병원이었다. 그렇지만 병원의 핵심 기능인 진료를 담당할 조선인 의사가 없어 명실상부한 조선 정부의 병원이 되기는 어려웠다. 조선 정부도, 미국 공사관도, 외국인

의사들도 그 점을 잘 알고 있었다.

　조선 정부는 제중원 학당을 준비한 1886년 초부터는 그 학당을 통해 조선인 의사를 양성할 계획을 가지고 있었다. 하지만 그러한 꿈은 이루어지지 않았다. 조선인 의사를 양성하지 못한 결과, 제중원 의사 문제에서 조선 정부가 미국(북장로교)에게 계속 끌려다녀야만 했던 것은 분명하다. 갑오·을미 개혁 정부가 의사를 양성하는 '의학교'의 설립을 중요한 과제로 설정해 제중원을 되돌려받으려고 시도했고 예산을 책정했던 것은 이 때문이었다. 병원 건물을 마련하고 직원을 배치하고 운영비를 지출하더라도 진료를 담당할 조선인 의사가 없으면 명실상부한 조선의 정부병원, 왕립병원이 되지 못한다는 사실을 9년 동안의 제중원 운영 경험을 통해 학습했던 것이다.

　국왕은 외국인 의사를 '미국에서 조선의 환자들을 치료하려고 온 사람'이라고 했다. 틀린 말은 아니었다. 하지만 그 의사들의 더 중요한 목적과 목표는 선교였다. 그것도 미국 북장로교회가 주도하는 선교였다. 그 앞에서 다른 것들은 부차적일 수밖에 없었다. 목적뿐만 아니라 활동의 내용도 그러했다. 알렌과 헤론이 여러 차례 언급했듯이 그들의 주된 활동 무대는 제중원보다는 오히려 제중원 바깥이었다. 제중원의 진료도 선교를 위한 것일 때 의미를 가졌다. 하지만 제중원은 1894년 9월 미국 북장로교 선교부로 운영권이 이관될 때까지 선교가 허용되지 않았다. 즉 선교병원이 아니었다. 선교 의사들과 선교부의 불만이 쌓일 것은 자명했다. 제중원을 선교의 교두보로 생각하고 자족했던 초기와는 사정이 점점 달라져갔다.

　사태가 빈튼의 복귀로 일단 마무리된 것을 조선 정부의 승리로 볼 수도 있을 것이다. 또한 미국 공사가 이틀 반 동안이나 외아문에 가서 문제 해결을 위해 노력한 것을 두고 조선 정부가 제중원 의사 문제에 관해 주도권을 가졌다고 해석할 수도 있다. 그러나 그것은 허울뿐이었음이 1894년에 생생히 드러났다.

조선 정부가 운영을 관장하던 제중원의 마지막 의사 에비슨이 부산에 도착한 것은 1893년 6월 16일이었으며, 한성에 올라온 것은 그해 9월 초였다. 에비슨이 한성에 와서도 곧바로 제중원에서 근무한 것은 아니었는데, 제중원과 관련한 빈튼의 역할을 정리하지 못했기 때문이었다.

박사님께서 한성의 의료 업무를 에비슨에게 맡기라고 지시하셨다는 소식을 들었습니다. 저는 지금 빈튼 의사가 그 일을 포기하기를 거부했다는 사실을 알았습니다. 또한 제중원이 작년 여름과 마찬가지로, 가장 필요할 때인 여름 내내 문을 닫았다는 사실도 알았습니다. 빈튼은 시골에 있으면서 매주 두 번 오후에 오겠다고 제안했답니다. 정말로 그것은 좋지 않은 일입니다. 제중원은 이곳에 있는 미국 최고의 기관America's best institution입니다. 우리는 지난해 제중원이 영국 사람들에게 넘어가는 것을 박사님을 위해 막아냈습니다. 그 뒤로도 빈튼은 제중원을 위해 아무것도 하지 않고 있습니다. 박사님께서 그를 해임하는 분명한 지침을 보내 주시기를 진심으로 바랍니다(1893년 9월 3일자).

저는 공사관이 제중원을 영국인들에게 넘기지 않은 것에 대해 매우 후회하고 있습니다. 이제 그들은 자신들의 병원을 지었기 때문에 (그들에게 제중원을 넘기는 것은) 너무 늦었다고 생각합니다. 우리 (선교지부) 사람들이 빈튼을 퇴출시킬 수 없기 때문에 제중원은 성가시기만 한 무용지물white elephant이

되었습니다. 저는 선교지부 사람들이 골치 아파서 제중원을 포기하려 한다는 말을 듣고 있습니다(1893년 10월 26일자).

지난번 편지에서 선교지부가 정부병원을 포기할지 몰라 두렵다고 말씀드렸습니다. 그런데 언더우드 박사가 선교지부 사람들을 설득해서 제중원을 계속하기로 했다는 소식을 전해드립니다. 에비슨 의사가 아주 흡족하게 일하고 있으며, 제중원 관리들은 에비슨이 업무를 잘 할 수 있도록 그가 요청하는 모든 것을 들어주겠다고 제게 약속했습니다(1893년 11월 11일자).

알렌이 엘린우드에게 보낸 이 편지들을 종합하면, 선교본부에서 빈튼 대신 에비슨이 제중원에서 근무하도록 지시했다. 그러나 빈튼이 두 달 가량 지시를 거부해 선교지부는 아예 제중원을 포기할 지경까지 갔다가 겨우 사태가 수습되어 에비슨이 제중원에서 진료를 시작하게 되었다. 그리고 그렇게 된 데에는 초기부터 제중원에 관여해서 제중원의 의의를 잘 아는 언더우드와 알렌의 노력이 크게 작용했다. 또한 제중원은 미국 북장로교 선교부뿐만 아니라 미국 공사관(결국 미국 정부)의 커다란 관심 사항이었음을 알 수 있다.

근무를 시작한 지 열흘밖에 되지 않았는데도 모두가 에비슨에게 만족해 했다는 사실은, 거꾸로 빈튼이 그동안 어떻게 행동했는지를 잘 알려 주는 것이기도 하다. 너무나 당연한 에비슨의 행동이 예찬의 대상이었고, 그러한 평가가 에비슨에게 커다란 힘이 되었을 것이다.

새로운 출발이었다. 하지만 1년 뒤 제중원에 닥칠 커다란 변화를 예측하기에는 아직 이른 때였다.

魚不信博士小傳 (十二)

제중원의 유래 (속)

나는 제중원의 진찰일자와 민그동안지낸 여러가지 사정을 정밀히 조사하여보고 비가오나 눈이오나 춤거나 날마다 빠지지아니하고 진찰소에 출석하기로 결심하엿다. 그리하여 사람들이 찰밭으로 거저가는 것 허물이 내게잇지않도록 둘녀고하엿다. 의사가 매일 출석한다는 소문이 퍼지자 환자들이 매일진찰하러오기 시작하여 한달안짝에 매오는 사람이 많이 증가하게 되엿다. 이밖에도 나는 또한내가 지를 결정하여 실행한것이 잇엇다.

一, 약갑받을수없는 사람이라 할지라도 진찰하여주기를 거절치말것

二, 롱역을 사용하는대신에 내가조선말을배화서 조선말로써 친히환자들 취급 할것

三, 방이 잇는데도 청결하여 할수잇는대로 다수한 환자를 수용할것.

四, 수술방을 너넉히준비하여 질병의 성질을따러서 모든 종류의 수술을 가능케 할것. 큰수술은 환자들이 말을 듯지않기때문에 할일이 없엇고 조그만콤한부시럼이나 째고치료하여보낼뿐이엿다고하엿다. 그러나 암종에대하여 많이 치료한경험이 잇음에도 불구하고 어면

에비슨이 사표를 낸 이유

1893년 11월 1일부터 제중원 의사로 근무를 시작한 에비슨은 전임자 빈튼의 태만과 불성실로 2년 반가량 제 구실을 못했던 제중원을 되살리기 위해 힘껏 노력했다. 《기독신보》 1932년 4월 6일자 "에비슨 박사 소전"(12회)은 당시 상황을 이렇게 전한다.

나는 제중원의 진찰 일지와 그동안 지낸 여러 가지 사정을 정밀히 조사하여 보고 비가 오나 눈이 오나 춥거나 날마다 빠지지 아니하고 진찰소에 출석하기로 결심했다. 그리하여 사람들이 진찰 받으러 왔다가 그저 가는 허물이 내게 있지 않도록 만들려고 했다. 의사가 매일 출석한다는 소문이 퍼지자 환자들이 매일 진찰하러 오기 시작하여 한 달 안에 매일 오는 사람이 많이 증가하게 되었다. 이 밖에도 나는 또한 네 가지를 결정하여 실행한 것이 있었다.

1. 약값 낼 수 없는 사람이라도 진찰하여 주기를 거절치 말 것.
2. 통역을 사용하는 대신에 내가 조선말을 배워서 조선말로써 친히 환자를 취급할 것.
3. 방이 있는 대로 청결하게 할 수 있는 대로 다수한 환자를 수용할 것.
4. 수술방을 넉넉히 준비하여 질병의 성질에 따라서 모든 종류의 수술을 가능하게 할 것. 들으니 큰 수술은 환자들이 말을 듣지 않기 때문에 한 일이 없고 조그마한 부스럼이나 째고 치료하여 보낼 뿐이었다고 했다.

에비슨이 제대로 의사 구실을 하자 제중원의 환자 수가 늘어나기 시작했다. 테이트Mattie T. Tate와 아버클Victoria C. Arbuckle 등처럼 간호원 역할을 하는 여성들도 있어서 여성 환자들도 적지 않게 찾아왔다.

근무를 시작한 첫 6개월 동안 에비슨은 먼저 빈 방을 병실로 개조해 본격적인 병원 구실을 하도록 만들었다. 그 다음으로 할 일은 앞의 인용문 4항처럼 수술실을 준비하는 것으로 1894년 4월 말쯤 하기로 계획을 세웠다.

문제는 수술실을 만들기로 예정했던 즈음인 5월 초에 발생했다. 에비슨은 4월 말 이틀이나 걸려서 가야 하는 시골(경기도 광주)로 꽤 지위가 높은 중환자를 치료하러 와 달라는 부탁을 받는다. 그는 썩 내키지는 않았지만 거절할 수 없어 언더우드와 함께 왕진을 갔다. 하지만 에비슨이 도착했을 때 환자는 이미 사망했다. 헛걸음을 한 셈이었지만 마침 그곳에서 멀지 않은 곳에 5일장이 선다는 소식을 듣고 전도에 아주 좋은 기회라고 생각해 일행은 그곳으로 갔다. 장에서 언더우드는 전도지를 나누어 주면서 설교를 했고, 에비슨은 진료를 했다. 이렇게 예정에 없던 일을 하느라 에비슨은 일주일이 넘어서야 한성으로 돌아왔다.

에비슨이 그 다음날 제중원에 출근했을 때, 그로서는 놀라운 광경을 보게 되었다. 그가 수술실로 예정해 놓은 방을 에비슨이 없는 사이에 한 일본인 의사가 차지하고 있었던 것이다. 에비슨의 회고에 의하면, 주사들은 방들을 적당한 값으로 세를 놓을 기회를 찾고 있었는데 그들에게는 그렇게 하는 편이 수술 때문에 애를 먹는 것보다 나았기 때문이었다.

에비슨은 그날 그 사태에 대해 곰곰이 생각해 보았다. 제중원에서 일한 지 6개월이 되었으니 국왕이 약속한 연봉의 절반을 받아야 했는데 단지 그것의 절반밖에 받지 못했다는 데에도 생각이 미쳤다. 에비슨은 계속 이런 식으로 주사들로부터 방해를 받든가 아니면 병원 업무들에 관한 권한을 갖든가 양단 간에 입장을 취해야 하겠다고 결심했다(《에비슨 전기》, 알렌 디그레이 클라크 지음, 1979, 89쪽). 그리고 며칠 뒤인 5월 10일, 미국 공사 실John M. B. Sill은 외아문 독판 서리 김학진金鶴鎭에게 에비슨이 제중원 의사직을 사임할 것이라는 공문을 보냈다. 공문에서 실 공사는 에비슨의 사직 이유로 다음과 같이 세 가지를 들었다.

첫 번째 이유는 약품비 등을 받지 못했다는 것인데, 이 점을 언급한 대목의 한문과 영문에 약간 차이가 있다. 한문으로는 "購買藥料火柴等物之經費銀迄未收領"이고 영문으로는 "He has received no money for conducting the hospital, buying drugs, fuel, etc"라고 되어 있다. 즉, 한문 공문에는 없는 '병원 운영비money for conducting the hospital'가 영문 공문에는 있는 것이다. '빈튼 파동' 때 일단락되었던 운영비 문제가 재연되는 듯도 한데, 운영비의 사용 권한이 외국인 의사에게 넘겨졌다는 얘기는 전혀 없었던 것이다. 아니면 약품과 땔감 구입비를 병원 운영비라고 표현한 것인지 모른다.

두 번째 이유는 새로 마련된 규칙이 시행되지 않았다는 것인데, 이 공문만으로는 구체적인 사정과 새 규칙의 내용은 알 수 없다.

세 번째는 에비슨이 근무에 대해 아무런 보수를 받지 못했으며, 정부에서 사용토록 허락했던 집(벙커 부인, 즉 엘러스가 제중원에 근무할 때 정부가 제공했던 집)에서 쫓겨나는 큰 모욕을 당했다는 것이다.

그런데 보수에 대해서는 논란의 여지가 있다. 에비슨 자신의 기록을 바탕으로 한 《에비슨 전기》에는 "내가 제중원에서 일한 지 6개월

미국 공사 실이 외아문 독판 서리 김학진에게 보낸 1894년 5월 10일자 공문. 이 공문에서 실 공사는 에비슨이 세 가지 이유로 제중원 의사직을 사임한다고 알렸다. 또한 에비슨뿐만 아니라 알렌도 제중원을 위해 헌신했지만 그동안 봉급을 전혀 받지 않았으며, 나아가 제중원은 미국 공사관이 설립했다고 강변했다. 이러한 내용들을 보면 이 공문은 단순히 에비슨의 사임을 통보하는 것이 아니라, 제중원에 관한 미국 측의 의도가 담겨 있는 것이었다.

이 되었으므로 국왕이 약속한 연봉의 절반을 받아야 했는데 단지 그것의 절반밖에 받지 못했다I had been there six months and should already have received half the annual contribution promised by the king, but had received only half of that half"라고 되어 있기 때문이다. 6개월치의 절반은 받지 못했지만, 뒤집어 말하면 절반은 받았다는 것으로 '아무런 보수를 받지 못했다'라는 말과는 큰 차이가 있다. 물론 조선 정부가 약속을 지키지 않은 것은 잘못된 일이다. 하지만 절반은 받았는데 전혀 받지 못했다고 국가 사이의 공식 문서에 허위사실을 기록한 것은 더욱 큰 문제다.

또한 같은 공문에서 '알렌 의사는 아무런 보수를 받지 않고該院宜士安連不費薪水(Dr. Allen, who was in charge and working no pay)'라는 표현도 나온다. 알렌은 제중원 의사 자격으로 1887년 1월(음력)부터 1888년 2월까지, 그리고 헤론이 사망한 직후인 1890년 6월(음력)부터 아마도 1891년 초까지 월 50달러의 봉급을 조선 정부로부터 받았다. 에비슨과 알렌이 실 공사에게 거짓으로 말했는지, 공사가 거짓인지 알고도 그런 공문을 보냈는지 알 수 없지만 이러한 언급은 국가 간의 외교관계에서 큰 문제가 아닐 수 없다.

나아가 미국 공사는, 제중원은 애초에 민영익과 공동 협력으로 미국 공사관에서 설립했다(該院之刱起言之由本署泊閔台泳翊共同協力, 영어로는 "This hospital was organized through this Legation with the assistance of Min Yong Ik")고 했다. 엄연한 조선 정부의 기관을 미국 공사관이 설립했다고 하는 주장은 단순한 착오라고 생각하기 어렵다.

이러한 내용들을 보면 이 공문은 단순히 에비슨의 사임을 통보하는 것이 아니라, 제중원에 관한 미국 측의 원려遠慮가 담겨 있음을 짐작할 수 있다. 이 공문은 제중원의 운영권이 에비슨에게 이관되는 과정에 신호탄이 되었다.

또한 이 공문과 관련해 이해하기 어려운 부분이 있다. 에비슨이 제중원을 그만두겠다고 한 계기는 수술실로 쓰기로 작정한 방을 주사들이 에비슨 모르게 일본인 의사에게 빌려준 일이었다. 하지만 이 공문에는 그런 언급이 전혀 없다.

미국 공사의 공문에 대해 외아문 독판 서리 김학진은 5월 22일(음력 4월 18일)자로 다음과 같은 내용의 공문을 보냈다.

김학진이 실 공사에게 보낸 5월 22일(음력 4월 18일)자 공문.

제중원 의사 에비슨이 자기 돈 125원으로 약품을 산 것을 조사하고 제중원이 받은 비용을 참조하여 그 돈을 완전히 갚도록 했으며, 땔감 등의 비용에 대해서는 제중원에서 이를 관장하는 직원을 역시 깨끗하게 다스려 모름지기 염려함이 없도록 했습니다.

오직 건물에 대해서는, 그 건물을 조사해 보니 원래 육영공원 교사가 머물던 사택으로 지난번에 제중원 의사가 들어갈 곳으로 비준했는데, 사실은 잠시 임시로 빌려준 것이니, 비워 줄 것을 부탁드립니다. 이는 육영공원이 돌려 달라는 것이 매우 급해서이며 후의를 야박하게 하고자 함이 아닙니다. 청컨대 해당 의사에게 이를 깨우쳐 주어 집을 비울 것을 부탁합니다.

즉 에비슨이 제기한 문제 가운데 약품과 땔감 비용에 대해 적절한 조치를 취했고 관련 직원을 징계했다는 것이다. 주택 문제에 대해서는 육영공원이 사용하는 것을 잠시 빌려 쓴 것이니 에비슨이 퇴거하도록 해 달라고 부탁했다. '새로운 규칙'과 월급에 대해서는 별다른 언급이 없었다. 이 공문에 대해 바로 다음날인 5월 23일, 미국 공사는 조선 정부의 허락으로 그동안 에비슨이 사용해 온 가옥을 비워달라는 외아문의 요청을 에비슨에게 통지했다는 공문을 보냈다. 그런 뒤 이 문제에 대해 양국 사이에 오간 공문이 더 이상 없는 것으로 보아 이 문제는 일단락된 것으로 보인다. 과연 그러했던가?

미국 공사가 외아문에 보낸 5월 23일자 공문.

제중원 운영권의 이관

5월 22일자 공문에 대해 미국 측에서 아무런 문제 제기를 하지 않았을 뿐 아니라 외아문의 요청을 에비슨에게 전달했다고 회신했으므로 외아문은 당연히 에비슨이 제중원을 그만두겠다고 했던 문제는 잘 수습되었다고 생각했을 것이다. 하지만 에비슨의 사퇴 문제는 해결된 것이 전혀 아니었다. 오히려 불씨가 점점 커져 가고 있었던 것 같다. 알렌은 6월 9일 엘린우드에게 다음과 같은 편지를 보냈다.

> 제가 마지막 보낸 편지(5월 16일자)에서 에비슨 의사가 그 병원을 포기했다고 적었습니다. 그는 제가 전에 소유했던 곳으로 지금은 여학교로 쓰고 있는 낡은 집에서 살아야 합니다.

편지의 뒷 문장은 에비슨이 정부 사택에서 퇴거한 것을 뜻한다. 알렌은 엘린우드에게 보낸 4월 18일자 편지에서는 에비슨을 그 집에서 쫓아내려는 미국인들의 음모를 언급하기도 했다. 정확한 내용은 알 수 없지만 당시 한성에 있던 미국인들 사이에 복잡한 사정이 얽혀 있었던 것으로 보인다.

한편 앞 문장은 5월 16일의 상황인지 아니면 6월 9일에도 해당되는 것인지 확실하지 않지만, 제중원에 복귀했다는 언급이 없는 것으로 보아 에비슨이 계속 제중원에 출근하지 않았다고 여겨진다. 즉 에비슨은 조선 정부의 조치에 만족하지 않고 여전히 제중원 일을 보지 않고 있었던 것이다.

알렌은 이어서 7월 26일 엘린우드에게 다음과 같이 놀라운 소식을 전한다.

김윤식金允植(1835~1922). 《조선귀족열전》(1910)에 실린 사진이다. 대표적인 동도서기론자東道西器論者로 1885년 제중원 설립에 책임을 맡았으며, 1894년 제중원의 운영권을 에비슨에게 넘기는 역할도 했다. 1910년 8월 '합방'에 관한 순종의 물음에 대해 고관대작으로서는 유일하게 반대 의사를 표했으며, 강점 후 일제의 귀족 제의를 처음에는 거절했지만 결국 고종과 순종의 권유에 따라 수작受爵했다고 전해진다. 3·1운동 뒤에는 독립을 청원하는 〈대일본장서對日本長書〉를 제출하여, 1920년 4월 작위를 박탈당했다. 그야말로 굴곡이 극심한 생애였다.

제중원은 폐지defunct되었습니다. 조선 정부도 마찬가지로 끝장이 났습니다. 일본이 23일 아침에 궁궐(경복궁)을 점령했고 지금은 그들이 모든 것을 장악하고 있습니다.

여기에서 제중원이 '폐지' 되었다는 것은 무슨 뜻일까? 우리가 알고 있는 사실은 8월 18일(음력 7월 18일)자로 제중원의 소속이 외아문에서 내무아문內務衙門으로 바뀌었다는 것이다. 즉 알렌이 위와 같은 편지를 쓴 시점뿐 아니라 8월 18일까지도 제중원은 폐지되지 않았다. 그런데도 제중원이 폐지되었다고 한 것은, 7월 23일 일본군이 무단으로 경복궁을 점령하고 7월 25일에는 청일전쟁이 개시되는 혼란 중에 알렌이 잘못 안 것일 수 있다. 아니면 그 며칠 사이에 제중원을 폐지한다는 논의 또는 결정이 있었을지도 모른다. 하지만 김홍집 내각이 성립된 것이 7월 27일이므로 설사 제중원을 폐지한다는 결정이 있었다 하더라도 조선 정부 차원의 결정은 아니었을 터이다.

1894년은 조선 사회가 개항 이래 최대의 격변을 경험한 해이다. 연초의 고부古阜 봉기를 필두로 갑오농민전쟁이 불타올랐으며, 그것을 구실로 조선에 출병한 일본군과 청국군이 조선의 국토와 민중들을 유린했다. 이런 가운데 수많은 인명이 살상되었고 국가의 위신은 바닥 모르게 추락했다. 제중원의 운영권이 조선 정부에서 미국 북장로교 선교부로 이관된 시기는 바로 이러한 격동의 와중이었다.

8월 하순까지도 에비슨은 제중원 진료를 여전히 거부하고 있었다. 제중원 의사로 일하기 시작해서 첫 6개월은 근무했고, 나중 4개월은 근무를 하지 않은 셈이었다. 사실 진료 거부의 이유는 불투명하다. 애당초 내건 세 가지 이유는 대체로 충족되었고, 그 조치에 미흡한 점이 있더라도 장기간의 근무 거부 이유로는 명분이 약해 보인다. 따라서 겉으로 내건 이유와는 달리 에비슨은 처음부터 제중원 운영권의 획득을 목표로 했다고 해석하는 편이 더 적절해 보인다. 여러 가지 점에서 사실과 다르고 조선 정부를 겁박하는 뉘앙스를 띤 미국 공사의 5월 10일자 공문도 그러한 해석을 뒷받침한다. 그리고 시대 상황은 점점 더 에비슨에게 유리해져 갔다.

이러한 가운데 조선 정부로부터 중재 요청을 받은 알렌에게 에비슨은 다음과 같은 조건을 내걸었다(《에비슨 전기》, 89~90쪽).

1. 국왕은 주사를 한 사람만 남기고 모두 소환할 것. 제중원은 국왕의 소유이므로 국왕과 나 사이에 연락관 한 사람이 있으면 좋겠음.
2. 하인 35명을 모두 내보낸 뒤, 내게 필요한 조수를 내가 직접 선정하도록 할 것.
3. 제중원의 모든 재산을 선교부에 이관하여 필요에 따라 선교부의 재정으로 제중원을 개조할 수 있도록 할 것.

만약 이렇게 된다면, 우리는 다음의 사항을 보장한다.

1. 국왕에게 제중원 사업에 필요한 재정적 부담을 지우지 않음.
2. 1년 전에 알려 주면 제중원의 모든 재산을 국왕에게 되돌려 주겠으며, 그럴 경우 그동안 건물 개축 등에 들어간 모든 비용을 우리에게 지불해야 함.

이제 에비슨이 그동안 진료를 거부해 온 이유와 목표가 명백해진 것으로 보인다. 그것은 5월 10일 미국 공사를 통해 제시했던 사직 이유도 아니었고, 제중원 운영의 개선도 아니었다. '사직'도 유리한 협상을 위한 카드였다고 생각된다.

알렌이 선교본부 총무 엘린우드에게 보낸 8월 26일자 편지에서 언급한 내용이 실제에 가장 가까운 목표였을 것이다.

전반적인 개혁(갑오개혁)이 진행되는 가운데 우리는 이 기관(제중원)을 박사님께 증서로 완전히 넘기든지 아니면 정부의 찬조 아래 운영할 수 있는 협약들을 만들기 위해 노력하고 있습니다 In the general reconstruction now going on we are trying, from the Legation, to have the institution either given over to you entirely by deed, or suitable arrangements made for its proper conduct under Government auspices.

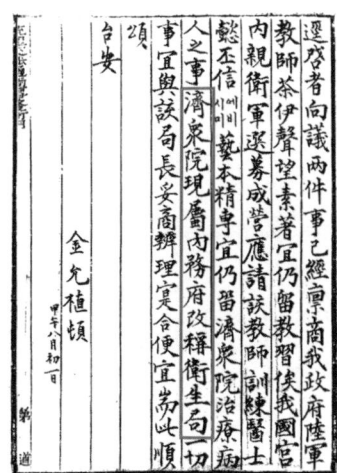

김윤식이 미국 공사에게 보낸 8월 31일(음력 8월 1일)자 공문. 제중원이 내무부 위생국 소관이 되었음도 밝혔다.

8월 31일(음력 8월 1일), 외무아문 대신 김윤식은 에비슨의 요구를 수락할 것이니 에비슨이 곧 제중원에 복귀토록 해 달라는 공문을 미국 공사에게 보냈다.

이에 대해 미국 공사는 9월 7일 외무대신 김윤식에게 다음과 같은 공문을 보내 에비슨의 요구 사항을 공식화했다.

저는 제중원에 관한 귀 대신의 공문 내용을 에비슨 의사에게 알렸으며, 에비슨은 다음과 같이 제안했습니다. 에비슨이 제중원의 일체 업무를 전담 관리[專管辨理]하게 되면, 필요한 외국인 조수들을 확보할 것이며 자신과 조수 모두 보수를 받지 않을 것입니다. 귀 정부에서는 주사들을 임명해 귀 정부를 대표하도록 할 수 있지만 그들은 제중원의 정당한 운영에 간섭해서는 안 되며 따로 떨어져 있는 건물에 거주해야 합니다.

에비슨과 동료들은 필요한 물품을 모두 구입하고 피고용인과 조수의 급료를 모두 지급할 것입니다. (하지만 주사들에게는 어떤 경우에도 지급하지 않습니다.) 에비슨은 필요한 수리를 하고 병원 뒷쪽 언덕의 빈터에 자신이 살 집을 지을 것이며, 이 집과 부지는 병원의 일부가 될 것입니다.

에비슨은 몇 해 또는 무기한 근무할 것이지만, 귀 정부는 언제든지 제중원을 환수할 수 있습니다. 그럴 경우 1년 전에 에비슨이나 대리인에게 통보하고 에비슨이 자기 집과 병원 건물의 수리에 실제로 사용한 비용을 지불해야 합니다.

저는 이것이 매우 공정한 제안이라고 생각합니다. 귀 정부는 경비를 전혀 쓰지 않으면서도 1등 병원을 설치하는 것이며, 또 귀 정부가 겪고 있는 자금난을 덜 수 있기 때문입니다.

미국 공사가 외무대신 김윤식에게 보낸 9월 7일자 공문(왼쪽은 한문본, 오른쪽은 영문본). 제중원의 일체 사무를 에비슨이 전담 관리토록 할 것을 요구했다.

요컨대 제중원의 운영권을 에비슨에게 넘겨 달라는 것과 그렇게 되면 조선 정부는 운영비를 쓰지 않으면서도 최상급의 정부병원을 가질 수 있다는 것이었다.

제중원의 모든 운영권을 넘겨 달라고 하면서, 굳이 에비슨이 살 집을 새로 짓겠다고 언급한 것으로 보아 에비슨은 육영공원 소관의 사택에서 퇴거한 것에 대해 커다란 불만을 가졌던 듯하다. 그리고 에비슨은 제중원의 3년치 예산에 버금가는 8,500원을 들여 자신이 살 주택을 신축했다.

이에 대해 9월 26일 외무대신 김윤식은 에비슨의 요구를 고스란히 수락하는 다음과 같은 내용의 공문을 미국 공사에게 보냈다.

모든 병원 업무는 에비슨이 관할하여 운영[專管辦理]토록 할 것입니다. 제중원의 빈터에 그가 거주할 주택을 짓는 것을 반대할 이유도 전혀 없습니다.

조선 정부가 언제라도 제중원의 환취[還取]를 요구하는 경우 그때까지 들어간 건축비와 수리비를 모두 지불할 것입니다.

에비슨에게 운영권을 이관한 이상 조선 정부의 관리와 고용인을 파견할 필요는 없습니다. 나중에 에비슨이 업무를 볼 때 우리 정부의 지도[訓勸]를 받지 않거나 우리 정부가 불만이 있을 경우에는 귀 공사에게 공문을 보내 공식적으로 처리하는 것이 사리에 맞습니다.

외무대신 김윤식이 미국 공사에게 보낸 1894년 9월 26일(음력 8월 27일)자 공문. 제중원의 모든 운영권을 에비슨에게 넘긴다는 내용으로, 미국 공사가 9월 7일자 공문으로 요구한 것을 고스란히 수용한 것이었다.

김윤식으로서는 참으로 아이로니컬한 일이었다. 1885년 우리나라 최초의 근대식 국립병원 창설에 책임자였던 김윤식이 9년 반 뒤에는 그 병원의 운영권을 미국 북장로교 선교부에 넘기는 역할을 맡게 된 것이다. 선교부로 운영권이 이관된 1894년 9월에는 제중원이 내무아문 소속이었지만, 국가 간의 외교적인 문제이기도 하고 또 그동안 제중원을 관할해 왔기 때문에 외아문이 그러한 역할을 했을 것이다.

이로써 9년 반 동안 조선정부병원 또는 왕립병원으로 존재했던 제중원이 미국 북장로교회 선교병원의 성격도 가지게 되었다. 이러한 이중성은 조선 정부로서는 마지못한 것이겠지만, 에비슨과 선교부 측에는 유리한 점이 적지 않았다. 제중원의 이관과 성격 변화는 조선 정부와 국왕의 뜻을 충실히 수행할 조선인 의사가 없는 당시로서는 불가피했는지 모른다. 의사가 반드시 조선인일 필요는 없을 것이다. 하지만 선교부나 거기서 파견한 의사들이 조선 정부와 국왕의 의지를 따르는 것은 처음부터 기대하기 어려웠다. '근대'와 '문명'을 지향하고, '진료'와 '환자'를 위한다고 했지만 동상이몽이었던 것이다.

조선 정부가 제중원을 운영하기 어려워진 상황에서 제중원을 아예 폐지하는 길도 있었을 것이다. 또는 조선 정부의 뜻을 잘 따르는 외국인 의사를 채용하는 방법도 있었을 것이다. 하지만 실제로는 그러지 않았다. 여기에는 아마도 국왕의 생각이 가장 크게 작용했을 것이다. 자신이 주도해 만든 조선 최초의 근대식 국립병원이고 미국과의 우호를 표상하는 제중원을 국왕이 쉽게 포기할 수는 없었을 것이다. 또 10년 가까이 인연을 맺어온 알렌(미국 북장로교)과의 관계를 무시하기도 어려웠다. 그리고 갑오개혁기에 조선 정부에 커다란 영향력을 미쳤던 일본도 뚜렷이 반대하지 않았기에 제중원 운영권의 이관이 가능했을 것으로 생각된다.

알렌은 엘린우드에게 보낸 11월 29일자 편지에서 "일본인들이 제중원을 원했기 때문에 문제가 어려웠지만, 이제 병원은 박사님의 손에 있으며 박사님이 원하시는 대로 할 수 있습니다"라고 했다. 제중원의 운영권을 넘겨받는 과정에서 일본 측과 갈등이 없지 않았음을 언급한 것이지만 결국은 미국의 뜻대로 되었다. 힘겹게 청나라와 전쟁을 치르던 일본은 굳이 미국의 비위를 거스르는 행동을 할 필요가 없다고 판단했을 것이다.

선교사들에게 제중원은 이미 선교 활동에 별 중요성이 없게 되어 꼭 유지할 필요가 없었으므로 에비슨이 조선 정부에 마음 놓고 강경책을 쓸 수 있었다는 주장도 있다. 즉 조선 정부가 자신의 요구를 받아들이지 않는 경우 제중원을 포기하면 되고, 요구를 받아들이면 선교병원으로 사용하면 되었기 때문에 부담이 적었을 것이라는 해석이다. 일면 타당한 해석이다. 그러나 에비슨은 빈튼이나 마펫이 아니었다. 에비슨은 제중원이 선교의 발판이 된다는 점은 물론이고 제중원의 진료 자체가 궁극적으로 선교에 큰 의미를 갖는다는 사실도 분명하게 인식하고 있었다.

또 의사로서도 제중원은 탐나는 대상이었다. 알렌이 극찬에 가까운 평가를 했듯이, 구리개 제중원은 1886년 당시 한성 최고의 건물이었으며, 장비, 시설, 기구, 약품도 당시 조선의 형편으로는 최상급이었다. 알렌은 엘린우드에게 여러 차례 제중원의 설비가 훌륭하고 조선 정부의 지원도 만족스럽다고 보고했다.

제중원은 지원을 잘 받고 있습니다. 선교지부 사람들은 지원 규모와 유용성 등에 탄복하고 있습니다. 그들 대부분은 이러한 것을 본 적이 없습니다 (1894년 4월 18일자).

상하이에서 일하는 매클로드 의사의 의견에 따르면, 제중원은 상하이의 어떤 것보다 뛰어난 장비들을 많이 갖추고 있습니다(1887년 8월 2일자).

따라서 에비슨은 포기해도 되는 상황에서 조선 정부와 줄다리기를 한 것이 아니라 제중원을 꼭 수중에 넣겠다는 목표를 관철한 사람으로 여겨진다. 그런 점에서 에비슨은 탁월한 외교관이고 수완가였다. 에비슨으로서는 한 푼도 들이지 않고 제중원의 명칭과 정부의 권위 그리고 건물과 토지를 활용하게 되었을 뿐 아니라, 병원 건물의 개조와 사택의 신축 등에 들어갈 비용도 제중원을 반환할 때 되돌려 받기로 했으니 이보다 더 좋을 순 없었다.

알렌은 엘린우드에게 보낸 편지에서 에비슨을 "인내심 있고 현명하고 쉽게 낙담하지 않는 사람입니다. 그는 성공할 것입니다"라고 평했다(1894년 4월 18일자). 게다가 갑오농민전쟁, 청일전쟁으로 이어지는 1894년의 시대 상황도 에비슨의 편이었다.

세브란스 병원의 탄생

헤론은 엘린우드에게 보낸 편지에서 자신의 심경을 이렇게 털어놓은 바 있다.

> 정부병원(제중원) 일을 가능하면 오래 잘하려고 합니다만, 우리 자신의 병원이 있었으면 하고 간절히 바랍니다. 그러면 정부병원에서보다 환자들을 더 잘 보살필 수 있고 기독교에 대한 교육도 더 많이 할 수 있을 것입니다.

그러한 바람은 헤론만이 아니라 제중원에서 일한 모든 선교 의사가 공통적으로 가졌을 것이다. 헤론의 소원은 죽은 지 4년 남짓이 지나서 이루어졌지만 아직 완전한 것은 아니었다. 에비슨이 최선의 조건으로 제중원의 운영권을 인계받기는 했지만, 소유권은 여전히 조선 정부에 있었기 때문이다. 그래서 외국인들은 이전과 다름없이 제중원을 '왕립병원Royal Hospital'이나 '정부병원Government Hospital'이라고 했다. 에비슨이 1901년에 작성한 보고서의 명칭도 〈대한제국병원 연례 보고서Annual Report of the Imperial Korean Hospital〉였다.

이런 상황에서 조선 정부가 언제 태도를 바꾸어 제중원의 반환을 요구할지 모를 일이었다. 그리고 그러한 우려는 곧 현실로 나타났다. 운영권을 이관한 지 채 9개월도 되지 않은 1895년 6월 중순, 조선 정부는 제중원을 되돌려 받으려는 움직임을 보였다. 아마도 의사 양성을 위한 의학교로 사용하기 위해서였을 것이다. 하지만 조선 정부의 시도는 성취되지 않았다.

1894년에 에비슨 측이 조선 정부로부터 제중원의 운영권이 아니라 아예 소유권을 넘겨받았으면 어땠을까? 알렌이 "우리는 제중원을 박사

세브란스 병원(《사진으로 보는 한국 신교 백년》에서). 1907년 일제에 의해 대한의원大韓醫院이 건립되기 전까지는 일본인의 한성병원과 함께 한국에서 가장 규모가 컸고 시설도 단연 뛰어났다.

님(엘린우드)께 증서로 완전히 넘기든지 아니면 정부의 찬조 아래 운영할 수 있는 협약을 만들기 위해 노력하고 있습니다"라고 한 것을 보면 미국 측은 소유권의 이전까지도 기대했던 모양이다. 하지만 조선 정부나 국왕이 선교부와 미국에게 아무리 호의적이었다 하더라도 무상으로 제중원을 넘겨줄 수는 없었을 것이다. 그러면 유상 매입은 어떠했을까? 선교부의 의지도 문제였지만 재정적 능력상 불가능했을 것이다.

제중원의 수입·지출 상황을 비교적 뚜렷하게 보여주는 〈대한제국 병원 연례 보고서〉를 보면 1900년 5월부터 1901년 4월까지 1년 동안 선교본부가 제중원에 제공한 돈은 2,040원이었다. 물가 상승과 환율 변동 등을 감안하지 않더라도 1894년 이전 조선 정부의 제중원 연간 예산인 3,000원의 3분의 2에 불과하다. 또한 내부內部에 소속된 국립병원 광제원의 1901년 예산(세출) 7,332원에 비하면 30퍼센트에도 못 미치는 것이었다.

"국왕에게 제중원 사업에 필요한 재정적 부담을 지우지 않겠다"라며 선심 쓰듯 운영권의 이관을 요구했던 에비슨과 선교부의 재정 능

1901년도 대한제국 정부 예산 내역(《황성신문》 1901년 3월 19일자). 내부 소속의 광제원에는 7,332원, 종두사種痘司에는 3,282원이 배정되었다.

력은 이렇듯 충실치 못했다. 따라서 선교부가 제중원을 유상으로 매입하려는 계획은 애초부터 없었을 것이다.

제중원의 소유권까지 얻지는 못했지만, 여하튼 운영권을 이관받은 것만으로도 선교부의 목표는 충분히 달성되었다. 그동안 하지 못했던 제중원에서의 선교 활동을 이제 마음껏 할 수 있게 되었다. 진료를 통한 선교, 선교와 진료의 연계라는 알렌과 헤론과 에비슨의 꿈이 실현된 것이었다. 게다가 정부병원인 이상, 정부가 가진 권위의 혜택도 여전히 함께 누릴 수 있었으며, 반면에 정부의 간섭이란 없었으니 금상첨화였다. 이 정도로 유리한 조건이 아니었는데도, 영국성공회와 가톨릭 그리고 일본 측이 제중원과 인연을 가지려고 온갖 노력을 기울였던 것을 생각하면 북장로교 선교부가 거둔 성과는 매우 컸으며 그 의미도 명백했다.

한편 제중원 운영권 이관 이후 조선(대한제국) 정부의 역할은 어떻게 달라졌을까? 건물과 대지라는 하드웨어와 정부의 권위까지만 제공한 것이었을까? 1905년 2월 16일 미국 공사 알렌은 외부대신 이하영李夏榮(1858~1919)에게 다음과 같은 공문을 보내 세브란스 병원의 운영비 지원을 요청했다.

> 그(세브란스) 병원은 제중원을 이어서 옮겨 세운 것으로, 제중원으로 운영되던 때 귀 정부의 도와주는 은혜를 많이 입으며 경비를 분담했습니다 該病院 係是濟衆院之移設者 而曾爲濟衆院時 多蒙貴政府助護之惠 支敷經費矣.
> 귀국의 환자들이 그 병원에 머물러 치료받을 때에 소용되는 음식물과 연료용 기름 등의 비용이 적지 않습니다 貴國病人等 留該病院治療之際 食物及柴油之費 果係不少.

그러므로 몇해 전 제중원의 예에 따라 귀 정부에서 이 경비를 보조해 준다면 어찌 아름다운 일이 아니겠습니까 則依昔年濟衆院之例 自貴吏政府 補助此等經費 豈非美事耶.

알렌이 외부대신에게 보낸 1905년 2월 16일자 공문. 알렌은 제중원의 예에 따라 세브란스 병원施病院에도 대한제국 정부가 경비(매달 400~500원)를 보조해 줄 것을 요청했다.

알렌의 공문에 정부가 제중원을 재정적으로 지원한 시기가 명확히 나와 있지는 않지만, '도와주는 은혜' '경비 분담' 등의 구절로 보아 1894년 9월 운영권을 이관한 뒤에도 조선(대한제국) 정부는 제중원 경비를 보조해 준 것으로 여겨진다. 만약 알렌이 언급한 시기가 운영권 이관 이전이라면, 그것은 제중원의 정체성과 운영의 실상을 크게 왜곡하는 것일 터이다. 운영권을 에비슨에게 넘기기 전까지 제중원 경비는 전적으로 조선 정부가 지출했기 때문이다.

반면에 알렌이 1902년 4월 22일 외부대신 서리 유기환에게 보낸 공문에는 대한제국 정부는 제중원 운영비를 전혀 부담하지 않았다고 하여, 어느 쪽이 사실인지 혼란스럽다. 설령 운영비를 부담하지 않고 대지와 건물만을 제공했다 하더라도 그것은 작지 않은 역할이었다. 에비슨(선교부)에게 운영권을 이관했고 그에 따라 그동안 금지되었던 병원 내 선교도 허용되었지만, 제중원이 정부병원이라는 사실에는 변함이 없었기 때문에 건물과 대지를 무상으로 사용토록 했을 것이다. 또한 건물을 수리, 개조하거나 신축하는 경우 나중에 제중원을 환수할 때 그 비용을 지불하기로 한 미국과의 약정도 같은 이유에서였을 것으로 생각한다. 뒤에 보듯이, 미국 측은 그 조항을 교묘히 이용하려 했다.

1899년 3월 말 에비슨은 요양을 위해 안식년 휴가를 얻어 한성을 떠나 캐나다로 돌아갔다. 에비슨은 장기 휴가를 떠나면서 어떤 식으로든 제중원을 개조해야겠다고 생각했다. 제중원은 난방은 물론이고 상하수 시설도 제대로 되어 있지 않은 상태였다. 제중원에 근무한 여의사 에바 필드가 "선교부는 현재 우리가 일하는 환경처럼 나쁜 곳에서 일 시킬 권리는 없다"고 할 정도였다.

이해하기 어려운 것은, 에비슨이 그렇게 생각했다면 애당초 제중원 안에 자기 집을 짓는 데 사용한 8,500원을 왜 병원 개건改建에 사용하지 않았는가 하는 점이다. 8,500원은 당시로서는 대단히 큰 돈이었다. 그 돈을 병원 건물의 신축에 사용했다면 몇 해 뒤에 설립된 세브란스병원의 절반 가까이 되는 규모의 최신식 병원을 세울 수 있었다. 사실 에바 필드도 불만만 터뜨릴 것이 아니라 선교부를 설득해 제중원에 인접한 땅과 집을 살 돈으로 제중원의 환경을 개선했어야 하지 않았을까? 에바 필드는 1905년 1만 9,020원을 받고 그 땅과 집을 대한제국 정부에 되팔았다.

어쨌든 4월 하순, 캐나다 토론토로 돌아간 에비슨은 건축가 고든 Henry B Gordon에게 40병상 규모의 병원 설계를 부탁했다. 에비슨에게 공감한 고든은 설계를 무료로 해 주겠다고 했으며, 건축비로는 1만 달러(2만 원에 해당) 정도가 들 것이라고 말했다. 그 뒤 에비슨은 뉴욕으로 가서 선교본부 총무 엘린우드와 병원 신축을 논의했고, 엘린우드는 병원 건립 기금 모금 계획을 선교본부에 보고해 허가를 받았다.

그리고는 1년 가량 모금에 별 진척이 없었는데, 1900년 4월 30일 에비슨이 뉴욕에서 열린 만국선교대회에서 연설할 기회를 갖게 되면서 상황은 급진전했다. 그 자리에서 에비슨은 한성에 파견된 선교 의

세브란스Louis H. Severance (1838~1913). 같은 클리블랜드 출신의 친구 록펠러John Davison Rockefeller(1839~1937)와 함께 1870년에 스탠더드 석유회사를 설립했으며, 1874년부터 22년 동안 재무이사를 지냈다. 자본가와 대부호로 긍정, 부정 양 측면의 엇갈리는 평가를 받는 세브란스와 록펠러는 인생 후반기에는 대자선가로도 명성을 날렸다.

사들이 협력해서 병원 하나를 새로 짓는다면 의료 선교가 크게 발전할 수 있다고 역설했다. 에비슨의 연설에 감명을 받은 클리블랜드의 대부호 세브란스Louis H Severance는 병원 신축 비용 1만 달러를 선교본부에 기탁했다.

1900년 10월 2일 소원을 성취해서 기쁜 마음으로 한성에 돌아온 에비슨은 기왕이면 제중원 구내에 새 병원을 짓기를 원했다. 그리고 알렌에 따르면, 세브란스가 병원 신축비로 1만 달러를 기부했다는 소식을 전해들은 국왕은 알렌과 에비슨에게 병원 신축을 위한 부지를 제공하겠다는 약속을 했다고 한다. 그러나 국왕의 언질에도 불구하고 새 병원의 터를 마련하는 일이 지지부진하자, 미국 특파전권공사 알렌은 1902년 4월 22일 외무대신 서리 유기환兪箕煥(1858~1913)에게 공문을 보낸다. 그는 제중원 자리에 새 병원을 짓겠으니, 제중원의 대지와 건물들의 소유권을 미국 측에 넘겨 달라고 요구했다.

알렌은 제중원 자리에 새 병원을 지어야 하는 이유로, 조선인들이 구리개의 제중원 위치에 익숙해 있으며 새 병원 건물을 새로운 장소에 짓는 경우에는 비용이 2만 5,000원이나 들 것이고, 또 한동안 병원 문을 닫아야 한다는 점을 내세웠다. 그리고는 순전히 병원 용도로만 사용하겠다고 하면서, 병원 사업을 계속하기 위해서는 제중원의 대지와 건물들을 공식 문서로 미국인들에게 양도할 것을 요구했다.

그리고 자신의 제안이 받아들여지지 않은 상태에서 에비슨이 제중원 터에 새 병원을 짓게 되면, 1894년의 약정에 따라 나중에 제중원을 환수하는 경우 대한제국 정부는 병원 건축에 쓰인 비용을 모두 갚아야만 한다는 점을 강조했다. 알렌은 공문의 앞 부분에서 이미 그때까지 제중원 건물들의 수리와 신축에 2만 5,000원을 사용했음을 언급했다. 그런데 1905년 4월 막상 제중원을 환수하면서 대한제국 정부가 지불한 금액은 그보다 절반에도 못 미치는 1만 1,269원 90전이었다. 알렌이 액수를 잘 몰라서 그랬던 것일까? 아니면 대한제국 정부에게 제중원의 소유권을 넘기도록 부담을 주고 겁박하기 위해서 일부러 과장했던 것일까?

공사관 서기관 시절인 1894년 8월 "제중원을 박사님(엘린우드)께 증서로 완전히 넘기기 위해 노력하고 있습니다"라고 했던 알렌은, 한국 주재 특파전권공사로 승진해서는 미국의 '국익'과 선교 활동의 확장을 위해 더욱 노골적으로 행동했다.

만약 대한제국 정부가 알렌의 요구를 받아들였더라면, 그 뒤 제중원의 역사와 그에 대한 평가는 크게 달라졌을 것이다. 그러나 미국과 알렌에게 그리도 우호적이었던 대한제국 정부와 국왕도 알렌의 그 요구만은 들어줄 수 없었던 모양이다. 미국 측도 그러한 대한제국 정부의 대응에 맞서 제중원 내에 새 병원 건물을 짓는 실력 행사는 하지 않았다.

얼마 뒤 그러한 사정을 알게 된 세브란스는 병원 대지 구입 비용 5,000달러를 추가로 보냈다. 에비슨은 그 돈으로 6월 초 남대문 밖 복숭아골(지금의 남대문로 5가 연세재단 세브란스 빌딩 일대)의 대지를 구입했고, 11월 27일에는 정초식을 가졌다. 그리고 1904년 9월 23일, 병상 40개를 갖춘 현대식 병원, 즉 '세브란스 기념병원Severance Memorial Hospital'이 완공되자 봉헌식을 거행했다. 이로써 선교부 소유의 병원을 갖기를 원했던 헤론의 꿈은 완전히 이루어졌다.

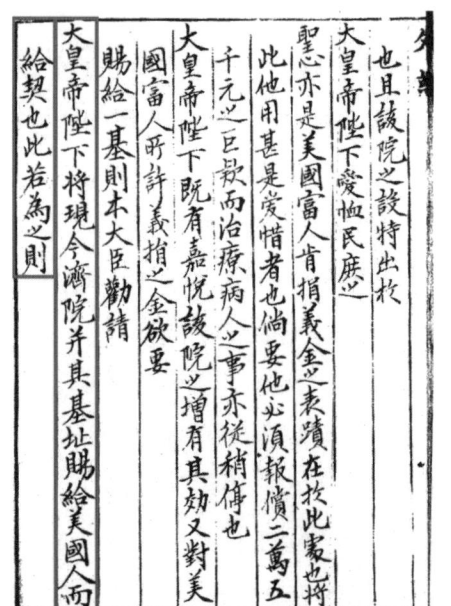

미국 특파전권공사 알렌이 외무대신 서리 유기환에게 보낸 1902년 4월 22일자 공문. 병원사업을 계속하기 위해서는 제중원의 대지와 건물들을 공식 문서로 미국인들에게 양도할 것을 요구했다.

제중원 환수의 진실

1895년 6월과 1902년 11월(신문 보도만 있을 뿐 정부 기록은 없어 확실치는 않다.) 정부는 제중원의 환수를 시도했지만 실제 이루어지지는 않았다. 그러다가 1905년 4월 한국 주재 일본 공사관의 거중 조정으로 제중원은 10년 7개월 만에 대한제국 정부로 환수되었다.

일본 측의 중재가 있었고 그 전해에 세브란스 병원이 완공되었기 때문에 대한제국 정부가 제중원을 환수할 수 있었던 것이라 생각된다. 일본과 미국이 어느 때보다도 밀월 관계를 즐기던 때였지만, 세브란스 병원이 세워지지 않았다면 일본이 미국 측에 제중원 반환을 요청하기는 어려웠을 것이다. 일본이 제중원 환수에 적극적이었던 것은 물론 자신들의 이익 때문이었다. 환수된 병원 건물은 일본인과 친일파의 사교클럽 격인 대동구락부로 재건축되었고, 에비슨이 사용하던 사택은 1904년 11월 대한제국 정부의 외교 고문으로 임명되어 을사늑약의 막후 역할을 하는 등 일본의 '공작원'처럼 활동한 스티븐스 Durham White Stevens(1851~1908)의 사택으로 쓰였다.

이로써 1885년 4월 14일 국왕의 재가에 의해 정식으로 설립되었던 조선 최초의 근대식 국립병원인 제중원은 꼭 20년 만에 운명을 다하고 역사의 뒤안길로 사라졌다. 그런데 여기에서 한 가지 분명하게 짚고 넘어갈 것이 있다. 그것은 바로 제중원의 승계와 관련된 세간의 논란이다.

먼저 광제원과 제중원의 관계에 대해서 살펴보자. 1885년 알렌에 이

장인환張仁煥(1876~1930)과 전명운田明雲(1884~1947)의 스티븐스 저격을 보도한 1908년 3월 24일자 《샌프란시스코 크로니클》. 가운데가 스티븐스, 왼쪽이 전명운, 오른쪽이 장인환이다. 3월 23일 샌프란시스코 부두에서 장인환과 전명운이 각각 독자적으로 스티븐스를 저격했고, 장인환의 총탄에 치명상을 입은 스티븐스는 이틀 뒤 사망했다. 이들의 거사는 다음 해 안중근安重根(1879~1910.3.26)의 이토 히로부미 처단, 이재명李在明(1890~1910.9.30)의 이완용 응징으로 이어졌다. 한편 살인죄로 기소된 장인환의 법정 통역을 요청받은 이승만(당시 하버드 대학 석사과정)은 기독교인으로서 살인자를 도울 수 없다며 통역을 거절했다.

대동구락부 건물. 대문 기둥에 '농상공부農商工部'라는 간판이 걸려 있는 것으로 보아, 이 사진은 1907~1910년 사이에 찍은 것으로 여겨진다. 1912년에는 조선귀족회(회장 박영효) 소유의 귀족회관이 되었다. 지금은 이 자리에 외환은행 본점 주차 빌딩이 들어서 있다.

어 두 번째로 조선에 온 선교 의사 스크랜튼은 1908년 6월 3일 세브란스 병원 의학교 제1회 졸업식에서 '한국에서 서양의학의 도래와 발전에 대한 간략한 묘사A short sketch of the advent and progress of Western medicine in Korea'라는 제목의 축하 강연을 했다. 이 강연에서 스크랜튼은 광제원을 '어떤 의미에서 옛 외아문 병원(제중원)의 계승자'라고 지칭했다.

광제원은 1899년 4월 24일 내부(內部) 소속으로 설립된 국립병원이다. 스크랜튼이 광제원을 '제중원의 계승자'라고 했던 것은 아마도 두 병원이 정부가 운영한 국립병원이라는 공통점을 가졌기 때문일 것이다. 게다가 1900년 10월부터는 광제원이 예전의 재동 제중원의 대지와 건물들을 사용했으므로, 광제원과 제중원의 관계가 매우 긴밀했던 것은 틀림없다. 하지만 그렇다고 광제원이 제중원을 계승했다고 하는 주장에는 무리가 있다. 둘 사이에 법률적, 제도적 승계를 보여주는 근거와 자료가 없기 때문이다. 제중원(1885~1905)과 광제원(1899~1907)은 별개의 국립병원이었을 뿐이다. 또한 이후의 국립병원들과 제중원과의 관계 역시 승계와 연결을 말하기 어렵다.

만약 1895년에 조선 정부가 의도대로 구리개 제중원을 환수해 의학교로 사용했다면 의학교가 제중원을 계승하게 되었겠지만, 당시 조선 정부의 계획은 실현되지 않았다. 그리고 1899년에 실제로 설립된 의

Korea Mission Field 1908년 7월호(연세대학교 학술정보원 소장). 스크랜튼은 세브란스 병원 의학교 제1회 졸업식에서 행한 강연에서 광제원을 '어떤 의미에서 옛 외아문 병원(제중원)의 계승자'라고 지칭했다.

학교와 제중원의 계승 또는 연관 관계를 뒷받침하는 근거도 없다.

그러면 제중원과 세브란스 병원의 관계는 어떠한가? 제중원의 운영권은 1894년 9월 에비슨(사실상 미국 북장로교 선교부)에게 이관되었다가 1905년 4월에 건물 및 대지와 함께 환수되었다. 일부에서는 환수된 것은 제중원의 '건물들과 대지'라고 주장해, 제중원의 운영권과 법통은 여전히 에비슨에게 남아 있는 것처럼 호도하지만 이는 근거 없는 주장일 뿐이다. 제중원의 건물, 대지와 분리된 별도의 운영권이라는 것은 없었다. 만약 대한제국 정부가 제중원의 대지와 건물들을 공식 문서로 미국인들에게 양도해 달라는 1902년 4월의 알렌의 요구를 받아들였더라면, 그래서 미국 측 소유가 된 제중원 자리에 세브란스 병원이 세워졌더라면 제중원은 세브란스 병원으로 이어졌을 수 있다. 하지만 실제로는 그렇게 되지 않았다.

1905년 4월 10일, 대한제국 외부대신 이하영과 미국 북장로교 선교부를 대표한 빈튼 사이에 〈제중원 반환에 관한 약정서〉가 체결됨으로써 제중원과 미국 측과의 관계는 소멸되었다. 그리고 환수받은 제중원을 대한제국 정부가 더 이상 병원으로 사용하지 않음으로써 국립병원 제중원은 역사 속으로 퇴장했다.

'그(세브란스) 병원은 제중원을 이어서 옮겨 세운 것으로該病院 係是濟衆院之移設者(미국 공사 알렌이 외부대신 이하영에게 보낸 1905년 2월 16일자 공문)'라는 식의 표현은 알렌이나 미국의 자의적 인식일 뿐, 제중원과 세브란스 병원의 승계를 뒷받침하는 근거는 되지 못한다. 제중원 때와 마찬가지로 세브란스 병원에도 경비를 지원해 달라는, 바로 위의 미국 측 공문에 대해 외부대신 이하영은 한참 뒤인 6월 5일에야 다음과 같은 내용으로 회신했다.

〈제중원 반환에 관한 약정서〉 (규장각 한국학연구원 소장). 1905년 4월 10일, 대한제국 외부대신 이하영과 미국 북장로교 선교부를 대표한 빈튼 사이에 이 약정서가 체결됨으로써 제중원과 미국 측과의 관계는 소멸되었다.

신제중원新濟衆院에 매달 400~500원씩 보조해 달라는 요청에 대해 회답이 늦어진 것은 본 정부에서 결정을 내리지 못했기 때문입니다. 본 대신은 그 뜻에 찬성하지만 정부에서 허락을 받지 못했으니 귀 공사가 국왕을 만날 때 문의해 보십시오.

대한제국 정부는 직접적인 관련이 전혀 없는 세브란스 병원에 매달 적지 않은 금액의 경비를 지원해 달라는 미국의 요청을 받아들이기 어려웠을 것이다. 그래서 이때까지도 여전히 친미적이었던 이하영도 알렌의 요청을 완곡하게 거절할 수밖에 없었다. 이 공문에서 세브란스 병원을 '신제중원'이라고 지칭했다고 하여, 대한제국 정부가 세브란스 병원이 제중원을 계승했다고 인정한 것이라고 해석하는 것은 무리이다.

세브란스 병원이 세워지고 제중원이 정부에 환수된 뒤에도 오랫동안 제중원이라는 명칭이 쓰였다. 심지어 1920년대까지도 사용되었다. 예컨대 "血汗의 結晶 귀중한 동정금, 東拓 이민의 私差押의 본보 기사를 읽고 십 원 기부, 제중원 내의 일 독자"(《동아일보》1927년 12월 15일자) 식이다. 세브란스 병원 스스로도 제중원이라는 명칭을 병용했다. 사람들에게 익숙하기도 하고 제중원과의 관련을 나타내기 위해서였을 것이다. 그리고 종종 다른 제중원들과 구분하기 위해서 '황성皇城 제중원'이라는 명칭을 사용했다.

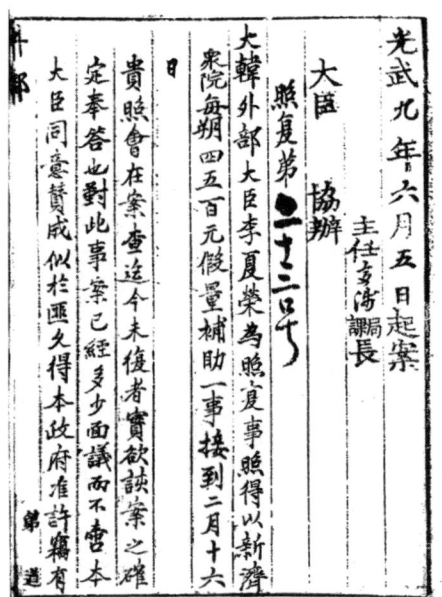

외부대신 이하영이 미국 공사 알렌에게 보낸 1905년 6월 5일자 공문.

1900년 무렵부터 '평양 제중원 미국 의사 위월시 魏越時(헌터 웰즈)'(《황성신문》1900년 1월 11일자) 식의 언급이 나타나기 시작했고, 그 뒤로 점점 확산되어 광주 제중원(광주 기독병원), 대구 제중원(동산병원), 선천 제중원, 재령 제중원 등 지방에서 활동하던 장로교 선교 의사들의 진료소를 제중원이라고 부르게 되었다. 나중에는 제중원의 의미가 더욱 넓어져 '불교 제중원 준공 개업'(《동아일보》1923년 9월 2일)처럼 병원과 비슷한 뜻으로까지 쓰이게 되었다. 따라서 이하영의 공문에 언급된 '신제중원'은 선교부가 새로 지은 병원이라는 뜻 정도로 해석해야 한다.

이로부터 1년이 지난 1906년 5월 31일, 대한제국 정부는 '제중원 찬성금贊成金'으로 3,000환圜을 지불할 것을 논의해 결정했다. 이때 제중원, 다시 말해 세브란스 병원에 찬성금을 보내는 이유로 청의서請議書에 언급된 내용은 다음과 같다.

제중원의 설행設行이 이미 몇십 해가 되었고, 백성의 생명을 구하는 데 열심이었습니다. 죽다가 살아나고 위험한 지경에서 목숨을 잇게 된 자가 손가락으로 셀 수 없을 정도인데도 아직까지 한마디 칭찬하는 말이 없고 한 푼 도와주는 돈이 없으니 심히 부끄러울 따름입니다. 제중원 찬성금을 보내는 것이 이미 정부의 방침인바, 잘 검토한 다음 찬성금 3,000환을 예산 외에서 지출하여 제중원이 널리 시술하는 아름다운 뜻을 깊이 치하함이 마땅합니다.

이것은 물론 1년여 전, 미국 공사 알렌이 세브란스 병원의 경비 보조를 요청한 것에 대한 대한제국 정부의 결정이다. 알렌은 매달 400~500원씩 지원해 줄 것을 요청했지만, 정부는 일시금으로 6개월 치에 해당하는 돈을 지불하는 것으로 그 사안을 정리했다.

그런데 문제는 이 청의서의 내용이 사실과 전혀 다르다는 점이다. 20년 동안 제중원을 국립병원으로 유지했고, 그 가운데 처음 9년 반을 정부가 직접 운영했는데 "한 마디 칭찬하는 말이 없고 한 푼 도와주는 돈이 없다"고 한 것은 사실과 전혀 맞지 않는 것이다.

1894년 9월 에비슨에게 운영권을 이관할 때까지 정부는 건물, 대지, 설비, 약품, 운영비 등을 모두 부담했으며, 알렌, 헤론, 에비슨, 엘러스, 호튼 등 제중원에서 일한 의료인들에게 최상의 대우를 해 주었다. 그리고 운영권을 이관한 뒤에도 건물과 대지를 무상으로 제공하고 병원 건물과 사택의 수리비, 신개축비까지 모두 부담하는 지원을 했다. 운영비도 지원했을 가능성이 있다.

더욱 큰 문제는 이 문서가 정부와 제중원의 관련을 일체 언급하지 않아, 제중원은 아예 설립 때부터 정부와 무관한 기관임을 시사한다는 점이다. 문서 제목의 '내부內部 소관所管 제중원'도 제중원이 내부 소속이라는 뜻이 아니라 제중원에 관한 업무를 내부가 담당한다는 것으로 해석할 수밖에 없다.

이렇게 사실 관계가 완전히 잘못된 정부 문서가 작성된 경위는 알 수 없지만 내용상의 신빙성이 매우 떨어지는 만큼, 제중원의 역사를 기술하는 데에 사용할 만한 사료로써의 가치는 없다고 생각한다. 따라서 이 문서를 근거로 세브란스 병원이 제중원을 승계했다는 주장도 잘못이다. 다만 이때의 내각 결정에 따라 대한제국 정부가 '제중원 찬성금'이라는 명목으로 3,000환을 세브란스 병원에 제공한 사실 정도만 확인할 수 있을 따름이다.

탁지부 대신 민영기閔泳綺가 내부 소관 제중원에 찬성금을 지출할 것을 내각에 제청한 청의서(1906년 5월 22일자). 작성 경위를 알 수 없지만 사실과 전혀 다른 내용이다.

제중원은 20년 동안 조선(한국) 최초의 근대식 국립병원으로 존립하면서 근대 서양 의학이 이 땅에 도입되고 발전하는 데 적지 않은 역할을 했다. 그뿐만 아니라 제중원은 역사 속으로 물러난 뒤에도 크게 두 가지 경로를 통해 우리나라의 의학 발전에 기여했다.

그 가운데 한 가지는 세브란스 병원을 통한 것이었다. 제중원에서 일했던 여러 선교의사들의 경험은 선교부가 설립한 세브란스 병원의 발전뿐만 아니라 의사 양성 등을 통해 한국 의학을 발전시키는 데에 중요한 밑거름이 되었다.

다른 하나는 대한제국 정부의 의학교와 광제원을 통한 것이다. 제중원을 설립하고 운영하면서 얻은 정부의 경험은 의학교와 광제원 등 국립 의료기관의 건립과 운영, 나아가 의사 양성 등을 통해 한국 의학 발전에 직간접적으로 커다란 영향을 미쳤다.

제3부
자주적 의료 근대화를 향하여 – 의학교와 광제원

콜레라 환자 격리소인 피병원(1920).

I. 100년 전 한국인들의 건강과 질병

재한 일본인들의 건강과 질병

조선 시대 말, 대한제국기 한국인들의 전반적인 건강과 질병 상태를 말해 주는 구체적이고 상세한 기록이나 통계자료는 (발견된 것이) 없다. 미국인 선교의사 알렌과 헤론이 작성한 〈조선정부병원 제1차년도 보고서〉(1886), 일본인 군의관 고이케小池正直가 펴낸 《계림의사鷄林醫事》(1887), 그리고 몇몇 신문기사와 외국인들의 여행기 등을 통해 당시 한국인들의 건강 상태가 별로 좋지 않았으며 여러 가지 질병에 시달렸다고 짐작할 따름이다.

한편, 한국에 거주하는 일본인들에 대한 질병 통계는 1904년치부터 찾아볼 수 있다. 통감부(통감 이토 히로부미)가 1907년 12월에 발간한 《제1차 통감부 통계연보》에는 1904년부터 1906년까지 매년도의 질병별 환자와 사망자 수 등이 수록되어 있다. 상세한 조사 방법은 기록되어 있지 않지만, 통감부 본청 및 지역 행정기관인 이사청理事廳이 자료를 수집하고 필요한 경우에는 한국 정부의 협조를 얻어 작성한 것이다.

이 통계에서는 질병을 전염병傳染性病, 발육영양병發育及營養的病, 피부근육병皮膚及筋病, 골관절병關節及骨病, 순환기병血行器病, 신경계병神

《제1차 통감부 통계연보》(1907년 12월 발행)의 위생 관련 통계. 1904년, 1905년, 1906년 한국 거주 일본인들의 질병별 환자 수, 사망자 수가 지역별, 월별月別로 나와 있다.

經系及五管病, 호흡기병呼吸器病, 소화기병消化器病, 비뇨생식기병泌尿及生殖器病, 외과질환外襲性及外科的疾患, 중독증中毒症 등 11가지 질병군疾病群으로 분류하고 분류가 확실하지 않은 경우에는 병명불상病名不詳이라고 했다. 이러한 질병 분류 방식은 이 당시 일본에서는 쓰이지

第十七表　現在人死亡者　死因年齡別（明治三十二年）

TABLEAU Nº 17.--Décès par cause et par âge (Population de fait.) (1899.)

이 표에서 보이듯이《일본제국 통계적요日本帝國統計摘要》, 1903) 일본에서는 이미 1899년부터 질병을 급성 기관지염, 만성 기관지염, 폐렴 및 기관지 폐렴, 탈장, 간장 경화, 복막염, 신장염, 산욕열 등 40여 가지로 세분하여 통계를 작성했다. 이 당시 일본과 한국의 보건의료 수준은 비교 자체가 난센스라 할 정도로 차이가 컸다. 김익남이 한국인으로서는 최초로 일본 지케이 의학교를 졸업하고 의사가 된 1899년, 근대식 의학 교육을 받은 일본인 의사는 이미 2만 명을 헤아렸다.

않고 (반)식민지인 한국과 대만에서만 사용하던 것이었다(따라서 같은 시기 일본 내의 질병 통계와 비교하는 데에는 한계가 있을 수밖에 없다). 일본에서 1899년부터 사용하고 있던 세밀한 질병 분류는 여러 가지로 여건이 열악한 한국과 대만에는 적합하지 않다고 판단했기 때문일 것이다.

일본에서는 1883년 하반기부터 11가지 질병군으로 분류하여 위생 통계를 작성했으며, 1899년부터는 폐결핵, 결핵성 뇌막염, 장결핵, 암종癌腫, 각기, 간장 경화, 신장염 및 브라이트武雷馬씨병, 산욕열 등 40여 가지로 세분하여 통계를 작성했다. 이 가운데 전염병에 관해서는 더욱 이르게 1876년부터 콜레라, 적리(이질), 장티푸스, 두창, 디프테리아 등 5종에 대한 환자 및 사망자 통계가 작성되었으며, 1879년 발진티푸스, 1897년에는 성홍열과 페스트가 추가되었다. 요컨대 일본에서는 1900년 이전에 근대적인 질병 통계 및 관리 체계가 확립되었던 것이다.

한국에 거주하는 일본인 환자 수가 해마다 크게 늘어난 것은 재한 일본인 수가 빠르게 증가하고 또 그들의 병원 이용도가 높아졌기 때문인 것으로 보인다(이 《통계연보》에 따르면 1906년 말 현재 한국인은 978만 1,671명, 일본인은 8만 1,754명이었다. 한국인은 실제로는 이 수치보다 몇 백만 명 많았다는 것이 학계의 통설이다). 질병별로는 소화기병(27~29퍼센트)과 호흡기병(20~22퍼센트)이 전체 질병의 절반을 차지했고, 신경계병, 비뇨생식기병, 외과질환, 피부근육병 순으로 그 뒤를 이었다.

〈표 13〉 질병별 재한 일본인 환자 수

질병 종류	1904년				1905년				1906년			
	남자	여자	합계	%	남자	여자	합계	%	남자	여자	합계	%
전염병	1,565	818	2,383	4.6	3,706	1,533	5,239	6.6	6,829	3,070	9,899	7.1
발육영양병	426	379	805	1.6	746	577	1,323	1.7	2,467	1,192	3,659	2.6
피부근육병	2,377	1,636	4,013	7.8	3,064	2,142	5,206	6.6	5,833	3,694	9,527	6.8
골관절병	933	695	1,628	3.1	1,311	895	2,206	2.8	2,055	1,500	3,555	2.5
순환기병	449	342	791	1.5	736	574	1,310	1.7	1,365	905	2,270	1.6
신경계병	3,754	3,116	6,870	13.3	5,700	4,744	10,444	13.2	10,132	7,856	17,988	12.9
호흡기병	5,708	4,749	10,457	20.2	8,937	8,280	17,217	21.7	15,316	12,534	27,850	19.9
소화기병	8,540	6,936	15,476	29.9	12,094	9,616	21,710	27.4	22,197	15,821	38,018	27.2
비뇨생식기병	2,236	2,193	4,429	8.6	3,973	3,461	7,434	9.4	7,353	6,940	14,293	10.2
외과질환	3,329	1,412	4,741	9.2	4,910	1,892	6,802	8.6	8,178	3,353	11,531	8.3
중독증	58	32	90	0.2	95	52	147	0.2	136	66	202	0.1
병명불상	56	36	92	0.2	161	100	261	0.3	516	300	816	0.6
합계	29,431	22,344	51,775	100	45,433	33,866	79,299	100	82,377	57,231	139,608	100

출처: 《제1차 통감부 통계연보》(1907).

전염병은 전체 질병의 5~7퍼센트로 생각보다 많지 않았다. 이 기간 동안 큰 전염병 유행이 없었기 때문일 수도 있고, 소화기병이나 호흡기병으로 (잘못) 분류되었기 때문일 수도 있다. 반면 다음 〈표 14〉에서 보듯이 같은 기간 대만에서는 전염병이 전체 질병의 18퍼센트가량(대만 거주 일본인 및 대만인)으로 집계되었다.

환자 수를 성별로 비교하면 여성환자가 남성환자의 70~75퍼센트였다. 당시 한국에 거주한 일본인 여성이 남성보다 적었던 것과 여성들의 병원 이용률이 상대적으로 낮았던 것이 주된 이유일 것이다. 질병별로는 전염병과 외과질환은 남성에게 많았으며 신경계병, 호흡기병, 소화기병, 비뇨생식기병은 절대 수는 남성이 많았지만 상대적으로는 여성에서 차지하는 비율이 더 높았다.

〈표 14〉 전체 질병 중 개개 질병이 차지하는 비중(%) (1906)

질병 종류	재한 일본인	재대만 일본인	대만인
전염병	7.1	18.1	17.4
발육영양병	2.6	1.8	1.7
피부근육병	6.8	8.7	12.3
골관절병	2.5	1.2	1.2
순환기병	1.6	2.5	3.1
신경계병	12.9	14.4	17.1
호흡기병	19.9	14.8	13.4
소화기병	27.2	21.0	17.6
비뇨생식기병	10.2	10.5	3.1
외과질환	8.3	5.6	10.4
중독증	0.1	0.1	2.2
병명불상	0.6	1.4	0.4
합계	100.0	100.0	100.0

출처: 《제1차 (한국)통감부 통계연보》(1907), 《대만총독부 제10 통계서》(1906).

〈표 14〉에서 한국 거주 일본인과 대만 거주 일본인, 그리고 대만 거주 일본인과 대만인 사이에 각각 공통점과 차이점을 발견할 수 있다. 같은 일본인이지만 거주 지역에 따라 질병 패턴에 차이가 보이는데,

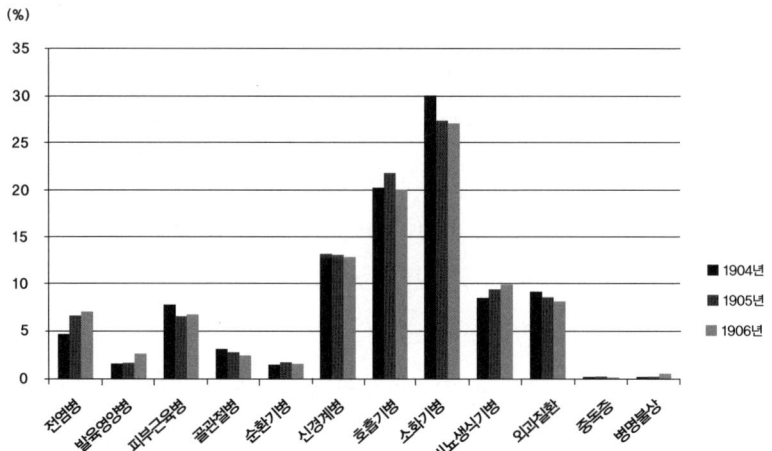

출처: 《제1차 통감부 통계연보》(1907).

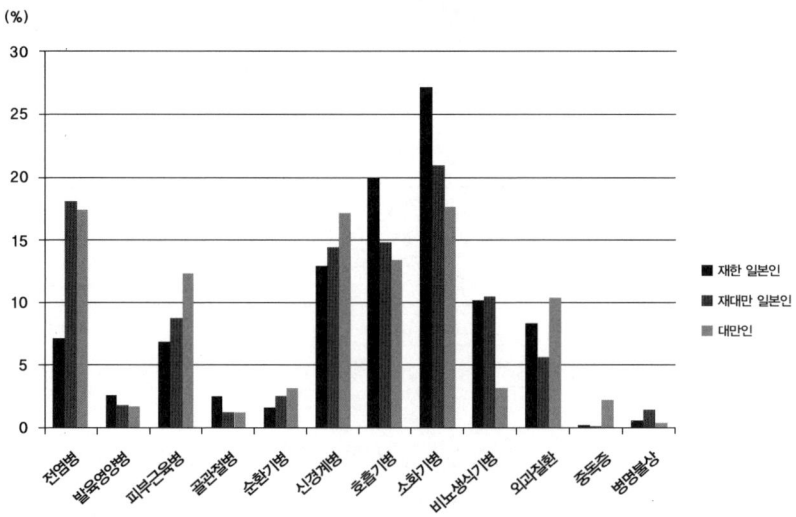

출처: 《제1차 통감부 통계연보》(1907), 《대만총독부 제10 통계서》(1906).

전염병은 대만 거주 일본인에게 월등히 많으며, 반면 소화기병과 호흡기병은 한국 거주 일본인에게 많았다. 한편 대만 거주 일본인은 소화기병과 비뇨생식기병이, 대만인은 피부근육병, 외과질환, (아편)중독증이 상대적으로 많았다. 이 시기 한국인에 대해서는 관련 자료가 없어 비교할 수 없는 점이 아쉽지만, 일제 강점기에는 그러한 자료들이 많이 있어 비교 분석이 가능하다.

人口 16

15. 死亡原因別

死亡原因	明治三十三年	同三十四年	同三十五年	同三十六年	同三十七年	同三十八年	同三十九年	同四十年	同四十一年	四十二年 総数	四十二年 男	四十二年 女
総数	910,774	925,810	959,126	931,008	955,400	1,004,661	955,256	1,016,798	1,029,447	1,091,269	550,267	540,992
1 腸窒扶斯	5,549	5,882	5,239	4,585	5,100	6,291	6,338	5,974	5,824	6,024	3,220	2,804
2 發疹窒扶斯	25	5	5	5	9	10	5	6	9	10	1	
3 麻剌利亞	1,344	1,320	1,280	1,134	962	1,008	799	694	734	740	390	350
4 痘瘡	7	7	24	25	154	70	99	211	4,274	36	14	22
5 麻疹	1,740	3,643	3,348	850	1,434	4,129	2,341	2,107	2,742	4,504	2,243	2,261
6 猩紅熱	13	6	17	3	15	18	36	70	126	339	188	151
7 百日咳	1,456	1,450	1,868	2,117	2,533	2,773	3,251	3,289	4,044	3,715	1,649	2,066
8 實布垤利亞及格魯布	5,017	4,937	4,519	4,271	3,846	3,881	4,215	4,256	5,085	5,269	2,882	2,387
9 流行性感冒	5,192	4,141	1,402	1,139	1,617	2,730	1,676	4,319	2,304	2,803	1,378	1,435
10 虎列剌			8,164	140	51	34	29	1,702	297	158	82	76
11 赤痢	10,545	10,918	8,592	7,172	5,294	8,761	5,173	5,872	8,053	7,649	3,924	3,725
12 百斯篤								320	159	237	136	101
13 肺結核	59,525	62,002	65,993	67,722	69,107	76,061	75,489	75,544	76,589	82,623	40,260	42,363
14 結核性腦膜炎	3,176	3,444	4,016	4,286	4,383	4,716	5,031	5,614	6,103	6,394	3,161	3,233
15 他結核	8,426	10,243	11,507	12,092	12,515	14,008	14,250	14,033	14,675	10,240	3,705	6,535
16 甲他ノ黴毒及軟疣	644	925	1,043	1,032	1,254	1,245	1,319	1,393	1,504	14,365	5,972	8,393
17 癩								1,889	1,944	1,935	1,445	490
18 黴毒								9,099	9,561	10,191	5,578	4,613
19 其他ノ傳染病	13,448	14,403	15,793	15,830	15,825	15,814	16,199	6,207	6,802	9,898	5,431	4,467
20 二口蟲病								246	215	205	117	88
21 癌	19,886	21,725	24,145	25,041	25,422	26,112	27,286	27,835	29,894	31,753	16,171	15,582
22 癌以外ノ惡性新生物	448	424	453	509	571	556	577	616	546	790	431	359
23 壞血質性疾患										3,153	1,213	1,940
24 脚氣	6,500	7,180	11,099	10,783	9,408	11,703	7,766	8,767	10,786	15,085	10,378	4,707
25 糖尿病								5,952	6,019	1,057	598	459
26 甲他ノ營養變調疾患										6,609	3,097	3,512
27 他ノ全身症										369	208	161
28 急性及慢性アルコール中毒										267	240	27
29 腦炎	61,071	69,814	71,284	67,995	68,410	68,918	63,610	69,117	70,498	73,033	37,605	35,428
30 腦出血及腦軟化	69,799	75,250	74,935	73,939	77,588	76,169	73,449	78,580	73,760	65,798	35,653	30,145
31 腦膜炎ニ因ルデルカチ小兒ノ腦	24,706	21,635	21,408	18,519	16,797	17,434	15,272	15,186	15,014	15,292	7,927	7,365
32 他ノ神經質ノ疾患	16,937	16,888	17,256	16,711	16,211	16,105	15,333	15,657	15,489	37,342	19,883	17,459
33 心臟ノ器質ノ疾患	21,107	21,869	23,837	22,665	25,435	25,888	25,792	28,645	28,575	32,061	15,470	16,591
34 他ノ血行ノ疾患										3,517	1,881	1,636
35 急性氣管支炎	42,801	41,141	40,848	38,721	40,928	42,927	39,320	44,181	44,160	45,763	23,700	22,063
36 慢性氣管支炎	11,476	10,851	10,779	10,956	12,133	12,522	12,591	13,699	12,709	13,794	7,165	6,629
37 肺炎及氣管支肺炎	44,853	49,614	53,502	48,578	52,152	59,877	53,779	62,575	66,260	70,676	37,186	33,510
38 他ノ呼吸器ノ疾患	26,141	24,892	24,008	23,411	27,788	29,430	28,459	29,131	29,067	26,931	14,881	12,050
39 胃ノ疾患	62,553	64,152	66,791	64,400	65,047	69,140	63,611	64,788	64,762	57,081	27,715	29,366
40 下痢及腸炎	58,664	56,129	55,070	50,407	55,057	63,979	60,164	68,849	68,258	103,628	50,104	53,524
41 盲腸								1,300	570	599	329	270
42 十二腸腸ノ病								1,179	1,042	1,178	628	550
43 蟲樣垂炎及腸骨窩蜂窩織炎										1,864	983	881
44 肝臟及膽管疾患	1,798	2,040	2,025	2,388	2,394	2,617	2,756	3,202	3,538	3,919	2,601	1,318
45 肝臟硬化	1,674	2,048	2,191	2,170	2,411	2,416	2,644	2,854	2,895	3,171	2,070	1,101
46 他ノ消化器ノ疾患										17,780	9,962	7,818
47 腹膜炎(産ニ因ラサルモノ)	19,339	22,565	22,570	22,790	23,008	23,733	24,104	24,525	25,407	18,287	9,060	9,227
48 腎臟炎及ブライト氏病	14,134	13,971	15,705	17,795	18,690	20,129	20,537	22,582	24,047	26,981	13,101	13,880
49 他ノ腎臟膀胱及男子生殖器ノ病										3,486	2,126	1,360
50 婦人生殖器ノ疾患	5,959	5,478	5,598	5,191	4,923	4,873	4,764	4,607	4,530	5,026		5,026
51 産褥熱	1,679	1,885	1,983	2,028	1,810	1,878	1,915	2,294	2,570	2,575		2,575
52 他ノ姙娠及產ニ因ル疾患	4,521	4,786	4,573	4,043	3,932	4,307	4,323	4,434	4,521	2,824		2,824
53 皮膚及皮下蜂窩織ノ疾患										7,496	3,943	3,553
54 畸形及先天的器質ノ疾患	40,311	43,197	43,853	44,012	41,167	39,869	43,777	51,094	54,625	53,232	28,016	25,216
55 幼兒ニ固有ノ疾患										7,143	4,007	3,136
56 老衰	57,442	49,412	52,786	56,490	63,123	65,233	60,199	62,991	59,197	62,487	25,514	36,973
57 自殺	5,863	7,847	8,059	8,814	8,966	8,089	7,657	7,999	8,324	9,141	5,735	3,405
58 中毒	664	568	542	657	495	491	570	526	503	526	369	157
59 他ノ外因ニ依ル死	19,210	17,425	19,493	19,815	20,832	19,978	21,194	22,148	21,581	21,119	13,448	7,670
60 以上列記以外ノ疾患	36,402	37,422	38,049	35,349	34,493	34,688	35,081	29,737	33,584			
61 不明ノ診斷	113,692	106,372	107,098	106,591	104,045	106,404	94,411	91,069	88,367	61,992	30,936	31,056
62 原因不明	5,007	5,904	6,376	6,602	7,070	7,655	8,108	7,805	7,302	8,113	4,177	3,933

* 男女不詳ヲ含ム

《일본제국 통계전서》(1909).

재한 일본인들의 사망 원인

평균 수명(출생시 기대여명), 영아 사망률, 연령별 사망률age-specific death rate, 전염병 발병률 등 중요한 건강 지표들로 볼 때, 오늘날 한국인의 건강 수준은 세계에서 톱클래스이다(하지만 서울에서만도 지역과 계급계층에 따라 건강 수준에 큰 차이가 나타나는 등 시급히 해결해야 할 문제점은 여전히 많다). 건강 지표와 수준만으로 어떤 사회와 국가의 발전과 성숙 정도를 평가할 수는 없지만, 그것들이 중요한 비교 및 평가 기준이라는 점은 부인할 수 없는 사실이다.

한국인은 언제부터 건강 수준이 개선되었으며, 그렇게 된 요인은 무엇일까? 100년 전 한국인의 건강 상태는 어땠을까? 일제 강점기를 거치면서 한국인의 건강 수준은 개선되었을까, 악화되었을까?

한국인뿐만 아니라 일본인과 대만인의 건강 수준 역시 오늘날 세계 최정상급이다. 그러면 일본인과 대만인의 건강 개선은 언제, 어떻게 나타났는가? 이 문제도 앞으로 함께 살펴보려 한다. 그것은 세계화의 추세 속에서 한 국가, 한 민족이라는 틀에 갇혀 사물을 바라보는 것이 바람직하지 않을 뿐만 아니라, 한국사회와 한국인의 변화를 비교론적 관점에서 고찰할 때 더욱 구체적이고 의미 있는 해답을 구할 수 있겠기 때문이다.

이번 절에서는 1904년~1906년 사이 재한 일본인들의 사망에 관해 알아보자. 우선 전체 환자에 대한 사망자 비율은 1904년 1.3퍼센트(사망자 673명/환자 51,775명), 1905년 1.8퍼센트(1,388명/79,299명), 1906년 1.3퍼센트(1,754명/139,608명)이었다.

질병별로는 호흡기병(전체 사인의 20~24퍼센트), 전염병(14~23퍼센트), 소화기병(16~19퍼센트), 신경계병(14~18퍼센트), 발육영양병

(14~15퍼센트)이 당시 재한 일본인들의 주요한 사망 원인이었다. 100년 전에는 전염병에 의한 사망이 압도적으로 많았을 것이라는 '상식'과는 다른 양상이다(전염병이 다른 질병으로 오진되었을 경우도 생각할 수 있지만, 당시 일본 당국이 전염병에 대해 특별히 주의하여 취급했던 점을 생각하면 그럴 가능성은 많지 않아 보인다).

그리고 발병자 중 사망자의 비율을 뜻하는 치명률致命率(case-fatality rate)은 발육영양병(7~15퍼센트), 순환기병(5~7퍼센트), 전염병(3~6퍼센트) 순으로 높았다.

* 1904년 발육영양병으로 인한 사망자 수는 전염병 사망자 수와 똑같은데 기록상 오류로 여겨진다.

〈표 15〉 질병별 재한 일본인 사망자 수

질병 종류	1904년				1905년				1906년			
	남자	여자	합계	%	남자	여자	합계	%	남자	여자	합계	%
전염병	66	31	97	14.4	214	105	319	23.0	164	91	255	14.5
발육영양병*	66	31	97	14.4	120	86	206	14.8	143	96	239	13.6
피부근육병	5	1	6	0.9	2	5	7	0.5	4	3	7	0.4
골관절병	2	3	5	0.7	6	5	11	0.8	5	8	13	0.7
순환기병	26	11	37	5.5	40	22	62	4.5	97	62	159	9.1
신경계병	71	51	122	18.1	126	83	209	15.1	156	96	252	14.4
호흡기병	95	63	158	23.5	156	116	272	19.6	200	147	347	19.8
소화기병	66	45	111	16.5	140	76	216	15.6	195	130	325	18.5
비뇨생식기병	10	10	20	3.0	20	19	39	2.8	33	41	74	4.2
외과질환	10	3	13	1.9	22	11	33	2.4	22	9	31	1.8
중독증	2	0	2	0.3	7	1	8	0.6	14	6	20	1.1
병명불상	3	2	5	0.7	4	2	6	0.4	22	10	32	1.8
합계	422	251	673	100	857	531	1,388	100	1,055	699	1,754	100

출처:《제1차 통감부 통계연보》(1907) '제57표. 사망자 종류별'.

《제1차 통감부 통계연보》, 20~21쪽의 '제13표. 현주 본방인(本邦人,

일본인) 출생 및 사망'에 의하면, 1906년도 재한 일본인 총 사망자는 1,993명으로 질병에 의한(병원 이용) 사망자 수와는 239명 차이가 난다. 이 1,993명을 기준으로 한다면 1906년도 재한 일본인의 조사망률 粗死亡率 crude death rate(그해 총인구 중 사망자 비율)은 인구 천명당 24.4명(사망자 1,993명/인구 81,754명)이었다(1904년과 1905년의 경우는, 재한 일본인의 조사망률을 계산할 데이터가 없다).

한편 《일본제국 통계전서》(1928)에 의하면 1906년 일본의 총 인구는 4816만4761명, 총 사망자는 95만5256명, 조사망률은 인구 천 명당 19.8명이었다. 요컨대 재한 일본인의 조사망률이 본국보다 4.6명 높았다. 연령별 인구 구성과 연령별 사망률을 알지 못하는 이상 실제로 재한 일본인의 사망 위험이 본국보다 높았는지 판단하기 어렵지만, 조사망률이 높다는 사실은 일제 당국자와 재한 일본인들에게 위협으로 여겨졌을 것이다. 통감부가 대한제국 정부를 강박하여 대한의원을 서둘러 만든 데에는 이러한 점이 중요하게 작용했을 것으로 생각된다.

〈표 16〉 지역 및 민족별 조사망률 (1906)

지역	민족	총 인구	총 사망자	조사망률(인구 천명당)
한국	한국인	978만1671명	?	?
	일본인	8만1754명	1993명	24.4명
일본	일본인	4816만4761명	95만5256명	19.8명
대만	대만인	299만9214명	10만3190명	34.4명
	일본인	7만1040명	1432명	20.2명

출처: 《제1차 통감부 통계연보》(1907), 《일본제국 통계전서》(1928년판), 《대만총독부 제10 통계서》(1906).

〈표 16〉에 보이듯이 일본이 10년 동안 식민지로 통치한 대만에 거주하는 일본인의 조사망률은 일본 본토와 거의 비슷한 데 반해, 아직 반식민지(보호국)인 한국에 거주하는 일본인의 조사망률은 본국보다 상당히 높았다. 또한 대만에서는 대만인의 조사망률이 일본인에 비해 월등히 높다는 점도 눈여겨보아야 할 것이다. 이 당시까지도 연간 한국인 총 사망자는 파악되지 않았으며, 총 인구도 상당히 부정확했다.

1899년 이후 일본에서 사용하는 질병 분류 방식이 달라졌기 때문에(1899년에는 신구 방식을 병용했다) 재한 일본인의 질병별 사망 패턴과 직접 비교할 같은 연도의 일본 본국 자료는 구할 수 없다. 그에 따라 이 글에서는 부득이 재한 일본인에 관한 1904~1906년 자료와 일본 본국의 1897~1899년 자료를 비교하는 방법을 취했다(표 17).

〈표 17〉 전체 사인 중 개개 질병이 차지하는 비중(%)

질병 종류	재한 일본인(1904~1906)	재일 일본인(1897~1899)
전염병	17.6	7.7
발육영양병	14.2	15.6
피부근육병	0.5	1.4
골관절병	0.8	1.1
순환기병	6.8	5.0
신경계병	15.3	20.8
호흡기병	20.4	20.0
소화기병	17.1	21.1
비뇨생식기병	3.5	3.7
외과질환	2.0	2.4
중독증	0.8	0.1
병명불상	1.1	1.1
합계	100.0	100.0

출처:《제1차 통감부 통계연보》(1907),《일본제국 통계전서》(1902년판).

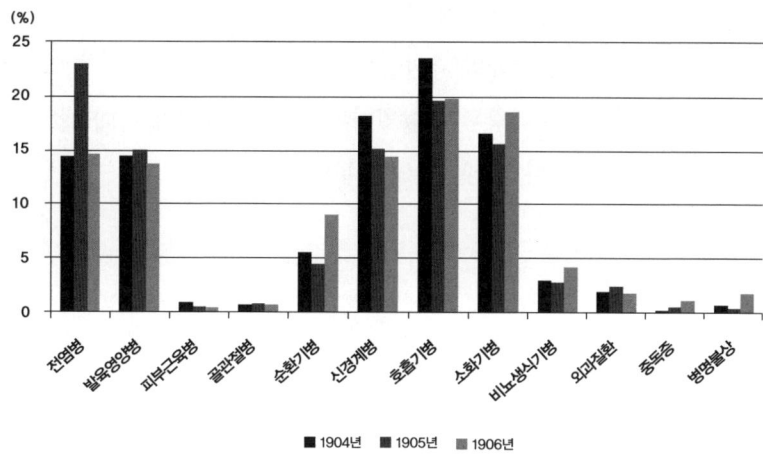

질병 종류별 사망자(재한 일본인)

출처: 《제1차 통감부 통계연보》(1907).

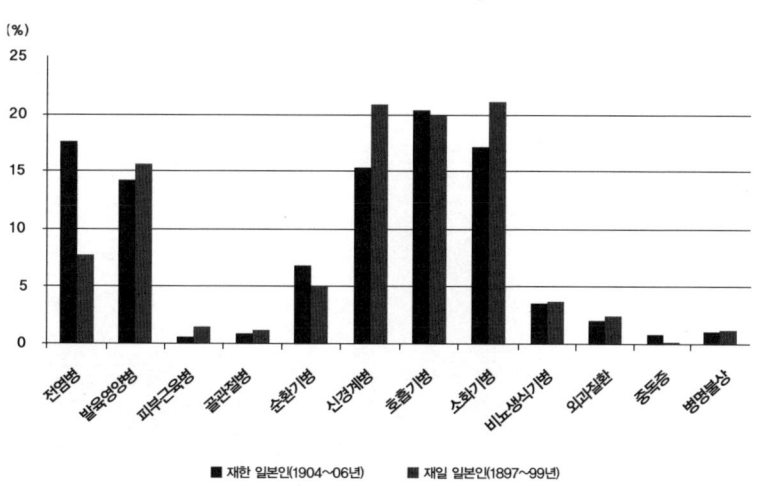

질병 종류별 일본인 사망자

출처: 《제1차 통감부 통계연보》(1907), 《일본제국 통계전서》(1902년판).

〈표 17〉에서 보듯이, 한국 거주 일본인과 일본 내 일본인의 사인으로 가장 차이가 나는 것은 전염병(각각 17.6퍼센트와 7.7퍼센트)이었다. 그 밖의 차이점은 재일 일본인에서 신경계병과 소화기병으로 사망하는 경우가 많았다는 점이고 나머지는 대동소이했다. 이러한 차이가 나타나는 원인은 무엇이었을까?

한국인들의 건강과 질병 상태

대한제국 시기 한국인의 전염병 발병 상황에 관해 체계적으로 정리된 자료로 남아 있는 것은, 필자가 알기로는, 내부 위생국이 1909년에 펴낸 책자인 《한국위생 일반韓國衛生一斑》이 유일하다.

그런데 이 책을 발간한 1909년 6월말 현재 위생국 직원 23명 가운데 한국인은 8명, 일본인은 15명이었다(《한국위생 일반》, 30쪽). 당시 국장은 한국인 염중모廉仲模였지만, 핵심적인 역할을 담당하는 기사技師 4명과 사무원 1명, 기수技手 3명은 모두 일본인이었다. 따라서 이 자료도 일본인이 주도하여 만든 것으로 보아야 할 것이다. 하지만 1902년 콜레라怕症 대유행 때의 신문 보도들을 보면, 이 《한국위생 일반》 이전에도 대한제국 정부가 전염병 발생에 대해 어느 정도 체계적으로 파악하고 있었던 것으로 생각된다.

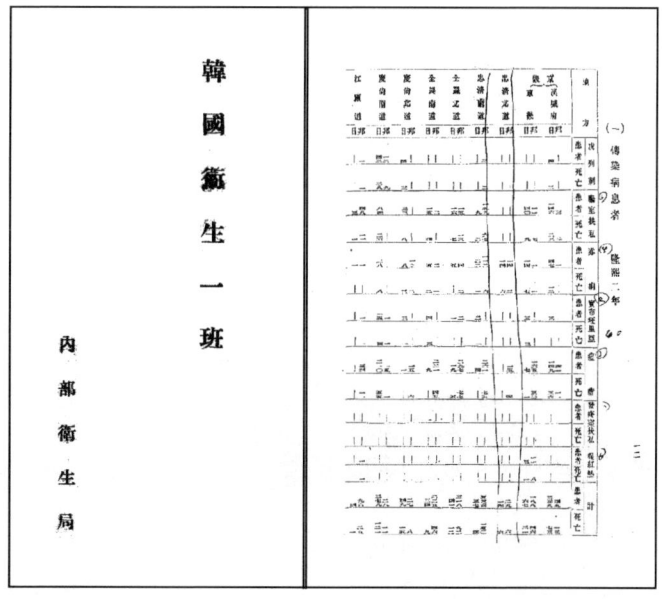

한국인과 재한 일본인의 전염병 실태에 관한 통계가 수록되어 있는 《한국위생 일반》(1909). 대한제국 내부 위생국에서 출간한 것이지만 실무적으로는 일본인이 주도한 것이었다.

(四) 痘瘡患者體性比較 (邦人) 隆熙二年

地方	患者 男	女	計	死亡 男	女	計	患者男百二付女	死亡男百二付女
京城府 (漢城)	六八	三	五一	六・九	二	二	三七・二	一六・一九
忠淸北道	八二	七	六五	四	三	七	四六・六七	五〇・〇〇
忠淸南道	八	二六	二九	二	二	四	二九・六三	六六・六七
全羅北道	三九六	七九	二七五	三二	五〇	五〇	三九・八七	五〇・〇〇
全羅南道	三二五	八八	三五三	三二	四八	六五	五九・七一	六〇・〇〇
慶尙北道	二	二	二	―	一	一	三六・二	一〇〇・〇〇
慶尙南道	三	四	八	三	六	六	三六・四	六五・四
江原道	―	二	一三	―	―	―	二三	―
咸鏡北道	―	―	―	―	―	―	―	―
咸鏡南道	一八	一四	八	一八	八	三	―	―
平安北道	―	―	六	―	―	―	―	―
平安南道	二	七	九	一	―	一	七〇・八	一二一

《한국위생 일반》(1909).

《한국위생 일반》에는 〈표 18〉과 같이 콜레라虎列剌, 장티푸스腸窒扶私, 적리赤痢, 디프테리아實布垤里亞, 두창痘瘡, 발진티푸스發疹窒扶私, 성홍열猩紅熱 등 1908년과 1909년 상반기의 전염병 환자와 사망자가 국적별, 지역별로 집계되어 있다.

〈표 18〉 한국내 전염병 환자 및 사망자

전염병 종류	1908년						1909년 상반기					
	한국인			일본인			한국인			일본인		
	환자	사망자	치명률	환자	사망자	치명률	환자	사망자	치명률	환자	사망자	치명률
콜레라	58	47	81.0	52	34	65.4	0	0		0	0	
장티푸스	310	112	36.1	491	118	24.0	256	47	18.4	104	17	16.3
적리	220	37	16.8	174	47	27.0	109	21	19.3	45	1	2.2
디프테리아	7	2	28.6	33	13	39.4	8	1	12.5	25	6	24.0
두창	1,443	377	26.1	410	101	24.6	3,972	832	20.9	248	88	35.5
발진티푸스	0	0		1	0	0.0	1	0	0.0	4	1	25.0
성홍열	12	9	75.0	3	1	33.3	8	3	37.5	7	6	85.7
합계	2,050	584	28.5	1,164	314	27.0	4,354	904	20.8	433	119	27.5

출처:《한국위생 일반》(1909).

이 통계자료에 의하면 1908년 한국인 전염병 환자는 2,050명, 사망자는 584명이었으며, 1909년 상반기에는 각각 4,354명과 904명이었다. 한편 일본인은 1908년 환자 1,164명, 사망자 314명이었으며, 1909년 상반기에는 각각 433명, 119명이었다.

전체 법정法定 전염병(당시 대한제국 법령에는 성홍열이 포함되어 있지 않았지만 이 글에서는 함께 다루었다)의 치명률은 20퍼센트를 상회했으며, 특히 콜레라의 치명률은 무려 65~81퍼센트나 되었다. 1908년과 1909년 한국인과 일본인 모두에게 가장 흔했던 전염병은 두창이었으며, 장티푸스와 적리 등 수인성(水因性) 전염병이 그 뒤를 이었다. 한국인보다 우두 접종률이 높았던 일본인도 두창의 위협으로부터 별로 안전하지 않았다. 반면에 디프테리아와 성홍열 등 호흡기 질병은 상대적으로 적었다.

같은 시기 일본의 전염병 발생을 보면(표 19), 적리와 장티푸스가 선두를 다투었고 디프테리아가 그 뒤를 이었으며 두창은 상대적으로 적은 점 등 한국과 다른 양상을 나타내었다. 하지만 치명률에서는 한국과 별로 다르지 않았다.

〈표 19〉 일본 내 전염병 환자 및 사망자

전염병 종류	1908년			1909년		
	환자	사망자	치명률	환자	사망자	치명률
콜레라	652	401	61.5	328	221	67.4
장티푸스	24,501	5,332	21.8	25,116	5,473	21.8
적리	32,809	7,816	23.8	28,006	6,836	24.4
디프테리아	17,790	4,971	27.9	18,102	5,121	28.3
두창	13,075	5,837	44.6	106	26	24.5
발진티푸스	3	1	33.3	3	2	66.7
성홍열	860	128	14.9	1,537	337	21.9
합계	89,690	24,486	27.3	73,198	18,016	24.6

출처: 《일본제국 통계전서》(1928년판).

〈표 20〉 인구 10만 명당 환자 및 사망자(1908)

전염병 종류	한국인		재한 일본인		재일 일본인	
	환자	사망자	환자	사망자	환자	사망자
콜레라	0.7	0.5	44.7	29.2	1.3	0.8
장티푸스	3.5	1.3	422.2	101.5	49.4	10.8

적리	2.5	0.4	149.6	40.4	66.2	15.8
디프테리아	0.1	0.0	28.4	11.2	35.9	10.0
두창	16.4	4.3	352.5	86.8	26.4	11.8
발진티푸스	0.0	0.0	0.9	0.0	0.0	0.0
성홍열	0.1	0.1	2.6	0.9	1.7	0.3
합계	23.4	6.7	1000.9	270.0	180.9	49.4

출처: 《한국위생 일반》(1909), 《일본제국 통계전서》(1928년판).

인구 규모의 차이를 보정補正하기 위해 인구 10만 명당 환자 및 사망자를 계산해서 비교해 보면(표 20), 세 인구집단 사이에는 당혹스러울 정도로 큰 차이가 나타난다. 인구 10만명당 전염병 환자는 재한 일본인 1,001명, 재일 일본인 181명, 한국인 23명이었으며, 전염병으로 인해 사망한 사람은 재한 일본인 270명, 재일 일본인 49명, 한국인은 7명이었다. 같은 일본인인데도 한국에 거주하는 경우 본국 일본인에 비해 환자와 사망자 모두 5배 이상 많았으며, 이들에 비하면 한국인 환자 및 사망자 수는 비교할 수 없을 정도로 적었다.

한국인에 대해서는 조금 뒤에 언급하기로 하고 우선 일본인에 대해 좀 더 살펴보도록 하자. 1908년에 나타난 재한 및 재일 일본인 사이의 차이가 예외적인 것인지 여부를 판단하기 위해 1906년과 1907년의 자료들을 비교해 보았다(표 21). 그러나 이때에도 역시 재한 일본인은 본국 일본인보다 환자 수에서 6배 이상, 사망자 수에서는 9배가량이나 되었다.

요컨대 1906년~1908년 사이 재한 일본인은 본국에 거주하는 일본인보다 전염병의 피해를 훨씬 많이 받았던 것이 확실해 보인다. 이것은 당시 한국이 전염병 천국이었기 때문이었을까, 아니면 일본인들이 낯선 한국 풍토에 아직 적응을 하지 못했기 때문일까?

자료를 좀 더 상세히 보면 장티푸스, 적리, 콜레라 등 수인성 전염병과 두창에서 차이가 뚜렷했고 성홍열은 상대적으로 차이가 적었으며, 디프테리아는 재한 일본인에서 오히려 조금 적었다. 디프테리아와 성홍열은 주로 영아에서 발생하는 전염병이므로 아직 영아가 적었던 재한 일본인에서 발생률이 적었던 것이었을까?

〈표 21〉 인구 10만 명당 환자 및 사망자(1906, 1907)

전염병 종류	재한 일본인				재일 일본인			
	1906년		1907년		1906년		1907년	
	환자	사망자	환자	사망자	환자	사망자	환자	사망자
콜레라	7.3	6.1	174.5	124.5	0.0	0.0	7.4	5.2
장티푸스	505.2	162.7	460.2	158.2	52.3	12.2	53.2	11.7
적리	174.9	59.9	150.0	62.2	46.3	10.7	51.1	12.2
디프테리아	20.8	6.1	16.3	7.1	29.5	8.7	30.2	8.8
두창	108.9	23.2	92.9	18.4	1.0	0.2	2.1	1.0
발진티푸스	2.4	2.4	0.0	0.0	0.0	0.0	0.0	0.0
성홍열	67.3	24.5	2.0	1.0	0.5	0.1	1.1	0.1
합계	886.8	285.0	895.9	371.4	129.6	31.9	145.2	38.9

출처: 《통감부 통계연보》(1907, 1908), 《일본제국 통계전서》(1928년판).

재한 일본인의 전염병 발생률과 사망률이 매우 높았던 데에 반해, 같은 한반도에 거주하는 한국인의 그것은 지나치리만큼 낮았다(일본인보다 한국인의 전염병 발생과 사망이 적은 양상은 정도의 차이는 있지만 일제 강점기 내내 지속된다). 위생 환경, 의료 접근, 위생 지식과 습관 등 모든 면에서 일본인보다 크게 열악했을 한국인에서 전염병 발생과 사망이 엄청나게 적었던 것은 설명하기 어려운 현상이다.

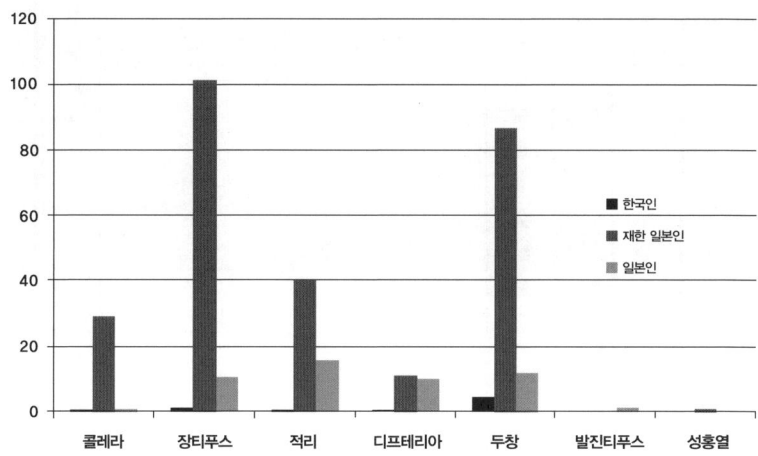

인구 10만 명당 사망자 수(1908)

출처: 《한국위생 일반》(1909), 《일본제국 통계전서》(1928년판). 일본 거주 일본인에 비해 재한 일본인의 전염병 사망자 수는 지나치게 높게, 반대로 한국인은 지나치게 낮게 나타나 있다.

《한국위생 일반》에 언급되어 있듯이, 당시 의사와 당사자 및 가족에 의한 한국인의 전염병 신고가 극히 낮았고 위생경찰의 '검병적檢病的 호구조사'에도 매우 비협조적이었던 점이 실제 상황과는 크게 동떨어진 통계치가 작성된 가장 주된 이유였을 것이다. 그러면 실제로 한국인 전염병 환자와 사망자는 대체 얼마나 되었던 것일까? 앞으로 밝혀져야 할 과제이다.

일본 내무성 위생국(오늘날 후생노동성의 전신)에서 1877년부터 매년 발간한 《위생국 연보》 (1887년판) 중 전염병 관련 부분. 부현府縣별로 전염병 환자 수와 사망자 수가 집계되어 있다. 1888년부터는 영문판 *Annual Reports of the Central Sanitary Bureau*도 함께 발행되었다.

일본 내 일본인들의 건강과 질병 ①

일본은 1877년의 콜레라 유행을 계기로 전염병에 대한 통계를 체계적으로 작성하기 시작했다. 1874년부터 1891년까지 무려 17년 동안 위생국장으로 재임한 나가요長與專齋(1838~1902)가 전염병 통계의 확립에도 가장 공이 컸다. 한국은 일제에게 강제 병탄되던 1910년까지 독자적으로 그런 일을 하지 못했으므로, 전염병 통계에 관해서는 일본에 수십 년이나 뒤진 셈이었다. 일제가 한국의 위생 행정을 아예 무시했던 데에는 나름의 이유가 있었다.

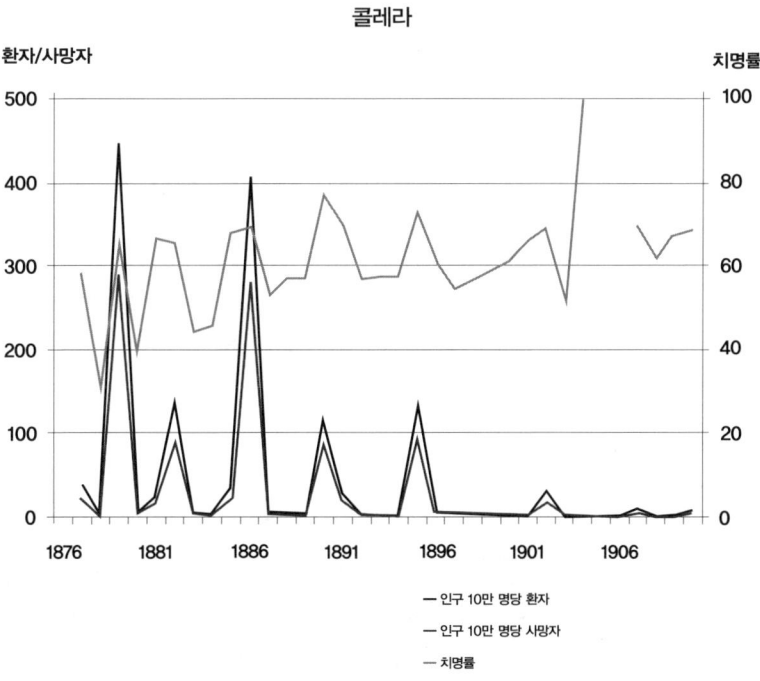

출처: 《위생국 연보》, 《법정전염병 통계》, 《일본제국 통계전서》 등.

1876년부터 1910년까지 일본에서 가장 많은 사망자를 발생시킨 전염병은 콜레라였다. 1877년부터 1910년까지 34년 동안 콜레라에 걸린 환자는 모두 55만 4,062명이었고, 그로 인한 사망자는 37만 6,151명이나 되었다. 가장 유행이 심했던 해는 1879년과 1886년으로 환자가 약 16만 명씩이었고, 사망자는 각각 10만 명을 넘어섰다. 치명률이 50퍼센트 미만인 해도 몇 차례 있었지만 평균적으로 70퍼센트 가까이 되었고, 환자 발생이 많은 해에는 치명률도 높아 피해가 더욱 컸다.

앞쪽의 도표를 보면 콜레라 발생 양상을 일목요연하게 파악할 수 있다. 콜레라는 1879년과 1886년의 대유행, 1882년, 1890년, 1895년의 중규모 유행, 1902년의 소규모 유행 등 대략 5년 주기로 창궐했다. 그리고 이 유행기에 치명률도 높았음을 알 수 있다. 하지만 1895년 이후에는 1902년의 소유행이 한 차례 있었지만 콜레라는 점차 위력을 잃어갔다. 나중에 다시 언급하겠지만, 일본에서는 1910년 이후에도 콜레라의 큰 유행은 없었다. 1919년과 1920년 식민지 조선을 강타한 유행에도 일본은 별로 피해를 보지 않았다. 요컨대 1895년의 유행 이후 일본에서 콜레라는 관리가 가능한 질병이 되었다. 수액요법, 항생제와 같은 뚜렷한 치료 방법이 없었던 시대였으므로 무엇보다 검역과 소독이 힘을 발휘했을 것이다.

일본에서 콜레라가 유행한 해에는 거의 예외 없이 한국에서도 콜레라가 창궐했다. 한 가지 예로,《황성신문》1902년 11월 20일자에 의하면 광제원 의사 한우, 피병준, 이규선이 콜레라恠症 환자 수천 명의 목숨을 구했다고 한다. 이 보도가 사실이라면, 당시 일본에서의 치명률이 70퍼센트 가까이 되었다는 점을 감안할 때 한국의 콜레라 사망자가 적어도 1만 명가량 되었음을 짐작할 수 있다. 그렇다면 일본에서 피해가 훨씬 컸던 1879년, 1886년에 한국(조선)의 콜레라 발생과 그로 인한 사망의 규모는 얼마나 되었을까? 그 사이 콜레라에 대한 한국의 대응 능력이 별로 나아진 것이 없었다면 1879년, 1886년의 피해와 1902년의 피해가 크게 차이나지 않았을 수도 있을 것이다.

　콜레라에 이어 두 번째로 사망자(36만 2,400명)를 많이 발생시킨 전염병은 적리(이질)였다. 35년 동안 총 환자 수는 148만여 명으로 콜레라의 2배가 넘었다. 적리는 콜레라와 달리 폭발적이라기보다 지속적으로 유행했다. 환자수가 15만 명을 넘어선 1893년과 1894년이 예외

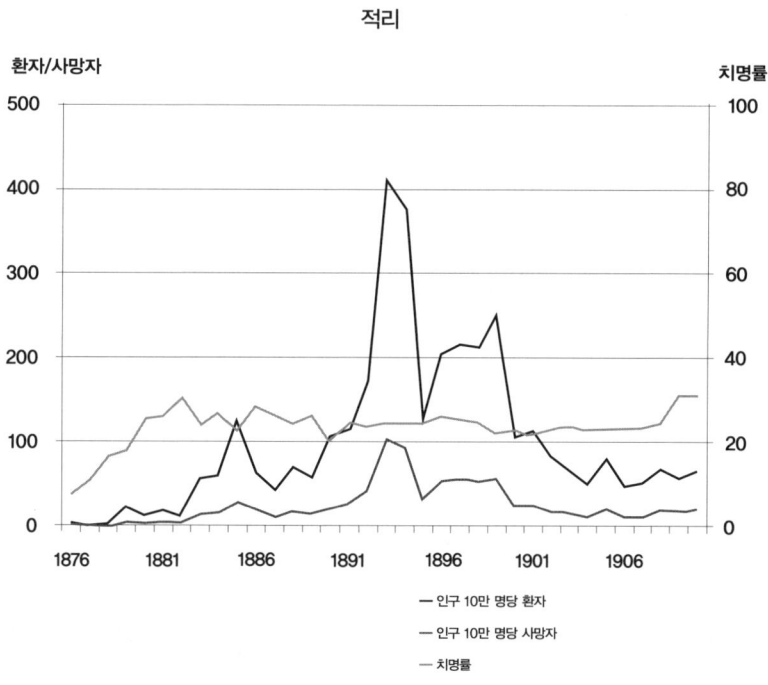

출처: 《위생국 연보》, 《법정전염병 통계》, 《일본제국 통계전서》 등.

적인 경우로 생각된다. 치명률도 초기를 제외하고는 20퍼센트 남짓으로 거의 일정했다.

적리 역시 1900년대 들어서는 환자 수와 사망자 수가 1890년대에 비해 많이 감소했다. 하지만 치명률에는 거의 변화가 없었다. 특별한 치료법이 아직 나오기 전이었으므로 적리 환자 감소에도 검역과 소독 등이 주된 요인으로 작용했을 것이다. 1897년 일본인 세균학자 시가 志賀潔(1871~1957)가 적리균(발견자의 이름을 따서 시겔라균이라고도 한다)을 발견했지만, 원인균의 발견이 곧장 치료술의 발전으로 연결된

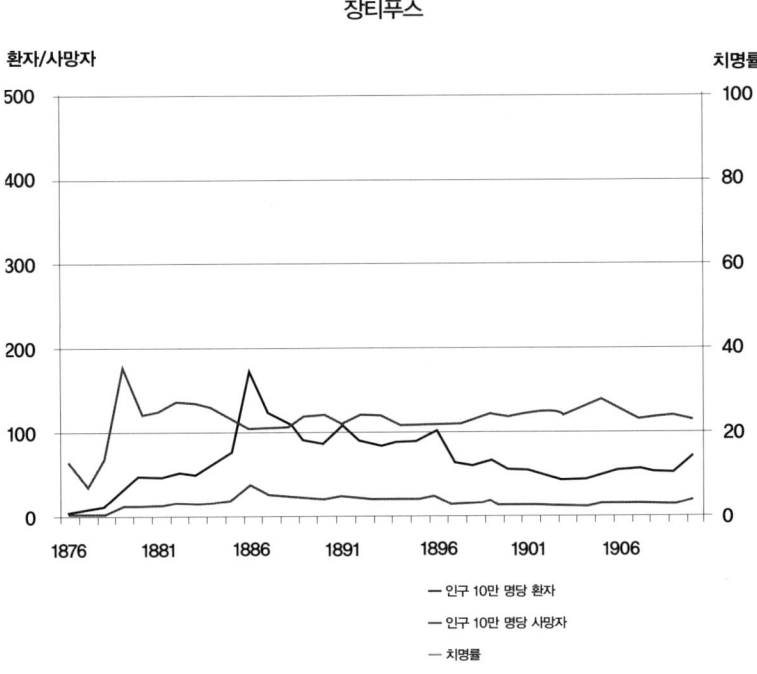

장티푸스

출처: 《위생국 연보》, 《법정전염병 통계》, 《일본제국 통계전서》 등.

것은 아니었다. 적리균을 발견한 뒤에도 세균검사보다 임상적으로 진단을 붙이는 경우가 훨씬 많았으므로 적리 환자 중에는 아메바성 적리 환자도 적지 않게 포함되어 있었을 것이다.

이 기간 동안 일본인을 괴롭힌 또 한 가지 중요한 전염병은 장티푸스였다. 34년 동안 94만여 명의 환자와 22만 명이 넘는 사망자가 발생했다. 장티푸스는 적리보다도 폭발적인 양상이 더 적었고, 치명률도 거의 일정했다. 장티푸스는 콜레라, 적리보다 앞서서 1880년대 후반부터 서서히 감소했다. 물론 장티푸스에 대한 특효요법이 없었던

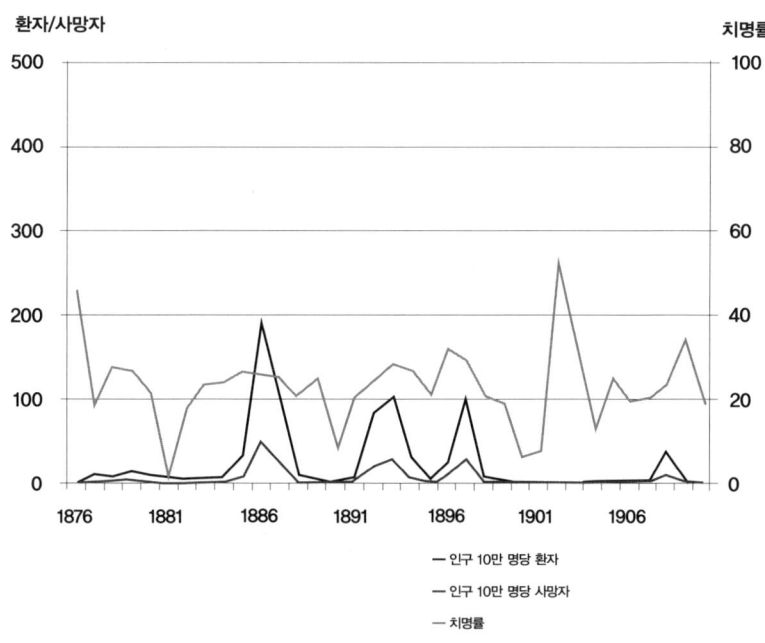

두창

출처: 《위생국 연보》, 《법정전염병 통계》, 《일본제국 통계전서》 등.

시절의 일이다.

 당시 또 한 가지 중요한 전염병은 두창이었다. 두창은 콜레라와 비슷하게 몇 차례 주기적으로 유행했다. 1886~87년, 1892~93년, 1897년, 1908년의 유행이 그것이다. 하지만 그런 유행도 콜레라에 비하면 별 것 아닌 셈이었으며 그나마도 점점 더 위력을 잃어갔다. 그리고 콜레라, 적리, 장티푸스가 주로 위생 조치의 덕택으로 감소했던 것과는 달리 두창의 감소는 우두술이라는 의료적 방법의 혜택을 많이 보았다.

일본 내 일본인들의 건강과 질병 ②

19세기 말 동아시아의 신흥 강국으로 떠오르던 일본에서 가장 맹위를 떨쳤던 전염병은 콜레라, 적리, 장티푸스 등 수인성水因性 전염병이었다. 이들 수인성 전염병은 특별한 예방, 치료 방법이 없더라도 상·하수 관리만 제대로 하면 상당 정도 퇴치할 수 있는 특성을 지니고 있다. 그리고 환자를 일찍 발견하여 격리함으로써 병의 전파를 막을 수 있는 병이기도 하다. 즉 소독과 검역으로 효과적으로 관리할 수 있는 질병인 것이다. 일본은 19세기 말~20세기 초 이런 조치들을 활용하여 수인성 전염병의 창궐을 막는 데 성공했다. 구미 선진국을 제외하고는 거의 유일한 경우였다.

이 시기에 일본을 괴롭혔던 또 한 가지 전염병은 디프테리아였다. 1876년부터 1910년까지 35년 동안 30만 명 가까운 디프테리아 환자가 발생했고, 그 가운데 10만 명 남짓이 목숨을 잃었다. 환자나 보균자의 호흡기 분비물인 객담, 콧물, 기침 등을 통하여 또는 피부의 상처를 통하여 사람에서 사람에게로 직접 전파되는 디프테리아는 수인성 전염병보다 다루기가 훨씬 까다롭다.

일본에서 도시화 속도가 빨라진 1890년 이후, 수인성 전염병들과 반대로 디프테리아의 발생은 급격히 늘어났다. 다행히 치명률은 오히려 감소함으로써 사망자는 크게 증가하지 않았다. 이에는 기타사토北里柴三郎(1852~1931)가 세계 최초로 개발한 항혈청요법抗血淸療法이 적지 않은 효과를 나타내었다. 기타사토는 이 업적으로 1901년 제1회 노벨 의학상 후보로 올랐지만, 공동 연구자였던 에밀 폰 베링Emil Adolf von Behring(1854~1917)이 단독으로 수상했다.

근대 일본의 의학 영웅 기타사토北里柴三郎(1852~1931). 1890년 세계 최초로 디프테리아와 파상풍 독소에 대한 항독소 혈청요법을 에밀 폰 베링과 함께 개발했으며, 그 업적으로 제1회 노벨 의학상 후보에 올랐다. 1889년에는 파상풍균을 처음으로 순수 배양했고, 1894년에는 최초로 페스트균을 발견했다. 또한 일본의사회가 창립되었을 때부터 별세할 때(1916~31)까지 회장을 지냈다. 뿐만 아니라 의료 침략의 선봉장 구실을 한 동인회同仁會의 창립 멤버로 한국과 중국에 일본식 의료와 일본인 의사들을 부식扶植하는 데에도 핵심적인 역할을 했다. 당대 일본인들에게 전형적인 영웅이었다.

디프테리아

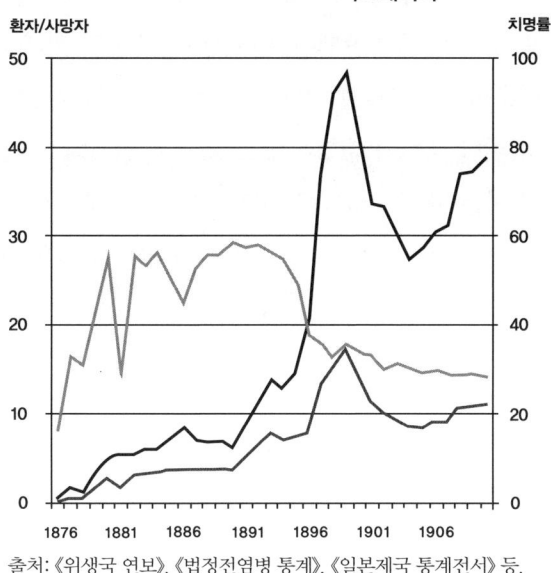
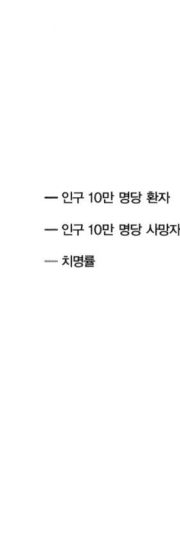

출처: 《위생국 연보》, 《법정전염병 통계》, 《일본제국 통계전서》 등.

발진티푸스

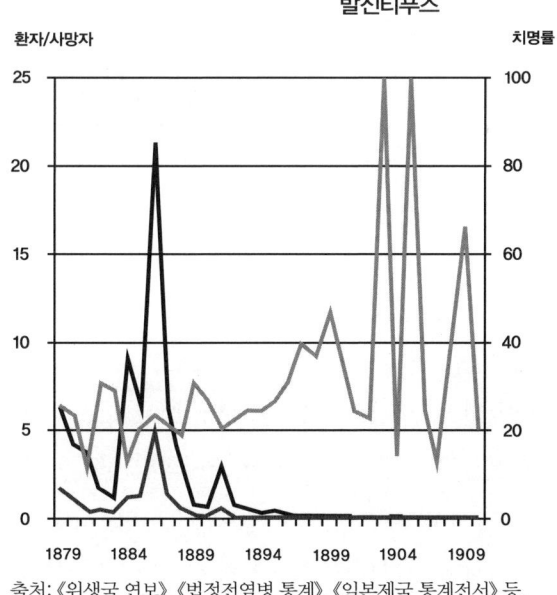

출처: 《위생국 연보》, 《법정전염병 통계》, 《일본제국 통계전서》 등.

메이지明治 정부는 초기부터 발진티푸스의 발발에 크게 주의를 기울였다. 19세기 중엽까지 서유럽에서도 큰 피해를 초래한 질병이었기 때문이었다. 하지만 우려와는 달리 큰 문제는 발생하지 않았다. 특별히 취한 조치가 없는데도 말이다. 발진티푸스는 1891년 1천 명 남짓 되는 환자가 발생한 뒤로는 사실상 거의 문제가 되지 않았다. 일본인들의 전반적인 생활수준 향상과 관련이 있을 것이다.

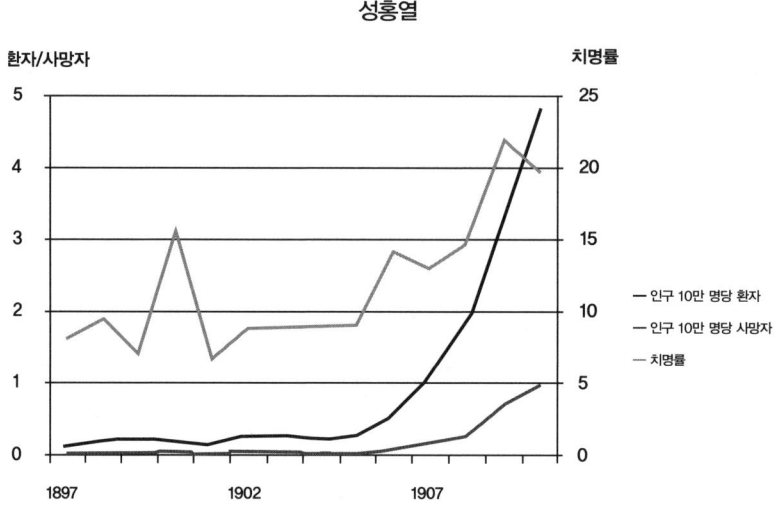

출처: 《위생국 연보》, 《법정전염병 통계》, 《일본제국 통계전서》 등.

1897년 처음으로 법정전염병으로 지정된 성홍열은 그 뒤 10여 년 동안 환자, 사망률, 치명률 모두 빠르게 증가했다. 주로 호흡기를 통해 전염되는 질병의 특성상 도시화와 상관이 있었을 것이다. 하지만 1897년부터 1910년까지 환자 6,336명, 사망자 1,104명이 발생하는 데 그쳐 사회적으로 큰 문제가 되었던 것은 아니었다.

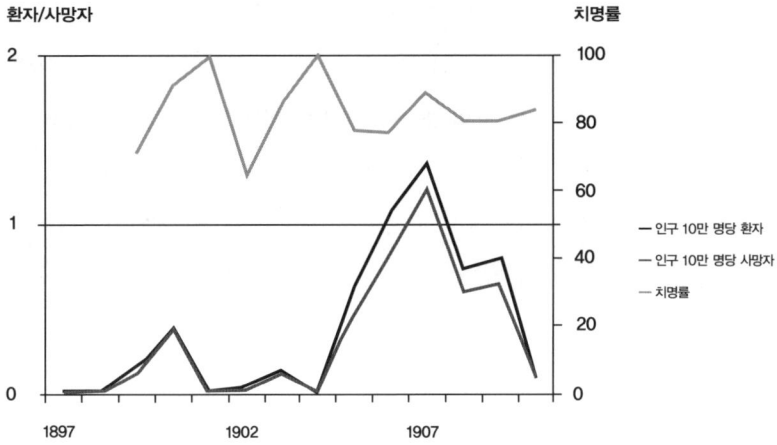

출처: 《위생국 연보》, 《법정전염병 통계》, 《일본제국 통계전서》 등.

　앞에서 언급한 전염병들보다 훨씬 더 일본 열도를 공포에 몰아넣었던 것은 흑사병黑死病, 즉 페스트였다. 페스트는 1350년을 전후하여 온 유럽을 휩쓸어 불과 몇 해 사이에 유럽 전체 인구의 3분의 1가량을 몰살시킨 바 있는 역사상 가장 악명 높은 전염병이었기 때문이었다.
　1897년 메이지 일본에서 첫 번째 페스트 환자가 발생하여 얼마 뒤에 사망했다. 기타사토가 홍콩에서 페스트균을 발견한 지 3년 뒤의 일이었다. 1899년 말 페스트 환자가 다시 발생하자 일본 내무성 위생국 직원들은 연말연시 휴가를 반납하며 방역에 골몰하기도 했다. 그리고 이때부터 1910년까지 해마다 환자가 발생했고 치명률이 80퍼센트를 넘나들었지만 환자 발생이 그리 많지는 않았다. 1907년에 환자 646명, 사망자가 574명(치명률 89퍼센트) 발생한 것이 최대 피해였다. 중세 시대나 마찬가지로 한번 걸리면 죽은 것과 다름없을 정도로 무서운 병이었지만 전파력은 대단하지 않았다. 일본에서는 1920년대까지 간헐적으로 페스트가 발생했다.

1900년 초 대한제국 정부도 페스트의 전파를 우려하여 선박 검역을 강화했는데 다행히 한반도에는 상륙하지 않았다. 이때뿐만 아니라 우리나라에는 페스트가 발생했다는 기록이 전혀 없다. 중국, 일본, 만주, 시베리아, 대만 등 한반도를 둘러싼 지역에서 계속 간헐적으로 유행했는데 유독 한국에서만 발생하지 않았다는 사실이 이해하기 어렵다. 천운이었을까?

《황성신문》1900년 2월 26일 기사는 그 전날 의학교에서 페스트 예방에 관한 강연회가 있었음을 다음과 같이 보도했다. 페스트의 전파 매개체로 쥐鼠를 든 것은 타당하지만, 엉뚱하게 누에蚕, 모기蚊, 파리蠅도 용의자로 지목되어 있다.

(예방 연설) 작일 하오 1시에 의학교장 지석영씨와 교사 고성매계씨가 각부 대관과 각 학교 교원과 여학교 교장과 기타 인사을 회동하야 흑사병의 예방규칙을 설명하난대 해該병의 근인根因은 염질染疾과 동同한대 차此병에 이罹하면 10의 8,9는 사死하고 전염의 근유根由는 서충천문승鼠蟲蚊蠅의 교통함과 오예물로 종從하야 생하니 예방 개의概意는 의복을 청결하며 가옥을 통창通暢하야 공기를 다수多受하며 오예물을 원遠히하야 악취를 오촉誤觸함이 무케하라 하더라.

메이지 시기 일본 정부가 위생·의료 분야에서 가장 큰 힘을 기울였던 것은 전염병의 전파 방지였다. 사실 디프테리아 항독소 혈청요법을 제외하고는 전염병에 대해 뾰족한 치료 방법이 없었던 시절이었

인구 10만 명당 사망자

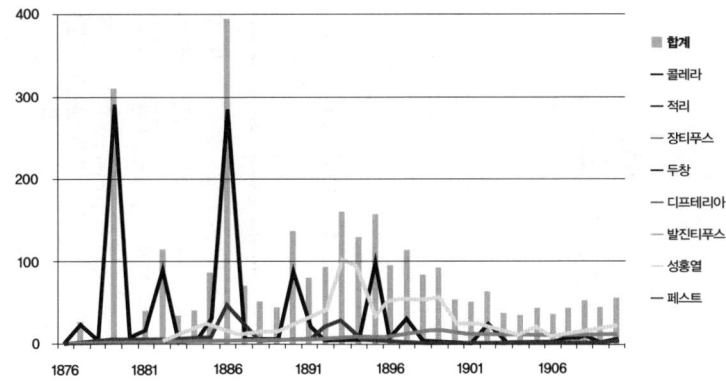

출처: 《위생국 연보》, 《법정전염병 통계》, 《일본제국 통계전서》 등.

기 때문에 소독과 검역 등의 방법으로 전파를 억제하는 것이 유일한 대책이었다. 그리고 위 도표처럼 당시의 전염병 통계를 요약해 보면 일본이 그러한 일에 상당한 성공을 거두고 있었던 것은 틀림없어 보인다. 일본은 1900년대에 들어 인구 10만명당 연간 전염병 환자 200명, 사망자 50명 수준을 유지했다. 이는 구미 선진국과 별로 차이가 나지 않는 것이었다. 하지만 그 과정에서 감염(의심)자의 강제 격리, 일방적 재산(가옥) 처분과 같은 인권 유린 행위도 적지 않게 일어났다. 대만과 조선 등 식민지에서는 그러한 모습이 더욱 뚜렷했다.

○傳染病豫防法

明治三十年三月
法律第三六號

第一條　此ノ法律ニ於テ傳染病ト稱スルハ虎列剌、赤痢、腸窒扶私、痘瘡、發疹窒扶私、猩紅熱、實布垤利亞（掯膋布チ舍ム）及「ペスト」ヲ謂フ
前項ニ揭クルハ病ノ外謂ノ法律ニ依リ豫防方法ノ施行ヲ必要トスル傳染病アルトキハ主務大臣之ヲ指定ス
第二條　傳染病流行シ若ハ流行ノ虞アルトキハ地方長官ハ其ノ傳染病ノ疑似症ニ對シ此ノ法律ノ全部若ハ一部ヲ適用スルコトヲ得

內部令第十九號
　傳染病預防規則
　　總則
第一條　此規則에稱혼바傳染病은虎列剌　腸窒扶私　赤痢　實布垤利亞　發疹窒扶私及痘瘡六病을云홈이라
但六病外에도流行病이有호야其勢가盛홀兆眹이有혼時에는地方長官이內部에具申호야預防法을施行홀事
第二條　患者가有호야醫師가傳染病으로診斷執證혼時에는該洞任이遲홀지라도二十四時를蹉치勿호야患者所在里

대한제국의 〈전염병 예방규칙〉(1899년 8월 16일 제정, 왼쪽)과 일본제국의 〈전염병 예방법〉(1897년 3월 제정). 대한제국 정부가 〈전염병 예방규칙〉을 제정하면서 일본의 법을 많이 참고했던 것은 불문가지이다. 그런 한편, 한 번도 발생한 적이 없는 페스트는 제외하는 등 한국의 실정에 맞추는 노력을 벌인 흔적도 적지 않게 보인다. '예방'의 '예' 자도 한국預과 일본豫은 비록 뜻의 차이는 없지만 각기 다른 한자를 사용했다.

대한제국 정부의 전염병 대책 ①

대한제국 정부는 1899년 8월 16일 내부령 제19호 〈전염병 예방규칙〉을 필두로 몇 가지 전염병을 예방, 관리하기 위한 법령을 잇달아 제정했다. 그보다 4년 전인 1895년 7월 내부령 제2, 4, 5호로 〈호열자병 예방규칙〉, 〈호열자병 소독규칙〉, 〈호열자병 예방과 소독 집행규정〉을 공포한 바 있었지만 이제 관리 대상 전염병을 확대하고, 관리 방법도 더 체계화한 것이었다.

이러한 법을 제정하고 전염병 예방에 나선 것은 근대국가의 통치기구를 자임하는 국왕과 정부로서 당연한 일이었지만, 일본의 영향도 컸다. 정부는 〈전염병 예방규칙〉에 이어 콜레라虎列刺, 장티푸스腸窒扶私, 이질赤痢, 디프테리아實布垤里亞, 발진티푸스發疹窒扶私, 두창痘瘡 등 여섯 가지 법정전염병에 대해 각각 예방규칙을 제정했다. 당시 일본은 이 여섯 가지 외에 성홍열과 페스트도 법정전염병으로 지정했는데 한국정부는 이 두 전염병은 포함시키지 않았다.

우선 개개 전염병에 관한 법령의 전문前文들을 통해 그 질병들에 대한 당시의 인식을 살펴보자(원문의 뉘앙스를 되도록 살리면서 현대어로 옮기려 했다).

콜레라는 전염병 중에 사납고 모질기猛惡가 가장 심하여 그것이 만연 유행할 때의 흉포하고 참학慘虐함은 세상 사람들이 익히 아는 바이다. 그 병의 병독은 일종의 세균細菌이 위주인데 (세균은) 환자의 토사물 중에 포함되어 있기 때문에 병의 만연을 예방하기 위해서는 토사물과 그 밖의 오염물에 소독법을 사용하는 것을 빠뜨릴 수 없다. 불가불 환자가 발생하는 초기와 병독이 아직 널리 퍼지기 전에 십분 소독법을 시행하여 병재病災를 좁은 부분에 국한시켜 불씨를 꺼트려야熄滅 한다(〈호열자 예방규칙〉).

콜레라는 19세기 질병의 챔피언이었다. 당시 인류에게 피해를 가장 많이 주었기 때문은 아니었다. 피해의 규모만을 따진다면 콜레라는 말라리아, 두창, 발진티푸스 등 전통적인 강자, 그리고 결핵이라는 새로이 떠오르는 '문명병'의 적수가 되지 못했다. 그런데도 콜레라를 챔피언이라고 하는 것은 전파 양상의 폭발성과 높은 치명률 때문이었다. 10년, 20년 동안 아무런 소식이 없다가 느닷없이 나타나 순식간에 질풍노도와 같이 온 세상을 휩쓸고는 다시 어디론가 사라지는 그 특성 말이다. 위의 인용문처럼 콜레라는 '사납고 모질기가 가장 심한' 질병이었다.

세균학의 챔피언인 코흐는 콜레라를 '세균학자들의 가장 믿을 만한 동맹군'이라고 불렀다. 인류에 대한 콜레라의 위협이 지속되는 한 세균학(자)에 대한 사회적 관심과 지원이 계속될 것이기 때문이었다. 그리고 코흐는 마침내 1883년 동맹군의 정체를 규명했다. 19세기의 마지막 콜레라 판데믹 때 라이벌인 파스퇴르에 앞서 콜레라균을 발견했던 것이다. 콜레라균의 발견으로 코흐와 세균학의 성가는 더욱 높아졌다. 그 뒤 코흐와 동료, 제자들은 기세를 몰아 오랫동안 인류를 괴롭혀 왔던 세균성 전염병들의 원인균과 정체를 대부분 규명하게 되었다.

장티푸스는 그 병독이 환자 설사물瀉下物 중에 있으니 콜레라 병독과 같이 불결 오예污穢한 토지에서 번식 미만하여 널리 유행하는 세를 이루는 병이다. 그 예방하는 방법도 콜레라와 대략 같다. 이 병은 여섯 가지 전염병 중에 최다한 질병이다. 유행 기간이 길고 병증 경과가 오래 지속久되면 공중

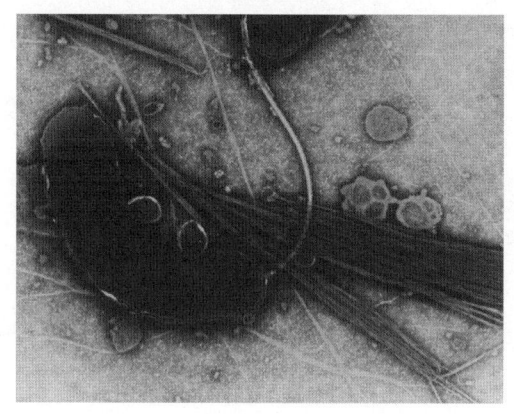

콜레라균Vibrio cholerae의 전자현미경 사진. 1870년대까지만 해도 세균병인설을 주장한 사람들은 동료 의사들에게서 조롱거리가 되기 일쑤였다. 하지만 1880년대가 되면 사정이 완전히 달라졌다. 코흐가 결핵균(1882)과 콜레라균(1883)을 잇달아 발견하면서 '세균학의 시대'가 활짝 열렸다. 그렇다고 당장 의학이 전염병 치료에 크게 기여했던 것은 아니었다. 항생제와 결핵약이 나타나기 위해서는 60여 년을 더 기다려야 했다. 그때까지는 영양상태의 개선, 공중위생 조치가 기여한 바가 훨씬 컸다.

의 안전 행복에 손해를 끼침이 콜레라처럼 유심하다. 따라서 이 병이 유행할 조짐이 있거든 속히 십분 진력하여 이를 박멸하고 제2의 유행을 예방하기를 태만히 해서는 안 된다(〈장질부사 예방규칙〉).

적리는 그 병독이 환자의 설사물 중에 있어 전염하는데 병의 특성病性이 장티푸스와 유사한 병이다. 따라서 그 예방 소독하는 방법도 장티푸스와 대략 같다. 유행할 시 설사물 중에 혈액血液이 섞이지混 않은 환자라도 이 병과 마찬가지로 예방해야 한다. 이 병은 장티푸스와 같이 참독慘毒이 매우 오래가고 심한지라 발병 시를 당하여 박멸방법을 십분 진력하여 예방법 등을 전체적으로 장티푸스와 같이 해야 한다(〈적리 예방규칙〉).

같은 수인성 전염병이지만 장티푸스와 적리는 콜레라에 비해 유행이 장기적, 지속적이라는 특성을 잘 파악하고 있다. 장티푸스가 여섯 가지 전염병 중에서도 가장 흔하다고 한 것은 한국 정부가 스스로 파악했던 사실이 아니고 일본의 데이터를 차용한 것이었을 터이다. 그리고 설사 환자 가운데 혈변血便을 보이는 환자와 그렇지 않은 환자를 일단 적리로 간주하는 것은 세균검사가 불가능했던 당시로는 오히려 적절하고 타당한 조치로 보아야 할 것이다.

디프테리아는 미성년 아동에게 침범하여 병상病狀이 가장 험악하게 나타난다. 그 병독은 인두 후두를 포함하여 환자의 가래痰 침唾 콧물鼻汁과 환자가 사용하는 의복, 완구 등을 매개로 하여 전염하기 때문에 이 병이 만연하는 것을 예방하기 위해서는 아동을 격리하는 것이 매우 중요[專要]하다. 소학교와 유치원 등 아동이 군집하는 장소에 이 병이 유행할 조짐이 있는 경우에는 특히 긴중緊重 주의해야 한다(〈실포질리아 예방규칙〉).

디프테리아는 영유아와 학령기 아동에게 집중적으로 발생하는 대표적인 전염병이다. 디프테리아를 법정전염병에 포함시킨 데에는 일본의 영향이 컸겠지만, 한편으로는 어린이 건강에 대한 한국사회의 관심의 반영일 수도 있다. 서구 사회에서 여성과 어린이 건강에 대한 관심이 싹튼 것은 대체로 18세기이다. '모성병원' '모자병원'이 생겨난 것이 그러한 점을 뒷받침하는 근거이다. 하지만 동아시아에서는 그보다 훨씬 전부터 전문적인 부인과, 소아과 서적이 간행되고 있었다. 한 가지 잣대로만 세상을 볼 일은 아니다.

발진티푸스는 그 병독이 환자의 신체를 통해 퍼져나가[揮散] 전염되는 병으로 전파 속도가 가장 빠르고 날랜[最迅疾] 병이다. 그것이 1차 유행할 조짐이 있으면 홀연히 산만散漫 전파하여 빈민부락 등 군집 잡거雜居한 장소에 가장 먼저 침입한다. 가옥이 불결 협애하면 공기의 유통이 불량하기 때문에 전염성의 위세가 더욱 맹렬猛劇해져 전체 부락민[全部人衆]을 침해한다. 따라서 이 병이 만연함을 예방하기 위해서는 속히 환자와 건강자를 격리하고, 빈민부락에 침입하는 때에는 피병원과 요양소를 개설하는 빈민구료법의 보급을 서둘러야[不怠] 한다(〈발진질부사 예방규칙〉).

전염병뿐만 아니라 대부분의 질병이 가난과 연관되어 있다. 동서고금을 통해 확인되는 사실이다. 그리고 '질병의 사회성'은 요즈음에 새로 발견된 진리나 담론이 아니다. 그 가운데에서도 발진티푸스는 감옥, 빈민촌, 전쟁터와 같이 생활조건이 열악한 곳에서 창궐하는 질병으로 알려져 왔다. 발진티푸스의 그러한 특성을 잘 파악하고 있는 〈발진질부사 예방규칙〉에는 '빈민구료법'이라는 용어까지 등장하고 있다. 물론 그 법이 만들어졌던 것은 아니지만 필요한 경우 피병원은 수시로 세워졌다. 그리고 그것은 이 시기에 처음 나타난 것이 아니었고 조선시대 내내 유지되던 전통이었다.

두창의 병독은 두창의 고름[痘漿]과 딱지[痘痂] 중에 있어서 병자의 신체를 통해 발출發出하므로 전염력이 다른 병들보다 더 강렬하다. 그 때문에 한 겹 해진 옷을 통해 병독이 전파되어 무수한 대중에게 병독이 침입한 적이 왕왕 있었다. (다행히) 두창은 종두와 같은 만전萬全 예방법이 있어 그 병의 피해[患害]를 미연에 방제防制할 수 있다. 하지만 (종두를) 재삼 반복하지 아니하면 그 효과가 무無한지라 진실로 이 병이 발생하는 때에는 건강한 사람들에게는 임시 종두를 보급하고 환자에게는 면밀히 소독법을 시행하여 십분 병독을 박멸케 하고 종래의 경험에 의거함이 필요하다. 보호 간병하는 사람이 친히 환자를 병구완[介抱]하다 두창 병독에 오염되더라도 그 수족과 의복 등에 십분 소독법을 시행치 아니하여 병독을 전파하는 경우가 매우 많으니 이 점을 특히 경계해야 한다(〈두창 예방규칙〉).

두창은 앞의 다섯 가지 전염병과 달리 우두술이라는 '만전萬全 예방법'이 있는 질병이다. 바로 그 점 때문에 조선정부는 1885년부터 우두술 보급을 국가사업으로 전개해 왔지만 이 당시까지도 크게 성공을 거두지는 못했다. 의학적 방법의 유무도 질병의 퇴치에 중요한 요인이지만, 설사 그러한 방법이 있더라도 그것을 실제로 활용할 수 있는 경제적, 사회적, 정치적 역량이 갖추어져 있는지 여부가 더 중요한 점이라는 사실을 두창의 경우가 잘 말해 주고 있다. 그리고 그것은 과거의 문제만은 아니다. 확실한 치료법이 있는 데도 사용하지 못한 채 죽어가거나 신음하고 있는 사람이 우리 주변과 지구촌에 얼마나 많은가?

확실한 치료법이나 치료약이 없어서 죽어가는 환자와, 그것이 있는데도 사용하지 못한 채 죽거나 신음하는 사람들 가운데 어느 쪽이 더 억울할까?

대한제국 정부의 전염병 대책 ②

그러면 대한제국 시기에 정부는 구체적으로 어떻게 전염병들을 관리했을까? 〈전염병 예방령〉부터 살펴보자. 우선 법령은 콜레라 등 여섯 가지 이외의 전염병이라도 크게 유행할 조짐이 있으면 지방장관(군수)이 내부에 보고한 뒤 예방조치를 취하도록 했다.

의사가 전염병 환자로 진단을 내리면 동장[洞任]은 24시간 이내에 지방장관 및 가장 가까운 경찰서에 보고하고, 지방장관은 그 사실을 관찰부에 보고하는 한편 인접한 군郡, 가까운 병영 등에도 알리도록 했다. 그리고 관찰부는 1주일에 한 차례 환자 수, 치유자 수, 사망자 수를 내부에 보고해야 했다. 이 규정대로라면 전염병 발생시 정부는 매주 전국적인 상황을 파악하게 되어 있었다.

또한 지방장관은 필요하다고 판단하면 내부에 보고한 뒤 피병원을 세울 수 있었다. 또 인민들도 지방장관의 허가를 받아 사설 피병원을 세우는 것이 허용되었다. 법률에 따르면 관립이든 사립이든 환자의 동의 없이 강제로 피병원에 입원시키지는 않았다.

그리고 해당 지역 관리는 전염병 환자가 생긴 집의 문에 전염병명을 써 붙이고 소독이 끝나기 전에는 외부 사람들의 출입을 금하도록 했다. 요컨대 보고, 피병원 설립, 환자 격리, 소독이 전염병 발생 시의 가장 중요한 조치였다. 이런 공통적인 조치 이외에 전염병의 종류에 따라 약간씩 다른 조치들을 취했다.

콜레라의 경우 환자가 사용하는 변기 관리가 가장 중요한 일이었다. 환자의 변기에는 덮개를 씌워 변이 흘러넘치지 않도록 하고 환자가 변을 볼 때마다 석탄유石炭乳, 생석회, 석탄산수를 뿌려 소독하도록 했다. 또한 환자의 의복, 침구, 깔개, 식기 등과 간병인의 의복 등, 그

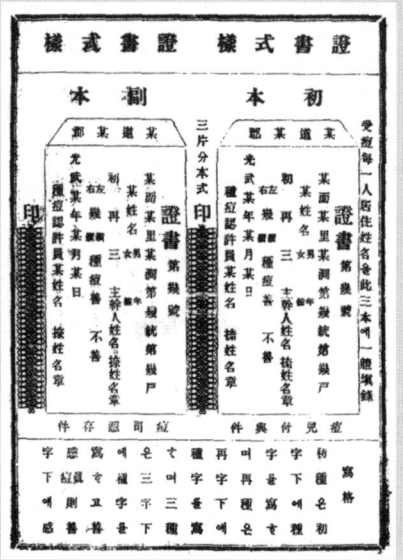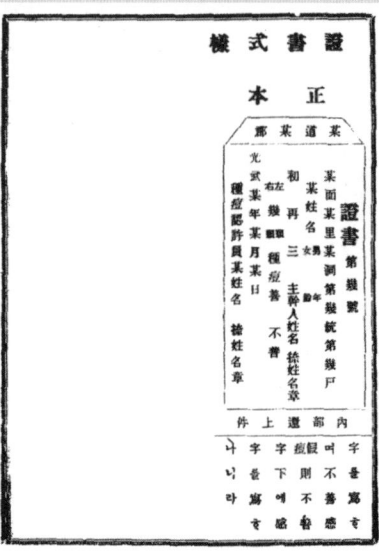

종두접종증서(1902).

리고 환자의 토사물에 오염되었을 가능성이 있는 물건들도 소독하도록 했다. 만약 간병인이 환자의 토사물이나 오염된 물품을 손으로 만졌을 경우에는 석탄산수와 승홍수昇汞水로 손을 씻어야 했다. 그리고 환자의 집에서는 음식물을 반드시 펄펄 끓여[煮沸] 먹도록 했다. 선박에서 비슷한 증세를 보이는 환자나 사망자가 발생한 경우에도 마찬가지 조치들을 취해야만 했다.

그리고 환자 인근에 사는 사람들은 환자가 있는 집에 일체 출입하지 않고, 환자 집에서 사용한 우물물은 먹지 말고, 인근 쓰레기장을 청소하고, 하수구를 정비하고, 음식물은 끓여 먹어야 했다. 그리고 설사와 구토를 하는 경우 신속하게 의사의 진료를 받아야 했고, 그러한 증세를 보인 사람이 사용한 변기와 토사물도 소독하도록 했다.

전염병의 전파를 막기 위해 교통 차단이 필요한 경우에는 차단 구역을 명확히 표시하고 의사, 관리, 필요한 인부 외에는 일체 출입하지 못하도록 했으며, 환자가 치유되거나 사망, 또는 피병원에 이송한 뒤 5일 동안 새로운 환자가 발생하지 않으면 교통 차단을 해제하도록 했다. 또한 환자가 사망하면 그 사체를 다른 무덤들과 떨어진 곳에 매장하고 나중에 이장하지 못하도록 했다.

〈호열자 예방규칙〉에는 콜레라 예방 접종에 관한 언급은 없다. 실제로도 일제 강점 이전에 한국인들에게 예방 접종을 했다는 기록이 없다. 일본에서는 1896년 기타사토의 지휘로 일본 전염병연구소[傳研]의 무라타村田昇淸가 콜레라 백신을 독자적으로 개발했으며, 1902년 유행시에 고베 주민 7만여명에게 처음으로 그것을 접종한 바가 있었다. 1886년 6월 고치高知 현립縣立 의학교를 졸업한 무라타는 1920년 말 조선에 와서 조선총독부의원 의관醫官을 거쳐 1921년 7월부터는

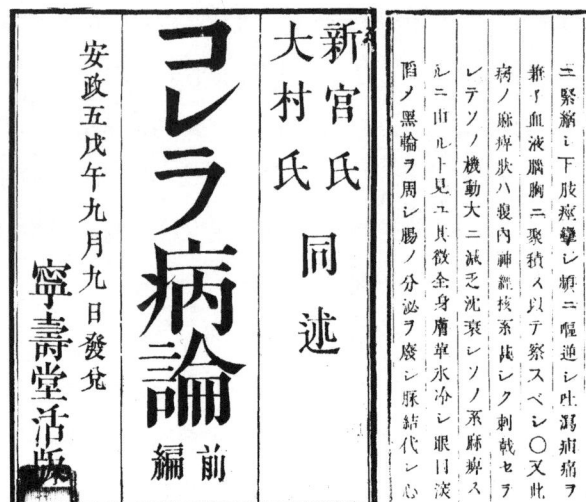

《콜레라コレラ 병론》(1858)의 표지(왼쪽)와 콜레라의 병리를 언급한 부분(오른쪽). 일본에서는 최소한 이때부터 콜레라라는 새로운 병명이 쓰였다.

총독부 경무국 위생과장을 지냈다.

호열자虎列刺는 콜레라의 일본식 음역어音譯語로 "호랑이가 살점을 찢어내는 것과 같이 고통스럽다"는 뜻도 가지고 있다. 한국(조선)에서 언제부터 호열자라는 병명을 사용했는지 확실하지는 않지만, 《한성주보》 1886년 7월 5일자에 호열자라는 표현이 나오는 것으로 보아 1880년대부터라고 생각된다. 이보다 앞서 1879년 콜레라 유행 시 일본인들의 요청으로 부산에 '소독소 피병원'이 세워졌을 때 호열자라는 용어가 처음 소개되었을 수도 있다. 일본에서는 1850년대에 이미 콜레라コレラ라는 서양식 병명이 쓰였다.

한편 장티푸스는 다음과 같은 방법으로 관리했다. 우선 장티푸스 또는 그와 비슷한 발열[熱性] 환자가 생기면 외부인과의 접촉을 금지했다. 그리고 환자 자택에서 간병, 치료하는 것을 원칙으로 하되 환자와 가족이 원하는 경우에는 피병원이나 그 밖의 적당한 가옥으로 옮겨 치료받을 수 있었다. 또한 장티푸스 환자의 변기, 의복 등 물품은 콜레라 환자의 경우와 같은 방법으로 소독하도록 했다. 환자 인근에 사는 사람들에 대한 조치도 비슷했다.

하지만 콜레라와 달리 교통 차단 조치는 하지 않았고, 환자 시체의 처리에 대해서도 별다른 규정이 없었다. 적리에 대해서는 전문前文만 있고 별도의 구체적인 규정은 없는 것으로 보아 장티푸스와 동일한 방법으로 관리했을 것이다.

디프테리아는 어린이에게 주로 발생하는 특성상 어린이 관리에 각별한 주의를 기울였다. 디프테리아 또는 유사 환자가 발생하면 그 집의 어린이는 다른 집에 피신하도록 했다. 그리고 용무가 없는 외부인의 출입을 금지시켰으며, 어린이는 무조건 환자 있는 집에 갈 수 없도록 했다. 간병인도 어린이와 접촉해서는 안 되었고 빈번히 붕산수硼酸水와 염화칼륨수[鹽酸加里水]로 양치질[含漱]을 하도록 했으며, 환자의 방에서 나오기 전에 석탄산수와 승홍수로 손을 씻어야만 했다.

환자의 객담, 침, 콧물을 닦은 종이와 천은 덮개가 있는 용기에 담아 소각하고 환자가 양치질한 약수藥水도 석탄산수로 소독한 뒤에 정해진 변소에 버리도록 했다. 환자가 사용하는 변기도 석탄산수로 소독하도록 했다. 그리고 환자가 사용한 의복, 침구, 깔개, 완구, 식기는 물론 간병인의 의복 등과 그 밖에 오염된 의심이 있는 물건들도 적당한 용기에 넣어 소독해야 했다. 환자가 회복되는 과정에 있더라도 의사가 완치되었다고 인정하고 최종적으로 소독을 하기 전에는 어린이와 어울릴 수 없었다. 환자 집 인근에 사는 어린이들은 감기[感冒]에 걸리지 않게 각별히 주의를 기울이도록 했고, 혹시 감기에 걸리면 신속하게 의사의 치료를 받도록 했다.

디프테리아 환자가 많이 발생한 경우에는 의사가 그 지역 소학교, 유치원(1897년 일본인들이 부산 용두산 아래에 세운 '부산유치원'이 한국 땅에 세워진 최초의 유치원으로 알려져 있으며, 이 법령이 제정될 때까지 그것이 유일했다. 따라서 이 조항은 현실을 반영하는 것은 아니었다)에 찾아가 어린이들을 진찰하도록 했다. 의사는 교원들과 협의하여 환자가 생긴 집의 어린이는 환자가 완쾌할 때까지 다른 집에 피신시키는 것은 물론이고 그때부터 3주일 동안 등교, 등원하지 못하도록 했다. 기침이나 열이 나는 어린이는 신속히 귀가시켰고 의사의 치료를 받게끔 그 어린이의 집에 통보하도록 했다. 소학교나 유치원에 며칠 동안 결석하는 어린이가 생기면 교원들은 그 어린이 집에 결석한 이유를 알아보아야만 했다.

또한 디프테리아 유행 시기에는 평소보다 상학시간은 늦추고 하학시간은 당겼다. 어린이들이 목을 많이 쓰면 호흡기 감염증의 전파 가능성이 높아지고 건강에 무리가 온다고 여겨 음악 등 고성高聲을 내야 하는 과목은 유행이 끝날 때까지 수업을 하지 않도록 했다. 학교는 더욱 깨끗이 청소하고 휴식시간에는 창문을 활짝 열어 충분히 환기를 시키도록 했다. 학교 곳곳에 어린이들이 침과 객담을 뱉을 항아리를 설치하고는 때때로 그것을 석탄산수로 소독하도록 했다.

이러한 조치들을 취했는데도 디프테리아가 계속 성행할 시에는 아예 소학교와 유치원을 폐쇄하도록 했다. 과연 그렇게까지 할 필요가 있었는지 의문이 들 정도로 과도하게 철저한 조치였다. 제대로 된 치료법이 없었고, 일본과 달리 디프테리아 항독소도 사용할 수 없는 형편에서는 그런 조치가 필요했었을 것이다. 하지만 실제로 그 법대로 조치를 취했는지는 자못 의심스럽다.

발진티푸스의 경우도 환자와 다른 사람들을 격리시키는 것이 첫 번째 조치였다. 환자의 방에는 간병인 이외에 가족들의 출입도 금했다. 환자는 자택에서 간병, 치료하는 것을 원칙으로 했고 환자와 관련된 거의 모든 것을 소독하도록 했다.

인근 사람들에 대한 조치는 다른 전염병과 별로 다를 바가 없었지만, 신체와 의복을 청결히 하도록 했고 과도한 노동, 노숙[露臥], 야행夜行 등 신체의 쇠약을 초래할 행위는 금지한 것이 특이했다. 또한 발진티푸스 유행 시 의사들은 빈민부락을 순회진료[巡診]하도록 했다.

마지막으로 두창의 관리에 대해 알아보자. 두창 또는 유사 환자가 발생한 경우, 그 환자 집 및 인근의 아직 우두를 맞지 않은 미두아未痘兒와 우두 접종을 받은 지 5년이 지난 사람은 신속히 우두를 맞도록 했다. 환자가 발생한 집의 어린이는 어린이가 없는 다른 집에 피신하도록 했다. 그뿐만 아니라 그 어린이는 3주일 동안 소학교, 유치원에 갈 수 없었고 또 (부모는) 그 이유를 학교에 알리도록 했다.

두창의 경우에도 환자나 간병인과 관련되는 거의 모든 것을 환자가 완쾌할 때까지 철저히 소독하도록 했다. 그리고 환자의 두창 딱지가 떨어졌더라도 의사가 완치되었다고 인정하고 그 뒤 목욕, 환의換衣하기 전에는 어린이와 어울리는 것을 절대 금지시켰다.

이런 것들이 100여 년 전 한국 정부가 전염병을 예방, 관리하기 위해 취한 지침이었다. 이대로만 했다면 제법 효과를 보았을 터인데 실제 얼마나 시행되고 또 얼마나 효과를 거두었는지를 말해주는 기록은 거의 남아 있지 않다.

강원대학교 의과대학 교정에 세워져 있는 우리나라 최초의 근대식 의사 김익남의 흉상(류 영준 교수 제공).

2. 최초의 근대식 의학 교육기관 의학교

의학교의 역사적 의의

한국사는 한국인들만의 배타적, 폐쇄적 역사가 아니다. 한국이라는 지리적, 역사적, 문화적 공간에서 한국인들뿐 아니라(물론 한국인들 자체도 복잡다단한 이해관계로 얽혀 있다) 여러 민족과 인종이 어울려서 삶의 다채로운 모습들을 연출해 온 것이 바로 한국사이고, 19세기 후반의 문호개방 이래 그러한 점은 점점 더 뚜렷해졌다. 또한 무대가 되는 공간도 한반도를 넘어 전 세계로 확장되었고 그에 따라 세계사 속의 한국사로 변모, 발전하고 있다.

한국인이 한국사의 주역이라는 점 또한 엄연한 사실이다. 한국인들은 외부세계와 끊임없이 교류하고 소통하면서, 새로운 문물과 제도들을 받아들여 점차 자기 것으로 소화하고 기존의 전통적 요소들도 시대에 맞게 변화시켜 왔다. 의료 분야도 마찬가지다.

1870년대부터 근대 서양 의술을 접해 온 조선 사회는 초기의 피동적 체험에서부터 점차 능동적인 선택과 수용의 단계로 나아가기 시작했다. 제중원뿐만 아니라 일본인 병원과 선교병원 들이 그러한 변화에 중요한 구실을 했다. 우두 사업에 노력을 기울였던 정부와 선구자들의 역할도 소홀히 여겨서는 안 될 것이다.

환자를 진료하는 데에 의사의 국적과 피부색이 문제가 되지는 않는다. 하지만 국가의 보건의료정책을 집행하는 데에서는 자국인 의사의 존재는 필수적이라고 할 수 있다. 외국인 의사들이 아무리 헌신적이라 하더라도 그들의 목표가 조선 정부의 그것과 일치할 수는 없기 때문이다.

조선 정부는 1880년대부터 의료인 양성을 위한 노력을 기울였다. 그리하여 국가사업으로 우두의사를 배출하는 데 어느 정도 성과를 거두었다. 한편 제중원 학당에서의 의학 교육은 의사 양성이라는 목표를 달성하지는 못했다. 여기에는 여러 원인이 있지만 제중원과 학당이 국가기관이라는 점에서 궁극적인 책임은 조선 정부에 있었다.

충분한 성과를 거두지는 못했지만 제중원 학당, 동문학, 육영공원, 연무공원 등의 운영 경험은 1894~1895년 갑오·을미 개혁기 이래 근대식 교육정책의 수립과 시행에 중요한 자양분이 되었다.

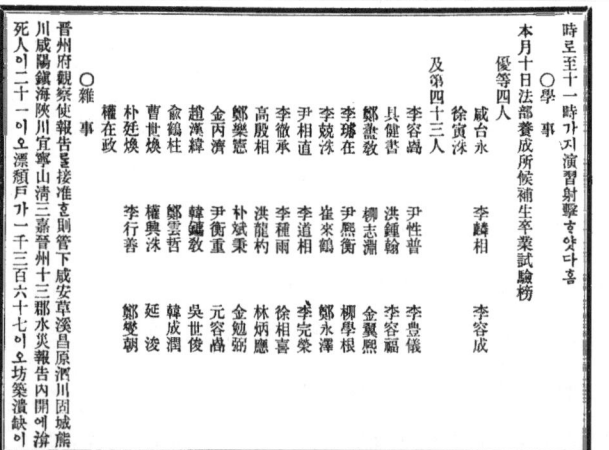

1895년 12월 28일(음력 11월 13일)자 《관보》에 실린 법관양성소 제1회 졸업생 명단 47명. 함태영과 이선재 등의 이름이 보인다.

1895년 2월 26일(음력 2월 2일) "백성을 가르치지 않으면 국가를 견고케 하기 어렵다"라며 교육의 중요성을 강조한 고종의 〈교육입국조서〉가 공포되었고, 〈한성사범학교 관제〉(5월 10일), 〈외국어학교 관제〉(6월 11일), 〈소학교령〉(9월 7일)이 반포되었다.

특기할 것은 다른 법률들에 앞서 〈법관양성소 규정〉이 4월 19일에 반포되고 25일부터 시행되었다는 점이다. 그리고 5월 17일부터 교육을

1907년 헤이그 밀사 사건과 '순국'으로 유명한 이준李儁 (1859~1907). 법관양성소 제1회 졸업생으로 그 당시 이름은 이선재李璿在였다.

시작한 법관양성소는 12월 25일 제1회 졸업생 47명을 배출했다. 초기에 법관양성소의 교육기간은 6개월이었다.

법률가는 성직자, 의사와 더불어 어느 시대나 사회를 막론하고 가장 대표적인 전문직업이다. 근대적 국가를 지향하는 데 근대식 교육을 받은 법률가를 양성하는 일이 초미의 관심사로 떠올랐고 그에 따라 법관양성소가 설립되었던 것이다.

법관양성소와 더불어 새로운 의학 교육기관과 의료기관도 준비되고 있었다. 1896년 초 발표된 정부 예산에 의학교 및 부속 병원과 종두의양성소 비용이 책정되었거니와 그보다 7개월 앞선 1895년 6월 14일 내부대신 박영효는 외부대신 김윤식에게 미국 의사 에비슨에게 빌려준 전前 제중원 관사를 되돌려 달라는 문서를 보냈다.

제중원은 설립될 때부터 외아문 소속이었다가 1894년 갑오개혁 초기인 8월 18일 내부(내무아문)로 소속이 바뀌었다. 그런데 내부와 협의가 있었는지 알 수 없지만 1894년 9월 외부대신 김윤식은 이미 자신의 소관이 아닌 제중원의 운영권을 에비슨에게 넘겨주었다(설령 김윤식이 월권을 했다 하더라도 그것은 조선 정부의 책임이다).

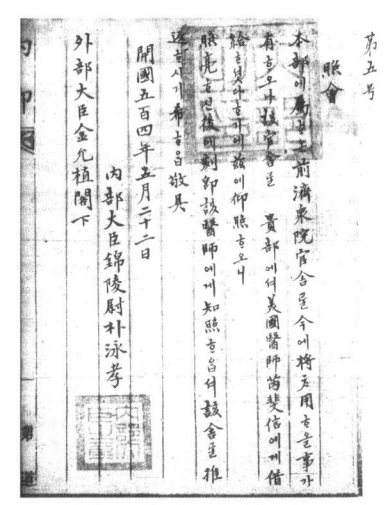

내부대신 박영효가 외부대신에게 전 제중원 관사를 되돌려 달라고 요청한 1895년 6월 14일(음력 5월 22일)자 공문.

그러한 사연을 가진 제중원을 '앞으로 쓸 일이 있으므로' 되돌려받게 해달라는 것이 내부대신이 보낸 공문의 요지다. 용도가 명기되어 있지 않지만 정부에서 계획하고 있는 의학교와 부속 병원으로 쓰려 했던 것으로 보인다. 역시 내부 소속의 병원인 광제원이 1900년 10월부터 재동의 옛 제중원 건물을 사용한 것과 같은 맥락이다. 내부대신의 요청이 이루어졌으면 제중원은 의학교로 재탄생했을 것이다.

어렵사리 제중원 운영권을 넘겨받은 에비슨과 선교본부는 1년도 안 되어 반환하라는 데에 크게 반발했을지 모른다. 하지만 그 뒤에도 에비슨이 계속 병원을 운영한 것으로 보아 내부대신의 요청은 실현되지 않았다. 이때 1894년 9월 외부대신과 미국 공사 사이에 맺은 "조선 정부는 1년 전에 정식으로 (제중원의) 환수통고를 하고 양측이 합의한 금액을 지불하는 조건으로 언제든지 환수할 수 있도록 한" 협정 내용은 어떻게 작용했는지 알기 어렵다.

제중원을 되돌려 받지 못해 약간 차질이 생겼을 수는 있지만 의학교와 부속 병원은 2만여 원의 예산을 확보하는 등 설립을 눈앞에 두고 있었다. 그러나 1896년 2월 11일의 '아관파천'으로 의학교 설립 계획은 좌초되고 말았다. 즉 총리대신 김홍집이 국왕과 친미-친러파의 계략으로 광화문 앞에서 참살되자 친일적 을미개혁 정부는 붕괴되었고, 법관양성소와 더불어 전문직업교육을 담당할 의학교도 실종되었다. 법관양성소 역시 4월 22일 제2회 졸업생 39명을 배출하고는 1903년까지 장기간의 표류에 들어간다.

을미개혁 시기의 계획이 무산된 뒤에도 근대적 의학 교육기관과 병원을 설립하려는 노력은 지속되었다. 특히 평가해야 할 것은 그 방식이 종래의 하향식에서 만민공동회萬民共同會 활동을 통해 민중이 참여하는 상향식으로 바뀌었다는 점이다.

1898년 7월 15일 종로에서 열린 대중집회에서는 의술학교 설립에 관해 집중적으로 논의한 뒤 목원근, 송석준, 홍정후 등 세 사람을 대표로 선임해 학부대신에게 자신들의 요구를 건의하는 편지를 보내도록 했다. 이제 입헌군주제나 의회 설립 등 권력 구조 문제와 더불어 의료와 교육 등 '생활정치' 문제까지 거론하는 단계로 나아가고

친일적인 갑오·을미 개혁 정부를 이끌었던 김홍집金弘集(1842~1896)에 대한 평가는 매우 다양하다. 하지만 죽음을 눈앞에 둔 순간, 일본 군인들이 달려와 일본 수비대로 피신하라고 권고했을 때 김홍집이 유언처럼 남겼다는 말의 진위에 대해서는 별다른 논란이 없다. "나는 명색이 조선의 총리대신이다. 내가 조선인을 위해 죽는 것은 떳떳한 천명이거니와 다른 나라 사람에 의해 구출된다는 것은 짐승만 같지 못하리라."

있었다.

집회 열흘쯤 뒤 학부대신 서리 고영희가 답신을 보내왔다. 필요성은 인정하지만 예산 부족으로 의술학교를 설립하지 못하고 있으며, 장차 형편이 나아지면 설립할 수 있다는 내용이었다.

우리는 만민공동회 활동에서 근대적 의술과 그것을 가르칠 의학교육 기관의 필요성에 대해 당시 민중들이 분명히 인식했으며 더 나아가 그것을 주체적으로 요구했다는 사실을 알 수 있다. 1899년의 의학교 설립이 만민공동회 운동의 직접적인 결과는 아니었을지라도 그러한 운동이 없었다면 바로 이듬해에 의학교의 설립이 불가능했을 것이다.

이렇게 의학교 설립 논의가 한창일 때 구체적이고 결정적인 역할을 한 사람이 지석영이다. 그는 정부가 독립협회를 해산시키고 핵심 회원 17명을 체포한 사건으로 민중의 엄청난 반발이 일어나고 있던 무렵, 의학교 설립을 청원하는 서신[上學部大臣書]을 11월 7일 학부대신에게 보냈다. 지석영은 숙망인 의학교 설립에 관해, 자신의 《우두신설》에 서문을 썼을 정도로 친분이 두터운 학부대신 이도재李道宰에게 건의서를 보낸 것이다. 그 서신에는 의학교의 교장으로 초기의 근대 의학 교육을 주도한 지석영의 의학(교육)관이 잘 나타나 있다.

7월 중순의 만민공동회 건의에 대해서는 필요성은 인정하지만 예산 부족 때문에 의학교의 조속한 설립은 어렵다고 답했던 정부가, 지석영의 건의에 대해서는 뜻밖에도 즉시 받아들이겠다는 입장을 밝혔다. 즉 이도재는 1899년 봄에 의학교를 창설한다는 내용이 담긴 회신서를 이틀 만인 11월 9일 지석영에게 보냈던 것이다.

정부의 급작스런 입장 변화를 이해하기 위해서는 당시의 급박한 정국, 특히 독립협회의 활동을 살펴볼 필요가 있다. 독립협회는 1898년 7월경부터 조병식·이용익 등 무능하고 부패한 대신의 사임 요구, 의회 설립 및 의회 설립에서 한발 후퇴한 중추원(내각자문기구) 개혁 요구 등 본격적인 정치운동을 전개했다. 특히 10월 29일에는 종로에서 사상 최초로 정부 대신들과 민간단체들이 함께 참석하고 1만여 명이 운집한(당시 한성 인구는 약 20만 명) 관민공동회官民共同會가 개최되어 현안에 대한 민간의 요구가 담긴 헌의 6조를 채택했다. 그리고 국왕이 이를 긍정적으로 받아들이면서 중추원 의관議官의 절반을 독립협회에서 선출하도록 결정했다. 정국의 주도권은 독립협회에 있는 듯 보였다.

그러나 며칠 사이에 상황이 급변했다. 한성의 곳곳에 독립협회 회장 윤치호가 대통령으로 추대될 것이라는 정체불명의 벽보가 나붙었

관민공동회를 묘사한 그림(독립신문강독회, 《독립신문 다시읽기》, 푸른역사). 10월 29일 집회에서는 백정인 박성춘도 연설했다. 박성춘은 1908년 세브란스의학교를 제1회로 졸업한 박서양의 아버지다. 이렇듯 만민공동회는 근대적 공론장과 시민의 탄생을 알리는 것이었다. 또한 근대화란 근대적인 겉모습만을 갖춘다고 이루어지는 것이 아니라 시민적 각성에 의해 이루어진다는 사실을 보여주었다. '의학교'는 이러한 역사의 진행 속에서 설립되었다.

고, 조병식 등 일부 황실 측근 세력들은 국왕에게 독립협회가 국체를 공화정으로 바꾸려 한다고 허위 보고했다. 음모의 전말을 알았든지 몰랐든지, 국왕은 이상재 등 독립협회의 핵심 간부들을 체포하라고 명령하는 한편 독립협회 해산 조칙을 발표했으며, 관민공동회에서 헌의 6조에 서명한 대신들 대부분을 파면하고 조병식 내각을 출범시켰다. 이에 독립협회 회원들을 비롯해 민중들은 '철야 장작불 집회' 등으로 거세게 저항했다.

지석영이 건의서를 보내고, 이도재가 기다렸다는 듯이 화답하는 답신을 보낸 것은 바로 이러한 때였다. '채찍과 당근 정책'을 연상시키는 정황이다. 즉 황권皇權을 견제하고 정국의 주도권을 잡으려는 정치 운동을 탄압하는 대신, 그 밖의 개혁 요구는 어느 정도 수용한다는 황제와 새 내각의 전략이 엿보이는 것이다. 지석영의 의지 그리고 지석영과 이도재 사이의 친분도 어느 정도 작용했겠지만, 당시의 정국 상황이 민중들의 의학교 설립 요구를 수용하게 된 더 중요한 요인으로 생각된다.

의학교의 설립과 운영에 필요한 비용 6,030원을 예산에 배정한 데 이어 학부는 1899년 2월 28일자로 대신 신기선申箕善의 명의로 〈의학교 관제〉 청의서를 제출했으며, 중추원은 수정 없이 이를 통과시켜, 〈의학교 관제〉가 3월 24일 칙령 제7호로 반포되었다.

교장(지석영)과 교관 등을 선임하고, 교사校舍와 설비를 마련하고, 〈의학교 규칙〉을 제정하고, 공개적으로 학생을 선발해 개학식을 가진 것은 반년 뒤인 10월 2일이었다. 그러한 조치는 모두 〈의학교 관제〉에 의한 것이므로 1899년 3월 24일을 의학교 설립일로 삼는다.

의학교는 1902년, 3년간의 근대식 의학 교육을 받고 법령으로 의사로서 자격을 인정(의술개업면허장)받는 우리나라 최초의 근대식 의사 19명을 배출한 점에서도 의학사와 한국 근대사에 뚜렷한 족적을 남겼다. 그에 못지않게 중요한 점은 의학교가 민중의 참여와 우리 정부와 선각자들의 주도로 설립, 운영되었다는 사실이다.

근대 의학 교육에 대한 열망

1899년 3월 24일 칙령 제7호로 〈의학교 관제〉가 반포되자 시대적 요청이자 민중들의 소망이었던 '의학교'가 드디어 세워지게 되었다.

당시 신문들은 입을 모아 정부의 의학교 설립 조치를 환영했다. 여기에서는 《독립신문》과 《제국신문》의 보도를 살펴보도록 하자.

현금 세계에 문명한 각국들은 인민의 위생을 위하야 정부에서 무슈한 돈을 들여 의학교를 셜시하고 병원을 만히 두는대 대한셔는 의학교라 하는 명색이 당쵸에 업고 근년에 와셔 영 미국과 일본에셔 나온 몃몃 의원이 병원을 셜시하고 젹지 아니한 쟈본을 허비하야 가며 대한 사람들을 위하야 혹 학도를 뽑아 의슐도 갈으치며 병인을 극진히 치료하되 본국에셔는 본국 인민을 위하야 의학교와 병원을 셜시한 것이 한 곳도 업는 것은 대한에 참 슈치가 되는 일이라 우리가 정부에셔 의학교를 셜시한다는 말을 듯고 얼마큼 치하하며 고명한 의원을 고빙하야 잘 실시되게 하기를 발아더니 지금 의학교를 실시하랴고 반포한 규칙을 본즉 정밀하기로 또한 반갑게 녁여 좌에 긔재하노라(《독립신문》 1899년 3월 29일자).

《독립신문》은 영국, 미국과 일본의 의사들이 한국에 병원을 설립해 환자를 극진히 진료할 뿐만 아니라 학생들에게 의술을 가르치고 있는데, 막상 한국 정부는 그동안 그러한 노력을 전혀 기울이지 않았던 것을 '나라(대한)의 수치'라고 표현했다(이러한 언급은 실제와 정확히 부합하는 것이 아니며, 《독립신문》의 특정한 시각을 살펴볼 수 있는 대목이기도 하다). 《독립신문》은 또한 정부가 많은 예산을 들여 의학교와 병원을 설치해 인민들의 위생을 증진시키는 것을 문명국이 되는 중요한 조건

《제국신문》 1899년 4월 19일자. 여기에 게재된 논설은 '서양 의학'의 보급뿐만 아니라 '공공성'과 '개방'이라는 근대 정신을 강조하고 있다.

이라고 보았다. 그리고 (때늦긴 했지만) 의학교 설치를 위해 법률을 제정, 공포한 것을 높이 평가한다고 했다.

《독립신문》은 1896년 12월 1일자 논설에서 처음으로 근대식 의학교 설립을 주장했는데, 이제 2년여 만에 그 주장이 실현되기에 이른 것이었다. 《독립신문》은 1896년의 논설에서 마치 자신들이 최초로 의학교에 대해 언급한 것인 양 했는데, 이 또한 사실과 다른 것이다. 더욱이 조선(한국)에서는 오래전부터 국가가 의원醫員들을 직접 교육, 양성해 왔다는 사실을 생각할 때 《독립신문》 논조의 특성과 한계를 알 수 있다. 조선(한국)은 '근대식' 의학 교육에는 뒤늦었지만 아예 의학 교육과 의술이 없었던 미개국이 아니었다.

《독립신문》 1899년 3월 29일자. 의학교 설립을 치하하는 기사와 함께 〈의학교 관제〉 전문을 게재했다.

《제국신문》은 조금 뒤인 1899년 4월 19일, 1면과 2면을 거의 모두 할애해 의학교의 설립뿐만 아니라 의학의 가치, 본질, 문제점 등에 관해 장문의 논설을 게재했다. 당시 사장인 이종일李鍾一(1858~1925)이 직접 집필했을 것이라고 여겨지는 이 논설의 중요한 부분은 다음과 같다.

의원이 병을 다스림이 법관이 죄를 다스림과 갓하야 병의 허하고 실함을 의원이 자셰히 삷혀셔 보하고 샤하는 술법을 극진히 하야 다스리지 아니하면 한셰샹 사람이 다 병이 들고야 말터이오 …… 그 생살지권을 가짐은 의원과 법관이 일반이라

이 논설은 우선 의술이 생명과 직접 관련되는 일이므로 의사(의원)가 의술을 극진히 닦아야 한다고 주장하면서 의사와 법관의 역할을 세상살이에서 가장 중요한 것으로 간주했다.

렬국때 편쟉扁鵲의 의술이 후셰에 유공하기가 요슌때 고요皐陶의 형법이 만고에 유젼함과 등분이 업거니와 그 공평함은 도로혀 의원이 법관보다 나흐니 의원의 병을 다스림은 친쇼가 업서 자긔 부모나 남의 부모나 자긔 쳐자나 남의 쳐자나 병을 곳치기만 쥬의하야 재됴를 숨기지 아니하되

이어서 이 논설은 의원은 법관보다 더 공평해 친소親疎와 무관하게 환자들을 차별하지 않고, 또 자신의 재주를 감추지 않고 성심껏 잘 진료해 준다고 했다. 이 구절은 사실을 기술한 것이라기보다는 의사에 대한 기대와 소망을 적은 것으로 보인다.

그 단방을 무르면 말하지 안코 자긔 뎨형 슉질이라도 가릇쳐 주지 아니하야 자긔 혼쟈만 두고 리를 취하니 차 소위 쳥긔와 쟝사라 야만의 풍습을 면치 못함이니

필자가 보기에 이 논설에서 가장 근대적인 대목은 바로 이 부분이

다. 동서양을 막론하고 근대 이전에는 '비방秘方'이라는 것이 있었다. 그리고 형제, 숙질叔姪과 며느리, 사위에게도 알려 주지 않는 자신만의 처방이 많을수록 명의名醫로 통했던 것이 전통시대 의료의 모습이었다. 그런데 이 논설의 필자는 그러한 비방의 독점을 비판하면서 그것을 넘어설 것을 촉구한다.

근일에 우리 정부에서 또한 백성의 위생하기를 위하야 의학교를 설시한다 하니 새로 학교에 입참하시는 학도는 쟝찻 공부를 도뎌히 하야 백성으로 하여곰 외국사람의 병원으로 약을 엇으러 가는 수치를 면하게 하려니와 긔왕 의술노 쳔명하던 이도 더욱 공부를 힘써서 셰샹의 요사함을 건지는 공효를 당시에 세우고 백병 통치하는 방문이 잇거던 학도를 가릇쳐 일홈을 후셰에 드리워 병을 다스려 사람 구하는 권리를 법관이 죄를 다스려 백성을 구하는 권리의게 사양하지 마시오(《제국신문》 1899년 4월 19일자).

마지막으로 논설은 정부의 의학교 설치를 치하하는 한편 그곳에서 새로 의학을 공부할 학생들의 열공을 당부하며, 그럼으로써 한국인들이 그동안 외국인 병원에 가서 치료받았던 수치를 면하게 해 줄 것을 요청했다(《독립신문》은 그동안 의학교와 병원이 없었던 것을 수치라 여긴 데에 반해, 《제국신문》은 외국인에게 약을 얻으러 다녔던 것을 수치라고 해, 두 신문의 논조의 차이를 보여 준다). 더불어 기왕의 (한)의사들에게도 공부에 힘쓸 것과 처방(백병 통치하는 방문)의 공유와 전수를 요구했다. 요컨대 이 논설은 '서양 의학' 의 보급뿐만 아니라 '공공성' 과 '개방' 이라는 근대 정신을 강조하고 있는 것이다.

국민과 언론의 환영과 기대 속에서 의학교 설립은 차근차근 진행되

> 朝鮮總督府醫院の醫育事業
>
> 醫學教育
>
> 京城醫學專門學校は總督府醫院の附屬事業たる醫師養成機關を繼承したるものにして、其源は遠く韓國時代に在りて約三十年前に遡る。
>
> 光武三年明治三十二年三月韓國政府は官立京城醫學校官制を制定し、京城中部寬仁坊勳洞地前總理大臣金弘集舊邸を以て校舍に充て開校した。該醫學校は韓國政府學部の所管に屬し池錫永を校長となし、教官二名書記一名を置いた。光武六年明治三十五年七月には早くも第一回卒業生十九名を出し續いて第二回は十三名、第三回は四名に減少した。
>
> Medicinalia in Keijo(京城醫學紀要)と改題して引き續き發行することなつた朝鮮醫學界の國際的機關である。
>
> 實驗研究の犧牲となれる試驗動物は、其數年に數萬頭に達するを以て大正十一年七月十五日供養塔を構內に建てゝ其靈を祭る。題して「實驗動物供養塔」と云ふ。每年名僧智識に乞ひ讀經供養すごは我國特有の生靈に對する感念として、世界に誇るに足るものである。

《조선총독부의원 20년사》(1928년 발행) 48쪽. 의학교가 중부 관인방 훈동의 전 총리대신 김홍집의 옛 집을 교사로 사용했다고 기록되어 있다. 《20년사》에 의하면 일제는 대한의원 설립을 조선총독부의원의 시작으로 보고 있으며, 〈의학교 관제〉도 제멋대로 '경성의학관제京城醫學官制'로 지칭했다.

었다. 5월에는 학교 위치가 훈동勳洞(지금의 종로구 관훈동 및 경운동)으로 정해졌다. "의학교는 중서 훈동으로 명하고 슈리하기를 장대히 하고"라는 《제국신문》 1899년 5월 20일자 기사가 그것을 뒷받침하며, 그 뒤의 각종 자료에도 의학교의 위치가 훈동으로 나와 있다.

하지만 《중외일보》 1929년 10월 23일자 '각 방면의 성공 고심담 (5)

지석영 씨'에는 그와 다르게 언급되어 있다. 지석영의 술회에 따라 작성되었을 그 기사에 의하면 "지금 재동에 잇는 녀자고보 자리에 한성의학교를 설립"했다는 것이다. 재동의 여자고보(경기여고) 자리라면 1885년 4월부터 1886년 11월 초까지 제중원이 있었던 곳이다. 또 1900년 10월부터 7년 동안 광제원이 자리잡았던 곳이기도 하다.

의학교 설립에 결정적인 기여를 했고 의학교가 존속한 8년 내내 교장을 지낸 지석영의 증언을 소홀히 할 수는 없을 것이다. 하지만 나머지 기록들은 모두 '훈동 설'을 뒷받침하고 있다. 의학교의 위치가 훈동으로 결정되기 전에 옛 제중원 부지와 건물을 사용할 논의가 있었던 것일까? 아니면 70대 중반에 이른 지석영의 기억에 문제가 생겼던 것일까? 《중외일보》 기사에는 그 밖에도 사소하지만 몇 가지 부정확한 언급이 있다. 우선 지석영이 이도재에게 의학교 설립을 건의한 해는 병신丙申년이 아니라 무술戊戌년, 즉 1898년이었다. 그리고 지석영이 의학교 교장으로 재임한 기간은 햇수로 치더라도 9년이다(지석영이 대한의원 시절에도 교장으로 자임했는지는 알 수 없다). 또한 학교의 정식 명칭은 아무런 수식어 없이 그냥 '의학교'였다.

지석영이 훈동을 재동으로 잘못 말했거나, 지석영을 인터뷰한 기자가 잘못 듣거나 적었을 가능성은 없을까? 만약 그렇다면 기사에 언급된 여자고보는 1910년부터 1933년까지 훈동(지금의 종로구 관훈동 동덕빌딩 자리)에 있었던 동덕여자고보(현재 서초구 방배동에 있는 동덕여중고의 전신)를 말하는 것이며 아직도 불확실한 의학교 위치의 확정에

《중외일보》1929년 10월 23일 자 "각 방면의 성공 고심담 (5) 지석영 씨." 이 기사에는 사소하지만 부정확한 부분이 몇 군데 있다.

큰 도움을 줄 수 있을 것이다.

한편《매천야록》제3권에는 "의학교를 설립하여 고 김홍집의 집을 교숙으로 하고 設醫學校 以故金弘集家爲校塾"라고 되어 있다. 황현의 이 기록이 맞는 것이라면, 갑신 쿠데타 때 참살당한 급진개화파의 리더 홍영식의 집이 한국 최초의 근대 서양식 국립병원이 되었듯이, 아관파천 때 역시 참혹한 죽음을 당한 온건개화파의 수령 김홍집의 집이 한국 최초의 근대 서양식 국립의과대학이 된 셈이다. 그리고 이것은 김홍집이 박영효와 더불어 1895년에 시도했던 의학교 설립이 자신의 집을 빌려 실현되었음을 뜻하는 것이기도 하다.

의학교의 설립과 〈의학교 관제〉

'의학교'의 설립은 1898년 7월 15일의 만민공동회에서 표출된 민중의 열망에 크게 힘입은 것이었지만, 결정적인 계기를 마련한 것은 지석영이 그해 11월 7일 학부대신에게 보낸 건의서上學部大臣書였다. 지석영의 건의서에는 다음과 같이 의학교의 구체적인 운영 방안과 전망이 담겨 있었다. 이 가운데 실행되지 않거나 변경된 것들도 더러 있지만 대체로 〈의학교 관제〉와 〈의학교 규칙〉, 그리고 실제 운영에 반영되었다.

① 의학교의 설치 장소(시급히 서울에 의학교를 설립亟設醫學校於都下)
② 교수 확보(서양말도 잘하는 일본인 명의를 교사로 초빙雇聘日本名醫之兼通西語者 以爲敎師)
③ 학생 선발(일어와 영어를 배우는 우리나라 학생들 중에서 한문에도 뛰어난 총명한 몇 명을 골라 학도로 선발選我日英語學生中 稍優漢文之聰俊幾人 以爲學徒)
④ 교사의 관리와 학생 교육(교사들은 정부 책임으로 편안하게 하고 학도들은 교사들이 도맡아 지도敎師則政府自當安之 學徒則敎師自當圇之)
⑤ 졸업 후의 활용(열심히 배우게 한 뒤 졸업하게 되면 그중에서도 빼어난 인재를 선발하여 태의太醫와 군의軍醫의 직분을 내려 여유를 가지고 차근차근 각 도에 파견使之勤篤講習 待其卒業 拔其尤勝 太醫軍醫之材品 綽有餘裕 而派送各道)
⑥ 의학 교육과 의사 양성의 전국적 확대(다시 각지에 의학교를 설립해서 학생들을 교육設校授徒)
⑦ 국민 건강에 미치는 효과(곧 뛰어난 의사들이 나라 안의 모든 지역에

之役何贅疣之有哉但恐風土寒溫之有異腸胃
養之不同也或有適彼不適我之端然宜於其
師學徒之間不得不有一箇茶酌贊成之人然後
得以全攝歐就此也此等人苟非會通中西醫學者
可也浩々芸々必有其人而惟願廣訪珠沒汰沙
出畀隱爆中士醫學略有涉獵也鍋永固也無知曰
性偏好閱覽雅矢對莊授劑不敢曰能盜於外科
遠求閱覽雅矣對莊投劑不敢曰能盜於門外于
於其中也若使資地運揣寡陋此責州涉然如知斯
讓業也世人公議未知如何而不遇自薦之嫌顯仰
云於高明之下誕妄慚惶有汗如兩然竇出公
之袁而不在私謀之表也雖如私袁自是公古
賢智亰多不關何必拘小節不舊於世教之利
者乎竊賞論之醫家望開問切之法即是大學依
治乎之道也望者如齊開者如修問者如治切者
平次第卽目共致同也蘊而養之道醫一身廣施
之藥四海其身有病従安得修心身不得實
國平天下從何而達乎故曰天下之學莫如醫云

統希 照亮
光武二年十一月七日

學部大臣李道宰 閤下

正三品池錫永

지석영이 학부대신에게 보낸 의학교 설립 건의서. 지석영의 의학관, 의학 교육관이 잘 나타나 있다(규장각 한국학연구원 소장).

두루 퍼져나가게 될 것이니 모든 군인과 민중들이 두루 장수長壽 마을에서 살게 되는 셈靑囊國手遍于閭境 上下軍民共躋壽域).

학부대신 이도재는 11월 9일자로 의학교 설립을 위한 비용을 1899년도 예산에 포함시킬 것과 1899년 봄에 의학교를 창설한다는 내용이 담긴 회신서學部大臣答書를 지석영에게 보냈다. 지석영의 건의서가 제출된 지 불과 이틀 만이었다. 기대와 예상을 뛰어넘는 빠른 회답이었다.

의학교의 설립이 시대의 요청과 민중의 요구에 부응하는 것이었음은 《제국신문》을 비롯한 당시의 신문 기사들을 통해서도 확인할 수 있다.

전前 관찰사 지석영 씨가 우리나라에 의술하는 학문이 업슴을 개탄히 녁여서 의학교를 설시하자고 학부대신 리도재 씨에게 청원하엿더니 리 대신이 지령하기를 금년에는 예산이 업서서 할 수 업스니 명년도에 경비를 마련하여 가지고 의학교를 설시하겟노라 하엿다 하니 우리는 그 학교가 속히 설시되기를 바라고 지석영 씨가 위생에 대단이 유지有志함을 치하하노라 (《제국신문》 1898년 11월 17일자).

그리고 정부는 학부대신 이도재의 약속대로 의학교의 설립과 운영에 필요한 비용 6,030원(교직원의 봉급은 포함되지 않은 것)을 1899년도 정부 예산안에 편성했다. 이 가운데 절반 정도를 설립비라고 추정하면 설립 첫해의 운영비는 3,000원 가량인 셈이다.

이러한 운영비는 같은 해 성균관(2,870원), 한성사범학교(2,790원),

각종 어학교(영어학교 2,348원, 일어학교 1,179원 등)와 엇비슷하거나 그를 상회하는 것이었다. 그리고 이것은 실행에 옮겨지지는 못했지만 1896년도 의학교 비용으로 예산에 계상되었던 6,906원(설립비 3,050원, 운영비 3,856원)과도 비슷한 규모다.

예산 배정에 이어 학부는 1899년 2월 28일자로 대신 신기선申箕善의 명의로 〈의학교 관제 청의서〉를 제출했으며, 법안 심의를 맡은 중추원은 3월 8일 이를 통과시켜, 〈의학교 관제〉가 3월 24일 칙령勅令 제7호로 반포되었다.

의학교의 교장과 교관 등을 선임하고, 교사校舍와 설비를 마련하고, 〈의학교 규칙〉을 제정하고, 공개적으로 학생을 선발한 조치들은 모두 이 〈의학교 관제〉에 의한 것이므로 1899년 3월 24일을 의학교의 공식 설립일로 삼고 있다. 그리고 이 날은 의학교의 설립일일 뿐만 아니라 의사 양성을 목적으로 하는 근대 의학 교육의 탄생일로 한국 근대 의학 130년 역사에서 뚜렷한 획을 긋는 날이기도 하다. 1880년대 우두 의사를 교육하고 배출한 경험이 20년 뒤에 더 큰 성과를 낳은 것이다.

〈의학교 관제〉는 제1조에서 의학교의 성격을 "국민에게 내외內外 각종 의술을 전문으로 교수하는 곳[處]"으로 규정했는데, 여기에서 내외 각종 의술이란 내과와 외과를 포함한 여러 가지 의술이라는 뜻이다. 기본적으로는 근대 서양 의학을 가르치되 내과는 동·서양 의학의 장점을 취해 교육한다는 정부의 계획을, 관제 반포에 앞서 의학교 설립을 보도한《황성신문》3월 8일자 기사 "(의학교 설립) …… 내과는 태서泰西와 동양 의술을 참호參互하야 교수한다더라"를 통해 확인할 수 있다.

《황성신문》1899년 3월 8일자. 의학교는 내외 각종 의술을 전문으로 교수하는데, 그 가운데 내과는 서양과 동양의 의술을 서로 참조하여 가르칠 것이라고 보도했다.

구체적인 학과목은 동물, 식물, 화학, 물리, 해부, 생리, 약물, 진단, 내과, 외과, 안과, 부인과 및 소아과[婦嬰], 위생, 법의, 종두, 체조 등 16과목으로(〈의학교 규칙〉 제2관 학과 및 정도), 요즈음 식으로 말해 기초과학, 기초의학, 임상의학 과목이 골고루 포함되었다.

다음 제2조에는 "의학교에 수업 연한은 3개년으로 정함이라" 하여 교육 기간을 3년으로 했는데, 실현되지는 못했지만 〈의학교 규칙〉 제3조의 "국내 의술이 발달한 후에는 연한을 경정更定하야 심절深切한 술업術業을 교수함이라"에 보이듯이 형편이 나아지면 연한을 연장할 (아마도 4년으로) 계획을 가지고 있었다.

그리고 의학교의 직원으로 학교장 1인, 교관(교수) 3인 이하, 서기 1인을 두었고(제5조), 학교장은 의학에 숙련된 사람으로 임명하되 학교 업무 일체를 관장하도록 했으며(제6조), 교관에게는 학도를 가르치고 감독하는 임무를 부여했다(제7조). 이 밖에 필요에 따라 외국인 교관도 둘 수 있었지만, 그들의 임무는 학도를 가르치는 것으로 한정했다.

또한 제12조에는 "지방 정황에 의하야 의학교를 지방에도 치置함을 득得함이라"고 하여 장차 근대식 의학 교육을 전국적으로 확대할 계획을 나타냈지만, 이 역시 실현되지는 못했다. 이러한 점은 꼭 한 달 뒤인 4월 24일 칙령 제14호로 반포된 〈병원 관제〉 제13조의 "지방 정황에 의하야 병원을 각 지방에 치함을 득할 사"가 나타내듯이 국공립 병원의 전국적 확대 계획과 짝을 이루었다. 요컨대 당시 정부는 전국 각지에 의학교와 병원을 건립할 야심 찬 계획을 가지고 있었던 것이다. 하지만 일제의 침략이 더욱 거세지는 가운데 계획은 좌절되었다.

그리고 〈관제〉 제4조 "의학교에 학과 및 정도程度와 기타 규칙은 학부대신이 정함이라"에 따라 7월 5일 학부령學部令 제9호로 〈의학교 규

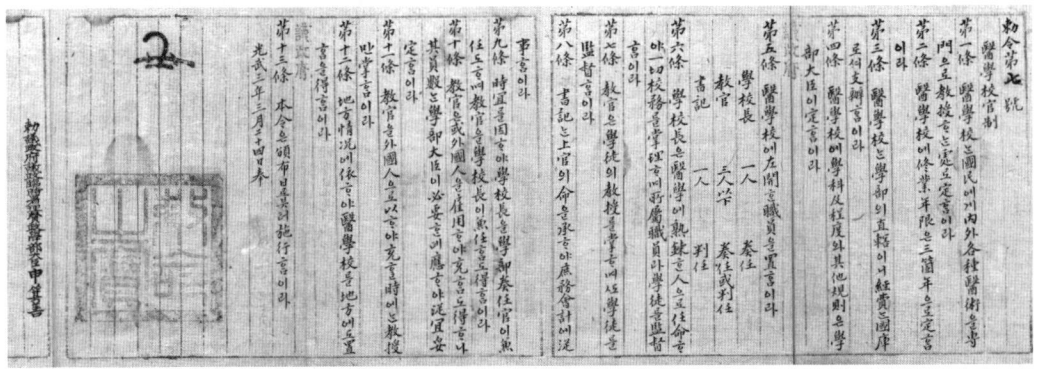

1899년 3월 24일자로 반포된 〈의학교 관제〉(규장각 한국학연구원 소장). 맨 왼쪽 윗 부분에 국왕 고종의 서명이 있다.

칙〉이 제정되어 공포되었다. 이 규칙은 당시까지 제정된 학교 관련 법령 중에서 가장 잘 만들어진 것으로 평가받는 등 교육사적으로도 의의가 크며, 실제 학교 운영도 대체로 이 규칙에 따라 이루어졌다.

〈규칙〉은 제1관 총칙(6개조), 제2관 학과 및 정도(3개조), 제3관 학급·학기·학년(3개조), 제4관 입학·휴학(7개조), 제5관 재학·퇴학·출학黜學·처벌(3개조), 제6관 시험·졸업(3개조), 부칙(3개조) 등 총 6관 31조 부칙 3조로 구성되어 있다.

〈규칙〉에 의하면 (학교는) 생도에게 교과서를 빌려 주고[借給] 필기도구를 지급하도록 했다. 그리고 교과서는 학부에서 편집한 것과 학부대신이 검정檢定한 것을 사용했다.

학과 과목은 앞에서 언급했듯이 해부, 생리, 내과, 외과 등 16과목이었으며, 하루 수업 시간은 체조 시간을 제외하고 5시간이었다. 학기는 봄학기(1월 6일부터 여름방학 시작 때까지)와 가을학기(개학일부터 12월 25일까지)로 나뉘었고, 새 학년은 가을학기의 첫날에 시작했다.

입학일은 봄학기 초와 가을학기 초 두 차례를 두었으며, 입학 자격은 중학교 졸업장이 있는 사람으로 제한했다. 하지만 이 규칙이 만들어질 당시에는 중학교 졸업자가 없는 현실을 감안해 "단 현금간만 중학교 졸업생이 무無함으로 문산文算이 초유稍裕하고 재지才智가 총명한 자를 특시허입特試許入함이라"는 단서 조항을 두는 치밀함을 보였다. 입학시험은 한문(독서, 작문), 국문(독서, 작문), 산술[比例, 式筭] 세 과목에 대해 치렀다.

의학교의 입학 자격을 중학교 졸업생으로 규정한 것은 소학교(초등학교)-중학교(중고등학교)-대학교라는 근대식 교육 체계 가운데 의학교를 최고 학부로 설치한다는 의미였으며, 이 또한 초유의 일이었다. 그만큼 의학 교육을 중시했기 때문일 것이다.

1899년 4월 4일자로 반포된 〈중학교 관제〉(칙령 제11호)에 의하면 중학교의 수업 연한은 심상과(보통과) 4년, 고등과 3년 등 7년이었다. 또한 1900년 9월 3일 공포된 〈중학교 규칙〉(학부령 제12호)에는 "중학

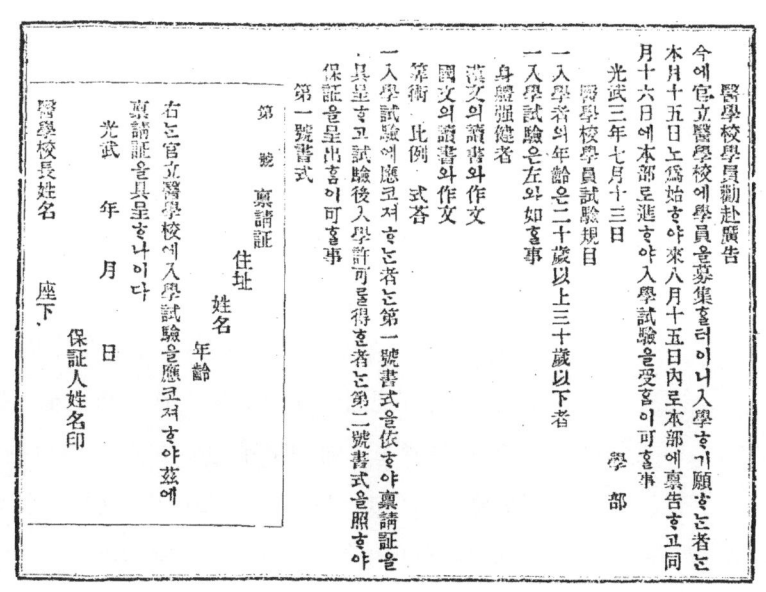

〈의학교 규칙〉에 의거해 1899년 7월 14일부터 여러 차례 관보에 게재된 의학교 입학시험 광고문. 광고는 의학교가 사회적 공식성을 얻는 과정이기도 했다. 이러한 선례에 따라 관립학교뿐만 아니라 많은 사립학교들이 관보나 민간 신문에 학생 모집 광고를 게재하여 공개적으로 학생을 선발했다. 지금은 너무나 당연한 것이지만 당시로는 새로운 시도였다.

> 第五欵 　在學·退學·黜學·罰罰
>
> 第一條　在學者는 中途에 退學홈을 得지 못ᄒᆞᄂᆞ니 但疾病이 有ᄒᆞ거나 不得已 ᄒᆞᆫ事故가 有ᄒᆞ야 退學 或 罷暇ᄒᆞᄂᆞᆫ 時ᄂᆞᆫ 生徒와 保證人이 連署 請願ᄒᆞ면 疾病과 事故ᄅᆞᆯ 檢ᄒᆞ야 的確ᄒᆞᆫ 後에 校長이 許施홈이라
>
> 第二條　左記 各頭에 犯觸ᄒᆞᄂᆞᆫ 者가 有ᄒᆞ면 校長이 黜學을 命ᄒᆞ고 學部에 報ᄒᆞ야 官報로 廣告홈이라
> 一　卒業 前에 他學校로 轉學ᄒᆞᄂᆞᆫ 者
> 一　操行을 不修ᄒᆞ야 屢度戒飭ᄒᆞ되 悔悟치 아니ᄒᆞᄂᆞᆫ 者
> 一　校規를 違背ᄒᆞᄂᆞᆫ 者
> 一　學業을 不勤ᄒᆞ야 連續三 學期에 進級지 못ᄒᆞᄂᆞᆫ 者
> 一　學業을 不勤ᄒᆞ고 不當ᄒᆞᆫ 事項에 恣議妄論ᄒᆞᄂᆞᆫ 者
> 一　無故欠席이 一週日 以上에 ᄒᆞᄂᆞᆫ 者
>
> 第三條　黜學을 命ᄒᆞᆫ 者ᄂᆞᆫ 官公私立 各種學校에 赴學홈을 勿許ᄒᆞ고 各府部院廳에 知照ᄒᆞ야 收用홈을 得지 못홈이라
>
> 第六欵 　試驗·卒業
>
> 第一條　每月終과 一學期 一學年에 三種으로 定ᄒᆞ야 月終試驗은 一個月 學力을 檢定ᄒᆞ고 學期試驗은 一期 學力을 檢定ᄒᆞ고 學年試驗은 一年 學力을 檢定홈이라
>
> 第二條　月終試驗을 經ᄒᆞ야 優等生은 第三號書式을 照ᄒᆞ야 褒狀을 付與ᄒᆞ고 連三次 優等生은 第四號書式을 照ᄒᆞ야 進級狀과 褒狀을 付與ᄒᆞ고 學期試驗을 經ᄒᆞ야 優等生은 進級狀을 付與ᄒᆞ며 特別ᄒᆞᆫ 奬賞을 施ᄒᆞ고 官報에 廣告홈이라
>
> 第三條　學期 學年試驗을 經ᄒᆞ야 評點이 最小ᄒᆞᆫ 者ᄂᆞᆫ 落級을 行홈이라 但 修學年限 以前이라도 卒業試驗을 得ᄒᆞᆯ지니
>
> 第四條　學期 學年試驗에 試驗ᄒᆞᆫ 評点은 敎官의 商議安定홈이라
>
> 第五條　試驗에 評点은 敎官과 敎官이 商議安定홈이라
>
> 第六條　學期 學年試驗에 進級지 못ᄒᆞᆫ 者와 疾病이나 不得已ᄒᆞᆫ 事故로 試驗에 不參ᄒᆞᆫ 者ᄂᆞᆫ 原級에 仍置홈이라
>
> 第七條　卒業試驗은 第三學年 終에 行ᄒᆞ되 所授 全科ᄅᆞᆯ 通ᄒᆞ야 學力을 檢定홈이라

〈의학교 규칙〉 중 재학·퇴학· 출학黜學·처벌과 시험·졸업 에 관한 규정. 지나치다 할 정 도로 엄격했다.

교 고등과 졸업생에게 판임관과 전문학專門學에 입학할 자격을 준다"(제3조)라는 규정을 두어 소학교-중학교-대학교 체계를 분명히 했다.

퇴학과 출학黜學 등 처벌 규정은 대단히 엄격했다. 중도에 자퇴하는 것을 원칙적으로 금했으며, 질병이 있거나 부득이한 사고가 있는 경우에도 생도와 보증인이 연서해 청원하면 질병과 사고를 검사해 확인한 뒤에 교장이 허락하도록 했다. 졸업 전에 다른 학교로 전학한 경우, 품행이 좋지 않아 여러 차례 경고[屢度戒飭]했는데도 뉘우치지 않는 경우, 교칙을 위반한 경우, 학업이 부진해서 연속 3학기를 진급하지 못한 경우, 무단결석이 일주일이 넘는 경우 등에는 교장이 출학을 명한 뒤 학부에 보고해 관보에 싣도록 했다. 게다가 출학 처분을 받으면 관립뿐만 아니라 사립 각종 학교에도 취학치 못하도록 했고 각 관청[府部院廳]에 알려 취업하지도 못하게 했다.

시험은 월종月終 시험, 학기말 시험, 학년말 시험 세 가지가 있었으며 세 가지 시험 결과 모두 학부에 보고토록 했다. 학기말 시험과 학년말 시험에 진급하지 못한 생도와 질병이나 부득이한 사고로 시험을 보지 못한 생도는 유급시켰다. 그리고 졸업 시험은 3학년 말에 모든 학과목을 대상으로 치렀다. 〈규칙〉에 규정하지는 않았지만 시험장에 들어갈 때는 필기도구 외에 어떠한 물품도 지니지 못하도록 했다. 의과대학은 시험이 많고 엄격하기로 유명한데, 이때부터 확립된 관행이었다.

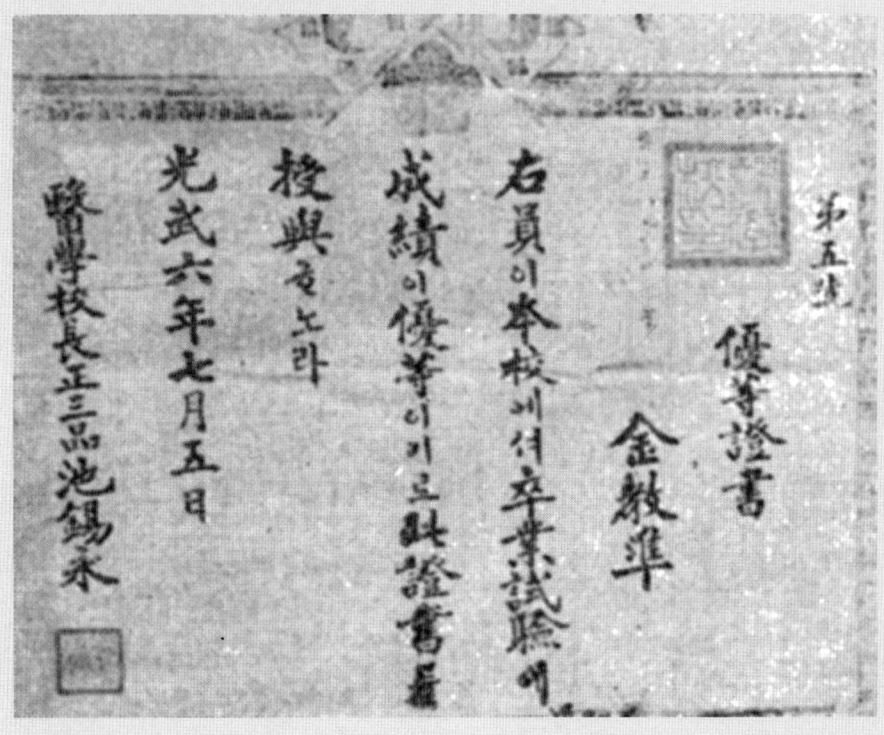

제1회 졸업생 김교준金敎準(1884~1965)이 졸업 때 받은 우등 증서《대한의학협회지》제5권 제10호, 1962). '제5호'라고 되어 있는 것으로 보아 김교준은 5등으로 졸업했을 것이다. 동기생 가운데 제일 어렸던(열다섯 살에 입학해서 열여덟에 졸업했다) 김교준은 졸업 후 의학교 교관(교수)을 지냈으며, 스승 김익남이 1937년에 사망할 때까지 그의 충직한 동반자였다.

의학교의 운영

의학교는 일요일에는 수업이 없었다. 일요일이 학교 휴업일로 정해진 것은 1895년 9월 7일(음력 7월 19일) 〈소학교령〉(칙령 제145호)이 제정되면서부터다. 의학교의 하루 수업 시간이 5시간(체조 시간은 제외하고)이었으니 1주일에 30시간으로 지금과 큰 차이는 없었다. 요즈음 의과대학의 주당 수업 시간은 대체로 35시간(주 5일×하루 7시간)쯤 된다. 그 밖의 휴일로는 5대 국경일, 한식 전날과 당일, 추석 전날과 당일이 있었다. 당시 5대 국경일은 황제 고종의 생일[萬壽聖節](음력 7월 25일), 황태자의 생일[千秋慶節](음력 2월 8일), 태조 이성계가 조선을 개국한 날[開國紀元節](음력 7월 16일), 고종의 국왕 즉위일[興慶節](음력 12월 13일), 고종의 황제 등극일[繼天紀元節](음력 9월 17일)이었다.

방학은 60일 이내의 여름방학(해마다 절기를 보아 교장이 방학 날짜를 정해 학부대신의 인가를 받았다)과 12월 26일부터 1월 5일까지의 겨울방학이 있었다. 하지만 설 명절로 음력 12월 21일부터 1월 20일까지 쉬었으므로 겨울방학은 사실상 40일가량 되는 셈이었다.

학급은 학생 수와 학력에 따라 편성한다고 했는데, 그 구체적인 내용과 실행 여부는 알 수 없지만 우열반을 둔다는 뜻으로 보인다. 중등학교 과정이 확립되기 전이라 학생들 사이에 학력 차가 컸기 때문이었을 것이다.

이 밖에 면학 조치로는 다음과 같은 것이 있었다. 월말 시험에 연속 세 차례 우등한 학생과 학기 시험 우등생에게는 포장을 부여하고, 학년 시험 우등생에게는 특별한 상을 시

《황성신문》1901년 4월 5일자. 의학교 '학기 시험'에서 우등을 한 6명에게 상품을 주었다는 기사이다. 여기에서 일급 학원一級學員은 2학년 학생, 이급 학원二級學員은 1학년 학생을 지칭하는 것이다. 기사에 열거된 우등생들 가운데 홍종훈洪鍾薰은 제2회 졸업생 홍종욱洪鍾旭의 오기로 보이며, 최규수崔奎綬는 중도에 의학교를 그만두고 1907년 무렵부터 탁지부 관리가 되었다. 중퇴한 최규수에게 〈의학교 규칙〉의 처벌 조항을 적용하여 몇해 동안 취업을 금지했는지는 알 수 없다.

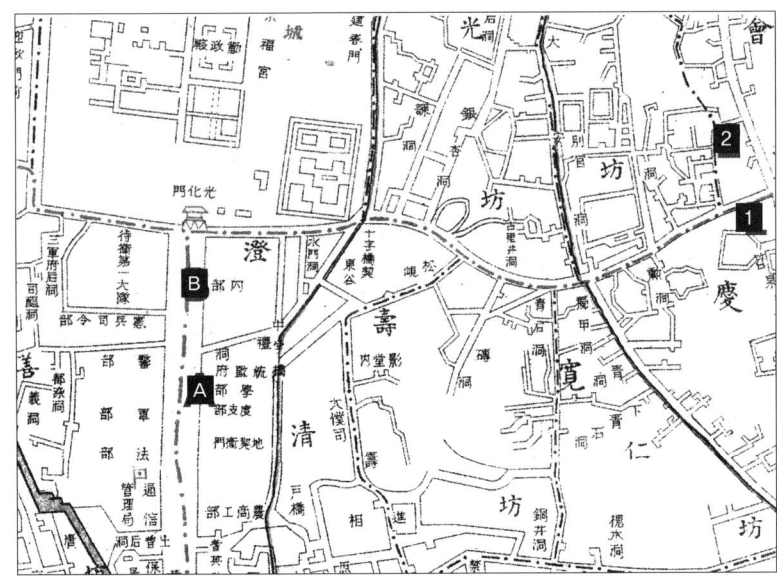

〈최신경성전도〉(1907). (A) 의학교(1번)를 관할하는 학부學部. (B) 광제원(2번)이 소속된 내부內部. 학부는 현재의 주한 미국 대사관 자리에 있었고, 내부는 오늘날 광화문 시민열린마당 위치에 있었다.

상하도록 했다. 그리고 월말 시험 우등생은 학급 내에 승좌陞座한다는 규정으로 보아, 성적순으로 좌석을 배정한 것으로 보인다. 요즈음 '학생 인권 조례'에 위배되는 조치였다. 하지만 체벌 규정이 없었던 것은 오늘날보다 오히려 나았던 점이었을까?

〈의학교 규칙〉에 의하면 "졸업장을 부여한 후에 내부대신이 의술개업면허장을 부여한다"(제6관 제9조)라고 되어 있다. 의학 교육은 학부 소관이지만 면허 등 의사의 관리는 내부에서 관장했기 때문이다. 1897년 하반기부터 관립 교육기관들은 학부에 소속하게 되었고 사립학교들도 학부에서 관할했다. 중요한 교육기관 중 학부에 속하지 않았던 것으로는 '법관양성소'가 있었다. 1909년 10월 법학교로 개편되어 학부에 소속되기 전까지 법관양성소는 법부法部에서 관할했다.

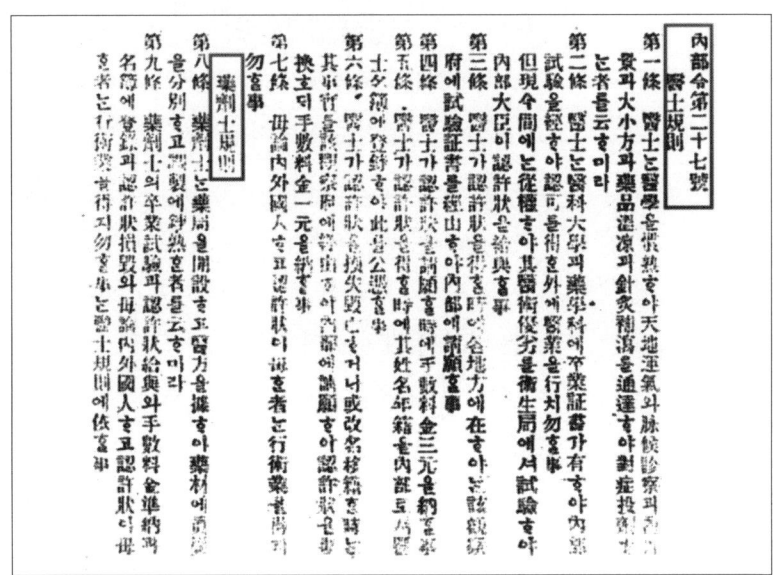

〈의사 규칙醫士規則〉(내부령 제27호, 1900년 1월 2일 제정). 내부령 제27호를 보통 〈의사 규칙〉이라고 하지만 이 법령에는 〈약제사 규칙〉〈약종상 규칙〉〈약품순시巡視 규칙〉도 포함되어 있다. 의료인의 자격을 종합적으로 규율한 법령인 것이다.

이러한 점은 "사법관으로 채용할 만한 자격(자)을 양성한다"라는 〈법관양성소 규정〉(1895년 4월 19일 제정) 제1조와 더불어 법관양성소의 성격이 법과대학보다 사법연수원에 더 가까웠다는 주장의 한 가지 근거가 되었다.

내부는 1900년 1월 2일자로 〈의사 규칙醫士規則〉을 제정해 "내부 시험을 거쳐 인가를 받은 경우를 제외하고는 의업醫業을 행하지 못하도록"(제2조) 했다. 종두의사에게 한정되었던 면허제도를 모든 의사에게 확대하는 조치였다. 하지만 〈의학교 규칙〉에 의해 의학교 졸업생들은 특혜를 받았던 것으로 보인다. 일제 강점기의 이른바 '총독부 지정 학교'(총독부의원 의학강습소, 경성의학전문학교, 1923년 이후의 세브란스의학전문학교 등) 출신들은 의사 시험을 치르지 않고 면허를 받은 것과 마찬가지 경우라고 생각된다.

일각에서는 '의술개업면허장'의 실물이 발견된 것이 없으므로 의학교 졸업생들이 면허를 받지 않았다고 주장하지만 국가가 법령으로 의사 자격을 보장한 것 이상의 근거가 어디에 있겠는가? 그리고 이들은 의학교 교관, 군의관 등 국가의 관리로 임용되었고 개업도 했다. 의사로서의 활동에 제약받은 바가 없었다. 즉 〈의사 규칙〉 제2조에 저촉되는 바가 없었던 것이다.

〈의학교 규칙〉은 기본적으로 1899년에 정부가 세운 관립의학교에 관련된 사항을 규정한 것이지만, 차후에 공사립의학교가 세워질 것에 대비해 다음과 같은 조항을 부칙으로 마련했다. 〈종두의양성소 규정〉(1895)이 원래 정부가 만들 관립기관을 염두에 두고 제정되었음에도 사립 기관을 규율하는 데까지 확대 적용되었던 것에 비해, 〈의학교 규칙〉은 제정 단계에서부터 공사립 의학 교육기관까지 모두 고려했다는 점에서 법 체계상으로도 진일보한 것이었다.

제1조 공사립 의학교를 설치함도 종의從宜하야 허許함이라. 공립은 관민이 경비를 공동하야 설립이요, 사립은 사인私人이 경비를 지변支辨하야 설립에 계係한 자者를 칭함이라.
제2조 공사립 의학교는 지방관과 관찰사를 경經하야 학부대신의 인가를 승承함이라.
제3조 공사립 의학교에 학과 및 정도와 기타 규칙은 학부에서 정하고 교과서도 학부의 검정을 경經함이라.

〈의학교 규칙〉의 이 규정에 따라 공립과 사립 의학교는 반드시 학부대신의 인가를 받아야 했다. 인가뿐만 아니라 학과 등에 관한 규칙도 학부에서 정하고 교과서도 학부의 검정을 받아야만 했다. 정부의 간섭이 지나치다 할 정도였다. 따라서 1908년 〈사립학교령〉이 제정될 때까지 사립 의학교에 관한 법률이 없었다는 주장은 사실과 다르다.

그런데 실제로 이 규정에 따라 설립된 공사립 의학교는 1908년까지 한 군데도 없었다. 설립을 신청했다는 기록도 보이지 않는다. 1900년 말 김인제와 김원일 등이 공주군에 의학교 설립을 추진하고 있었지만 설립 신청 단계에까지는 나아가지 못했던 것 같다. 그밖에도 몇몇 병원에서 의학 교육을 하고 있었지만 법령에 따라 의학교를 설립한 곳은 없었다.

〈의학교 규칙〉 중 공·사립 의학교 관련 규정. 오늘날과 마찬가지로 공·사립 의학교도 반드시 정부의 인가를 받아야만 했다. 그 오른쪽 제6관 제9조에는 의학교 졸업생에게 내부대신이 의술개업면허장을 준다는 조항이 적혀 있다.

외국인과 외국 단체가 세운 사립학교는 한국 정부의 인가를 받지 않아도 되었을까? 코죠가 세운 사립 종두의양성소도 정부(처음에는 내

진고개에 있던 코쵸의 찬화병원. 부설 종두의양성소는 한국 정부의 인가를 받고 모두 81명의 종두의사를 배출했다.

주한 일본 공사 가토가 1899년 4월 7일자로 본국 외무대신 아오키青木固藏에게 보고한 기밀 제22호 '경성학당 연보年報 진달進達 및 보호금保護金 건.' "경성학당이 드디어 이 나라 정부의 인가 학교가 되었으며 아울러 연액 일금 360원의 보조금도 받기에 이르렀다遂ニ當國政府ノ認可學校トナリ尚本年額金三百六十圓ノ補助金ヲ得ルニ至リタルハ"라고 보고했다.

부, 1897년 하반기에는 학부)의 인가를 받았다. 1896년 4월 '대일본해외교육회'가 세운 경성학당京城學堂도 1899년 정부의 인가를 받고 보조금도 받았다.

1899년 4월 7일 한국 주재 일본 공사 가토加藤增雄는 본국 정부에 다음과 같이 보고했다.

경성학당의 작년도 사업 상황은 그 보고서와 같이 매우 양호하며 내외 조야의 동정을 받아 점차 융성을 거듭하여 드디어 이 나라(한국) 정부의 인가 학교가 되었으며 아울러 연액年額 일금 360원의 보조금도 받기에 이르렀습니다.

이렇듯 외국인이 세운 사립학교도 자격을 갖춘 경우 한국 정부의 인가를 받았다.

《황성신문》 1900년 1월 26일 자. 학부가 관할하는 관립학교와 사립학교가 전국에 92개교가 있으며, 미국감리교에서 운영하는 배재학당 등 모든 사립학교에 한달에 30원씩을 지원하고 있음을 보도했다. 경성학당이 일년에 360원의 보조금을 받았다는 바로 위의 일본 공사의 보고와 부합하는 기사이다. 이 기사에는 경성학당에 대한 언급이 따로 없는데, 경성학당이 주로 일본어를 가르쳤으므로 외국어학교에 포함시켰는지 모른다. 학부가 학교 경비로 지출한 총 액수가 8만여 원이었던 것은 관립학교에는 연年 360원보다 훨씬 많은 비용을 들였기 때문이다. 이렇듯 당시 대한제국 정부는 직접 관립학교를 운영하고 또 사립학교를 지원하는 방법을 통해 교육을 진흥시키려 노력했다.

● 各學校及其經費 學部의光武三年度各學校總數與經費及補助量據한즉漢城에官立小學校는十、外國語學校는六、私立小學校는十一、醫學校는一、師範學校는一、培材學堂은一이오各地方에小學校는六十二니每校每朔補助金이三十元이라學校總數는九十二오經費는八萬餘元인디國內各學校中官立補助에依치아니한者는此에不在호더라

廉醫喜診 德國人高隼奇氏가乘馬하고松都近地로셔上京하다가落馬하야其所佩六穴砲의彈丸이自放하야脚部로入한지라泰西醫師數人이診察하되彈丸의入處를知치못하더니本月二十一日黃土峴越邊新作

외국인이 세웠든 내국인이 세웠든 인가를 받지 못한 사립학교는 보조금과 같은 혜택을 받지 못하고 법으로 보장하는 권리를 누릴 수 없었지만, 그러한 법외法外 사립학교를 폐쇄하거나 규제하지는 않았던 것 같다. 그러나 1908년 8월 26일 일제의 간섭으로 〈사립학교령〉(칙령 제62호)이 제정된 뒤로는 모든 사립학교를 새로 인가받도록 했으며, 이때 인가받지 못한 사립학교는 퇴출될 수밖에 없었다. 〈사립학교령〉은 한국인들에 의한 교육 사업을 장려하기 위해서가 아니라 억제하고 장악하기 위해서 만들어진 법률이었기 때문이다. 1907년 의학교를 폐지하는 등 관립 교육기관을 장악한 일제는 이어서 사립 교육기관에도 침략의 비수를 꽂았던 것이다.

우리나라 최초의 근대식 의사인 김익남(왼쪽)과 그의 수제자 김교준.

3. 의학교 교수진

첫 의과대학 교수 김익남

김익남金益南(1870~1937)을 제외하고 의학교를 언급할 수는 없다. 그만큼 김익남은 지석영과 더불어 의학교 운영의 핵심 인물이었다. 교장 지석영이 울타리 역할을 했다면, 교관(교수) 김익남은 그 울타리 안에서 직접 의학생들을 가르치며 학교 살림을 꾸렸다. 나아가 두 사람은 근대 서양 의학이 우리나라에 도입, 수용되는 과정에서 가장 중심적인 역할을 했다.

하지만 지석영을 모르는 사람이 거의 없는 것과 반대로 김익남은 그 이름이나마 아는 사람이 별로 없다. 사실, 지석영도 주로 우두술 보급과 관련해서 언급될 뿐이지 그가 근대 의학 수용 과정에서 더욱 근본적인 의미를 갖는 의학교의 설립에 결정적인 역할을 했고 한국 최초로, 그것도 자주적으로 근대식 의사들을 양성, 배출했다는 사실은 잘 알려져 있지 않다. 그렇게 된 데에는 일제의 식민사관, 구미 열강의 제국주의적 시선, '엽전 의식'과 오리엔탈리즘의 내면화 등 여러 요인이 관여한 결과다. 아니, 남을 탓하기에 앞서 필자 스스로 의학 역사를 공부하는 사람의 소임을 다하지 못한 데 대해 자성과 자책

《만세보》 1906년 11월 2일자. 당시 대표적인 여성단체인 '여자교육회'의 임원을 선임했는데, 지석영과 김익남의 부인이 위생소衛生所 이사직을 맡게 되었다는 기사다. 남편들의 명망이 크게 작용했을 것으로 여겨진다. 여자교육회는 1908년 10월, 내부대신으로 대한의원 초대 원장을 겸했던 을사 5적 이지용의 부인인 이옥경李鈺卿이 총재를 맡으면서 완연하게 친일단체가 되었다.

을 해야 할 것이다.

앞에서 언급했듯이 김익남은 1895년 관비 일본 유학생 가운데 한 명이었다. 학업 과정을 보면 150여 명 유학생 중에서도 단연 엘리트 코스를 밟았다. 김익남은 1895년 12월 게이오 의숙 보통과를 처음 졸업한 8명 가운데 한 명, 그것도 우등생이었으며 최초로 전문직 고등교육기관인 도쿄 지케이慈惠 의원 의학교에 입학해 1899년에 졸업했다. 한국 국적을 가진 사람으로는 최초로 정규 근대식 의학 교육을 받고 의사가 된 것이었다. 아마도 김익남은 도일 유학생들의 후견인 역할을 했던 후쿠자와 유키치福澤諭吉의 기대를 가장 잘 충족시켰을 법하다.

김익남이 일본 유학 전에 의원醫員 생활을 했다는 언급도 있지만, 집에서 한의학을 공부했을 뿐 과거시험 의과醫科에 합격한 기록은 없다(청풍淸風 김씨인 김익남의 집안은 명문세도가는 아니었지만 양반으로, 주로 중인들의 몫인 의원 직업과는 거리가 있었다. 김익남의 일가 중 대표적인 근대 인물로는 외아문 독판으로 제중원 초기의 책임자였던 김윤식과 임시정부 부주석을 지낸 김규식이 있다).

김익남의 유학 생활은 상대적으로 순조로웠던 것 같다. 유학 전에 일본어학교를 다녀 유학생 누구보다도 언어에 문제가 적었고, 게이오 의숙을 졸업하자마자 상급학교인 지케이 의학교에 진학했다. 유학생 친목회 활동은 1896년 9월 12일 친목회 통상회에서 '위생론'이라는 제목의 강연을 한 것 외에는 별로 눈에 띄지 않으며, 조용히 학업에만 충실했던 것으로 여겨진다. 그랬기 때문에 수많은 도일 유학생 관련 사건에서 김익남이 자유로웠던 것인지 모른다.

《도쿄 지케이카이慈惠會 의과대학/의학전문학교 일람》(1922)에 따르면 김익남이 재학했던 1890년대 후반 지케이 의원 의학교의 수업연한은 4년이었지만 김익남의 실제 수학기간은 3년 반가량이었다. 김익남은 1896년 1월부터 1899년 7월까지 재학했다(지케이 의학교는 그 당시에도 전문학교에 준하는 대우를 받았는데, 정식으로 의학전문학교가 된 것은 김익남이 졸업하고 4년이 지난 1903년이었다).

김익남이 수학할 당시 학과목은 영어, 물리학, 화학, 실제화학, 해부학, 실제해부, 실제조직학, 생리학, 병적病的조직학, 미균학微菌學, 약물학, 내과학, 내과병리학, 외과학, 실제외과, 외과병리학, 외과수술학연습, 산과학, 부인과학, 위생학, 단송의학斷訟醫學, 이비인후과학, 정신병학, 피부병학, 진단학, 진(단)법실습, 안과학, 임상강의, 폴리클리닉 등으로 오늘날과 비교해도 큰 차이는 없다. 다만 소아병학은 김익남이 졸업한 뒤인 1901년에야 정식 과목이 되었으며, 단송의학은 오늘날의 법의학과 비슷한 것으로 생각된다.

김익남이 이런 과정을 거쳐 1899년 7월 30일 지케이 의원 의학교를 졸업하자 정부는 김익남에게 의학교 교관으로 임명하겠다며 귀국을 독촉했다. 1898년 11월 지석영의 의학교 설립 건의 편지에 학부대신 이도재가 지체 없이 건의를 받아들이겠다고 회신한 데에는 당시의 정국이 크게 작용했다. 그와 더불어 김익남이 곧 지케이 의학교를 졸업할 것이므로 교수 확보에 큰 어려움이 없을 것이라는 전망도 정부의 신속한 결정에 힘을 실어 주었을 것으로 생각된다.

《도쿄 지케이카이慈惠會 의과대학/의학전문학교 일람》(1922) 중의 역대 졸업생 명단. 김익남(조선)은 1899년(명치 32) 7월에 졸업했다. 이 〈일람〉에 의하면 1899년 제15회 졸업생은 모두 30명이었다. 1921년까지 졸업생 2,040명 가운데 조선인은 김익남과 안상호 등 4명, 중국인 8명, 대만인 1명, 필리핀인 2명이 있었다. 또 김익남이 한국인(조선인)으로는 최초로 정식 의사가 된 1899년, 근대식 교육을 받은 일본인 의사는 이미 2만 명에 달했다. 100여 년 전 일본과 한국의 '근대 의료의 풍경'은 이렇게 차이가 났다.

이번에는 김익남의 이력서(1907년 9월 30일 작성)를 통해 수학 과정을 더 자세히 살펴보자. 이력서 작성 당시 김익남은 군부 군무국 위생과장으로 재직하고 있었으며 품계는 정3품, 계급은 육군 2등 군의장(중령 격)이었다(1907년 한국군 강제 해산 당시 자결로 항거한 시위대 대대장 박승환朴昇煥(1869~1907)의 계급은 참령(소령)이었다).

1870년 8월 11일(이력서에 기재된 날짜는 거의 모두 양력으로 여겨지는데, 생일도 양력인지는 확실하지 않다) 한성에서 태어난 김익남은 이력서에 따르면 1890년 3월부터 3년 동안 집안[家塾]에서 한의학을 공부했다. 이것이 독학을 의미하는 것인지, 경험 있는 의원에게서 가르침을 받은 것인지 알 수 없지만, 전의감과 같은 전통적인 정규 의료기관에서 학습한 것은 아니었다.

김익남의 본격적인 수학은 1894년 9월 10일 관립일어학교에 입학한 것으로 시작된다. 1895년 5월 10일 일본 유학생(제2진)으로 선발된 김익남은 6월 13일 게이오 의숙에 입학했다. 그리고 반년 뒤인 12월 27일 김익남은 게이오 의숙 보통과를 우등(2등)으로 졸업하고 부상으로 일본 외사外史 및 만국지도를 받았다. 1896년 1월 12일 도쿄 지케이 의원 의학교 전기前期 과정에 입학한 김익남은 1년 반 뒤인 1897년 7월 30일 '의학 전기 졸업증서'를 받았다. (1895년 가을 학기는 건너뛰었던 것으로 여겨진다.) 이어서 9월 12일 의학 후기 과정에 입학해 2년 뒤인 1899년 7월 30일 '의학 전과全科 졸업증서'와 '이비인후과 득업得業증서'를 받았다. 말하자면, 김익남은 의학 전기와 후기를 합해 3년 반의 수업 과정을 마치고 졸업장을 받은 동시에 전문 과목으로 이비인후과를 공부해 수료증을 받은 것이다.

김익남의 수학은 거기서 그치지 않았다. 의학교의 개교를 앞두고 학부에서는 귀국을 종용했지만, 김익남은 1899년 8월 10일부터 1년 가까이 지케이 의원의 당직의원當直醫員으로 근무해 1900년 7월 6일 '당직의원 증명서'를 받고 8월 2일 귀국했다. 당직의원으로 근무하는 동안인 1900년 4월 2일 학부에서는 김익남을 의학교 교관으로 임명해 귀국을 재차 독촉했다.

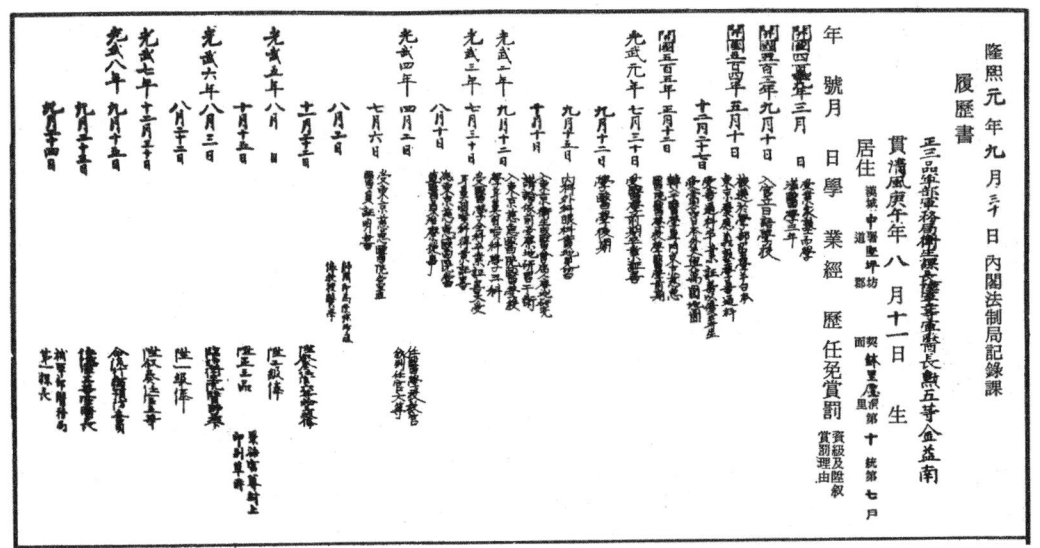

김익남의 이력서(1907년 9월 30일 작성). 친필인지는 확실하지 않다. 김익남의 수학 과정이 상세하고 정확하게 기록되어 있다.

김익남의 이러한 행동을 국가보다 개인의 성취를 더 중요시하는 이기적인 것이라고 비판할 수도 있다. 하지만 길게 보아서는 1년간의 당직의원 경험은 김익남 자신에게나 한국 의료계를 위해 더 도움이 되었다.

김익남은 일본 내무성이 발급하는 의술개업인허장은 받지 않았다. 도쿄 지케이 의원 의학(전문학)교 졸업생들은 1908년부터는 내무성이 주관하는 별도의 시험을 치르지 않고도 인허장을 받았지만 그 이전에는 내무성 시험을 통과해야만 했는데, 김익남은 그 시험을 보지 않았던 것이다. 한국인으로 처음 일본의 의술개업인허장을 취득한 사람은 김익남의 지케이 의학교 3년 후배인 안상호安商浩(1872~1927)였다.

김익남이 의술개업인허장을 받지 않은 것을 마치 큰 결격 사유나 되는 듯이 간주하는 견해가 있다. 하지만 인허장이 없다고 김익남의

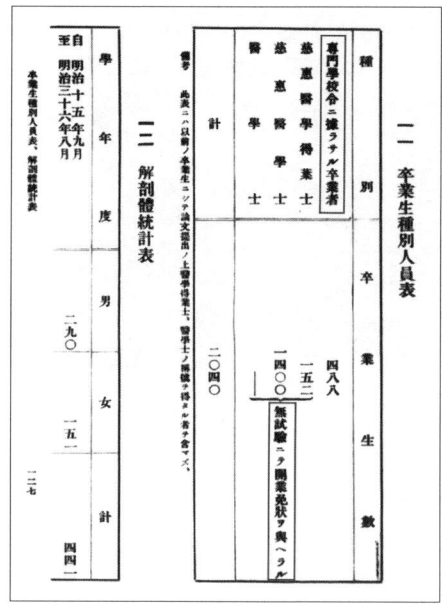

《도쿄 지케이카이慈惠會 의과대학/의학전문학교 일람》(1922) 중의 '졸업생 종별 인원표.' 1907년 졸업생까지는 '전문학교령에 의거한 졸업자'에 해당하여 개업을 하기 위해서는 내무성이 주관하는 시험을 보아 합격해야만 했다. 김익남은 그 시험을 치르지 않아 일본의 '의술개업인허장'이 없다. 지케이 의학교 3년 후배인 안상호가 한국인으로는 처음으로 일본 내무성 인허장을 취득했다.

의사 활동에 지장이 있었던 것은 아니었다. 김익남은 모교의 병원에서 1년 동안 당직의원으로 근무하고 그 경력을 인정하는 증명서를 받았다. 일본에서 개업을 하기 위해서는 인허장이 필요했지만 그렇지 않은 경우 굳이 받을 까닭은 없었다. 어쩌면 귀국을 종용하는 한국 정부에 자신의 귀국 의사를 입증하기 위해서는 인허장이 없는 편이 나았을지도 모른다. 인허장을 취득한 안상호는 그 뒤 일본에서 4년 동안 의사 생활을 했고, 그 사이 일본인 여성과 결혼하여 이른바 '선부일처鮮夫日妻' 집안을 이루었다(그렇다고 안상호를 비난할 일도 아니다. 어디까지나 개인의 선택 문제로 보아야 할 것이다. 다만 안상호가 의학교 교관에 취임하라는 학부의 요청을 끝내 받아들이지 않은 것에 대해서는 관비유학에 따른 의무 이행의 관점에서 평가해야 할 것인데, 그 조건에 대해서는 알려진 바가 없다).

이때 김익남이 의술개업인허장을 받지 않았던 것은 뒷날 일제 강점기에 의사로서의 활동에 어느 정도 걸림돌이 되었다. 하지만 이 문제도 다시 꼼꼼히 생각해 볼 일이다. 일제는 정규 의학 교육 경력이 전혀 없는 이규선과 피병준에게 인허장을 주었다. 일제가 김익남이 의학교에서 가르쳐 의사로 배출한 제자들에게, 심지어 이규선과 피병준에게도 의술개업인허장을 주었으면서도 김익남에게는 끝내 주지 않았던 것을 어떻게 해석해야 할까? 사실, 일본에 유학해 한국인 최초로 근대식 정규 의학 교육 과정을 마친 김익남은 일제가 가장 크게 이용할 가치가 있는 인물이었는데도 말이다.

도쿄 지케이慈惠 의원 당직의원 시절(1899년 8월~1900년 7월)의 김익남(작은 원 안). 이 사진에서 유독 김익남의 시선 방향이 다르다. 무슨 의미가 있는 것일까?

　우리나라 최초의 근대식 의사로서, 우리나라 최초의 의과대학 격인 '의학교'의 교관(교수)을 지내며 역시 처음으로 근대식 의사 36명을 배출한 사람은 김익남金益南이다(서재필이 김익남보다 7년 앞서 1892년에 미국 컬럼비안 의과대학을 졸업하고 의사가 되었지만, 이미 미국인으로 국적을 바꾼 다음이었다. 또한 서재필은 1890년대 후반 조선에 잠시 돌아와 있을 때에 의사로 활동한 바가 전혀 없었다).

　일본에서 근대식 교육을 받아 의사가 된 김익남은 일제의 중요한 이용 대상이었을 것으로 생각된다. 하지만 국권 상실 이전 김익남이 일제에 포섭되거나 협력한 흔적은 보이지 않는다. 반면에 이토 히로부미 암살을 기도했다 실패로 돌아가자 자결한 정재홍을 추모하는 사업에 관여하는 것을 비롯해 일제의 눈에 벗어난 행동은 뚜렷했다. 그러니 김익남이, 일제가 한국 의료계를 장악하기 위해 1908년부터 부여하기 시작한 '의술개업인허장'을 받지 못했던 것은 본인의 불찰이나 우연의 소산이 아니었을 것이다.

그의 사망 소식을 보도한 《매일신보》 1937년 4월 6일자에 게재된 김익남의 사진.

《조선총독부 관보》 1911년 4월 14일자에 게재된 조선인 장교 명단. 여기에는 이들의 소속 부대가 나와 있지 않지만 대부분 조선보병대 소속이었다.

김익남의 후반 생애는 어떠했을까? 1904년 9월 의학교 교관을 그만 두고 군대 강화를 도모한 국왕과 정부의 방침에 따라 군의관이 되었던 김익남은 대한제국 친위부親衛府 소속 2등 군의장軍醫長(중령) 신분으로 대한제국의 패망을 맞았다.

일제에 의해 한국군이 강제로 해산되고 2년이 지난 1909년 7월 허울뿐이었던 군부軍部(국방부)마저 폐지되고 대한제국 황실을 경호, 보위하는 목적으로 친위부가 설치되었다. 군부는 정부 소관이었던 데에 비해 친위부는 황실 소속이었다. 김익남과 의학교 제1회 졸업생 김교준(3등 군의장, 소령), 손창수(1등 군의, 대위) 등은 친위부 소속의 군의관으로 계속 근무했다. 그리고 일제의 병탄을 한 달 앞둔 1910년 7월 하순, 친위부 소속 장교 가운데 대다수가 퇴역하고 일부만이 남게 되었다. 이때 김익남의 애제자이자 평생지기인 김교준은 예편했고 김익남은 군대 생활을 계속하게 되었다.

친위부는 병탄 뒤에 더욱 축소되어 이름도 조선보병대朝鮮步兵隊로 바뀌었다. 조선보병대에서 군의관으로 재직했던 사람으로는 김익남 외에 의학교 제1회 졸업생인 이제규와 김명식이 있었다. 이 가운데 이제규는 헌병대사령부에 근무한 경력이 밝혀졌으며, 이것이 민족문제연구소 등이 주관해 편찬한 《친일인명사전》(2009)에 오른 이유가 되었다. 그에 반해 김익남과 김명식이 헌병대 등 일본군 부대에 근무했다는 기록은 발견된 바가 없다(김명식은 구한국군 장교를 일본군 장교로 전환하는 칙령에 따라 1920년 4월 28일 일본군 1등 군의가 되었다. 이 조치 이전 조선인 장교들은 차별대우를 받았다).

그러면 김익남은 언제까지 군대에서 근무했을까? 《총독부 관보》 등 관변 자료에서는 김익남의 전역에 관한 기록을 발견할 수 없었다. 대신 신문에서는 전역과 관련된 기사를 찾아볼 수 있다. 김익남의 사망 사실을 보도한 《매일신보》 1937년 4월 6일자에는 "군부 의무국이 설치되자 10여 년 동안 국장 대리로 시무하얏스며 대정 8년(1919)에는 간도 용정에서 병원을 열어 동포들의 의료봉사에 힘을 쓴 일도 잇다"라고 되어 있으며, 같은 날짜 《조선일보》에는 "한국정부에 의무국醫務

김익남의 사망 사실을 전한 《매일신보》 1937년 4월 6일자 기사 '조선 최초 양방의 김익남옹 장서長逝. 서양 의술 수입 보급의 은인.' 일본에서 의학을 공부한 학교를 '경응의숙 의과전문'으로 잘못 기재한 것을 제외하면 사실과 잘 부합한다.

《조선일보》 1937년 4월 6일자. 이 기사도 김익남이 의학을 공부한 학교를 '경응의숙 의학전문학교'라고 잘못 적은 것 이외에는 별다른 오류가 없어 보인다.

局이 생긴 후에는 삼등 군의장이 되야 십륙년간이나 국장 사무를 취급하엿고 또 휘문 보성 학교의 생리위생과목도 마터 가르첫스며 기미년 이후에는 간도 룡정촌으로 가서 이래 십삼년 동안이나 그곳에 이주하여 사는 조선동포의 병을 치료하여온"이라고 기록되어 있다. 또 《별건곤》 제64호(1933년 6월 1일 발간)에는 "북간도에서 개업하고 잇는 김익남씨도 곰보회의 평의원 자격은 잇다"라고 나와 있다.

이 기사들을 종합해 보면, 김익남은 1919년 3·1운동 뒤 군대를 떠나 간도 용정龍井으로 가서 1933년 무렵까지 개업 의사로 활동한 것으로 생각된다. 김익남의 제대는 고종의 별세 및 조선보병대의 축소와 관련이 있을 것으로 여겨진다. 조선보병대는 전투력이라고는 전혀 없는 망국 왕실의 장식물 같은 것이었는데, 이마저도 고종의 서거 이후 더욱 축소되었다. 고종이 세상을 떠나고 조선보병대가 감축되자 더 이상 그곳에 남아 있을 이유가 없어진 김익남(최고위 군의관으로 국왕의 별세에 도덕적 책임도 느꼈을 것이다)이 전역을 한 것으로 필자는 추정한다. 앞으로 더 많은 연구를 통해 확인해야 할 부분이다.

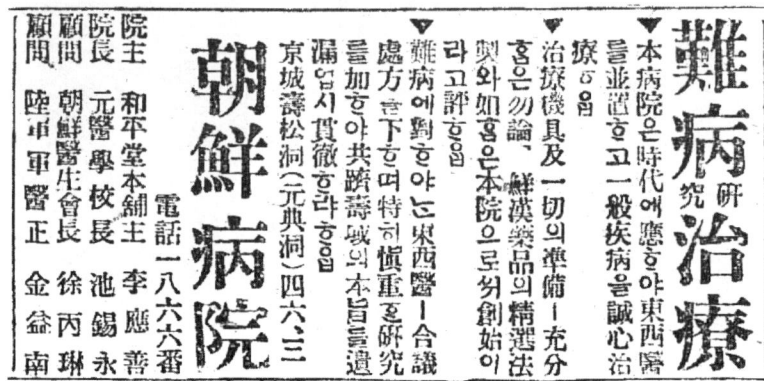

《매일신보》 1919년 11월 12일자 광고. 김익남은 만주로 갈 무렵, 지석영이 원장으로 있는 조선병원朝鮮病院의 고문으로 있었다. 이 광고에는 김익남이 '육군 군의정'으로 나와 있는데, 당시에는 현역이나 예비역이나 대체로 그런 식으로 구별 없이 표현했기 때문에 이것으로 김익남의 전역 시기를 추정하기는 어렵다. 김익남이 조선병원에서 했던 역할은 무엇이었을까? 단지 이름만 올린 것이었을까, 진료도 했을까?

그러면 김익남은 왜 조국을 떠나 만주(간도)로 갔고, 또 거기에서는 무슨 일을 했을까? 앞에서 언급했듯이 김익남은 일제 당국으로부터 의술개업인허장을 받지 못해 단독으로는 의사로서 의료행위를 할 수 없는 처지였다. 만주는 조선에 비해 일제의 지배력이 덜 미치는 곳이었지만 거기에서도 의술개업인허장 없이는 개업을 할 수 없었던 것으로 보인다. 김교준의 증언에 의하면(《대한의학협회지》 제5권 제10호, 1962) 자신이 용정에서 개업한 지 1년쯤 되었을 때, 김익남이 그곳으로 찾아와 김교준의 면허장으로 둘이 함께 개업했다고 한다. 김익남은 자신의 처지를 누구보다 잘 이해해 줄 애제자를 찾아 만주로 갔던 것일까? 그러면 김교준이 1924년 무렵 귀국한 뒤에 김익남은 누구와 함께 또는 누구의 도움으로 의료행위를 계속했을까? 지금까지 밝혀진 자료로는 풀 수 없는 문제이지만, 망국민이기 때문에 겪을 수밖에 없었던 어려움으로 보인다.

정구충은 저서 《한국 의학의 개척자》(동방서적, 1985)에서 자신이 해주도립병원 외과 과장으로 근무하던 1928년(《조선총독부 및 소속 관서 직원록》에 따르면 정구충은 1926년 도립해주병원에서 근무하다 1927년에 도립초산의원으로 전근했다. 김익남을 만난 시기나 장소에 착오가 있는 것으로 여겨진다) 가을 자신을 찾아온 김익남이 들려준 이야기를 토대로 다음과 같이 기록했다.

필자를 방문한 목적은 나에게 유력한 인사를 소개해 달라는 요청이었다. 아마 독립운동 자금 관계가 아닌가 기억된다.…… 선생이 처음 만주에 갔을 때는 차차 자리가 잡혀서 몇 해를 지내는 동안에 망명 온 여러 친구들과의 연락으로 통위부와 군관학교 등의 조직에도 참여했었다. 그러나 빈약한 조직이었고, 경제적으로 곤란을 받았고, 그리고 무엇보다도 무기 구입이 가장 어려운 문제였었다.…… 1919년 경에는 모두들 큰 희망을 가졌던 것이 일본이 중국의 청도를 장악하고 회령(함북)에 군대가 강화됨에 따라 차차 꺾이게 되었다.…… 비밀리에 활동하던 광복군(특정한 단체 이름이 아니라 일반적인 무장독립단체의 뜻으로 쓰인 것으로 보인다)이나 의열단의 활동도 점차 주춤해지고 선생의 춘추도 50을 넘어서 황혼기에 접어들어 가므로 국내 사정을 살피기 위해 누차 귀국하여 보았으나 정착할 곳이 여의치 않았던 것 같다.

요컨대, 김익남이 독립운동을 위해 만주로 망명해 무장투쟁 등에 관여했지만 점차 그런 활동이 여의치 않아지고 나이도 들어서 귀국을 모색하던 차에 자신을 방문하게 되었다는 것이다.

김익남이 항일투쟁을 위해 만주로 망명했다는 정구충의 기록을 뚜렷한 근거 없이 받아들이거나, 반대로 무조건 배척해서도 안 될 것이다. 정구충의 언급을 뒷받침하는 자료나 증언은 발견된 것이 없다. 김익남의 최측근이라 할 김교준에게서도 그와 관련된 증언은 없었다(김교준은 자신의 만주 활동에 대해서도 거의 얘기한 바가 없었다). 매우 구체적인 내용 등 정구충의 언급이 사실일 가능성이 없지 않지만, 그것을 뒷받침하는 기록이나 증언이 나타나기 전에는 판단을 유보하는 편이 낫다고 생각한다(필자는 엄밀한 사료 비판 없이 정구충의 언급을 받아들였던 적이 있다. 역사를 공부하는 학도로서 적절하지 못한 일이었다).

한편 김익남의 만주 생활에 관련된 일제의 기록이 두 가지 있다. 그 가운데 하나는 김익남이 '용정 조선인 친목계'(1920년 4월 25일 결성)의 대표(계장)라는 보고이다. 그 보고에 따르면 이 친목계는 조선 남부 지역 출신들이 조직한 것으로 북부 출신들이 상권을 장악하는 데에 대해 자구책으로 조직한 것이었다.

조선총독부 경무총장警務總長이 일본 외무차관에게 1920년 5월 28일에 발송한 '용정 조선인 친목계'에 관한 첩보 보고.

또 한 가지는 김익남이 '용정촌 조선인 거류민회'의 임원[議員]이라는 보고이다. 이 거류민회의 임원진은 앞의 친목계와 달리 북부 지역 출신이 대다수를 이루고 있다. 이 보고에 그 단체가 '친일단체'로 분류되어 있다고 그 조직원과 임원들이 친일파, 매국노라고 판단하는 것은 성급한 일일 터이다.

이들 단체보다 더 주목할 것은 거류민회의 회장이고 친목계의 고문으로 나와 있는 이희덕李

熙悳(1869~1934)의 정체이다. 이희덕은 당시 간도 지역에서 노골적인 반민족적인 행각을 벌여, 독립운동 세력에 의해 처단 대상으로 지목되었던 대표적인 친일파이다. 이 문서들로 김익남이 이희덕과 어떤 관계였는지, 또 이들 단체에서 김익남이 어떤 행동을 했는지 알 수 없지만 김익남의 만주생활을 파악하기 위해서는 앞으로 반드시 풀어야 할 문제라고 생각한다. 김교준을 통해 김교헌(김교준의 형) 등 당시 만주 최고의 항일운동세력과 인연을 맺고 있었을 김익남이 이희덕이라는 1급 친일파와는 어떤 관계였던 것일까?

김익남과 관련해 풀어야 할 문제들이 남아 있지만, 그가 근대의학의 도입기에 누구보다도 큰 역할을 했던 것은 분명한 사실이다. 그리고 그에 반해 우리가 그에 대한 충분한 연구와 적절한 평가에 소홀했던 것 또한 부인할 수 없는 사실이다.

간도 총영사관 대리영사가 1922년 2월 28일 일본 외무대신에게 보고한 '간도 및 동 접양(接壤)지방에 있어서 배일단체 및 친일단체 조사의 건.' 이희덕이 회장인 '용정촌 조선인 거류민회'에서 김익남이 의원을 맡고 있는 것으로 나와 있다.

김교준의 술회에 따르면, 김익남은 아들 하나만을 두었는데 그 아들도 1910년대에 폐결핵으로 일찍 세상을 떠났다고 한다. 김익남의 후반 생애는 이래저래 쓸쓸했다.

《대조선협회회보》 제1권 제7호 (1897년 2월 28일 발행). 남순희의 인문지리에 관한 글 '지리인사지대관地理人事之大關'이 실려 있다. 남순희는 이미 일본 유학 시절부터 제법 이름을 날리고 있었다.

남순희와 전봉규

1899년 3월부터 1907년 3월까지 8년 동안 의학교 교관(교수)으로 임명된 사람은 모두 18명이었다. 그 가운데 1904년 10월 18일자로 발령을 받은 안상호는 일본에서 귀국하지 않아 석 달 뒤인 1905년 1월 16일 해임되었다. 따라서 실제로 교관으로 근무한 사람은 17명인 셈이다. 17명 중에서도 경태협, 홍종덕, 윤태응, 김하영, 이승현, 이주환 등 6명은 재임在任 기간이 3~17일에 불과해서 교관으로 실제 활동한 사람은 11명으로 간주할 수 있다.

의학교 교관 가운데 남순희南舜熙, 김익남金益南, 장도張燾, 유세환劉世煥, 최규익崔奎翼 등 5명은 일본 유학생 출신이며, 김교준金敎準과 유병필劉秉珌은 의학교 제1회 졸업생으로, 이들의 근무기간은 모두 1년 이상이었다. 그리고 심영섭沈瑛燮, 이병선李炳善, 전용규田龍圭는 일반 관료 출신이며, 박승원朴承源은 중학교 교관을 지낸 사람으로, 4년 동안 재임한 전용규를 제외하고는 근무 기간이 3~4개월에 불과했다. 따라서 일본 유학생 출신과 의학교 졸업생 그리고 전용규가 실질적으로 교장 지석영의 지휘를 받아서 의학교를 운영하고 학생들을 교육한 것으로 요약할 수 있다.

재임 기간이 매우 짧았던 사람들을 보면 의학교 운영과 학생 교육이 대단히 불안정했던 것으로 여겨지지만, 꼼꼼히 살펴보면 그렇지만은 않았다는 사실을 알 수 있다. 그리고 의학교 교관들은 대부분 당시 최고의 신지식인 엘리트들이었다.

〈표 22〉 의학교(1899~1907)의 역대 교관

직위	이름	재임기간	비고
교장	★지석영	1899. 3.28~1907. 3.14	종두술 보급, 의학교 설립 건의
교관	경태협	1899. 3.29~1899. 4.11	1895년 콜레라 유행 때 군대 치료 공적
	★남순희	1899. 3.29~1901. 8. 2	1898년 도쿄 공수학교工手學校 졸업
	☆심영섭	1900. 1. 8~1900. 4.13	1894년, 14세 때 식년시 진사 3등 합격 외부 참서관 전임
	★김익남	1900. 4. 2~1904. 9.23	1899년 도쿄 지케이 의원 의학교 졸업 실제 근무 시작은 1900년 8월 2일 군부 의무국 제1과장으로 전임
	홍종덕	1900. 4.17~1900. 4.19	
	윤태응	1900. 4.21~1900. 5. 1	
	☆이병선	1900. 5. 1~1900. 9.25	1899.11.4~1900.5.1 : 의학교 서기 상공학교 교관으로 전임
	김하영	1900.11.28~1900.12. 4	
	이승현	1900.12. 4~1900.12. 7	군의軍醫로 전임, 한의사(?)
	★전용규	1900.12.11~1904.12. 8	탁지부 주사에서 전임 1904.12.8~1907.3.14 : 의학교 서기
	☆박승원	1901. 8. 6~1901.11.14	1898년 관립일어학교 졸업 중학교 교관(경제과)에서 전임
	이주환	1901.11.14~1901.11.30	한국인 최초의 측량전문가 내부 치도국治道局 기수로 전임
	★장 도	1901.11.30~1904.10.14	1899년 도쿄 법학원 졸업
	★김교준	1903. 2.21~1904. 9.23	1902년 의학교 제1회 졸업
	★유세환	1904.10.13~1907. 3.14	1900년 도쿄 약학교 졸업 1902년 도쿄 제국대학 선과(選科) 졸업
	안상호	1904.10.18~1905. 1.16	1902년 도쿄 지케이 의원 의학교 졸업 실제 취임은 하지 않았음
	★유병필	1905. 1.19~1907. 3.14	1902년 의학교 제1회 졸업
	★최규익	1906. 1.15~1907. 3.14	1899년 도쿄 고등공업학교 화학공예부 졸업 1901년-1906년 의학교 제약원製藥員

★ 표시는 1년 이상, ☆ 표시는 3개월 이상 근무했음을 나타낸다.

1898년 일본 도쿄 공수학교工手學校를 졸업하고 귀국한 남순희는 민영환閔泳煥(1861~1905)이 교장으로 있던 사립 흥화학교興化學校에서 정교鄭僑(1856~1925;《대한계년사大韓季年史》,《대동역사大東歷史》,《홍경래전

洪景來(傳) 등의 저자), 임병구林炳龜 등과 함께 교사 생활을 하다 〈의학교 관제〉가 반포된 닷새 뒤인 1899년 3월 29일 의학교 교관으로 임명받았다.

교관 남순희는 교장 지석영 및 서기 유홍劉泓(1899년 10월 5일 법부 주사로 전임)과 함께 의학교 설립 준비를 도맡았다. 그리고 9월 4일 의학교가 개교한 뒤에는 교육, 통역, 번역 등 1인 3역을 해냈다. 《황성신문》 1899년 10월 16일자의 "의학교에서 향일向日에 개학하얏스나 학과 책자를 준비치 못하야 위선 화학과뿐 교수한다더니"라는 기사를 보면, 개교 초에 남순희와 일본인 교사 코죠古城梅溪가 화학을 번갈아 가르쳤을 것으로 생각된다. 그리고 남순희는 뒤에 동물, 식물, 물리 등 다른 자연과학 과목과 수학도 가르쳤을 것이다.

의학교 초기에 핵심적 역할을 한 남순희는 업무가 지나치게 많았던 탓인지 1901년 8월 2일 세상을 떠났다. 젊은 나이에 별다른 조짐 없이 갑자기 사망한 것으로 보아 과로사가 거의 확실하다. 남순희는 의

《독립신문》 1899년 9월 12일자. 9월 4일('도라간 월요일') 개교한 의학교에 교관은 남순희 한 사람밖에 없어, 혼자서 교육, 통역, 번역 등 1인 3역을 하고 있다는 기사이다. 여기서 통역 일이란 일본인 교사 코죠의 강의를 통역한 것으로 여겨진다. 학부에서는 10월 14일 의학 교과서 번역을 위해 일본인 아사카와麻川松次郎를 고용해서 남순희의 짐을 조금 덜어주었다.

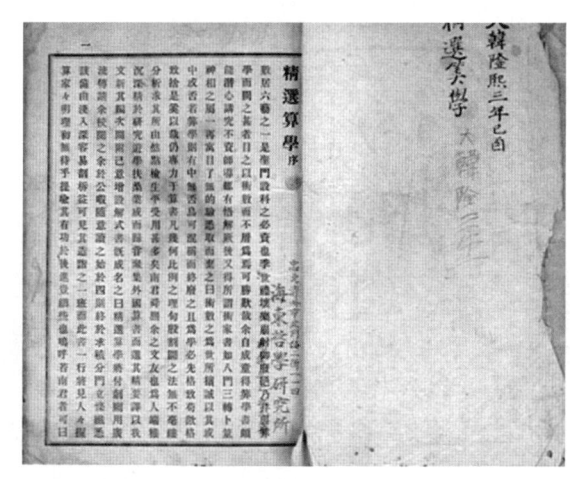

남순희의 《정선산학精選算學》(1909). 1900년도에 처음 출간된 이 책은 10년 동안 스테디셀러 수학책이었다.

학교 교관을 하면서 흥화학교에서도 가르쳤을 뿐만 아니라 광흥학교 光興學校 특별 영어 야학과에 학생으로 등록해 우등을 했다(1901년 5월 31일). 그런 한편 그가 1900년 11월에 펴낸《정선산학精選算學》은 대한제국 시절 가장 대표적이고 대중적인 수학책이었다. 남순희의 요절은 실로 아까운 일이었다.

지석영 다음으로 의학교에 오래 근무한 사람은 전용규로, 그는 1900년 12월부터 1904년 12월까지는 교관으로 그리고 그 뒤 1907년 3월까지는 서기로 근무했으며 의학교가 대한의원으로 통폐합될 때 해임된 것으로 보인다. 전용규는 그에 앞서 1895년 4월부터 5년 8개월 동안 탁지부 주사로 일했으며, 학력은 알려져 있지 않다. 〈의학교 규칙〉의 16개 교과목 중에는 재정 분야 관료 출신인 전용규가 가르칠 만한 것이 없어 보이는데, 그가 의학교에서 담당한 학과목은 무엇이었을까? 직책은 교관이지만 실제로는 서기의 역할을 했던 것일까?

그런데《황성신문》1907년 2월 6일자에는 다음과 같이 국문연구회 國文研究會에 관한 기사를 실으면서 이 연구회의 연구원 및 서기로 전용규가 선정되었음을 언급하고 있어 주목된다.

국문연구회를 거去 금요일 하오 7점点에 훈동 의학교 내로 임시 개회하고 규칙과 임원을 천정하얏는대 회장은 윤효정尹孝定 씨요 총무는 지석영 씨요 연구원은 주시경周時經 박은식朴殷植 이능화李能和 유일선柳一宣 이종일 李鍾一 전용규 정운복鄭雲復 심의성沈宜性 양기탁梁起鐸 유병필 씨 등 10인이 위선 피천되고 편찬원은 지석영 유병필 주시경 3씨요 서기 2인에 전용규 씨 1인만 위선 선정하얏는대 연구원 회는 매 금요일 하오 7점이요 통상회는 매월 제4 일요일 하오 4시에 개회하기로 정하얏더라

한국 최초의 근대적 한글(운동)단체인 국문연구회는 지석영의 주도로 1907년 2월 1일 창설되었으며, 사무실은 훈동 의학교에 있었다. 국문연구회에는 윤효정(1858~1939, 대한협회 총무), 박은식(1859~1925, 《황성신문》 및 《대한매일신보》 주필, 임시정부 제2대 대통령), 이종일(1858~1925, 《제국신문》 제1대 사장, 3·1운동 33인 중 한 명), 정운복(《제국신문》 초대 주필, 제2대 사장), 양기탁(1871~1938, 《대한매일신보》 주필, 임시정부 주석) 등 당시 애국계몽운동의 지도자 다수가 참여했는데, 전용규도 연구원 및 서기로 초기부터 관여했다.

1908년 지석영과 전용규가 편찬한 《아학편兒學編》. 원래 정약용이 교육용으로 만든 2천 자문에 주석을 단 것으로 국어학사 연구에 매우 중요한 자료로 평가되고 있다.

그리고 전용규는 1908년 지석영과 함께 정약용의 저서 《아학편兒學編》에 주석을 달아서 해석한 책을 펴내었다. 이 책은 한자 2,000자에 대해 그 훈訓과 음, 운, 중국어 발음, 사성四聲, 일문훈日文訓과 독음 및 여기에 해당하는 영어 어휘 등을 아울러 적은 것으로, 국어학사 연구에 중요한 자료라고 한다. 이러한 사실들을 보면 전용규가 〈의학교 규칙〉에 열거되지 않은 국어나 한문 등을 가르쳤을 수도 있다.

이처럼 의학교는 의학생 교육이라는 원래의 목적 외에 지석영, 전용규, 유병필 등에 의해 국문 연구도 수행하고 있었던 셈이다.

《신문계》 제46호(1917년 1월)에 실린 청년학관 교사 최규익의 글 "신년에 필지할 염색법." 제1차 세계대전이 확대되어 외국상품 수입이 끊기고 물가가 앙등하는 터에 집에서 쉽게 옷감 등을 염색하는 방법을 설명한 글이다.

유세환 · 최규익 · 장도

이력서에 따르면 유세환劉世煥(1876~?)은 1893년 2월 17일 관립일어학교에 입학했고, 1897년 6월 24일 유학을 위해 일본에 갔다. 여기에서 관립일어학교란 1895년 6월 11일 〈외국어학교 관제〉 공포 이전인 1891년 6월에 설립된 관립일어학당을 뜻하는 것으로 보인다. 김익남도 도일 전에 이곳에서 일본어를 공부했을 것이다. 유세환은 일본에 도착한 지 두 달도 채 안 되는 1897년 8월 20일에 보통과(게이오 의숙?)를 졸업했다고 되어 있는데, 이것이 사실이라면 일본어 실력이 대단했다고 여겨진다(이때는 여름방학이었으므로 유세환은 사실상 학교는 거의 다니지 않은 채 중등학교 학력을 인정받은 셈이었다). 그리고 유세환은 9월 10일 도쿄 약학교에 입학해 2년 7개월 뒤인 1900년 4월 25일 졸업했다. 그가 도쿄 약학교에서 공부한 과목은 수학, 영어, 독일학, 식물학, 물리학, 무기화학, 유기화학, 제약화학, 조제학 및 실지조제, 정성분석, 생약학, 정량분석, 약품감정, 약국법사용법, 실지제련, 생약학실지연습 등이었다.

바로 이어서 1900년 5월 5일 도쿄 제국대학 의과대학 선과選科에 입학해 1902년 11월 25일에 졸업한 유세환은 그해 12월 20일 귀국했다. 5년 반 동안 한치의 공백도 없는 유학 생활이었다. 유세환이 도쿄 제국대학에서 공부한 분야는 이력서에 적혀 있지 않지만, 약학이었을 것이다. 말하자면 유세환은 한국인 최초로 전문학교 및 대학 과정에서 정식으로 약학을 공부한 신식 약사였다.

유세환의 이름이 관비 유학생 명단에 없는 것으로 보아 사비로 일본에 유학했던 것으로 보인다. 유학에서 돌아

〈도쿄 제학교 규칙집東京諸學校規則集〉(1890). 이 〈규칙집〉에는 도쿄 약학교의 수학 기간이 2년으로 되어 있는데, 유세환이 재학할 시절에는 기간이 조금 늘어났을 것으로 생각된다.

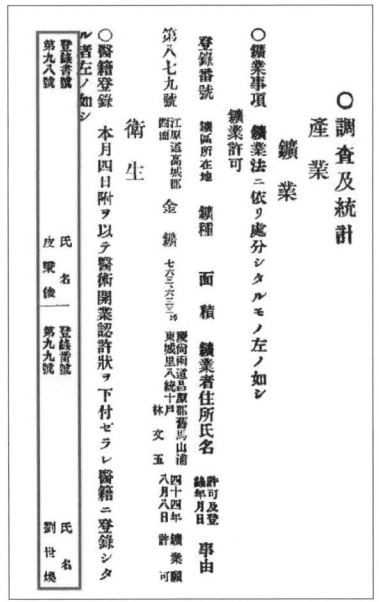

《조선총독부 관보》 1911년 8월 10일자. 유세환에게 8월 4일자로 의술개업인허장(제99호)을 수여했다고 기록되어 있다. 종두의양성소 출신의 피병준의 인허장 번호는 제98호였다.

온 그는 1903년 3월 광제원 위원을 시작으로 1904년 7월 철도원 주사를 거쳐 10월 10일에 의학교 교관이 되었다. 그리고 1905년 12월 육군 2등 약제관, 1906년 7월 1등 약제관으로 임명받았는데, 의학교 교관과 겸직이었던 것으로 여겨진다. 유세환은 의학교가 대한의원으로 흡수 통합된 뒤에도 교관과 교수(1908년부터 교관이라는 명칭 대신 사용) 및 의원醫員으로 활동했다.

유세환은 한국인 최초의 정규 약사이지만, 의학 교육을 받은 의사는 아니었다. 하지만 김윤식은 '양약국 의사' 유세환에게서 계속 치료를 받았으며《속음청사續陰晴史》1908년 일본인 의사들이 계림의학회鷄林醫學會를 조직할 때 유세환을 회원으로 촉탁했다. 또한 조선총독부도 1911년 8월 4일 유세환에게 의술개업인허장(제99호)을 수여했다. 의사와 약사의 경계가 오늘날처럼 엄격하지 않았던 것일까?

한편 최규익崔奎翼(1878~?)은 1895년 도일 유학생 중 한 사람이다. 1896년 7월 25일 게이오 의숙 보통과를 졸업하고 9월 10일 도쿄 고등공업학교에 입학한 최규익은 3년 만인 1899년 7월 8일 화학공예부 염직과를 졸업했다. 이어서 1년 동안 제융소製絨所와 마사방직회사麻絲紡織會社에서 현장 견습을 마치고 1900년 7월 17일 귀국했다.

최규익은 1902년 8월부터 1906년 1월까지 의학교에서 제약원製藥員으로 일한 뒤(제약원은 〈의학교 관제〉에는 없었던 직책으로, 1902년 6월 의학교 부속 병원이 개원하면서 새로 생긴 자리로 여겨진다) 1906년 1월 15일 의학교 교관으로 취임했다. 학력으로 보아 최규익은 의학교에서 동물, 식물, 물리, 화학 등 자연과학 과목을 가르쳤을 것으로 생각된다. 최규익은 유세환과 마찬가지로 대한의원에서도 경술국치 때까지 교관과 교수 및 의원으로 활동했다. 하지만 유세환과는 달리 의술개업인허장은 받지 못했다.

일제 강점기에 최규익은 어떤 일을 했을까? 최규익은 1913년 9월부터 1917년 1월까지 《신문계新文界》에 청년학관靑年學館 교사 또는 강사의 명의로 '전뢰電雷의 원인 및 방어법', '국어(일본어) 신화新話', '형화螢火(반딧불)의 신화新話', '신년에 필지必知할 염색법' 등 6편의 글을 남겼다. 즉 최규익은 일제 초기, 청년학관에서 교편을 잡고 있었으며 교육가로서 상당한 명망을 누렸던 것으로 보인다.

'경상북도 경찰부 치안개요'(1917년 3월 5일)에 의하면, 경성고등보통학교(경기고등학교) 교원양성소 내의 비밀결사 조선산직장려계朝鮮産織獎勵稧가 주식(1주당 20원) 모집을 통해 전국의 중등학교 교사를 주주로 포섭하는 등 세력을 확장하다 발각되어 보안법 위반으로 송치된 조직 사건이 1917년 초에 발생했다. 이 장려계의 계장稧長은 중앙학교 교사 최규익, 총무는 윤창식尹昶植, 회계는 최남선崔南善이며, 김성수金性洙, 백남규白南奎, 안재홍安在鴻, 유근柳瑾, 신석우申錫雨, 남형유南亨裕, 김두봉金枓奉, 박중화朴重華 등 당대의 대표적인 교육계 인사 130명이 계원으로 참여했다.

독립기념관 소장 《조선에 유명한 교육가 제씨》에 수록된 청년학관 교사 시절(1913~1917)의 최규익.

산직장려계는 1911년 '105인 사건'으로 서북지방 지식 청년들이 타격을 받은 뒤 그 사건에 연루되지 않은 지식인들이 결성한 계몽주의 우파 성향의 조직으로, 3·1운동에서 주도적인 역할을 한 것으로 평가된다. 최규익은 그런 반일 조직의 대표를 맡았으며, 이 기록을 통해 그가 청년학관 외에 중앙학교에서 교사 생활을 했음도 알 수 있다. 최규익이 이 사건으로 얼마나 고초를 겪었는지는 확인할 수 없다. 최규익은 얼마 뒤인 1920년에는 (주)동양염직의 상무이사 겸 대주주, 1923년에는 철물류 매매 및 위탁판매 업체인 동지사東志司 사장을 지내는 등 기업가로 변신했다.

김익남, 최규익과 함께 일본 유학을 한 장도張燾(1876~1936)는 법학자와 변호사로 크게 이름을 날렸지만, 1901년 11월 30일부터 1904년 10월 14일까지 3년 동안은 의학교 교관을 지냈다. 《황성신문》 1901년 12월 4일자 기사 "의학교 교관 리주환이 서임 다일多日에 전불사진全不仕進하야 통변通辯이 무인無人하야 경사학도竟使學徒로 궐과지경闕課之境에 지至하얏다고 의학교장이 학부에 보報한 고로 기대其代에 장도 씨로 서임하얏더라"에 의하면 장도는 일본인 교사의 강의를 통역하기 위해 의학교 교관으로 임명되었다. 이 기사를 보면 당시 교관으로 근무했던 김익남은 통역 일을 하지 않았던 것으로 여겨진다.

의학교에 재직하는 동안, 학생 교육에 공이 있다 하여 의례적인 포상을 세 차례 받은 것 외에 장도의 뚜렷한 활동은 보이지 않는다. 법학 저서를 집필하는 등 주로 법률가로 활동할 준비를 하며 지냈을지 모른다.

심영섭沈瑛燮, 이병선李炳善, 박승원朴承源은 근무 기간이 짧아서인지 의학교 교관으로서 별다른 활동은 보이지 않는다.

《매일신보》 1936년 9월 5일자 기사 '법조계의 장로 장도 씨 장서長逝'에 실린 장도의 사진.

의학교 1회 출신의 첫 교관 김교준

학부에서는 의학교를 졸업한 36명(1902년 제1회 19명, 1903년 제2회 13명, 1905년 제3회 4명) 모두를 교관(교수)으로 임명했지만 이는 어디까지나 이름뿐인 형식적인 것이었다. 그것은 졸업 후의 진로와 취업에 불안을 느끼는 학생들을 달래기 위한 조치였다. 의학교 출신으로 실제 모교의 교관으로 활동한 사람은 제1회 졸업생인 김교준과 유병필 두 사람뿐이다.

김교준金敎準(1884~1965)은 1884년 4월 6일 한성 중서中署 박동礴洞의 자택(오늘날의 조계사 자리)에서 공조판서와 사헌부 대사헌, 홍문관 대제학 등을 역임한 김창희金昌熙(1844~1890)의 넷째 아들로 태어났다. 할아버지 김정집金鼎集(1808~1859)도 대사헌과 예조판서를 지내는 등 경주 김씨인 김교준 집안은 조선 후기 대표적인 명문거족이었다. 그 집안은 재산도 많아 박동 대저택 이외에 말죽거리에 수십만 평의 땅을 가지고 있었다고 한다(이회영 일가와 마찬가지로 김교준 일가도 일제 강점기에 가산을 처분해 만주로 망명했다).

김교준의 회고에 의하면, "양의가 되려는 의도부터 천하게 여긴 시대였으므로 의학교에 입학하게 되자 동네 사람들의 빈축을 받은 일도 있었다"고 한다(《대한의학협회지》 제5권 제10호, 1962). 그러한 시대에 더욱이 명문 집안의 김교준이 신식 의사가 되기 위해 의학교에 입학한 것은 매우 파격적인 일이었다. 의학교에서 최연소 학생으로 3년을 공부한 김교준은 1902년 7월 5일 우등(5등)으로 졸업했다.

졸업 시험을 거쳐 의학교 제1회 졸업자 19명이 확정된 것은 1902년 7월 5일이었지만, 이들은 뒤늦게 완공된 부속 병원에서 8월부터 다섯 달가량 임상실습 과정을 거친 뒤 1903년 1월 9일 오후 1시 각 부부대

군의관 시절의 김교준. 스승
김익남과 대조적으로 기골이
장대했다.

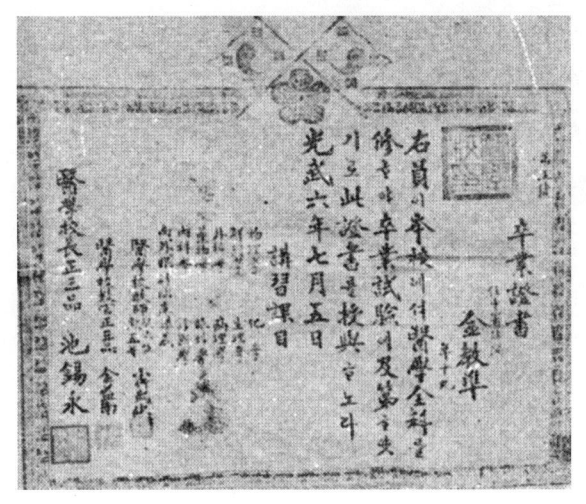

김교준의 졸업증서 제5호《대한의학협회지》제5권 제10호, 1962). 의학교 교사 고다케小竹武次郎, 교관 김익남, 교장 지석영의 이름이 적혀 있다. 의학교 졸업증서 원본은 발견된 것이 없고, 사본도 지금까지는 이것이 유일하다.

관부部大官들이 참석한 가운데 졸업 예식을 가졌다. 그리고 김교준은 한 달 남짓 뒤인 2월 21일 만 열여덟 살에 의학교 교관으로 임명되어 1904년 9월 23일까지 1년 7개월 동안 근무했다. 그러니까 김교준은 한국 최초의 근대식 정규 의학교를 졸업해 역시 최초로 근대식 의사가 되었을 뿐만 아니라 최초로 모교의 교수가 된 것이었다. 김교준 개인에게도 매우 뜻깊은 일이거니와 한국 근대 의학사에서도 길이 기념할 일이다.

김교준의 회고에 따르면, 자신은 판임관判任官으로 월급이 20원이었고 스승 김익남은 그보다 상급직인 주임관奏任官이었다고 한다. 그리고 자신은 의학교 제4회 학생들에게 약물학과 생리학을 가르쳤다고 한다. 의학교 제4회 졸업생(대한의원으로 통폐합된 뒤인 1907년 7월에 졸업하여 엄밀하게는 대한의원 제1회 졸업생이다)인 권태동權泰東(1882년생으로 김교준보다 2년 위이다)도 자신들이 '조교수' 김교준에게서 생리학과 약물학을 배웠다고 술회했다(김교준이 재직할 당시에는 조교수라는 직급이 없었으므로 권태동이 잘못 기억한 것으로 여겨진다).

1904년 9월 23일, 김교준은 의학교 교관직을 그만두고 군대에 입대해 육군 2등 군의(중위)로 임명받았다. 이 무렵 국운이 다해가던 대한제국 정부와 황제는 국가와 황실의 마지막 보루인 군대를 강화하는 조치를 취하고 있었다. 김익남을 3등 군의장(소령)으로 임명하고 의학교 출신 다수를 군의로 발령한 것도 그러한 방침의 일환이었다.

김교준이 입대한 것은 정부 시책에 따르는 것일 뿐만 아니라 거기에는 학창 시절부터 존경하던 김익남을 가까이에서 보좌하기 위한 뜻도 있었을 것이다. 김익남은 김교준의 생애에 가장 큰 영향을 미친 두 사람 중 한 명이다. 3등 군의장까지 승진한 김교준은 1910년 경술국치로 퇴역할 때까지 대체로 군무국 의무과醫務課와 친위부親衛府에서 김익남과 함께 일했다(1907년의 한국군 해산 때 군의들도 대부분 전역했지만, 김교준 등 몇명은 그뒤에도 군대에 남았으며, 김익남은 1919년 무렵에야 제대한 것으로 여겨진다). 이렇게 두 사람의 관계는 사제지간으로 시작했지만 동료이자 벗으로 평생지기가 되었다.

김익남 외에 김교준의 생애에 큰 영향을 미친 또 한 사람은 맏형 김교헌金敎獻(1868~1923)이었다. 여섯 살의 어린 나이에 아버지를 여읜 김교준에게 열여섯 살 위인 김교헌은 형이자 아버지였다. 김교준의 호가 내원萊園인 것도 김교헌의 호 무원茂園의 영향인 것으로 생각된다. 김교헌의 외할아버지는 외관직인 판관判官을 지낸 조희필趙熙弼이고, 김교준의 외할아버지는 규장각의 직각直閣을 지낸 이명기李命棋이다. 다시 말해 두 형제는 어머니가 달랐지만, 동복형제 이상으로 우애가 두터웠다.

17세에 과거에 급제한 김교헌은 예조참의, 규장각 부제학 등을 역임했다. 또한 1898년에는 독립협회에 가입해 대표위원으로 만민공동회운동을 전개했다. 그리고 1904년《신단민사神檀民史》를 저술해 민중들에게 민족의식을 고취했다. 1906년 부산항재판소 판사와 동래부사로 재직할 때, 김교헌은 통감부의 비호 아래 자행되고 있던 일본인들의 경제 침략을 징치懲治하다 한때 관직에서 쫓겨나기도 했다. 그 뒤로도 김교헌은 비밀단체인 신민회에 관여하는 한편, 조선광문회朝鮮

光文會에서 현채玄采, 박은식朴殷植, 장지연張志淵 등과 함께 고전간행사업도 벌였다.

이전부터 《신단민사》 저술 등 민족사 연구에 뜻을 두었던 김교헌은 1909년 대종교가 중광重光된 때부터 교인이 되었다. 그는 대종교 역사를 정립하는 한편 종단 간부로 활동하다 1916년에 나철羅喆의 뒤를 이어 제2대 교주[都司敎]로 취임했다. 그리고 이듬해인 1917년에는 가산을 정리해 만주로 망명했다. 이때 대종교의 총본사도 길림성 화룡현으로 옮기고 교세 확장과 더불어 독립운동 역량의 강화를 꾀했다. 특히 1919년 2월 무오독립선언戊午獨立宣言(선언 시기가 양력으로 1919년 2월이지만 음력으로는 무오년이기 때문에 그렇게 부른다)을 주도해 대중적 항일 독립운동을 촉발했다.

대한독립선언서(일명 '무오독립선언서'). 대종교 교주 김교헌은 이 선언에 참가한 독립운동가 39명 가운데 가나다 순으로도 맨 먼저이지만 대종교가 주축을 이룬 이 선언에서 가장 앞장서서 활동했다. 당시 독립운동가, 특히 만주 지역에 망명하여 활동한 사람들에게 대종교는 거의 절대적인 지주 역할을 했다.

또한 김교헌은 1919년 4월 대종교 계열의 민족주의자들을 중심으로 북로군정서北路軍政署를 조직해 대종교 지도자의 한 사람인 서일徐一(1881~1921)에게 총재를 맡게 하는 등 적극적인 무력투쟁을 전개한다. 그리고 마침내 김좌진金佐鎭(1889~1930) 등과 더불어 1920년 9월 청산리대첩을 이끌어내었다. 김교헌은 그 뒤 더욱 거세진 일본군의 탄압을 피하여 총본사를 영안현寧安縣으로 옮겨 구국투쟁을 계속하다 병사했다.

김교준도 1910년 경술국치 이후 형을 따라 주로 대종교 활동을 벌였다. 1911년 지교知敎로 임명되어 배천지사白川支司에서 3년간 시무했고, 1914년에는 상교尙敎가 되었다. 그리고 1917년 총본사가 길림성 화룡현 삼도구三道溝로 이전할 때 김교준도 김교헌과 함께 만주로 이주해 형을 도와 포교와 독립운동에 힘쓰는 한편, 용정龍井에서 현지의 동포들을 대상으로 의료 활동도 벌였다. 그러나 만주에 있는 동안 김교준이 벌인 활동에 대해서는 알려진 바가 별로 없다.

김교준은 용정에서 5년 동안 개업했다고 술회했다(《대한의학협회지》제5권 제10호, 1962). "처음에는 환자가 너무 찾아오지 않아 한방의학을 공부해서 한의로 전향한 일도 있었다"고 한다. 그리고 용정에서 개업한 지 1년쯤 되었을 때, 김익남이 그곳으로 찾아와 김교준의 면허장으로 둘이 함께 개업했다고도 했다. 앞에서 언급했듯이 김익남은 일제 당국으로부터 끝내 의술개업인허장을 받지 못해 1919년 무렵 군대를 그만둔 뒤에는 조선에서 의료 활동을 할 수 없어 제자이자 20년 지기인 김교준을 찾아 용정으로 간 듯하다.

이후 김교준이 만주에서 조선으로 돌아온 정확한 시기와 연유는 알 수 없다. "용정에서의 개업을 편모 슬하의 사정으로 인하여 정리하고 귀국했다"라는 김교준의 술회 등으로 보아, 맏형 김교헌이 사망한 1923년 11월에서 그리 멀지 않은 때였을 것으로 추정된다.

조선에 돌아온 김교준은 내과 전문 만제의원萬濟醫院을 개업했다. 그리고 대종교에서는 1938년 종단의 고위 지도자를 뜻하는 대형호大兄號 칭호를 받았다. 몸은 조선에 돌아왔지만, 만주에 있는 대종교 본부와 계속 교류하고 있었다는 뜻이다.

일제에서 해방된 뒤인 1946년 1월 김교준은 서울에서 대종교 남도본사南道本司를 재건해 전리典理가 되었으며, 총본사가 만주로부터 환국하자 도사교 위리都司敎委理(교주 권한대행)가 되었다. 그 뒤 원로원장을 거쳐 1958년 사교司敎로 승진함과 동시에 도형호道兄號를 받았으며, 1962년 4월에는 마침내 제5대 총전교總典敎(교주)로 대종교 최고 지도자가 되었다. 대종교 교주가 된 말년에도, 찾아오는 환자가 많지는 않

대종교 총본사 환국 기념 사진(1946년 6월 16일 촬영)으로 《대종교교보》 기념호(독립기념관 소장)에 수록되어 있다. 앞줄 큰 원 안이 김교준이다. 앞줄 가운데가 3대 교주인 단애종사檀崖宗師 윤세복尹世復(1881~1960)이며, 그 왼쪽이 대한민국 초대 부통령을 지낸 이시영李始榮(1868~1953, 이회영의 동생)이다. 셋째 줄 작은 원 안은 한국 의사학계의 태두 김두종金斗鍾(1896~1988)이다. 대종교는 일제의 혹독한 탄압으로 그 세력이 점차 약화되었지만, 해방 초기까지는 여전히 상당한 영향력을 가지고 있었다.

《대종교교보》(환국)기념호(1946년 8월 발행)에 게재된 전리典理 김준(김교준이 종단 활동시 사용한 이름)의 글 '신족神族' 대종교에서는 한민족을 단군의 혈통을 이은 신족이라고 한다.

앉지만 진료 활동을 계속했다.

100여 년 전 당시로는 집안 배경에 어울리지 않게 근대식 의사가 된 김교준은 의사와 의학 교육자로서의 꿈을 충분히 펼치지는 못했다. 그 자신의 부족함이라기보다는 세상 정세가 그것을 허용하지 않았다. 또한 일제 강점기 초기에 크게 번성했던 대종교도 일제의 잔악한 탄압과 한국 사회의 급격한 변화 속에 점차 쇠퇴했다. 《대한의학협회지》의 대담자는 인터뷰 당시(1962) 대종교 교주인 김교준에게 이렇게 질문했다. "현재에도 대종교라는 것이 있습니까?"

의학교 1회 출신의 두 번째 교관 유병필

의학교 제1회 졸업생 19명 중 우등졸업은 방한숙, 김명식, 유병필, 손진수, 김교준 등 5명이었다. 수석으로 졸업한 방한숙은 1895년 도일 유학생 출신으로, 《관보》 1902년 10월 11일자에 임시위생원 위원으로 임명받았다는 기사 이후 다시 등장하지 않는 것으로 보아 요절한 것으로 생각된다.

당시 일반적 관례대로라면, 의학교 교관은 김명식, 유병필, 손진수 등 성적순으로 임명해야 했다. 그런데 연유는 알 수 없지만 이례적으로 5등 졸업인 김교준이 맨 처음으로 교관이 되었다. 김명식 등은 호열자병虎列刺病(콜레라) 방역원, 임시위생원 위원 등 임시직에 임명되었을 뿐이다. 김교준이 명문가 출신이어서 특혜를 받았던 것일까?

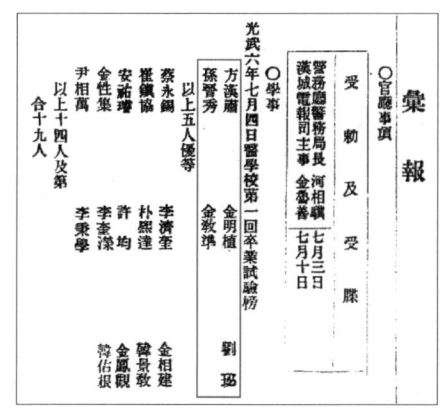

《관보》 1902년 7월 12일자. 제1회 졸업생 명단이 성적순으로 나와 있다. '유필劉珌'은 유병필의 오기이거나 개명改名 전의 이름으로 생각된다.

유병필(1873~1928)은 1905년 1월 19일 김교준에 이어 두 번째로 의학교 교관이 되었다. 유병필은 이때부터 1907년 3월 의학교가 대한의원으로 통폐합될 때까지 교관으로 활동했고, 그 뒤에도 1909년초까지 대한의원 교수 겸 의원으로 후진 양성에 종사하며 환자 진료도 겸했다. 요컨대 지석영 이외에 1900년대의 대표적인 한국인 의학 교육자로 전반기에는 김익남을, 후반기에는 유병필을 꼽을 수 있을 것이다. 또한 김익남은 유학파 의사, 유병필은 국내파 의사의 선두주자이기도 했다.

유병필은 다재다능한, 한마디로 재사才士였다. 1909년 출판사 의진사義進社가 창립 1주년 기념으로 교육대가敎育大家를 선정한 여론조사에서 유병필은 안창호, 지석영 등에 이어 6위로 선정되었다. 유병필

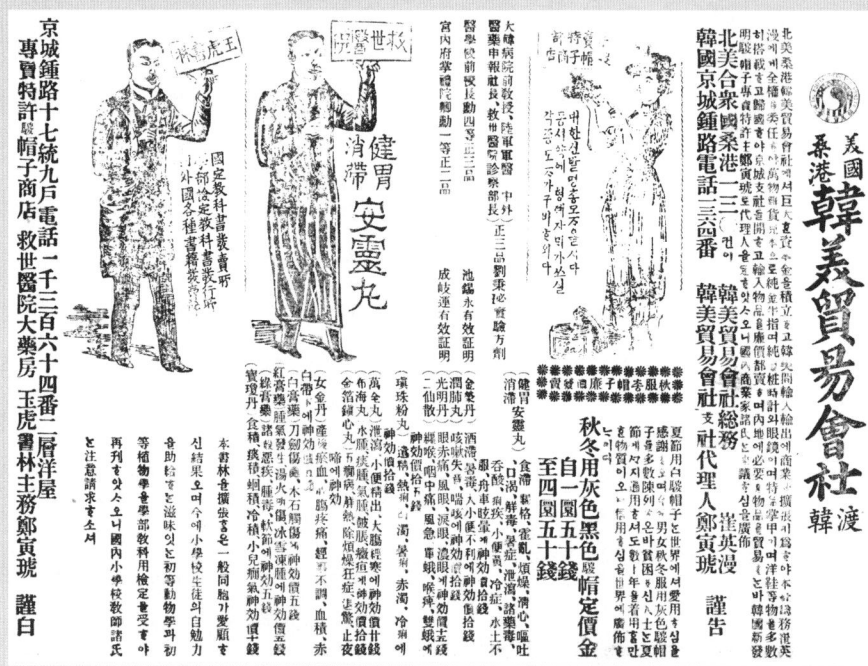

《황성신문》 1910년 8월 23일자 '구세의원救世醫院 광고.' 유병필은 대한병원 전 교수, 육군 군의, 중외의약신보 사장, 구세의원 진찰부장으로 소개되어 있다.

은 의학교와 대한의원의 교수라는 본업 외에 대중강연회의 인기 연사로 활약했으며, 《대한자강회월보》와 《기호흥학회월보》 등 애국계몽 운동 단체의 기관지들에 '행정의 위생'과 '생리학' 등 주로 위생과 의학에 관한 글을 연재해서 이름이 널리 알려져 있었다. 의학교와 대한의원에서 일반인 대상의 강연을 할 때에도 그것은 대개 유병필의 몫이었다.

위생 문제의 핵심을 근대적 위생시설의 마련과 비위생적 관습의 타파로 여긴 유병필은 경찰을 동원한 통감부의 강압적 위생시책에 명백히 반대했다. 유병필의 인식은 적지 않은 계몽운동가들이 일제의 논리에 압도되어 통감부의 시책을 비판없이 수용했던 것과는 차이가 있었다. 하지만 유병필도 분명한 한계를 보였다. 즉 일제의 침략이 가속화하고 있음에도 근대화가 모든 문제와 모순을 해결할 수 있다면서, 다만 인내하며 실력 양성에 매진해야 한다는 것이 유병필의 해법이었다.

《황성신문》 1909년 11월 3일자. 의진사義進社가 실시한 '사회에 중망이 있는 교육대가' 선정 여론조사에서 유병필은 6위로 선정되었다. 선정 방법은 의진사가 출간한 책 뒤의 투표지에 독자들이 적어 낸 것을 집계하는 방식이었다.

유병필은 의학교 교관 시절인 1907년 초 당시 일본에서 해부학 책으로 가장 평판이 높았던, 도쿄 대학 의학부 조교수 이마타今田束(?~1889)의 《실용해부학實用解剖學》(이 책은 저자가 사망한 뒤에도 계속 인기를 끌어 1904년에는 14판이 출간되었다)을 번역해 펴냈다. 이 책은 완역본은 아니고 의학교의 일본인 교사 고다케가 간추린[撰] 것을 유병필이 번역한 것이었다. 원본의 평가가 좋아서였던지 세브란스 병원의 김필순金弼淳(1878~1919)도 한 해 전인 1906년에 번역본을 펴낸 바 있었다.

또 유병필은 1908년 3월에 출간된, 이상익李相益이 역술譯述한《세계문명산육신법世界文明産育新法》(1908년 3월)을 교열했다(유병필은 의학교에서 일반 여성들에게 위생, 임신, 육아법을 교육하는 등 산육産育에 관심이 많았다). 이 책은《황성신문》에 26회나 광고가 실릴 정도로 인기가 높았다. 광고 문안은 "문명의 진화는 교육에 재在하니 태육胎育과 산육産育은 교육의 기본이라 고로 내외국 제 대가의 육아 방법을 적요摘要하야 순 국문으로 역술하왓사오니 일반사회에 해득키 편이한지라 자녀를 애중하시는 동포는 구람購覽하심 무망務望"이라 되어 있어 당시 계몽운동의 분위기를 잘 나타내고 있다.

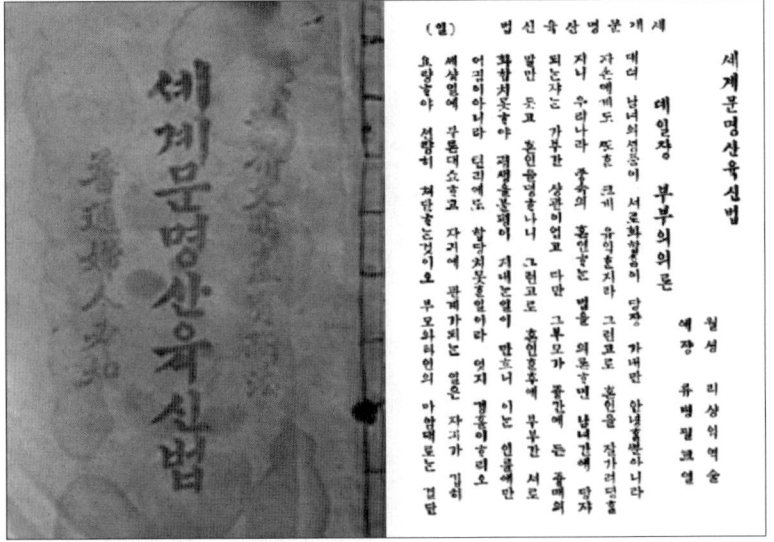

1908년 3월 종로고금서해관鍾路古今書海舘에서 출간한《세계문명산육신법》.

유병필은 1909년 대한의원을 사직한 뒤에는 5월에 신설된 삼흥학교三興學校(안중근이 1906년에 설립한 삼흥학교와는 다른 것이다)의 부교장을 지냈다. 그리고 1910년에는 구세의원救世醫院 진찰부장, 중외의약

유병필이 중외의약신보中外醫藥申報 사장으로 있던 1913년 무렵의 모습. 《신문계新文界》 1913년 7월호에 의약신보 사장이라는 직함으로 게재된 사진이다. 필자가 찾아낸 것으로는 유병필의 유일한 사진이다.

신보中外醫藥申報 사장 일을 맡았다. 구세의원은 정인호鄭寅琥가 개설한 약방 겸 의원으로 유병필은 그곳에서 고용의사로 일했던 것으로 보인다. 또한 중외의약신보 역시 의학교 후배인 장기무張基茂와 약방주藥房主 이경봉李庚鳳(1909년 11월 30일 사망)이 1908년 8월에 설립한 것으로 유병필은 고용사장이었다. 또한 유병필은 1910년 대한의사총합소大韓醫士總合所의 총무 일을 보면서 이 단체가 운영하는 동서의학원東西醫學院에서 근대 서양 의술을 가르치기도 했다.

유병필은 의사들의 모임에서도 중심 구실을 했다. 1908년 11월, 한국 의사단체의 효시라 일컬어지는 의사연구회醫事研究會(회장 김익남)가 조직되었을 때는 총무로, 1915년 12월 한성의사회漢城醫師會가 결성되었을 때는 간사로 단체의 살림을 맡았다. 그리고 1921년에는 한성의사회의 회장이 되었다.

1910년 경술국치 전 대한제국 시기에 유병필은 의사, 의학 교육자, 애국계몽운동가 등으로 활발한 활동을 벌였다. 일제가 주도해 설립, 운영한 대한의원의 교수를 지낸 데에 대해 의혹의 눈길을 줄 수도 있지만 이 무렵까지는 특별히 문제되는 활동은 발견되지 않는다. 하지만 일제 강점기에는 뚜렷이 굴절된 삶을 살았다. 유병필은 여러 친일 단체에 관여했으며, 1924년 4월에는 역시 의학교 교관을 지낸 장도 등과 함께 경기도 평의회원에 선임되기도 했다.

유병필은 1916년 11월 29일 결성된 대정친목회大正親睦會(회장 조중응)에 윤치호, 안상호 등과 함께 평의원으로 참여했다(대정친목회는 1920년 3월 《조선일보》를 창간했다). 또한 1919년 11월 16일 설립된 대동문화사大東文化社에서는 임시사무처리 및 규칙제정 위원을 맡았다. 대동문화사는 덕성 함양, 윤리 존중, 지식 교환 등을 취지로 내걸었지만 실제로는 3·1운동으로 고조된 민족정신을 호도, 훼손하기 위한 단체였다.

특히 대중들의 공분을 자아낸 유병필의 행위는 1924년 3월 25일 "독립사상과 사회주의를 공격하며 총독부를 원조해 그의 시정을 돕자"라는 내용의 선언서를 발표하고 관민일치 시정개선, 대동단결 사상선도, 노자勞資협조 생활안정 등의 강령을 제정, 채택한 각파유지연맹各派有志聯盟 선언에 참여한 것이었다. 이때 유병필은 유문환劉文煥, 김중환金重煥과 함께 교풍회矯風會의 대표로 이름을 내걸었다. 이같은 행동은 반민족적일뿐만 아니라 반민중적인 것으로 변명의 여지가 없었다.

이 각파유지연맹 선언에 조선 내 여론이 비등했거니와, 해외의 비판은 더욱 신랄했다. 중국 상하이에 있던 대한민국 임시정부 기관지인 《독립신문》은 1924년 4월 26일자에 '견시불약犬豕不若의 악노惡奴가 난폐亂吠', 즉 "개돼지보다도 못한 악질 매국노들이 마구 짖어대다"라는 제목 아래 다음과 같은 글로써 조선 내에서는 겉으로 표현할 수 없는 민중들의 심정을 대변했다.

임시정부 기관지 《독립신문》 1924년 4월 26일자. 유병필은 독립신문 기사가 대변하고 있는 민중들의 마음을 조금이나마 알고 있었을까? 알았더라도 그는 무지한 조선민중을 자신의 계몽 대상이라고 생각했을 것이다. 유병필뿐만 아니라 구한말의 많은 계몽운동가들이 일제에 투항한 자신을 온갖 이유로 변명하고 포장했다. 그들은 사실 계몽의 주체가 아니라 대상이었다. 오늘날은 어떨까?

근래에 적견敵犬의 여얼餘孼이 소위 각파유지연맹이라난 것을 백주에 공연이 발화하며 짐승만도 못한 소리로 선언을 발포하고 적왜敵倭의 타여唾餘를 배불리며 횡주난행하난 괴현상이 본국 한경漢京 천지에 낫타낫다 하니 이난 실로 우리 국가의 반역자, 민족의 패악노라 그 자들에 대하야 무슨 이유나 책비責備가 잇을 것이 업고 다만 목을 베히고 창자를 꺼내여 버릴 뿐.

《경성일보》 1928년 1월 16일자. 경기도 평의원 유병필이 1월 14일 오후 8시(청진동 자택에서-《매일신보》 1월 16일자) 뇌일혈로 사망했다는 소식을 전하고 있다. 한성의사회 회장을 지낸 경력도 소개되어 있다. 《일본의적록日本醫籍錄》 1928년판에 의하면 유병필은 사망 전까지 종로통에서 보성의원普成醫院을 개업했다.

유병필 역시 인간 세상의 영욕을 뒤로 한 채 세상을 떠났다. 1928년 1월 14일이었다. 《경성일보》에 의하면 한 달 전 뇌일혈로 쓰러져 요양 중에 사망했다고 한다. 《경성일보》는 경기도 평의원, 경성학교 평의원 등 일제가 수여한 직책으로 유병필을 소개했다.

유병필의 훼손된 삶은 일제 강점기에 들어 뚜렷해졌지만, 자세히 들여다보면 1909년 3월 의술개업인허장을 받는 과정에서부터 드러나기 시작한다(의술개업인허장에 관해서는 뒤에 상세히 다룰 것이다).

《조선총독부관보》 1928년 5월 9일자. 유병필이 사망하여 의사면허증(제8호)을 반납했다는 기사이다. 여기에는 사망일이 1928년 1월 15일로 되어 있는데, 내용의 구체성으로 보아 《경성일보》 기사의 1월 14일이 맞는 것으로 생각된다. 《조선총독부관보》 1928년 2월 2일자에도 1월 14일로 나와 있다.

구한말과 일제 강점기를 통해 가장 오래 한국(조선)에서 활동한 일본인 의사 코죠 바이케이.

의학교의 일본인 교사 코죠와 고다케

1899년 3월 24일자로 반포된 〈의학교 관제〉는 제10조에 "교관은 혹 외국인을 고용하야 충充함도 득得하나 기其 원수員數는 학부대신이 필요한 데 응應하야 종의타정從宜妥定함이라", 제11조에 "교관을 외국인으로 이以하야 충할 시에는 교수敎授만 장掌함이라"고 규정하여 교장, 교관, 서기 등 한국인 직원 이외에 외국인 교관을 둘 수 있되, 그들의 임무는 학도를 가르치는 것으로 한정했다. 관제에는 '교관敎官'이라고 규정되어 있지만 〈의학교 규칙〉과 졸업증서 등 그 밖에 다른 기록에는 거의 모두 '교사敎師'로 되어 있어 여기에서는 교사로 표기한다.

의학교가 존속한 1899년부터 1907년까지 8년 동안 외국인 교사는 2명이 있었다. 민간인 의사 코죠(1899~1900년 재임)와 군의관 고다케(1900~1907년 재임)로 모두 일본인이었다.

코죠가 의학교 교사로 임명된 데에는 오랜 기간 한국에서 의사로 활동한 것과 더불어 종두의양성소를 운영했던 것이 크게 작용했을 것

1899년 5월 16일 대한제국 정부와 코죠 사이에 체결된 의학교 교사 계약서. 주요한 내용은 ① 고용기간은 1899년 5월 16일부터 3개년, ② 만기 후 재고용에 관해서는 학부와 해당 교사가 미리 상의, ③ 월급新金은 130원, ④ 학교 과정 및 교수에 관한 일은 학무국장과 교장의 지휘에 따른다는 것 등이었다.

이다. 하지만 코죠는 10년이 넘는 한국 생활과 한국인 학생 교육 경험에도 한국어를 거의 하지 못했다. 따라서 의학교 강의도 통역 없이는 불가능했다. 이 점은 후임자 고다케도 마찬가지였다.

계약서에 코죠의 실제 근무 조건에 관한 자세한 내용은 없지만, 그가 찬화병원을 계속 운영한 사실로 미루어 전일제全日制 교사는 아니었던 것 같다. 또한 자신이 설립한 종두의양성소에서는 무보수로 학생들을 가르쳤던 것과 달리 의학교에서는 봉급을 받으며 교사 생활을 했다.

원래 코죠의 고용 계약 기간은 3년이었다(《독립신문》 1899년 5월 11일자에 중의원에서 논의 끝에 계약 기간을 1년으로 결정했다고 보도한 것은 잘못으로 생각된다. 5월 16일자 계약서에 고용 기간이 3년으로 되어 있다). 하지만 1년도 채 되지 않아 뜻밖의 문제가 발생했다. 의학교 학생들이 코죠의 해부학 강의에 문제를 제기하면서 그의 수업을 거부했을 뿐만 아니라 퇴학을 청원한 것이었다. 한국 근대 의학 역사에서 첫 의학생 스트라이크였다.

《황성신문》은 1900년 4월 17일자와 18일자에 잇달아 다음과 같이 보도했다.

의학교 교사 고성매계古城梅溪 씨가 학도 교과중 해부상에 무삼 차오差誤함이 유有하던지 제 학도 등이 일제 퇴학한다고 학부에 청원하얏더라(17일자).

작일昨日 학부에셔 의학도 40명을 초치하야 해該 교사의 차오한 이유를 상문詳問한즉 학도들이 답왈答曰 해부과 중 골학骨學을 교수하는대 좌경左脛

을 우경右脛이라 하야 교과서를 개사改寫까지 하얏고 두골頭骨의 凹凸을 미분未分하얏스니 대저 골학은 수마목도手摩目觀하는 건이니 교사가 오수誤授하야도 학도가 해득고정解得攷正하얏거니와 근학筋學과 내부학內部學에 우여차又如此하면 인민을 위생함은 고사하고 반위反爲 상해하리니 생등生等이 퇴거하야 군출窘絀한 국고금을 허비치 안캣노라 하니 해부該部 대신이 효유왈曉諭曰 왕우往于 학교하야 지령을 대대待할 건이오 또 교사의 해고 여부는 본 대신이 상량처결商量處決하리니 제대하회第待下回하라 하더라 (18일자).

의학 공부의 시작은 해부학이며 그중에서도 골학骨學, 즉 뼈부터 공부하는 것은 100여 년 전에도 마찬가지였다. 의학생들의 주장에 의하면 코죠가 정강이뼈脛骨의 좌우를 혼동해 교과서를 잘못 고쳐 적기까지 했고 머리뼈頭骨의 요철凹凸을 분간하지 못했다는 것이다. 뼈는 손으로 만지고 눈으로 볼 수 있는 (단순한) 것이라서 교사가 잘못 가르쳐도 학생들이 쉽게 알아차릴 수 있지만, 근육과 내장은 그렇지 못하기 때문에 잘못된 교육을 받는 경우 환자들에게 도움을 주기는커녕 상해를 일으킬 수 있다는 것이다. 따라서 엉터리 교육을 받아 국고를 낭비하기보다는 이참에 학교를 그만두는 편이 낫겠다는 게 학생들의 주장이었다.

학생들이 퇴학하겠다고 학부에 통고하고 얼마 지나지 않아 학부대신 김규홍金奎弘이 학생 모두를 학부 청사로 불러 직접 그 연유를 알아본 것은 이 일이 대단히 중요했음을 말해 준다. 많은 사람들의 기대 속에 당시 유일한 정규 의학 교육기관이자 최고 학부로 출발한 의학교가 이 일로 인해 자칫 좌초할 위기에 처했을 뿐만 아니라 일본인 교사가 관련된 외교 문제였기 때문이었다. 학부대신은 학생들의 주장을 경청한 뒤 자신이 교사의 해고 여부를 결정할 터이니 학생들은 학교로 돌아가 결정을 기다리라고 했다.

이 문제에 코죠는 다음과 같이 학부에 해명했다. 먼저 그는 머리뼈(구체적으로는 눈구멍眼窩의 구조에 관한 것이었다)의 요철 문제는 자신의 잘못이 아니라 학생들의 이해 부족으로 생긴 것이라고 해명했다. 다만 "본래 인체의 골격 조립은 좌우가 반대로 되어 있다. 그런데 내가 가르칠 때 그 골격 조립이 반대로 되어 있는 것을 알아차리지 못하고 책과 뼈의 위치를 대조해 보지 않았는데, 이들 뼈를 다시 보니 완연히 좌우 위치가 반대로 되어 있음을 발견했다. 그래서 이를 학생들에게 알렸고 골격 조립도 다시 고쳤다"라며 정강이뼈 문제에 대해서는 자신의 실수를 인정했다.

양쪽의 주장을 파악한 학부대신 김규홍은 4월 21일자로 교장 지석영에게 다음과 같은 공문을 보냈다(주한 일본 공사관 기록, 제5권, 1901년 4월 21일조).

코죠가 학부에 제출한 해명서(규장각 한국학연구원 소장). 4월 18일과 20일 사이에 제출한 것으로 여겨진다. 코죠는 이 해명서에서 정강이뼈에 대해 자신의 실수를 인정하면서도 "정강이뼈脛骨의 좌우 내외도 분별 못한다 하면 이는 커다란 무언誣言이 될 것이다"라고 했다.

학원學員들의 청원이 괴이할 것도 없겠으나 그 교사의 2건의 실수는 잠시 살피지 못한 작은 과실에 불과한 것으로 이미 큰 잘못이 아니고 보면, 사제지간의 정의情誼에 경솔하게 논박했으니 어찌 한심하지 않으리오. 경골의 내외와 안와眼窩의 요철을 이미 정정했으니 사제 간에 이렇게 변론하여 정당점을 찾는 것이 수업상 더욱 유익한 일이거늘 귀 교장이 어찌 학업이 중단되지 않게 하지 않고 이토록 번거롭게 보고했는지 참으로 개탄스럽습니다. 이에 지령하니 제원諸員에게 포유佈諭하여 즉시 등교하게 하고 등교한 상황을 보고하기 바랍니다.

학생들의 주장도 인정하지만, 코죠의 잘못도 단순한 과실에 불과하고 또 그것을 시정했으므로 곧 수업을 재개하라는 통보였다. 또한 공문은 오히려 교장이 초기에 사태를 수습하지 못한 점을 비판했다. 이에 지석영은 학생들을 설득하려 했지만 뜻밖에도 학생들이 강경하게 반응해 4월 24일 지석영에게 다음과 같은 청원서를 거듭 제출했다(주한 일본 공사관 기록, 제5권, 1901년 4월 24일조).

일전에 학생들이 학부에 나오라는 명을 받고 갑자기 청원한 연유를 아뢰었던바 물러가 조처를 기다리라는 처분을 받고 주야로 기다렸는데 지금 지령을 보니 학생들을 효칙하여 고성매계 씨에게 전처럼 수업을 받도록 하라고 하셔서 교장께서 이처럼 간절히 효유하시니 학생들의 도리로는 즉시 명을 따라야 마땅한 일이나 감히 명을 따르지 못한 것은 이 학문이 다른 학문과는 달라 한치만 틀려도 결과적으로는 천리의 오차가 생기기 때문입니다. 《서경書經》에 이르기를, "나무는 먹줄에 따라 곧아진다木從繩則直"라고 했으니 교사는 먹줄과 같고 학도는 목재와 같은데 먹줄이 바르지 못하면 나무가 무엇을 따라 곧아지겠습니까. 곧지 못한 나무는 버리면 그만이지만 정교치 못한 학문은 도리어 배우지 않는 것만 못한 것이기에 이제 일제히 퇴학하니, 이는 대세가 부득이한 것이지 결코 성의가 부족하여서는 아닙니다. 조량照亮하옵소서.

이로써 공은 다시 학부로 넘어갔으며, 학부는 곧 코죠의 자진 사임으로 문제를 해결할 방침을 정했다. 《제국신문》 4월 27일자 및 28일자에 의하면, 학생들이 청원서를 제출한 바로 다음날인 4월 25일 학부대신과 협판은 학부를 찾아온 코죠에게 자퇴 청원서를 내도록 권면하면서 만일 그렇게 하지 않으면 해고하겠다고 통고했다.

고용계약서에는 교사 사퇴에 관해 "교사가 본분을 지키지 않거나 규칙을 위반하면 학부에서는 외부에 알리고 외부에서 일본 공사관에 알려 공사관과 상의하에 사퇴하도록 하며 教師倘有不守本分違越規則事應由學部言明外部知照日本公使館會商使之辭退"(제5관)라고 되어 있다. 이때 일본 공사관 측과 협의한 문서 등은 발견되지 않지만, 한국과 일본 사이에 큰 외교적 문제가 발생하지 않았으므로 한국 정부가 절차를 위배한 것으로 생각되지는 않는다. 하지만 코죠는 "이번 일에 학도들도 월권한 행위가 잇고 교쟝도 그 직책을 다하지 못하엿스니 소생을 해고할 지경이면 학도도 출학하고 교쟝도 면관하소셔 만일 그럿치 아니하면 공평한 쳐분이 아니니 해고함을 응낙지 못하겟소"(《제국신문》 4월 28일자)라고 하면서 자퇴서 제출을 거부했다.

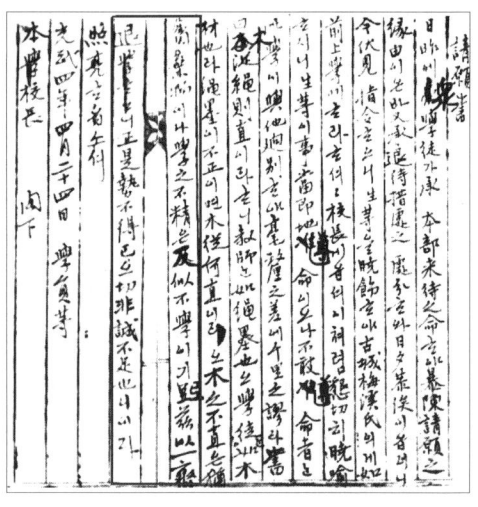

1900년 4월 24일 의학교 학생들이 교장 지석영에게 제출한 청원서. "정교치 못한 학문은 도리어 배우지 않는 것만 못한 것이기에 이제 일제히 퇴학한다"고 했다. 자신들의 퇴학을 언급했지만 실제로는 코죠의 사퇴를 요구한 것이었다.

사태가 이렇게 진전되자 《황성신문》은 4월 27일자에 '의학교의 당연 사리'라는 제목의 논설을 게재했다. 논설은 먼저 학도가 정당한 근거를 제시함이 없이 시기와 험담을 하며 제멋대로 교사를 배척한 것이라면 자퇴가 아니라 모두 출학(黜學)시키는 것이 당연하다고 했다. 그리고 교사는 비록 사소한 일시적 과오를 저질렀다 해도 그것은 생명과 관계되는 것이므로 해고를 기다리지 말고 스스로 사퇴하는 것이 당연하다고 했다. 마지막으로 의학교가 거액을 지불하더라도 고명한 의사를 초빙해 영재를 교육하고 인술을 전수하는 것이 당연하며, 학부도 사태를 파악했으니 즉시 학업을 근실케 하는 것이 당연하다고 했다. 즉 이 논설의 앞 부분에서는 학생들의 과오를 지적했지만, 결국 코죠의 자진 사퇴와 학부의 신속한 조치를 촉구하는 글이었다.

이렇게 사면초가에 놓인 코죠였지만 한 달 가까이 사직원을 제출하지 않다가 묘안을 생각해냈던 것 같다. 코죠는 5월 21일 자신의 과오

《황성신문》 4월 27일자 논설 "의학교의 당연 사리." '당연'과 '사리'라는 단어를 거듭 사용하면서 코죠의 자진 사퇴와 학부의 신속한 조치를 촉구했다.

와는 무관하게 아내의 오랜 병[長病]을 치료하기 위해 일본으로 돌아가야 한다는 핑계로 사직서를 제출했던 것이다.

코죠는 6월 9일 가족들과 함께 일본으로 돌아갔다. 하지만 불과 한 달 뒤인 7월에 다시 한국으로 와서 찬화병원에서 진료를 재개했다. 아내의 병을 치료하기 위해 의학교를 사직한다고 한 것은 자신의 자존심과 체면을 지키기 위한 구실이었음이 재차 확인된 것이었다.

의학생들은 왜 그렇게 완강하게 코죠를 배척했을까? 이는 해부학 강의의 과오만으로 설명하기에는 부족하다. 코죠가 학부에 제출한 해명서는 나름대로 타당한 점이 있어 보인다. 정강이뼈 문제에 대해서는 자신의 '일시적 실수'를 인정했으며, 안와眼窩의 요철 문제에 대한 해명도 그리 엉뚱하게 여겨지지 않는다.

코죠가 의학생들의 출학과 더불어 지석영의 해임을 요구한 것이 문제 파악에 단서가 될 수 있을까? 1880년대 초부터 우두술 보급에 큰 공적이 있으며 거기에 자부심을 가졌을 지석영은 1890년대 후반 종두의양성소에서는 완전히 소외되었다. 그에 따라 코죠와의 사이에 갈등이 있었던 것일까? 직접적으로 뒷받침하는 근거는 없지만 생각해 볼 만할 것이다.

아니면 한국인 학생들을 대하는 코죠의 태도에 특별히 문제가 있었던 것일까? 일본어로 강의하는 코죠에게서 학생들이 오만하고 강압적인 인상을 받았을 수 있겠지만, 한국어를 거의 못한다는 점은 후임자인 고다케도 마찬가지였다. 코죠의 학력과 실력을 생각해 볼 수도

학부대신 김규홍이 외부대신 박제순에게 보낸 1900년 5월 23일자 공문學部來去文. 코죠가 자기 처荊妻의 오랜 병長病을 전치술治하지 못해 귀국하여 요양하는 데에 동행해야 하므로 사표를 제출한다 하니, 일본 공관에 요청하여 일본인 중에서 의술이 정명精明한 사람을 다시 의학교 교사로 천거받아 달라는 내용이다.

있다. 1883년에 현립 의학교를 졸업하고 15년 이상 임상의사의 경험을 쌓은 코죠의 학력과 경력은 당시 일본 내에서도 그리 뒤지는 편이 아니었다. 그러나 그는 정규 의학교에서 학생들을 가르친 경험은 없었고, 종두의양성소의 교육 경력이 전부일 뿐이었다. 따라서 해부학과 같은 기초의학 분야의 교육 역량에는 문제가 있었을 가능성이 없지 않다.

코죠가 사직하자 학생들은 5월 28일부터 등교해 수업을 재개했다. 하지만 의학을 가르칠 교사가 없었기 때문에 후임자가 임명될 때까지 산술을 공부할 따름이었다. 그러다가 6월 중순, 일본 공사관에서 학부에 추천한 일본군 1등 군의(대위) 고다케小竹武次(1864~?)가 의학교 교사로 임명되었다. 고다케의 계약 조건은 코죠와 비슷했지만, 계약

도쿄 친타이鎭臺 병원 군의강습생 시험 성적(1886년 3월 12일자). 《일본 육군성 대일기大日記》에서. 고다케는 강습생 50명 중 15등이었다.

기간이 2년으로 줄어들고, 반면 월급은 1차년도에 150원, 1901년도 1월부터는 200원으로 인상한다는 점에서 약간 차이가 있었다. 고다케는 6월 12일부터 의학교에 출근해 학생들을 가르쳤다. 또한 그는 의학교 교사와 대한의원 교육부장을 지내는 동안 계속 군인 신분을 유지했으며 승진도 했다. 1896년 9월 1등 군의 신분으로 한성에 온 그는 1910년 대한의원을 그만둘 때까지 한국에서 살았다. 고다케는 의학교와 대한의원에 근무하는 동안 계속 군인 신분이었지만 민간인인 의학교 학생들과의 사이에 별 문제는 없었다.

그런데 고다케는 사실 일부에서 주장하는 것과 달리 제국대학은커녕 정규 의학교도 다니지 않았다. 1885년 내무성이 주관한 의사 시험에 합격해 의술개업면장(제450호)을 취득한 고다케는 도쿄 친타이鎭臺 병원에서 군의강습생軍醫講習生으로 실습을 거친 뒤 1886년 11월 육군

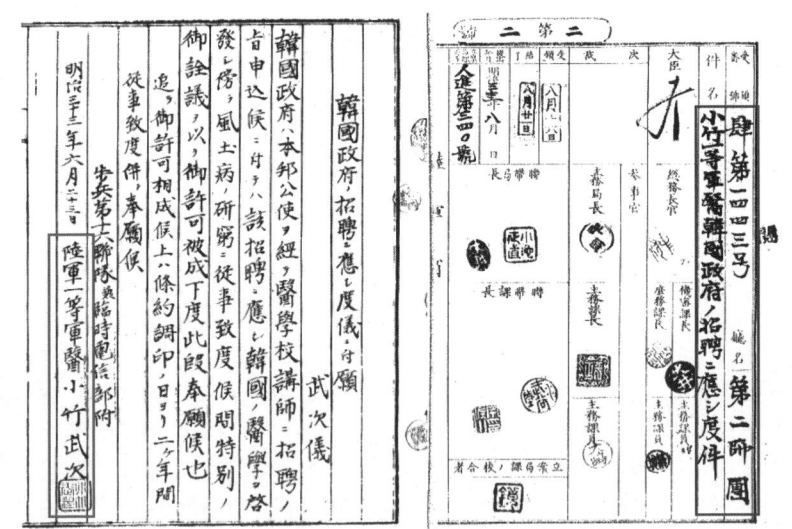

일본군 2사단 16연대 소속 1등 군의 고다케가 의학교 교사(이 문서에는 강사로 표현)로 임명받는 데에 대해 육군대신의 허가를 요청하는 1900년 6월 23일자 상신서(왼쪽, 고다케가 작성한 것으로 보인다)와 그에 대한 결재 문서(오른쪽, 당시 일본 육군성의 결재 라인을 볼 수 있다). 고다케는 이 상신서에서 (한국의) 풍토병 연구도 자신의 역할로 자임했다. 당시 육군대신 가쓰라桂太郎는 8월 17일자로 고다케의 요청을 허가했다. 뒤에 총리대신이 된 가쓰라는 1905년 7월 29일 미국 육군장관 태프트와 가쓰라·태프트 밀약을 체결하여 한국과 필리핀에 대한 서로의 지배권을 사이좋게 인정했다.

3등 군의(소위)로 임관했다. 고다케는 2등 군의정軍醫正(중령)으로 퇴역할 때까지 30년가량 군대에 재직하는 동안 청일전쟁과 러일전쟁에 참전했으며, 1921년경부터는 히로시마 시에서 고다케 의원小竹醫院을 개업했다(《일본 의적록醫籍錄》1925년판).

의학교 제3회(1905) 졸업생이자 세브란스 의학교 제1회 (1908) 졸업생인 홍석후(뒷쪽)와 바우만의 진료 모습(1910).

4. 의학교 졸업생

의학교 제1회 졸업생

의학교의 설립이 우여곡절을 겪었듯이 그 운영도 순탄치 않았다. 우선 의학 교육과 진료 경험이 있는 교수(교관, 교사)를 확보하는 일이 쉽지 않았다. 의학생 교육이 시작될 1899년 9월까지는 귀국하리라고 기대되었던 김익남이 자신의 졸업 후 연수 훈련을 위해 귀국을 늦추었으며, 외국인 교사로 임명된 코죠도 학생들의 배척으로 1900년 5월 의학교를 사직했다. 그러나 코죠의 후임으로 고다케가 6월에 교사로 일하기 시작했고 김익남이 8월에 귀국해 교관으로 취임하면서 교수 문제는 어느 정도 해결되었다.

두 번째 문제는 교육 내용과 방식이었다. 제1회 졸업생의 경우, 졸업증서를 받은 1902년 7월까지 의학 교육에 꼭 필요한 임상실습은 거의 하지 못했다. 부속 병원이 없었기 때문이었다. 의학교가 설립될 때부터 교장 지석영 등이 정부에 부속 병원의 설립을 강력히 요청했지만, 재정 형편 등으로 계속 미루어지다 1902년 8월에야 겨우 병원이 완공되어 제1회 졸업생들은 뒤늦은 임상교육을 받게 되었다. 하마터면 선교 의사 알렌처럼 제대로 된 임상교육을 받지 못한 채 환자를 진료할 뻔했다. 하지만 임상교육 문제도 제2회 졸업생부터는 별 지장이 없었다.

세 번째로 일본인 교사가 한국어를 하지 못해 통역을 통해서 수업을 하고 대부분 일어로 된 교과서를 사용한 것도 작지 않은 문제였다. 학생들은 그러한 문제를 해결하기 위해 의학교에 일본어 강좌 개설을 요구했지만 받아들여지지 않아, 야간강습소 등에서 일어를 따로 배워야만 했다. 시간과 노력의 낭비였다. 하지만 곧 학생들이 일어를 습득하면서 일어로 된 의학 교과서뿐만 아니라 그 밖의 책도 읽을 수 있게 되었다.

그러나 네 번째, 의학생들에게 더욱 큰 문제로 다가왔던 것은 졸업 후의 취업이었다. 근대 서양 의술에 대한 대중들의 요구와 수요는 이전에 비해 증가했지만, 실제 의학교 졸업생들이 일할 공간은 여전히 좁았다. 이들이 스스로 병원이나 진찰소를 열기에는 경제적 능력이

《황성신문》 1901년 4월 17일자. 의학교 학도 최규수(崔奎綬) 등이 수학(修學) 시간을 일본어 시간으로 바꾸어 달라고 청원했다는 기사이다. 학생들의 청원이 받아들여지지 않았기 때문인지 그 직전의 학기시험에서 우등을 했던 최규수(1900년 입학)는 의학교를 그만두었고, 나중에 재무직 관리가 되었다.

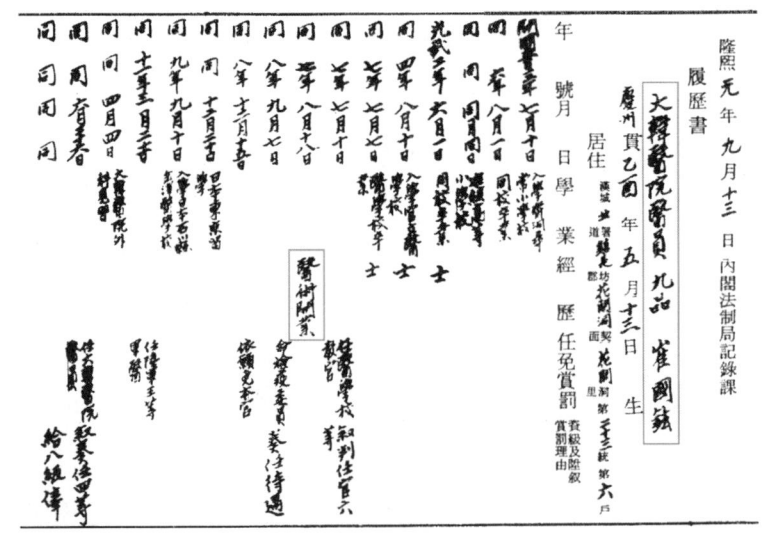

의학교 제2회 졸업생 최국현(崔國鉉)의 관원 이력서. 최국현은 의학교를 졸업한 직후인 1903년 8월 18일부터 1년 남짓 '의술 개업(醫術開業)'을 했다.

부족했고(기록으로 확인되는 것은 제2회 졸업생 최국현이 졸업 후 1년 동안 '의술 개업'을 한 것이 고작이다), 취업할 의료기관도 거의 없었다. 국립 병원인 광제원은 한의사나 종두의사들이 선점하고 있었고, 일본인과 서양인 의사들이 운영하는 병원이 이들에게 자리를 마련해 줄 리도 없었다.

정부는 의학교 학생들에게 수업료를 받지 않았을 뿐만 아니라 무료로 기숙사를 제공하고 교과서와 필기도구 등을 무상으로 임대하거나 제공해 학생 유치를 위해 최선을 다했다. 그러나 의학교 졸업생들을 활용할 방안은 마련하지 못했다. 국공립 의학교와 병원을 전국적으로 확대하겠다는 장밋빛 청사진은 있었지만, 그러한 꿈을 실현할 구체적인 계획과 역량은 턱없이 부족했던 것이다. 학부는 궁여지책으로 모든 의학교 졸업생을 의학교 교관으로 임명했지만 명목에 지나지 않았던바, 김교준과 유병필 2명만이 실제로 교관으로 취임했다. 그리고 임시위생원 위원이나 유행병 예방위원, 검역위원 자리도 임시직이거나 명예직이었을 뿐 의학교 졸업생들이 생계를 유지하고 제대로 된 의료 활동을 할 수 있는 자리는 아니었다.

이러한 형편에서 의학생들의 중도 이탈이 적지 않았다. 1899년 9월, 의학교가 수업을 개시했을 때 50여 명이었던 의학생 수는 점차 줄어들어 입학생의 40퍼센트도 안 되는 19명만이 졸업했다. 1900년에 입학한 제2회의 경우, 입학생 수는 알 수 없지만 졸업생이 12명으로 제1회 때보다 사정이 악화되었으면 되었지 개선되지 않았다. 그리고 1901년에는 아예 입학생을 뽑지 않았으며 1902년 입학생 가운데에는 불과 4명만이 졸업했다. 발전은커녕 날이 갈수록 사정이 악화되었던 것이다.

여러 모로 촉망을 받았을 우등생 중에서도 중도 이탈자가 적지 않았다. 1899년 입학생 가운데 강민姜民, 송석환宋錫煥, 유용劉瑢 등 3명(우등생 8명 중), 1900년 입학생 가운데 최규수崔奎綏, 홍종훈洪鍾熏, 서상설徐相卨, 김지현金志鉉 등 4명(우등생 7명 중)이 중도에 의학교를 그만두었다. 이 가운데 강민은 사립 적용학교適用學校로 전학했고, 최규수는 재무직 관리, 서상설은 교원, 김지현은 혜민원惠民院 주사가 되었다.

〈표 23〉 의학교 학기 시험 우등생*

입학연도	이름	중퇴자	근거자료
1899년	姜民 宋錫煥 孫晋秀	姜民 宋錫煥	《황성신문》 1900년 2월 5일자
1899	孫晋秀 劉瑢 金明植	劉瑢	《관보》 1900년 12월 23일자
1899 1900	孫晋秀 方漢肅 金敎準 池成沈 崔奎綏 洪鍾熏	崔奎綏 洪鍾熏	《황성신문》 1901년 4월 5일자
1899 1900	孫晋秀 劉瑢 金明植 池成沈 洪鍾旭 崔益煥	劉瑢	《관보》 1901년 10월 26일자
1899 1900	方漢肅 劉瑢 孫晋秀 池成沈 徐相卨 金志鉉	劉瑢 徐相卨 金志鉉	《황성신문》 1902년 3월 8일자
1900	池成沈 金志鉉 崔國鉉	金志鉉	《관보》 1902년 7월 18일자

* 이 가운데 절반가량이 중도에 의학교를 그만두었다. 홍종훈洪鍾熏은 의학교 2회 졸업생 홍종욱洪鍾旭의 오기이거나 개명 전 이름일지 모른다.

통감부와 일본인 의사들뿐만 아니라 적지 않은 서양인 의사들도 의학교와 그 졸업생들의 존재를 폄하하거나 아예 무시하려 했다. 대한제국 정부와 한국인들에 의한 의학교의 설립, 운영과 그를 통한 최초의 근대식 의사 배출의 의의를 인정하려 하지 않았다. 물론 그들의 그런 태도에는 한국인들의 자주적 노력을 폄하하고 무시함으로써 자신들의 성가를 높이려는 의도가 담겨 있었을 것이다. 그러면 과연 의학교와 그 졸업생들은 가치가 없는 것이었을까?

의학교 졸업생 가운데 홍종욱(제2회)과 같이 졸업 뒤 아예 진로를 바꾼 사람도 있었지만, 대부분 의사로 활동했다. 근대식 의학 교육을 받은 한국인 의사가 극히 적었던 대한제국 시기와 일제 강점 초기, 근대 의료에 대한 한국인(조선인) 환자들의 수요를 충족시켰던 것은 바로 이들 의학교 출신들이었다.

이를 확인시켜 주는 자료가 1917년 《신문계新文界》 제5권 2호에 게재된 〈경성유람기京城遊覽記〉다. 이 글은 소설의 형식을 띠고 있지만, 당시 경성에 실존했던 '고명한 의사의 병원'을 소개하고 있어 주목된다. 이 글에서 저자[碧鍾居士]는 총독부병원, 세브란스 병원과 더불어 강원영(의학교 제2회)의 경성병원京城病院, 유병필(의학교 제1회)의 보생의원普生醫院, 안상호 진찰소, 박용남(의학교에서 수학)의 공애당共愛堂, 김수현(의학교 제2회) 진찰소, 나영환(총독부의원 의학강습소 졸업)의 순

1917년 《신문계新文界》 제5권 2호(15~52쪽)에 게재된 〈경성유람기京城遊覽記〉.

의학교 제4회 졸업생 정윤해鄭 潤海가 충남 논산군 강경면에 개설한 호남병원湖南病院. 《일본의적록》 1928년판에서. 의학교 출신들은 대부분 일제 강점기에도 크고 작은 병의원을 개설하여 환자를 진료하는 등 의사로서의 본분을 다했다.

천병원順天病院, 박계양(의학교 제4회)의 한양병원漢陽醫院, 오상현의 한성병원漢城病院, 원덕상(일본 치바의학전문학교 졸업)의 덕제병원德濟病院을 경성의 대표 병의원으로 꼽았다.

강원영, 유병필, 김수현, 박계양과 같이 이름을 날린 사람들 외에도 의학교 출신들은 대부분 자신들이 거주하는 지역에서 환자들의 건강을 돌보고 있었다. 의학교와 그 졸업생들의 의의를 이것 외에 또 어디에서 찾을 수 있을까?

의학교 졸업생들은 또한 출신 학교와 소속을 떠나 다른 한국인 의사들과 더불어 콜레라 방역사업을 벌이는 등 질병 퇴치와 국민 건강 증진에 앞장서는 모습을 보였다.

《황성신문》 1909년 9월 30일자는 "의사 안상호, 김필순, 김희영, 이석준, 박용남, 박서양, 장기무, 한경교, 정윤해 등 9씨가 목하 창궐하는 호환虎患(콜레라)을 방관키 불인不忍하다 하야 방역에 관한 방법을 구具하야 헌신적 검역사무에 종사하겟노라 내부에 청원 득인得認하야 방역집행위원과 보조원 등과 공동하야 검역예 종사하는 고로 제씨의 미거美擧를 인개찬지人皆讚之한다더라"고 보도했는데, 의학교 출신 박용남, 장기무, 한경교, 정윤해가 세브란스 병원의 김필순, 김희영, 박서양과 협동해 방역사업을 벌인 것이었다.

졸업 직후 마땅한 일자리를 구하지 못했던 의학교 1회 졸업생들은 대개 1904년경부터야 군대에서 군의로 장병들의 건강을 돌보았으며, 1907년 한국군 해산 뒤에는 의원이나 진찰소를 열든지 아니면 다른

《황성신문》 1909년 9월 30일 자. 의학교 출신 의사들과 세브란스병원 의사들이 협력하여 콜레라 방역사업을 벌이는 '미거美擧'를 보도했다.

자본주들이 개설한 의원이나 약국에서 고용의사로 일했다. 그리고 이들은 차차 경제적 기반을 갖추어가면서는 스스로 개업하는 경우가 많아졌다. 또한 이규영, 김봉관, 유병필 등은 여러 계몽운동단체 잡지에 위생과 의학에 관련된 글을 기고하는 등 사회 활동에도 열심이었다.

《황성신문》 1906년 10월 31일 자. 의학교 1회 졸업생 이규영의 기고문 "위생교육이 의宜평등진보"가 실렸다. 이규영은 의학교 졸업생 가운데에서도 위생계몽운동에 가장 열심이었다. 이규영은 1907년부터 일본에서 고학으로 유학을 했지만, 별로 성과를 거두지 못했던 것으로 여겨진다.

〈표 24〉 의학교 제1회 졸업생(우등 5명, 급제 14명)의 경력*

이름	생몰년	약력	비고
방한숙 方漢肅		1902년 임시위생원 위원	1895년 도일 유학생
김명식 金明植	1875~?	1902 호열자병 방역원, 임시위생원 위원, 04년 3등군의, 09년 1등군의, 28년 경성에서 개업	
유병필 劉秉泌	1873~1928	1904년 2등군의, 05년 의학교 교관, 07년 대한의원 교관(교수), 08년 의사연구회 총무, 28년 경성에서 개업	
손진수 孫晉秀	1879~?	1902년 임시위생원 위원, 04년 유행병 예방위원, 05년 3등군의, 09년 1등군의	손창수(孫昶秀)로 개명
김교준 金敎準	1884~1965	1903년 의학교 교관, 04년 3등군의, 07년 1등군의, 28년 경성에서 개업	최연소자 (15세 입학)
채영석 蔡永錫	1868~1941	1902년 임시위생원 위원, 04년 유행병 예방위원, 05년 3등군의, 07년 2등군의, 40년 경기도에서 개업	
이제규 李濟奎	1873~?	1904년 태의원(太醫院) 주사, 07년 3등군의, 28년 경성에서 개업	1888년 의과 합격
김상건 金相建	?~1931	1906년 3등군의, 15년 경성에서 개업	
최진협 崔鎭協	1875~?	1902년 임시위생원 위원, 05년 3등군의, 06년 2등군의, 28년 수원에서 개업	1897년 총순(總巡)
박희달 朴熙達	1880~?	1902년 임시위생원 위원, 05년 3등군의, 06년 2등군의, 08년 삼가병원(三可病院) 주임의사, 15년 인천에서 개업	
한경교 韓景敎	1867~1940	1902년 임시위생원 위원, 03년 3등군의, 05년 2등군의, 06년 1등군의, 08년 약국 개설, 15년 원산에서 개업	최연장자 (32세 입학)
안우선 安祐璿		1907년 3등군의, 36년 경기도 고양군에서 개업	
허균 許均	1877~?	1902년 임시위생원 위원, 03년 군의보, 05년 3등군의, 06년 2등군의	
김봉관 金鳳觀		1904년 유행병 예방위원, 06년 3등군의	
김성집 金性集	1870~1934	1902년 임시위생원 위원, 05년 3등군의, 06년 2등군의, 28년 경기도 파주군에서 개업	1885년 의과 합격
이규영 李奎濚	1871~?	1906년 3등군의, 28년 평남 강동군에서 개업	1907년 일본 유학
한우근 韓佑根	1874~?	1902년 임시위생원 위원, 06년 3등군의, 15년 황해도 해주군에서 개업	

* 졸업 당시의 기록에 따라 '성적순'으로 배열했다. 출생 연도가 확인되는 13명의 입학 시 나이는 평균 24.7세이고, 졸업하여 의사가 되었을 때의 나이는 평균 27.7세이다. 일제강점기의 개업 상황은 그 시점에 새로 개업했다는 것이 아니라 그 무렵에 개업하고 있었음을 《총독부관보》, 《일본의적록》 등에서 확인했음을 뜻하는 것이다.

| 윤상만
尹相萬 | 1904년 유행병 예방위원, 07년 3등군의, 15년 경기도 장단군에서 개업, 28년 인천에서 개업 | |
| 이병학
李秉學 | 1902년 임시위생원 위원, 07년 3등군의 | |

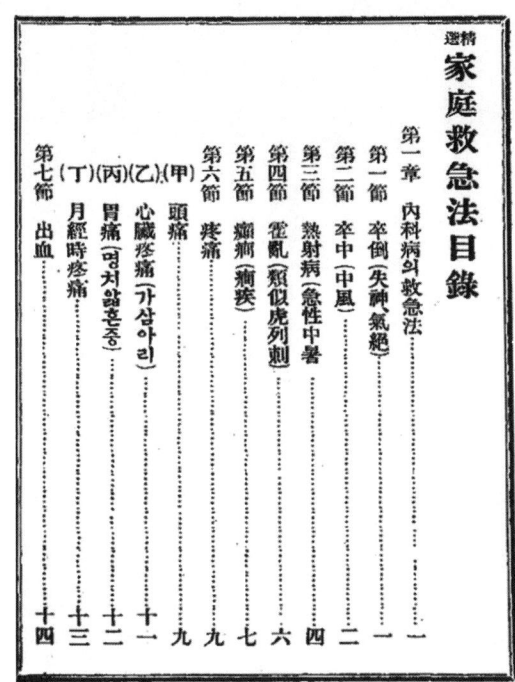

박용남(의학교 수학)이 저술하고, 김상건(의학교 1회 졸업)이 교열하여 1909년에 출간한 〈정선 가정구급법〉(장서각 소장). 외국서적들을 편역한 책으로 당시 일반인들 사이에서 널리 읽혔다.

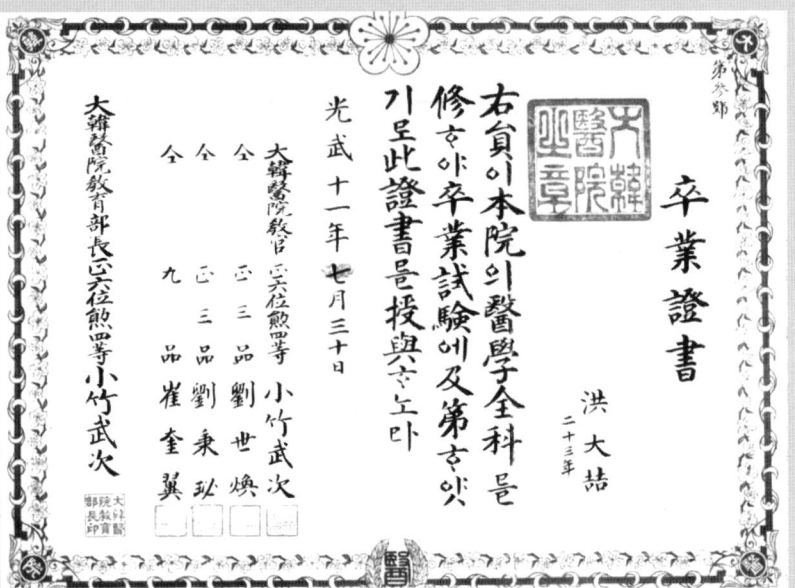

대한의원 교육부 제1회 졸업생 홍대철洪大喆의 졸업증서. 발급일자가 1907년 7월 30일로 되어 있다. 졸업생 명단 공고일은 7월 9일이었다. 그리고 이들의 졸업식은 반년 뒤인 1908년 1월 21일에 거행되었다. 홍대철 등 대한의원 교육부 제1회 졸업생들은 의학교 시절인 1904년에 입학하여 대부분의 과정을 의학교 학생으로 이수했으며, 마지막 몇달 동안만 대한의원 교육부 소속으로 교육을 받고 졸업했다.

의학교 제2회 졸업생

현재 우리나라 학교의 졸업(식) 시즌은 2월이다. 1962년부터 3월 초에 새 학년이 시작해 2월 말에 학년이 끝나는 제도를 시행하고 있기 때문이다. 일제 강점기부터 1961년까지는 일본식으로 4월에 새 학년이 시작하는 학사 일정을 채택해 졸업식은 대개 3월에 가졌다. 8·15 해방 직후 미 군정 시기에는 미국식으로 10월 새 학년 제도를 실시하여 졸업식이 9월 또는 그 이전 달에 있었다.

의학교의 졸업식은 언제였을까? 제1회는 1903년 1월 9일, 제2회는 1904년 7월 2일, 제3회는 1907년 1월 29일, 제4회(대한의원 제1회)는 1908년 1월 21일, 제5회(대한의원 제2회)는 1909년 11월 16일로 1월이 세 번, 7월과 11월이 각각 한 번이었다. 1월에 졸업식을 가진 경우가 가장 많았지만, 졸업식이 1월로 고정되었던 것은 아니고 그때그때 사정에 따라 졸업식 날짜를 정했다.

대개 졸업생 명단이 확정되고 난 며칠 뒤에 졸업식을 갖는다. 법적으로 의미 있는 것은 졸업생 명단의 확정이며, 졸업식은 그러한 사실을 사회적으로 알리는 형식적 절차다. 대한제국 시기에는 졸업시험방卒業試驗榜의 형태로 졸업생으로 결정된 명단을 발표했다(《관보》1902년 7월 12일자). 그리고 졸업시험방 발표일 또는 그 며칠 뒤 날짜로 졸업 증서를 발급했다.

그런데 특이한 것은 의학교 졸업생의 명단이 확정되고 한참 지나서야 졸업식을 거행했던 사실이다. 즉 제1회는 6개월 뒤, 제2회는 1년 뒤, 제3회는 1년 1개월 뒤, 제4회는 6개월 뒤, 제5회는 1년 4개월 뒤에야 졸업식을 가졌다. 이렇게 졸업식이 늦어졌던 이유는 무엇이었을까? 제1회의 경우는 재학 시절 하지 못했던 병원 실습을 부속 병원 완공 뒤에 이수했기 때문으로 생각된다. 그렇다면 의학교가 제도적으로는 3년 과정이었지만 제1회 의학생들이 실제로 수학한 기간은 3년 반이었던 셈이다.

〈표 25〉 의학교 졸업 회回별 졸업생 명단 공고일, 졸업증서 발급일과 졸업식 날짜*

졸업 회	졸업생 명단 공고일卒業試驗榜	졸업증서 발급일	졸업식 날짜	졸업 인원
제1회	1902년 7월 4일	1902년 7월 5일 (김교준 졸업증서)	1903년 1월 9일	19명
제2회	1903년 7월 7일	?	1904년 7월 2일	13명
제3회	1905년 12월 13일	?	1907년 1월 29일	4명
제4회	1907년 7월 9일	1907년 7월 30일 (홍대철 졸업증서)	1908년 1월 21일	13명
제5회	1908년 7월 9일	1908년 7월 9일 (황성신문 보도)	1909년 11월 16일	5명

* 의학교 시절에 입학했던 제4회와 제5회는 각각 대한의원 교육부 및 의육부醫育部로 졸업했다.

그러면 그 뒤에도 항상 졸업식이 늦어졌던 이유는 무엇이었을까? 졸업증서 수여라는 법적 절차 이후 병원 실습이나 의술 개업을 통해 의사로서의 경험을 어느 정도 쌓은 뒤에 졸업식이라는 사회적 공인 행사를 치렀던 것이었을까?

《황성신문》 1908년 7월 10일자에는 다음과 같이 대한의원 의육부 졸업식에 관한 기사가 실려 있다.

대한의원 의육부 졸업생에게 가졸업장假卒業狀을 일전에 반급頒給한즉 해該 졸업생덜이 불수不受하얏다는대 기其 이유인즉 졸업식을 설행하고 졸업장을 일제 반급할 것이나 의육부를 방금 건축하는 중인대 해부該部 건축하기 전에는 졸업식을 설행할 처소가 무無한 고로 건축이 낙성된 후래추간後

來秋間에 졸업식을 설하고 졸업장을 반급하기로 결정하얏는대 기전其前에 해該 학도가 졸업을 경經하고 공환空還의 탄歎이 무無케한 소이라더라.

요컨대 마땅한 장소가 없어서 졸업식은 나중에 의육부 건물이 완공된 뒤에 가질 것이며, 또 그때 졸업장을 수여하기 전에 임시로 가假졸업장을 발급했는데 학생들이 수령을 거부했다는 내용이다. 졸업식을 뒤로 미룬 이유가 장소 문제 때문이었다는 것은 매우 궁색해 보인다. 바로 전 회 졸업생들도 사정이 마찬가지였지만 그래도 6개월 정도 뒤에는 졸업식을 가졌던 사실에 비추어 보면 더욱 그렇다.

지금까지 발견된 자료로 졸업식이 6개월 내지 1년 4개월이나 늦어진 이유를 설명하기는 어렵다. 하지만 장소 문제와 같은 사소한 이유 때문에 늦어졌다고 보기는 어렵고, 그 기간 동안 병원 수련 등을 했을 것으로 여겨진다.

의학교 제2회 졸업생은 우등 3명, 급제 10명 등 모두 13명이었다. 이 가운데 출생 연도가 확인되는 7명의 입학 시 나이는 평균 19.6세이고, 졸업해 의사가 되었을 때의 나이는 평균 22.6세로 제1회 졸업생에 비해 5살이나 적어졌다. 숫자가 얼마 안 되어 통계적 의미를 찾기는 어렵지만, 만학자가 줄어든 사실을 파악할 수 있다. 제2회 졸업생 역시 제1회와 마찬가지로 거의 모두 군의관으로 관직 생활을 했고, 군대 해산 뒤에는 의원을 개업하거나 다른 사람의 진찰소 등에서 일했다. 이들의 특징은 지성연, 최국현, 강원영, 홍종욱 등 4명이나 졸업 후에 일본에 유학을 했다는 사실이다(1회 졸업생 중에서는 이규영 한 명만이 일본에 유학했으며 성과도 별로 없었다).

이 가운데 최국현은 1905년부터 2년 동안 가네자와金澤 의학전문학교에서 수학했고(이는 그의 관원 이력서에 의거한 것이며, 가네자와 의전 기록에는 최국현의 수학 사실이 나와 있지 않다), 지성연과 강원영은 오카야마岡山 의학전문학교를 수료하고 의학사가 되었다(수료자에게도 의학사 학위를 수여했는지 확실하지 않지만,《조선총독부의원 제1회 연보》(1911)에 의학사로 기록되어 있다). 지성연과 강원영은 일본 유학 경력 때문인지 귀국 직후인 1910년부터 1913년까지 각각 조선총독부의원의 내과와 외과에서 조수로 근무했다. 이들보다 일찍 귀국한 최국현은 지성연과 강원영보다 유학 경력은 떨어지지만 대한의원에서 의원, 의관, 교수로 일했다.

〈오카야마 의학전문학교 일람〉 1914년판. 지성연과 강원영이 1910년 11월 의과醫科를 수료했다고 나와 있다. 두 사람은 1906년부터 일본에 유학했는데, 오카야마 의학전문학교에서 수학한 기간은 확인하지 못했다.

홍종욱이 1908년에 펴낸 《신찬 산술통의算術通義》(독립기념관 소장). 남순희의 《정선산학精選算學》과 더불어 대한제국 말기의 베스트셀러 수학 책이었다.

한편 1904년부터 2년 동안 관비로 일본에 유학한 홍종욱은 일본에서 의학이 아니라 재정과 회계에 관한 공부를 했다. 그리고 귀국 후인 1906년부터 주로 탁지부에서 번역 일을 했으며, 일본 유학 때의 수학 경험을 살려 1908년에는 《신찬新撰 산술통의算術通義》를 펴냈다. 홍종욱은 또한 일제 강점기에는 토지조사국에서 기사로 근무했다.

최국현, 김수현, 강원영, 지성연 등 의학교 제2회 졸업생들은 망국을 전후해 설립된 조선의사연찬회 신구新舊 의학강습소(사설)의 신의학 강사로도 활동했다. 이들의 활동은 대한제국 시기 일반인들을 대상으로 벌였던 위생계몽운동을 의료인이 되려는 사람들을 교육하는 방식으로 좀더 심화시킨 것이었다.

《매일신보》 1911년 9월 19일자. 조선의사연찬회 신구新舊 의학강습소를 소개하는 광고 기사이다. 이 강습소의 신의학 강사 8명 중 의학교 출신이 5명으로, 그 가운데 최국현 박용남 김수현은 '의학득업사'로, 일본에서 의학전문학교를 수료한 강원영과 지성연은 '의학사'로 학위가 표시되어 있다. 대한의원 의육부를 졸업한(의학교 제4회에 해당) 박계양은 '의학진사'로 되어 있으며(1910년 2월 1일 제정된 〈대한의원 부속 의학교 규칙〉에 의학과 졸업자에게 의학진사 칭호를 부여하기로 규정했다), 당시 총독부 의원 의학강습소 3학년 학생인 강창오에게는 '의학수험사'라는 호칭을 사용했다.

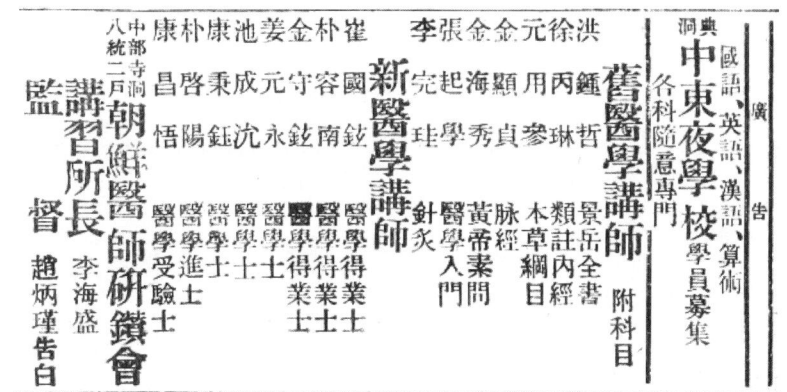

〈표 26〉 의학교 제2회 졸업생(우등 3명, 급제 10명)의 경력*

이름	생몰년	약력	비고
지성연 池成沇	1881~?	1906년 3등군의, 10~13년 총독부의원 내과 조수, 11년 조선의사연찬회 강사, 21~22년 조선중앙위생회 촉탁, 28년 경기도 이천군에서 개업	1910년 오카야마의전 수료
김수현 金守鉉	1881~?	1904년 군의보, 05년 3등군의, 06년 육군위생원 의관, 10년 인제의원(仁濟醫院) 개업, 11년 조선의사연찬회 강사, 15년 김수현 진찰소 개업, 28년 경성에서 개업	
최국현 崔國鉉	1885~?	1903년 의술 개업, 04년 유행병예방위원, 07년 3등군의, 대한의원 의원, 08년 대한의원 의관, 교수, 의사연구회 간사, 11년 조선의사연찬회 강사	1905~07년 가네자와의전 수학
최익환 崔益煥		1904년 유행병예방위원, 05년 3등군의	
차현성 車顯聲	1873~1944	1906년 상방사(尙方司) 주사, 07년 3등군의, 내장원(內藏院) 주사, 28년 전북 익산군에서 개업	
장홍섭 張弘燮	1881~?	1904년 3등군의, 06년 2등군의, 11년 화평당 의원 고용의사	
강원영 姜元永	?~1927(?)	1904년 유행병예방위원, 07년 3등군의, 10~13년 총독부의원 외과 조수, 11년 조선의사연찬회 강사, 17년 경성병원 개업	1910년 오카야마의전 수료
이기정 李基正		1904년 유행병예방위원, 07년 3등군의, 28년 경성에서 개업	
김달식 金達植	1878~1936	1903년 전라남도 종두위원, 05년 3등군의, 07년 2등군의, 10년 화평당 진찰소 고용의사, 30년 황해도에서 개업	1899년 종두의양성소 졸업
박세환 朴世桓			
홍종욱 洪鍾旭	1884~?	1906년 탁지부 번역관보, 07년 3등군의, 11년 임시토지조사국 기사	1904~06년 관비일본유학
오장환 吳章煥		1907년 3등군의, 08년 대한의원 서기, 10년 보혜의원(普惠醫院) 고용의사, 15년 황해도 재령군에서 개업	
주창겸 朱昌謙		1907년 3등군의	

* 졸업 당시의 '성적순' 기록에 따라 배열했다. 출생연도가 확인되는 7명의 입학시 나이는 평균 19.6세이고, 졸업하여 의사가 되었을 때의 나이는 평균 22.6세이며, 가장 만학인 차현성의 졸업시 나이는 30세였다. 이 표에서의 개업 상황은 그 시점에 새로 개업했다는 것이 아니라 그 무렵에 개업하고 있었음을 《총독부관보》, 《일본의적록》 등에서 확인했음을 뜻하는 것이다.

의학교 제3회 졸업생

〈의학교 규칙〉에 의하면, 의학교에서는 동물·식물·화학·물리 등 기초과학 과목, 해부·생리·약물·위생·법의 등 기초의학 과목, 진단·내과·외과·안과·부인과·소아과·종두 등 임상의학 과목을 가르쳤다. 당시 각광을 받던 세균학은 위생 과목에서 다루었으며, 병리학은 별개의 과목으로 독립되어 있지 않은 대신 내과, 외과, 부인과 등에서 각론으로 가르쳤을 것이다. 그러면 의학교에서는 학생들에게 구체적으로 어떤 내용을 어떤 수준으로 가르쳤을까? 지금으로서는, 1907년 국립병원인 광제원廣濟院에서 일할 의사를 선발하기 위한 시험 문제가 이를 알려주는 거의 유일한 자료다.

광제원에서는 1907년 2월 27일부터 3월 1일까지 사흘 동안 의학교 졸업생들을 대상으로 의사선발시험을 치렀다. 첫날에 해부학, 생리학, 내과학, 둘쨋날에 안과학, 약물학, 외과학 등 도합 여섯 과목의 필기시험을 보았으며, 마지막 날에는 실기시험이 있었다. 필기시험 과목은 기초의학과 임상의학이 각각 세 과목으로 균형을 이루었던 셈이다. 이것은 기초의학을 중시한 독일-일본의학의 영향 때문이었다. 오늘날 한국에서 의사국가시험에 기초의학 과목을 포함시키려는 노력을 벌써 30년 가까이 벌여 오고 있지만 별다른 성과를 거두지 못하고 있는 것과는 대조적이다. 어느 쪽이 더 바람직할까?

광제원 시험 문제를 보면, 당시 내과 질환으로는 장내 기생충병과 소화기 질환, 안과 질환으로는 트라코마가 크게 문제되었음을 짐작할 수 있다.

《조선일보》1934년 2월 16일자. 장기무는 2월 20일까지 세 차례에 걸쳐 "한방의학 부흥책"을 기고하여 한의학에 관한 논쟁과 관심을 불러일으켰다.

〈표 27〉 1907년 광제원의 의사선발시험 과목과 시험 문제*

시험과목	시험문제	시험일
해부학	1. 두개강頭蓋腔을 구성하는 뼈의 명칭과 부위 2. 폐의 위치, 형상, 구조	2월 27일
생리학	1. 위액 소화에 미치는 작용 2. 신장腎臟의 기능	
내과학	1. 장腸기생충란卵의 종류와 형상 2. 소화기를 침범하는 전염병의 종류, 원인, 각종의 감별	
안과학	1. 트라코마의 원인, 증후, 요법, 만성결막염의 감별 2. 시력검사법 및 검사 시의 주의 사항	2월 28일
약물학	1. 최면학催眠學(마취제) 각종의 명칭, 용량, 극량極量, 응용 및 한두 가지 처방 2. 요드칼륨沃度加留謨의 생리적 작용, 의치醫治 효용 및 한 두 가지 처방	
외과학	1. 각종脚腫(다리부종)의 원인, 증후, 요법, 유사증의 감별 2. 궤양의 종류 및 각종의 감별	
실기시험		3월 1일

* 《황성신문》 1907년 3월 1일 및 2일자 기사 내용을 정리한 것임.

1907년의 광제원 의사선발시험에 응시한 의학교 졸업생들은 누구였을까? 《황성신문》 1907년 3월 2일자는 다음과 같이 보도했다.

광제원에서 의학교 졸업생을 택선擇選 임용할 터인대 초차初次 응시의 문제는 기위己爲 보도하얏거니와 자초로 시험에 입참入參 학원은 4인인대 재차 시험에도 문제로 응시하야 문제상 대답이 요외料外에 잘된 모양이라 하는대 기其 문제는 여좌如左하고 작일에는 실지상으로 시험하는대 학원이 실지에 대하야 과연 잘할는지 시험관이 염려한다는대 기 결과는 갱탐후보更探後報하갯노라.

이 기사에는 의학교 졸업생 4명이 응시했다는 언급만 있을 뿐 구체적 이름은 거명되어 있지 않다. 의학교 제1회, 제2회 졸업생이 응시했을 가능성도 없지 않지만 꼭 한 달 전인 1월 29일에 졸업식을 가졌던 제3회 졸업생들, 즉 장기무, 홍종은, 홍석후, 윤중익이 응시생이었을 가능성이 가장 높아 보인다. 그리고 공교롭게도 응시자가 4명이었다.

또한 이 기사는 응시생들이 필기시험은 잘 치렀는데 실기시험도 잘 볼지 시험관들이 염려한다는 언급을 덧붙이고 있다. 그리고 시험 결과를 뒤에 보도한다고 했지만 보도되지 않았고, 3월 9일자에 장기무, 홍종은, 홍석후, 윤중익 등이 의학교 선배인 한우근, 윤상만, 이병학 등과 함께 육군 3등군의로 임용되었음을 보도했다.

단정하기는 어렵지만, 장기무 등 의학교 제3회 졸업생들이 광제원 의사선발시험에 응시했지만 합격하지는 못했고, 그 직후 군의관으로 임용되었던 것으로 생각된다.

《황성신문》 1907년 3월 2일자. 광제원은 며칠 뒤인 3월 15일 대한의원으로 흡수통합되었으므로, 의사선발시험은 대한의원에서 일할 의사를 뽑는 시험이었던 것으로 여겨진다. 의학교 역시 통폐합으로 사라질 형편에서 불안해 하는 의학교 학생들을 달래려는 조치였는지 모른다. 외과 제1문항의 즉종卽腫은 각종脚腫(다리부종)을 잘못 적은 것으로 생각되지만 확실치는 않다. 제2문항의 궤이潰易는 틀림없이 궤양潰瘍의 오자이다.

1905년 12월 13일의 졸업 확정 뒤 1년이 훨씬 지난 1907년 1월 29일에야 졸업식을 가진 의학교의 제3회 졸업생은 불과 4명뿐이었다. 원래 입학생이 적었던 것인지, 많은 학생이 중도 탈락했는지는 알 수 없다. 졸업생 4명 가운데 장기무, 홍종은, 홍석후 등 우등이 3명이나 되었던 점도 특이하다. 이들은 1903년과 1904년 학년 말 시험에서도 우등을 했다. 3년 내리 우등생이었던 것이다.

먼저 수석 졸업생인 장기무張基茂는 다재다능한 사람으로 이후에 다양한 활동을 벌였다. 장기무는 1909년 한국인에 의한 최초의 의약전문지 월간 《중외의약신보中外醫藥新報》를 발간했으며, 동시에 "약업藥業의 부진한 정황도 연구하며 가격도 균일케 하야 남매濫賣하는 폐단을 교정할 목적으로"(《황성신문》 1909년 7월 28일자) 약업단체藥業團體를 조직하기도 했다. 《중외의약신보》는 1910년 11월 25일자 제15호에 사회의 안녕질서를 해치는 기사를 게재했다 하여 악명 높은 '광무 신문지법光武新聞紙法'*에 의해 발매 및 반포 금지 조치를 당했다. 아마도 일제의 의약 정책을 비판했기 때문이었을 것이다.

또한 장기무는 《조선일보》에 1934년 2월 16일부터 20일까지 3회에 걸쳐 '한방의학漢方醫學 부흥책'을 기고하는 등 1930년대의 한의학을 둘러싼 논쟁을 주도했다. 장기무는 당시 근대 서양 의학을 공부한 사람으로는 예외적으로 한의학을 포용, 발전시키려는 모습을 보였다.

한편 홍종은과 홍석후는 관립의학교와 사립 세브란스 병원 의학교(1908년 6월 졸업) 두 학교를 모두 졸업한 이채로운 이력을 가졌다. 이 가운데 상대적으로 자료가 많이 남아 있는 홍석후를 통해 저간의 사

《동아일보》 1931년 3월 20일자에 실린 장기무의 사진. 당시 직함은 광제의원廣濟醫院 원장이었다.

* 1907년 7월 24일 이완용 내각이 언론을 탄압하기 위해 제정한 언론 관계 법률. 이 법의 기본적인 특성은 신문을 발행할 때마다 반드시 내무대신의 허가를 받아야 하는 허가제와 보증금제도, 납본을 강제한 사전검열제, 엄격한 처벌에 있었다. 1952년 4월에야 폐지되었다.

정을 알아보자.

홍종은과 홍석후는 관립의학교와 사립 세브란스 의학교를 모두 졸업한 이채로운 이력을 가진 사람이다. 세브란스 병원의 대표적인 한국인 의사가 된 홍석후洪錫厚(1883~1940)의 집안은 개화기에 이름난 기독교 가문이었다. 아버지 홍준洪埻 은 미국 북장로교 선교사 언더우드에게 한국어를 가르친 인연으로 기독교 신자가 되어 1892년에 세례를 받았다. 그리고 그 가족은 모두 언더우드가 세운 새문안교회의 신도가 되었다. 그에 따라 홍석후는 미션스쿨인 배재학당에 입학했다. 홍석후는 1918년에 배재학당 '명예' 졸업생이 된 것으로 보아 배재학당을 정식 졸업한 것은 아니었다.

홍석후는 1902년 의학교에 입학했다. 에비슨이 조선에 온 1893년 무렵부터 이미 에비슨과 알고 지냈던 홍석후가 에비슨이 폄하했던 의학교로 진학한 것은 자못 의아스러운 일이다. 그렇다고 홍석후가 의학교 시절 에비슨과 인연을 끊었던 것은 아니었다. 이는 홍석후가 1906년에《신편 생리교과서》를 출판한 것을 보면 잘 알 수 있다. 이 책은 홍석후가 이미 1904년부터 에비슨의 교열을 받으며 번역해 오던 것으로, 출판처도 '대한황성제중원', 즉 세브란스 병원이었다. 또한 그는 1906년에 에비슨의 교열을 받아《진단학 권1》도 출간했다. 홍석후는 1906년 황성皇城 기독교청년회YMCA에서 교사로 일하는 등 기독교 활동에도 열심이었다. 따라서 홍석후가 세브란스 병원으로 가게 된 것은 자연스러운 일이었다.

홍석후의 초기 의료 활동은《대한매일신보》의

《황성신문》1906년 10월 6일자. 황성기독교청년회YMCA 학생 모집 광고. 당시 박서양朴瑞陽(1885~1940)이 학감이었고, 홍석후는 교사로 활동했다.

종로자혜약방 광고를 통해 파악할 수 있다. 종로자혜약방은 1907년 9월 24일부터 1908년 11월 29일까지 《대한매일신보》에 150회 이상 약방(의원), 의약 서적 및 약품 광고를 냈다. 이 광고에 홍석후가 처음 등장하는 것은 1907년 10월 19일로, 서양의약방서方書를 번역한 《서약편방西藥便方》의 번역자로 소개되었으며 이때의 호칭은 '육군 군의'였다.

그리고 11월 12일부터 11월 30일까지는 광고 내용이 구체적인 몇 가지 약을 선전하는 식으로 조금 달라지는 한편, 홍석후의 호칭도 제약감사인製藥監查人으로 바뀌었다.

그러다가 12월 1일자부터 홍석후의 호칭에 '제중원 의학원醫學員'이 추가되었다. 필자가 확인한 바로는, 홍석후가 제중원(이때까지도 세브란스병원을 제중원으로도 불렀다) 의학원(학생)으로 불린 당시 기록은 이것이 최초이다.

홍석후가 "졸업한 후 한때 종로에서 자혜의원을 개업했다. 하지만 환자를 보기에는 경험이 너무 적다는 사실을 깨닫고 1906년 2월 1일 제중원 의학교에 편입하여"《금파 홍석후》, 박형우, 연세대학교 출판부 2008년, 131쪽)라는 주장이 있다. 하지만 앞에서 보았듯이 홍석후는 의학교를 졸업하고 한참 뒤인 1907년 9월부터 박자혜朴慈惠와 이관화李觀化가 개설한 종로자혜약방과 고용의사 격으로 관계를 맺기 시작했다. 그리고 제중원 의학원, 즉 세브란스 병원 학생이라는 호칭을 사용한 것은 1907년 12월 1일부터다. 다시 말해, 홍석후는 '관립' 의학교 재학 시절인 1904년 경부터 에비슨에게 지도(번역 교열)를 받았지만, 세브란스 병원의 학생(의학원)이 된 것은 1907년 말이었다.

한편 지석영이, 홍석후가 사용하거나 제조한 약제의 약효가 유효함을 증명했다는 언급은 1908년 11월까지도 지속된다. 이때의 표현은

종로자혜약방 광고에 홍석후가 처음 등장한 《대한매일신보》 1907년 10월 19일자. 《서양의약방서西洋醫藥方書》를 번역한 《서약편방西藥便方》(제중원 의학원 박자혜 발행, 종로자혜약방 이관화 발매)을 광고하는 기사로 11월 9일까지 계속 똑같은 내용이 실렸다. '육군 군의' 홍석후가 번역한 이 책의 서문은 의학교장 지석영이 썼고, 의학교 교관 유병필이 교정했다. 지석영과 유병필의 소속을 의학교로 표시했고 (1908년 6월부터 前 의학교로 바뀌었다), 한달 반 전인 9월 3일 군의관에서 면직된 홍석후는 육군 군의로 나타내었다.

《대한매일신보》 1907년 11월 12일자. 보익환補益丸, 회충환, 임질약 등을 광고하는 기사이다. 의학교 교장 지석영이 약효가 유효함을 증명하며 홍석후, 박자혜, 이관화가 제약감사인製藥監査人으로 되어 있다. 이때부터는 박자혜에게서 제중원 의학원이라는 호칭이 빠졌다. 11월 30일까지 똑같은 광고가 실렸다.

"전 의학교장 훈5등 지석영 씨 유효증명, 의학박사 홍석후 씨 실험방제實驗方劑, 의학박사 홍종은 씨 실험방제"였다. 홍석후와 홍종은에 대한 지석영의 후견後見과 지원은 이들의 세브란스 시절에도 지속되었던 것이다.

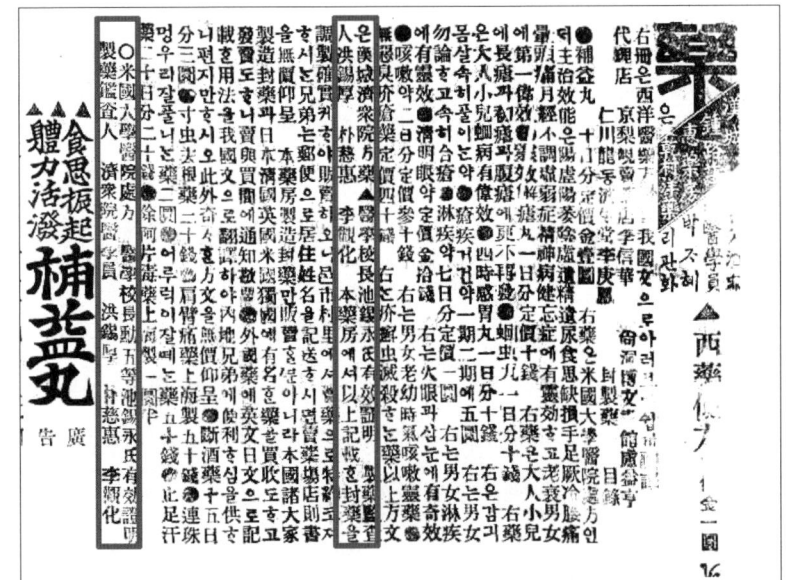

《대한매일신보》 1907년 12월 1일자. 이때부터 홍석후의 호칭으로 제약감사인 이외에 '제중원 의학원'이 덧붙여졌다.

622 제3부 자주적 의료 근대화를 향하여−의학교와 광제원

의학교 졸업생들의 위생계몽활동

을사늑약 이후 경술국치까지 국권을 지키기 위한 대중운동은 크게 두 가지로 나뉜다. 과거 척사위정파와 1907년 여름에 강제 해산된 한국군 출신의 군인들을 중심으로 한 무력 항쟁, 즉 의병 투쟁이 그 하나이고, 개화파 지식인들이 주도한 애국계몽운동이 다른 하나이다. 일제의 잔악하고 혹독한 탄압은 주로 의병 투쟁에 가해졌지만, 상대적으로 온건한 애국계몽운동이라 해 일제가 허용하거나 방관했던 것은 결코 아니었다.

대한자강회大韓自强會와 서북학회西北學會, 기호흥학회畿湖興學會 등 당시 대표적인 사회단체들은 대개 민중들의 교육, 계몽 등 비정치적 활동을 사업 목표로 내세웠지만 결성 때부터 줄곧 감시를 받다 결국 이런저런 구실로 대개 1~2년 만에 해산을 당했다. 그에 따라 이 단체들의 계몽교육과 선전홍보 활동에 중요한 역할을 했던 기관지들의 수명도 짧을 수밖에 없었고 기사가 불온하다 하여 몰수당하는 일도 종종 있었다.

애국계몽운동 잡지들은 정치, 사회, 교육, 문화 등 여러 분야에 걸쳐 국권회복과 민족의식을 고취하고 근대식 사고와 생활방식 그리고 실력 배양을 계몽하는 기사와 논설을 실었으며, 위생도 그 가운데 중요한 항목이었다.

당시 여러 애국계몽운동 단체의 기관지들에 위생과 의학에 관련된 글을 기고한 사람으로 의학교 출신이 가장 많았던 것은 어쩌면 당연한 일이었다. 그들 이외에 그러한 활동을 할 전문적 식견을 갖춘 한국인은 외국에 유학했던 몇 명의 의사가 고작이었고, 또한 그들은 당시 애국계몽운동에 적극적이었던 지석영과 김익남의 영향을 받고 있었의학교 제1회 졸업생 김봉관(왼쪽)과 이규영(오른쪽)이 각각 《서우西友》 제1호와 제6호에 게재한 글. 이규영의 논설 "연초煙草의 해를 논하야 국채國債의 속상速償을 축祝함"은 당시 국채보상운동의 일환으로 벌어진 단연斷煙운동을 의학적으로 뒷받침하는 흥미로운 글이다. 의학적 지식에 근거하여 흡연의 해로움을 경고하고 금연을 권장한, 한국인의 글로는 최초라고 여겨진다기 때문이다.

유병필, 김봉관, 이규영, 지성연, 강원영 등은 《대한자강회월보》(1906년 7월~1907년 7월 통권 13호 발간), 《서우西友》(1906년 12월~1908년 1월 통권 14호), 《서북학회월보》(1908년 6월~1910년 1월 통권 19호), 《기호흥학회월보》(1908년 8월~1909년 7월 통권 12호)와 일본 유학생들이 발간한 《대한유학생회학보》(1907년 3월~5월 통권 3호), 《태극학보》太極學報(1906년 8월~1908년 12월 통권 27호), 《대한흥학보》大韓興學報(1909년 3월~1910년 5월 통권 13호)에서 활동했다.

애국계몽운동 단체와 그 기관지들의 사상적 기반은 대체로 사회진화론적 인식에 근거한 실력 양성론으로서, 민력民力 함양을 통한 국권 회복과 민권 신장을 목표로 삼았다. 그러나 을사늑약으로 이미 일제의 반식민지가 되었으며 국가의 완전한 멸망이 눈앞에 닥쳤는데도 그들 단체의 지도자와 활동가들이 '실력 양성'과 '근대식 생활방식'을 통해 국가와 민족을 보존할 수 있다고 생각한 것은 지나치게 안이한 태도로 보인다. 더욱이 사회진화론社會進化論은 제국주의 국가들의 침략과 지배를 합리화하는 위험한 요소를 지니고 있었다. 애국계몽운동에 활발히 참여한 적지 않은 사람들이 뒤에 노골적인 친일 행각을 벌인 데에는 이러한 요인이 중요하게 작용했다.

따라서 의학교 출신들의 위생계몽 활동을 지나치게 미화할 필요는 없다. 하지만 당시 그나마의 노력을 기울인 것을 폄하할 이유도 없다. 일신의 안위만을 생각하고 공동체의 생존과 발전에 무관심하고 방기하는 것보다는 훨씬 바람직한 태도였다.

〈표 28〉 의학교 출신들의 위생계몽활동*

필자	잡지	제목	게재 시기
유병필	《대한자강회월보》 11호	인내의 효력 (연설)	1907년 5월
	《기호흥학회월보》 1호	생리의 정의 급 서론	1908년 8월
김봉관	《서우》 1호~5호, 7호	위생부 (총 6회)	1906년 12월~1907년 6월
이규영	《서우》 6호	위생의 요론	1907년 5월
	《서우》 6호	연초煙草의 해를 논하야 국채國債의 속상速償을 축祝홈	1907년 5월
	《서북학회월보》 1호	남녀 급 소아 위생의 최요最要 주의	1908년 6월
	《대한유학생회학보》 3호	귀요식물貴要食物의 개론	1907년 5월
	《태극학보》 8호	인人의 강약과 국國의 성쇠가 위여불위爲與不爲에 재在함	1907년 5월
	《태극학보》 8, 11호	심장운동과 혈액순환의 요론 (총 2회)	1907년 5, 6월
	《태극학보》 12호	위생담편談片	1907년 7월
지성연	《대한흥학보》 8, 9, 11, 12호	소아의 양육법 (총 4회)	1909년 12월~1910년 4월
강원영	《대한흥학보》 10, 13호	위섭생胃攝生의 대요大要 (총 2회)	1910년 2, 5월

* 당시 대표적인 애국계몽운동 단체의 기관지들에 위생과 의학에 관련된 글을 기고한 것은 대개 의학교 출신들이었다. 그 가운데서도 제1회 졸업생인 이규영이 가장 활발한 활동을 벌였다.

의학교는 어디에 있었나?

이제 의학교 위치에 대해 좀더 자세히 살펴보자. 앞에서 언급했듯이 "의학교는 중셔 훈동으로 뎡하고 슈리하기를 장대히 하고"라는《제국신문》1899년 5월 20일자 기사 이래 거의 모든 기록에 '훈동 의학교' 식으로 표현되어 있고, 다른 지명을 거론한 당시 기록은 전혀 없으므로 의학교가 훈동勳洞에 있었던 것은 틀림없다. 그리고 황현은《매천야록》제3권의 1899년 기사에서 "의학교를 설립하여 고 김홍집의 집을 교숙校塾으로 하고"라고 기록했으며,《조선총독부의원 20년사》(1928)에는 위의 사실들을 종합한 것인지 '관인방寬仁坊 훈동 전 총리대신 김홍집의 옛집[舊邸]'이라고 되어 있다. 총리대신(영의정)을 지낸 김홍집의 집 위치를 알면 문제가 간단히 풀리겠지만 거기에 관한 기록과 증언을 아직 발견하지 못했다.

의학교는 1907년 3월 15일 대한의원으로 통폐합된 뒤에도 8개월간 원래의 훈동 교사를 계속 사용했다. 대한의원 교육부가 연건동(현재의 서울대학교병원 자리)의 새 교사로 이전한 것은 1907년 11월 21일이었다. "대한교육부를 대한의원으로 이설移設함은 전보前報에 게재하얏거니와 해부該部를 재작일에 대한의원으로 이접移接하얏는대"라는《황성신문》11월 23일자 기사가 이를 뒷받침한다.

그러면 의학교가 8년 남짓 사용했던 학교 건물은 어떻게 되었을까? 역시 관립인 덕어학교德語學校(독일어학교)가 당분간 쓰기로 하고 11월 23일경 원래의 대안동(지금의 안국동)에서 의학교 자리로 이사해왔다. 학부의 원래 계획은 1907년 말까지 기존의 영어, 일어, 독일어, 프랑스어法語, 한어漢語 학교를 외국어학교로 통합해 훈동의 전前 은언궁恩彦宮을 사용토록 하는 것이었다(외국어학교의 통합도 실제로는 일제의 주

1914년 3월 12일 관훈동 교사에서 거행된 사립 동덕여학교 창립 6주년 기념식 사진(동덕여자대학교 소장). 순한식純韓式 기와집인 교사의 규모와 모습은 동덕여학교가 처음 그리로 이전했을 때와 거의 같았다고 한다.

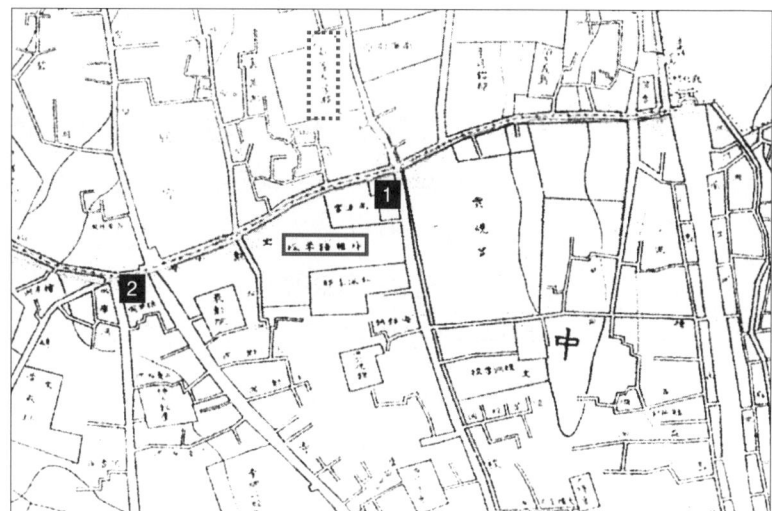

〈경성부 시가도〉(1911년 제작). 실선 네모 표시가 외국어학교, 점선 네모 표시가 고등여학교 (경기여고 전신)의 위치이다. (1) 과 (2)는 필자가 의학교 자리로 추정하는 곳이다. 1911년에는 고등여학교가 옛 제중원 (1885~1886년) 및 광제원 (1900~1907년) 자리에 있었다.

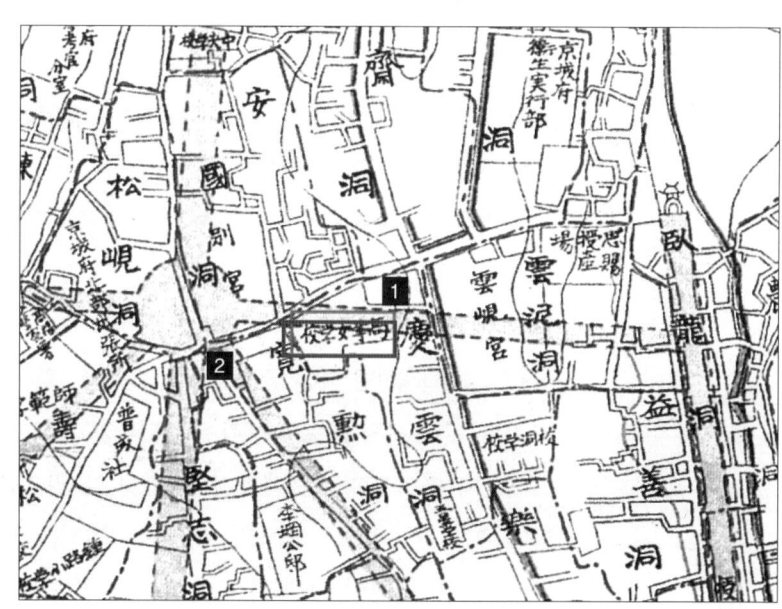

〈경성부 명세明細 신지도新地圖〉 (1914년 제작). 1911년의 외국 어학교 자리에 고등여학교가 이전해 왔다. 이 지도에는 관 훈동과 경운동이 구별되어 있 으며, 두 동네의 경계선은 지 금과 거의 같다.

629 4장 의학교 졸업생

도로 이루어졌다). 그런데 은언궁을 교사로 수리, 개건하는 데 시일이 걸려서인지 1908년 4월 11일에야 5개 학교가 은언궁 새 교사로 이전, 통합되었다. 덕어학교는 이때까지 5개월가량 의학교 교사를 사용했으며, 덕어학교가 떠난 뒤에 의학교 교사가 어떻게 되었는지는 알려져 있지 않다.

훈동 은언궁, 즉 훈동 외국어학교는 어디에 있었을까? 1911년에 제작된 〈경성부 시가도〉를 보면, 훈동 외국어학교는 현재 종로구 경운동의 서울출입국관리사무소와 서울노인복지센터 일대에 걸쳐 있었다. 경운동慶雲洞이라는 지명은 1910년 이전에는 발견되지 않는 것으로 보아 일제 강점 초기에 새로 지어진 것으로 보인다(경운동은 경행방慶幸坊과 운현궁雲峴宮의 합성이라고 한다). 경운동에 해당하는 지역을 〈조선경성도〉(19세기 중엽)는 소천어동小川魚洞이라고 표시했으며, 1914년에 만들어진 〈경성부 명세明細 신지도新地圖〉에서부터 관훈동과 경운동이 명백히 구별되기 시작한다. 따라서 의학교가 있었던 19세기 말과 20세기 초에는 훈동이 지금의 관훈동뿐만 아니라 경운동까지도 포괄하고 있었던 것이다.

대한의원 의육부(의학교 제4회에 해당)를 졸업한 권태동權泰東은 1962년 6월 6일의 인터뷰에서 "훈동(현재의 관훈동 종로서 자리?)에 있던 순한식 기와집에서 공부를 했다"고 증언했다("한국의학의 선구자를 찾아서 (2)", 《대한의학협회지》 제5권 제8호, 1962년 8월). 즉 권태동은 의학교가 1962년 당시의 종로서 자리에 있었다고 회고했다.

그런데 종로경찰서 홈페이지의 '연혁'에 의하면, 종로경찰서는 해방 직후인 1945년 10월 21일 낙원동 58번지(현재 종로세무서)에서 개청開廳한 이래 여러 차례 장소를 옮겼다. 종로서는 1948년에 공평동

163번지(현재 제일은행 본점)로, 1957년에 경운동 94번지(현재 SK 재동 주유소)로 그리고 1982년에 경운동 90-18번지(현 위치)로 이전했다. 따라서 1962년에 권태동이 언급했던 종로서는 지금의 SK 재동 주유소에 있었다. 그리고 의학교가 1962년 당시의 종로서 자리에 있었다는 권태동의 증언이 맞다면 의학교는 지금의 SK 재동 주유소 자리에 있었던 것이다(인터뷰 기사에 물음표 표시가 덧붙여 있는 것은 권태동이 1910년대부터 계속 수원에 거주해서 인터뷰 당시의 관훈동, 경운동의 지리와 건물 배치를 잘 몰라 기사 작성자와 소통이 원만하지 못했기 때문인 것으로 보인다. 기사를 작성한 사람도 관훈동과 경운동을 제대로 구분하지 못했던 것으로 생각된다).

한편, 지석영은 《중외일보》 1929년 10월 23일자 '각 방면의 성공 고심담 (5) 지석영 씨'에서 의학교의 위치가 '지금 재동에 잇는 녀자고보 자리'라고 술회했다. '재동'이라고 한 것은 지석영의 착각이거나 기사를 작성한 사람의 착오였을 것이다. 고등여학교(경기여고 전신)는 1910년에는 재동에 있었으며, 그 뒤 1912년에는 경운동 그리고 1922년에는 다시 재동으로 이전했다. 《중외일보》와의 인터뷰에서 지석영은 여학교가 경운동에 있었던 사실을 기억하고 언급했는데, 기자는 재동에 있는 여학교로 생각하고 기사를 그렇게 작성했을 가능성은 없을까? 만약 그렇다면 지석영과 권태동의 증언은 거의 일치하는 셈이다.

아니면 앞에서 언급했듯이, 지석영이 1910년부터 1933년까지 관훈동(지금의 동덕빌딩 자리)에 있었던 동덕여자고보를 언급했던 것일 수도 있다. 관훈동의 교사는 천도교가 1909년경부터 사범강습소로 사용하다 1910년 말에 동덕여학교에 넘겨준 건물이었는데, 천도교가 언제 누구에게서 그 교사를 인수했는지는 알려져 있지 않다. 천도교

종로경찰서는 1982년부터 네모로 표시된 곳에 있지만, 권태동이 의학교에 관해 증언한 1962년에는 (1)번 위치에 있었다. 의학교 위치에 관한 권태동의 증언이 맞다면 의학교는 현재의 SK 재동 주유소 자리에 있었던 것이다. 반면에 지석영이 1929년 《중외일보》와의 인터뷰에서 언급한 '녀자고보'가 '훈동'에 있는 것을 가리킨다면, 의학교는 지금의 동덕빌딩 자리(2번 위치)에 있었던 것으로 생각된다.

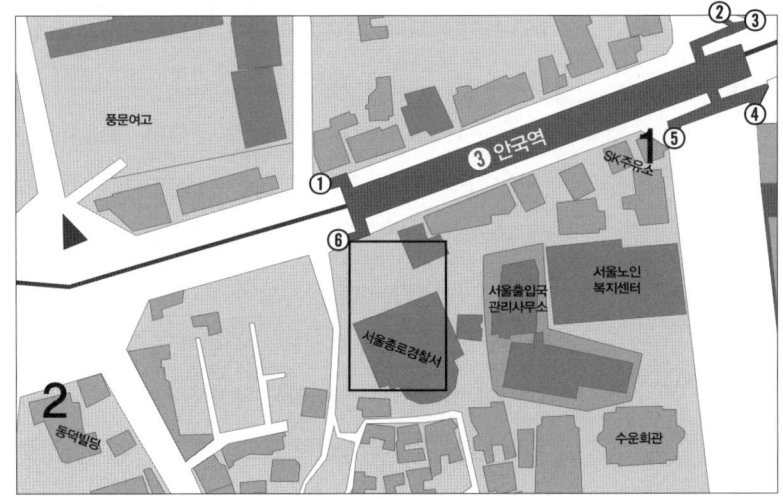

가 그 건물을 인수한 과정을 밝혀낸다면 의학교와의 관련 여부를 확인할 수 있을 것이다.

의학교는 한국 최초의 근대식 정규 의학 교육기관으로 처음으로 근대식 의사 36명(대한의원으로 통폐합되기 이전까지)을 배출했을 뿐만 아니라 관료와 일반인 대상의 보건교육과 방역 활동, 학생 검진, 그리고 부속 병원에서의 진료 활동 등 그 당시 형편에서 나름대로 소임을 다했다. 그뿐만 아니라 의학교는 국문연구회國文研究會와 교과서 출판사인 광학사廣學社의 산실이기도 했다.

요컨대 의학교는 한국 근대사에서 대단히 중요한 장소이자 공간이었다. 그런데도 의학교의 사진 한 장 발견하지 못했고 정확한 위치조차 밝히지 못했으니('부동산 폐쇄등기부 등본' 등으로도 확인되지 않는다) 이 분야를 공부하는 사람으로서 부끄럽고 안타까울 따름이다. 이 문제를 해결하는 데 독자 여러분의 '집단 지성'을 기대한다.

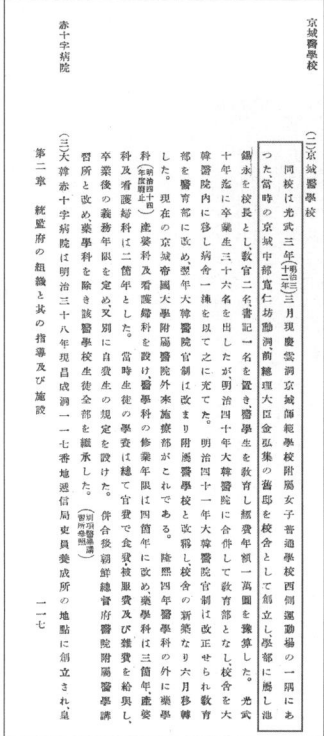

(왼쪽)《경성부사京城府史》 제2권 117쪽. 의학교는 "경운동 경성사범학교 부속 여자보통학교 서측운동장 한 구석에 있었다"고 기록되어 있다.

(오른쪽)〈경성정밀지도京城精密地圖〉(1933). 경성사범학교 부속여자보통학교는 천도교 본부 바로 북쪽, 지금의 서울노인복지센터 일대에 있었다.

* 뒷이야기: 오랫동안 풀지 못했던 의학교의 위치가 마침내 해명되었다. 답은 그리 멀지 않은 곳에 있었다. 《경성부사京城府史》(1934) 제2권 117쪽에는 "경성의학교는 광무 3년 3월 현 경운동 경성사범학교 부속 여자보통학교 서측운동장 한 구석에 있던, 당시 경성 중부 관인방 훈동, 전 총리대신 김홍집의 구저를 교사로 하여 창립"이라고 기술되어 있다. 그러면 1934년 무렵 경성사범학교 부속 여자보통학교의 위치는 어디인가? 1933년에 발간된 〈경성정밀지도京城精密地圖〉를 보면 지금의 서울노인복지센터 자리에 있었다. 이것은 앞에서 언급했던 권태동의 증언과 부합한다. 요컨대 의학교는 지금의 SK 재동 주유소 일대(앞의 도면들의 1번)에 있었다. 《경성부사京城府史》의 기록대로라면 SK 주유소보다 조금 남서쪽 자리였을 것이다. 그리고 여자고보(고등여학교)가 1912년부터 1922년까지 경성사범 부속 여자보통학교 자리에 있었던 것을 생각하면 지석영의 증언도 틀린 게 아니었다. 다만 경운동을 재동으로 잘못 말한 것뿐이었다.

세브란스 병원 대기실에서 진료를 기다리고 있는 환자들 (1910년대).

세브란스 병원 의학교

대한제국 시기, 관립의학교에서만 의학 교육을 했던 것은 아니다. 일본인이나 서양인들이 운영하는 병원에서도 한국인들에게 의학을 가르치는 일은 드물지 않았다. 에비슨도 제중원의 운영권을 이관받은 뒤에 한국인 청년들을 대상으로 의학을 가르쳤다. 하지만 정식으로 의학교를 설립한 병원이나 개인은 없었다.

의학교에 관한 법령이 없었을 때에는 '정식'이라는 말이 별 의미가 없겠지만, 법령이 제정된 뒤에는 사정이 전혀 달라진다. 〈의학교 규칙〉은 기본적으로 1899년에 정부가 설립한 의학교에 관련된 사항을 규정한 것이지만, 차후에 공·사립 의학교가 세워질 것에 대비해 그에 관한 조항도 마련했다.

《독립신문》 1899년 7월 19일 자. 〈의학교 규칙〉은 정부가 발행하는 《관보》뿐만 아니라 신문들에도 게재되었다. 〈의학교 규칙〉은 부칙에 공·사립 의학교에 관한 규정을 명기했다.

〈의학교 규칙〉에는, "공·사립 의학교는 지방관과 관찰사를 경유하여 학부대신의 인가를 받아야 한다"고 명기되어 있다(부칙 제2조). 이는 의학교를 설립하는 데 지켜야 할 의무적인 절차를 규정한 것이지만, 민간인들이 공·사립 의학교를 설립할 권리를 인정한 것이기도 하다.

대한제국 정부는 1898년 11월 의학교를 설립하겠다는 결정을 하기 전에도 의학교의 필요성을 충분히 인식하고 있었다. 다만 재정적인 이유로 설립을 미루었을 뿐이었다. 그리고 우선 한성에 의학교를 설립한 뒤 형편이 허락하면 의학교를 전국적으로 확대할 계획을 가지고 있었으므로, 자격과 역량을 갖춘 병원이나 단체, 개인이 의학교 설립을 신청하는 경우 승인하지 않을 이유는 없었다. 정부로서는 오히려 '불감청 고소원不敢請固所願'의 심경이었을 것이다.

에비슨이 진정으로 한국 청년들에게 의학을 가르치고 그들을 의사로 양성할 뜻이 있었다면, 무엇보다도 〈의학교 규칙〉에 정해진 대로 의학교 설립 신청을 했어야 할 것이다. 에비슨은 이미 여러 해 전에 정부로부터 제중원의 운영권을 넘겨받은 바 있으며, 국왕 고종의 신임도 두터웠다. 따라서 에비슨이 의학교 설립을 신청한다면 정부는 쌍수를 들어 환영할지언정 반대할 까닭은 없었다. 정부는 코죠의 종두의양성소를 인가하고 많은 지원을 했으며, 대일본해외교육회가 세운 경성학당에도 정부 인가학교 인허장을 교부했고 1899년부터는 1년에 360원씩을 보조했다.

그런데 에비슨은 정부로부터 의학교 인가를 받지 않았다. (더 이상 1908년의 〈사립학교령〉이 제정되기 전에는 관련 법령이 없어서 정부에 설립 신청을 할 수 없었다는 주장은 하지 않았으면 좋겠다.) 참으로 이해하기 어려운 대목이다. 에비슨이 〈의학교 규칙〉이 제정, 공포된 1899년 7월에는 안식년 휴가로 한국에 없었기 때문에 그 존재를 몰랐던 것일까? 또는 한국의 법과 제도를 무시했기 때문이었을까? 아니면 의학교를 세울 준비가 되어 있지 않았기 때문일까?

에비슨이 정식으로 의학교를 설립하지는 않았더라도, 그의 학생들에 대한 의학 교육은 지속되었다. 그러나 애초에 정확한 수학 연한과 교육 과정이 정해져 있었던 것은 아니었다. '에비슨 박사 소전 (26)' 《기독신보》 1932년 7월 20일자)에는 다음과 같이 기록되어 있다.

1907년에 니르러 학생 일동은 언제나 졸업을 하여 의사가 되는 것을 알녀고 애를 썻다. 만일 내가 그들에게 졸업 기한을 확실히 말해주지 않게 되면 그들 중에서는 공부를 중지하려 하는 학생도 잇어 갓갓으로 얻은 학생을 중로에 잃어바릴 념녀도 잇엇다. 얼마동안 생각하여 본 뒤에 아직 공부할 것이 얼마가 남은 것을 설명하여 주고 말하기를 만일 학생들이 공부에 좀 더 힘쓰고 실습하는 시간을 좀더 늘녀한다면 일년 안에 전과를 다 맞이겟다고 하엿다.

말하자면 세브란스 병원은 법적·제도적 절차에 따라 정식으로 의학교를 세운 것도 아니었으며 수학 연한, 졸업 시기, 교육 내용도 정해진 게 없었다. 학생들을 공개적으로 선발한 것도 아니었다. 지금 우리가 알고 있는 '학교'나 '제도교육'과는 너무나 다르며, 당시 관립의 학교와도 크게 차이가 났다.

또 졸업 기한을 확실히 말해 주지 않으면 공부를 중지하겠다는 등 학생들의 호소 또는 항의가 없었다면 어떻게 되었을까? 에비슨은 이런 일을 겪고도 학생들이 졸업하고 의사 자격을 인정받는 데에 필요한 법적, 행정적인 조치는 여전히 취하지 않았던 것 같다. 에비슨은 이보다 앞선 1906년 6월 8일 미국 북장로교 해외선교본부 총무 브라운Arthur J. Brown에게 보낸 편지에서, "학생들을 격려하기 위해 학위를 정부가 인정하도록 노력해 왔다For their encouragement I have been trying to gain the consent of the government to recognise our diplomas"라고 썼지만, 그 노력이 어떤 것이었는지는 확실하지 않다.

이제 에비슨이 학생들에게 약속한 1년이 지났다. 그때 에비슨이 어떻게 학생들에게 의사 자격을 받도록 해주었는지 에비슨의 메모를 바탕으로 클락Allen DeGray Clark이 쓴 《에비슨 전기―한국 근대 의학의 개척자Avison of Korea: The Life of Oliver R Avison, M.D》(연세대학교 출판부, 1979)를 통해 알아보자.

《기독신보》 1932년 7월 20일자. "어비신魚조信 박사 소전" (26).

1908년에서야 나는 비로소 장기간에 걸쳐 꾸준히 공부한 7명의 젊은 학생들을 독자적으로 일할 수 있는 의사로서 사회에 내보낼 수 있다고 믿었다. 그해에 나와 동료들은 그들에게 엄격한 시험을 실시하고 6월 8일에 졸업시키기로 결정했다. 이 졸업식은 한국에서 외국 기준에 맞는 의학 교육을 실시하여 의사로서 배출하는 제일 처음의 일이었기에 우리는 되도록이면 성대히 거행하려고 했다. 그 당시 우리 학교에는 큰 강당이 없었고 6월은 우기여서 옥외에서 하기도 위험했다.……

뿐만 아니라 당시 일본 통감의 승인 없이는 우리가 의사 자격증을 졸업생들에게 수여할 수 있는 권한이 없었기 때문에, 일본인 통감 이등박문의 관심과 협조도 얻어야만 했다. 그래서 나는 이등 통감에게 면담을 요청했다. 이등박문은 나를 기꺼이 만나 주었으며 원하는 것이 무엇이냐고 물었다. 나는 그에게 세브란스 병원에서 장기간에 걸쳐 몇 명의 젊은 한국인들에게 의학의 이론과 임상교육을 시켜 이제 개업할 수 있는 의사로서의 실력을 구비하게 되었음을 확신한다고 말했다. 그러나 당신의 관심과 도움이 없으면 이런 노력이 허사가 될 것이며 만약 당신이 관심과 협조를 보장한 다면 우리들은 그 학생들에게 의사 자격증을 수여할 수 있다고 설명했다. 그는 이 말에 깊은 관심을 가졌고 무엇을 도와줄 수 있겠느냐고 물었다. 나는 우선 졸업식에 초청한 여러 내빈들을 수용할 수 있도록 병원 잔디밭에 칠 군용 천막을 빌려 주었으면 고맙겠다고 했다. 그는 응낙했다. 나는 곧이어 그를 귀빈으로 초청하겠으니 왕림하여 졸업생들에게 졸업증을 수여하고 축사를 하여 줄 것을 요청했다(《에비슨 전기》 287~288쪽).

에비슨은 제중원의 운영권을 넘겨받을 때 보여주었던 탁월한 외교관과 수완가로서의 면모를 이번에도 여실히 나타내었다. 에비슨은 이럴 경우 누구를 찾아가서 어떤 부탁을 해야 하는지를 정확히 파악하고 있었다. 당시 반식민지 한국에서 법률적, 행정적으로 풀기 어려운 이러한 문제를 대번에 해결할 수 있는 사람은 이토 히로부미밖에는 없었다. 또한 이토는 에비슨이 평소에 흠모하는 대정치가이기도 했다.

에비슨은 자신의 *Memoires of Life in Korea*(《에비슨 전집》, 청년의사, 2010)에서 이토 히로부미에 대해 다음과 같이 썼다.

내가 가장 탁월한 일본인 정치가를 만난 것은 일본이 청일전쟁에서 승리를 거둔 후 1895년 그가 평화조약을 조정하고 서명하기 위해 중국으로 가는 도중이었다. 중국으로 가는 길에 그는 서울에 잠시 들렸고 일본 공사가 그에 대한 만찬을 베풀었다. 나는 명예롭게도 내빈으로 초청되었다.
…… 이토는 전형적으로 정중하고 품격을 가진 사람이었다. 이 정중함과 품격 사이에 구별이 있을까? 그의 태도는 위엄이 있었지만 대화를 나누는 모든 사람들을 친구로 만들 그런 호감이 가는 미소를 지었다. 그는 영국과

미국에서 영어를 습득했기에 영어를 거의 완벽하게 구사했다. 회화하는 것을 보면 그가 외국에서 많은 견문을 넓혔으며, 그가 서양 사람들을 좋아하고 민주적 제도를 칭송하고 있다는 것을 알 수 있었다.

일본과 러시아 사이에 평화 조약이 체결되었던 1905년 그는 일본의 첫 통감으로 한국에 부임했다. 자신의 조국을 위하고 한국의 발전이라는 두 가지 일을 하려는 그의 희망은 매우 분명했다. 나는 그것이 진실했던 것으로 생각한다.

…… 그는 곧 한국인들에 대해 어느 다른 집단보다 선교사들의 영향이 크다는 것을 인정했다. 따라서 선교사들과 우호적인 관계를 설정하려 했다《에비슨 전집 2》 182~184쪽).

한편, 에비슨을 맞이하는 이토 히로부미의 처지와 생각은 어땠을까? 노회한 정객 이토에게 에비슨은 일본의 동맹국인 영국 국민이자(에비슨은 어렸을 때 영국에서 캐나다로 이주했는데 당시 캐나다는 독립국이라기보다는 영연방의 일원이라는 성격이 더 뚜렷했다) 가쓰라·태프트 밀약으로 일본에게 이보다 더 가까울 수 없는 미국의 북장로교 소속 선교사였다. 에비슨의 방문과 청탁은 이토에게 영국-일본-미국 사이의 동맹, 우호 관계를 확인하고 다질 수 있는 더없이 좋은 기회였다. "한국에서 외국 기준에 맞는 의학 교육을 실시하여 의사로서 배출하는 제일 처음의 일"이라는 에비슨의 인식은 의학 교육 분야에서의 한국인들의 노력과 성과를 완전히 깎아내릴 수 있는, 이것 또한 더할 나위 없는 호재였다.

이토는 에비슨의 요청을 기꺼이 수락했다. 그에 따라 1908년 6월 3일(위에 언급한 《에비슨 전기》의 6월 8일과는 조금 차이가 있다) 세브란스 병원 의학교 제1회 졸업식이 이토 히로부미를 비롯해 통감부와 일본군 고위층, 대한제국 정부의 고관, 외국인 선교사 등 천여 명의 축하객이 참석한 가운데 병원 마당에서 성대하게 열렸다.

졸업식의 하이라이트는 졸업증서 수여였다. 에비슨의 요청대로 이토가 홍종은, 김필순, 홍석후, 박서양, 김희영, 주현측, 신창희 등의 순서로 졸업생 7명에게 일일이 졸업증서를 주었다. 이토는 이어서 졸업을 축하하고 에비슨의 공로를 치하하는 연설을 하면서, 한국 의학의 성과를 비하하는 발언을 빠뜨리지 않았다. 심지어 이토는 자신이 주도해서 만든 대한의원 교육부에서 1년 전에 졸업생을 배출한 사실도 인정하지 않았다("Tai Han Hospital was only lately opened for work, and we have not had time to produce any graduates from the school" —*Seoul Press* 1908년 6월 5일자).

통감부의 영자 신문 *Seoul Press* 1908년 6월 5일자. 세브란스 의학교 제1회 졸업식에 참석한 이토 히로부미의 연설문(영역)이 실려 있다. 이토는 한국 의학의 성과를 비하하면서, 자신이 주도해서 만든 대한의원 교육부에서 1년 전에 졸업생을 배출한 사실조차 인정하지 않았다.

졸업생들이 주로 의학교에서 의학을 배웠기 때문이었을 것이다.

그 자리에 참석했던 중추원 의장 김윤식, 내부대신 임선준, 학부대신 이재곤 등 대한제국 정부의 고관들은 이토의 연설을 어떻게 받아들였을까? 그리고 졸업식이 있은 직후 내부 위생국은 졸업생 7명에게 의술개업인허장醫術開業認許狀을 수여했다. 이것은 물론 통감 이토 히로부미의 지시에 따른 것이었다.

《황성신문》1908년 6월 7일자. "세부란시世富蘭偲 병원 의학교에서 정규한 학업을 졸업한 김필순, 신창희, 김희영, 홍종은, 홍석후, 주현측, 박서양 씨 등 7인에게 일작日昨 내부 위생국에서 의술개업허가장을 수여하얏다"는 기사이다. 7명의 명단 순서가 졸업증서 수여 때와 다른데 그 이유는 알 수 없다. 《대한매일신보》 6월 6일자 기사에는 '홍종은, 김필순 씨 등 7인'이라고 되어 있다.

1907년 6월 한국에 와서 1945년 12월 일본으로 돌아갈 때까지 총독부의원 의육과장, 경성의학전문학교 교장, 경성제국대학 의학부 교수, 경성여자의학전문학교 교장 등을 지내 당시 의료 상황을 꿰뚫고 있는 사토 고조佐藤剛藏는 《조선의육사朝鮮醫育史》(1956)에서 세브란스 병원 의학교의 제1회 졸업식을 이렇게 기록했다.

세브란스 병원 부속 의학교의 졸업증서 수여식 때, 이토 통감이 참석하여 세브란스 병원장의 요청으로 졸업생에게 직접 졸업증서를 주었다고 한다. 이것은 한국 정부의 위생 당국에 커다란 영향을 미쳤던 것 같다. 한국 정부도 이들 졸업생들에게 무시험으로 의사면허증을 교부하여 파격적인 조치를 했던 것이었다. 원장은 에비슨이라는 미국인으로 다소 멋있는 점도 있었지만, 이것은 이토 공작의 외국인 회유정책의 하나로 이토 통감으로서는 별 문제가 아니었다. 이상은 병합 전이므로 그렇게 할 수 있었던 것이고, 총독부가 되고나서는 학제제도도 점차 법제화했다.

대한제국 말기와 일제 식민지 시기의 의료계 사정에 정통한 사토 고죠의 말이라고 무조건 받아들이거나, 반대로 그가 일본인이라고 무조건 배척할 일은 아니다. 하지만 에비슨의 언급과 여러 정황에 비추어 볼 때 매우 타당한 진술로 생각된다. 즉 세브란스 병원 부속 의학교 졸업생들이 의술개업인허장을 받을 수 있었던 것은 이토 히로부미라는 최고 권력자의 외국인 회유정책 덕분이었던 것이다. 그렇다고 세브란스 제1회 졸업생들이 의사로서의 자질을 갖추지 못했다고 해석할 일은 아니다. 그 가운데 홍종은과 홍석후가 이미 정규 의학교를 졸업하고 의사 자격을 인정받았듯이 다른 졸업생들도 비슷한 역량과 자질을 갖추었을 것이다. 그랬기에 의학교를 졸업한 의사들이 세브란스 출신들을 동료 의사로 받아들여 함께 일했을 것이다.

> セブランス病院医學校の卒業式
>
> 私の平壤在任時韓国併合前聞いた話だが、京城のセブランス病院附屬医學校の卒業証書授与式が行われた。伊藤統監は自ら臨場せられたが、セブランス病院長の要請により統監の手で卒業生に卒業証書を直接に渡されたといふことである。これは韓国政府の衛生当局には大きく響いたらしかった。多分第一回の数名の卒業生であったであろう。韓国政府もこれ等卒業生には無試驗で医師免許証を交付し破格の取扱ひをやることになった。院長はエビソンといつておつたが、米国人もちよつと味のある芸をやつたものであるが、これは伊藤公の外国人懐柔政策の一つでもあり、伊藤統監としては何でもないことであつたろう。以上は併合前であつたから演ぜられたものの総督府となつて學制々度も漸次法制化したのでエビソン校長も学校の経営昇格には少からず苦心した。私も併合後教えに行つたこともあるが後に財団法人の医専に昇格した。

사토 고죠佐藤剛藏의 저서《조선의육사朝鮮醫育史》26쪽 '세브란스 병원 의학교 졸업식' 부분. 사토는 세브란스 제1회 졸업생들에게 무시험으로 의사면허증(의술개업인허장)을 교부한 것은 이토의 외국인 회유정책의 하나라고 술회했다.

세브란스 의학교 제1회 졸업식(1908년 6월 3일).

이토 히로부미의 일석삼조

갑오·을미 개혁기와 대한제국 시기, 한국(조선) 정부가 새로운 근대적 법과 제도를 마련하면서 가장 많이 참고했던 것은 일본의 법과 제도였다. 의료와 위생 분야도 예외가 아니었다. 일본 정부는 메이지 유신 초기에 시찰단들을 유럽과 미국에 파견해 자신들이 도입할 근대 문물과 제도를 그 현장에서 직접 관찰, 조사, 파악하도록 했다. 그리고 그렇게 조사, 수집, 연구한 자료와 결과들을 토대로 의제醫制와 학제學制 등 자신들 나름의 법과 제도를 만들었다. 거기에 반해 한국(조선) 정부는 주로 일본을 벤치마킹해 간접적으로 서양의 근대 문물과 제도를 도입하려 했다.

일본은 1874년 의사의 자격 등을 규정한 〈의제〉를 제정, 공포했다. 이때 〈의제〉 제정에 핵심적 역할을 한 나가요長與專齋(1838~1902)는 1871~1872년 이와쿠라岩倉具視 사절단의 일원으로 유럽에 파견되어 특히 독일과 네덜란드의 의료와 위생 실태 및 제도 등을 집중적으로 조사했다.

메이지 정부는 초기의 탐색 과정을 거친 뒤, 전통 의료(한의학)를 배제하고 근대 서양 의료를 국가의 공식 의료로 채택한다는 원칙을 확고하게 세웠다. 1874년의 〈의제〉는 그러한 메이지 정부의 방침을 처음으로 제도화한 것이었다.

〈의제〉 중에서 의사 자격과 관련된 내용은 다음과 같다.

의학 졸업증서 및 내과·안과·산과 등 전문과목 실습증서를 확인하고 의사 면장免狀(면허장)을 교부하여 개업을 허용한다. 기왕에 개업하던 의사는 학술 시업試業(시험) 없이 경력과 치료 실적을 평가하여 가면장假免狀을 준다. 그리고 의제 발포 후 새로 개업을 신청하는 자는 다음과 같은 과목의 시업을 거쳐 면장을 받아야 한다. 해부학 대의大意, 생리학 대의, 병리학 대의, 약제학 대의, 내·외과 대의, 병상처방 및 수술. 또한 가면장을 받은 사람도 30세 이하인 경우는 3년 이내에 반드시 위의 시업을 치러 다시 면장을 받아야 한다(〈의제〉 제37조).

이처럼 의사 자격에 관한 규정은 절충적이고 점진적이었다. 즉 메이지 정부의 궁극적인 방침은 근대 서양 의료를 시술하는 의사만을 인정하겠다는 것이었지만, 당분간은 기왕의 전통의료 시술자의 기득권도 인정해 주는 것이었다. 그런 한편 새로 의사가 되어 개업할 사람과 30세 이하의 전통 의료 시술자는 해부학, 생리학, 병리학, 약제학, 내·외과 등 근대 서양 의학 과목을 공부해 시험에 합격해야만 하도록 했다. 요컨대 새로 전통 의술을 배워 의사가 되는 길은 시험이란 관문을 통해 원천적으로 봉쇄한 셈이었다.

이 당시 〈의제〉에 따라 정부(1875년 6월 말까지는 문부성 의무국이 의사 자격 업무를 관장했고, 그 뒤 의무국이 폐지되고 내무성에 신설된 위생국이 담당했다)에 등록된 의사 수는 약 3만 4,000명이나 되었다. 이 가운데 황한의皇漢醫, 즉 한의사는 2만 8,000여 명으로 80퍼센트가 넘었으며 난학蘭學(란가쿠)을 배운 의사는 5,000명가량 되었다(일본은 메이지 유신 이전에도 이미 난학을 통해 근대 서양 의술이 상당히 보급되어 있었다). 그리고 한 세대 뒤인 1900년 무렵에는 근대 서양 의학을 학습한 의사가 2만 명을 헤아려 수에서도 한의사를 능가하게 되었으며 그러한 추세는 그 뒤로 가속화되었다.

행정적 훈령의 성격이 강했던 〈의제〉는 그 뒤 〈의사면허 규칙〉과 〈의

1874년 〈의제〉 제정에 핵심적 역할을 한 나가요長與專齋(1838~1902). '난학蘭學 의사' 집안에서 태어났으며, 그 자신 나가사키 의학교에서 폼페(Johannes Pompe van Meerdervoort(1829~1908) 등 네덜란드 의사들로부터 의학 교육을 받았다.

술개업시험 규칙〉 등으로 법제화되어 더욱 강한 규제력을 가지게 되었다. 1883년 10월 제정, 포고되어 1884년 1월 1일부터 시행된 〈의사면허 규칙〉은 제1조에서 "의사는 의술개업시험을 치러 내무경으로부터 개업면장을 받은 자를 이른다. 단 이 규칙 시행 이전에 교부받은 의술개업증은 유효하다"라고 규정했다. 그리고 관립 및 부현립府縣立 의학교의 졸업증서가 있거나(제3조) 외국의 대학 의학부 또는 의학교를 졸업한 사람(제4조) 등은 시험을 치르지 않고도 개업면장을 받을 수 있는 일종의 특권을 인정했다. 도쿄 대학 의학부 졸업자들은 이미 1879년부터 가장 먼저 그러한 특권을 누렸다.

일본에서는 〈의제〉든 〈의사면허 규칙〉이든 의사와 한의사를 별개로 취급하지 않고 동일한 의사 자격을 부여했다. 오늘날 한국에서 의사와 한의사에게 각각 '의사면허증'과 '한의사면허증'을 부여하는 것과는 발상이 근본적으로 달랐다.

일본의 〈의사면허 규칙〉. 1883년 10월 제정, 포고되어 1884년 1월 1일부터 시행했다. 이 〈규칙〉에 의해 1884년부터는 의술개업시험에 합격한 사람만 새로 의술개업면장을 받을 수 있게 되었다. 하지만 관립 및 부현립府縣立 의학교 졸업자들에게는 시험 없이 면장을 받을 수 있는 특권을 인정했다. 도쿄 대학 졸업자들은 이미 1879년에 그러한 특권을 얻었다.

일본의 〈의술개업시험 규칙〉. 1883년 10월 제정, 포고되어 1884년 1월 1일부터 시행했다. 도쿄대학 의학부, 그리고 그밖의 관립 및 부현립府縣立 의학교 출신들을 제외하고는 내무성이 주관하는 의술개업시험에 합격해야만 개업할 자격을 인정받았다. 시험과목은 전기가 물리학, 화학, 해부학, 생리학 등 네 과목이었고, 후기가 외과학, 내과학, 약물학, 안과학, 산과학, 임상실험 등 여섯 과목이었다. 일본 정부는 의술개업시험을 통해 전통의료를 도태시키고 근대서양의료를 국가의료로 확립했다.

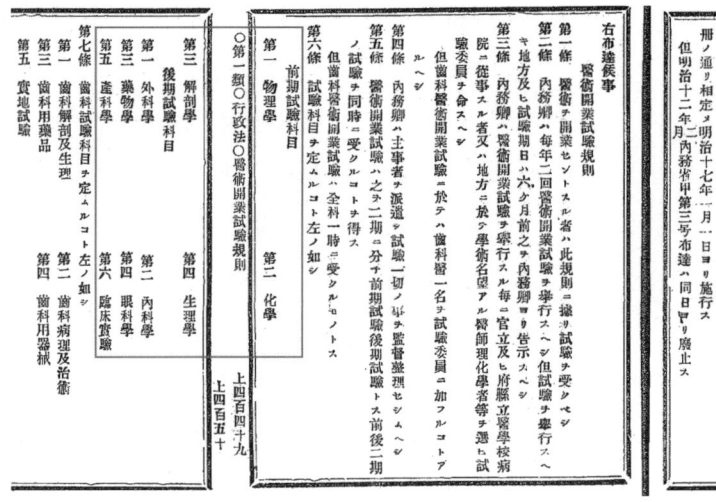

이제 한국(조선)의 의료인 자격 인정에 대해 살펴보자. 조선에서는 1880년대 후반부터 소정의 우두牛痘 교육을 받은 사람에게 졸업장과 함께 면허장 격인 '본관차첩本官差帖'을 주었다. 그리고 1890년대 후반에는 종두의양성소 졸업자들에게 내부대신이 '종두의술개업 윤허장種痘醫術開業允許狀'을 발급했다 이것이 기록으로 확인되는 초기의 의료인 자격인정제도 또는 면허제도이다.

한편 의사에게 '의술개업면허장'을 준다는 사실을 처음 법으로 규정한 것은 1899년 7월에 제정된 〈의학교 규칙〉이었다. 〈의학교 규칙〉은 제6관 제9조에 "(의학교 졸업생들에게) 졸업장을 부여한 후에 내부대신이 의술개업면허장을 부여한다"라고 명기했다. 일본에서 그러했듯이 정규 의학교 졸업자에게 특권을 인정한 것이었다. 수업 연한과 내용에서 커다란 차이를 보였지만, 대한제국 정부는 한국 내에서 의학교의 위상을 일본의 도쿄 제국대학 의학부와 비슷하게 상정했던 것으로 생각된다.

〈의학교 규칙〉(학부령 제9호)이 특례로 의술개업면허에 대해 규정한 것과는 달리, 반년 뒤인 1900년 1월 2일 제정, 반포된 〈의사 규칙醫士規則〉(내부령 제27호)은 의사 자격을 포괄적으로 규정했다. 또한 〈의사 규칙〉은 일본과 마찬가지로 (양)의사와 한의사를 따로 구분하지 않았다.

〈의사 규칙〉의 제1조에는 한의학적인 표현이 많이 들어 있다. 여기서 의사醫士를 "의학을 관숙慣熟하야 천지운기天地運氣와 맥후진찰脈候診察과 내외경內外景과 대소방大小方과 약품온량溫涼과 침구보사針灸補瀉를 통달하야 대증투제對症投劑하는 자"로 규정했는데 이 가운데 '온량'과 '침구보사'라는 단어가 대표적인 예이다. 이런 점 때문에 그동안 〈의사 규칙〉은 대체로 한의사에 관한 법으로 생각되어 왔다.

1910년까지 한국에는 의사 자격에 관련된 법령은 〈의학교 규칙〉과 〈의사 규칙〉 외에는 없었다. 〈의사 규칙〉이 한의사만을 규정한 것이라면 (양)의사에 관한 일반 법령은 없었던 셈이 된다. 만약 〈의사 규칙〉에서 정의한 '의사'가 '한의사' 만을 뜻하는 것이라면 '양의사'의 법률적 명칭은 무엇이었는가? 1900년대 기록에서 '의사醫士(또는 醫師)'라는 호칭은 양의사와 한의사를 구분하지 않고 통용되었다.

또한 〈의사 규칙〉 제7조의 "무론毋論 내외국인하고 인허장이 무毋한 자는 행술업行術業을 득得지 물勿할 사", 즉 "내외국인을 막론하고 인허장이 없는 자는 의술개업을 행하지 못한다"라는 규정은 〈의사 규칙〉의 의사가 한의사와 (양)의사를 통칭했음을 말해 준다. 다시 말해 〈의사 규칙〉은 한의사와 양의사를 망라해 규정한 법이었다.

〈의사 규칙〉 제2조는 의사 자격을 인정하는 요건과 과정을 다음과 같이 규정했다. "의사는 의과대학과 약학과에 졸업증서가 유有하야 내부內部 시험을 경經하야 인가를 득得한 외에 의업을 행치 물勿할 사. 단 현금간에는 종권從權하야 기其 의술 우열을 위생국에서 시험하야 내부대신이 인허장을 급여할 사." 우선 이 규정은 기존 의사들의 기득권을 인정하지 않는다는 점에서 메이지 초기의 일본과는 차이가 난다(앞에서 보았듯이 일본도 1884년부터는 기득권 인정 조항을 없앴다). 그리고 당장 시행할 것은 아니었지만 의사 자격을 얻는 요건을 매우 까다롭게 했다. 즉 의과대학이나 약학과 졸업증서가 있는 사람이 국가(내부)에서 부과하는 시험을 통과해야만 의사가 될 수 있었다(약학과 졸업자에게도 의사 자격을 인정한 것이 특이하다). 이는 오늘날 한국에서 의사가 되는 과정과 매우 비슷하다. 하지만 일본의 경우를 보아서 '졸업증서가 유有하야'는 '졸업증서가 유有하거나'의 오기일지도 모른다. 여러 가지로 여건이 뒤떨어지는 한국이 일본의 법과 제도를 참조하면서

《황성신문》 1900년 1월 18일자. 내부령 제27호로 제정된 〈의사 규칙〉과 〈약제사 규칙〉이 게재되어 있다. 〈의사 규칙〉은 제1조에서 의사의 자격, 제2조에서 의사 자격을 인정하는 요건과 과정을 규정했으며, 제7조에서는 이 법이 외국인에게도 해당되는 것임을 명기했다. 이로 볼 때 〈의사 규칙〉은 한의사뿐만 아니라 '양'의사'도 망라하여 규율한 법률이었음을 알 수 있다(외국인에게 어떤 방법으로 의사인허증을 부여했는지는 나와 있지 않다).

일본보다 더 까다로운 의사 자격 규정을 두었을 리는 없기 때문이다.

실제로는 의과대학과 약학과가 아직 없는 실정에서 내부 위생국이 주관하는 시험에 합격한 사람에게 내부대신 명의의 인허장을 주었다. 시험 과목이 법에 명기되어 있는 일본과는 달리 〈의사 규칙〉에는 과목에 대한 규정이 없으며, 실제로 어떤 시험을 보았는지도 전해지지 않는다. 그리고 인허장의 정확한 명칭을 알 수 없지만, 〈의사 규칙〉의 내용과 표현을 살펴보면 '의사인허장'이었을 것으로 생각된다. '의술개업인허장'이라는 명칭은 〈의사 규칙〉이 제정, 시행된 지 8년 이상이 지난 1908년 6월 세브란스 병원 의학교를 졸업한 학생들을 위해 처음 사용된 것으로 보아 〈의사 규칙〉에 의해 발급된 것은 아니었다(〈의사 규칙〉은 1900년부터 실제로 시행되었다. 내부 위생국에서는 의사와 약제사들을 소집해 시험을 보게 하고 인허장을 수여했다).

또한 〈의사 규칙〉에는 외국인 의사와 외국에서 의학교를 졸업한 한국인들에 관한 별도의 규정이 없다. 그렇다면 이들에게는 의사 자격을 어떻게 부여했을까? 이들도 (형식적이나마) 내국인과 마찬가지로 내부 위생국의 시험을 치렀던 것일까?

〈의학교 규칙〉과 〈의사 규칙〉을 종합해 보면, 당시 한국에서 의사 자격을 인정받거나 의술개업을 하기 위해서는 의학교를 졸업하든지 내부 위생국 시험에 합격하든지 해야만 했다. 그 밖에 다른 길은 없었던 것으로 생각된다.

의학교 출신들은 한국에서 배출된 최초의 근대 서양식 의사라는 점에서 자부심이 있었을 것이다. 그런데 이제 그 자부심이 손상되고 의사로서의 자격조차 위협받게 되는 상황이 벌어졌다.

에비슨이 이토 히로부미를 찾아가서 청탁을 했을 때, 의학교 출신들의 자부심이 훼손되고 의사 자격이 위협받는 엉뚱한 결과가 초래되리라고 생각하지는 않았을 것이다. 그저 에비슨은 자신들이 열심히 가르쳐서 이제 의사로 인정할 만한 역량을 갖추게 된 학생들에게 이토 히로부미가 통감의 절대적 권력과 권위로 의사로서 활동할 수 있는 자격을 부여해 줄 것만을 기대했을 것이다. 에비슨은 당시에 이렇게 생각하고 있었다.

> 그때까지 병원 외에는 아무 것도 없었다. 학교로서의 설비는 아주 보잘 것이 없었다. 하지만 제1회 졸업생을 내게 된 만큼 우리는 이것을 의학 전문학교라고 말하게 되었다(《에비슨 전집 1》, 348쪽, 청년의사, 2010).

하지만 노련하고 교활한 이토 히로부미는 그 기회를 십분 활용해 일석삼조의 효과를 거두었다. 에비슨에게 커다란 선물을 안겨 주어 영국과 미국의 환심을 사는 동시에, 한국 정부와 한국인들이 의료 부문에서 거둔 성과를 짓밟아 한국 침략과 지배의 구실을 마련했다. 게다가 한국인 의사 사회의 질서를 자기 식으로 개조하는 성과를 거둔 것이었다. 통감부가 한국 정부(내부 위생국)에 지시해 세브란스 의학교 졸업생들에게 수여하도록 한 의술개업인허장이 바로 이토가 부린 술책의 핵심 고리 역할을 했다.

이때 의술개업인허장을 발급한 법률적 근거는 무엇이었을까? 앞에서 살펴본 〈의학교 규칙〉과 〈의사 규칙〉은 물론 아니다. 그리고 그 밖의 법적 근거도 찾아볼 수 없다. 요컨대 의술개업인허장의 발급은 이토 히로부미의 명령에 따른 초법률적 또는 법률 외적 조치였다. 그것은 한국에 근대적 법·제도를 실시한다는 일제의 침략 명분에도 정면

세브란스 병원 의학교 제1회 졸업생들. 한 가운데가 에비슨이며 그 오른쪽이 허스트Jesse W Hirst이다(Korea Mission Field 제35권 제7호, 1939년 7월). 두 사람을 중심으로 졸업생 7명이 서 있다. 이들이 받은 '의술개업인허장'에는 이토 히로부미의 술책이 담겨 있지만 에비슨이나 졸업생들의 잘못으로 볼 일은 아니다. 오히려 졸업생들은 민족사적으로 보아 일제 농간의 피해자였다. 이들이 '의술개업인허장'을 받은 사실은 결코 자랑거리가 아니다.

으로 어긋나는 조치였다.

일제는 이미 대한제국 정부에 의해 의사로서의 자격과 권리를 온전하게 인정받았던 의학교 출신들에게 새삼스레 '의술개업인허장'이라는 새로운 진입 관문을 부과했다. 의학교 출신들은 이에 대응하지 않을 수 없었으며, 그들이 집단적·조직적 대응 방법으로 선택했던 것이 '의사연구회醫事研究會'의 결성이었다.

醫師法（明治三十九年五月 法律第四十七號）

醫師法

第一條　醫師タラントスル者ハ左ノ資格ヲ有シ內務大臣ノ免許ヲ受クルコトヲ要ス
朕帝國議會ノ協贊ヲ經タル醫師法ヲ裁可シ茲ニ之ヲ公布セシム

一　帝國大學醫科大學醫學科又ハ官立、公立若ハ文部大臣ノ指定シタル私立醫學專門學校醫學科ヲ卒業シタル者

二　醫師試驗ニ合格シタル者

1906년 5월 2일 제정, 공포된 일본의 〈의사법〉. 이 법은 개업의사와 대학(병원)에 근무하는 의사들의 이해가 비교적 고르게 반영된 것이었지만 그러면서도 정규 의학교 졸업생들의 특권과 우위를 보장했다.

최초의 의사 단체 의사연구회

일제는 을사늑약 강제 체결과 통감부 설치 이래 한국을 완전한 식민지로 만드는 작업을 차례차례 진행시켰다. 그 가운데 특히 중요한 것들은 이토 히로부미가 직접 진두에서 지휘했다. 의료 분야도 마찬가지여서, 대한의원 창설과 의사 자격 인정에 관한 것 모두 이토의 작품이었다.

1908년 6월 초, 내부 위생국은 세브란스 병원 의학교 제1회 졸업생 7명에게 의술개업인허장 제1호부터 제7호까지 발급했다. 인허장 발급에 대해 《황성신문》은 '의술개업허가장'을 수여했다고 보도했으며(6월 7일자), 《대한매일신보》는 "내부 위생국이 의술위업하기로 허가했다"라고 보도했다(6월 8일자). 하지만 《관보》에는 그러한 사실이 기록되지 않았다.

일제에 강제 병탄당할 때까지, 《관보》에는 1909년 3월 19일자에 의학교 제1회 졸업자 유병필에게 의술개업인허장 제8호를 발급했다는 것을 시작으로 1910년 8월 17일자에 김교준과 박희달(모두 의학교 제1회)에게 각각 제50호와 제51호를 발급했다는 것까지 의술개업인허장 발급에 대해 하나도 빠지지 않고 기록되어 있다. 유독 제1호~제7호 발급 사실만 빠져 있는 것이다. 이것은 단순히 《관보》 담당자의 실수 때문일 수 있지만, 통감부의 부당한 조치에 대한 한국인 관리들의 항거의 결과일 수도 있다.

한국인 의사들로만 구성된 의사연구회醫事研究會가 창립된 것은 1908년 11월 15일이었다. 의사연구회는 의학교 교관을 지낸 김익남을 중심으로 의학교 출신들이 만든 최초의 한국인 의사단체였다(대한의사협회는 의사연구회가 창립된 1908년 11월 15일을 협회의 기원일로 삼고 있다). 의사연구회는 회장에 김익남, 부회장에 안상호, 총무에 유병필, 간사에 최국현과 장기무를 선출했다. 유병필, 최국현, 장기무는 각각 의학교 1회, 2회, 3회 졸업생으로 졸업 동기들을 대표하는 셈이었다.

의사연구회는 창립 직후인 12월부터 매달 첫 번째 월요일에 월례회를 열어 의학상의 여러 문제를 토론했으며 의학에 관한 새로운 지식도 교환했다. 또한 창립 초기에 잡지 발간에 대해서도 논의했지만 실제로 잡지를 발행한 것 같지는 않다. 의사연구회의 활동으로 특히 주목되는 것은 1909년 4월의 의사법醫師法 제정 운동이다. 여기에 대해 《황성신문》1909년 4월 21일자는 다음과 같이 보도했다.

의사법의 반포가 상무尙無한즉 여하한 자격이 유有한 자라야 의사됨을 득得할난지 의문일 뿐더러 차此를 이용하야 의학상 소핍素乏한 자도 의연히 의사의 명칭으로 개업 행술하야 오해誤害 인명人命하는 사事도 유有하며 종從하야 의업이 부진하는 고로 의사연구회에서는 당국자에게 의사법 반포를 요구하기로 기旣히 결의하얏고 위원을 정하야 해該 청원을 기초하야 재작再昨 야례회夜例會에 통과하얏는대 수일 내에 청원서를 내부에 제출한다더라

의사연구회가 의사법 제정 운동에 나선 데에는 몇 가지 이유가 있었다. 우선 일본에서 오랜 논란 끝에 1906년 5월 2일 의사법이 제정, 반포된 것이 중요한 배경으로 작용했다. 일본에서는 1890년대 후반부터 10여 년에 걸쳐 대일본의회大日本醫會와 메이지의회明治醫會 등 이해관계를 달리하는 여러 의사단체 사이에 의사법을 둘러싼 논란이 계

속되었다. 그러다 마침내 개업의사와 대학(병원)에 근무하는 의사들의 이해가 비교적 고르게 반영된 법이 제정된 것이었다. 그러면서도 정규 의학교 졸업생들의 특권과 우위를 보장하는 이 법은 비슷한 처지인 의학교 출신들에게 매우 고무적인 것으로 비쳤을 것이다.

또한 국내적으로 의학교 출신들은 의술개업인허장 문제로 고심했던 것으로 여겨진다. 즉 이들은 가장 먼저 정규 의학교를 졸업하고 별다른 문제없이 의사로 활동해 왔는데, 의학교로 등록도 되어 있지 않았던 세브란스 출신들에게 납득할 만한 과정도 거치지 않은 채 느닷없이 새로 의술개업인허장을 발급한 것이 자신들의 지위를 위협한다고 우려했다. 대한제국 정부나 통감부가 새로운 의술개업인허장 취득에 대해 얼마나 추진력 있게 시행해 나갔는지 확실하지 않다. 하지만 일제에게 강제 병탄되는 1910년 8월까지 의학교 출신 거의 모두가 의술개업인허장을 받은 것으로 보아 인허장 취득은 의사로 활동하기 위해서는 필수 사항이 되었던 것으로 보인다.

《황성신문》 1909년 4월 21일자. 의사연구회가 의사법의 제정을 촉구하는 청원서를 곧 내부에 제출할 것이라는 기사이다. 하지만 후속 보도는 없었다.

이미 1907년 3월에 자신들의 모교인 의학교가 일제에 의해 대한의원으로 통폐합되는 과정을 지켜보았고, 그해 여름에는 자신들의 직장이기도 했던 한국 군대 역시 일제에 의해 해산당하는 쓰라린 경험도 했던 의학교 출신들은 이제 자신들의 의사 자격마저 위협받는 상황에서 집단적, 조직적인 자구책을 찾을 수밖에 없었을 것이다. 그래서 이들이 만든 단체가 의사연구회였던 것이다.

《대한매일신보》 1909년 11월 26일자에 의사연구회의 1주년 기념식이 이틀 뒤인 11월 28일에 휘문의숙에서 열릴 것이라는 기사가 게재된 점으로 보아 의사연구회가 그때까지 존속했던 것은 틀림없어 보인다. 하지만 의사법 제정 청원 움직임이 있었던 4월 이후 알려진 의사연구회의 활동은 없다.

 의학교 출신들이 의사연구회를 결성한 데에는 의술개업인허장 문제에 대한 공동 대응이 중요한 이유로 작용했을 것이다. 그러한 공동 대응 때문이었는지 세브란스 출신들이 1908년 6월 인허장을 받고 9개월이 지난 뒤까지도 새로 인허장을 받은 사람은 없었다. 그러다가 1909년 3월 19일 인허장 발급을 신청해 교부받은(제8호) 사람이 나타났다. 의학교 제1회 졸업자로 의사연구회의 총무이며 그때 막 대한의원 교수를 사임한 유병필이었다. 하필 유병필이 인허장을 발급받은 이유는 무엇이었는지, 또 그 과정에서 의사연구회가 어떤 반응을 보였는지 등에 대해 알려 주는 기록은 없다. 하지만 그러한 행위는 결과적으로 공동 대응의 전선을 깨뜨렸을 것이다.

 세 번째로 인허장을 받은 사람은 이관호 등 대한의원 부속 의학교 졸업생 5명이었다. 이들은 졸업식 하루 전인 1909년 11월 15일 인허장을 교부받았다. 이들이 인허장을 받은 것은 자신들의 선택이라기보다는 정부의 방침에 따른 것으로 생각된다.

 그리고 박계양 등 대한의원 교육부 1907년 졸업생 7명과 의학교 2회 졸업생이자 의사연구회 간사인 최국현이 네 번째로 인허장을 받았다. 그리고 그 뒤 1910년 2월부터 8월까지 나머지 의학교 출신들이 거의 모두 인허장을 받았다. 2회 졸업생 지성연과 강원영은 뒤늦게 1913년 5월 총독부의원 조수직을 그만두면서 인허장을 받았다.

 의학교 졸업생들이 의술개업인허장을 받는 데에 별다른 조건이 필요했던 것은 아니었다. 단지 의학교를 졸업했다는 사실만으로 인허장

《관보》1910년 3월 18일자. 의학교 출신들에게 의술개업인허장을 수여한 사유는 단지 "관립의학교 의학과의 학업을 수료한 것"이었다. 그런데도 굳이 법적 근거도 없는 인허장을 발급한 것은 일제가 자신들의 틀에 의학교 출신들을 복속시키기 위한 것으로 생각된다.

이 발부되었다. 그런데도 의학교 출신들이 한참 뒤에야 인허장을 교부받은 것은 그들이 정부(사실상 통감부)의 조치를 순순히 따르지 않았기 때문이었을 것이다.

의술개업인허장에 관해 의학교 제1회 졸업생 김교준은 다음과 같이 흥미로운 진술을 남겼다.

학교를 나온 후 당시의 일본인 위생국장이 하루는 날 보자고 하기에 그를 찾아 갔었지. 무슨 일인가 해서 궁금한 가운데 방문했더니 의외에도 내가 왜 면허장을 타가지 않느냐는 것 아니겠오? 그래서 개업할 의향도 없고 해서 별로 필요가 없을 것 같아 아직 타지 않았다고 하니까 그래도 한국에서는 최초의 의학교 졸업생들이 면허장을 타지 않으면 후배 양성에도 간접적으로 지장이 있겠고 또 앞으로는 반드시 면허증이 필요하게 될 터이니 이 기회에 꼭 면허장을 타도록 하라는 것이었지. 그런지 며칠 후 위생국장은 도장을 가지고 오라고 해서 갔더니 모든 서류를 완비해 놓고 글쎄 도장만 찍으라는 거야. 그래서 못 이긴 듯이 도장을 찍고는 면허증을 탔었지("한국의학의 선구자를 찾아서 (3)",《대한의학협회지》제5권 제10호, 1962년 10월).

앞에서 보았듯이, 김교준은 지성연과 같은 특수한 경우를 제외하고는 의학교 졸업생으로서는 가장 늦게 의술개업인허장을 발급받았다. 김교준 자신의 증언에 의하면 '별로 필요가 없을 것 같아' 인허장 수령을 미루었지만, 통감부 측에서는 의학교 출신들이 인허장을 받지 않을까 봐 오히려 안달했던 모양이다. 처음에는 의술개업인허장을 의학교 출신들을 통제하는 수단으로 사용하다 방침이 바뀐 것이었을까?

광제원 터(1884년경 사진). 경복궁(오른쪽) 맞은편 지금은 복개가 된 삼청천 동쪽에 있었다.

5. 광제원-
전통과 근대의 절충

새로운 국립병원

1894년 9월 제중원의 운영권을 에비슨에게 이관하여 일반 국민들의 질병을 구료하고 건강을 관리하는 국립병원은 사실상 없어졌다. 바로 이듬해에 국립병원을 다시 설치하는 논의가 있었고 1896년 초에는 병원 설립비(4,555원)와 운영비(9,798원)를 예산에 계상하기도 했지만, 아관파천 등 정치적 혼란으로 실현되지는 못했다. 이 을미개혁기에 논의되었던 병원은 의학교 부속 기관으로 설치하는 것이었다.

그로부터 3년 남짓 지난 1899년 4월 24일 대한제국 정부는 칙령勅 令 제14호로 〈병원 관제病院官制〉를 반포했다. 〈의학교 관제〉(칙령 제9

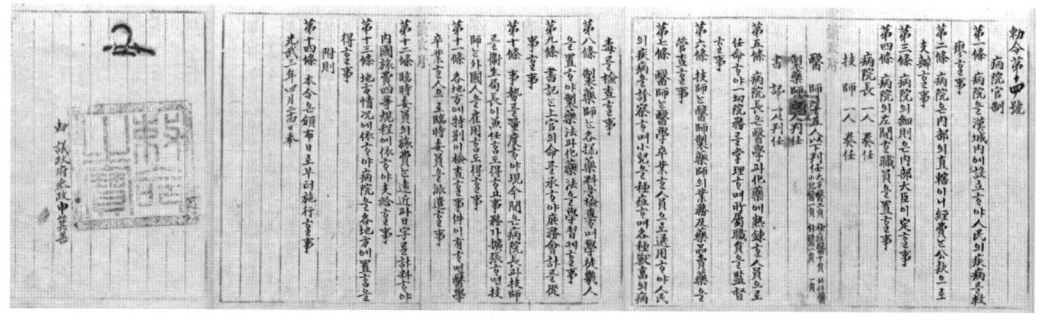

칙령 제14호 〈병원 관제〉. 맨 왼쪽 윗 부분에 국왕 고종의 친필 서명이 있다.

호)가 반포되고 나서 정확히 한 달 뒤의 일이었다. 우선 〈병원 관제〉에 대해 꼼꼼히 짚어보자.

- 제1조 병원을 한성 내에 설립ᄒ야 인민의 질병을 구추救瘳(낫게 함)홀 사

이 새로운 국립병원의 정식 명칭은 아무런 수식어 없이 그저 '병원'이었다. '의학교'와 마찬가지 방식의 호칭이었다. 1년 3개월 뒤 광제원廣濟院으로 개칭할 때까지는 '병원', 또는 관할 부서가 내부內部라는 점에서 '내부병원'이라고 불렸다. 그리고 병원의 역할은 일반 '인민'의 질병을 구추하는 것이었으며, 병원은 수도인 한성에 두었다.

- 제2조 병원은 내부의 직할이니 경비는 공관公款으로 지판支辦홀 사

병원은 내부(행정자치부) 직할이며, 운영비를 정부 예산으로 지출하는 국립병원이었다. 그런데 한 가지 특이한 점은 의학 교육을 담당하는 의학교(학부 소속)와 환자 진료를 담당하는 병원을 분리한 것이었다. 조선에서는 전통적으로 의학 교육과 환자 진료를 같은 기관이 담당했다. 전의감典醫監과 혜민서惠民署가 그런 성격의 기관이었으며, 1885년에 설립된 조선 최초의 근대식 국립병원 제중원도 마찬가지였다. 을미개혁기의 논의에서도 병원을 의학교의 부속 기관으로 설치할 계획이었다. 〈병원 관제〉 제정 과정에서 참고했을 일본도 의학 교육기관과 병원이 분리된 경우는 찾아보기 어렵다. 그런데 1899년의 〈관제〉에서 의학교와 병원이 완전히 분리된 것이다. 그렇게 된 연유를 알 수 없지만

학부와 내부 사이의 힘겨루기와 타협의 결과였을 수도 있겠다는 생각이 든다.

- 제3조 병원의 세칙은 내부대신이 정홀 사
- 제4조 병원의 좌개左開홀 직원을 치홀 사
  병원장 1인 주임奏任 기사 1인 주임
  의사 15인 이하 판임判任 대방의 2원員 종두의 10원 외과의 1원
  소아의 1원 침의 1원
  제약사 1인 판임 서기 1인 판임

병원의 정규 직원은 주임 2명, 판임 17명 등 최대 19명이었으며, 서기 1명을 제외하고는 모두 의료직이었다. 이것은 정규직 의사 1명과 학도(조수격) 4명을 두었던 제중원과는 비교할 수 없는 큰 규모이다. 그리고 의사 15명 가운데 종두의사가 3분의 2인 10명이나 되었다. 이를 통해 당시 두창痘瘡이 얼마나 큰 보건의료 문제였는지를 짐작할 수 있으며, 이 병원에서 종두의사의 발언권이 상당히 강했을 것이라는 점도 짐작할 수 있다.

그 밖의 의사로는 대방의大方醫(성인 환자를 진료하는 내과의사), 외과의사, 소아과의사, 침의針醫를 두었으며, 이 가운데 순수한 의미의 한의사는 침의 1명밖에 없었다. 병원(광제원)이 한방병원이었다고 하는 주장이 적지 않은데 적어도 이 〈관제〉로는 근대의학(양방) 위주의 병원이었다(자세한 실상에 대해서는 뒤에 살펴보도록 한다).

- 제5조 병원장은 의학과 화약化藥에 숙련홀 인원으로 임명호야 일

체 원무를 쟝리ᄒᆞ며 소속직원을 감독홀 사
- 제6조 기사ᄂᆞᆫ 의사 졔약사의 업무 급及 약품매약을 관사管査홀 사

병원의 책임자인 병원장은 단순히 관리직이 아니라 '의학과 화약(화학, 약학)에 숙련한 사람' 중에서 임명토록 했다. 외아문 독판이나 협판이 제중원 원장을 겸한 것과 뚜렷이 구별되는 점이다. 특이한 것은 병원장 이외에 기사技師를 두어 '의사, 제약사의 업무와 약품, 매약을 관리, 감독'토록 한 것인데, 그렇게 한 연유에 대해서는 연구가 필요하다.

- 제7조 의사ᄂᆞᆫ 의학 졸업ᄒᆞᆫ 인원으로 선용選用ᄒᆞ야 인민의 질병을 진찰ᄒᆞ며 소아을 종두ᄒᆞ며 각종 수축獸畜의 병독病毒를 검사홀 사

의사의 임무는 질병 진료와 종두 시술 외에 가축병의 검사까지 하도록 규정되었다. 수의사가 없는 상황에서 그 역할까지 하도록 한 것이었다. 또한 이 〈관제〉에는 의학을 졸업한 사람 가운데에서 의사를 임명하도록 했다. 여기에서 '의학을 졸업한 사람'이라면 '의학교'와 '종두의양성소' 졸업자 두 가지 경우를 생각할 수 있다. 신식(근대식) 의학 교육을 받은 사람들로 병원을 운영하겠다는 방침인 셈이다. 종두의사들이 의사직을 선점했기 때문인지 의학교 졸업자들은 아무도 그 자리를 차지하지 못했는데 병원의 발전이라는 측면에서 아쉬운 점이다.

- 제8조 제약사ᄂᆞᆫ 각양 약료을 검사ᄒᆞ며 학도 기인幾人을 치置ᄒᆞ야 제약법과 화약법化藥法을 학습케 홀 사

- 제9조 서기는 상관의 명를 승承ᄒᆞ야 서무회계를 종사홀 사

병원은 기본적으로 진료만을 담당하는 기관이었지만, 제약 및 약학 교육은 하도록 했다. 별도로 약학교를 설립하기 어려운 사정을 반영한 것으로 생각된다.

- 제10조 사세事勢를 양도量度ᄒᆞ야 현금간은 병원장과 기사를 위생국장이 겸임홈도 득ᄒᆞ고 사무가 확장ᄒᆞ면 기사는 외국인을 고용홈도 득홀 사

이 조항대로 실제 병원장과 기사를 위생국장이 겸임하는 경우가 흔했다. 그만큼 고급 의료인력이 부족했기 때문이었을 것이다. 그리고 외국인 기사를 고용할 수 있다는 규정은 훗날 일제가 병원을 장악하는 통로가 되었다(일본군 군의관을 지낸 사사키 시호지佐佐木四方志가 1906년 2월 9일 광제원 의장醫長이 되어 광제원과 한국 의료계를 장악하기 시작했다). 하지만 그 조항이 없었다 해도 일제의 침탈을 막을 수는 없었을 것이다.

- 제11조 각 지방에 특별이 검사홀 사건이 유有ᄒᆞ면 의학 졸업혼 인으로 임시위원을 파견홀 사
- 제12조 임시위원의 여비는 원근과 일자를 계료計料ᄒᆞ야 내국여비 4등 규정에 의ᄒᆞ야 지급홀 사

앞에서 언급했듯이 의학교를 졸업한 사람이 병원의 정식 의사로 임

명된 경우는 없었다. 대신 많은 수가 병원(광제원) 임시위원으로 임명되어 활동했으며, 위의 조항에 따라 출장비도 지급받았다.

- 제13조 지방정황에 의ᄒ야 병원을 각 지방에 치흠을 득흘 사
  부칙 제14조 본령은 반포일로부터 시행흘 사
  광무 3년 4월 24일 의정부 참정 신기선申箕善

대한제국 정부는 수도 한성뿐만 아니라 지방에도 비슷한 성격의 병원을 설치할 계획을 가지고 있었다. "지방정황에 의ᄒ야 의학교를 지방에도 치흠을 득흠이라"는 〈의학교 관제〉의 제12조와 짝을 이루

1903년 4월 25일 탁지부 대신 김성근金聲根이 의정부 의정 이근명李根命에게 보낸 청의서. 지난해(1902) 가을 광제원에서 의학교 졸업인을 임시위원으로 임명하고 여러 지방에 파견하여 구제활동을 하는 데 사용했던 여비와 약값 2,373원을 지급해 달라는 내용이다. 이때 의학교 제1회 졸업생들이 대거 이 사업에 참여했다. 광제원 임시위원이 단순히 명목뿐인 것은 아니었음을 뒷받침하는 자료이다.

는 것이었다. 하지만 그러한 계획은 달성되지 못했고, 한성의 병원도 1906년 초부터 일제의 침탈을 받기 시작하여 1907년에는 일제가 주도하여 만든 대한의원으로 통폐합되는 비운을 맞이했다.

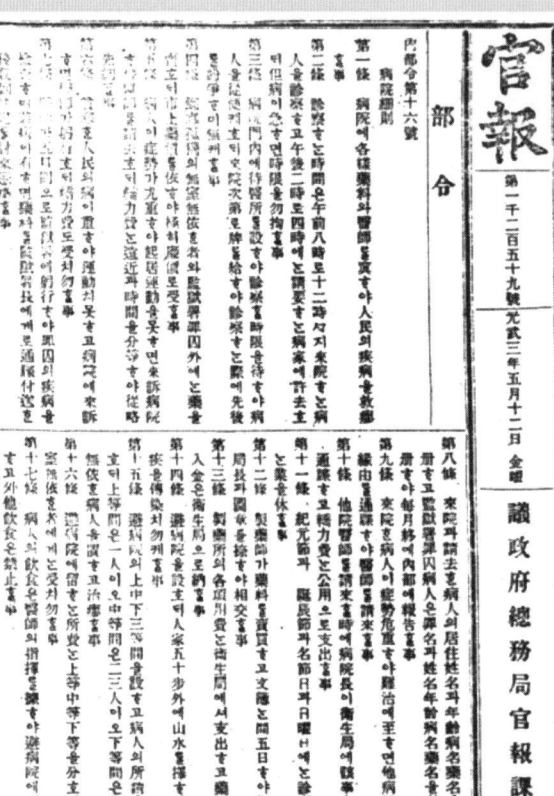

내부령 제16호 〈병원 세칙〉《관보》 1899년 5월 12일자).

광제원의 운영 상황

〈병원 관제〉 제3조 '병원의 세칙은 내부대신이 정할 사'에 따라 1899년 5월 8일 내부령 제16호로 〈병원 세칙病院細則〉이 마련되었다. 병원의 운영 원리를 담은 이 세칙을 상세히 살펴보자(실제와 차이나는 점이 없지 않지만 병원은 대체로 이 세칙에 따라 운영되었다).

> 제1조 병원에 각양 약료와 의사를 치치置하야 인민의 질병을 구추救瘳할 사
> 제2조 진찰하는 시간은 오전 8시로 12시까지 내원하는 병인을 진찰하고 오후 2시로 4시에는 청요請要하는 병가病家에 허거許去호되 단 병이 급하면 시한時限을 물구勿拘할 사

이 병원에서는 외래外來 진료와 왕진往診의 두 가지 방법으로 환자들을 진료했다(전염병 환자를 진료하는 피병원 외에 입원환자에 대한 조항은 없다). 즉 오전 8시부터 12시까지는 병원을 찾아오는 환자들을 진료하고, 오후 2시부터 4시까지는 왕진을 요청하는 환자들을 그 집으로 찾아가 진료하는 방식으로 병원을 운영했다. 그리고 병이 위급한 경우에는 어느 때이든 왕진을 가도록 했다. 교통수단이 마땅치 않던 당시에 거동이 어려운 환자들을 위한 적절한 조치였던 왕진은 그 뒤로도 오랫동안 활용되다 1970년대 이후에는 거의 찾아보기 어려운 것이 되었다. 북한에서는 지금도 의사들이 자신이 담당한 구역의 환자들을 찾아가서 진료하는 모습이 남아 있다고 한다(의사담당구역제 또는 호담당제).

> 제3조 병원문 내에 대의소待醫所를 설하야 진찰할 시한을 대待하야

병인을 종편從便케 호되 내원 차제次第로 패牌를 급급給하야 진찰하는 제際에 선후를 분쟁하미 무無케 할 사

외래 진료를 받으러 병원을 찾은 환자들은 순서표를 받아 대기실에서 기다리도록 했다. 〈관제〉에 규정된 정규 직원 이외의 사람들이 이러한 안내를 담당했을 것으로 여겨진다.

제4조 환과고독鰥寡孤獨의 무실무의無室無依한 자와 감옥서 죄수 외에는 약을 매매賣호되 시상市上 약가를 의하야 극히 염가로 수受할 사

이 병원은 무상진료와 유상진료를 병행했다. 홀아비, 과부, 고아, 늙어서 자식이 없는 사람 등 곤궁하고 불쌍한 처지의 환자들과 감옥에 수감된 죄수 환자들은 무상으로 진료하고, 그 밖의 환자들은 염가로 진료했다. 진료의 수준과 내용을 떠나 국립병원의 좋은 본보기였다.

제5조 병인이 증세가 우중尤重하야 기거운동을 못하면 내소來訴 병원하야 의사를 청거請去호되 교력비轎力費는 원근과 시간을 분등하야 종략從略 선납할 사
제6조 빈한한 인민의 병이 중하야 운동치 못하고 병원에 내소하면 의사가 궁행躬行호되 교력비도 수치 물勿할 사

왕진을 청하는 경우 의사의 교통비(가마 값)는 거리와 시간을 계산하여 환자 측에서 미리 지불하도록 했다. 하지만 가난한 환자는 이 비용도 면제받았다.

제7조 의사가 5일간으로 감옥서에 궁행하야 죄수의 질병을 검사하며 약若 병이 유有하면 약료를 감옥서장에게로 통첩부송通牒付送한 후 수도건기收到件記를 토래빙준討來憑準할 사

의사는 1주일에 5일씩 감옥으로 가서 죄수들을 진료했다. 죄수 환자가 늘어나서였는지 1900년 4월부터는 매일 진료로 바뀌었다. 그리고 환자가 있는 경우 치료에 필요한 약을 감옥서장에게 보내도록 했고, 그 사실을 기록한 문서를 받아와 확인하도록 했다.

제8조 내원來院과 청거한 병인의 거주 성명과 연령 병명 약명을 성책成册하고 감옥서 죄수 병인은 죄명과 성명 연령 병명 약명을 병성책幷成册하야 매월 종終에 내부에 보고할 사

외래 환자, 왕진 환자, 죄수 환자들의 주소(죄수는 죄명), 이름, 나이, 진단명(병명), 약 이름을 기록하여 책으로 묶어 매달 말일에 내부(위생국)에 보고하도록 했다. '진료기록부'를 만들도록 한 것이다. 그러나 애석하게도 이 진료기록부는 아직까지 발견되지 않고 있다. 만약 이것이 발견된다면 대한제국기 환자들의 실상과 병원의 운영을 이해하는 데 크게 도움이 될 것이다.

제9조 내원한 병인이 증세 위중하야 난치에 지至하면 타 병원의 연유를 통첩하야 의사를 청래請來할 사
제10조 타원 의사를 청래할 시에 병원장이 위생국에 해該 사유를 통첩하고 교력비는 공용으로 지출할 사

이 병원에서 충분히 치료하기 어려운 환자가 있는 경우 다른 병원의 의사를 불러 도움을 받도록 했다. 그리고 그럴 경우 그 의사의 교통비는 환자 대신 병원이 지불하도록 했다. 여기에서 다른 병원이란 일본인이 운영하는 한성병원, 찬화의원과 구리개 제중원 등으로 생각된다.

제11조 기원절과 탄신절과 명절일과 일요일에는 진찰하는 업을 휴할 사

병원은 기원절(태조 이성계가 조선을 개국한 개국기원절開國紀元節과 고종이 황제로 등극한 계천기원절繼天紀元節), 탄신절(황제와 황태자의 생일), 그리고 설과 추석 등 전통 명절과 일요일에는 진료를 하지 않았다.

제12조 제약사가 약료를 매매하고 문부文簿는 간間 5일하야 위생국장과 도장를 날捺하야 상교相交할 사

제약사는 약을 매매한 기록부를 작성하여 5일치를 묶어 위생국장에게 보고하고 날인한 것을 서로 바꾸도록 했다. 이 조항대로라면 '매약(처방)기록부'는 병원과 위생국에 각각 1부씩 2부가 있었을 것이다. 이 기록부도 앞에서 언급한 진료기록부와 마찬가지로 발견된 바가 없다.

제13조 제약소의 각항 용비는 위생국에서 지출하고 약가수입금은 위생국으로 납할 사

병원의 주 수입원인 약값은 위생국에 납부하도록 했고, 필요한 경

비는 위생국에서 받아쓰도록 했다. 철저한 중앙 관리 방식이었다.

제14조 피병원避病院을 설호되 인가人家 50보步 외에 산수를 택하야 악질을 전염치 물勿케 할 사

병원에는 별도로 전염병 환자를 수용, 치료하는 피병원을 설치하도록 했는데, 전염을 방지하기 위해 인가에서 50보(약 50미터?) 이상 떨어지도록 했다.

제15조 피병원의 상중하 삼등간을 설하고 병인의 소청을 의호되 상등간은 1인이오 중등간은 2~3인이오 하등간은 무실무의한 병인을 치치置하고 치추治療할 사
제16조 피병원에 유留하는 소비所費는 상등 중등 하등을 분分호되 무실무의한 자에게는 수치 물할 사

피병원에는 1인실(상등간), 2~3인실(중등간), 빈민환자용 병실(하등간)을 두었다. 그리고 피병원에 입원한 환자에게는 병실의 종류에 따라 진료비를 받되, 빈민환자는 무상으로 진료하도록 했다.

제17조 병인의 음식은 의사의 지휘를 거據하야 피병원에서 궤饋하고 외타 음식은 금지할 사
제18조 병인의 친족 간의 내원하야 구호하는 자의 음식은 혹 운전 내왕運轉來往하야도 의사가 검사할 사

피병원에 입원한 환자들의 음식은 의사의 지휘를 받아 주도록 하고 (병원 급식), 외부에서 환자의 음식물을 반입하는 것은 금지했다. 그리고 환자를 간병하는 가족, 친척의 음식을 외부에서 반입하는 경우 의사가 검사하도록 했다.

제19조 피병원에 의사가 매일 1차식式 궁왕躬往 진찰하고 내왕인來往人의 의복 거여車輿를 소독할 사

의사는 매일 한 차례 피병원에 가서 환자를 진료하고 피병원에 내왕한 사람들의 의복과 자리(순한글 신문인 《독립신문》에 이 '거여'가 '자리'로 기재되어 있다)를 소독하도록 했다.

제20조 무실무의한 자가 병원에서 사死하면 사시死屍는 지방매장비예를 의하야 위생국에서 공관公款으로 지판할 사

병원에서 연고가 없는 환자가 사망하는 경우 매장비용은 위생국에서 지불하도록 했다. 시신을 함부로 내다버리지 않도록 하는 조치였다.

제21조 피병원에서는 염병染病 호열자병虎列刺病 폐창癈瘡 등으로 타인에게 전염되는 병인을 치추할 사

피병원의 역할은 장티푸스(염병), 콜레라(호열자병) 등 전염병에 걸린 환자를 진료하는 것이었다. 이 조항은 제13조 다음에 두는 것이 더 적절해 보인다. 여기에서 폐창癈瘡(고질병?)이 어떤 병을 뜻하는지 확실치 않다. 폐癈는 발發의 오식誤植으로 발진티푸스를 뜻하는 것일 수

도 있다. 1899년 8월 16일 제정된 〈전염병 예방규칙〉에는 콜레라, 장티푸스, 적리(이질), 디프테리아實布垤利亞, 발진티푸스, 두창 등 6가지가 법정전염병으로 규정되어 있다.

　　제22조 피병원에셔 병인이 30명이 逾하면 병원장이 내부로 보고할 사

피병원에 입원한 환자가 30명이 넘으면 병원장은 내부에 보고하도록 했다.

　　제23조 호열자와 전염병이 有하면 진찰하는 시간을 물구하고 제 의사가 합동시무할 사

전염병 환자가 있는 경우 여러 의사가 협력하여 진료하도록 했다. 그만큼 전염병을 매우 중대한 보건 문제로 인식했기 때문이었다.

　　제24조 감옥서에도 피병간을 치하야 악질이 유하면 해간에 이수移囚하야 타 죄인에게 전염치 물케 할 사
　　광무 3년 5월 8일 의정부 찬정 내부대신 이건하李乾夏

감옥에 전염병 환자가 생기는 경우 따로 피병실을 만들어 환자를 그곳에 격리하여 다른 죄수에게 전염이 되지 않도록 했다. 이 정도의 조치로 어느 정도 효과를 거두었을지 모르지만 죄수들의 건강을 염려하는 것은 진일보한 모습이었다.

내부대신 이건하李乾夏가 의정부 의정 윤유선尹容善에게 제출한 〈병원 관제 중 개정에 관한 청의서〉(1900년 5월 8일자). 병원에서 함께 취급하던 종두에 관한 인원과 사무를, 신설하는 종두사種痘司로 이속移屬하게 되어 〈병원 관제〉 중에 개정할 어구가 많고, 병원이라는 칭호는 의질제생醫疾濟生한다는 본뜻에 미치지 못하므로 광제원으로 개정함이 타당하여 칙령안을 제출한다는 내용이다. '광제廣濟'라는 글자를 쓴 종이(개부표)를 덧붙였고, 그 종이 아래에는 '보시普施'라는 글자가 적혀 있다. 〈병원 관제 중 개정〉이 반포된 것은 청의서가 제출된 지 두 달 가까이 지난 6월 30일이었다. 이는 매우 이례적인 일이지만, 그렇게 된 연유를 파악하기는 어렵다.

광제원의 변천

1899년 4월 내부 소속으로 설립된 '병원'은 그 뒤 몇 차례의 변천을 거쳤다. 우선 병원의 명칭이 1년 2개월 뒤 '광제원廣濟院'으로 바뀌었다. 1900년 6월 30일에 반포된 칙령 제24호 〈병원 관제 중 개정〉에서는 보시원普施院으로 개칭하였다가 7월 9일 광제원으로 개부표改付標(원래의 결정을 원천 무효시키는 수정 방식)되었다.

〈병원 관제 중 개정에 관한 청의서〉(1900년 5월 8일자)에 따르면, '병원'보다 '광제원'이 "질병을 치료하여 널리 중생을 구제한다[醫疾濟生]"는 기관 설립의 취지에 더 잘 어울린다는 것이었다. 당시 용법으로 '은혜를 널리 베푸는 곳'이라는 보시원은 광혜원廣惠院과 좀 더 가깝고, 광제원은 제중원濟衆院과 더욱 비슷한 의미를 갖는 표현일 것이다.

1900년 6월 30일의 관제 개정으로 광제원은 종두시술 기능과 관련 인원(종두의사)을 한성종두사漢城種痘司로 넘긴 대신, 대방의 1명과 외

한성종두사漢城種痘司. 종묘와 창덕궁 등 동쪽 궁궐을 야간에 순찰하는 임무를 담당했던 옛 좌순청左巡廳 청사를 개조하여 사용했다. 지금 지하철 종로3가역 11번 출구 근처에 있었다. 1908년 4월경부터는 한성위생회 청결사무소로 쓰였다(경복궁 등 서쪽 궁궐을 담당한 우순청은 광화문 네거리 기념비전紀念碑殿 자리에 있었으며, 1898년부터 1902년까지 황성신문사 사옥으로 쓰였다).

과의 1명이 증원되어 일반 진료 기능은 약간 확충되었다.

1905년 2월 26일 〈광제원 관제〉가 다시 개정되어, 광제원은 종두시술 기능을 회복했으며 의사 5명, 제약사 1명, 서기 1명, 기수技手 2명 등 인원도 많이 늘어났다. 또한 한약소韓藥所, 양약소洋藥所, 종두소 등 역할에 따라 부서가 설치되었다(대한제국 시기에는 대체로 '한약'을 한자로 '韓藥'이라고 썼다. 하지만 일제 강점기에는 '韓藥'이라는 표현은 거의 사라지고 '漢藥'이 재등장했다. 이처럼 일제는 철두철미하게 민족적인 것을 말살하려 했다).

그 뒤로 관제 개정은 없었지만 광제원에는 더욱 큰 변화가 나타났다. 1906년 초 직제에도 없는 의장醫長으로 광제원에 발을 들여놓은 사사키 시호지佐佐木四方志는 역시 아무런 법률적 근거도 없이 한약소, 양약소, 종두소를 철폐하고 새로 내과, 외과, 안과, 이비인후과, 산부인과를 설치한 뒤 일본인 의사들을 각과의 책임자로 선임하는 한편 한국인 의사들을 축출했다. 일본이 한국을 병탄하는 과정의 축소판이었다.

의학교는 1907년 3월 〈대한의원 관제〉 제정으로 소멸될 때까지 자주성을 잘 지켰던 데에 반해서 광제원은 그보다 1년 가량 앞서 이미 사실상의 식민지 의료기관이 되었던 것이다.

조금 화제를 바꾸어, 대한제국 시기에 국립병원 의사들의 경제적, 사회적 처지가 어떠했는지 알아보자.

1899년 8월 25일, 대한제국 정부는 칙령 제35호로 〈관립병원 관등봉급령〉을 제정, 공포했다. 〈병원 관제〉에서와 마찬가지로 원장과 기사의 관등은 주임奏任, 의사·약제사·서기는 판임判任이었으며 관등과 급봉給俸에 따른 봉급액은 〈표 30〉와 같았다. 이것은 관립 각종학교 교관, 교원과 거의 비슷한 것이었다. 즉 병원장과 기사는 의학교의 주임교관과 같은 대우를 했으며, 의사·약제사·서기는 의학교의 판임교관 또는 보통학교 등의 교원과 같은 대우를 했다.

〈표 29〉 광제원 직제의 변천

날짜	1899.4.24.	1900.6.30.	1905.2.26.	1906.5.
근거	칙령 제14호 〈병원 관제〉	칙령 제24호 〈병원 관제 중 개정〉	칙령 제18호 〈광제원 관제〉	없음
병원 명칭	병원	광제원*	광제원	광제원
직원	원장 1인 기사 1인 의사 15인 제약사 1인 서기 1인	원장 1인 기사 1인 의사 7인 제약사 1인 서기 1인	원장 1인** 의사 12인 제약사 2인 서기 2인 기수 2인	
의사/부서	대방의 2인 종두의 10인 외과의 1인 소아의 1인 침의 1인	대방의 3인 외과의 2인 소아의 1인 침의 1인	한약소 4인 양약소 3인 종두소 5인	한약소, 양약소, 종두소 대신 내과, 외과, 안과, 이비인후과, 산부인과 설치
의사 자격	의학 졸업인	의학 졸업인	의학 졸업인	한국인 의사 축출
기능	질병 진료 종두 시술 가축병 검사	질병 진료 가축병 검사 (종두시술이 빠짐)	질병 진료 종두 시술 가축병 검사	

* 6.30자에는 '보시원'이었지만 7.9자로 '광제원'으로 개부표됨.
** 원장은 내부 위생과장이 겸직하는 것으로 규정됨.

〈표 30〉 병원과 관립학교 직원 봉급

병원 직원 봉급				관립학교 교관·교원 봉급			
관등	급봉	월봉	연봉	관등	급봉	월봉	연봉
주임	1급봉	60원	720원	주임교관	1급봉	60원	720원
	2급봉	50원	600원		2급봉	50원	600원
	3급봉	40원	480원		3급봉	40원	480원
판임	1급봉	30원	360원	판임교관 교원	1급봉	30원	360원
	2급봉	25원	300원		2급봉	25원	300원
	3급봉	20원	240원		3급봉	20원	240원
	4급봉	15원	180원				
〈관립병원 관등 봉급령〉 (1899년 8월 25일 반포)				〈관립각종학교 교관교원 봉급 개정〉 (1899년 1월 5일 반포)			

〈관립병원 관등 봉급령〉《관보》 1899년 8월 28일자).

이렇듯 의사에 대한 대우는 교관(교수), 교원에 대한 것과 거의 같았다. 그러면 의사와 더불어 대표적인 전문직인 판사, 검사와 비교하면 어땠을까? 한마디로 관등에서도 큰 차이가 났거니와 봉급액도 비교할 바가 못 되었다. 병원장의 봉급은 재판장의 5분의 1 가량이었으며, 기껏 판사시보試補나 검사시보와 비슷한 정도였다. 이로 보아 당시 의사직은 입신출세를 꿈꾸는 사람들에게는 별로 매력적인 것이 되지 못했을 것이다.

의사의 봉급이 법관에 비해서는 훨씬 적었지만 다른 직업과 비교하면 결코 적은 편이 아니었다. 농부農部 소속 인쇄소의 사무원과 공장工匠의 월급은 12원, 고용인은 5원, 견습공은 8원이었으며, 우체부는 7

원이었다. 군인의 월급은 대령[正領] 106원, 대위[正尉] 46원, 소위[參尉] 28원으로 장교는 의사와 엇비슷했지만 하사관[正校]은 9원, 사병[兵卒]은 3원에 불과했다(당시는 개병제皆兵制가 아니었으므로 병졸도 '직업군인'이었다). 또한 1899년 4월 15일에 창간한 우리나라 최초의 경제 전문 일간지인《상무총보商務總報》의 주필 월급은 20원이 안 되었다(서재필이 주한 일본 변리공사 가토加藤增雄에게 넘겨 준 자료에 의하면,《독립신문》은 재정 상황이 좋았는지 주필 서재필은 월 150원(중추원 고문 월급 300원은 별도), 언문(한글) 담당 조필助筆(주시경이었을 것이다)은 월 50원을 받았다). 당시《관보》1년 구독료는 6원이었으며 쌀 한말 값은 1~1.6원이었다.

〈표 31〉 평리원 및 각 재판소 직원 봉급

관등	직책	연봉	
칙임 1등	재판장	3500원	
2등	〃	3000원	
		1급봉	2급봉
3등	판사, 검사	2,400원	2,200원
4등	〃	2,000원	1,800원
주임 1등	판사, 검사	1,500원	1,400원
2등	〃	1,300원	1,200원
3등	〃	1,100원	1,000원
4등	〃	900원	800원
5등	판사시보, 검사시보	700원	650원
6등	〃	600원	550원

출처: 〈평리원 및 기타 각 재판소 직원 관등 봉급령〉(1899년 5월 30일).

오늘날은 어떨까? '2011년도 공무원 봉급표'를 보면 월봉(본봉)으로 국립대학 교원은 33호봉이 447만 3,400원, 1호봉이 159만 8,400

원이고, 초중등학교 교원의 경우는 40호봉이 408만 5,600원, 1호봉이 124만 3,700원이며, 대법원장은 894만 900원, 대법관 633만 2,700원, 일반법관 17호봉 632만 3,400원, 1호봉 240만 9,900원이다. 국공립병원 직원들의 봉급에 관해서는 별도로 발표된 자료가 없지만 국립대학 교원과 비슷하거나 조금 많을 것이다. 100년 전에 비하면 법관과 국공립병원 의사의 봉급 차이는 많이 줄어든 셈이다. 100년 전과 지금, 어느 쪽이 나은 세상일까?

광제원의 의료진

〈병원 관제〉가 반포되고 이틀 뒤인 1899년 4월 26일 병원 직원에 대한 인사 조치가 있었다. 원장 겸 기사는 위생국장 최훈주崔勳柱가 겸임토록 했으며, 의사로는 김교각金敎珏, 이만식李晩植, 이응원李應遠, 임준상林浚相, 이인직李寅稙, 김성배金聖培, 이세용李世容, 박형래朴馨來, 이호경李浩慶, 이호형李鎬瀅, 한우韓宇, 노상일盧尙一 등 12명이 임명되었다. 또한 고영실高永實이 약제사로, 조동현趙東顯이 서기로 발령을 받았다. 그리고 4월 27일에는 추가로 피병준皮秉俊이 의사로 임명되었다.

초대 병원장으로 임명된 최훈주가 의사로서 교육을 받거나 활동했던 기록은 발견되지 않는다. 그러나 "작일昨日에 내부 위생국장과 주사들이 감옥서에 왕往하야 죄수를 검사하난대 …… 전일 조석구씨가 감옥서장으로 재在할 시에난 매일 옥중을 소쇄掃麗하야 거처가 청결하더니 근일은 죄수간間에 예물穢物이 퇴적하야 악취가 해비觸鼻하니 위생에 대단 유해할지라 위생국장 최훈주씨가 간간間間이 검진하고 오예를 소독하얏다더라"(《황성신문》1899년 4월 29일자)라는 기사를 보면 최훈주가 근대적 위생과 의료에 어느 정도 소양을 지녔음을 짐작할 수 있다. 최훈주는 병원장으로 임명받자마자 감옥서를 방문하여 실태를 점검하고 개선 조치를 취했던 것이다.

최훈주는 내부 참서관 시절 국왕에게 제출한 상소문에서 "지금 위생국의 황폐한 상태는 실로 애석한 일입니다. 마땅히 병원을 설치하여 위급한 생명을 구원한다면 명의名醫의 처방을 징험할 수 있을 것입니다"(《고종실록》1897년 12월 21일자)라고 진언한 바 있었다. 이것이 인연이 되었는지 최훈주는 위생국 국장과 병원 원장을 지내게 되었다.

의사로 임명받은 13명 가운데 이호형, 한우, 노상일을 제외한 10명

其材而分任十部則臣如屛幹之固國如盤泰之安矣其計九也現今衛生局之荒廢實爲可惜宜設病院或救危命則華扁之神方可驗矣其計十也批曰所陳當留念矣○前司果呂衡燮疏略成鏡北道十郡之地長雖云千里廣不過數百里其計年月給則合爲五萬元以十郡之殘力萬難劃處之得宜營郡之大關也比土結不滿四萬戶而特設地方隊兵丁五百名此實爲邊圍之驛鎭堡屯本民耕食而稅納則軍料民情從便相亭也十郡內沿海魚鹽場市之稅及公錢米穀逐條査實則年計至十餘萬之利矣亦足以量支放而便軍需俾無萬全之恩澤焉批曰民情攸關自有觀察守令講究者矣○二十二日議政府議政署理外部大臣趙秉式等聯名再疏批曰已有昨日之批其勿夏煩○弘文館副學士尹定求等聯疏 聯銜職姓名與政府批日兩罪人事與憤宜其同然而今此處分亦有所斟量者爾等諒悉○眞殿酌獻禮時贊禮以下施賞有差兼掌禮秘書丞閔泳敎第一室大祝李民夏第五室大祝徐相勛加資○二十三日御淸穆齋親押景孝殿朔祭祝文○議政府議政署理外部大臣趙秉式等聯名三疏批曰如是聯陳固知出於公憤而獨不念惟恤之義乎卿等諒志更勿煩瀆○弘文館副學士尹定求等聯名再疏批曰已有前批矣勿

《고종실록》 1897년 12월 21일자. 내부 참서관 최훈주가 국왕에게 (국립)병원 설치를 진언했다는 기록이다. 이 상소가 있은 지 1년 4개월 뒤에 병원이 설립되었으며, 최훈주는 초대 병원장으로 임명받았다. 당시 국립병원 설립은 최훈주 개인의 소망이라기보다 민중들의 염원과 열망이 담긴 것으로 보아야 할 것이다.

이 일본인 의사 코죠古城梅溪가 세운 종두의양성소 제1기 및 제2기 졸업생이었으며, 서기 조동현 역시 양성소 제2기 출신이었다.

그러면 종두의양성소 출신이 아닌 사람들은 어떤 경력과 배경을 가졌을까? 우선 한우韓宇는 사립 혜중국惠衆局에서 2년이 넘게 의사로 활동하면서 제법 명성을 날렸지만, 교육 배경은 알려진 바가 없으며 과거醫科에 합격한 사실도 없다.

"병원 기사 김각현(김교각의 오기이거나 이명異名일 것이다) 씨와 의사 한우씨가 감옥서에 진進하얏 검진한즉 죄수 총계가 239인인대 기중 병수病囚 안성화 등 24인은 창종瘡腫과 서증暑症이 유有하야 양약洋藥을 제급하고 김덕원 등 8인은 토사증과 제반 잡증이 유하야 본국약本國藥을 제급하얏다더라"《황성신문》1899년 8월 12일자)라는 기사(한우가 양약을 처방했다는 기록은 이것 말고도 여럿 있다)를 보면 한우가 일본인이나 서양인이 운영하는 병원이나 진료소에서 양약 조제법과 근대서양식 진료를 배웠을 것 같다(당시에는 오늘날과 달리 한의사와 의사가 뚜렷이 구별되지 않고 또 의료인 면허제도 자체가 확립되지 않았다. 그러니 우리가 오늘날의 시각에 입각해서 한우와 같은 사람이 한의사였는지 (양)의사였는지 판단하려 하는 것은 별 의미도 없고 가능하지도 않을 것이다).

한우가 근무했던 혜중국은 어떤 곳이었을까? 1896년 12월 무렵 "유지각한 여러 사람들이 가란한 사람이 병든 거슬 불샹히 녁여"《독립신문》1896년 12월 12일자) 설립한 혜중국(새문안 대궐, 즉 경희궁 흥화문 앞에 있었다)은 빈부귀천과 남녀노소를 가리지 않고 무료로 환자들을 진료했던 병원이다. 《독립신문》1898년 6월 16일자에 의하면, 혜중국에서는 개원 이래 1년 반 동안 빈민 환자 2만 4천여 명, 군인 2천 여 명, 죄수 200여 명을 무상으로 진료했다. 국가가 해야 할 일을 대신한 셈이었던 혜중국은 정부가 병원을 세우는 데 음으로 양으로 적지 않게 기여했다. 그리고 혜중국은 비슷한 역할을 하는 내부병원이 설립된 뒤로 환자가 줄어들어 1899년 말에 문을 닫은 것으로 여겨진다.

한우는 혜중국에서 2년 반, 내부병원/광제원에서 7년 가까이 간판 의사 격으로 (빈민)환자 진료에 헌신했으며, 1902년 콜레라(㣺症) 유행 시에는 피병준, 이규선李圭璿 등과 함께 수천 명의 생명을 구해내기도 했다. 하지만 한우는 사사키가 광제원에 의장으로 들어온 직후인 1906년 3월 규정에도 없는 시험에 불합격했다 하여 강제 퇴출되었다.

이호형李鎬瀅(1853년 또는 1856년 생)은 《관원이력서》에 따르면 '본국本國 의학'을 수업했으며, 1895년 4월 잠시 경상북도 관찰부 주사를 지낸 뒤 별다른 관직 경력이 없다가 내부병원 의사로 임명받았다. 그는 그 뒤 광제원 기사技師로 승진했고 1904년에는 태의원太醫院의 겸전의兼典醫(전의 다음 직급)로 임명되었다. 또 일제시대에는 의생醫生 면허(588번)를 받아 원산에서 활동했다. 이호형이 수학했다는 '본국 의학'은 한방을 뜻하겠지만, 어디에서 어떻게 공부했는지는 알 수 없다.

노상일盧尙一 역시 수학 경력을 알 수 없는데, 다음 기사를 보면 노상일은 어디서인가 양방 치료와 조제법을 배웠을 것으로 생각된다.

병원의사 노상일 김교각 양씨가 감옥서에 왕往하야 검진한즉 죄수가 총계 237인이라 기중 김덕원 등 7인은 적리증赤痢症(이질)이 유하고 이봉선 등 10인은 외감外感과 잡증이 유하고 이향백 등 5인은 창질瘡疾이 유하고 장기보 등 4인은 습종濕腫이 유하기로 기 증症을 각수各隨하야 양약을 제급하고 최병근 등 6인은 풍화風火와 잡증이 유하기로 한약을 제급하얏다더라

《황성신문》1899년 6월 13일자).

이 기사에 의하면 죄수 237명 가운데 이질, 감기, 창질(매독의 뜻으로도 쓰였는데 여기서는 확실치 않다), 부종 등으로 양약 치료를 받은 환자가 26명, 한약 치료를 받은 환자가 6명이었다.

또한 《독립신문》 1899년 5월 16일자는 노상일과 관련하여 다음과 같이 흥미로운 소식을 전하고 있다.

군기시골軍器寺골(서울시청 뒷편) 사는 의원 노상일씨가 일전에 내부병원 의사라 하는 새 벼슬을 하였는대 공동 사는 내부 시찰관 리재성씨가 00에서 000 셔로 맛나 말하되 집이 셔로 지척에 잇스니 잠간 자긔의 집에 오라고 청하엿더니 노 의샤가 과연 리 시찰의 집으로 가셔 셔로 보고 노 의사가 도라갈 때에 교군 고가雇價 12량(5월 19일자 기사에 8냥으로 정정)을 달나 하거늘 리 시찰이 말하야 갈아대 교군 고가가 무엇이뇨 한즉 노 의사의 대답이 의례히 물어내는 것이라 하고 고가를 밧아 갓다더라.

내부병원이 사간원(경복궁 건춘문 맞은 편) 자리에서 개원한 것은 6월 1일이었다. 하지만 이 기사를 보면 그 이전에도 왕진 진료는 하고 있었다. 또한 가마 값[轎軍雇價]이 거리와 시간에 따라 달랐지만 가까운 거리도 8냥이었다(당시 《황성신문》의 구독료가 한 달에 1냥, 1년에 11냥인 것에 비하면 결코 싸지 않았다). 그리고 일반인들은 일종의 왕진료(의사 수입은 아니었지만)라 할 가마 값에 익숙하지 않았던 것으로 보인다.

내부병원 의사로 발령받은 종두의양성소 출신 10명 가운데 선두주자는 김교각金敎珏이었다. 4월 26일자 인사에서 맨 앞자리를 차지했던 김교각은 6월 23일 병원의 2인자격인 기사技師로 승진했다. 원장과 기사를 겸했던 최훈주는 이때부터 원장직만 수행했다.

하지만 김교각은 8개월 남짓 뒤인 1900년 3월 3일 익명으로 투서했다 하여 내부병원 기사직에서 해임[免本官]되었다. 어떤 일이 있었던 것일까?

이 사건에 앞서 1월 15일 태의원 겸전의 이준규李峻奎가 최훈주에 이어 제2대 병원장으로 임명받았다. 이준규는 의과에 합격한 적은 없지만 태의원에 근무했는데, 이 같은 근무 경력은 피병준(태의원의 전신인 내의원에서 침의로 10년가량 근무했다)을 제외하고는 내부병원 의사들과 다른 점이었다.

《황성신문》 보도에 의하면, 병원 의사들이 원장 이준규에게 능멸과 위협[凌脅]을 당했다고 내부대신, 협판, 위생국장에게 익명으로 투서한 문제로 내부는 3월 3일 관련자들을 소집했다. 그리고 내부대신이 직접 대질 등을 통해 자초지종을 파악한 결과 기사 김교각과 의사 최광섭崔光燮이 투서자로 판명되어 두 사람을 해임했고, 이준규도 잘못이 있다 하여 15일 감봉[罰俸]에 처했다.

그 뒤 5월 24일자로 김교각의 징계가 해제되었지만 다시 내부병원에서 근무하지 못했던 반면, 최광섭은 6월 23일 의사로 재차 발령을 받았다(최광섭은 내부병원 의사로 임명되기 전, 회계원 주사 등으로 일했을 뿐 의료활동 기록은 보이지 않는다).

이 정도로 이 사건의 전말과 의미를 알기는 어렵다. 이 사건은 단순히 김교각과 이준규 사이의 개인적 알력일 수 있다. 아

《황성신문》 1900년 3월 5일자. 내부병원 기사 김교각과 의사 최광섭이 내부대신에게 익명으로 (병원장을 비방하는) 투서를 했다 하여 해임(면관)되었다는 내용이다.

니면 종두의양성소 출신과 기존 한의사[典醫]들 사이의 세력싸움과 갈등이 드러난 것일지도 모른다. 이례적으로, '병원 관제 개정' 및 〈한성종두사 관제〉 청의서가 제출된 지 거의 두 달이 지나서야 그에 대해 결정이 난 것도 이 사건과 관련이 있을지 모른다.

광제원에서 종두시술 기능을 떼어내어 별도로 한성종두사를 설치하고 며칠 지난 7월 9일 그에 따른 인사가 이루어졌다. 광제원의 의사로는 피병준, 한우, 이호영, 임준상, 이규선, 김병관金炳觀(사립 혜중국 의사), 이희복李喜復 등 7명, 제약사로는 이재봉李在琫, 서기에는 조동현이 임명되었다. 이 가운데 종두의양성소 출신은 피병준, 임준상, 조동현 등 3명으로 줄어들었다. 한편 한성종두사의 의사로는 이수일李秀一, 김성배, 이호경, 유관희劉觀熙, 성낙춘成樂春 등 5명, 서기에 이세용李世容이 임명되었다. 이수일을 제외하고는 모두 종두의양성소 출신이었다.

이에 앞선 4월 12일 위생국장 최훈주가 고원 군수로 전임하였고, 그 대신 이준규의 상관이었던 전의 박준승朴準承이 위생국장에 임명되었다. 요컨대 전의 출신 이준규가 광제원의 실권을 장악하고, 종두의양성소 졸업생들은 대부분 한성종두사로 전출되어 광제원에서는 힘을 잃었던 것으로 보인다. 그렇다면 김교각이 해임된 것은 광제원의 역학 관계에 변화가 나타남을 알리는 신호탄이었을 가능성이 크다.

이 일련의 과정이 단순한 세력 싸움인지, 아니면 광제원의 성격, 나아가 전반적인 의료정책을 둘러싼 노선투쟁인지는 앞으로 살펴보도록 하자.

탁지부대신 서리 김영준金永準이 1900년 10월 22일 의정부에 제출한 〈청의서〉. 이 청의서는 새 병원 건물 구입비 3,000원, 물품운반비 100원, 건물 수리비 100원 등 내부대신이 지출하여 달라는 3,200원에 대해 의정부 회의에서 논의해 줄 것을 요청하는 문서이다. 정부는 11월 3일자로 그 비용을 예산 외로 지출할 것을 결정했다. 이 문서에 의하면 광제원은 10월 7일 재동 서상영徐相永의 집으로 이전하였다. 광제원이 새로 이사한 건물은 1885~1886년 제중원이 사용했던 곳으로 1900년에는 서상영의 소유였다. 1905년부터 법관양성소 교관(교수)을 지낸 서상영이 언제 어떻게 옛 제중원 건물을 구입했는지는 확실치 않다.

광제원의 진료 실적

광제원(이 글에서는 개칭 이전까지 포괄해서 사용한다)의 환자 진료 실적은 당시 신문 보도를 통해 일부나마 파악할 수 있다. 여기에서는 《황성신문》에 보도된 사항들을 정리했다(다른 신문들까지 조사하면 좀 더 많은 사실을 알 수 있을 것이다. 그보다도 병원에서 작성했을 진료기록부와 약품대장이 발견되면 병원 진료와 운영의 더 구체적인 모습을 파악할 수 있을 것이다. 추후 작업이 필요한 부분이다).

〈표 32〉 환자 진료 실적(1899~1901)

	광제원	사립 혜중국
1899년 3월		441명(남 280명, 여 161명)
4월		411명(남 272명, 여 139명)
5월		471명(남 327명, 여 144명)
6월	745명(양약치료 515명, 한약치료 230명)	859명
7월	1,538명	
8월	1,446명	301명
9월	1,164명	270명
10월	1,227명	229명
11월	982명	186명(남 104명, 여 82명)
3월~11월		총 3,168명(월평균 352명)
6월~12월	총 8,191명(월평균 1,170명) (양약치료 4,755명, 한약치료 3,436명)	
1900년 2월	660명	
4월	1,173명 (+ 죄수 219명)	
5월	1,478명 (+ 죄수 374명)	
11월	1,200명	
1월~12월	총 1만6,414명(월평균 1,368명)	
1901년 연간	총 1만8,393명(월평균 1,533명)	

출처: 《황성신문》.

광제원은 1899년 6월 초부터 12월 말까지 7개월 동안 총 8,191명, 한달 평균 1,170명의 환자를 진료했다. 그 가운데 양약으로 치료받은 환자는 4,755명(월평균 679명), 한약 치료 환자는 3,436명(월평균 491명)으로 양약 치료 환자가 60퍼센트 가까이 되었다. 양방 및 한방 진료를 병행한 셈이었는데, 죄수 환자 진료를 보도한 기사들을 보면 한 의사가 양방과 한방을 겸용했던 것으로 생각된다.

직제상으로 한약소와 양약소가 구분된 1905년 2월 이후는 부서에 따라 한방과 양방 가운데 한 가지 방법만을 사용했는지, 궁금한 사항이다. 1906년 3월 부당하게 강제 퇴출당한 당시 한약소 소속의 한우韓宇는 그 이전에 양방 치료를 많이 했는데, 1905년 2월 이후에는 어땠을까? 또 광제원에서 많이 취급했던 전염병의 경우, 한방과 양방 분리 치료가 가능했을까? 소독과 같은 양방 방법은 한약소에서는 사용하지 않았을까? 그렇다면 굳이 한약소와 양약소를 분리했던 이유와 배경은 무엇이었을까?

광제원에서 진료한 환자는 1900년에는 월평균 1,368명, 1901년에는 1,533명으로 계속 늘어났다(진료 환자 실적에는 종두시술 수는 포함되지 않은 것으로 여겨진다). 1902년 이후에는 《황성신문》에 진료 실적이 보이지 않는데 광제원이나 위생국에서 발표를 하지 않은 때문인지, 아니면 신문사에서 보도하지 않은 것인지는 알 수 없다. 또 1900년부터 양방과 한방 치료를 받은 환자 수를 분리해 보도하지 않은 것도 마찬가지이다.

한편, 사립 혜중국은 관립병원 개원 이래 환자가 점차 줄어들어 결국 1899년 말쯤 문을 닫은 것으로 보인다. 혜중국을 이용한 환자 가운데 성별이 파악되는 경우는 남자 983명, 여자 526명으로 남자 환자가

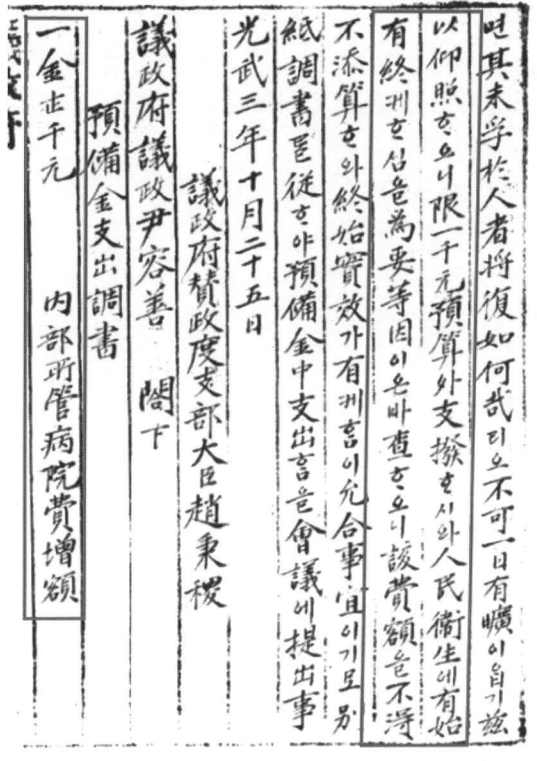

탁지부대신 조병직趙秉稷이 1899년 10월 25일 의정대신 윤용선尹容善에게 제출한 《청의서》. 내부 소관 병원이 인민들의 위생에 유사유종한 효과를 거둘 수 있도록 병원비 1,000원을 증액해 달라는 내용이다.

3분의 2가량을 차지했다. 광제원의 남녀 환자 비율도 그것과 크게 다르지 않았을 것으로 보인다.

어떤 기관의 운영 상황을 파악하는 한 가지 방법은 예산 액수와 내역을 검토하는 것이다. 당시 《관보》와 신문 보도를 종합하면 광제원과 한성종두사의 예산은 다음과 같았다.

1899년 개원 첫해의 광제원 예산은 3,000원이었다. 여기에 병원 건물(갑오개혁 때 혁파된 사간원司諫院 청사로 경복궁의 동쪽 문인 건춘문建春門 바로 건너편에 있었다) 구입비와 수리비가 포함되었는지는 확실하지 않다. 그리고 병원을 개원한 지 넉달 남짓 지난 10월 정부는 병원비 1,000원을 예비금에서 추가로 지출했다.

그리고 이듬해에는 8,424원으로 크게 증액되었으며, 1901년부터 1905년까지는 한성종두사 예산을 포함하여 1만 원을 조금 웃돌았다. 이것은 내부 전체 예산의 1.1~1.5퍼센트, 정부 총예산의 약 0.15퍼센트에 해당하는 것이었다. 당시 대한제국 정부의 재정 형편상 그리 적은 금액은 아니었다.

〈표 33〉 광제원과 한성종두사 예산

	광제원	한성종두사	합계	내부 총 예산	내부 예산 중 비율
1899년	3,000원			126만 2,892원	0.2%
1900년	8,424원			134만 3,465원	0.6%
* 별도로 새 병원 건물 구매 · 수리비 3,200원 지출(1900년 11월 3일)					
1901년	7,332원	3,282원	10,614원	98만 2,599원	1.1%
1902년	7,512원	3,354원	10,866원	97만 3,410원	1.1%
1903년	7,632원	3,354원	10,986원	98만 533원	1.1%
1904년	8,932원	4,250원	13,182원	99만 948원	1.3%
1905년	8,956원	4,160원	13,116원	89만 3,487원	1.5%
1906년	10,785원		10,785원	96만 856원	1.1%
* 별도로 병원 확장비 2만 7,805원 48전 2리 지출(1906년 5월 31일)					
1907년	33,947원			129만 6,126원	2.6%

정규 예산과는 별도로 1900년 11월 3일에는 광제원 구매 · 수리비 3,200원을 예산 외로 지출했다. 이 비용은 광제원이 건춘문 앞에서 재동으로 이전하는 데 든 것이었다. 광제원이 새로 이전한 건물은 1885년부터 1886년 11월 무렵까지 제중원이 사용했던 곳으로 이 당시는 서상영徐相永의 소유였다. '북서 재동 전 외아문상上 왜송倭松배이 집'(《황성신문》 1900년 10월 13일자 및 15~18일자)은 서상영의 집을 가리키는 것이었다(새 광제원 건물이 서상영 소유 가옥이라는 사실은 이미 10여 년 전에 카이스트 신동원 교수가 밝혔던 사실이다).

한편, 1906년 5월 31일에는 본 예산의 2배가 넘는 2만 7,805원이 '광제원 확장비' 조로 정부 예비금에서 지출되었다. 광제원 의장醫長 사사키佐佐木四方志가 법률적 근거도 없이 한약소, 양약소, 종두소를 철폐하고 새로 내과, 외과, 안과, 이비인후과, 산부인과를 설치하면서 든 비용이었다. 이로써 광제원은 7년 동안 견지해 오던 양한방 병용

방식을 포기하고 근대서양식 편제를 갖추게 되었다.

이번에는 광제원 예산을 세목별로 살펴보자. 광제원 예산은 봉급, 약품비, 환자(식)비, 기타 비용(청사유지비 및 잡급, 잡비)으로 나뉜다. 이 가운데 봉급이 60퍼센트 가량으로 가장 큰 부분을 차지했으며, 약품비는 대략 10퍼센트 남짓, 환자(식)비는 3~7퍼센트, 기타 비용은 20퍼센트를 조금 웃돌았다. 이렇게 예산의 대부분은 봉급과 운영비 등 경직성 항목에 지출되었고 환자 진료에 관련된 약품비와 환자(식)비는 기껏해야 20퍼센트에 머물렀다. 액수로 말한다면 환자 1인당 10전(0.1원)에 불과한 것이었다.

〈표 34〉 광제원 예산의 세목

	봉급	약품비	환자(식)비	합계
1903년	4,452원(58%)	1,000원(13%)	540원(7%)	7,632원
1904년	5,148원(58%)	1,200원(13%)	650원(7%)	8,932원
1905년	4,200원(47%)	1,200원(13%)	600원(7%)	8,956원
1906년	6,480원(60%)	1,000원(9%)	325원(3%)	1만 785원
1907년	2만 840원(61%)	3,548원(10%)	1,074원(3%)	3만 3,947원
	*내국인 봉급 4,500원, 외국인 봉급 1만 6,340원			

1907년에는 광제원 예산이 3만 3천여 원으로 크게 늘어났는데, 증액분의 대부분은 외국인(일본인) 봉급이었다. 정부가 국가 예산으로 일본인 의사들의 생활을 뒷바라지 한다는 힐난도 있었다. 하지만 당시 언론 보도를 보면 일본인 의사 채용에 대해 여론이 부정적인 것만은 아니었다(이 점에 대해서는 나중에 상세히 살펴보자). 그리고 얼마 지나지 않아 광제원은 대한의원으로 흡수, 폐합되었다.

광제원 장악의 1등 공신 사사
키 시호지.

일제의 광제원 장악

광제원은 기본적으로 빈민 환자들을 국고國庫로 진료하는 병원이었다. 1만 6,414명을 진료했던 1900년도의 병원 수입藥品放賣收入價은 439원元 62전錢 2리里로, 그 해 병원 지출 8,424원(병원 이전료 3,200원은 별도 지출)의 5퍼센트에 불과했다. 오늘날에는 공사립을 막론하고 전혀 생각할 수 없는 병원의 수지收支 상태였다.

한편, 일제(통감부)가 사실상 대한제국 정부의 재정을 장악한 1910년의 경우, 대한의원大韓醫院의 세출예산은 약 25만 환圜, 전주 청주 함흥 등지의 자혜의원慈惠醫院 세출예산은 4만 5천 환이었고, 이들 국공립 병원의 세입예산은 9만 5천여 환이었다(《관보》 1909년 12월 27일자). 불과 몇 해 사이에 병원의 수입·지출 규모가 엄청나게 커졌을 뿐만 아니라(세출은 1906년에 비해 23배가 되었다) 수지가 '근대화' 되었던 것이다(그렇더라도 병원의 수입은 지출의 3분의 1에 불과했다).

〈표 35〉 광제원과 대한의원 예산 비교*

	광제원(1906)	대한의원(1910)
봉급	6,480환	8만 2,860환
청사 유지비	500환	2만 65환
여비		1,991환
잡급 및 잡비	2,480환	2만 1,639환
사택료		1만 3,200환
의무비醫務費	약품비, 환자비 1,325환	10만 9,744환
세출 합계	1만 785환	24만 9,499환
내부 예산 중 비율	1.1%	5.5%
병원 수입	?	9만 5,444환(자혜의원 수입 포함)

*1905년 1월부터 화폐 단위를 원元에서 환圜으로 바꾸었고 이때 구화舊貨 2원이 신화新貨 1환에 상당한다고 했지만, 실제로 원과 환의 가치는 거의 같았던 것으로 여겨진다.

모든 점이 다른 100년 전과 오늘날을 평면적으로 비교하는 것은 별 의미가 없는 일이다. 국가의 경제, 재정 상태가 매우 빈약하고 국가의 존망이 풍전등화 격이었던 조건에서 정부와 의사들이 나름대로 제 역할을 하려 애썼던 점을 평가하면 족할 것이다.

또 당시는 전환기를 맞아 전통적인 의사 등용 방법이었던 과거醫科 제도가 폐지되었고 새로운 방식의 의학 교육은 이제 막 시작되던 때였다. 그에 따라 의사의 공급은 그 이전보다 더 불안정했다. 광제원에서 근무했던 적지 않은 의사가 학력과 경력을 확인할 수 없는 사람들이었던 주된 이유는 그 점이었을 것이다.

〈병원(광제원) 관제〉에 규정되었던 대로 '의학 졸업한 인원', 즉 의학교 졸업생들을 광제원 의사로 채용하려는 시도가 없지는 않았지만 실제로 그렇게 된 적은 없었다. 광제원을 의학교 학생들의 실습병원으로 활용하려는 계획도 성과를 거두지 못했다. 요컨대 대한제국 정부가 의욕적으로 만들었던 의학교와 광제원은 시너지 효과를 내지 못했다.

의학교 졸업생들은 가장 마땅한 일자리였을 광제원 의사직을 얻지 못했으며, 그것은 당사자들만이 아니라 후배들의 의욕을 꺾었고 그럼으로써 의학교의 성장과 발전을 저해하는 요인이 되었다. 한편 광제원으로서는 당시 유일하게 정규 의학 교육 과정을 밟은 의사들의 역량을 활용하지 못했다. 다만 그들을 '임시위원'으로 콜레라 방역 활동 등에 참여시켰을 뿐이었다. 제대로 활용하더라도 크게 모자랐을 의료 인력을 거의 방치했던 것이다. 아쉽지만 그것이 100년 전 국가 의료의 또 한 가지 모습이었다.

광제원의 주된 기능은 환자 진료였으며, 필요한 경우 방역 활동에도 적극 참여했다. 그 밖에 〈관제〉에는 규정되어 있지 않지만, 광제원은 의무醫務 행정 역할도 수행했던 것으로 보인다. 다음의 기사가 한 예이다.

함흥거居 한국홍 박성학 이창익 3씨가 수만금을 구취鳩聚하야 인민의 질병을 광구廣救차次 약포를 설립하고 광제원에 청원하얏더니 사립병원으로 인허하고 해該 3씨난 임시위원으로 파송하얏더라《황성신문》1903년 8월 12일자).

이 기사를 보면(비슷한 기사가 몇 가지 더 있다), 광제원은 위생국의 기능인 약국(약포)과 병원의 인허 업무를 담당했다. 또한 이 기사를 통해 사립병원이 정부의 인허가를 얻는 절차가 확립되기 시작했다는 사실을 알 수 있다.

광제원이 일제의 유린을 받기 시작한 것은 1904년부터였다. 러일

(왼쪽) 러일 전쟁의 개략도. 일본어판 위키피디아 '日露戰爭' 중에서 (오른쪽) 1904년 2월 한성에 진주한 일본군. 한글판 위키피디아 '러일전쟁' 중에서. 광제원을 비롯하여 한성에 일본군이 진주했던 것은 인천 해전 직후인 1904년 2월 20일 무렵이었다.

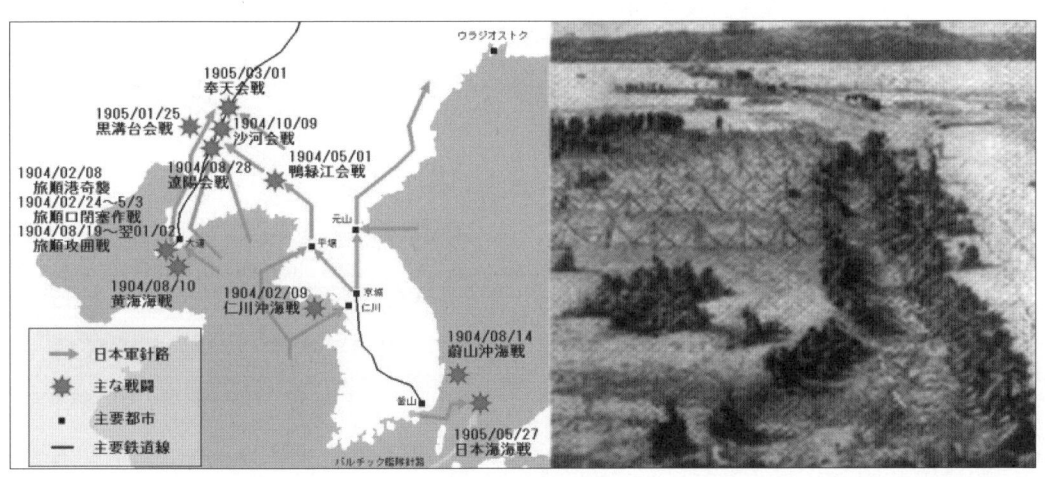

전쟁에 참전한 일본군이 2월 20일 전후 한성에 잠시 진주했을 때 광제원은 영어학교, 일어학교, 사범학교, 7개 소학교 등과 함께 일본군의 임시 거주처(병영)로 제공되었다. 역사상 병원이 군대 주둔지로 사용된 것은 드문 일은 아니지만 정당화될 일은 아닐 것이다. 설령 아군의 경우라도.

그 뒤 1905년 10월 광제원의 종두지소(광제원으로 통합되기 이전의 한성종두사 건물)는 일본인 경부警部(경감) 와타나베渡邊勇次郎의 관사가 되었다. 물론 광제원 측과 이에 대한 사전 협의는 없었다. 주로 한성에 거주하는 어린이들의 종두 접종 업무를 보았던 종두지소는 졸지에 접종 장소를 빼앗기게 된 것이었다. 그것도 한국 침략의 선봉장 격인 일본인 고위 경찰에게.

광제원에 대한 일제의 본격적인 침탈은 1906년 2월 사사키가 의장醫長으로 들어오면서부터였다. 앞에서 언급했듯이 사사키는 한약소와 종두소에 근무하던 한국인 의사 5명에게 시험을 치러서 낙방했다 하여 축출했다. 이때 쫓겨난 5명 가운데 이재봉, 이수일, 김석규, 송영진 등 4명은 조치에 고분고분히 따랐다고 하여 몇 달 뒤에 두 달 치 봉급을 지급받았고, 부당한 조치에 저항했던 한우는 그마저도 받을 수 없었다.

그 뒤 사사키는 아예 한약소, 양약소, 종두소를 철폐하고 대신 내과, 외과 등 근대식 진료과를 설치하고는 일본인 의사들을 대거 받아들였다. 이미 광제원의 주인은 사사키였던 셈이다. 《황성신문》 1906년 9월 5일자에 따르면, 그 무렵 광제원에 근무하는 '본국 관원'은 15명, 일본인 의사는 무려 16명이었다. '본국 관원' 가운데 신원이 확인되는 사람은 원장 민원식閔元植, 그리고 의사 최형원崔衡源(1885년 의과 합격, 양약소 소장 역임), 김성배(종두의양성소 1기, 종두소 소장 역임), 피병준(1885년 의과 합격, 종두의양성소 2기), 이규선(한약소 소장 역임), 박형래, 이응원(이상 종두의양성소 2기), 유일한(종두의양성소 3기) 정도이다(최형원과 김성배는 얼마 뒤에 면직되었다). 나머지는 대부분 잡급직이었을 것이다.

광제원 시절의 일본인 의사로 확인되는 사람으로는 외과 및 이비인후과 의사 우치다內田徒志, 부인과 의사 스즈키鈴木謙之助, 안과 의사 가네이金井豊七, 그리고 약제사 이타가키板垣懋이다. 일본인 의사들이 대거 광제원 자리를 차지한 데에 대해 부정적인 견해도 있었지만 긍정적인 시각도 적지 않았다. 수준 높은 근대 의술에 대한 기대 때문이었을 것이다. 정치적으로 결코 친일적이지 않았던《황성신문》기사에도 다음과 같이 그러한 기대와 시각이 잘 드러나 있다.

> 광제원에서 외과에 명고한 의사 내전內田씨가 검진 후에 시용施用 최신 묘법하야 봉침針縫 치료한즉 어언於焉 회생에 중상 9처를 한限 10일 치료라 하니 빈사 인을 회생하고 해원 의사의 고명박식을 세인이 칭송한다더라 (1906년 6월 26일자).

> 광제원에서 내외국 의사가 병인 치료에 열심하야 내과 외과 이과비과안인후과 등으로 분과하야 공동 시료하난대 일본 간호부 3인이 환자 치료에 역진 간호함으로 귀부인도 내원 치료하니 내외 치료상에 우극 편의한지라 …… 문명국에셔난 의학사의 정명精明으로 간호학을 교육하야 간호부의 명예가 우극탄미하니(1906년 8월 2일자).

광제원에서 또 부인과를 특설하고 일본에 고명한 부인의 영목겸지조鈴木謙之助씨를 초빙하야 부인에 대한 산전산후와 수태법과 혈붕血崩 혈괴血塊 등 각증에 기효여신其效如神하니 원근간 부인은 여우如右한 병증이 유有하거든 광제원 해당의의게 왕진하면 신기한 공효만 볼 뿐 아니라 각색 치료과가 진비盡備하얏스니 무론모병無論某病하고 일일 내료來療하면 무불득중無不得中이라더라(1906년 8월 11일자).

39세 이희보가 20년 전붓터 이통耳痛으로 농인聾人되야 평생 한탄하더니 신문에서 광제원 의사가 고명하다난 언를을 보고 해원에 취就하야 치료하니 불과 1주일에 세어細語를 청문케 하니 여차如此 고명 의사는 초견初見하얏다고 감은한다더라(1906년 12월 6일자).

광제원 의사 일본인 금정金井씨가 안생과眼眚科에 신효하야 12년 된 폐안廢眼을 치료 유효케 하야 현성완인現成完人하얏고 일반 맹인에게 통기通寄하야 속래續來 치료하라한즉 맹인이 고사하기를 폐안을 복명復明할지라도 영업은 무로無路한즉 불가라 함으로 해당 맹인의 우치함을 문자聞者 개탄한다더라(1907년 3월 6일자).

일제가 한국을 침략하는 데 내세운 명분은 한국(인)의 문명개화였다. 그리고 그러한 문명 개화 가운데에 한국인들에게 가장 어필했던 것 가운데 한 가지가 바로 의료였다. 《황성신문》 보도는 그러한 점을 잘 드러내고 있다.

제4부
식민지 의료기관 대한의원

《대한의원 개원식 기념 사진첩》(1908) 중 개원 유공자 사진. 통감 이토 히로부미, 병원장 사토 스스무, 재정고문 메가다 수타로와 함께 이완용, 박제순, 송병준, 이지용, 임선준 등 최고 악질 친일파들이 실려 있다. 이것이 대한의원이다.

I. 대한의원

이완용의 그날 일기

이른바 '일한병합조약'이 절차적으로 불법이고 무효라는 근거로 많이 거론되는 것이 《신한민보》 1926년 7월 8일자에 게재된, 전 궁내부 대신 조정구趙鼎九가 전했다는 순종의 '유조遺詔'(유언)다. 순종은 유조가 보도되기 두 달 반 전인 4월 25일 세상을 떠났다.

일명一命을 겨우 보존한 짐朕은 병합 인준의 사건을 파기하기 위하여 조칙詔勅하노니 지난날의 병합 인준은 강린强隣(일본)이 역신의 무리와 더불어 제멋대로 해서 제멋대로 선포한 것이요, 다 나의 한 바가 아니라. 오직 나를 유폐하고 나를 협제脅制하여 나로 하여금 명백히 말을 할 수 없게 한 것으로 내가 한 것이 아니니 고금에 어찌 이런 도리가 있으리오. 나 구차히 살며 죽지 못한 지가 지금에 17년이라. 종사의 죄인이 되고 2,000만 생민의 죄인이 되었으니, 한 목숨이 꺼지지 않는 한 잠시도 이를 잊을 수 없는지라. 유인幽囚에 곤곤困하여 말할 자유가 없이 금일에까지 이르렀으니, 지금 병이 심중하매 일언一言을 하지 않고 죽으면 짐이 죽어서도 눈을 감지 못하리라. 나 지금 경卿에게 위탁하노니 경은 이 조칙을 중외에 선포하여 내가 최애최경最愛最敬하는 백성으로 하여금 병합이 내가 한 것이 아닌 것을 효연曉然히 알게 하면 이전의 소위 병합 인준과 양국讓國의 조칙은 스스로 파기에 돌아가고 말 것이라. 여러분이여, 노력하여 광복하라. 짐의 혼백이 명명冥冥한 가운데 여러분을 도우리라(《신한민보》 1926년 7월 8일).

순종의 이 유조가 사실인지에 대해서는, 10여 년 전 이 기사가 처음 세상에 알려졌을 때부터 논란이 있었다. 기사의 신빙성을 의심케 하는 근거를 든다면 가령 이런 것이다. "특별히 전 판돈녕부사 조정구의 상喪에 장수葬需 및 제자료祭粢料로 일금 500원을 하사했다"(《순종실록 부록》 1926년 4월 5일(음력 2월 23일)자). 즉 《신한민보》에 순종의 유조를 전했다는 조정구가 순종보다 20일쯤 앞서 사망했다는 왕실 기록이다. 어떻게 된 것인가? 물론 조정구가 죽기에 앞서 순종에게 유조를 받아 직접 혹은 간접으로 《신한민보》에 전했다는 해석도 전혀 불가능하지만은 않을 것이다. 아니면 일제가 《신한민보》의 신뢰성을 훼손하기 위해 《순종실록》을 조작한 것일까?

보도의 사실 여부를 떠나, 필자는 이 기사를 보고 씁쓸했다. 망국亡國에 가장 책임이 큰 '황제'가 "종사의 죄인이 되고 2,000만 생민의 죄인이 되었으니"라고 한마디 수사를 덧붙이기는 했지만 죽음을 눈앞에 두고서도 모든 잘못을 일본과 신하들에게 미루고 자신은 피해자인 양하는 모습에서 허망함과 측은함을 느꼈던 것이다.

한국인들은 1919년 고종의 시신을 땅에

미국 샌프란시스코에서 발행된 《신한민보》 1926년 7월 8일자. 융희 황제(순종)가 세상을 떠나기 전에 조정구趙鼎九(1862~1926)에게 내렸다는 유언[遺詔]이 실려 있다.

《순종실록 부록》. 1926년 4월 5일(순종이 별세하기 20일 전) 순종이 "조정구의 상喪에 일금 500원을 하사했다"라고 기록되어 있다.

묻으면서 왕정도 함께 매장시켰다. 시대착오의 산물인 '대한제국'을 버리고 '대한민국'을 세운 것이다. 이태왕李太王(고종)은 세상을 떠났으니 그렇다 치고, 살아 있는 이왕李王(순종)을 정치적으로 매장한 것이다. 프랑스처럼 굳이 국왕의 목을 베지 않고도 그 이상의 효과를 보인 것이었다. 망국의 주역에게 냉엄한 평가를 한 것이었다.

일제 강점의 절차적 위법성에 대해서도 당연히 문제를 제기하고 또 연구해야 할 것이다. 하지만 그와 더불어, 아니 그보다 앞서 해야 할 일은 경술국치의 의미를 오늘의 현실 속에서 성찰하고 반추하는 것이다. 그러면 경술국치의 현장을 둘러보자. 1910년 8월 22일 월요일 오후 4시 무렵, 남산 북쪽 기슭의 통감 관저 2층에서 일본 측 전권위원全權委員인 한국 통감 데라우치寺內正毅(1852~1919)와 한국 측 전권위원인 대한제국 총리대신 이완용李完用(1858~1926)이 '일한병합조약'을 조인했다. 한국 측에서는 일본어를 못 하는 이완용을 보좌하기 위해 농상공부대신 조중응趙重應(1860~1919)이 배석했다. 이완용은 이날 일기《일당기사一堂紀事》에 이렇게 적었다. "황제 폐하의 소명을 받들기 위해 흥복헌興福軒에서 예알禮謁하고, 칙어勅語를 받들어 전권위임장을 받아 곧장 통감부로 가서 데라우치 통감과 회견하여 일한 합병조약에 상호 조인하고, 동 위임장을 궁내부에 환납하다." 나라를 통째로 일본에 넘기는 데에 아무런 가책도 찾아볼 수 없다. 그리고 일주일 뒤인 8월 29일 일본군이 철

(왼쪽) 한국 통감 관저. 1910년 8월 22일 오후 이 건물 2층에서 '일한병합조약'이 조인되었다. 이 건물은 1939년 지금의 청와대로 옮길 때까지 조선총독의 관저로 쓰였다. (오른쪽) 예장동 서울소방재난본부 입구에서 동쪽으로 난 오솔길로 100미터가량 올라가면 경술국치의 현장인 통감 관저 터가 있다. 이 일대에는 5·16 쿠데타 이후 1990년대 초반까지 중앙정보부와 그 후신인 국가안전기획부가 자리잡고 있었다. 지금은 아무런 표식도 없이 나무만 무성하다. 오솔길은 일본 국화인 벚꽃(사쿠라)이 다른 나무들로 대치되었을 뿐 100년 전이나 지금이나 별로 변함이 없다.

(위) 조선헌병대 사령부. 1908년 조선주차군 사령부가 용산(지금의 미군 기지 자리)으로 이전할 때까지는 두 사령부가 이곳을 함께 사용했다. 조선헌병대는 1919년 3·1운동을 가장 잔인하게 진압한 부대였다. 또한 제3대 총독 사이토齋藤實(1858~1936)의 '문화통치' 이전인 1910년대에는 군인뿐만 아니라 민간인까지 대상으로 한 '헌병 경찰'의 중추로서, 경찰 담당인 위생 업무도 강압적으로 수행했다. 1910년 8월 29일 '일한병합조약'을 공포할 때에도 무력 시위의 핵심 역할을 했다. (아래) 지금은 그 자리에 남산골 한옥마을이 자리잡고 있다. 안내판에는 조선헌병대 등에 대한 언급이 전혀 없다.

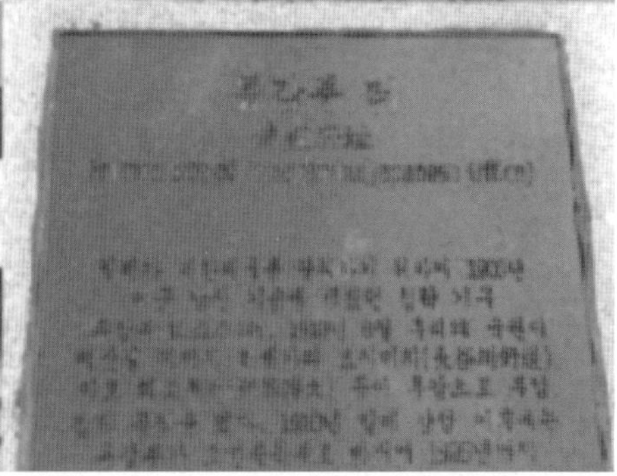

(위) 통감부 청사. 통감부는 1906년부터 1910년 병탄 때까지 대한제국 최고의 무소불위 권력 기관이었다. 대한제국 정부는 통감부의 뒤치닥꺼리나 하는 허수아비 기구였지만, 일제에 저항하는 한국인 관료가 없지는 않았다. 일제는 1926년 경복궁 안의 새 청사로 이전할 때까지 조금씩 확장해 가며 조선총독부 청사로 사용했다. (아래) 지금은 그 자리에 서울 애니메이션 센터가 자리잡고 있다. 건물 앞쪽 길가에 서 있는 '통감부 터 표지석'에는 통감으로 하세가와, 이토가 부임했다고 잘못 적혀 있다. 하세가와長谷川好道(1850~1924)는 조선주차군 사령관과 제2대 조선총독을 역임했으며, 통감으로 임명받은 적은 없고 임시 통감대리를 지냈다. 제1대 통감은 이토 히로부미伊藤博文(1841~1909), 제2대는 소네 아라스케曾禰荒助(1849~1910), 제3대는 데라우치 마사다케寺內正毅(1852~1919)이다.

'일한병합조약'을 조인한 직후의 데라우치. 바로 이 방이 데라우치와 이완용이 "대한제국을 일본에게 통째로 바치는 조약"을 조인한 방이다. 데라우치는 그날 일기에서 조인 과정이 "순조로웠다"라고 기록했다.

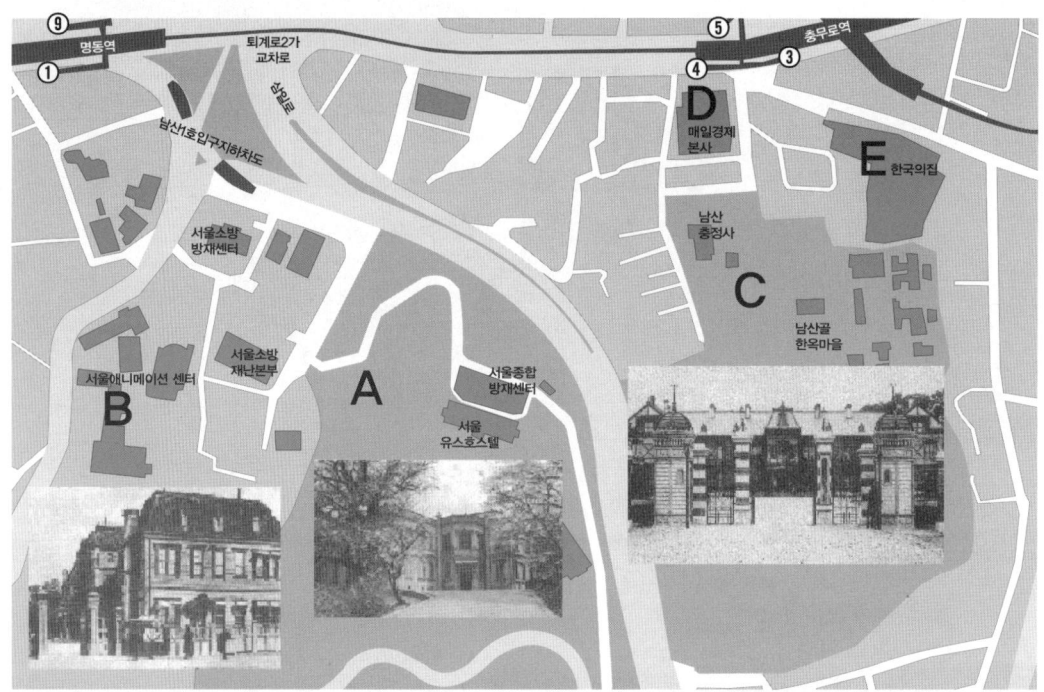

병탄의 자취. A : 통감 관저 터. 예장동 서울소방재난본부 입구에서 동쪽으로 난 오솔길로 100미터가량 올라가면 통감 관저 터가 있다. B : 통감부 청사 터. 서울 애니메이션 센터 자리. C : 조선주차군 사령부 및 조선헌병대 사령부 터. 남산골 한옥마을 자리. D : 경성일보사 터. 매일경제신문사 자리. 경성일보사는 《경성일보》와 《매일신보》를 통해 한국인의 정신을 훼손시키는 데 앞장섰다. E : 총독부 정무총감 관저 터. 한국의집 자리.

누가 역사의 주인인가? (위) 병탄을 기념하여, 부부 동반으로 일본에 근대문명을 배우려고 견학간 한국인 고관대작들. (아래) 일제 침략에 저항하다 처형당한 이름 없는 한국인들.

통 같이 경비하는 가운데 조약 체결 사실이 세상에 공포되었다. 이로써 조선(대한제국)은 518년 만에 운명을 다했고 조선인(한국인)들은 식민지 백성으로 전락했다.

　제국주의와 반제국주의, 침략주의와 평화주의 간의 투쟁을 민족과 민족, 종교와 종교 사이의 분쟁으로 여기는 것은 잘못된 인식일 뿐만 아니라 제국주의, 식민주의, 침략주의의 함정에 빠져드는 것이다. 일제의 지배를 35년(통감부 시기까지 포함하면 근 40년)이나 받고도 '왜놈'에 대한 증오심만 있을 뿐 막상 제국주의는 제대로 인식하지 못하는 사람들을 보면 한편 안타깝고 또 한편으로는 제국주의의 본질과 위력에 전율을 느끼게 된다. 제국주의 문제가 어찌 일제의 한국 병탄에 그치는 것이겠는가. 오늘날도 여전히 벌어지고 있는 제국주의적 침략을 제대로 파악하기 위해서도 일제 강점의 역사는 새기고 또 되새겨야 할 과제다.

　일제의 한국 병탄은 물론이고 모든 제국주의 침략은 절차와 형식의 적절성, 합법성 논란 이전에 원천적으로 인류에 대한 만행이고 배반이다. 그리고 제국주의와 식민주의는 피침략국뿐만 아니라 침략국의 국민들마저 노예와 반인간으로 만든다는 것이 역사의 경험이고 교훈이다. 일본 제국주의 그리고 그 주도자들과 일본·한국의 하수인들은 병탄과 강점을 통해 한국인들을 노예로 삼았다. 또한 죄 없는 대부분의 일본인들과 한국인들을 서로 원수로 만들었다. 일제는 우선 한국인들 그리고 일본인들도 피해자로 만든 것이었다. 제국주의의 죄과에 대한 통렬한 성찰과 반성 없이는 그 폐해는 사라지지 않고 진정한 평화는 오지 않는다. 일제의 모든 만행에 대한 반성과 사죄의 일차적인 주체는 당연히 국가로서의 일본이다. 그와 더불어 가쓰라(일본 총리)·

태프트(미국 육군장관) 밀약(1905), 제2차 영일동맹(1905), 프랑스·일본 협정(1907) 등으로 대표되는 제국주의 열강과 그 하수인들의 공범 행위에도 응당 책임을 물어야 한다.

가톨릭 조선교구장 뮈텔Gustave Charles Marie Mutel(1854~1933)이 안중근을 모멸하고 일제의 한국 침략을 옹호한 행동은 뮈텔 개인의 행위일 뿐만 아니라 프랑스와 일본의 관계를 반영하는 것으로 해석해야 할 것이다. 그리고 그러한 언행의 주인공이 어찌 뮈텔 한 사람뿐이랴. 뮈텔은 안중근이 이토 히로부미를 처단한 데에 대해 자신의 일기에 이렇게 썼다.

이토 공작의 이번 암살은 공공의 불행으로 증오를 일으켜야 했음에도 그러한 모습은 일본인들이나 몇몇 친일파 한국인들에게서만 보일 뿐이고 일반 민중에게는 오히려 그것이 기쁜 소식으로 받아들여지고 있다《뮈텔 주교 일기》제4권, 한국교회사연구소, 2008, 413쪽).

1906년 3월 2일 한국 통감으로
부임한 이토 히로부미(왼쪽)와
조선주차군 사령관 하세가와
(오른쪽).

이토 히로부미의 병원

악몽 같던 일제 강점 기간을 하루라도 늘려 말할 필요는 없을 것이다. 한국이 일제에게 병탄되었던 기간은 흔히 말하는 36년이 아니라 35년, 그것도 13일이 모자라는 35년이었다. 하지만 대한제국이 온전한 나라 구실을 하지 못하게 된 것은 짧게 잡아도 1905년 말부터이다. 11월 17일 이토 히로부미伊藤博文의 강압과 학부대신 이완용李完用, 외부대신 박제순朴齊純, 군부대신 이근택李根澤, 내부대신 이지용李址鎔, 농상공부대신 권중현權重顯 등 을사 5적의 부화뇌동 그리고 국왕의 책임 방기로 을사늑약이 체결됨으로써, 근대 세계에서 군사 작전권과 더불어 대외적 국가 기능의 핵심인 외교권을 박탈당했기 때문이다.

을사늑약 체결 후 잠시 일본에 갔다가, 1906년 3월 2일 통감 자격으로 다시 한국에 온 이토는 외교뿐만 아니라 내정도 속속들이 간섭하기 시작했다. 을사늑약 자체가 불법이거니와 외교권 위임만을 규정한 늑약 내용에도 위배되는 것이었다. 이토는 1909년 6월 14일까지 3년 남짓 통감으로 재임하면서 행정, 사법, 입법, 재정, 군사, 경찰, 보건의료, 교육 등 한국이라는 국가의 모든 기능을 장악해 갔다. 후임자 소네에게 통감 자리를 물려줄 때에는 이미 대한제국은 이름만 남았을 뿐 완전한 식민지와 다름없었다.

더욱이 1907년 7월 20일, '헤이그 밀사 사건'을 구실로 고종 황제를 퇴위시키고 순종을 새로운 황제로 세우며 '황제 위의 통감'임을 만천하에 과시했다. 이토가 한국을 병탄할 의도는 없었다는 주장도 있지만, 병탄에 이르는 길을 모두 닦은 그에 대해 얼토당토않은 평가다. 이토가 병탄의 시기를 조금 늦추려 했다면, 그것은 한국이라는 식민지에서 자신의 라이벌인 일본 육군 군벌이 득세할 기회를 차단하려는 정략 때문이었을 뿐이다.

통감부가 설치되자마자 통감 이토는, 국가는 아랑곳없이 개인 잇속 차리기에만 급급한 한국인 대신들과 구성한 '한국 시정 개선에 관한 협의회'를 통해 통치를 해나갔다. 의료에 관한 문제가 1906년 4월 9일에 열린 제3차 협의회에서부터 논의된 것을 보면 일제가 의료(계)의 장악을 매우 중요한 과제로 생각했음을 익히 짐작할 수 있다.

제3차 협의회에서 논의된 핵심은 한성에 있는 여러 병원을 통합하는 것으로, 이토는 다음과 같이 복안을 제시했다.

> 경성에는 한성병원(일본 거류민단 병원), 적십자병원, 내부 소속의 광제원, 학부 소관의 의학교 부속 병원이 있다고는 하나 전문적인 병원의 체계와 설비를 갖춘 것은 한성병원뿐이다. 다른 세 병원은 어느 것이나 규모가 작고 분립되어 사회에 도움이 되는 것이 적으니 통합해서 적십자병원 하나로 하면 규모가 완전한 것으로 될 것이며, 종두사업과 같은 것도 신설 기관에서 하는 것이 옳다(김정명 편, 《일한외교자료집성 6권 상》, 국학자료원, 2012, 178쪽).

이에 대해 학부대신 이완용이 의학생의 실습을 위해서는 병원이 꼭 필요하므로 아예 의학교를 통합되는 병원에 부속시키자는 수정안을 제시했으며, 이를 이토가 받아들여 통합의 대략적 방침이 정해졌다. 그리고 통합한 이후의 예산은 종두사업, 광제원, 의학교 및 부속 병원의 해당 예산과 적십자병원에 대한 황실 지원금을 합쳐 사용하되 차차 증액해 나가는 것으로 결정했다. 그리하여 그 다음 해에 설립된 병원이 대한의원이다. 대한의원이라는 이름도 이토가 작명했다. 이렇듯 일제(이토)가 중심이 되고 한국인 대신들이 부화뇌동하거나 한술 더 뜬 의료기관 통폐합 계획에 대해 당시 여론은 대단히 부정적이었다. 예를 들어 4월 18일자 《대한매일신보》는 다음과 같이 협의회의 결정을 신랄하게 비판했다.

병원과 의학교는 다다익선인데, 이제 이를 병합코자 하는 숨은 뜻[裏由]이 통감의 권고라 하니 전국에 한 군데 적십자사(병원)만 있으면 허다한 인민의 질병을 능히 다 치료할는지. 만일 자비, 제중하는 마음이면 병원과 의학교는 확장하여 인민의 위생상 사업을 날마다 한 걸음씩 더 나아가게 할 것이어늘 이제 오히려 축소하고 통합하니 …… 한마디로 소위 정부 대관이란 자들이 말 잘 듣는지[聽從] 여부를 시험코자 함이라. 아! 저 대관이란 자들은 대체 무슨 뜻으로 관립官立을 통폐합[廢縮]하여 공립으로 대신하는가? 교육 확장이니, 위생 확장이니 하면서 이와 같이 통폐합하면 이는 자기 권리를 스스로 버리는 것이오.

《대한매일신보》 1906년 4월 18일자 "(의료기관) 합병은 무슨 뜻合倂何意?"

이렇듯 《대한매일신보》를 통해 표출된 여론은 이토가 제시한 통폐합이 아니라 다양한 형태의 의료기관을 유지, 확장해 의료 공급을 더 늘려가야 한다는 것이었다. 또한 여론은 일제의 이 같은 조치가 한국을 식민지화하려는 책략과 관련이 있다는 점도 제대로 간파하고 있었다.

이러한 여론의 거센 비판에도 아랑곳없이 통감부는 원래 의도대로 병원 통폐합을 추진했다. 그리하여 1906년 6월에는 일본 육군의총감 사토 스스무를 "병원 부지를 선정해 병원을 건립하는 일은 물론, 병원 조직을 완전하게 하며 의학의 각 전문 분야를 양성하기에 가장 적합한 인물"(김정명 편, 《일한외교자료집성 6권 상》, 220쪽)이라는 이유로 실무 총책에 임명했다. 사토는 7월에 부임해 일본인으로만 대한의원 창설위원회를 구성하고는 설립 경비 책정, 부지 설정, 관제(법령) 마련 등 일체 업무를 빠르게 진행해 나갔다. 여기에서 창설위원장 사토를 비롯하여 창설위원 8명의 면면을 알아보자.

● 사토 스스무佐藤進(1845~1921)

사토는 1869년 메이지 유신 정부가 제1호로 발급한 공식 여권으로 독일 베를린 대학 의학부에 유학, 졸업했으며, 1874년에는 아시아인 최초로 의학박사가 되었다. 그는 또한 오스트리아 빈으로 가서 당대 최고의 외과 의사인 빌로트의 제자가 되었다.

1875년 일본으로 돌아온 사토는 도쿄의 준텐도順天堂 병원과 도쿄 제국대학 병원장을 거쳐 청일전쟁과 러일전쟁 때는 군의총감軍醫總監을 역임하면서 일본 의학, 특히 외과의 발전에 크게 기여했다. 사토는 1895년 3월 청일전쟁의 강화 교섭 차 일본에 왔다가 일본 극우파의

사토 스스무와 그가 1907년 무렵 쓴 휘호 '견인역행堅忍力行'. 사토는 그 휘호대로 역경을 굳세게 이겨내며 새로운 길을 개척해 나가는 삶을 살았다. 하지만 사토의 그러한 삶과 인생관이 누구에게나 긍정적인 것은 아닐까?

저격에 부상을 입은 리훙장李鴻章을 치료했으며, 러일 전쟁 당시의 공으로 남작 작위를 받았다.

사토는 조선과 중국의 의학 분야를 장악하기 위해 설립된 동인회同人會의 부회장 재임 시 이토 히로부미의 요청으로 한국에 와서 대한의원 창설준비위원장으로 의료계 병탄의 주춧돌을 놓았다.

페스트균을 발견한 기타사토 시바사부로北里柴三郎(1852~1931), 적리균을 발견한 시가 키요시志賀潔(1871~1957), 매독 특효약인 살바르산 606을 개발한 하타 사하치로秦佐八郎(1873~1938) 등 일본 근대 의학 초기의 '영웅'들이 모두 동인회의 중요 멤버였으며, 그중에서도 사토가 핵심이었다.

사토는 1907년에는 형식적으로는 고문이었지만 사실상의 원장으로 대한의원 운영을 좌지우지했으며, 1908년부터 1909년초까지는 명실상부한 원장으로 대한의원의 기틀을 잡았다.

요컨대 일본 의학의 근대화와 대외 팽창에 선봉장 역할을 한 사토 스스무는 의학 분야의 이토 히로부미였다.

명필로도 이름을 날린 일본 후작侯爵 이완용이 쓴 고쿠분의 묘비명. 고쿠분의 무덤은 쓰시마의 사찰 고쿠분지國分寺에 있다.

● 고쿠분 쇼타로國分象太郎(1862~1921)

고쿠분은 어렸을 때부터 부산 초량의 어학소와 도쿄 외국어학교에서 한국어를 배웠으며, 1879년 부산 영사관의 통역 수습을 시작으로 오랫동안 한국에서 통역관 역할을 했다. 그는 잠시 미국에서도 근무했으며, 1905년 11월 이토 히로부미의 수행원으로 다시 한국에 와서 을사늑약과 경술늑약(일한합병조약) 체결 시 통역관으로 활약했다.

1906년 통감부 서기관 겸 통감 비서관, 1910년 조선총독부 인사국장 겸 중추원 서기관장 등을 거쳐 1917년 1월에는 이왕직李王職 차관에 임명되었다. 말단 공무원에서 시작해 30여 년 만에 차관에까지 이른 것이었다.

1921년 9월 6일 한 연회장에서 급사한 고쿠분은 1년 뒤 고향인 일본 쓰시마對馬島에 안장되었으며 이완용이 묘비명을 썼다.

● 고야마 젠小山善

고야마는 일본 적십자 병원에서 의사로 근무하던 1905년 11월 이토의 주치의로 한국에 와서 여생을 한국에서 보냈다. 통감부 기사技師, 대한의원 치료부장, 시종원侍從院 전의典醫를 지냈으며 일제 강점기에는 이왕직 전의(1911~1919?)를 지내며 고종과 순종의 건강을 돌보았다.

통감을 그만두고 일본으로 돌아간 이토가 1909년 10월 중국 하얼빈을 방문했을 때, 한국에서 근무하는 고야마를 주치의로 대동했다.

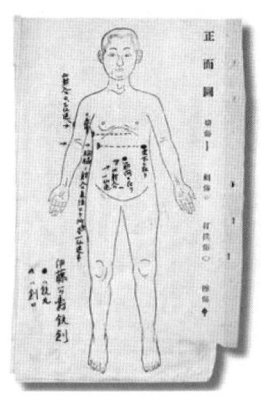

고야마가 작성한 이토 히로부미의 사체 검안서. 왼쪽 하단에 '이토 공작 총창伊藤 公爵 銃創'이라는 설명과 함께, 상처난 구멍創口(사입구)과 총알銃丸 위치가 표시되어 있다.

그만큼 이토의 신임이 두터웠다. 고야마는 10월 26일 안중근에게 저격당한 이토를 치료했으나 목숨을 구하는 데는 실패했고 주군主君의 사망을 확인했다. 그 뒤 고야마는 안중근의 재판 과정에서 증인과 감정인으로 이토의 죽음이 안중근의 저격에 의한 것이었음을 거듭 확인했다.

● 사사키 시호지佐佐木四方志(1868~?)

사사키는 1894년 도쿄 제국대학 의과대학을 졸업하고 곧 육군 3등 군의로 잠시 군대에서 근무하고는 그 뒤 민간병원에서 활동했다. 1904년 러일 전쟁이 발발하자 다시 입대했고, 그 무렵 한국에 온 것으로 생각된다.

1906년 2월에는 동인회의 주선으로 광제원 의장醫長(진료부장)을 맡아 이때부터 한국 의료계 병탄에 중심 역할을 했다. 1907년 대한의원 위생부장, 1908년 내부 위생국 보건과장 겸 의무과장, 시종원 전의 등을 겸직하며 한국 의료계를 실무적으로 장악했다.

일제 강점기에는 공직에서 물러나 용산 동인의원과 그 후신인 철도병원 원장을 지냈다.

● 고다케 츠쿠지小竹武次

고다케는 1896년부터 한국에서 군의관으로 근무했으며, 1900년 5월부터 의학교 교사로 재직했다. 1907년 대한의원 설립 뒤에는 교육부장, 의육醫育부장으로 활동했으며, 1910년 이후에는 일본에서 개업을 했다.

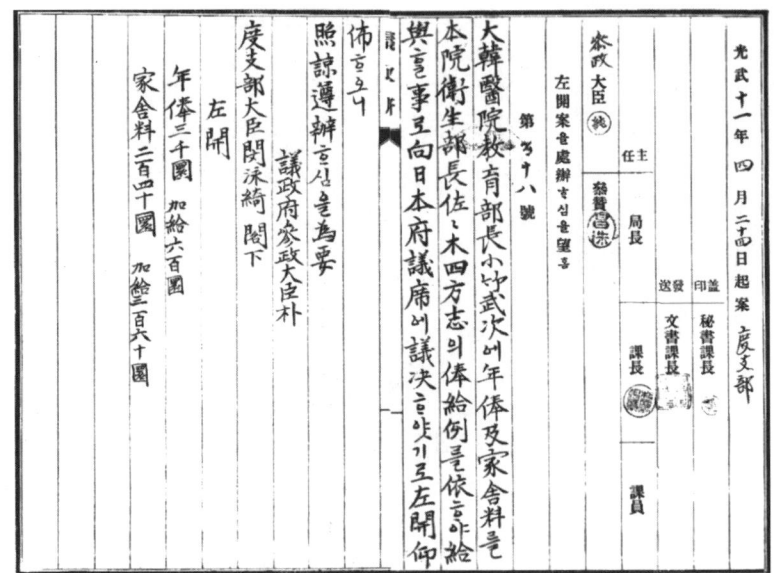

1907년 4월 24일 의정부에서 탁지부로 보낸 공문. 대한의원 교육부장 고다케에게 연봉과 주택비[家舍料]를 위생부장 사사키와 같이 지급하라는 내용이다. 고다케는 의학교 시절 상관이던 지석영을 제치고 대한제국 의학 교육의 책임자가 된 것이다.

● 고지마 다카사토兒島高里(1859~?)

고지마는 1892년 도쿄 제국대학 약학과를 졸업하고 일본 적십자사 병원에서 근무하다 1906년 통감부가 개설되면서 한국에 와서 통감부 기사, 대한의원 약제관으로 활동했다. 강점 뒤에는 조선총독부 경무총감부 위생과에서 기사로 일했다.

● 구니에타 히로國枝博(1879~?)

구니에타는 1905년 도쿄 제국대학 건축과를 졸업하고 1906년 한국으로 와서 한국 정부 촉탁으로 근무하다 1907년 6월에는 통감부 기사로 임명받았다. 일제 강점기에는 조선총독부 토목국 영선과에서 기사로 근무했다.

구니에타는 대한의원 건축을 행정적으로 지원했다. 대한의원의 설계 책임자는 야바시矢橋賢吉였고, 건축 책임자는 오쿠라大倉粂馬였다.

● 요시모토 준료吉本潤亮

요시모토는 1905년 무렵 한국에 와서 대한국적십자병원 창설에 관여했으며, 그곳에서 주임으로 일했다. 대한의원에서 근무한 기록은 보이지 않는다.

일제 강점기에는 주자동[壽町]의 경성의원京城醫院 원장으로 일했으며, 1915년 9월 고종과 순종에게서 대한적십자병원과 대한의원 창설에 대한 공로로 하사금 1,000원을 받았다(《순종실록 부록》 1915년 9월 18일자). 때늦은 하사금 수여가 무슨 의미인지는 알 수 없다.

이렇듯 대한의원 창설위원회는 단 한 사람의 한국인도 없이 일본인만으로 구성되었다. 그들은 이토 히로부미의 측근, 동인회 관계자, 그리고 통폐합 대상인 광제원, 의학교, 적십자병원에서 일한 경력을 가진 사람들이었다. 또한 이들은 대부분 여생을 한국에서 지내며 일제의 한국 지배에 기여했으며 그에 대한 보상을 충분히 누린 것으로 보인다.

의학교 및 부속 병원, 광제원, 적십자병원 등을 통폐합해 1907년 3월에 세워진 대한의원은, 흔히 생각하는 것과는 다르게 또 그 이름 '대한大韓'과도 달리, 설립 과정부터 운영에 이르기까지 철저히 일본 제국주의(자)의 것이었다.

그 전신 격인 의학교와 병원에서 주도적으로 활동하던 한국인들은 대부분 퇴출되거나 정리해고되었으며, 해임을 면한 경우에도 지위와 역할은 훨씬 축소되었다. 당시 나라 형편에 비추어 볼 때 웅장한 건

착공식과 제막식. (위) 1906년 9월 무렵, 대한의원 착공 때의 사진. 지금의 서울대학교병원 자리이다. A가 이토 히로부미, B가 이완용이다. 사진 속에 대한의원 창설위원들도 있을 것으로 생각되지만, 잘 식별되지 않는다. (아래) 경술국치 꼭 100년이 되는 2010년 8월 29일, 쏟아지는 빗속에서 식민주의 청산과 동아시아 평화를 염원하는 일본과 한국의 시민들이 모여 '통감 관저 터 표석' 제막식을 가졌다.

물, 최신식 설비, 잘 정비된 병원 조직을 자랑하는 대한의원이었지만 운영자나 이용자나 모두 일제와 그 하수인들이 몸통과 팔다리를 이루었다. 대한제국 정부는 건설과 운영에 필요한 막대한 경비를, 그것도 일본 차관을 얻어 부담했지만 실속 없는 물주 노릇이나 하는 깃털에 불과했다.

대한의원 개원식 기념 엽서.
아래의 인물이 대한의원 원장
사토 스스무佐藤進이다.

서울대병원 '시계탑 건물'의 내력

1906년 9월, 7년 반 동안 대한제국 의료의 중추 역할을 해 온 광제원과 의학교를 폐지하고 대한의원을 창설한다는 계획이 공포되었고, 마등산馬凳山(지금의 서울대학교병원 자리)에 병원을 건립하기 위해 주변 가옥과 토지를 매입한다고 고시되었다.

처음부터 마등산 일대가 병원 부지로 정해진 것은 아니었다. 병원 장소에 관한 최초의 논의가 있었던 1906년 7월 12일의 제8차 한국 시정 개선에 관한 협의회에서 통감 이토는 서대문 밖의 화약제조창 땅을 제시했다. 이에 대해 대한제국 대신들은 "그곳은 장차 궁전을 건축할 곳이므로, 그곳을 사용하기 위해서는 황제의 윤허를 받아야 한다"《일한외교자료집성 6권 상》, 264쪽)면서 난색을 표명했다. 그러자 이토는 "새 병원의 설립은 대한제국을 위한 가장 충량하고 유익한 일인데, 황제가 궁전을 짓는다는 구실로 진보적인 국가 사업을 막겠다니 대한제국의 장래를 익히 짐작할 수 있을 것 같다"《일한외교자료집성 6권 상》, 266쪽)라고 조소하며 대안을 제시하라고 했고, 대신들은 공원(지금의 탑골공원)을 제안했다. 이에 이토는 공원 땅은 천 평밖에 안 되어 너무 좁을 뿐만 아니라 물과 공기도 좋지 않다는 이유를 들어 반대했다. 이 밖에 용산의 일본군 병영도 거론되었지만 교통이 나쁘다는 이유로 채택되지 않는 등 병원 부지 문제는 쉽게 결말을 보지 못했다.

그러고도 여러 차례 난항을 겪은 뒤에, 마침내 마등산 일대 2만 6,829평의 땅이 새 병원 부지로 결정되었다. 이곳이 병원 터로 선정된 이유에 대해서 경성의학전문학교 교장을 지낸 사토 고죠는《조선의육사朝鮮醫育史》(1956)에서 다음과 같이 기술했다.

병원 건물이 지어지기 전의 대한의원 터. 뒤에 낙산이 보인다.

다행히 함춘원 남쪽 언덕(마등산)을 부지로 골랐다. 비록 동북쪽에 치우쳐 있다는 점이 흠이었지만, 지대가 높고 건조하며 수목이 울창하고 공기와 물이 깨끗하기 때문에 다른 곳에 비해서 훨씬 나았다.

마등산 일대가 부지로 확정된 직후 시작된 토목공사는 1906년 말에 대략 마무리되었다. 그리고 1907년 1월 28일, 대한의원 본관 및 부속 건물 신축 공사가 그해 8월 말 준공을 목표로 시작되었다. 설계는 탁지부 건축소와 야바시矢橋賢吉에게, 실제 공사는 건축가 오쿠라大倉米馬의 손에 맡겨졌다. 비교적 순조롭게 진행되던 공사는 마무리 단계에서 차질을 빚게 되었다. 헤이그 밀사 사건으로 인한 고종의 강제 양위와 대한제국 군대 해산으로 1907년 7월부터 의병 봉기가 거세게 일어났기 때문이다. 이에 따라 준공이 미루어지다 11월 병원 본관(시계탑 건물)이 완공을 보게 되었다.

그 뒤로도 계속 병원 공사가 진행되어 1908년 10월 부속 학교 교사를 제외한 나머지 건물들이 완공되자 1년 반 이상을 미루었던 개원식이 이토 히로부미의 일정에 맞춰 10월 24일에 거행되었다.

순종 황제는 개원식에 즈음해 시종원경 윤덕영尹德榮을 통해 다음과 같은 〈대한의원 개원 칙어〉를 발표했다. 사실상 이토 히로부미와 일제의 의도를 고스란히 반영하고 칭송하는 내용이다.

짐이 생각컨대 국운의 융잠隆潛은 국민의 건비健痺에 인함이 큰지라. 우리나라의 현상을 살피건대, 위생사상이 매우 유치하고 구료기관이 갖추어져 있지 않으므로 짐이 태황제(고종) 폐하의 성지를 소술紹述하여 유사(관계 기관)로 하여금 장長을 우방(일본)에 취하여 의술의 보급과 진흥함을 꾀하고자 하여 대한의원을 창설함이러니, 유사의 충근진직忠勤盡職함을 인하여 이제 공사가 완성되어 개원의 식을 거하니, 대대 원무가 이미 잘 되고 있어 그 효과의 서광이 점차로 가까이 미쳐 사민四民이 그 혜택을 욕浴함은 짐의 마음에 만족하는 바이나 그 임무는 매우 무겁고 그 도는 오히려 멀도다. 짐은 정부 당국의 협조와 본원 서료(직원)의 분려함을 부탁하나니 …… 신료들은 짐의 뜻을 잘 깨달을지어다.

일제의 '보호국' 대한제국의 국가병원 구실을 할 대한의원(원장 사토 스스무)의 위용과 개원식의 장려함에 대해 일본인 기자 아사히旭邦는 다음과 같이 기술했다.

10월 24일 모범 병원 대한의원의 개원식이 거행되었다. 한성에 있는 일본, 한국, 청나라, 구미의 귀한 신사숙녀와 명사들이 참석했는데 그 수가 1,000명 이상에 달했으며 놀랄 정도로 성대했다. …… 대한의원의 본관은 2층으로 진료소, 사무소, 응접소 및 7동의 병실로서 총건평이 1,360여 평이며 연와煉瓦로 지어졌다. 대규모 둥근 건물의 아름다움은 한성의 전 시가를 압도하기에 충분할 정도이며, 그 규모와 설비가 일본 유수의 병원에 비해서도 조금도 손색이 없다고 한다. 그리고 빽빽한 소나무가 배경이 되어 한층 미관이 돋보인다. 게다가 지대가 높고 건조하며 물이 맑아서 자연과 인공의 틈이 없어 거의 이상적인 병원이다(旭邦,《大韓醫院を見るの記》, 朝鮮, 1908년 11월, 53~54쪽).

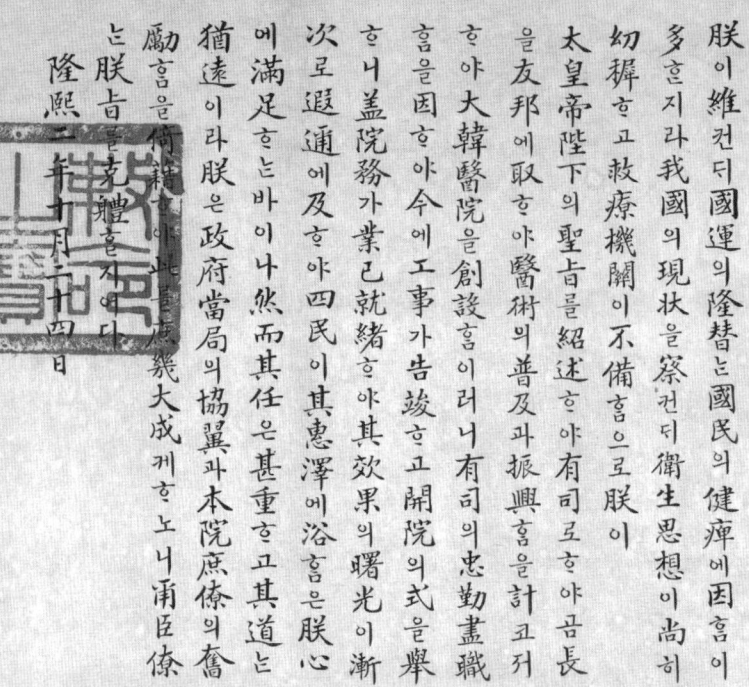

〈대한의원 개원 칙어〉(서울대학교병원 의학박물관 소장).

개원식 이후에도 공사가 계속되어 부속 의학교 건물이 1년 남짓 뒤인 1909년 11월 16일 준공되어 1906년부터의 대역사大役事가 마무리되었다. 이 3년 동안의 대공사로 병원 본관 건축 및 설비비 35만 7,000여 원과 교사 건축비 5만 2,000여 원 등 당시의 형편으로는 엄청난 금액인 40여 만 원이 소요되었다. 당시 정부의 1년 총 예산의 2퍼센트 가량에 해당하는 금액이다. 물론 이 거액은 고스란히 대한제국의 부

위정척사파의 거두 최익현(1833~1906). 차관 문제 등을 거론한 것을 보면 그가 무조건 쇄국을 주장한 것이 아니라 세상의 물정을 잘 파악하고 있었다는 사실을 짐작케 된다. 최익현은 을사늑약 체결 뒤, 70세가 넘은 나이임에도 의병을 일으켰다. 그러나 곧 싸움에 패하고 일본군에 의해 쓰시마對馬島로 끌려가 그곳에서 별세했다.

담이었으며 그 태반이 일본 차관이었다. 거족적으로 국채보상운동(20만 원가량 모금되었다)이 벌어지던 당시에 빚으로 세운 이러한 최신식 거대 의료기관이, 그것도 일차적으로 일제와 그들의 주구를 위해 세워진 것이 과연 발전이며 근대화일까?

일본 차관 도입은 일찍부터 많은 사람이 우려하는 바였다. 최익현崔益鉉(1833~1906)은 이미 1904년에 국왕에게 차관을 들여오지 말 것을 진언했다.

만일 외국에서 차관을 들여오려 하면 반드시 저당을 잡혀야 할 것이며, 그것은 응당 토지일 것입니다. 그러나 토지는, 폐하께서 그 토지와 인민을 위탁받았다고 해서 하루아침에 그것을 남에게 주려고 하실 수 있겠습니까? 신은 그 차관을 어디에 쓸 것인가도 잘 모르고 있습니다. …… 다소를 막론하고 차관을 들여오는 날이 바로 나라가 없어지는 날입니다. 그리고 요즈음 이 조약이 이미 체결되었다는 소문을 듣고 신은 더욱 애통해 했습니다. 그러나 다행히도 아직까지는 차관을 들여오지 않았으니 신은 즉시 그 문건을 취소하고 국고를 절약하여 국력이 조금이라도 신장된 뒤에 의논하는 것이 옳을 것으로 생각합니다(황현, 《매천야록》 제4권).

대한의원 직원(1908년 10월 개원식 직후).

한국인은 홀대한 대한의원

1906년 10월 25일 대한의원 창설위원회는 14조로 구성된 〈대한의원 관제〉를 의정부에 제출했다. 이 관제에는 대한의원의 소속, 직원, 부서, 활동 등이 규정되어 있었다.

관제의 여러 조항 중에서 우선 눈길을 끄는 것은 대한의원이 내부와 같은 한 부처가 아니라 의정부 직속 기관이라는 사실이다. 이는 질병 치료와 빈민 시료施療 등 병원 업무(치료부 담당)뿐만 아니라 의사, 약제사, 산파와 간호부 양성, 교과서 편찬 등 의학 교육 기능(교육부 담당)을 겸하며, 나아가 의료인의 관리와 약품·매약 통제 등 보건위생 행정(위생부 담당)까지 관할하는 기관으로 대한의원의 역할을 규정한 것과 관련이 있다. 즉 대한의원은 그동안 내부가 관장하던 병원 업무와 학부 소관이던 의학 교육 그리고 위생국이 담당하던 보건위생 관련 행정을 모두 포괄하는 기구였으므로 최고위 정부 기구인 의정부 직속으로 했던 것이다. 그리고 병원의 총책임자인 원장도 내부대신이 겸임하는 것으로 격상시켰다.

일제가 대한의원의 성격과 위상을 이렇게 설정한 것은 무엇보다도 보건의료와 관련된 모든 사항을 대한의원에 집중시켜 대한의원만 손아귀에 넣으면 대한제국의 보건의료를 사실상 완전히 장악할 수 있다는 점 때문이었다. 이러한 목적을 달성한 뒤인 1907년 12월 27일 〈대한의원 관제〉를 개정해 대한의원을 내부 관할로 만들었다. '엿장수 마음대로'였다. 그리고 일제의 그러한 의도는 대한의원의 실제 운영에서 더욱 뚜렷이 나타난다. 흔히 통감부 초반기를 '고문 통치 시대'라고 하는데, 보건의료 분야도 마찬가지였다. 일제의 책략은 무엇보다도 "원장은 고문과 협의한 후에 원무를 정리整理한다"(제4조)라는 조

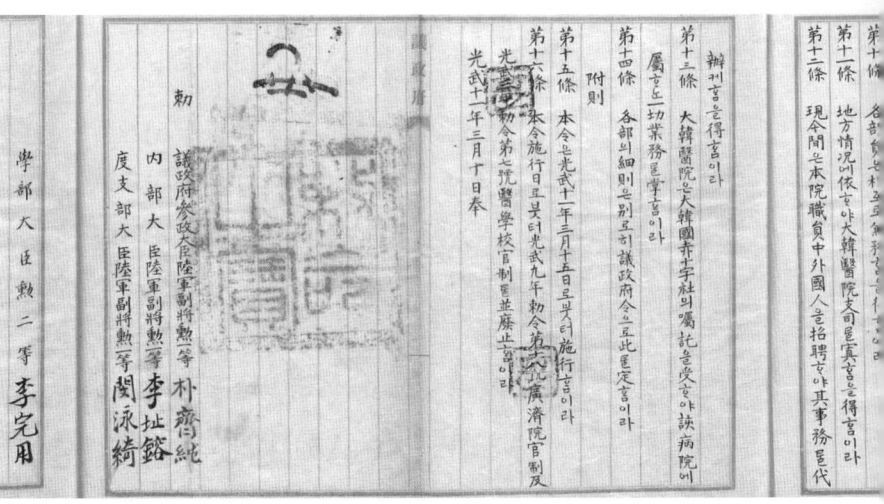

칙령 제9호로 제정, 반포된 〈대한의원 관제〉(규장각 한국학연구원 소장). 맨 끝에 참정대신 박제순, 내부대신 이지용, 탁지부대신 민영기, 학부대신 이완용의 서명이 있다.

항으로 뒷받침된다. 병원 업무와 보건위생 사무 등에 전문적인 식견이 없는 명목상의 원장을 좌지우지할 수 있는 '실세' 일본인 고문을 둔 것이다.

일제의 침략 의도가 명시적·암시적으로 담긴 이 관제는 의정부의 의결을 거쳐 1907년 3월 10일자로 공포, 3월 15일자로 발효했다. 대신 8년 동안 국가병원 역할을 하던 광제원과 우리나라 최초의 근대식 의학 교육기관인 의학교는 문을 닫게 되었다.

〈대한의원 관제〉가 공포된 직후 행해진 인사를 통해 병원의 실무책임자는 예정대로 모두 일본인으로 채워졌다. 즉 통합 전의 광제원장에 해당하는 치료 부장에는 이토 히로부미의 주치의로 통감부 기사였던 고야마, 의학교장 격인 교육 부장에는 일본군 예비역 군의관이자 의학교 교사를 지낸 고다케, 종래의 내부 위생국장의 역할을 담당하는 위생 부장에는 광제원 의장醫長이었던 사사키가 임명되었다. 이들은 모두 대한의원 창설위원으로, 자신들의 작업 결과로 대한의원이

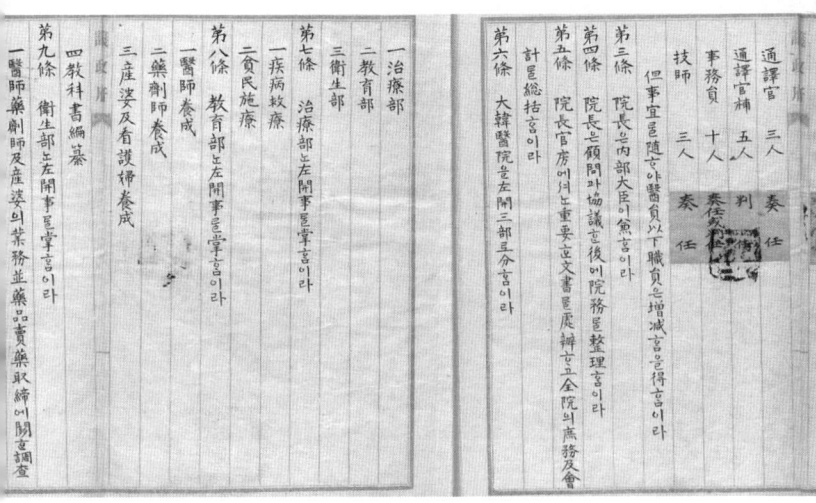

창설되자마자 스스로 핵심 자리를 차지한 것이었다. 논공행상의 의미도 띤 인사였다.

내부대신 이지용(1907년 3월~5월, 을사 5적)과 임선준(1907년 5월~12월, 정미 7적)이 당연직 원장으로 임명되었지만 이들은 의료에 문외한이었으며, 또 실권은 이미 고문과 3부 부장에 넘겨져 있었으므로 별다른 역할은 기대하기 어려웠다. 이들은 대표적인 친일파였지만 일제는 이들에게 실제 권한을 맡기지 않았다. 더욱이 1907년 12월 27일자로 〈대한의원 관제〉를 개정해 사토 스스무를 원장에 임명해 명목상의 책임자 자리마저도 일본인에게 넘겨갔다. '정미 7조약' 체결(1907년 7월 24일)로 일본인들이 직접 고위직에 임명될 수 있었기 때문에 사토는 '고문' 대신 원장직을 맡게 된 것이다. 그리고 대한의원 원장의 직급은 칙임관勅任官 1등으로 차관급이었다. 서울 시장에 해당하는 한성부윤은 칙임관 2등이었다.

병원의 실무를 담당하는 교관, 의원, 약제사, 통역관, 사무원 등으

《조선귀족열전》 속의 그때 그 사람들. 왼쪽부터 백작 이지용 (1870~1928), 자작 임선준(1860~ 1919), 자작 윤덕용(1873~1940).

로 통합 이전 각기 해당 기관에서 근무하던 한국인들이 임명되었지만, 이전에 비해 직위가 강등되거나 역할이 축소되었다. 물론 숫자도 줄어들었다. 교관으로는 의학교 교장을 지낸 지석영과 유세환, 유병필, 최규익 등 4명, 의원으로 이규선과 피병준 등 2명, 약제사로 권태완, 이응원, 김상섭 등 3명, 통역관보로 이은집 1명, 사무원으로 박형래, 김철주, 유일환 등 3명, 모두 합해 13명이 임명되었다. 이것은 전체 직원 54명 중 4분의 1도 안 되는 인원이었다.

특히 교육 부장이 '보직'이 아닌 '직급'임을 생각할 때, 의학교 8년 내내 교장직을 맡았던 지석영이 교관으로 강등된 것은 의미하는 바가 크다. 이러한 점은 대한의원뿐만 아니라 당시 통감부가 주도한 그 밖의 교육기관에서도 마찬가지였다. 지석영의 불만을 무마하기 위해 뒤늦게 학감(학생감)직을 새로 만들어 그 자리에 임명했지만 별 의미는 없었다. 심지어 1910년에 작성된 〈내부 및 부속 관청 직원록〉에는 대한의원 부속 의학교 교수 명단 중 학생감 지석영은 맨 끝에 적혀 있다. 요컨대 첫 번째 대한의원 인사를 통해 한국인은 진료, 교육, 위생

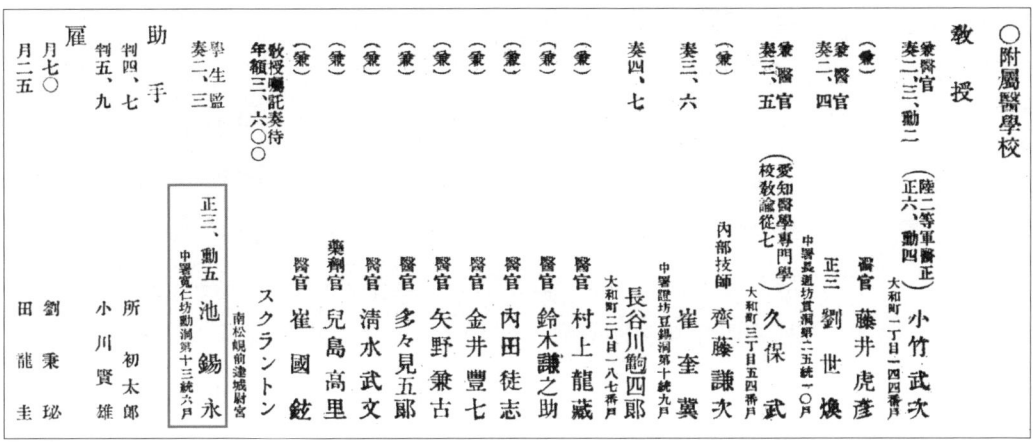

1910년에 작성된 〈내부內部 및 부속 관청 직원록〉. 지석영은 대한의원 부속 의학교 교수 명단 중 의학교 제2회 졸업생 최국현崔國鉉, 미국인 스크랜튼에 이어 맨 끝에 적혀 있다. 유병필劉秉珌은 교수직에서 물러나 월봉 70원의 비정규직[雇]으로 있었다.

업무 등에서 아웃사이더로 전락했고, 그러한 점은 시간이 흐를수록 더욱 뚜렷해져 갔다. 비록 병원의 이름은 '대한'이었지만 실제는 이름과 전혀 다른 것이었다.

병원의 실제 이용 양상은 대한의원의 성격을 더욱 뚜렷이 보여준다. 1908년 대한의원 입원 환자는 한국인 159명(27퍼센트), 일본인 428명(73퍼센트)이었으며, 외래 환자는 한국인 4,913명(48퍼센트), 일본인 5,253명(52퍼센트)이었다. 1909년에는 입원 환자가 한국인 208명(23퍼센트), 일본인 699명(77퍼센트)이었으며, 외래 환자는 한국인 6,474명(43퍼센트), 일본인 8,412명(57퍼센트)이었다. 병원을 이용한 환자의 절대 수도 일본인이 단연 많다. 게다가 당시 한성과 경기도의 한국인은 약 136만 명, 일본인은 5만여 명임을 감안하면 대한의원의 이용 인구의 엄청난 불균형을 한눈에 알 수 있다.

이처럼 한국인과 일본인의 대한의원 이용에 현격한 차이가 있었던 것은 몇 가지 측면에서 생각할 수 있다. 첫째는 대한의원에 대한 일본인과 한국인의 입장과 시각 차이이다. 일본인들은 주로 일본인 의사들이 있어 낯설지 않고 진료 수준도 상당한 대한의원에 호의적이었다. 반면에 한국인들에게는 일본인 의사들이 진료한다는 바로 그 점이 대한의원을 멀리하게 되는 중요한 요인으로 작용했다.

배타적 민족감정과 대한의원이 일제의 침략도구라는 인식 이외에 또 중요한 요인은 경제적인 것이었다. 즉 대한의원의 치료비와 입원료는 당시 한국인 처지에서 보면 엄청난 고가였다. 한국인 환자는 생활 정도를 감안해 비용을 감해 주는 경우도 있었지만, 그렇더라도 대한의원은 한국인 누구나 쉽게 이용할 수 있는 병원은 결코 아니었다. 따라서 대한의원을 이용한 한국인은 진료비를 지불할 능력이 있으며 일본인 의사들의 진료를 꺼려하지 않는 극소수 특권계층과 무료로 진료받는 시료환자施療患者가 대부분이었다. 전자의 대표적 예로는 이재명에게 응징 습격을 받은 이완용과 그 형인 이윤용의 가족 등을 들 수 있다.

일제는 "한국의 의술을 발달시킨다"는 명목으로 1907년 대한의원을 설립한 데 이어, 1909년부터 전국 각 지역에 자혜의원을 세웠다. 그러나 일제가 생각한 '한국의 의술 발달'이란 한국인이 아니라 일본인을 주체로 설정한 것이었다. 또한 일제는 이를 과도적인 것으로 생각하지 않았다. 일제는 애초부터 다른 분야와 마찬가지로 의료 부문도 일본인이 영구히 장악한다는 계획을 가지고 있었던 것이다. 이에 따라 '한국인 의료인 양성 제한' 정책도 처음부터 뚜렷했다.

이렇듯 일제는 한국인을 대상으로 한 의학 교육의 발전을 의도하지 않았다. 1899년 이래 8년 동안 독립적으로 운영되던 의학교는 대한의원의 한 부서로 격하되었다. 일제가 대한의원을 통해 한국의 관립의학 교육을 주도한 1907년부터 1910년 사이, 그곳에서 의학 교육 과정을 마치고 의사가 된 사람은 1908년에 13명, 1909년에 5명(이상 18명

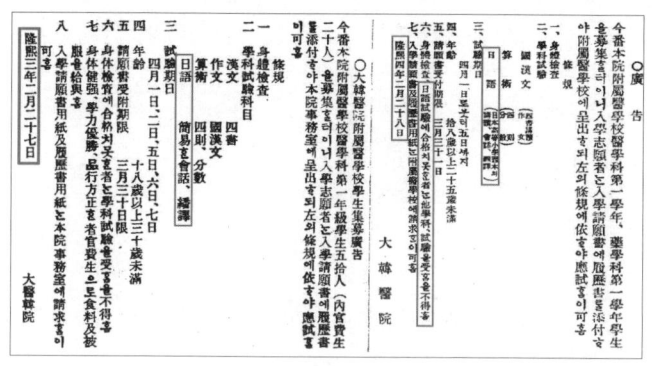

《관보》에 게재된 대한의원 입학 시험 요강. 1909년(왼쪽)부터 입학 시험 과목에 일어가 추가되었으며, 1910년(오른쪽)에는 일어 시험의 기준이 높아졌을 뿐만 아니라 일어 시험에 불합격하는 경우에는 아예 다른 시험은 볼 수도 없는 조건이 추가되었다. 원어민 일본어 교사가 인기를 끌 수밖에 없었다.

은 의학교 시절 입학), 1910년에 27명 등 45명이었다. 또한 1907년에 45명, 1909년에 50명, 1910년에 50명 등 145명의 학생을 선발했지만(1908년에는 선발하지 않았다), 이들에 대한 교육은 한국의 의술을 발달시키기 위한 것이 아닌 한국을 식민지로 통치하기 위한 방편이었다.

일제는 한국 내 최고 교육기관 중의 하나인 대한의원 부속 의학교의 교육 내용을 더욱 '식민지 교육시책'에 맞게 바꾸었다. 1909년부터 다른 고등교육기관들과 마찬가지로 통역 없이 일본어로만 교육했으며, 충직한 '천황 폐하의 신민臣民'을 양성하기 위해 수신修身을 필수과목으로 두었다. 이에 따라 일본어로 강의할 수 없는 한국인 교관과 서양인 교수(스크랜튼)의 입지는 더 줄어들었으며, 한국인 학생은 상당한 수준의 일본어 학습을 해야만 했다. 그리고 1909년부터는 입학시험에도 일어 과목이 추가되었으며, 1910년에는 일어 시험에 합격치 못할 때에는 아예 다른 학과 시험을 보지 못한다는 조건까지 붙었다.

대한의원 말기인 1910년 2월 1일자로 〈대한의원 부속 의학교 규칙〉이 반포되면서 교육 연한이 3년에서 4년으로 연장되었지만, 식민지 통치의 편의를 위한 교육이라는 큰 틀에는 아무 변화가 없었다. 외관은 '근대적'인 모습을 띠었지만, 내용은 '식민화' 일변도였던 것이다. 그러면서 의학교 시절에 보이던 자주적인 특성도 사라지고, 지석영 등 의학교를 주도하던 인사들의 역할과 이상도 찾아볼 수 없게 되었다.

대한의원.

대한의원 의학생

1907년 대한의원 교육부에 입학해 1910년 11월에 졸업한 학생들을 살펴보자. 정확도와 신뢰성에 문제가 있기는 하지만《1911년도 조선총독부 통계연보》는 대한의원 시절 의학생 상황에 대해 개략적인 정보를 준다.

지원자와 입학자의 수는 1907년 700명과 45명, 1909년 450명과 50명, 1910년 388명과 50명으로 경쟁률은 1907년 15.6 대 1, 1908년 9 대 1, 1910년 7.8 대 1이었다. 이렇게 지원자가 많고 경쟁률이 높은 것을 액면 그대로 믿기는 어렵지만, 당시 신문에도 지원자가 많다고 보도되었다. 이것은 근대 서양 의학이 이전 시대에 비해 더 수용되고 있었음을 보여주는 징표다.

> 대한의원에서 의학교 생도를 현금 모집하는 중인데 의학이 시급하다 하여 입학 지원자가 다수에 지조하였다더라(《황성신문》1909년 5월 27일자).

〈표 36〉 1911년도 조선총독부 통계연보 제586표*

연도	생도수					지원	입학	졸업	자퇴	사망
	1학년	2	3	4	합					
1907	36		5		41(46)	700(–)	45(–)	13(–)		
1908		33			33(33)			5(5)	9(8)	
1909	40		29		69(75)	450(450)	50(50)		15(10)	
1910	43	32		27	102(105)	388(388)	50(50)	27(–)	16(20)	1(1)

* '관립의학강습소 상황'(각 연도 3월 말일 현재). 괄호 안의 숫자는 〈1910년도 조선총독부 통계연보〉에 기재된 수로 1911년도치와 조금 차이가 난다. 통계치에 문제가 있음을 보여준다. 그리고 4년제는 1910년도 입학생부터이므로, 1910년에 4학년으로 기재한 것은 잘못이다. 1907년 가을에 입학하여 3년 과정을 마치고 졸업을 앞둔 학생들을 4학년으로 표현한 것이다.

당시 신문과 관보 등을 종합해 보면, 1907년도 입학시험은 4월 26일 오전 10시부터 훈동의 전 의학교 건물에서 치러졌다. 입시 과목은 의

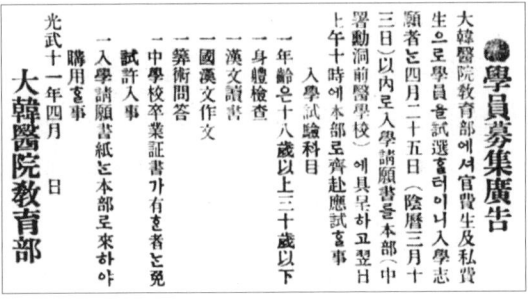

《황성신문》 1907년 4월 10일자. 대한의원 교육부 학생[學員] 모집 광고. 4월 23일까지 12차례 연속으로 실렸다. 당시 학생의 공개 모집은 '의학교'가 이미 1899년 설립 때부터 모범을 보여 확립되어 있었다.

학교 시절과 비슷하게 한문 독서, 국한문 작문, 산술 문답 등 세 과목이었으며, 중학교 졸업증서가 있는 사람은 입학시험이 면제되었다. 그때까지도 중학교 졸업생이 많지 않았기 때문이다.

중학교 졸업생에게 일종의 '특혜'를 준 것 외에 입시는 공개적으로《황성신문》에만도 12차례나 입시 광고가 실렸다) 공정하게 실시된 것으로 보인다. 의학교 시절과 뚜렷이 차이나는 점은 국가가 교육에 필요한 모든 것을 제공하는 '관비생' 이외에 자신이 학비를 부담하는 '사비생私費生'도 선발했다는 점이다.

의학교 때와 마찬가지로 대한의원 시절에도 학생은 모두 한국인이었다(1916년 경성의학전문학교로 승격하면서 일본인 학생도 입학하게 되었으며, 몇 해 뒤부터는 일본인 학생 수가 더 많아졌다). 1907년 입학생들이 언제 입학식을 갖고 수업을 시작했는지 기록으로 확인할 수 없지만, 1909년의 경우 9월 11일에 입학식[開校式]이 있었으므로 그와 비슷했을 것으로 생각된다. 가을에 새 학년이 시작된 것 또한 의학교 때와 마찬가지였다. 이렇듯 대한의원 초기에는 많은 점들이 의학교 시절과 비슷했다.

교육도 마등산의 대한의원 본관 건물이 지어질 때까지는 훈동의 전 의학교 건물에서 이루어졌다. 11월 초 본관 건물이 준공되자 우선 9일과 10일, 광제원 시설을 그곳으로 이전했고 이어서 14일에는 적십자사병원의 시설을 옮겼다. 마지막으로 21일, 의학교가 8년 남짓 보금자리 구실을 했던 훈동을 떠났고 그 자리에는 관립덕어학교(독일어학교)가 이전해 왔다. 이제 물리적으로도 광제원, 적십자사병원, 의학교가 사라지게 되었다.

마등산으로 옮겨 온 의학생들은 어디에서 공부했을까? 대한의원 본관(시계탑 건물)의 평면도가 이에 대한 답을 제공한다. 2층 평면도를 보면, 원장실과 고문실을 제외하고는 본관 2층의 거의 모든 공간이 교실 5개, 의국醫局, 탈모실脫帽室, 식당 등 학생과 관련된 시설로 배치되어 있다. 학생들은 1909년 11월 부속 의학교 건물(지금의 서울대학교 치과 전문대학원 자리)이 준공될 때까지 약 2년 동안 이곳에서 공부했을 것으로 생각된다. 본관 건물을 교육 장소로 쓴 것을 보면 학생 교육에 상당한 배려를 한 것으로도 보이고, 또 한편으로는 학생들을 철저히 장악하기 위한 조치로도 여겨진다.

의학생들의 복장과 두발 상태는 어땠을까? 《대한의원 개원식 기념 사진첩》(1908)에는 의육부醫育部(1907년 말 교육부를 의육부로 개칭했다) 학생들이 수업받는 모습을 담은 사진이 들어 있는데, 학생들은 대부분 교복 차림이며, 머리도 짧게 치켜 깎았다. 이러한 복장과 두발 상태가 언제부터 시작된 것인지는, 의학교 시절 학생들의 사진이 남아 있지 않아 알기 어렵다.

《1911년도 조선총독부 통계연보》에 의하면, 1907년도 입학생들은 입학 당시 45명에서, 1학년 말 36명, 2학년 말 33명, 3학년 말 29명으로 학년이 올라갈수록 조금씩 줄어들었다. 《황성신문》 1908년 7월 9일자 보도로는 1학년 수료자가 우등생 류진영柳鎭永, 구자흥具滋興, 김용문金龍文을 비롯해 37명이었다. 학생들이 학교를 중도에 그만둔 사유에는 다음과 같은 경우도 있었다.

대한의원 의육부 학도 이동상, 송영근 양 씨가 금년 하기방학을 승乘하야

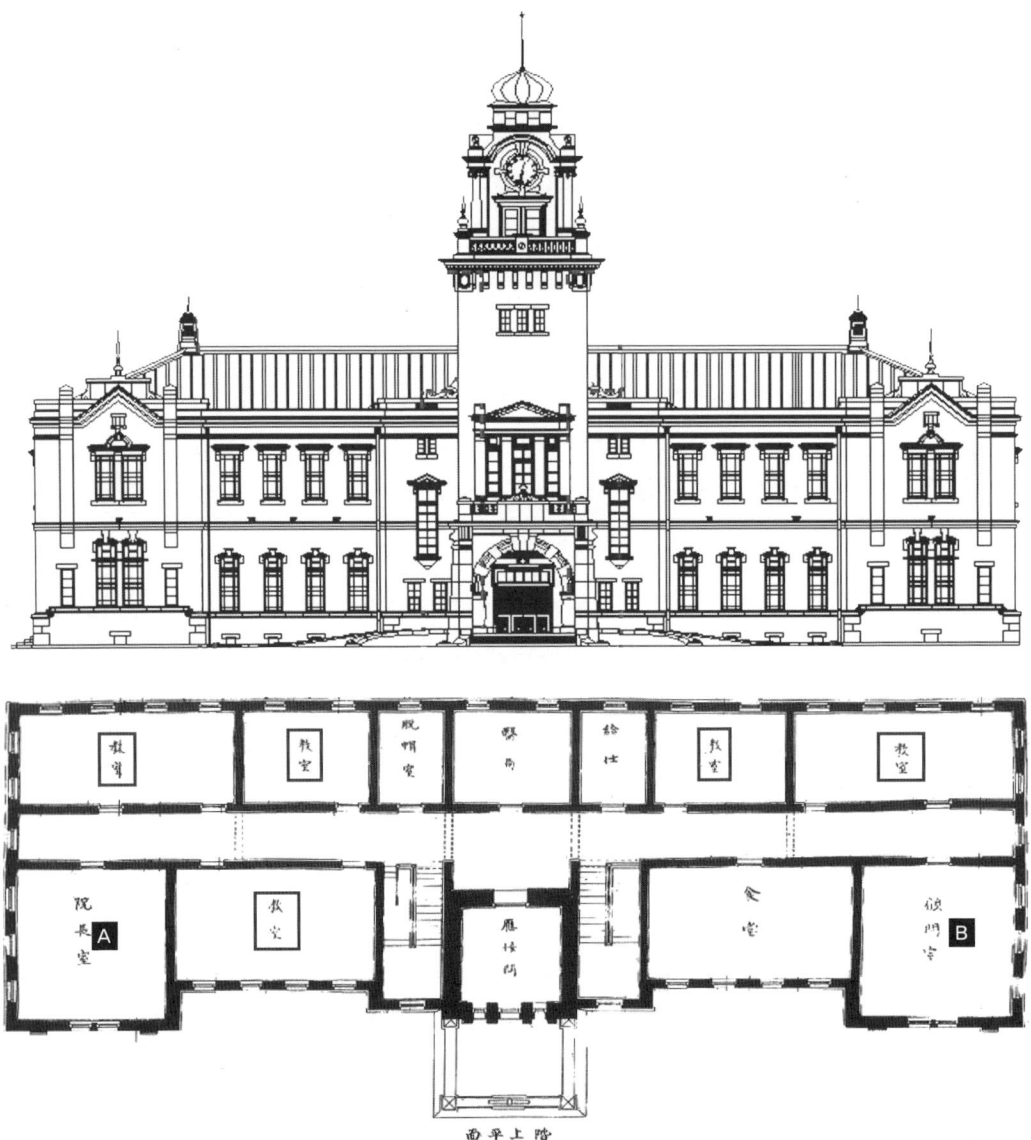

대한의원 본관(시계탑 건물)의 정면도(위)와 2층 평면도(아래)(규장각 한국학연구원 소장). 별개의 도면 두 개를 필자가 합성한 것이다. 본관 2층에는 원장실(A)과 고문실顧問室(B)이 대칭으로 있으며, 교실(네모)이 다섯 개 있다. 학생들은 부속 의학교 건물이 준공될 때까지 2년 가까이 이곳에서 공부했을 것으로 생각된다. 고문실의 규모만 보아도 고문의 위상과 역할을 잘 알 수 있다. 건물 준공 조금 뒤인 1907년 말의 〈대한의원 관제〉 개정으로 고문이 폐지되고, 고문이었던 사토 스스무가 원장이 된 뒤에 고문실은 어떤 용도로 바뀌었을까? 고문실拷問室? 누군가는 통감부 시절과 일제 강점기를, 발음의 유사함을 이용하여 이렇게 표현했다. "강꼬꾸かんこく(韓國)는 온통 강고꾸かんごく(監獄)이었다"(규장각 한국학연구원 소장).

《대한의원 개원식 사진첩》(1908) 중의 의육부 학생들의 수업 장면. 본관 2층의 다섯 개 교실 중 하나, 특히 원장실 옆의 가장 넓은 교실에서 찍은 것으로 생각된다. 학생들 대부분이 검정색 또는 회색 교복을 입고 있으며, 4명만 한복을 입고 있다. 모든 학생이 머리를 짧게 깎았다. 1907년에 입학한 학생들로 여겨지는데 18명밖에 되지 않는 것이 조금 이상하다. 한복을 입고 서 있는 사람은 한국인 교수 유세환, 유병필, 최규익 중 한 명으로 여겨지지만 확실치는 않다.

함흥 향제鄉第에 하거下去하야 대한협회 지회를 설設함을 내부內部에서 지知하고 대한의원에 통지하되 학생 자격으로 회를 설함은 이외理外의 사事니 해該 학도를 상당 조처하라 하얏다더라(《황성신문》 1908년 9월 27일자).

이처럼 대한협회 지회를 설립한 때문인지는 확실하지 않지만 이동상李東相은 학교를 그만두었다. 이들 외에도 많은 학생이 서북학회, 기호흥학회, 천도교 청년단체, 황성신문 신진부 등 애국계몽 단체에서 활동하고 있었다.

학년이 올라감에 따라 일부가 떠났지만 결국 1910년 11월 2일 졸업식을 갖고 27명이 졸업했다. 졸업생 27명은 입학생 45명의 꼭 60퍼센트로 당시의 격동적 상황을 생각하면 결코 적은 수나 비율은 아니었다. 신한민보 1910년 2월 9일자 기사 제목처럼 '그래도 배워야' 했던 세월이었다.

《매일신보》 1910년 11월 5일자. 11월 2일, 전 대한의원 부속의학교 졸업증서 수여식이 있었음을 보도했다. 이때는 대한의원은 '조선총독부의원'으로, 부속 의학교는 '부속 의학강습소'로 명칭이 바뀌었다.

대한의원 의관醫官 겸 교수인 우치다內田徒志가 독일 유학을 떠나는 것을 기념하여 1910년 6월 2일에 찍은 사진(서울대학교병원 병원역사문화센터 지음,《한국근현대의료문화사》에서 전재). 사진 속의 학생들은 1907년에 입학하여 3년 과정을 거의 마치고 졸업을 앞둔 학생들로 보인다. 모든 학생이 각모角帽를 쓰고 있다. 일제 강점 초기인 총독부의원 부속 의학강습소 시절에는 둥그런 환모丸帽로 바뀌었다가 1916년 경성의학전문학교로 승격하면서 각모를 되찾았다. 각모 착용은 학력學歷의 상징으로 일제시대에는 전문학교와 대학 학생들에게만 허용되었다. 위치로 보아 앞줄 가운데 검은 양복 입은 사람이 우치다로 생각된다. 그 오른쪽의 연한 색 양복 입은 사람은 한국인 교수 최규익이나 최국현일 가능성이 있다.

(왼쪽)《대한매일신보》1908년 4월 16일자. 학부에서 관사립학교(관립학교의 오식으로 보인다) 학생들을 이토 히로부미 환영 행사에 동원할 것을 지시했다는 기사이다. (오른쪽)《황성신문》4월 17일자. 다른 관립학교 학생들과는 달리 대한의원 학생들이 실제 행사에 참석했다는 언급이 없다. 단지 참석 사실이 누락된 것일까?

대한제국 황태자 영친왕과 태자태사太子太師(황태자의 사부師傅라는 대한제국의 관직) 이토 히로부미(1907).

　　　　대한의원 학생들의 성향을 짐작케 하는 한 가지 '사건'이 있다. 이 무렵 대한제국 황제나 통감이 원행遠行을 하는 경우, 대개 관립학교 학생들이 환영·환송 행사에 동원되곤 했다. 1908년 4월 16일, 영친왕 이은李垠(1897~1970)의 일본 유학(사실상 볼모로 끌려간 것)에 동행했다 돌아오는 영친왕의 '사부師傅(太子太師)' 이토 히로부미를 환영하기 위해 다른 때와 마찬가지로 관립학교 학생들이 남문 밖 정거장(지금의 서울역) 근처에 동원되었다. 당시 신문 보도에는 관립사범학교, 고등학교, 외국어학교, 보통학교 학생들과는 달리 대한의원 학생들이 행사에 참석했다는 기사는 찾아볼 수 없다. 어떻게 된 것일까?

당시 러시아 블라디보스톡에 거주하던 교민들이 발간하던 《해조신문海潮新聞》이 그렇게 된 사정을 전하고 있다. 즉 학부의 지시를 받은 대한의원 의육부의 학생감(이 기사에는 예전의 호칭인 '의학교장') 지석영이 학생들에게 행사에 나갈 것을 호소했지만 학생들이 묵살했다는 것이다. 기사의 제목이 '학생이 통감과 무슨 상관學徒何關於統監'이라고 되어 있다. 학생들의 기개와 지석영의 초라한 모습이 뚜렷이 대비된다. 지석영도 속마음이야 어떠했으랴.

대한의원 학생들의 행사 불참이 망국을 막는 데에는 별다른 역할을 하지 못했을 것이다. 하지만 젊은 학생들의 그런 패기조차 없었다면 가혹한 식민지 시대를 어떻게 이겨내고 또 해방을 맞을 수 있었겠는가?

《해조신문海潮新聞》1908년 5월 6일자. "일전 일본 통감 이등씨 입성할 시에 학부 지휘로 각 관립학교 생도들을 일제히 나가 영접하라 하는데 의학교장 지석영씨가 해 학도더러 영접하자 하매 일반 학생들이 다 불가라 하는지라. 지씨가 다시 권하기를 구경차로 가자 하매 학생들이 그러면 점심 후에 다시 회집한다 하고 각각 흩어졌는데 날이 저물도록 회집치 않는지라 지씨가 종일토록 독좌공방 했다더라."

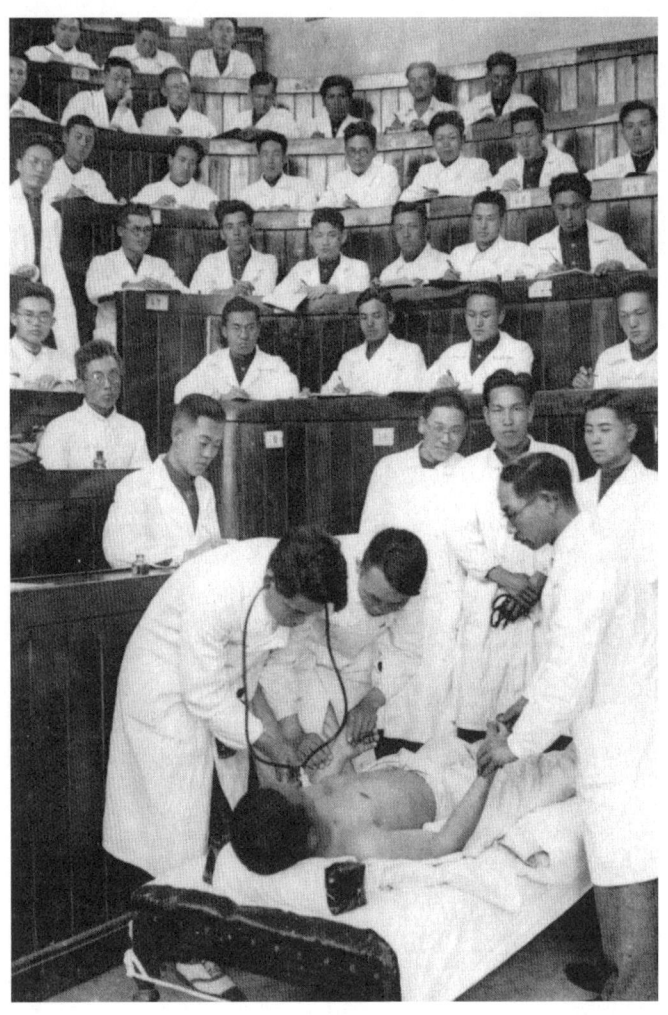

일제 강점기 시절의 내과 임상강의.

2. 제국의 의사들

식민지 의사의 두 가지 길—김용채와 이만규

1910년 11월 2일, 대한의원에서 3년의 의학 교육 과정을 마치고 졸업한 27명은 대한의원 시절에 거의 모든 교육을 받았지만, 졸업식 당시 학교 명칭을 따라 보통 '조선총독부의원 의학강습소' 제1회 졸업생이라고 한다. 27명의 명단은 왼쪽 아래의 《매일신보》 기사와 같다. 이들 27명은 모두 반년 뒤인 1911년 5월 9일자로 총독부로부터 '의술개업인허장'을 발급 받았는데, 등록번호는 졸업 성적과 무관하게 제52호인 전유화부터 이창우, 구자흥, 나성연 등의 순서였다. 이들의 행적은 잘 알려져 있지는 않지만, 남은 기록으로만 보아도 제법 다양한 삶을 살았던 것으로 여겨진다.

우선 눈길을 끄는 인물이 수석 졸업생 김용채와 차석 졸업생 이만규로, 이들은 매우 대조적인 삶을 살았다. 경기도 안산 출신인 김용채(1891~1932)는 1910년 의학교를 졸업한 뒤, 동기생 김교창과 함께 총독부 관비 유학생으로 일본에 유학하여 도쿄 제국대학 의학부 병원 내과(김교창은 피부비뇨기과)에서 수학했다. 이들이 어떤

《매일신보》 1910년 10월 23일자. 조선총독부의원 의학강습소 제1회 졸업생 27명 명단. 당시 관례대로 졸업 성적 순으로 이름을 기재한 것으로 생각된다.

자격으로 공부했는지 확실치 않지만, 김교창은 《신문계新文界》 6호(1913년 9월)에 게재한 글에서 자신을 '제국대학 의과 졸업생'이라고 표현했다(하지만 1년 뒤 《신문계》 18호에서는 그런 표현을 하지 않았다).

일본 유학을 마치고 귀국한 김용채는 1913년 9월 6일 총독부의원의 조수로 임명받았으며, 1914년 3월 10일 의원醫員으로 승진해 1919년까지 5년 동안을 내과에서 근무했다. 일제 강점기 관립병원의 의사 직급은 의관醫官, 부의관, 의원, 조수 순이었다(《조선총독부 및 소속 관서 직원록》에 의하면, 1918년의 경우 총독부의원의 의관은 11명, 부의관은 4명, 의원은 12명, 조수는 9명이었다).

1919년 김용채가 총독부의원을 사직할 때까지 조선인 의관이나 부의관은 한 명도 없었고, 의원도 김용채 외에는 김태진金台鎭이 1915년 1월 30일부터 7월 29일까지 반년 동안 근무했을 뿐이다(김태진은 조선인으로는 최초로 1914년 12월 큐슈九州 제국대학 의학부를 졸업했다). 그리고 김용채가 총독부의원을 떠나기 조금 전에야 주영선朱榮善(1915년

김태진(1885~1919)에 관한 자료. (왼쪽 위) 큐슈 제국대학 재학 시절 '각모角帽'를 쓴 김태진. (가운데 위) 1914년 12월 큐슈 제국대학 의학부 졸업생 명단 75명 중 일부(《큐슈 제국대학 일람(1925년판)》). 이름 위의 (x) 표시는 사망했음을 뜻한다. 김태진은 1919년 '에스파냐 독감' 유행 때 34세로 요절했다. (오른쪽 위 및 아래) 《매일신보》 1915년 1월 12일자. 김태진이 조선인으로서는 최초로 제국대학 의학부를 졸업했다고 보도했다.

지바千葉 의전 졸업), 권희목權熙穆, 조한성趙漢盛, 김달환金達煥(이상 1917년 경성의전 졸업)이 의원으로 임명받았다.

요컨대 김용채는 1910년대 총독부의원에서 조선인으로는 독보적인 존재였다. 당시 내과뿐만 아니라 총독부의원 전체를 쥐락펴락했던 모리야쓰森安連吉(1872년생, 1900년 도쿄 제국대학 의과대학 졸업)의 신임이 두터웠기 때문이었을 것이다. 김용채는 수석 졸업생이었거니와 일본어에도 능통했다고 한다.

김용채가 총독부의원을 그만둔 연유는 잘 알려져 있지 않다. 내과 의관 아리마有馬英二(1883년생, 1908년 도쿄 제국대학 의과대학 졸업)와의 갈등설이 있지만 확실한 것은 아니다. 어쨌든 김용채는 사직 후 곧 관수동에 자신의 의원을 열어 개원의로도 성공을 거두었다. 그리고 1925년부터 1927년까지는 경성에서 활동하는 조선인 의사만으로 구성된 '한성 의사회'의 회장을 지내면서 1927년 봄의 '영흥 에메틴 사건' 해결을 위해 노력하기도 했다.

식민지 시대의 지식인으로서 김용채의 내면이 어떠했는지 알기 어렵지만 겉보기에는 별 어려움 없는 삶을 살았다. 하지만 갓 마흔의 나이에 닥쳐 온 위암이라는 병마를 피하지는 못했다. 김용채는 1932년 1월 14일 자택에서 세상을 떠났다. 마지막 몇 달 동안은 암 말기의 통증으로 크게 고생했다고 한다.

한편 강원도 원성에서 태어난 야자也自 이만규(1888/89~1978)는 길지 않은 생애지만 평생을 의사로 보낸 김용채와 크게 다른 길을 걸었다. 90세까지 장수한 이만규가 의사로 활동했던 기간은 기껏해야 2년이다. 나머지 긴

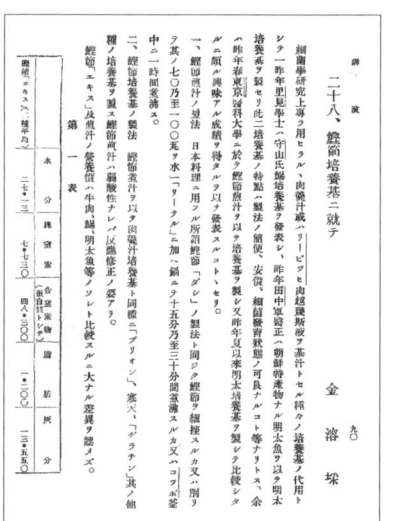

김용채가 조선의학회 제4차 총회(1914년 10월 18일)에서 발표한 논문 '견절배양기鰹節培養基에 대하여' 《조선의학회 잡지》 제13호). 이 배양 방법은 그가 일본 유학할 때에 배운 것이었다. 김용채는 당시 조선뿐만 아니라 세계적으로도 가장 큰 보건위생 문제였던 감염병과 병원균에 대해 관심이 많았다.

총독부의원을 사직하고 귀가하는 김용채(가운데 한복 차림)(정구충 지음, 《한국 의학의 개척자》에서 전재). 정구충은 사진 설명에서 김용채가 1915년에 총독부의원을 그만두었다고 했는데 1919년을 오인한 것이다.

이만규의 사진. 위는 출처 미상이고, 아래는 《동아일보》 1940년 1월 4일자에 게재된 것이다.

기간은 교육가, 한글학자, 저술가, 사회운동가, 정치가로서 보냈다. 따라서 이만규를 의사로 기억하는 사람은 거의 없다. 더욱이 이만규는 1948년 4월 김구, 김규식과 함께 '남북조선 제정당 사회단체 대표자 연석회의'에 참석차 평양에 갔다가 돌아오지 않아 남쪽에서는 잊혀진 존재가 되었다.

이만규는 의학교를 졸업한 뒤, 한때 개성에서 고려병원을 개업했다. 또 졸업할 무렵부터 상동교회의 상동청년학원, 봉명학교, 승동학교 등에서 교사 생활도 했다. 그가 의사 생활을 접고 전적으로 교육 활동에 매진한 것은 1913년 무렵부터로 생각된다. 이만규는 윤치호가 세운 기독교 학교인 개성의 한영서원(훗날 송도고등보통학교)에서 생물과 수학 과목을 담당하는 한편, 은밀히 한글과 한국사를 가르쳤다. 3·1운동 때에는 독립선언문을 인쇄, 배포하는 등의 활동으로 4개월간 옥고를 치르기도 했다.

《매일신보》 1945년 9월 15일 자. 이승만을 주석으로 하는 조선인민공화국 정부에서 이만규는 보건부장으로 선임되었다. 또한 문교부장 임시대리도 겸했다.

1926년 3월 송도고보를 사임한 이만규는 같은 해 4월 배화여자고보 교사로 부임했다. 그 뒤 1938년 수양동우회 사건으로 6개월, 1942년 조선어학회(1936년부터 간사장을 지냈다) 사건으로 1년간 옥고를 겪은 기간을 제외하고는 배화에서 교사와 교장 생활을 했다. 독실한 기독교 신자였던 이만규는 개인 구원뿐만 아니라 사회 구원을 추구했으며, 주로 '기독교 조선감리회'에서 활동했다.

이만규는 정치 활동은 주로 여운형呂運亨(1886~1847)과 함께했다. 일제 말기에는 건국동맹, 해방 뒤에는 건국준비위원회와 근로인민당 등에서 여운형의 오른팔 역할을 했다. 특히 그는 정치 정황상 이름뿐인 정부일 수밖에 없었던 조선인민공화국의 보건부장으로 선임되었다. 이만규가 환자를 직접 진료하는 임상 의사 생활을 하지는 않았더라도 보건의료에 관한 식견을 주위로부터 인정받았기 때문일 것이다.

《동아일보》 1939년 8월 10일 자. 이만규의 "여성의 미. 육체미." 미의 조건을 위와 같이 수치로 계량화하여 제시하려 한 것에서, 그의 견해에 대한 찬성 여부를 떠나, 이만규의 근대 의학적 사고방식을 잘 볼 수 있다.

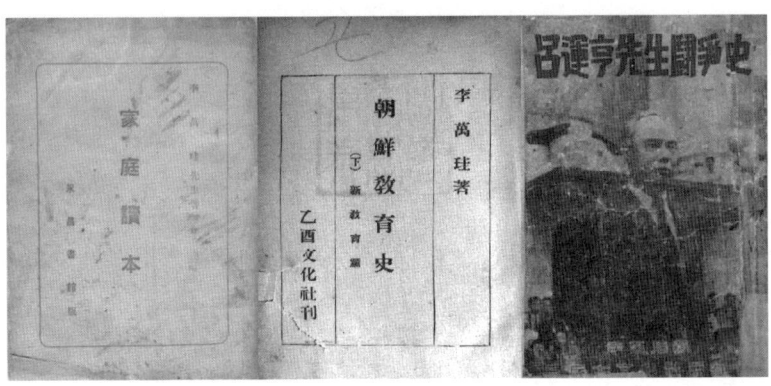

이만규의 대표적 저서 세 가지. (왼쪽)《가정독본》(영창서관, 1941), (가운데)《조선교육사》(을유문화사, 1947), (오른쪽)《여운형 선생 투쟁사》(민주문화사, 1947). 이만규의 삶의 스펙트럼을 느끼게 한다. 특히《조선교육사》에 대해서는 아직도 그것을 뛰어넘는 저작을 찾아보기 어렵다는 평가도 있다.

이만규의 쌍둥이 딸 리각경의 글씨(위)와 이철경의 글씨(아래) (박도, 남북의 쌍둥이 자매가 부른 '그날이 오면',〈오마이뉴스〉2009년 8월 15일자에서 전재). 아버지를 따라 북으로 간 봄뫼 리각경, 남쪽에 남은 갈물 이철경과 꽃뜰 이미경, 모두 한글 서예가로 빼어난 작품들을 남겼다. '그날이 오면'을 지은 민족운동가이자 시인, 소설가인 심훈沈熏(1901~1936)과 이만규 집안은 사돈 사이기도 하다.

그의 저술들에는 근대적 보건위생 사상이 짙게 깔려 있다. 예컨대 저서《가정독본》(영창서관, 1941년)과《동아일보》에 게재한 연재물 '여성의 미美', '보다 나은 결혼', '가정화락의 법칙' 등은 이를 잘 드러낸다.

좌우익의 갈등과 대립이 심화되고, 1947년 7월 19일 여운형이 피살되면서 '중도 좌파' '진보적 민족주의자' 이만규의 설자리는 사라졌다. 그리고 그는 북으로 가는 길을 선택했고, 남은 30년의 삶을 그곳에서 보냈다.

이만규가 북으로 간 뒤 남쪽에서는 사실상 잊혀졌다. 또한 그의 가족들도 서로 헤어져 오랫동안 소식도 모르고 지냈다. 아버지를 따라 간 딸 리각경李珏卿은 그곳에서 한글 서예가로 크게 이름을 날렸다. 남쪽에 남은 두 딸 이철경李喆卿(1914~1989)과 이미경李美卿(1918~) 역시 한글 글씨로 일가를 이루었다. 이만규가 추구했던 우리 말과 글의 아름다움은 세 자매의 아호인 '봄뫼, 갈물, 꽃뜰'에도 담겨 있다.

이만규와 함께 북으로 간 가족으로는 딸 리각경 외에도 아들 리정구가 있다. 해방 전후 이화여자전문학교에서 교수를 지낸 리정구李貞九는 북에서도 생물학자로 활동했다.

리각경과 이철경의 젊은 시절의 글씨(《동아일보》 1935년 2월 1일자).

醫學員大募集廣告

本所에셔醫師를養成하기爲하야醫學速成科를設하고學員을多數
募集하오니志願者는入學請願書를提出하고屆期應試할시오

修業年限은一個年半　　　　　　　　學科一個年　實習半個年

入學人數　一百五十八
入學年齡　十八歲以上四十歲以下
試驗科目　國漢文讀書　作文
請願日字　自一月十日　至同三十日
試驗日字　二月五日下午三時

講習科目
眼科　診斷　物理　化學　生理　解剖　藥物
　　　病理　內科　外科　小兒科　產科
　　　細菌　衛生　臨床講義　調劑實習

（外他詳細한規則은本所에來問하시오）

上學時間은自下午六時至全十時

校洞五星學校內漢城醫學講習所　白

明治四十四年一月　日

所長　前典醫長　　　　　　　徐丙孝
顧問　總督府醫院醫官醫學士　金城貞雄
主務兼教授醫學進士　　　　　孫基卿
學監兼敎授醫學進士　　　　　鄭壽泰
幹事兼講師東京藥學校卒業生　康秉鈺
講師　千葉醫學專門學校醫學士　康昌梧

《매일신보》1911년 1월 5일자. 한성의학강습소 학생 모집 광고. 강습 과목으로는 해부, 생리, 약물, 세균 등 기초의학 과목과 내과, 외과, 소아과, 산과, 안과 등 임상의학 과목이 모두 망라되어 있다. 광고 내용으로 보면 김기웅과 손수경이 개교 초에 교육을 주도했던 것으로 보인다.

나도향 스토리

조선총독부의원 의학강습소 제1회 졸업생 27명 중 의술개업인허장 번호가 가장 앞서는 전유화田有華는 졸업 후 일본에 유학해 1912년 도쿄 지케이카이東京慈惠會 의학전문학교를 다시 졸업했다. 당시 일본의 의학전문학교는 4년제였으므로 의학강습소 3년 학력을 인정받아 1년만 더 다녔을 것이다. 그때까지는 조선에 전문학교가 없었으므로 일본에 유학해 전문학교를 다니고 졸업하는 것은 보통의 조선인들에게는 선망의 대상이었다(일제 강점기 조선에는 1916년에야 처음으로 경성의전 등 관립전문학교 4개가 생겼고, 1917년에는 세브란스 의전과 연희전문학교가 설립되었다. 이 전문학교들은 모두 기존의 학교가 승격된 것이었다).

유학을 마치고 귀국한 전유화는 1914년 1월부터 이듬해 6월까지 함경북도 경성자혜의원鏡城慈惠醫院에서 조수로 근무한 뒤, 인접한 성진城津에서 개업했다. 자혜의원이나 총독부의원 같은 관립의료기관에서 잠시 근무한 뒤 개업하는 것, 이것이 당시 관립의학교 졸업생들이 택하는 일반적 경로였다. 김용채와 김교창은 총독부의원, 권영직(함흥), 김종현(초산), 이충하(수원)는 자혜의원을 거쳐 개업했다. 반면에 김기웅, 김덕환, 나진환, 서병호, 송영근, 원의준, 이민창, 이상종, 최영주, 최창환 등은 그러한 경력 없이 개업한 것으로 보인다. 하지만 이들도 정식 임명은 받지 않았더라도 관립의료기관에서 임상 경험을 쌓았을 여지는 있다.

전유화의 출생지는 일본이다. 아버지는 당시 일본 유학생으로 얼마 뒤 요절한 전재식田在植, 어머니는 이토 히로부미의 수양딸이자 친일반민족 행위로 악명을 날린 배정자裵貞子(1870~1952)였다. 어머니의 잘못된 행동으로 자식까지 비난받을 이유는 없다. 그리고 배정자의 친일 행각에 비해 전유화가 받은 혜택은 별로 없었다.

한편 구자흥具滋興은 졸업도 우등으로 했거니와 1학년을 마칠 때에도 류진영柳鎭永, 김용문金龍文과 함께 우등생이었다. 그런데 이 세 사람 가운데 류진영과 김용문은 졸업생 명단에 보이지 않는다. 김용문은 '이완용 처단 기도 사건'에 연루되어 학교 대신 감옥으로 가게 되었지만, 류진영이 학교를 그만둔 사유는 그동안 알려지지 않았다.

류진영과 구자흥은 1910년 7월 《신찬 중등 무기화학新撰中等無機化學》이라는 중등학교 및 사범학교용 화학 교과서를 펴내었다. 이 책의 맨 뒤 '서지사항'에 류진영의 주소는 '평양 대성학교'로 되어 있다. 아마도 이때 류진영은 1908년에 안창호가 세운 대성학교大成學校에서 교사 생활을 하고 있었던 것으로 생각된다. 이만규는 의학교를 졸업하고 잠시 의사 생활을 한 뒤 교육자의 길로 갔지만, 류진영은 아예

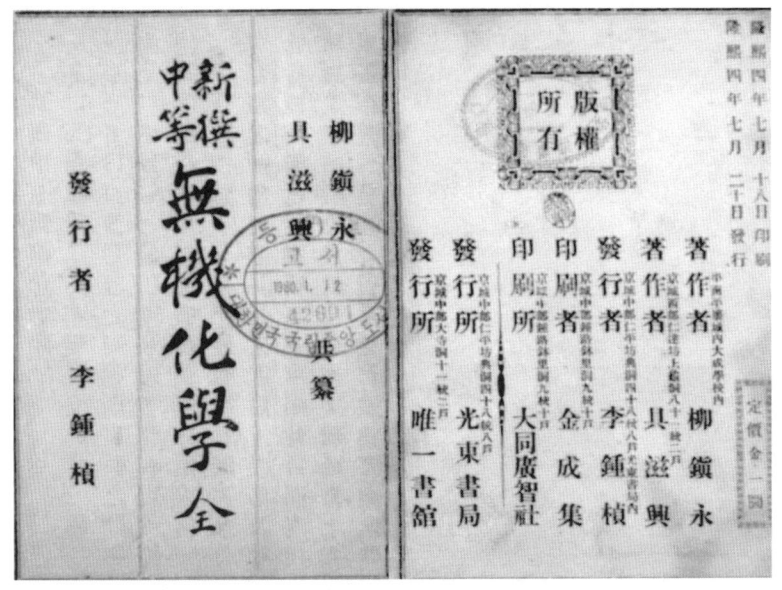

류진영과 구자흥이 함께 펴낸 《신찬 중등 무기화학》(1910년 7월 발행, 375쪽). 중등학교와 사범학교용 화학 교과서이다. 국한문 혼용으로 일제 강점기에는 공식적으로는 사용하지 못했을 것이다.

의학 공부를 중도에 포기하고 교사 생활에 전념한 것이다. 류진영은 그 뒤 대성학교와 중국 선양瀋陽(당시 봉천)에서 교육 활동에 종사했다.

구자흥은 《신문계新文界》에 몇 차례 인체와 의학 관련 글을 기고한 것 외에는 일제 강점기의 활동으로 알려진 것이 없다. 그는 해방 직후에는 적십자사 부총재(총재는 김규식)를 지냈고, 대동청년단과 대한국민당 등 지청천池靑天 계열의 우익 단체에서 정치, 사회 활동을 했다.

김용채와 함께 도쿄 제국대학 부속의원에 유학해 피부비뇨기과를 공부한 김교창金敎昌은 귀국한 뒤 1913년 8월 20일부터 1915년 7월 29일까지 총독부의원의 조수 생활을 거쳐 전북 전주에서 개업했다. 그리고 이때 공의公醫로 임명받았는데, 공의는 개업을 하면서 공공의료에도 종사하는 직책이었다. 《매일신보》에 의하면 조선인으로는 김교창이 최초의 공의였다.

《매일신보》 1915년 8월 5일자. 김교창이 조선인으로는 처음으로 공의公醫에 임명되었다고 보도했다. 일제는 조선인을 공의로 임명한 것도 자신들의 치적으로 내세웠다.

김기웅金基雄은 '평남 야소교 구제병원 부속 의학교'를 졸업하고 1908년에 대한의원 의육부로 입학(편입)한 케이스다. 1년간의 학력을 인정받은 셈이었다. 김기웅은 재학 시절 《서북학회월보》 제5호(1908년 10월 1일)에 '식물론食物論 및 방부법防腐法', 제16호(1909년 10월 1일)에 '태생법 약설胎生法略說'을 게재하는 등 사회 활동, 특히 보건 분야 계몽교육 활동에 적극적이었다.

김기웅은 졸업 후에는 동기생 손수경과 함께 한성의학강습소 설립에 참여해 주무主務 겸 교수를 지냈다(손수경은 학감 겸 교수였다). 한성의학강습소는 수업 연한 1년 반의 속성 교육기관으로, 전의장典醫長을 지낸 서병효徐丙孝가 소장인 것을 보면 한의사들에게 근대 의학을 가르치는 역할도 한 학교였던 듯하다. 김기웅이 강습소 활동에 언제까지 관여했는지 알 수 없지만 1914년 10월부터는 고향인 평남 강서에서 자신의 의원을 열었다.

《대한매일신보》1908년 11월 20일자에는 당시로는 보기 드문 광고가 실렸다. 한성종로자혜의원을 홍보하기 위해 개복 수술 장면이 실린 것이다. 집도의는 홍석후(1905년 의학교 졸업, 1908년 세브란스 의학교 졸업)이고, 박계양(대한의원 1907년 졸업)과 이민창 등이 수술을 거들고 있는 장면이다. 이 광고에 나오는 이민창李敏昌이 바로 1910년 졸업생 27명 중의 한 명이다. 이민창은 당시 1년 과정을 마치고 2학년 과정에 들어간 상태였다. 그런데도 학교 선배인 홍석후의 수술을 거들고 있는 것이다. 이런 경우가 당시에 흔한 것이었는지, 예외적인 것이었는지는 알 수 없다. 이민창은 졸업 후에는 마산(1914), 공주(1915) 등에서 개업한 것으로 기록에 남아 있다.

송영근宋泳近과 이상종李商鐘은 동기생끼리는 보기 드물게 같은 함경남도 홍원군에서 개업하면서 사회 활동도 활발히 벌였다. 특히 1920년대 후반의 신간회新幹會 활동에 적극적이어서 송영근은 신간회 홍원 지회 집행위원장으로 활동했다. 이 무렵에는 많은 의사들이 거주 지역에서 유지 역할을 했지만, 신간회와 같은 일제 당국의 주목과 감시를 받는 사회 활동에 참여하는 경우는 별로 없었다.

또한 이충하李忠夏는 1921년 황해도 장연군에서 발생한 의용단-적십자사 사건에 연루되어 검찰에 송치되기도 했다.

반면에 손수경孫壽卿은 고향인 평양에서 조만식, 노진설 등과 함께 '조선인의 생활 권익의 옹호 신장을 목적으로' 설립된 건중회建中會에서 활동하는 등 한때 온건 민족주의 활동을 했지만, 후에는 도회道會

《대한매일신보》 1908년 11월 20일자 광고. 같은 광고가 네 차례 연달아 실렸다. 개복(할복이라고 표현되어 있다) 봉합 수술을 하는 '실지 사진'이라고 강조되어 있고, 홍석후 등 수술에 참여한 사람들의 이름이 명기되어 있다. 조선인이 근대식 수술을 집도한 사진으로는 가장 오래 된 것으로 생각된다.

의원에 당선되고(1937) '평양 애국단체시국간담회'에 관여하는 등 친일 행적을 남겼다.

마지막으로 나성연羅聖淵(1883~?)에 대해 알아보자. 나성연은 당시 한의사로 명성을 날렸던 나병규羅丙奎(1852~1924)의 아들이다(나병규는 1914년 2월 3일 총독부로부터 한의사 자격증에 해당하는 '의생醫生 면허'(제45호)를 부여받았고, 1919년에는 '애국단 사건'에 연루되어 일흔 가까운 나이에 옥고를 치렀다). 동기생들에 비해 나이가 몇해 많은 편이었던 나성연은 의학보다는 문학과 철학에 관심이 많았다고 한다. 그래서인지 졸업 때 성적이 최하위였다. 그래도 졸업 뒤에는 개업해 주로 외과 환자를 돌보았다. 나성연의 아들 경손慶孫도 의학을 공부하기 위해 1918년 경성의학전문학교에 입학했지만 1년 만에 그만두고 결국 작가가 되었다. 《물레방아》, 《뽕》, 《벙어리 삼룡이》 등을 남긴 나도향羅稻香(1902~1926)이 바로 나성연의 아들 경손이다. 경손이라는 이름은 '경사스러운 손자'라는 뜻으로, 나도향은 할아버지 중심적인 이 이름을 몹시 싫어했다고 한다. 아마도 나도향은 가부장적인 집안 분위기에 대한 저항으로 이름과 의학 공부를 버렸을 것이다.

《총독부 관보》 1937년 7월 13일자. 손수경이 평안남도 도회의원 선거에서 당선되었음을 공고했다.

을사늑약에 맞선 마지막 항거

항일 구국·독립운동 가운데 한 가지 중요한 수단은 의열義烈 투쟁이었다. 일제에 의해 나라가 병탄되기 전까지 대표적인 의열투쟁으로는 안중근의 이토 히로부미 처단, 장인환과 전명운의 스티븐스 주살誅殺을 들 수 있다. 의열투쟁은 필연적으로 살상을 동반하는 것이어서 당시나 지금이나 그에 대해 논란이 적지 않다. 당시 가톨릭 조선교구장이었던 뮈텔은 안중근의 행위에 대해 '공공의 불행으로 증오를 일으켜야 하는 것'이라고 비난했으며, 장인환의 법정 통역을 요청받은 이승만은 "기독교인으로서 살인자를 도울 수 없다"라며 협조를 거절했다. 하지만 폭력에 대한 이러한 비판은, 그 폭력의 근본적 원인인 제국주의 침략에 대해 눈감는 것이라면 정당성을 인정받기 어려울 것이다.

일제의 침략에 대한 한국인의 저항은 임오군란, 갑오농민전쟁, 을미의병 등 역사가 깊지만 특정인을 대상으로 한 의열투쟁은 을사늑약의 강제 체결을 계기로 본격화된다. 널리 알려지지는 않았지만, 안중근에 앞서 이토 히로부미에게 응징을 감행한 사람은 시흥의 농민 원태근元泰根(1882~1950)이었다. 그는 늑약 체결 5일 뒤인 1905년 11월 22일 이토가 탑승한 열차가 안양 역에 정차했을 때 돌을 날려 열차 유리창을 파괴하고 이토의 얼굴과 왼쪽 눈에 부상을 입혔다.

공격 방법으로 보아 원태근이 이토를 살해할 의도를 가졌다고는 보기 어렵고, 단지 이토에게 위협을 가하고 한국인의 기개를 보이기 위한 행위였을 것이다. 하지만 삼엄한 공포 분위기에서 침략의 수괴 이토에게 투석한다는 것은 결코 쉬운 일이 아니었다. 일제는 한국인들의 민심을 자극할 필요가 없다고 판단했는지 원태근에게 태형 100도

을사늑약을 강제 체결한 뒤 찍은 사진. 앞줄 한 가운데 검은 복장이 이토 히로부미이고 그 왼쪽이 조선주둔군 사령관 하세가와다. 이때 한국은 계엄 상태나 다름없었다.

度(대)라는 비교적 가벼운 형벌을 가했다(이 당시 재판권은 아직 일제에게 넘어가지 않은 상태였지만 그렇다고 이러한 사건에 대해 한국인 판사가 독자적으로 판결했다고 생각할 수는 없을 것이다).

한국인들의 분노와 증오는 침략의 원흉인 일본인 고관과 장군들에게보다는 오히려 을사 5적 등 내국인 친일파들에게 향했다. '대국' 러시아를 물리친 일본의 위세에 한편으론 위축되었고, 또 한편으로는 같은 황인종으로서 그들을 부럽게도 생각했기 때문이었을 것이다. 또 당시 세계를 풍미하던 사회진화론, 약육강식론, 부국강병론도 제국주의에 대한 한국인들의 현실 직시를 크게 방해했다.

안중근도 러일전쟁 직후에는 황인종이 백인종을 이겼다고 기뻐하며 일본이 동양 평화의 맹주가 되기를 희망했다. 심지어 이토를 처단하고 자신은 일제에 의해 처형되면서도 제국주의와 일본 천황제에 대한 인식에 불철저한 점이 있었던 것 같다. 안중근은 체포된 뒤 이토가 일본 국왕을 속여 동양 평화를 파괴했다고 진술했다. 사실 우리 자신도 오늘날의 침략주의에 대해 여전히 나이브한 생각을 가지고 있지 않은가?

친일 매국적들에 대한 의열투쟁의 대표적인 인물로 기산도와 나인영을 꼽을 수 있다. 기산도奇山度(1878~1928)는 호남 의병장 기삼연奇參衍(1851~1908)의 종손이며, 구례 연곡사에서 전사한 의병장 고광순高光洵(1848~1907)의 사위이기도 하다. 기산도는 을사늑약에 부화뇌동한 을사 5적을 척결해 민족정기를 바로 세우고 한국인의 국권 회복 의지를 내외에 나타낼 수 있다고 생각했다. 기산도는 이종대李鍾大, 김석항金錫恒 등 11명을 규합해 결사대를 조직하고, 1906년 2월 을사 5적 가운데 하나인 군부대신 이근택의 집에 쳐들어가 그에게 자상을 입혔지만 살해에는 실패했다.

한편 나인영羅寅永(1863~1916)도 을사 5적을 암살하기 위한 결사대를 조직해 1907년 3월 이지용, 박제순, 권중현을 살해하려 했지만 실패로 돌아가고 말았다. 나인영은 그러한 행위로 지도智島에 유배되었다가 1년 만에 특사로 풀려났다. 그 뒤 나인영은 종교 활동에 헌신해 대종교를 중창重創했으며, 그때부터는 주로 나철羅喆로 불렸다.

이렇게 친일파 응징도 지지부진할 때인 1907년 6월 30일 한 사건이 발생했다. 그것은 대한자강회大韓自强會 인천지회장 정재홍鄭在洪이 인왕산 아래 장동壯洞에 있는 농상소農商所에서 열린 박영효 환영식에서 육혈포六穴砲로 자결한 사건이다. 정재홍은 대한자강회의 유력 간부이자 인천 인명의숙仁明義塾의 설립 운영자였으며, 그해 초부터 시작된 국채보상운동에도 단연동맹회斷煙同盟會를 조직해 참가하는 등 활발한 사회 활동을 벌여왔던 인물이다.

그러면 정재홍은 왜 자결한 것일까? 그것도 하필 10여 년 만에 귀국한 박영효를 환영하는 자리에서. 정재홍은 박영효 환영식에 이토 히로부미가 참석한다는 소식을 듣고 그를 살해하기 위해 그곳에 갔다가 예정과 달리 이토가 불참해 계획이 수포로 돌아가자 자결한 것이었다(이토 처단을 위해 정재홍이 환영식을 주선했다는 설도 있다). 계획에 차질이 생겼을 때 그가 거사를 뒷날로 미루는 대신 자결을 선택한 이유는 확실치 않지만, 계획이 탄로나 어차피 잡혀 고초를 당할 바에야 (또는 조직과 동지들을 보호하기 위해) 자결하는 편이 오히려 낫다고 생각했는지 모른다.

어쨌든 대한민국 정부는 정재홍이 이토를 살해하려고 시도했던 것은 틀림없다고 판단해 거사를 시도한 지 꼭 100년 만인 2007년에 건국훈장 애국장을 추서했다. 미수에 그쳤지만 정재홍이 이토 암살을 기도했던 사실은 송상도宋相燾(1871~1946)의 《기려수필騎驢隨筆》과 정교鄭喬(1856~1925)의 《대한계년사大韓季年史》 등 당대의 기록이 뒷받침하고 있다.

당시 신문들, 특히 《황성신문》은 정재홍의 죽음과 장례식, 추도식에 대해 연일 기사를 쏟아내었다. 신문에는 정재홍이 유언조로 지어서 남긴 '사상팔변가思想八變歌'와 '생욕사영가生辱死榮歌'가 그대로 게재되었다. 연이은 기사들에는 이토 히로부미에 관한 언급이 전혀 없다. 하지만 "나라하고 상관된 공변되게 미운 놈 한 매에 쳐 죽여서 이내 분 풀리로다", "지사 열만 잘 죽으면 잃은 국권 되찾는다"라는 가사 구절을 보면 정재홍의 의도가 어디에 있었는지 별도의 설명이 필요 없을 정도로 분명하다.

《대한매일신보》 1907년 7월 2일자. 《대한매일신보》도 《황성신문》에 비해서는 기사량이 적지만 정재홍의 죽음에 대해 자세하게 보도했다. 정재홍이 유언조로 지어서 남긴 '사상팔변가思想八變歌'와 '생욕사영가生辱死榮歌'도 그대로 게재했다. 이 기사에도 이토 히로부미에 대한 언급이 전혀 없다. 하지만 "나라하고 상관된 / 공변되게 미운 놈 / 한 매에 쳐 죽여서 / 이 내 분 풀리로다"(마지막 줄은 빠져 있는데 일부러 뺀 것은 아닐 것이다) "지사 열만 잘 죽으면 / 잃은 국권 되찾는다"라는 구절을 보면 정재홍이 무엇을 하려다 자결했는지 별도의 설명이 필요 없을 것이다.

《황성신문》 1907년 7월 2일자. "지사 정재홍군 유족 구조 의연금 모집 취지서." 발기인은 대부분 정재홍이 활동했던 대한자강회大韓自强會 등 애국계몽운동 단체의 간부이었다. 겉모습은 고인의 유족에게 성금을 모아주자는 것이었지만, 정재홍의 자결 연유를 생각하면 일제에 대한 저항 운동이었다. 발기인으로 이름을 올리는 것은 결코 쉬운 일이 아니었을 것이다. 더욱이 김익남, 유병필, 지석영은 관직에 몸담고 있는 처지였다.

이토와 일제 당국이 바보가 아닌 이상 정재홍의 자결 사유 그리고 정재홍에 관한 기사를 연일 쏟아내는 신문들의 의도를 모를 리 없었을 것이다. 그럴수록 신문 보도는 더 신중해야 했고, 이토에 관해서는 일언반구를 비추지 않았다. 독자들에게는 이심전심으로 뜻을 전하면 되는 것이었다.

《황성신문》과 《제국신문》은 정재홍이 죽은 지 이틀 뒤인 7월 2일자부터 한 달 동안 '지사 정재홍 군 유족 구조 의연금 모집志士鄭在洪君遺族救助義捐金募集' 운동을 벌여나갔다. 표면상 유족에게 성금을 모아 주자는 명분이었지만 "정재홍 정신 이어 받아 국권 회복 이룩하자"라는 식의 선동을 목표로 하고 있었다.

이 모금 운동의 발기인은 14명이었다. 그런데 그 가운데 의사 또는 의학 교육자가 4명이나 되었다. 박종환(1903년 일본 치바 의학전문학교 졸업, 당시 광통교 인근에서 개업), 김익남(1899년 일본 지케이카이 의학교 졸업, 1900년 의학교 교관, 1904년부터 육군 군의장), 유병필(1902년 의학교 졸업, 당시 대한의원 교육부 교수), 지석영(1899~1907년 의학교 교장, 당시 대한의원 학감)이 그들이었다. 박종환을 제외하고는 의학교의 핵심 멤버들이었다. 하지만 지석영은 2년 반 뒤에는 이토 히로부미의 추도회에 참석해 추도사를 읽었다.

정재홍의 장례식은 7일장으로 7월 6일 거행되었다. 《황성신문》은 '지사 정재홍 장례식'을 다음과 같이 보도했다.

7월 6일 상오 11시에 발인하여 정동 예배당에서 예식을 거행했는데, 씨의 생전 역사는 학무국장 윤치오씨가 설명하고 석진형·이동휘·김동완 제씨가 씨의 열성우국하던 사실을 비분강개한 언사로 차제 연설했고 목사 전덕기·최병헌 양 씨가 기도한 후에 아현 공동묘지로 출왕했는데 인(천)항 영화학교와 인명의숙과 경성고아원의 제 학도가 전도하고 일반 사회의 유지 신사가 다수히 호장護葬했다.

그리고 장례 8일 뒤인 7월 14일 열린 '정 지사 추도회'를 《황성신문》은 다음과 같이 전했다.

7월 14일 하오 1시에 대한자강회 및 일반 사회신사 제씨가 영도사에 회집하여 고 지사 정재홍씨 추도회를 설행했는데, 개회 취지는 윤효정 씨, 정씨 역사는 장지연 씨, 연설은 정운복 씨인데 차제 출석하여 강개격절한 언론은 영인감루슉人感淚요 산천수운山川樹雲이 처창실색悽愴失色하는 듯하더라더라.

사실 1907년 여름은 대한제국이 완전한 식민지로의 전락 여부가 결정된 '운명의 계절'이었다. 헤이그 밀사 사건, 그것을 구실로 한 고종의 퇴위 강요, 정미 7조약 체결, 군대 해산과 같은 역사적인 사건이 잇

정재홍의 장례식 이후 80년 만인 1987년 7월 9일의 이한열 장례식. 이만한 인파와 열기였으면 일제의 침략을 저지할 수 있었을까?

달아 일어났다.

연초부터 국채보상운동을 통해 민중들의 투쟁 역량을 결집해 온 민족운동 세력과 언론은 정재홍의 죽음을 최대한 활용해야 했다(헤이그에서 열린 제2차 만국평화회의에 참석했다가 7월 14일 병사한 이준李儁(1859~1907)이 할복 자결했다고 전해진 것도 단순한 착오는 아니었을 것이다). 이것이 사실상 '마지막 승부'가 될 것이 자명했기 때문이다. 반면 일제로서는 그저 하루라도 빨리 '죽음의 굿판을 걷어치우고' 싶었을 것이다. 1980, 90년대 반독재 민주화운동을 연상시키는 장면이다. 그러나 민족운동권의 이러한 노력은 별다른 성과를 거두지 못한 채 국운은 점차 더 기울어져 갔다. 일제는 정재홍 추모 열기를 적절히 통제하면서 자신들의 계획을 그대로 밀고 나갔던 것이다.

세 번 찔리고 살아난 이완용

성공을 거두지는 못했지만 기산도, 나인영 등의 친일파 응징 시도는 을사 5적을 비롯한 친일파들의 간담을 서늘케 했다. 더욱이 자신들을 영원히 지도 편달하며 보호해 주리라고 믿었던 이토 히로부미가 '10·26 사태'로 불귀의 객이 되자 이들의 히스테리컬한 반응은 극에 달했다. 이들은 안중근의 행위는 '국격'을 떨어뜨리는 만행이라고 맹렬히 비방하면서 장례 기간 동안 가무음곡을 금지하고 조중응을 대표로 하는 진사陳謝 사절단을 일본에 파견하는 등 온 나라를 이토 추모 분위기로 몰아갔다. 또한 자신들의 안위를 위해 온갖 조치를 다 취했다. 철갑 속에 목을 쑥 집어넣은 거북이가 되었다.

두 달에 가까운 이토 추모 행사가 끝나갈 무렵 이번에는 벨기에 황제 레오폴 2세(1835~1909.12.17)의 별세를 애도하는 추도식이 벨기에 영사관 주최로 종현 교회당(명동 성당)에서 열렸다. 레오폴 2세는 벨기

《황성신문》 1909년 10월 29일 자. 대한제국 대황제 폐하(순종)가 일본 천황에게 '吾國의 凶手'에게 목숨을 빼앗긴 이토 히로부미의 서거를 추도한다는 전문을 보냈다는 기사이다. 그뿐만 아니라 순종은 통감부에 직접 찾아가 조문을 했다. '나라를 살리기 위해서'였을 것이다.

1909년 11월 4일 거행된 이토 히로부미의 장례. 일본 역사상 국왕의 장례를 제외하고는 최고의 격식을 갖춘 장례 행사였다고 한다. 대한제국의 진사 사절단은 안중근의 만행을 진심으로 사죄하며 이토의 명복을 빌었다.

에보다 10배나 넓은 아프리카의 콩고를 병탄해 '콩고 자유국'의 국왕이 된 인물이다. 벨기에의 문명 전파와 교화가 얼마나 철저했던지 한 세대 만에 콩고 인구가 절반 이하로 줄어들었다고 한다. 영국의 탐험가 스탠리Henry Morton Stanley(1841~1904)는 레오폴 2세가 콩고를 차지하는 데 일등공신이었다.

피습을 두려워해 대중 앞에 나서기 꺼려했으나 이 행사에 참석하지 않을 수 없었던 총리대신 이완용은 12월 22일의 추모 행사가 끝나자마자 오전 11시 30분경 경호대를 앞뒤에 거느리고는 차부車夫 박원문朴元文이 끄는 인력거에 올라 황망히 귀가 길에 올랐다. 인력거가 교회당 문을 막 나서는 찰나 어디선가 괴한이 나타났다. 평양 출신의 스물두 살(나이에 관해 여러 가지 설이 있는데 기소장에 적힌 것을 따랐다) 청년 이재명李在明이었다.

이재명은 몸에 단도와 육혈포를 지니고 있었다. 그 가운데 손에 익숙한 단도로 차부 박원문을 한 칼에 쓰러뜨렸다. 그리고는 겁에 질린 51세의 이완용에게 달려들어 몇 군데를 찔렀다. 인력거 아래로 굴러

《대한매일신보》 1909년 12월 23일자. "벨기에(비국) 황제 폐하 추도식에 참례했다가 돌아오는 길에 전후좌우로 엄밀히 보호하고 교당 문 밖에서 칠팔 간 되는 데 이르러서는 단발한 사람 일 명이 돌출하여 여덟치 남짓한 한국칼로 인력거 끄는 차부부터 찔러 거꾸러뜨리고 몸을 소스쳐 차 위에 앉은 이완용 씨의 허리를 찌르매 이씨가 달아나려 하거늘 이씨의 등을 찔러서 세 군데가 중상하였는데, 그 자객은 평양 사람 이재명이라 즉시 포박되었더라"고 보도했다. 그리고 이어진 기사에서 이완용이 왼쪽 어깨 한 군데, 등에 두 군데 자상을 입었으며 특히 등의 상처는 허리에까지 걸쳐 있어 생명이 위독하다고 보도했다. 같은 날 《황성신문》 보도도 대체로 비슷하나, 이완용이 중상을 입었지만 생명에는 무관하다고 한 점에서 차이가 있다. 또 거사에 사용한 무기는 한국칼이 아니라 일본도라고 했다.

떨어진 이완용은 움직이지 않았다. 곧 이어 달려온 경호원들은 이재명을 포박하는 한편 대검으로 등을 찔렀다. 이완용과 이재명이 흘린 피로 그 일대는 유혈이 낭자했다. 그러는 사이에 이재명이 '대한 만세'를 외쳤다는 얘기도 있지만 확실치는 않다.

차부 박원문은 현장에서 즉사했으며, 이완용은 목숨을 건질 수 있었다. 이완용 대신 애꿎게 박원문이 죽은 것이다. 이러한 박원문의 죽음과 관련해서 다음과 같이 '정당한 폭력의 무고한 희생자' 문제가 제기되었다.

> 이완용이 중상을 입었음에도 살아남게 된 이유는, 이재명의 길을 우연히 인력거꾼 박원문이 막았기 때문이다. '매국'을 한 적도 없고 할 수도 없었던 평민 박원문이 이재명의 다급한 칼에 찔려 죽었고, 이완용은 운 좋게 살아남았다. 이완용에 대한 이재명의 공격이 정당화될 수 있다 해도, 매국노를 인력거에 태워준 죄(?) 이외에 별다른 죄를 저지른 일이 없던 박원문이 그 자리에서 죽은 것이 정의인가? 일제는 일제대로 박원문의 죽음을 이용해 이완용의 암살미수건만으로 사형을 받을 수 없던 이재명에게 '박원문 살인죄'를 적용해 사형에 처했다.
> 이재명이 공판에서 박원문을 죽인 것이 '우연'이었음을 강조하고 "무지무능한 저 가련한 노동자를 일부러 죽이려고 했겠는가"라고 반문했지만, '무지한 노동자'의 죽음에 대해 유감을 표명한 적이 없었다. '나라를 위한 일'을 하는 과정에서 평민 하나쯤 목숨을 잃는 것은 당시에 민족주의자 사이에서 별다른 고심거리가 되지 않았다. 그런데 과연 오늘날의 우리는 '이재명 의거'에 대한 기억에서 박원문의 죽음을 꼭 빠뜨려야만 하는가?(박노자, "'정당한 폭력'은 정당한가",《한겨레 21》 2007년 4월 13일자)

필자는, 이재명이 재판 과정에서 "무지무능한 저 가련한 노동자를 일부러 죽이려고 했겠는가"라고 하면서 박원문의 죽음에 대해 유감을 표명하지 않았다는 것을 당시의 언론 보도나 재판 기록에서 찾을 수 없었다. 하지만 필자가 못 보았을 뿐 박노자의 언급이 사실일런지 모른다.

그러면 박원문은 누구인가? 이완용을 인력거에 태워준 죄밖에 없는 사람인가? 그러나 박원문이, 이완용이 이동할 때 가장 가까운 위치에 있다는 점을 생각하면, 그는 단순한 인력거꾼이 아니라 핵심 경호원이었을 가능성이 있다. 박원문은 원래 이완용의 사위 홍운표洪運杓의 인력거꾼이었는데 신체가 건장해 이완용의 인력거를 끌게 되었다(《황성신문》 1909년 12월 24일자). 그리고 이재명이 이완용에 앞서 박원문을 칼로 찌른 것은 공판 기록에 나오듯이 박원문이 이재명을 제지하려 했기 때문인 것으로 생각된다. 만약 박원문을 놓아 둔 채 이완용에 달려들었다면, 등을 보인 이재명은 박원문에게 쉽게 공격당하고 거사가 수포로 돌아갔을지 모른다.

이재명이 재판에서 사형 선고를 받은 것은 박원문의 죽음 때문이었다. 사건 담당 검사 이토伊藤德順는 이재명에게 사형을 구형했다. 일제도 살해 미수만으로는 처형할 수 없다는 사실을 잘 알고 있었기 때문에, 박원문의 죽음을 끌어들였던 것이었다. 이 일을 황현은《매천야록》에서 다음과 같이 기록했다.

이재명은 살인 미수로 그쳤기 때문에 일부러 차부 박원문을 살해한 건을 끌어들여 이재명에 대해 고의 살해의 죄를 덮어씌우고 드디어 사형을 구형한 것이다. 일본인 변호사 오사키大崎, 이와타岩田, 기오木尾 세 사람은 모두 이에 반박하여, 박원문을 살해한 것은 오살誤殺이요, 고살故殺이 아니니 만약 이재명을 처형한다면 법률의 본의를 크게 잃은 것이라고 주장했다. 한국인 변호사 이면우, 안병찬도 한목소리로 이재명은 사형의 율에 해당되지 않는다고 변호했는데, 안병찬의 변론이 더욱 결연했다. 법정을 가득 메운 사람들은 교수형에 처한다는 선고를 듣고 눈물을 떨구지 않는 이가 없었다(《역주 매천야록》, 문학과지성사, 2005, 640~641쪽).

황현이 언급한 일본인 변호사 오사키大崎熊之亟, 이와타岩田仙宗, 기오木尾虎之助 모두 국적을 넘어 법의 정신을 구현하려 노력한 점에서 귀감이 될 만하다. 굳이 말하자면, 이들과 검사 이토 가운데 누가 일본을 빛내고 누가 일본을 욕보였는가?

또 황현이 위 글에서 이재명의 변론에 가장 앞장섰다고 말한 변호사 안병찬安秉瓚(1854~1921)은 법률가이기에 앞서 민족운동가였다. 안병찬은 을사늑약 체결 직후 법부 주사 신분으로 을사 5적의 처형을 상소했지만 오히려 경찰에 구속되었다. 1909년에는 친일단체 일진회一進會의 핵심 인물인 이용구李容九와 송병준宋秉畯 등을 대역미수大逆未遂와 국권괴손죄國權壞損罪로 고소했으며, 안중근의 거사 후에는 그의 변호를 맡기 위해 뤼순旅順 법정으로 갔지만 일제의 방해로 변호하지 못했다. 1911년 9월에는 이른바 '데라우치 총독 암살 음모 사건'에 연루되어 투옥되기도 했다.

1919년 신의주에서 3·1운동에 참여한 뒤 안병찬은 만주로 망명해 대한독립청년단을 조직하고 총재로 활동하다 8월 안동현에서 체포되어 1년 6개월의 금고형을 선고받았다. 그해 말 병보석으로 가출소하게 되자 즉시 탈출해 남만주 관전현에서 조직된 대한청년단연합회의 총재로 선임되었다. 1920년 가을에는 상해로 가서 9월 임시정부의 법무 차장(차관) 및 법률기초위원회 위원장에 임명되었다. 안병찬은 1921년부터는 공산주의자로 전향해 활동하다 반대파에게 암살되었다고 전해진다.

한편 또 다른 변호사 이면우李冕宇는 1894년 관립일어학교를 거쳐 1895년 3월 국비 장학생으로 뽑혀 일본으로 유학을 갔다. 1896년 7월 게이오 의숙慶應義塾 보통과를 졸업했고, 1899년 7월에는 도쿄 법학원 대학 법률학 전과 졸업장을 받았다. 학업을 마치고 귀국한 이면우는 1902년 농상공부 주사, 1904년 한성재판소 검사를 거쳐 변호사로 활동했다.

이재명. 흥사단 창단 멤버인 양주은梁柱殷이 소장한 사진으로 거사 직전에 찍은 것으로 보인다.

이재명이 현장에서 체포된 직후부터 검거 열풍이 휘몰아쳐 수십 명이 연행되었는데 여기에 대한의원 학감 지석영과 부속 의학교 학생 대표 손수경도 포함되어 있었다. 사건에 가담한 오복원吳復元과 김용문金龍文이 대한의원 부속 의학교 학생이었기 때문일 것이다. 더욱이 손수경은 이들과 고향(평양)도 같았다. 그러나 지석영과 손수경은 혐의가 없어 그 다음 날 방면되었다.

그 밖에 체포된 사람으로 천도교 지도자 양한묵梁漢默(1862~1919, 3·1운동 33인 대표 중 유일하게 옥사)도 있었다. 이 사건 가담자 중 오복원과 김용문 등 천도교도가 여럿 있었기 때문이었다. 양한묵은 넉 달 가까이 구금되었지

《매일신보》 1916년 10월 21일 자. '순화醇化되는 아동의 교육'. 일제는 조선인 유력자들이 자녀를 일본인 학교에 보내는 것을 일선동화日鮮同化의 큰 성과라고 선전했다. 의사로는 박종환 외에 안상호安商浩(1902년 일본 지케이카이 의학교 졸업)도 들어 있다. 안상호는 일본 유학 중에 일본인 여성과 결혼하여 이른바 '선부일처鮮夫日妻'가 된 경우이다.

만 기소되지는 않았다. 양한묵의 신문조서訊問調書에는 손병희, 오세창, 권동진 등과 함께 전의典醫 박종환의 이름도 언급되어 있다.

박종환은 1910년 3월 16일 의원 면직 형식으로 전의에서 물러났는데 이 사건과 관련이 있는지는 확인할 수 없었다. 박종환이 천도교에 입교한 시기는 알 수 없지만 일본 유학 때부터 손병희와의 관계로 일본 경찰의 감시를 받았고(김익남도 감시받은 기록이 남아 있다. 아마 거의 모든 유학생이 감시 대상이었을 터인데 박종환은 경우가 특별했던 것으로 보인다), 나중까지 손병희 등 천도교 지도부의 신임을 누렸다. 1913년 3월에는 천도교에서 세운 병원의 원장으로 임명되었다(박종환은 1910년대 후반부터는 이완용, 송병준 등 대표적 친일파들처럼 아들과 딸을 일본인 소학교에 보내는 등 그 전과는 다른 행적을 보인다).

박원문의 죽음을 대가로 목숨을 요행히 부지한 이완용은 어디서 어떻게 치료를 받았을까?

대한의원의 최대 수혜자 이완용

이완용의 상처와 그에 대한 치료, 회복 경과 등은 대한의원 외과 과장 스즈키鈴木謙之助가 경성재판소 검사 이토伊藤德順에게 제출한 상해 감정서를 통해 살펴볼 수 있다. 스즈키는 1887년 의사 시험을 거쳐 의술 개업인허장을 받은 뒤 한때 요코하마에서 개업을 했다가 1895년부터는 육군 군의관으로 복무했다. 1900년부터 3년 동안 영국에 유학했던 스즈키는 1906년 광제원 의사로 임용되어(《황성신문》 1906년 8월 11일 자에는 그를 '부인병 명의名醫'라고 했다) 한국에 왔다. 1910년 5월 19일 대한의원을 사직하고 회현동旭町(일제 강점기 경성 제일의 환락가였다)에서 스즈키 외과의원을 개업했다.

감정서를 작성한 것으로 보아, 스즈키가 1909년 12월 23일부터 이듬해 2월 14일까지 이완용이 대한의원에 입원해 있던 동안 주치의 역할을 했을 것이다. 하지만 실제로 이완용의 치료를 총괄 지휘한 사람은 대한의원 원장 기쿠치菊池常三郎(?~1921)였을 것으로 생각된다. 기쿠치는 선임 원장 사토 스스무와 함께 일본 외과계의 최고 권위자이자 창상創傷 치료의 1인자였기 때문이다.

기쿠치는 1880년 도쿄 대학(제국대학으로 불리기 전이었다) 의학부를 졸업하고 1892년 '총창론銃創論'으로 도쿄 제국대학에서 의학박사 학위(제31호)를 받은 외과 의사이다. 일본에서 의학박사 학위를 수여한 것은 1888년부터다. 제1호는 프러시아에 유학했던 내과 의사 이케다池田謙齋이고, 사토 스스무佐藤進는 제7호(사토는 이미 1874년 독일 베를린 대학에서 동양인으로는 최초로 의학박사 학위를 받았다), 동인회同仁會의 사실상 설립자인 법의학자 가타야마片山國嘉는 제16호, 페스트균을 발견한 세균학자 기타사토北里柴三郎는 제19호다(사토 스스무와 기타사

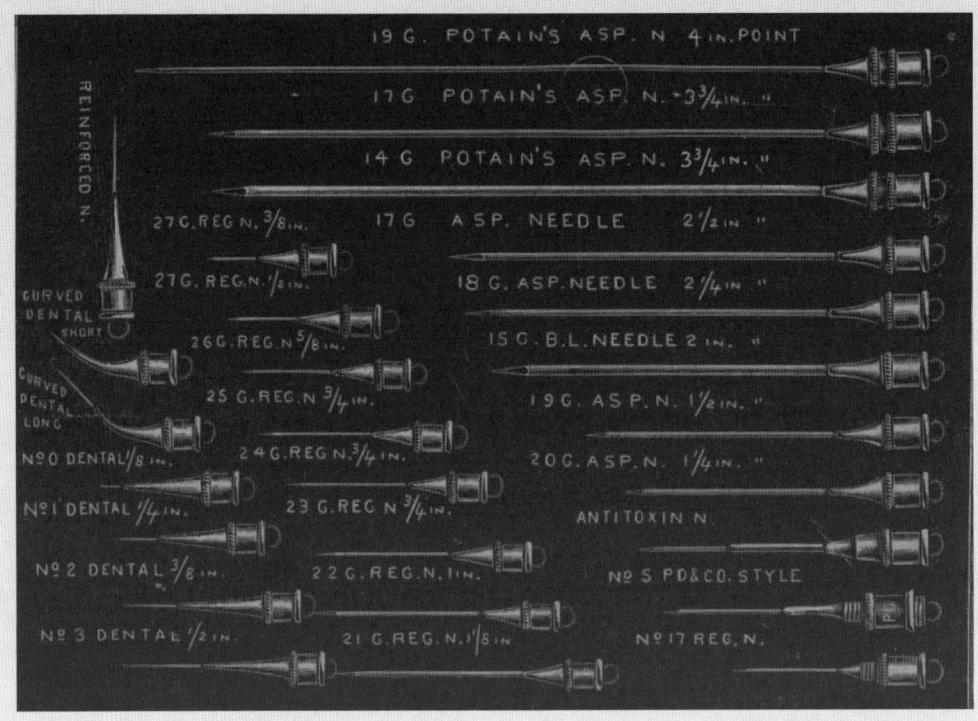

Illustrated Catalogue(1910년경 미국 샌프란시스코에서 발간)에 나와 있는 흡입 천자(穿刺)용 바늘. 이완용의 흉부에 생긴 삼출물을 제거한 천자술에도 이런 종류의 바늘이 쓰였을 것이다.

토 역시 의료 침략의 첨병 구실을 한 동인회의 주요 멤버였다).

그런데 기쿠치에 앞서 학위를 받은 30명은 따로 논문을 내지 않고 경력과 업적으로 박사학위를 받았다. 따라서 기쿠치야말로 요즈음 우리가 생각하는 정식 의학박사 제1호라고 할 수도 있을 것이다. 기쿠치는 일제가 한국을 병탄한 직후 일본으로 돌아가 니시노미야시西宮市(지금은 고시엔 야구장으로 유명하지만 그 당시에는 없었다) 회생병원回生病院 원장을 지냈다.

당대 최고의 외과 의사 기쿠치의 치료를 받을 수 있었다는 점에서 이완용은 행운아였다. 또한 대한의원 설립의 최대 수혜자라고도 할 만하다. 게다가 국왕 순종은 측근을 대한의원에 보내 그의 치료 경과뿐만 아니라 치료비까지 챙길 정도로 이완용에게 알뜰살뜰 배려를 아끼지 않았다. 대한의원의 의료진뿐만 아니라 일제 당국도 이완용의 치료에 온 힘을 기울였을 것이다. 완전한 병탄을 위해 일제의 최고 협

(왼쪽) 기쿠치가 지은 《실용외과각론(상권)》(1908, 제9판). 1891년 초판이 나온 이래 17년 사이에 9판을 찍을 정도로 당시 외과 의사들의 필독서였다. (가운데) 이 책의 465~470쪽에는 흉부의 천통적穿通的 창상에 대해 기술되어 있다. 기흉氣胸과 혈흉血胸에 대해서는 늑골 절제, 세척 소독, 배농, 밀봉 붕대법 등의 처치술이 적혀 있다. (오른쪽) 기쿠치는 이 밖에도 《외과수술서》, 《총창론》, 《붕대론》 등의 외과 분야 베스트셀러를 저술했다.

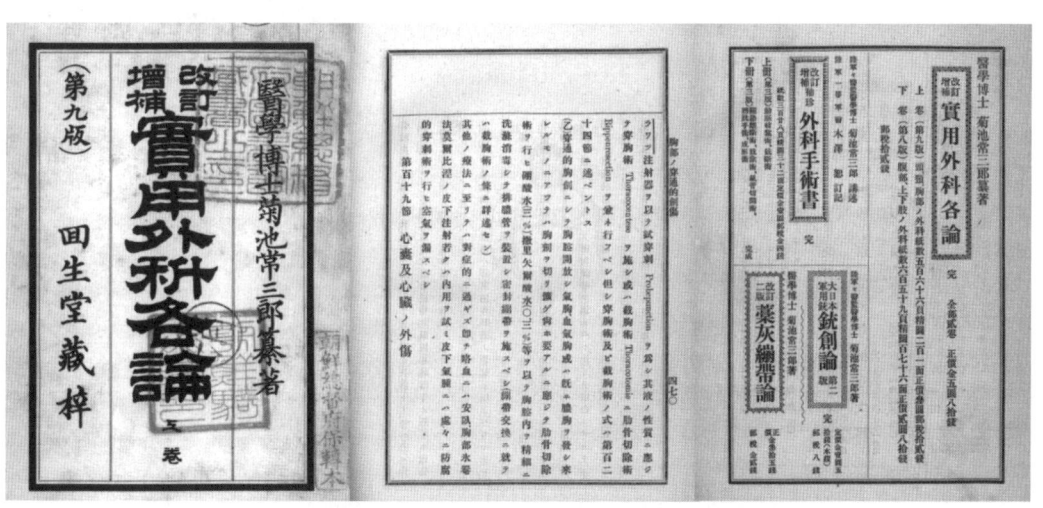

력자인 이완용이 필요했으며, 이완용이 구축한 친일 인맥을 활용하기 위해서도 이완용을 살려내야 했다. 그뿐만 아니라 일본 의학의 능력을 과시해 한국 지배의 정당성을 확보할 필요도 있었다.

스즈키가 작성한 감정서 2쪽에는 다음과 같이 창상 소견이 적혀 있다. ⑴ 왼쪽 어깨뼈肩胛骨 안쪽 윗부분에 폭 7센티미터 깊이 6센티미터의 날카로운 자창刺創. 두 번째와 세 번째 갈비뼈肋骨 사이를 관통하여 늑간동맥肋間動脈이 절단되어 많은 양의 출혈이 생겼다. 또한 폐가 손상되어 상처구멍創孔으로부터 출혈과, 호흡에 수반된 공기 출입이 있었다. 다시 말해 혈흉血胸과 기흉氣胸이 있었다는 기록으로 여겨지는데, 그것이 폐 손상 때문인지 주변 조직의 손상 때문인지는 분명하지 않다. 폐 손상에 대한 치료 기록은 보이지 않아 주변 조직의 손상일 가능성이 더 높아 보인다.

⑵ 오른쪽 등의 11번째 갈비뼈 견갑연부肩胛緣部에 폭 3센티미터 깊이 6센티미터의 자창. 근처에 있는 신장에는 다행히 손상이 없었다. ⑶ 오른쪽 등의 12번째 가슴등뼈胸椎에서 오른쪽으로 4센티미터 떨어진 부위에 폭 2.5센티미터 깊이 5센티미터의 자창. ⑷ 둘째와 셋째는 일견 별개의 상처로 보이지만 하나의 자창이며, 이런 사실은 수술을 하면서 발견한 것이다.

감정서 3쪽에는 손상을 일으킨 흉기로 예리한 첨도尖刀가 지목되어 있다. 또 창상의 경과에 대해서는 다음과 같이 기술되어 있다. 입원 당일인 12월 23일, 창상 안의 삼출물滲出物과 응혈을 치료하기 위해 두 군데 자상 부위를 상하좌우로 절개해 내용물을 제거했다. 1월 20일 압통壓痛과 탁음濁音 등 이학적理學的 증상이 심해져 천자술穿刺術로 혈성 장액血性漿液 700밀리리터를 뽑아냈다. 그 뒤 상태가 점차 좋아졌지만 타진打診할 때 여전히 탁음이 들리며 때때로 열이 나는데 이러한 증상은 외상성 늑막염에 기인하는 것이다.

마지막으로 4쪽에는 외상성 늑막염에 따른 증상이 예후에 가장 큰 영향을 미칠 것이라고 기록되어 있다. 염증성 삼출물이 완전히 흡수되면 후유증이 없을 수 있지만, 그 여부는 시일이 좀 더 지나야만 판

대한의원 외과 과장 겸 대한제국 황실 전의 스즈키가 1910년 2월 14일 경성지방재판소에 제출한 이완용의 상해 〈감정서〉. 창상 소견(2쪽), 경과(3~4쪽), 예후(4쪽)가 비교적 상세하게 적혀 있다.

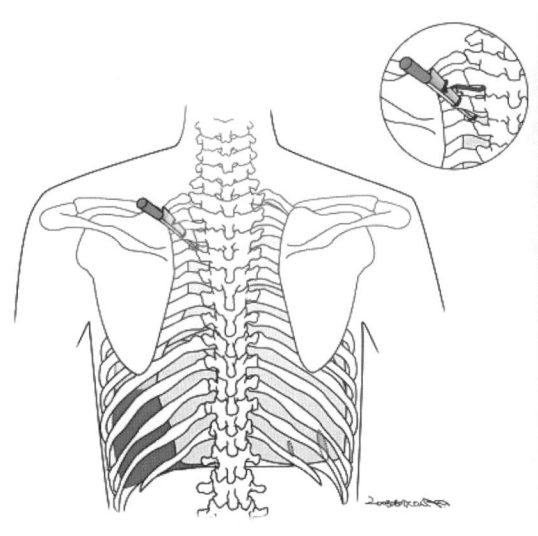
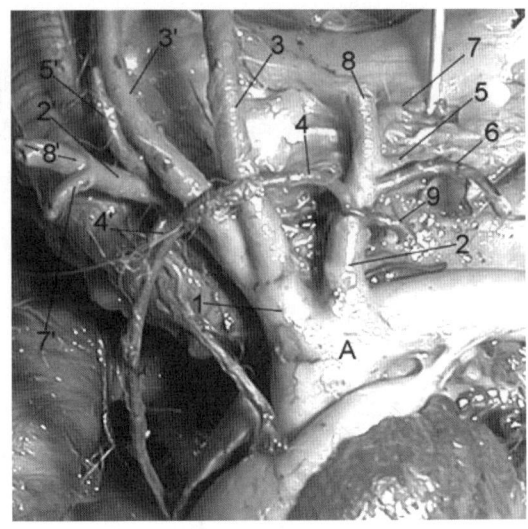

(왼쪽) 이완용이 입은 자상(뒷쪽에서 본 것). 왼쪽 어깨뼈 안쪽과 오른쪽 허리 부위의 상처가 표시되어 있다. 흉강胸腔 왼쪽 아래에는 혈성 삼출액(진한 표시)이 고여 있다. 최근에 어느 메디컬 일러스트레이터가 그린 것을 인터넷(http://blog.naver.com/sadces)에서 구한 것이다. (오른쪽) 흉부胸部의 혈관. (A) 대동맥 (2) 왼쪽 쇄골하동맥 (3) 왼쪽 총경동맥 (9) 왼쪽 늑간동맥. 이재명의 단도가 이완용의 왼쪽 두 번째와 세 번째 갈비뼈 사이를 관통하여 늑간동맥이 절단되어 심한 출혈이 생겼다. 출혈이 멈추지 않았다면 이완용은 이토 히로부미의 뒤를 따라갔을 것이다. 하지만 늑간동맥은 그리 크지 않은 혈관이라 (이 사건에서 절단된 늑간동맥은 그림에서 보는 것보다 더 말초부위의 더 가는 혈관이었을지 모른다) 자연 지혈되었을 것으로 생각된다.

단할 수 있다는 것이었다.

이 감정서가 한국에서 작성된 흉부외과 관련 최초 기록이라는 주장도 있지만, 이보다 24년 전인 1886년 알렌과 헤론은 〈조선정부병원 제1차년도 보고서〉에서 폐농양肺膿瘍 때문에 제중원에 입원한 40세 여성 환자를 개방성 배농술排膿術로 치료해 좋은 효과를 거두었음을 보고한 바 있었다.

감정서에 따르면, 이완용은 이재명에 의해 두 군데에 자상을 입었다. 재판 과정에서 이재명이 한 진술이나 초기 신문 보도와는 차이가 있다. 이재명은 이완용을 여러 차례 찔렀지만 그 가운데 두 번만이 유효했던 셈이다.

허리 부위의 상처는 그리 심하지 않았고, 왼쪽 어깨 부위의 자상이 상당히 심각했다. 늑간동맥 절단으로 생긴 출혈이 멈추지 않았다면 이완용은 절명했을 것이다. 하지만 인위적이든 자연적이든 지혈이 되어 목숨을 건진 것으로 여겨진다. 감정서에 출혈을 막기 위한 처치가 적혀 있지 않고, 또 늑간동맥이 그리 큰 혈관이 아니기 때문에 자연 지혈의 가능성이 더 많아 보인다. 그렇더라도 그 뒤 적절한 의학적 조치가 없었다면 경과는 달랐을 것이다. 앞에서 언급했듯이 유능한 의사들이 이완용을 돌보았기 때문에 비교적 순조롭게 회복된 것으로 보인다.

이완용이 피습당한 당일의 상황은 이완용의 비서를 지낸 김명수金明秀(1875~?)가 펴낸 《일당기사一堂紀事》(1927, 일당기사출판소) 상권 170~174쪽에 자세히 기록되어 있다. 이에 따르면 이완용은 사건 발생 뒤 인근의 저동苧洞 자택으로 실려 갔다. 그리고 왕진 요청을 받은 한성병원 외과의사 가쿠다鶴田善重(교토 제국대학 의학부 졸업)와 원장 안도安藤一郞(1882년 도쿄 제국대학 의과대학 졸업)가 달려와 응급처치를 했다. 이어서 30분 뒤 대한의원 원장 기쿠치, 부원장 다카카이高階經本(도쿄 제국대학 출신의 내과의사), 외과과장 스즈키가 와서 치료한 결과 이완용은 위급상황을 넘길 수 있었다. 또한 황실의 명을 받은 전의典醫 박종환과 안상호도 뒤늦게 진료에 참여했다고 한다. 그리고 이완용은 기쿠치의 권고에 따라 피습 이틀째인 23일 낮 12시에 대한의원에 입원하여 3시부터 6시까지 수술을 받았다.

한편 《동아일보》 1924년 11월 15일자 기사 "연명한 이완용과 미결수 이동수 (4) 대한의원 외과원장 국지씨菊池氏 주치 하에 며느리가 모시고 구병해"에 의하면 집에 옮겨진 이완용은 온몸이 피투성이로 상처 부위가 어디인지도 알 수 없을 정도였다. 또한 혼수상태에 온기도 없고 사지가 굳어 있어 죽은 듯이 보였다. 그 상황에서 비서 시라이白井友之助가 칼로 옷을 찢어 상처가 두 군데임을 확인했다. 감정서와 약

《동아일보》1924년 11월 15일 자 기사 "연명한 이완용과 미결수 이동수." 이 기사에 의하면 이완용의 비서 시라이白井友之助가 칼로 옷을 찢어 상처가 두 군데임을 확인한 뒤 의사에게 왕진 요청을 했다.

간 차이가 나지만 비교적 정확한 관찰이었다. 그리고 그제야 왕진 요청을 한 것으로 이 기사는 말하고 있다.

당시 사건 현장인 명동 성당 가까이에는 지금 세종호텔 근처의 찬화병원(원장 코죠)과 지하철 4호선 명동역 6번 출구 인근의 한성병원이 있었다. 하지만 이완용은 사건 발생 뒤 이들 병원이나 대한의원이 아니라 자택으로 실려 갔다. 왜 이완용을 병원이 아닌 자기 집으로 옮겼던 것일까? 부상 정도가 심하지 않아 집으로 옮긴 것은 아니었다. 병원이 안전하지 않다고 여긴 때문이었을까? 1903년 고종의 총신인 내장원경內藏院卿 이용익李容翊(1854~1907)이 한성병원에 입원했을 때 그곳에서 테러로 보이는 폭발 사건이 있었고, 그 사건은 끝내 해결되지 않았다. 그때의 일이 이완용의 병원 행을 막았을지 모른다.

이완용의 입원 치료와 관련해 흥미로운 증언이 한 가지 있다. 대한의원 교육부를 1907년에 졸업한 박계양朴啓陽은 50여 년 뒤 그 일을 다음과 같이 술회했다.

이완용이 자객에 자상을 입고 대한의원에 입원했을 때 수술실 문은 박종환이 지켰고 병원 외곽은 일본 군경이 삼엄하게 경비했다. 그날 밤 병원 의사들과 함께 큰방을 차지하고 잘 준비를 하고 있는데 이완용의 형인 이윤

《황성신문》 1909년 12월 24일 자. 이완용이 23일 낮 12시에 한국인과 일본인 경찰이 도열하여 이동 경로를 경계하는 가운데 담가擔架에 실려 집에서 대한의원으로 옮겨졌다고 보도했다. 또 입원 뒤 원장 기쿠치 이하 의료진이 대수술을 시행하여 생명을 구했으며 맥박, 호흡, 체온 등도 점차 정상으로 회복 중이라고 했다. 대수술이란 스즈키의 감정서에 따르면, 두 군데 자상 부위를 상하좌우로 절개해 삼출물과 응혈을 제거한 것이었다.

용이 급히 달려와 묶게 되었으므로 부득이 방을 비워 주게 되었다("한국의학의 선구자를 찾아서 (1)", 《대한의학협회지》 제5권 제7호, 1962).

박계양은 대한의원의 정식 직원은 아니었지만, 일종의 비정규직으로 근무했던 것으로 보인다. 또한 당시 황실 전의였던 박종환은 진료보다는 통역 역할을 했을 것으로 생각된다.

퇴원하고 얼마 지나지 않아 찍은 것으로 보이는 내각총리대신 이완용(맨 왼쪽)과 친일파 고관들. 핼쓱해진 이완용 옆으로 임선준任善準, 이병무李秉武, 송병준宋秉畯이 나란히 앉아 있다.

왼쪽부터 오복원, 이재명, 김용문이다. 이들이 처음 알게 된 1909년 여름부터 12월 사이에 찍은 사진으로 이들의 복장, 그리고 오복원과 김용문의 각모에 흰색 커버가 씌워진 것으로 보아 여름철에 가까운 때로 여겨진다. 맨 오른쪽 인물은 누구인지 알 수 없지만 사건 관련자일 것이다.

이재명의 순국

'총리대신 이완용 모살謀殺 미수 사건'으로 기소된 사람은 이재명을 비롯해 13명이었고, 이 가운데 이동수李東秀는 도피에 성공했지만 결국 1924년에 체포되어 재판을 받았다. 검찰 측이 붙인 사건 제목은 '이완용 모살 미수 사건'으로 처음에는 '박원문 살해'는 언급이 없었다. 그런데 '모살 미수'만으로는 이재명을 처형할 수 없었기 때문에, 일제는 인력거꾼(아마도 경호원) 박원문이 살해된 것을 끌어들였던 것이다. 또한 박원문을 살해한 것에도 고의성이 없었기 때문에 애당초 처형은 무리한 것이었다. 재판은 결국 정치적으로 귀결되었다.

어려서 부모를 모두 잃은 이재명은 1905년 무렵 노동 이민 모집에 지원해 하와이 사탕수수 농장에서 노동자로 생활했다. 1906년 샌프란시스코로 옮겨 간 이재명은 안창호安昌浩(1878~1938)가 조직한 공립협회에 가입했으며 그때부터 민족의식이 더욱 투철해졌다고 한다. 1907년 7월 국왕 고종의 밀사로 헤이그에 파견된 이준이 분사憤死한 소식을 들은 이재명은 자신이 침략 원흉과 친일파 매국적들을 처단하기로 결심하고 그해 가을 귀국했다.

대한의원 학생 오복원吳復元과 김용문金龍文은 이재명이 미국 시절부터 알고 지냈던 김병록을 제외하고는 이 사건 피고들 중 이재명이 가장 처음 접촉한 인물이다. 1909년 여름 방학을 맞아 오복원과 김용문이 고향인 평양으로 내려갔을 때의 일이다.

이후 더 많은 동조자를 규합하며 기회를 엿보던 이재명은 한때 자신이 척결하려던 이토 히로부미가 10월 26일 안중근에 의해 처단되자 11월 하순경 이완용과 일진회 회장 이용구李容九(1868~1912)를 척살하기로 목표를 정했다.

〈표 37〉 이완용 모살謀殺 미수 사건으로 기소된 13명*

이름	나이	주소	형량	비고
이재명李在明	23	평양군 평양성내	사형	기독교
김정익金貞益	21	평양군 평양성내 삼거리	징역 15년	기독교
오복원吳復元	25	강동군 효달면 응암리	징역 10년	대한의원 부속 의학교 학생, 천도교
박태은朴泰殷	19	평양군 평양성내 개정동	징역 7년	일본 메이지明治대학 중학과 학생
전태선全泰善	43	평양군 수구 내상리	징역 10년	기독교
이응삼李應三	19	평양군 동촌	징역 5년	사립 소학교 교사
김병록金丙錄	27	평양군 내도	징역 15년	매약상, 기독교
김용문金龍文	21	중화군 견동면	징역 7년	대한의원 부속 의학교 학생, 천도교
조창호趙昌鎬	25	평양군 평양성내	징역 15년	기독교
이동수李東秀	26	평북 정주군 마산면 청정리	징역 15년	1924년에 체포됨, 기독교
이학필李學泌	25	평양군 용연면 정류동	징역 5년	기독교
김병현金秉鉉	21	평양군 영연면 구리	징역 5년	농민
김이걸金履杰	27	평양군 영연면 외삼리	징역 5년	사립 소학교 교사

* 전태선을 제외하면 이들의 나이는 평균 23.3세였다. 그리고 이동수 외에는 모두 평양 또는 그 인근 출신이었다. 이동수도 평안북도 출신이므로 이들은 모두 평안도 사람이었다. 종교는 기독교도가 7명, 천도교도가 2명이었다.

《동아일보》1924년 10월 20일자. 이완용 암살 사건에 가담했던 이동수가 무려 15년 만에 체포되었다는 기사이다. 이동수는 단순히 도피한 것이 아니었다. 그는 끊임없이 이완용의 목숨을 노렸지만 성공을 거두지는 못했다. 이동수가 초지일관할 수 있었던 데에는 먼저 세상을 떠난 이재명에 대한 의리도 작용했을 것이다. 이동수의 재판은 공안에 해를 끼친다는 이유로 비공개리에 열렸다. 하지만 이동수는 범행이 미수에 지나지 않는다 하여 징역 2년에 집행유예 3년의 판결을 받았다. 1910년의 판결이 얼마나 과도한 것이었는지 일제 법원도 자인한 셈이었다.

재판 과정에서 피고들이 서로를 감싸 주느라 사건의 실체가 명료하지 않은 부분도 있지만 줄거리는 대체로 이렇다. 이재명, 이동수, 김병록은 이완용을 처단하고 김정익과 조창호는 이용구를 주살하는 역할을 맡았다. 그래서 이들의 형량이 사형(이재명)과 징역 15년(김정익 등 나머지 4명)으로 가장 무거웠다. 그리고 오복원, 박태은, 이응삼은 거사에 필요한 자금 조달 책임을 맡았다.

한편, 김용문의 임무는 이완용과 이용구의 동정을 파악하는 일이었다. 이완용이 사건 당일 명동 성당에서 열리는 벨기에 황제 추도식에 참석한다는 사실을 탐지한 것도 김용문이었다. 재판 과정에서 진술한 내용을 보면, 김용문은 12월 22일 아침 이재명의 숙소로 가서 《대한매일신보》 기사에서 알아낸 이완용의 당일 일정을 알려 준 뒤 학기말 시험을 보러 학교로 갔다. 이렇게 '우등생' 김용문은 체포되기 직전까지 학업에 충실했다. 반면에 오복원은 적어도 11월경부터는 의학 공부보다는 천도교 포교에 더 열심이었다. 오복원이 거사 사실을 천도교 지도부에 (얼마나) 알리고 상의했는지는 확실하지 않다.

오복원과 김용문 등 당시로는 가장 엘리트라고 할 대한의원 부속 의학교 학생들의 '이완용 모살 사건'에 가담한 것은 일제 당국에 큰 충격을 주었다. 더욱이 대한의원 학생들은 1908년 4월 이토 히로부미 환영 행사에 참석하라는 지시를 집단으로 거부한 '전력'도 있었기에 일제의 경계는 상당했을 것이다. 여름방학이 시작되는 1910년 7월 23일, 대한의원 부원장 다카카이는 학생들을 모아놓고 다음과 같이 훈시했다.

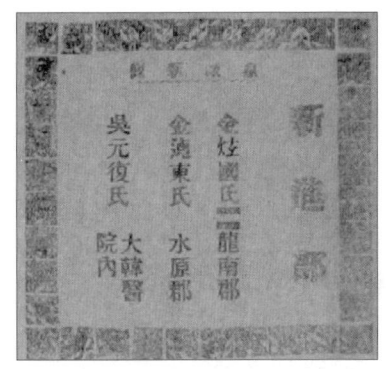

《황성신문》 1910년 7월 24일자. 대한의원 부원장 다카카이가 학생들을 모아놓고 행한 훈시가 보도되었다. 이토 히로부미 환영 행사 참석 거부 사건, 이완용 모살 미수 사건 등 전력으로 대한의원 학생들이 특히 경계의 대상이었을 것이다.

《황성신문》 1909년 4월 17일자. 오복원이 황성신문 신진부新進部에서 활동하고 있음을 보여 준다. 신진부는 청년부와 비슷한 것으로 생각된다. 오복원은 여러 가지 사회활동을 하고 있었다. 오복원뿐만 아니라 많은 대한의원 학생들이 그러했다.

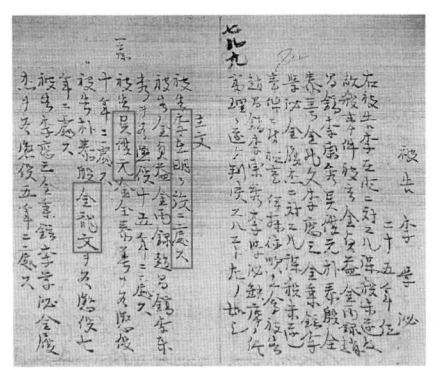

이재명 사건 판결문. 이재명은 교수형, 오복원은 징역 10년, 김용문은 징역 7년 등 형량이 적혀 있다.

《조선총독부 관보》 1910년 10월 4일자. 이재명의 사형을 9월 30일에 집행했다고 적혀 있다. 여기에는 '모살 미수범'이 아니라 '모살 미수 및 고살故殺범'이라고 되어 있다.

본교 학생의 성적이 본교에 대하여는 양호하나 정치사회에 관한 정도에는 혹 불온한 점도 있어 매양 타인의 주목을 면치 못하니 안타까운 일이다. 새로 데라우치 통감이 도임到任하면 여름방학 기간 안에 합방合邦 같은 중요 문제가 있을 듯하니 학생 제군은 십분 주의하여 정치 관계에는 관여[參涉]하지 말라.

일제에 대한 의학생들의 저항 의식과 반골 성향은 의학교 시절부터 뚜렷했다. 또 그러한 모습은 일제 강점기에도 이어졌다. 관립학교 학생이므로 체제와 권력에 순응했으리라는 일반적인 생각은 사실과 많이 다르다.

이재명 등 13명에 대한 경성지방재판소의 1심 판결은 1910년 5월 18일에 내려졌고 형량은 앞의 표와 같았다. 그리고 김정익, 이동수, 조창호, 이학필 등을 제외한 9명이 항소했지만 7월 12일 경성공소원京城控訴院으로부터 기각 판결을 받았고, 9월 15일에는 이재명과 김병현이 고등법원에서 상고 기각 판결을 받았다. 이재명이 상급심에 항소하지 않았다는 일부의 주장은 사실과 다르다.

상고 기각 판결로 형이 확정된 지 보름 만인 1910년 9월 30일, 이재명은 서대문감옥소 교수대에서 스물셋의 짧은 인생을 마감했다. 흔히 이재명의 처형 날짜를 9월 13일로 말하고 있지만 9월 30일이 정확한 것으로 생각된다. 《조선총독부 관보》 10월 4일자에, 이재명의 사형 집행일이 9월 30일로 되어 있기 때문이다. 그리고 고등법원 판결일이 9월 15일인 점도 사실을 뒷받침한다.

이재명이 처형된 뒤 시신 수습을 어떻게 했는지에 대한 기록은 발

명동성당 정문 왼쪽(동쪽)에 세워져 있는 '이재명 의사 의거 터' 표석.

견하지 못했다. 부인 오인성吳仁星이 인도했다는 기록도 없다. 안중근처럼 이재명의 시신도 일제가 마음대로 처리했을 가능성이 많다. 1999년 11월 서울시가 명동성당 앞에 세운 '이재명 의사 의거 터 표석'만 외롭게 서 있을 따름이다.

《신태양》 1958년 9월호에 실린 김동산의 "이완용 암살 의거 수기." 김용문을 화자話者로 한 글이지만, 김용문 자신이 쓴 것으로 보기는 어렵다. 그렇다면 이 글의 필자 김동산은 누구인가?

이재명과 이완용

'경술국치' 100년을 맞아 그 시절을 되새기고 성찰하는 여러 가지 행사가 있었다. 하지만 안타깝게도 '이완용 암살 기도 사건'에 대한 조명은 거의 이루어지지 않았다. 심지어 이재명이 처형된 지 꼭 100년을 맞았던 2010년 9월 30일, 어느 신문이나 방송도 그 일에 대해 보도하지 않았다. '안중근 순국 100주년'과는 매우 대조적인 모습이었다. 이완용의 살해에 성공하지 못했기 때문일까?

대한민국 정부는 이 사건에 관련되어 유죄 판결을 받은 13명에게 건국훈장을 수여했다. 이재명이 대통령장, 김정익·오복원·전태선·김병록·조창호·이동수 등 6명이 독립장, 박태은·이응삼·이학필·김병현·김이걸 등 5명이 애국장, 김용문이 애족장을 받았다. 대체로 형량에 비례한 서훈인데, 7년형을 받은 김용문이 애족장을 받은 연유는 알 수 없다.

이들의 서훈 사실과 그 이유를 기록한《독립 유공 포상자 공적 조서》(국가보훈처 공훈전자사료관)에도 이들에 관한 기록은 매우 소략하다. 심지어 이재명과 김이걸을 제외하고는 사망 연도도 적혀 있지 않으며, 이재명도 다만 '1910년 사망'으로만 되어 있다.

〈공적 조서〉와 그 밖의 자료에서 활동이 확인되는 김용문, 조창호, 이동수, 이응삼, 이학필, 김이걸 등은 모두 출옥 후나 도피 후에도 계속 독립운동에 헌신했다. 특히 조창호, 김용문, 이응삼은 대한민국 2년(1920) 1월 1일 유동열柳東說, 김구金龜(즉 金九), 이상룡李相龍, 안창호 安昌浩 등 만주와 중국 본토의 대표적 독립운동가 31명이 연명으로 작성한 군자금 모집 문서인 〈경고 급수 군비서敬告急輸軍費書〉에 이름이 올라 있다. 이 문서의 강령으로는 군사는 절대로 독립할 것, 일체 거둔 돈은 존중히 하여 정의 인도로 쓰여질 것, 전쟁은 혈전으로 하되 독립을 위하여 분투할 것, 이 정신을 어기는 자는 적으로 대할 것 등이 포함되어 있다.

〈표 38〉 이완용 암살 기도 사건 피고들의 서훈 및 활동 기록*

이름	서훈	형량	비고
이재명	대통령장(1962년)	사형	(1910년 9월 30일 처형)
김정익	독립장(1962년)	징역 15년	(1915년 8월 5일 가출옥)
오복원	독립장(1963년)	징역 10년	
박태은	애국장(1991년)	징역 7년	
전태선	독립장(1963년)	징역 10년	
이응삼	애국장(1991년)	징역 5년	〈경고 급수 군비서〉에 등재
김병록	독립장(1963년)	징역 15년	
김용문	애족장(1990년)	징역 7년	1916년 출옥 후 만주로 망명, 흑룡강성에서 독립운동 자금 조달, 군사교육 학교 설립, 송강의원松江醫院 개설(1914년 3월 10일 가출옥, '경고 급수 군비서'에 등재)
조창호	독립장(1963년)	징역 15년	체포 피해 국외 도주, 1931년 흑룡강성 거주. (일본 군경의 상시적 감시, 체포 대상. 〈경고 급수 군비서〉에 등재)
이동수	독립장(1963년)	징역 15년	(1924년에 체포되어 징역 2년 집행유예 3년 선고 받음)
이학필	애국장(1991년)	징역 5년	체포 피해 만주에서 독립운동하다 왕청旺淸에서 일제 밀정 홍도명洪道明에게 피살
김병현	애국장(1991년)	징역 5년	
김이걸	애국장(1990년)	징역 5년	3·1운동 참여, 의용단에 가입 운동자금 모금, 1950년 사망

* 독립유공자 등에게 주어지는 건국훈장의 훈격勳格은 대한민국장, 대통령장, 독립장, 애국장, 애족장 순이다. 대체로 형량에 비례한 서훈인데, 7년형을 받은 김용문이 상대적으로 낮은 훈격을 받았다. ( ) 안의 설명은 그 밖의 자료에서 확인한 것이다. 〈경고 급수 군비서敬告急輸軍費書〉는 1920년 1월 1일 만주와 중국 본토의 독립운동가 31명이 연명으로 작성한 군자금 모집 문서이다(《독립 유공 포상자 공적 조서》, 국가보훈처).

일제는 조선의 '전근대적 고문'에 멸시와 비방을 아끼지 않았고 '행형行刑의 근대화'를 지배의 명분으로 삼기도 했지만, 사실 일제의 '근대적 고문'의 잔인함과 악랄함은 그 이상이었다. 일제에 체포되어 온갖 고초를 겪고 몇해 동안 지옥 같은 감옥 생활을 하고 난 뒤 다시 독립운동을 계속한다는 것은 보통 정신력과 의지로는 가능한 일이 아니었다. 특히 이 사건 관련자들이 수감된 1910년대 무단통치 기간 동안은 일제의 잔혹함이 더욱 극렬했다. 하지만 김구가 그러했듯이 '진정한' 독립운동가들은 그런 어려움을 겪으면서 더욱 단련되어 갔다 (김삼웅의《백범 김구 평전》에 의하면, 김구는 서대문 감옥에서 김용문과 오복원 등을 만났다고 한다).

대한의원 학생이었던 오복원은 어떻게 되었을까? 그에 관한 1차 자료는 아직 발견되지 않았고, 다만 "출옥 후 고향에서 정양했으나 일본 경찰의 감시와 탄압이 심해져 가족과 함께 속리산으로 들어가 은거했다"《두산 백과사전》라는 얘기가 있을 뿐이다.

대한의원의 '우등생'으로 체포 직전까지 학업에 열심이었던 김용문은 출옥한 뒤 아예 직업적 독립운동가로 나섰다. 대표적인 독립운동가들과 군사 활동을 함께 한 김용문은, 《독립 유공 포상자 공적 조서》에 의하면 중국 흑룡강성에서 독립운동 자금을 조달하고 군사교육 학교를 설립하는 한편 송강의원松江醫院을 개설했다고 한다. 대한의원 부속 의학교를 졸업하지는 못했고, 따라서 일제가 주는 의술개업인허장을 받지는 못했지만 결국 의사로 활동한 것으로 여겨진다.

김용문과 관련한 흥미로운 자료가 하나 있다. 《신태양》 1958년 9월호(256~269쪽)에 실린 "이완용 암살 의거 수기—나라를 위하여 죽는 몸이 어찌 유언이 있겠소"라는 제법 긴 글이 그것이다. 필자는 김동산金東山으로, 편집자 주註에 의하면, "기사년(1909) 이완용을 필두로 한

〈경고 급수 군비서敬告急輸軍費書〉의 서명자 명단. 이 문서는 1920년 5월 11일 일본 육군성이 총리대신 하라原敬에게 보고한 '조선 소요 사건 관계 서류, 국외정보—경고급수군비서에 관한 건'에 실려 있다. 감옥살이를 마친 김용문과 이응삼이 체포되지 않았던 조창호와 만주(아마도 흑룡강성)에서 다시 만나 함께 활동한 것으로 여겨진다.

말 5대 역적 암살 획책을 기도한 비밀결사 14인 중에 한 사람으로 남아 있는 단 한 분"이다. 수기를 읽어 보면 공판 기록 등과 차이 나는 점이 꽤 있지만, 이것이 김용문에 관한 이야기임은 쉽게 알 수 있다. 필자 김동산은 다른 사람의 이야기를 전달하는 게 아니라 자신의 경험을 술회하는 방식으로 글을 썼다. 즉 필자 김동산이 김용문인 것이다.

우리는 이 수기에서 그 사건과 사건 관련자들의 행적에 대해, 다른 자료에서는 찾아볼 수 없는 많은 사실을 듣게 된다. 그 가운데 중요한 것을 몇 가지 들면 다음과 같은 것들이다.

나와 오복원은 어느 날 두 분(양한묵과 오상준)에게 우리의 비밀 결사를 설파하고 후원하여 주기를 간청했다. 그랬더니 두 분은 일언지하에 크게 찬성하고 그후부터는 물심양면으로 도와주셨을 뿐 아니라 교주 손병희 씨에게 직접 데리고 가서 소개까지 하여 주었다(259쪽).

한편 나는 (거사 당일 이재명에게 이완용의 일정을 알려준 뒤) 학교에 나아갔으나 나의 머리 속에는 과연 이재명이 성공하느냐? 못하느냐? 하는 문제로 꽉 차 버리었다. 그날 학교에는 병리학 시험이 있었다. 시험장에 들어갔으나 시험문제가 머리에 들어올 리가 없었다. …… 오후 점심시간이 조금 지난 뒤 과연 이완용이 칼을 맞고 죽었다는 소식이 학교에까지 들어왔다. 계속해서 의사와 간호부가 인력거를 타고 창황하게 학교병원을 떠나가는 것을 볼 수 있었다(266쪽).

백소사의 집을 나온 나는 다시 천도교당으로 올라갔다. 천도교 현 이사장인 양한묵 씨는 우리 동지들의 계획을 이미 알고 있었으므로 장로요, 선배인 이 어른의 지도를 받자는 생각이었다. 중앙총본부에서는 벌써 이완용의 암살 소식을 듣고 술잔을 올리며 비분감개한 낯빛으로 국사를 개탄하고 있었다. 내가 문을 열고 들어서자 그들은 기쁜 얼굴로 맞아주었다(267쪽).

나는 5년 징역을 마치고 출옥하고는 사상 동지 성욱환, 이기필 씨들과 동행하여 북만주로 방랑의 길을 떠났다. 오인성 여사가 길림吉林에서 학교에 다닌다는 말을 듣고 길림에 들러서 오 여사를 만났다. 몇해 만에 허허 만주 벌판에서 기구한 운명들을 지니고 있는 서른 사람들이 서로 만나니 비참한 눈물이 없지 않을 수 없었다. 내가 목능穆陵으로 간다는 말을 듣고 오 여사도 굳이 따라가겠노라고 하여 우리 일행은 오 여사와 함께 목능으로 갔다. 목능 구참九站에는 안중근 의사의 자당이 그의 계씨들과 함께 살고 있었다(269쪽).

그런데 지금까지 우리 열넷 동지들 중에 생존자로서는 오복원이 아직 대전에서 살고 있다는 말을 들었을 뿐 만나 보지는 못했다(269쪽).

과연 이 수기의 필자 김동산은 김용문일까? 꼼꼼히 읽으면 수기에는 사실과 다른 이야기가 많이 눈에 띈다. 큰 줄거리는 비슷하지만 구체적으로 들어가면 실제와 차이나는 점이 대단히 많다. 이재명의 처형일이 이듬해 봄이라고 한 것, 거사 뒤 체포되지 않은 사람이 이동수 한 명이라고 한 점, 살해 대상은 다섯으로 이재명은 이완용, 김정익은 송병준, 이동수는 이용구, 조창호는 박제순, 전태선은 임선준을 각각 맡기로 했다는 것이 사실과 분명히 다른 것들 중의 일부이다.

인용한 수기 내용들에도 상식적으로 납득이 가지 않는 점이 많다.

김용문(왼쪽)은 이재명, 오복원과 함께 찍은 사진 중의 모습이며, 김동산의 사진은 《신태양》 1958년 9월호에 실린 것으로 그가 중국 망명 시에 찍은 것(가운데)과 수기 게재 무렵의 것(오른쪽)이라고 한다. 세 사진의 주인공은 동일 인물인가?

예컨대, 김용문이 이완용 암살에 관여했다는 극비 사실을 천도교 총본부의 많은 사람이 알고 김용문을 보자 환영했다는 얘기를 믿을 수 있겠는가? 반면에 김용문이 달리기를 매우 잘했다는 얘기는 남이 쉽게 알기 어려운 것이다(김용문은 대한의원 재학 시절 학교 대항 경주에서 상을 타는 등 달리기에 일가견이 있었다).

필자는 김동산이 김용문이 아닐 가능성이 많다고 생각한다. 앞에 언급한 사실들도 근거가 될 수 있지만, 아무리 중요한 사실이라도 기억은 세월이 지나면서 퇴색되고 왜곡될 가능성이 있다. 가명을 오랫동안 사용하다 보면 자신의 원래 이름조차 잊을 수 있다. 하지만 아무리 오래 되어도, 기억력을 크게 상실하거나 장기간 격리되거나 치매에 걸리지 않는 한 잊어버리거나 잘못 기억할 수 없는 것들도 있다.

김용문, 오복원, 김병록이 평양 및 그 인근 출신이라는 점은 공판 기록과 그 밖의 자료에서 일관되며, 이들이 일부러 고향과 주소를 사실과 다르게 얘기했을 이유도 발견되지 않는다. 김용문과 오복원이 처음으로 이재명을 만나 알게 된 것도 1909년 여름방학 때 고향인 평양으로 돌아갔을 때의 일이다. 그리고 이 사건 피고 모두가 평안도 출신이다. 그런데 김동산은 자신과 오복원, 김병록이 서울 출신이라고 기록했을 뿐만 아니라, 이재명의 평양 사투리와 이동수(평북 출신)의 평양 특유의 기질에 대해서 낯선 듯이 묘사했다. 이것이 김동산과 김용문이 동일 인물이 아니라고 생각하는 가장 중요한 근거이다. 게다가 김용문이 석방된 뒤에 만주에서 다시 만나 함께 활동했을 것으로 여겨지는 조창호가 거사 뒤 도피에 성공했던 사실을 김용문이 모른다는 점도 이해가 안 된다.

김동산과 김용문이 다른 사람이라면, 김동산은 누구이고(독립운동가 중 조선혁명당 집행위원으로 활동한 김동산이라는 인물이 있었다) 김용문은 어떻게 된 것일까? 김동산이 김용문을 직접 만나기는 한 것일까? 직접 만났는데도 김용문이 평안도 출신인지 몰랐거나 잊었을까? 김동산의 인용문은 얼마나 믿을 만한 것인가? 김용문에 대한 향후의

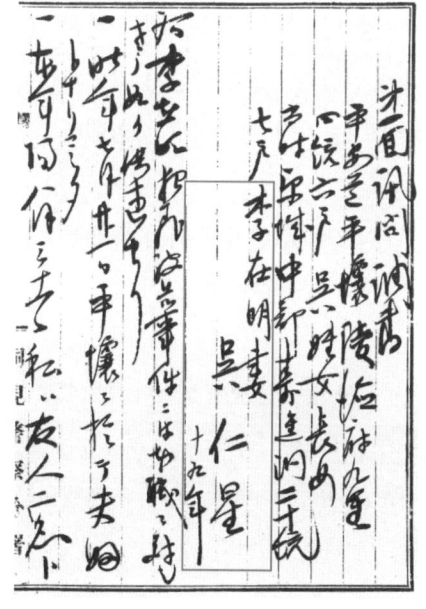

오인성 제1회 신문조서. 오인성이 나중에 어떤 삶을 살았는지 알 수 없지만, 일부의 주장과 달리 그가 이재명의 부인이었던 것은 틀림없어 보인다.

심도 깊은 연구가 대답해 주리라 기대한다(2010년 말, 김용문의 친척이라는 사람이 필자에게 전화를 해 김동산과 김용문은 동일 인물이라고 말해 주었다. 그리고 관련 자료를 챙겨서 필자를 찾아오겠다고 했는데 아직까지 연락이 없다. 그 사람의 말이 맞다면 당연히 이 부분은 수정해야 할 것이다).

한편, 구사일생으로 목숨을 건진 이완용(1858~1926)은 68세까지 살았으니, 평균 수명이 40세도 안 되었던 당시로는 부귀영화와 함께 장수까지 누린 셈이다. '부자 되세요'가 지고지선의 목표인 요즘 세상의 기준으로 보면 복받은 삶일 것이다. 이완용은 마음 한편에서나마 양심의 가책을 느끼며 살고 죽었을까?

《경성일보》 1926년 2월 19일자. 그 전날 열린 이완용의 장례식이 "사이토齋藤實 총독 등 1,300여 명의 조객이 참석한 가운데 극도의 애도 속에" 열렸다고 보도했다. 하지만 전라북도 익산의 이완용 무덤은 얼마 지나지 않아서부터 공격과 도굴의 대상이 되었다. 그리고 마침내 50여 년이 지난 1979년 후손들이 무덤을 파묘破墓했다.

이완용은 1926년 2월 12일 세상을 떠났다. 그리고 엿새 뒤,《경성일보》보도에 의하면, "사이토齋藤實 총독 등 1,300여 명의 조객이 참석한 가운데 극도의 애도 속에" 장례식이 열렸다. 일제 강점기 고종과 순종의 국장을 제외하고 조선인의 장례로는 가장 성대하고 장엄했다고 한다.

《동아일보》는 이완용이 죽은 다음 날인 2월 13일자에 다음과 같은 내용의 사설 '무슨 낯으로 이 길을 떠나가나'를 게재했다.

그도 갔다. 그도 필경 붙들려 갔다. …… 살아서 누린 것이 얼마나 대단했는지 이제부터 받을 일 이것이 진실로 기막히지 아니하랴. …… 부둥켰던 그 재물은 그만하면 내놓지!(이완용은 월급 100원이 희귀했던 시절에 나라를 통째로 일본에 넘긴 공으로 300만 원을 받았다고 한다). 앙탈하던 이 책벌을 이제

《동아일보》 1926년 2월 13일자 사설 "무슨 낯으로 이 길을 떠나가나." 이완용을 한껏 비판하고 야유한 이 사설은 그 다음 판(사진의 오른쪽 아래 부분)에서는 전면 삭제되었다.

부터는 영원히 받아야지!"

이완용에 대해 한껏 야유한, 사람은 '사람답게' 살아야 한다는 말은 우리 모두에게 해당될 것이다.

3·1운동 참여로 경성의학전문학교를 그만둔 이미륵.

3·1운동과 의학도

3·1운동은 한국 근대 민족운동사의 분수령일 뿐만 아니라 전 세계 피압박 민족 해방운동의 한 원류가 되었다는 데에는 다른 견해가 거의 없는 듯하다. 필자는 3·1운동의 가장 큰 역사적 의의는 그것이 근대 한국의 출발점이며 또 이 땅에 근대적 시민 계층의 탄생을 알린 것이라고 생각한다. 거족적으로 표출된 해방과 독립의 의지는 이후 항일 무장투쟁, 의열투쟁, 교육운동, 문화운동, 노동운동 등의 원동력이 되었다. 해방은 이민족 압제뿐만 아니라 봉건적 족쇄로부터의 해방을 함께 뜻하는 것이었으며, 독립 또한 나라의 독립뿐만 아니라 개인의 독립도 의미하는 것이었다.

흔히 우리는 제2차 세계대전에서 승리한 미국과 소련, 영국 등 연합국에 힘입어 일제로부터 해방되었다고 한다. 전혀 틀린 얘기는 아닐 것이다. 그러나 우리 선조들이 끈질기고 강력한 독립투쟁을 벌이지 않았다면 전승국들의 전후 처리와 그 뒤의 역사는 우리에게 더욱 불리하게 전개되었을 것이다. 3·1운동이 시작된 지 불과 두 달도 되지 않아 수립된 망명 임시정부는 온갖 어려움 속에서도 역사에서 유례를 찾아보기 힘들 정도로 긴 26년이라는 세월 동안 독립운동의 구심점 역할을 했다. 더욱이 놀라운 것은 임시정부가 채택한 국체와 국호가 '대한민국'이라는 점이다. '대한'은 이어받았지만 경술국치 전의 '제국'을 벗어던지고 '민국', 즉 '모든 권력은 국민으로부터 나오는 민주공화국'이 된 것이다. 우리에게 근대를 가르쳐 준다는 명분으로 '일한합방'을 내건 일제가 '천황제국가'에서 한 치도 벗어나지 못하던 시절의 일이다. 이 한 가지만으로도 일제의 침략과 지배가 얼마나 허황한 것이었는지 알 수 있다.

어떤 사람들은 한국 사회는 국왕의 목을 베거나 매달지 못해서 진정한 시민혁명을 거치지 못했다고 한다. 프랑스 대혁명과 비교하는 것이리라. 하지만 프랑스는 루이 16세의 목을 치고도 제정과 왕정복고를 거듭 경험하고 나서야 겨우 공화국을 세울 수 있었다. 3·1운동은 고종高宗의 죽음을 계기로 발생했다. 우리 선조들은 국왕의 시신을 땅에 묻으면서 왕정도 함께 과거에 매장했다. 그리고 공화국에서 제왕을 망상하는 자들의 권력은 근대적 시민들에 의해 번번이 박탈되었다. 임시정부 시절에도 마찬가지였다.

3·1운동은 4·19혁명, 그리고 1987년 6월 시민항쟁과 마찬가지로 거족적인 운동이었으므로 특정 개인, 집단, 지역, 단체, 학교, 종교, 계층, 직업 등의 역할을 특별히 내세울 여지는 없을 터이다. 때때로 이기적이고 사회적 역할에 충실치 못하다는 평가를 듣는 의학생들은 당시에 어떤 행동을 보였을까? 3·1운동 당시는 경성제국대학이 세워지기 전이라 전문학교가 최고 학부였다. 6개밖에 없던 전문학교 가운데 의학전문학교가 둘로 경성의전과 세브란스 의전이 있었다. 경성의전은 총독부가 관할하는 '관립'이고 세브란스 의전은 기독교의 여러 교단이 연합으로 운영하는 '사립'이었다.

조선총독부의 보고자료(1919년 4월 20일자)를 보면 구금된 학생 가운데 경성의전이 가장 많아 31명이고, 경성고보(22명), 보성고보(15명), 경성공전(14명), 경성전수학교(12명), 배재고보(9명), 연희전문(7명), 세브란스 의전(4명)이 그 뒤를 이었다. 또 《매일신보》 11월 8일자에 의하면 검거되어 판결을 받은 학생 역시 경성의전이 30명으로 가장 많고, 경성고보(29명)를 비롯해 여러 학교가 다음을 이었고, 세브란스의전 학생은 10명이었다. 경성의전 학생으로는 김형기(1년), 이익종

44. 京城醫學專門學校資産			土　地　建　物　及　物　件　價　格					
	敷地及附屬地	敷地其ノ他附屬地	敷地及附屬地	敷地其ノ他建物	圖書	機械標本	器具	合計
	坪	坪	円	円	円	円	円	円
大正五年度末	—	155	—	11,545	2,234	22,247	4,535	40,561
大正六年度末	4,834	392	18,823	34,373	2,635	24,119	5,389	85,339
大正七年度末	5,312	580	29,946	58,056	3,102	26,057	6,750	123,911
大正八年度末	5,312	580	29,946	58,056	4,022	29,159	11,563	132,746
大正九年度末	5,312	906	29,946	64,134	9,036	33,332	16,638	153,086
大正十年度末	5,312	906	29,946	64,134	9,463	38,013	22,442	155,998

《조선총독부 통계연보》(1921년판).

(10월), 김탁원·최경하(이상 7월) 등이, 세브란스 의전 학생으로는 배동석(1년), 김병수(8월), 최동(7월) 등이 실형을 선고받았다. 경성의전 학생이 특히 많은 데에는 전문학교 중에서는 학생 수가 가장 많았던 것도 이유였을 터이다. 더 놀라운 것은 학적 변동(생도 이동) 상황이다.

    1919년(대정 8) 말 경성의전의 학생 상황을 보면 조선인 재학생이 141명이었고 퇴학생은 79명(전체 조선인 학생 220명 중 36퍼센트)이었다. 일본인은 재학생 93명, 퇴학생은 단 1명이었다. 79명 모두가 3·1운동 때문에 학교를 그만둔 것은 아닐 터이다. 다른 해에도 많게는 22명(1916), 적게는 1명(1918), 2명(1920)이 퇴학을 했기 때문이다. 퇴학생 중 자퇴와 강제퇴학이 어느 정도인지 이 자료만으로는 알 수 없다. 또 학교를 그만둔 뒤의 행적도 극히 일부만 알려졌을 뿐이다. 이미륵(본명 이의경)은 상하이로 망명해 임시정부에서 활동을 하다 독일로 유학을 가서 생물학박사가 되었다. 학위를 받은 뒤 전공과 관련된 활동보다는 주로 문필 생활을 하여 《압록강은 흐른다》 등의 작품을 독일어로 발표했다. 한위건 역시 상하이 임시정부에서 활동하다 한때 귀국

49. 私立セブランス聯合醫學專門學校狀況													
	學級數	教員數				生徒數					生徒異動		
		內地人	朝鮮人	外國人	計	第一學年	第二學年	第三學年	第四學年	計	入學者	卒業者	退學者	死亡者
大正六年度末	4	×1 3	×10	9	×2 22	21	9	13	10	53	149	10	9	—
大正七年度末	4	×2 6	9	7	×2 22	15	18	10	12	55	20	11	8	—
大正八年度末	4	×2 6	×1 8	6	×3 20	18	9	15	8	50	19	8	16	1
大正九年度末	4	×4 2	5	9	×4 16	20	19	—	15	62	—	—	—	—
大正十年度末	4	6	8	12	26	15	—	6	8	29	28	8	19	—

大正九年度ニ於テ生徒ノ異動ナキハ大正八年騷擾事件ノ爲長期間休校シタルニ依ル

《조선총독부 통계연보》(1921년판).

하여《동아일보》정치부장을 지내기도 했으며, 1930년대에는 주로 중국에서 사회주의 계열의 활동을 벌였다. 유상규 또한 상하이로 망명해 안창호의 오른팔 격으로 흥사단과 임시정부 일을 하다 1925년에 경성의전으로 복학했다. 졸업 뒤에는 모교의 외과 강사로 활동했다. 백인제는 바로 다음해에 복학해 1928년 조선인으로는 김현주(병리학), 유일준(미생물학)에 이어 세 번째로 경성의전의 교수(외과)가 되었다.

세브란스 의전도 상황이 비슷하다. 1919년 말 재학생이 50명이고 퇴학생은 16명(전체의 24퍼센트)이었다. 그런데 퇴학자가 1917년 9명, 1918년 8명, 1921년에는 19명이나 되어 1919년에 3·1운동과 관련해 학교를 그만둔 학생수를 추정하기는 어렵지만 경성의전보다 비율로도 적은 것은 확실하다. 그리고 그것은 학생들을 되도록 퇴학시키지 않으려는 학교 방침과 관련이 있을지 모른다.

3·1운동은 우리 민족사, 나아가 세계사에 큰 영향을 미친 사건이거

니와 개개인들에게도 못지않은 변화를 가져왔다. 당시의 경험과 이어지는 시련 속에서 사람들은 근대 시민으로서 점점 더 단련되어 갔을 것이다. 이 점은 의학을 공부하던 학생들에게도 다를 바가 없었다.

2010년 초 〈제중원〉이라는 드라마가 방영되면서 근대 서양 의료의 도입 과정에 대해 묻는 사람이 부쩍 늘었다. 좋은 현상일 터이다. 앞에서도 언급했듯이 한국 사회라는 공동체의 주역은 한국인이다. 이것은 당위이기도 하고 실제로도 그렇다. 민주공화국이라는 근대 사회의 핵심을 건설해 온 것은 무엇보다도 우리 자신이었다. 그 과정에서 외국인들의 도움도 많이 받았다. 국적이나 민족으로 구별하는 것보다 그들을 근대화 과정의 동지, 동료라고 부르는 편이 더 적절할지 모른다. 같은 한국인, 한민족이더라도 근대화와 민주화를 가로막는 역할을 한 사람이 적지 않다는 점을 생각하면 더욱 그렇다.

의료도 마찬가지다. 의료를 받아들이고 발전시키는 과정에서, 우리는 많은 외국인들의 도움을 받았다. 개항 이후 근대화 과정에서만 그러했던 것은 아니다. 전통 의료도 오랫동안 외부와의 소통과 교류를 통해 발전해 왔다. 우리 공동체 내부의 소통과 교류, 토론과 비판도 마찬가지로 중요하게 작용했다. 전통시대 의료의 교류 방향은 대체로 중국에서 우리나라로, 다시 일본으로였다. 많은 의학서적과 약재들이 이 방향으로 전수되었다. 그렇다고 일방향적이었던 것은 결코 아니다. 우리가 중국에 도움을 주는 경우도 적지 않았고 또 우리가 일본에서 배우는 것도 드문 일이 아니었다. 한두 가지 예를 들자면 《동의보감東醫寶鑑》이 중국에서 여러 차례 간행되어 널리 보급된 것은 이미 잘 알려져 있다. 또한 세종 시절인 1546년 일본에서 온 승려 의사 숭태崇

泰는 내의원에 근무하던 전순의全循義, 김지金智 등을 가르쳤고, 성종 시절의 일본 승려 의사 양심良心도 비슷한 역할을 했다. 그 밖에 동남아, 인도, 이슬람권 등과의 교류도 우리 전통 의료를 풍성하게 만들었다. 문화와 학문 기술은 항상 외부와 교류를 갖고 내부에서 소통할 때에만 발전할 수 있다. 예나 지금이나 마찬가지 이치이다.

우리(한국인)의 책임과 역할을 강조하는 것과 미화하는 것은 전혀 다른 문제이다. 오히려 정반대이다. 근대 의료를 도입하고 소화해 정착시키는 과정에서 긍정적인 모습은 그대로 평가하고 부정적인 것은 공정하게 비판하는 것이 의학사를 공부하는 사람의 역할이고 몫이라고 생각한다. 여기에 내편과 네편, 한국인과 외국인의 구별과 차별이 끼어들 자리는 없을 것이다.

친일파 의사들의 생존법

역사에는 밝고 어두운 면, 긍정적이고 부정적인 모습이 섞여 있게 마련이다. 긍정적인 면을 찾아내고 연구해 본보기로 세우는 일은 역사를 공부하는 사람의 한 가지 역할이다. 하지만 도가 지나쳐서 미화와 우상화에 이르면 문제가 발생한다. 개인, 집단, 국가와 민족을 선양宣揚하기 위해, 누군가 말했듯이 '맞춤형 연구'를 한다면 그것은 아예 역사라고 할 수도 없을 것이다.

역사의 어두운 면을 언급하려면 마음도 불편해진다. 특히 내 자신과 가족, 내가 속한 직업이나 단체와 기관, 내 나라와 민족의 잘못된 모습을 지적하는 게 결코 쉬운 일은 아니다. 그렇지만 부정적인 모습은 감춘다고 없어지는 게 아니라 속으로 더 곪게 된다. 오히려 드러내고 말함으로써 잘못을 되풀이하지 않게 된다. 그런 일을 할 책무가 역사를 공부하는 사람에게 주어진 소임이 아닐까?

필자는 지금 임종국(1929~1989)을 떠올린다. 친일파 연구의 개척자인 임종국은 연구를 하던 중에 아버지의 친일 행적을 알게 되었다고 한다. 고뇌를 거듭한 끝에 마침내 아버지에게 그에 대해 묻는다. 아버지는 선선히 사실을 인정하고 친일파에 대한 글을 쓸 때 자신의 이야기를 빠뜨려서는 안 된다고 아들을 격려했다. 이런 과정을 통해 임종국은 친일파 문제에 대해서뿐만 아니라 역사 연구에 관한 모범을 우리에게 보여주었다.

임종국의 뜻을 이어받은 민족문제연구소는 오랜 노력 끝에《친일인명사전》(2009)을 펴내었다. 모두 4,776명이 수록되었는데, 책을 넘기면서 확인해 본 바로는 의사나 의료와 관련된 사람은 16명이었다. 혹시 한두 사람 빠뜨렸을 수는 있을 것이다.

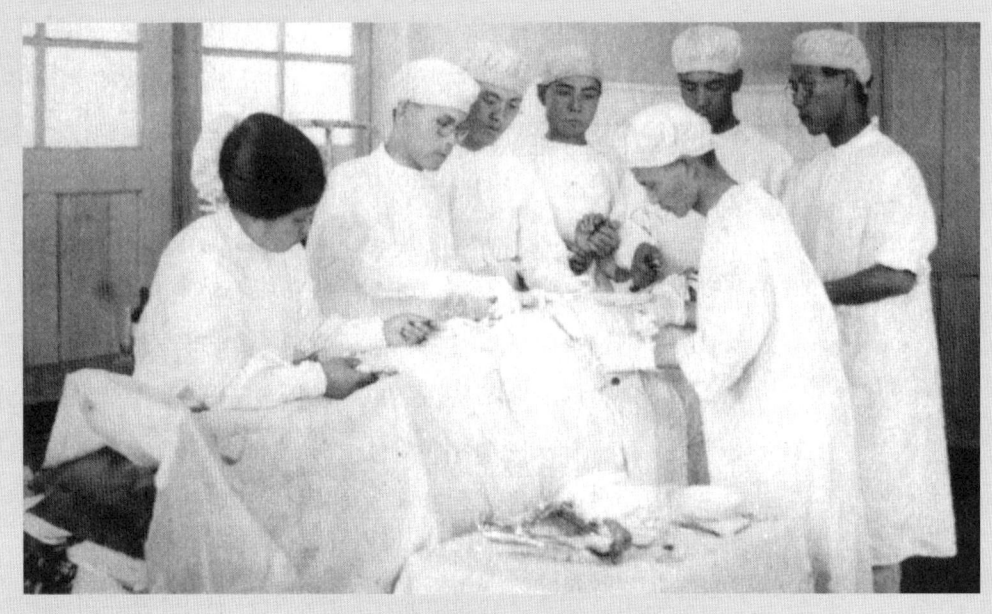

외과 수술. 왼쪽에서 두 번째
가 박창훈이다.

사전에 수록된 사람들의 분야는 관료 1,207명, 경찰 880명, 친일단체 484명, 군인 387명, 중추원 335명, 사법 228명, 종교 202명, 문화예술 174명, 수작·습작(작위를 받거나 세습한 사람) 138명 순으로 권력과 관계있는 사람이 대종을 이룬다. 의사라 하더라도 의술과 직접 관련된 행위로 선정된 경우는 거의 없고, 다른 친일적 사회 활동을 한 경우가 대부분이다. 또한 이 명단에 없다 해서 친일 행위가 사면되는 것은 아닐 터이다. 한편 친일파 명단에 있다 하여 공적이 사라지는 것도 아니다. 공功은 공이고 과過는 과인 것이다.

친일 의료인 16명 중 5명은 일본군이나 만주국군대의 장교(군의관)를 지낸 경력으로 선정되었다. 이제규(1873~?)는 1902년 의학교를 졸업한 우리나라 최초의 근대식 의사 19명 가운데 한 사람이다. 1905년 육군 3등 군의로 임관했고 1910년 병탄 뒤에도 2등 군의로 조선헌병대사령부 등에서 근무했다. 1918년 11월 1등 군의로 승진하는 동시에 예편했다.

《친일인명사전》에는 수록되지 않았지만 비슷한 경력을 가진 사람이 또 있다. 역시 최초의 의사 19명 중 하나인 김명식(1875~?)이다. 성적순으로 발표하는 졸업생 명단에 의하면 김명식은 2등으로 졸업했다. 1904년 3등 군의로 군생활을 시작한 김명식은 1909년에는 1등 군의가 되었다. 그 뒤 10년간의 경력은 뚜렷하지 않은데, 구한국군 장교를 일본군 장교로 전환하는 칙령에 따라 1920년 4월 28일 일본군 1등 군의가 되었으며, 1922년 8월에는 3등 군의정으로 승진했다.

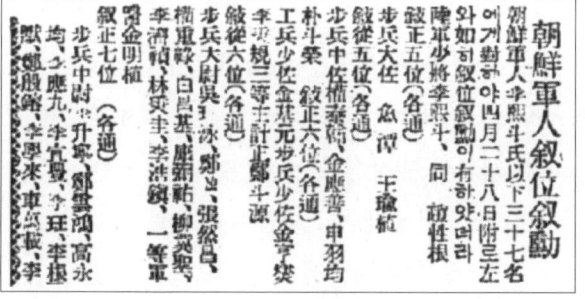

김명식이 일본군 1등 군의로 임명받은 사실을 보도한 《동아일보》 1920년 4월 30일자 기사.

만주국군대, 특히 간도특설대에서 군의관으로 근무한 사람은 2명이다. 계병로는 하얼빈의 육군군의학교를 졸업하고 임관했으며, 마동악은 평양의전을 졸업하고 군의관이 되었다. 간도특설대는 1938년 옌지延吉 현 특무기관장 오고에小越信雄가 만든 조선인 중심의 특수부대로, 일제가 패망할 때까지 조선인과 중국인의 연합부대인 동북항일연군, 역시 조선인이 많았던 팔로군, 그리고 인근 민간인들을 공격하여 살해, 체포, 강간, 약탈, 고문을 자행했다.

1931년 세브란스 의전을 졸업한 원용덕(1908~1968)은 1933년 만주국군대 군의로 임관하여 1945년까지 근무하면서 중교(중령)까지 진급했다. 또한 펑톈奉天 지역 조선인들의 사상 통제를 위해 일본군 특무기관이 중심이 되어 만든 흥아협회興亞協會에도 참여했다. 해방 뒤에는 1953년부터 헌병총사령관으로 특무대장 김창룡과 함께 이승만의 정권 보위에 핵심적 역할을 했다. 김인성도 만주국군대 군의로 근무하다 1939년 상위(대위)로 제대했다.

을사 5적 이지용(1870~1928)과 정미 7적 임선준(1860~1919)은 대한의원 원장을 지냈지만 의료와는 사실상 관계가 없는 사람들이다. 대한의원은 일제가 대한제국의 보건의료를 장악하기 위해 만든, 당시로는 초현대식 병원이었다. 병원장을 내부대신이 겸임하도록 하여 병원의 위상을 높인 듯하지만, 그것도 일제의 책략일 뿐이었다. 〈대한의원 관제〉 제4조에 "원장은 고문과 협의한 후에 병원 업무를 정리整理한다"라고 규정해 병원창설위원장으로 설립 과정부터 주도적 역할을 해온 사토 스스무佐藤進가 사실상 원장 역할을 한 것이다. '정미 7조약'으로 '차관정치'가 시작되고 일본인들이 대한제국의 관리가 되는 길이 열리자 〈대한의원 관제〉를 고쳐 사토가 명목상으로도 병원장이 되었다.

이진호(1867~1946)도 의료와는 별 관계가 없는 사람이다. 그래도 포함시킨 것은 일본의 《초우야신문朝野新聞》(1886년 7월 29일자)에 제중원에 설치된 (의)학당의 생도로 이름이 실린 적이 있기 때문이다. 이진호는 일제강점기에 관리로 가장 출세한 조선인이다. 몇 가지만 꼽아보면, 경상북도 및 전라북도 도지사, 조선총독부 학무국장, 중추원 부의장, 일본제국의회 귀족원 칙선의원 등을 지냈다.

관리로 출발해 한의사로도 활동한 강영균(강홍대, 1867~?)은 내부 소속 병원인 광제원의 원장을 지냈고 1907년부터 대표적 매국단체인 일진회의 평의원으로 활동했다. 한일 병탄 뒤 더 이상 쓸모가 없어진 일진회는 일제에 의해 강제해산되었는데, 이때 강영균은 그동안의 공로를 인정받아 위로금(해산비)을 받았다.

강병옥(1880~1928)은 '한국 황실 특파유학생'으로 일본에 유학해 1910년 지바의학전문학교를 졸업하고 일본 내무성에서 의사면허증을 받아 일본 의적醫籍에 등록된 최초의 조선인이다. 곧 귀국해 1년 가량 총독부의원에서 근무한 뒤 1911년 말에는 고향인 평양에서 순천병원을 열었다. 강병옥은 1917년 12월 일본인 고위 관리들과 친일적 조선인 유력자들이 설립한 평양 기성다화회箕城茶話會에서 초기부터 적극적으로 활동했다. 그런 연유로 3·1운동 당시 시위 군중에게 위협을 당하기도 했지만 친일 활동을 계속해 1924년부터 사망할 때까지 중추원 참의도 지냈다.

오긍선(1878~1963)은 1902년 미국에 유학해 1907년 3월 루이빌 의대를 졸업하고 10월 미국 남장로회 선교사 자격으로 귀국했다. 군산, 광주, 목포의 야소교병원 원장을 지내고 1912년부터는 세브란스 의학교에서 교수로 활동했다. 1921년에는 학감, 그리고 1934년에는 에비슨을 이어 세브란스 의전의 제2대 교장이 되었다.

오긍선의 친일 활동은 비교적 일찍 시작된다. 1921년, 3·1운동 이후 민심을 안정시킬 목적으로 친일 세력이 조직한 유민회維民會의 평의원으로 선임되었고, 1924년 '내선융화의 철저한 실행'을 내걸고 결성된 동민회同民會에도 참여했다. 1932년부터 1940년까지 총독부의 교육자문기구인 조선교육회의 평의원을 지냈고 1937년에는 경성군사후원연맹 부회장이 되었다. 1938년에는 조선지원병제도제정축하회의 발기인과 실행위원을 맡았으며 종교 활동을 통한 황민화운동을 목표로 하는 조선기독교연합회의 평의원으로 참여했다. 또한 사상범의 전향을 촉진하는 경성보호관찰소의 주임대우 촉탁보호사로도 활동했다. 1939년에는 조선인의 지원병 참가를 독려하기 위해 조직된 경성부지원병후원회 이사와 국민정신총동원 조선연맹 상임이사를 맡았다. 1941년에는 조선임전보국단 발기인 및 평의원이 되었다. 《반도의 빛》 1942년 1월호에 '임전하臨戰下에 신년을 마지하여'라는 글을 발표해 "전선에서 싸우는 장병에게 감사한 마음을 잊지 말며, 후방에 있는 우리는 각각 자기가 하는 '직무의 군인'임을 한층 더 각오하라"고 했다. 1943년 11월 6일자 《매일신보》에 학도지원병 지원 촉구를 위한 "학도여 성전에 나서라"는 특집에 "환하게 열린 정로征路─주저 말고 곧 돌진하라"를 기고해 '대동아 건설'을 위해 적국인 미국과 영국을 격멸하는 결전장으로 주저 없이 나설 것을 촉구했다. 오긍선은 1949년 8월 반민특위에 자수해 조사를 받고 풀려났다.

박창훈(1897~1951)은 1919년 경성의전을 졸업하고 1925년 교토제국대학에서 의학박사학위를 받았다. 1921년부터 총독부의원 외과에서 의원醫員으로 일했으며 1924년부터 1928년까지는 경성의전 조교수를 겸했고, 그 뒤에는 개업을 했다. 1933년에는 경성에서 개업한 조선인 의사들만으로 조직된 한성의사회의 회장을 지냈다. 박창훈은 1940년 10월 국민훈련후원회가 주최한 반도신체제 좌담회 참석을 시작으로 친일 행적을 보이기 시작했다. 1941년 5월 전시 최대의 관변 통제기구인 국민총력조선연맹 평의원에 선임되었고, 9월에는 조선임전보국단 발기인으로 참여했다. "일본군이 싱가폴을 함락했다는 소식을 듣는 순간 충용무비한 황군皇軍의 혁혁한 전과에 새삼스레 감격하는 동시에 동아공영권의 기초가 확고부동해진 것을 충심으로 기뻐했다"는 소감을 《신시대》 1943년 2월호에 밝히기도 했다. 해방 후 서울 약대와 치대 후원회 이사장을 지냈다.

김명학(1901~1969)은 1924년 경성의전을 졸업하고 총독부의원 외과에서 근무하다 1928년에는 경성제대 의학부의 조수가 되었다. 1930년 일본 도호쿠 제국대학에서 의학박사학위를 받은 뒤에는 함흥에서 병원을 개원했다. 1933년부터 해방 때까지 함경남도 도회의원(관선), 1939년 함흥배영排英동지회 이사, 1941년 조선임전보국단 이사가 되었다. 1942년에는 사상범들이 출옥 후 다시 항일운동에 나서지 못하게 "사상적 과오를 청산하고 황도皇道정신을 자각하여 충량한 황국신민이라는 본연의 자세로 복귀하도록 전향시키는 임무"를 담당하는 촉탁보호사가 되었다. 1943년 11월에는 최남선, 이광수 등과 함께 선배격려대의 일원으로 전국을 순회하며 지원병 입대를 독려했다. 해방을 눈앞에 둔 1945년 7월에는 조선국민의용대 함경남도 차장을 맡았다. 해방 뒤 의사 생활과 더불어 대한승마협회 회장, 대한올림픽위원회 상임위원, 대한축구협회 회장 등 체육계에서도 활동했다.

정구충(1895~1986)은 1921년 오사카 의대를 졸업했고 1932년 같은 대학에서 의학박사학위를 받았다. 1923년부터 1928년까지는 안동과 해주 등의 도립의원에서 외과 과장으로 근무했고, 1937년부터는 경성여자의전의 외과 교수로 일했다. 1937년 조선군사후원연맹 평의원, 1938년 조선지원병제도제정축하회 발기인, 1939년 배영排英동지회 평의원, 1941년 조선임전보국단 발기인 및 평의원 등 친일 어용단체에서 활동했다. "학병이여 잘 싸워라"(《매일신보》 1943년 11월 26일자), "출진하는 청년학도에게 고함―역사적 조류를 타라"(《춘추》 1943년 12월호) 등의 글을 기고하기도 했다. 1945년 8월부터 1948년 5월까지 경성여자의전·수도여자의대의 교장·학장을 지냈으며, 1947년 대한외과학회 회장, 1959년 대한의학협회 회장을 역임했다.

정구충이 쓴 "학병이여 잘 싸워라"《매일신보》 1943년 11월 26일자.

다음 두 사람은 젊었을 때 항일운동에 나섰다가 뒤에 친일 행동을 남긴 사람이다. 이용설(1895~1993)은 1919년 3월 세브란스 의전을 졸업할 예정이었으나, 세브란스 학생 대표로 3·1운동에 참여하느라 졸업식에 참석하지 못했다. 1919년 가을부터 중국 베이징 협화대학 부속 병원에서 외과 의사로 근무했으며, 1922년 흥사단 예비단우로 입단하고 귀국했다. 1924년 세브란스의 해외 파견 유학생으로 미국에 가서 1926년 노스웨스턴 의대를 졸업했다. 같은 해 9월 귀국해 세브란스 의전 교수가 되었으며 1937년 경성제대에서 의학박사학위를 받았다. 1938

년 12월 동우회 사건에 연루되어 세브란스 의전 교수직을 사임했고, 1940년 8월 치안유지법 위반으로 징역 2년에 집행유예 3년을 선고받았다.

이용설의 친일 활동은 1940년 무렵부터 시작된다. 그는 1940년 12월 전향자들의 교화단체인 대화숙大和塾에 참여했고, 1941년 조선장로교신도애국기헌납기성회 회계를 담당하는 한편 조선임전보국단 발기인 및 평의원으로 활동했다. 그해 12월에는 동양지광사에서 주최한 미영타도좌담회에 참석해 "우리는 곧 신의 뜻으로 대동아전쟁을 일으키고, 신의 사도로서 타락한 미국인들에게 구원의 손을 내밀고 있는 것이다. 대동아전쟁의 의의가 얼마나 큰가를 알아야 하고, 우리들은 다만 최후까지 승리를 얻지 않으면 안 되는 것"이라고 했다. 1945년 7월에는 일본기독교 조선교단 재무국장을 맡았다. 그리고 1948년부터 1952년까지 세브란스 의대 학장, 1955년부터 1962년까지 세브란스병원 원장을 지냈다.

최동(1896~1973)은 1921년 세브란스 의전을 졸업했다. 3·1운동으로 체포되어 징역 7월에 집행유예 3년을 선고받았다. 1926년부터 캐나다 토론토 대학 병리학교실에서 상피암종을 연구한 뒤 의이학사醫理學士 학위를 받고 1928년 귀국했다. 1930년 세브란스 의전 교수로 임용되었으며, 1935년 일본 도호쿠 제국대학에서 박사학위를 받았다. 1939년 2월 세브란스 의전 교장에 취임했다.

1936년 3회에 걸쳐 《재만조선인통신》에 '조선 문제를 통해 본 만몽 문제'를 기고했는데, 3회분에서 재만조선인통신사는 최동이 "조선 민족과 야마토 민족과의 동종동근의 역사적 실증을 들어 참된 일본과 조선 두 민족의 결합을 당당하게 주장했다"라고 소개했다. 최동은 그 글의 말미에서 "대민족주의의 구심적 국책을 확립해서 그 궤도 내에서 조선 민족의 원심적인 해방·발전에 경제적 원조를 부여하는 일이 제국의 기초를 더욱 공고히 하고, 동아의 평화를 지키며 세계의 안녕 질서를 확보하는 근본이라는 사실을 총명한 위정자는 깨닫고, 현명한 국민은 인지하기를 희망한다"라고 했다. 1938년 기독교계의 친일 협력을 위해 조직된 조선기독교연합회의 평의원을 맡았다. 1941년 조선임전보국단 발기인으로 참여했으며, 같은 해 12월 20일 동양지광사에서 주최한 '미영타도좌담회'에 참석해 '앵글로색슨인이 유색인을 대하는 태도'를 주제로 발표했다.

해방 후 다시 세브란스 의전 교장을 지냈고, 의과대학으로 승격한 뒤에는 학장직을 맡았다.

의사나 의료와 관련된 사람으로 친일 행적이 뚜렷한 17명에 대해 살펴보았다. 이들이 전부는 아닐 것이다. 1916년에 결성된 친일단체 대정大正친목회에서 활동한 유병필(의학교 제1회 졸업생)과 안상호(1902년 일본 지케이카이의원 의학교 졸업) 등 친일 행적이 문제되는 사람은 적지 않다.

의학과 제국주의

제중원 이전에도 조선에는 근대 서양식 진료를 한 병원과 의사들이 있었다.

비록 불평등한 것이지만, 1876년 우리나라 최초의 근대적 외교조약인 조일수호조규(강화도조약)가 체결되기 4년 전인 1872년에 일본 정부는 자국민의 거류지인 부산진에 초량관을 설치했다. 근대 서양 의술을 교육받은 일본인 의사 다카다高田英策는 그 무렵 초량관의 고용 의사로 의료 행위를 하고 있었다. 지금까지 확인된 바로는 다카다가 우리나라 땅에서 근대 서양 의술을 행한 첫 번째 의사다. 다카다의 활동이 상세히 밝혀지지는 않았지만 아마 일본인들뿐만 아니라 인근의 조선인들에게도 '새로운' 의술을 선보였을 것이다.

〈초량왜관도〉.

또한 "1872년에는 이후 《아사히 신문朝日新聞》 부산 통신원으로 활약한 나카라이半井桃水도 왜관에서 의사로 근무하던 부친 밑에서 급사로 일했다"(다카사키 소지 지음, 이규수 옮김, 《식민지 조선의 일본인들》)라는 기록을 보면 일본인 의사가 한 명 더 있었던 것 같다.

다카다 이후의 일본인 의사들의 의료 행위는 비교적 잘 알려져 있다. 강화도조약이 맺어진 뒤, 특히 부산 지역에 일본인들의 이주가 늘어나자 일본 외무성은 1877년 2월 11일 현재의 부산 중구 동광동 2가 9번지에 관립官立 제생의원濟生醫院을 열어 해군 군의관 야노矢野義徹를 원장으로 임명했다.

제생의원은 자신들의 실력을 과시하듯, 당시 일본의 형

1880년 지금의 광복동으로 이전한 뒤의 제생의원.

편에 비추어 볼 때 수준급의 의료 기구와 약품을 구비하고 일본인은 물론 조선인들도 진료했다. 〈(제생)의원 규칙〉에 따르면 조선인 환자의 약값은 하루 3푼부터 20푼(일본인은 그보다 비싼 일본 돈 6전 이상)이었으며, 매달 15일에는 무료로 우두를 접종했다. 이는 조선인들에게 호감을 사려는 조처였을 것이다.

개원 첫해 제생의원을 이용한 환자는 총 6,346명이며 그 가운데 일본인 3,813명, 조선인 2,533명으로 당시 그 지역의 인구 구성으로 볼 때(1877년 말 일본인은 300여 명에 불과했다) 분명 일본인을 위한 병원이다. 하지만 조선인들 또한 전체 환자의 40퍼센트를 차지할 정도로 꽤 많이 이용했다. 게다가 지석영이 우두술을 익히기 위해 그곳을 찾았던 사실로 미루어 보아 제생의원의 존재는 조선에 제법 알려졌던 것 같다.

1881년 도쿄 대학 의학부를 졸업하고 육군 군의관으로 제생의원 원장을 지낸 고이케小池正直가 쓴 《계림의사鷄林醫事》(1887)에 의하면 자신이 진료한 1883년 4월부터 1885년 3월까지 제생의원을 이용한 환자는 다음 표와 같이 조선인 1,363명(37퍼센트), 일본인 2,313명(63퍼센트)으로 총 3,676명이었다. 초기보다 환자 수가 조선인, 일본인 모두 줄어든 것을 볼 수 있다. 특히 일본인 거주자는 1883~84년에는 1,750명 가량으로 1877년보다 여섯 배 가량 증가했는데도 오히려 환자가 감소했다. 《계림의사》의 기록(하편 60쪽)대로 일본인 개업 의사가 3명 더 있었기 때문일 것이다. 또한 조선인은 일본인에 비해 상대적으로 외과 환자가 많았으며 여성 환자는 매우 적었다는 사실도 알 수 있다.

〈표 39〉 제생의원에서 진료받은 환자 수

시기	조선인						일본인					
	내과		외과		합계		내과		외과		합계	
	남	여	남	여	남	여	남	여	남	여	남	여
1883.4-1884.3	261	76	436	69	697	145	408	235	468	124	876	359
1884.4-1885.3	144	55	284	38	428	93	323	209	386	160	709	369
합계	405	131	720	107	1125	238	731	444	854	284	1585	728

부산 이외에도 일본 정부는 1880년 5월 원산에 생생의원生生醫院, 1883년 6월 한성에 일본 공사관 부속 의원인 경성의원(해군 군의관 마에타는 3년 전인 1880년 11월에 일본 공사관 의사로 부임했다), 1883년 11월 인천에 인천일본의원을 개설했다. 원산의 생생의원을 이용한 환자는 1880년의 경우 일본인 296명, 조선인 1,126명으로 오히려 조선인이 많았고, 1881년에는 일본인 1,513명, 조선인 695명이었다.

일본의 관립병원들은 이후 거류민단으로 운영권이 넘어가 각각 1885년 부산공립병원, 1886년 원산공립병원, 1888년 인천공립병원이 되었다. 또한 인천 지역에서는 1887년 10월 무렵부터 민간인 의사들이 사설 의원을 열었다.

개항장과 한성의 일본 병원들은 일차적으로 일본인들을 위한 의료기관이면서 조선인들도 진료했다는 점에서 대체로 비슷한 성격을 띠었다.

일본 공사관의 마에타前田淸則는 근대 서양 의술을 교육받고 한성에 온 최초의 의사이다. 그는 우두술 등 근대 의술에 관심이 많던 지석영

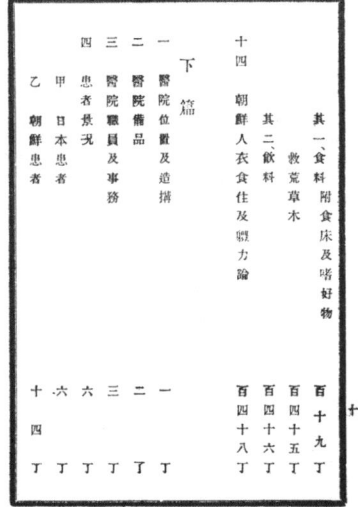

《계림의사》 하편 목차.

등과 교류하며 당시 조선 지식인들에 영향을 미치기도 했다. 그리고 마에타를 비롯한 일본인 의사들의 진료 활동에 대해 적어도 갑신 쿠데타 이전까지는 조선 정부와 지식인들이 대체로 호의적인 반응을 보였는데, 다음 《한성순보》의 기사에서도 확인할 수 있다.

작년(1883) 양력 6월 10일 일본 공사관에서 의원을 공사관 옆에 개설하고 우리나라 사람들도 치료하게 하고 있다. 그보다 앞서 1등 군의 카이로세海瀨敏行가 공사관에서 의료를 전담하고 있었는데, 일본 공사 다케조에竹添進一郎는 그 의술을 널리 펴도록 하여 우리나라 사람도 병에 걸리면 진료를 받도록 허락했다. 뿐만 아니라 그 학설이 서양의 과학에 근거한 것이어서 치료를 받으면 신기한 효과를 보는 이가 많으므로 현재도 거의 빈 날 없이 사람들이 찾아오고 있다. 처음 개설한 날부터 양력 12월 31일까지 치료 받은 총수가 1,200명이며, 또 그 군의가 환자를 잘 보아 조금도 경만한 태도가 없다《한성순보》 1884년 3월 18일(음력 2월 21일)자).

《한성순보》 1884년 3월 18일자 기사 "일본관의원日本館醫院".

또한 갑신 쿠데타로 조선인들 사이에 반일 의식이 극에 달해 있을 무렵 카이로세는 친일적 쿠데타 세력의 피해자인 민영익의 치료에 동참했다. 즉 독일인으로 외아문 협판이던 묄렌도르프의 요청으로 미국인 의사 알렌이 민영익의 부상을 치료할 때 카이로세의 도움을 구했던 것이다. 이러한 모습을 해링턴은 저서 《개화기의 한미관계》에서 다음과 같이 묘사했다.

이건 아주 진기한 광경이었으니 그 까닭은 일본이나 미국에 대해서 반대의 입장을 지켜 온 총본부, 즉 묄렌도르프 집에서, 그리고 기독교를 반대하는 정치가에게 선교사가 손을 대었고, 또한 반일적 조선인을 일본인 의사가 돌보아 주었기 때문이다.

이처럼 일본 정부와 의사들은 그들 거류민 거주 지역에 병원을 설치, 운영해 진료를 통한 자국민 보호라는 일차적 효과를 얻는 동시에 조선의 민중과 지식인 그리고 조선 정부에 직간접적으로 적지 않은 영향을 미치고 있었다.

메이지 유신 초기부터 일본 지배층 일각에서는 정한론征韓論 등과 같이 조선을 침략할 의도를 공공연히 내비쳤다. 이때 대표적 인물이 사이고西鄕隆盛였는데, 이토 히로부미伊藤博文 측은 시기상조라고 반대했다. 이토 히로부미도 시기의 부적절성을 지적한 것이지 애초부터 조선 정복 자체에는 뜻을 같이 했을 것이다. 40년 뒤에는 정한론자들의 꿈이 실현되어 '대일본제국'은 조선을 식민지로 삼게 되었다. 조선인들은 말할 것 없고 대다수 일본인들에게도 크나큰 불행이었다.

근대 서양 의료가 일제의 조선 침략에 중요한 수단이 되었던 것은 분명하다. 하지만 처음부터 의료가 일사불란하게 침략과 정복을 위해 쓰이지는 않았다. 또한 일본인 의사들의 행위를 모두 의료 제국주의와 연결시켜 생각하는 것 역시 지나치다. 미국이 하와이를 병합하고

필리핀을 식민지로 삼기 전후 그곳에서 활동한 미국인 의사들을 모두 미제국주의의 첨병이나 하수인이라고 하는 것이 무리이듯 말이다.

1903년 소장으로 진급했을 때의 우드Leonard Wood(1860~1927). 1884년 하버드 의대를 졸업하고 이듬해 군의관이 된 우드는 1899~1902년 쿠바 군정장관, 1921~1927년에는 필리핀 총독을 지냈다. 클리블랜드 대통령과 맥킨리 대통령의 주치의도 역임한 우드는 필리핀 모로의 군정장관 재직시(1903~1905) 그곳의 이슬람 원주민들을 여러 차례 학살한 것으로도 명성을 날렸다.

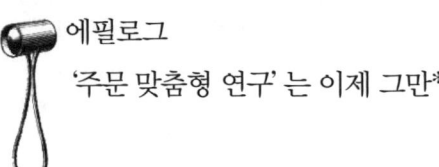
에필로그
'주문 맞춤형 연구'는 이제 그만*

1

새해를 맞이하여 바쁘실 터인데도 불구하고 졸고 '근대 의료의 풍경'에 대해 공동으로 비평의 글을 써주신 여인석, 박윤재 교수께 깊이 감사드립니다. 두 분의 글은 저뿐만 아니라 역사를 공부하는 동학들에게 여러 모로 큰 도움이 될 것이어서 널리 읽히기를 바랍니다.

먼저 두 교수께서 '근대 의료의 풍경'의 집필 배경과 동기에 대해 언급하셨으니 거기에 대해 답변하는 것이 순서겠지요. 《프레시안》에서는 벌써 몇 해 전부터 제게 글 연재를 요청했습니다. 저 또한 5년 남짓 전 한국 사회를 온통 뒤흔들었던 연구 윤리와 관련된 사건에서 《프레시안》이 보였던 언론 매체로서 올바른 자세에 대해 마음의 빚을 지고 있기 때문에 언젠가는 요청대로 글을 연재하려고 했습니다. 그리고 글의 내용은 5년 전의 그 사건을 여러 각도에서 조명하는 것이거

---

* 필자의 《프레시안》 연재글에 대해 여인석 · 박윤재 교수가 《프레시안》에 기고한 비평 "황상익 교수의 '근대 의료의 풍경'을 읽고"(2011년 1월 14일 게재)에 대한 답글이다(1월 31일 게재).

나 의학 역사에 관한 것으로 생각했습니다. 그게 제 관심사니까요.

사실 '근대 의료의 풍경' 제1편의 초벌 원고는 진작에 준비되어 있었고 그 골격은 몇 차례의 학술 토론회에서 발표하기도 했습니다. 물론 《프레시안》에 연재하는 동안 독자들의 이런저런 요청에 응답하고 저 스스로도 비교적 긴 호흡으로 내용을 추가하다 보니 글의 분량이 두 배 남짓 늘어나긴 했습니다. 초벌 원고를 준비하면서는 《프레시안》과 같은 대중 매체에 게재할 생각은 하지 않고, 곧바로 책으로 출간할 계획이었습니다. 그러다가 《프레시안》에 연재하기로 방침을 바꾼 계기는 텔레비전 드라마 〈제중원〉의 방영이었습니다.

흔히 지적하듯이 '역사 드라마'와 '역사 소설'은 역사에서 소재를 취하지만 역사적 사실보다는 허구적 구성과 상상력을 추구하는 예술 작품입니다. 그에 따라 평가도 대체로 사실의 정확성보다는 작품성과 예술성을 위주로 합니다. 하지만 드라마 〈제중원〉은 방영 시작 전부터 종영 때까지 '철저한 역사적 고증'과 고증·자문한 의사학 교수의 이름을 내세운 점에서 다른 드라마들과 달랐고 또 그 점에서 제 관심을 끌었습니다.

지난 해 초에 시작된 드라마 〈제중원〉을 보면서 저는 당혹스러웠습니다. '철저한 역사적 고증'의 의미를 알 수 없었기 때문입니다. 전문적이거나 주변적인 몇 가지 사항이 역사적 사실과 다른 정도가 아니라 제중원과 한국 근대 의학의 역사를 크게 왜곡했기 때문입니다. 차라리 고증을 내세우지 않았더라면 '드라마니까' 하고 지나갔을지 모릅니다.

저는 텔레비전 드라마의 제작 과정을 모르기 때문에 어떻게 그런 일이 생겼는지 알 수 없습니다만, 그러한 역사 왜곡에 대해 대중적인 방식의 대응이 필요하다고 생각했습니다. 그래서 단행본보다 대중과의 접촉면이 더 넓고 소통의 기회가 많다고 생각한 온라인 언론 매체인 《프레시안》에 '근대 의료의 풍경'을 연재하기로 생각하게 되었습니다. 그런 결정 과정에서 박형우, 박윤재 교수의 '의학사 산책' 연재가 참고가 되었을 수는 있겠지요.

'근대 의료의 풍경'의 연재를 시작하면서 저는 철저한 사료 비판과 충실한 근거에 바탕을 둔 글쓰기를 가장 중요한 원칙으로 삼았습니다. 졸고에서 여러 차례 예를 보였듯이 한국 근대 의학 역사에 관한 기존의 글에서 그렇지 못한 모습을 너무 많이 보았기 때문입니다. 예컨대, 신수비의 용례에 관해 극히 예외적인 경우를 들어 신수비가 월급이 아니라고 주장하고 나아가 그것을 근거로 제중원의 성격과 운영 주체를 뒤바꾸는 식('근대 의료의 풍경' 제14회)입니다.

이렇게 제 스스로 정한 원칙을 지키려다 보니 대중 매체에 실리는 글로는 지나치게 길어지는 문제가 생겼습니다. 연재를 시작하기 전에 《프레시안》의 담당자는 원고 마감 시간 지키기와 더불어 원고 분량을 되도록 짧게 해달라는 주문을 했습니다. 그래서 핵심 논지를 담은 본문과 그것을 뒷받침하는 사료와 주석을 분리하는 방법도 생각해 보았지만 적절한 방식을 찾아내지는 못했습니다.

그럼에도 제가 이러한 원칙에서 벗어나 근거 없이 일방적으로 판단하고 단정적으로 기술한 것이 있으면 가차 없이 지적해 주십시오. 두 분뿐만 아니라 독자 여러분께도 부탁드립니다. 저는 제 오류를 지적받는 것보다 오류가 시정되지 않은 채 남아 있는 것이 더 두렵기 때문입니다.

졸고의 두 번째 원칙은 소속과 출신을 벗어나는 것입니다. 저는 그

동안 한국 근대 의학 역사의 해석과 서술에 연구자의 소속과 출신이 작지 않게 작용했다고 생각합니다. 심지어 '주문 맞춤형 연구'까지도 생겨났습니다. 그러다 보니 독자들도 필자들의 소속과 출신을 염두에 두는 일이 흔해졌습니다.

저는 역사가 선전의 도구가 아니라 학문이 되기 위해서는 무엇보다 이 점에서 벗어나야 한다고 생각합니다. 저는 서울대학교 의과대학을 졸업했고 30년 가까이 서울대 의대에 재직하고 있습니다. 하지만 그렇다고 서울대 의대나 서울대학교의 역사와 현재를 미화해서는 안 된다고 생각합니다. 이 점에 관해서도 제가 원칙에 어긋난 경우가 있으면 서슴없이 지적해 주십시오.

두 분은 졸고의 '가장 큰 아쉬움'으로 가정과 추론이 많다고 지적하고 "역사가의 글에 가정과 추론의 표현이 많다는 것은 긍정적으로 보기 어렵다. 그것은 그 글쓰기가 사료가 말하지 않는 자기의 가정과 추론을 남발하고 있다는 증거이기 때문이다. 실제로 그 추정과 가정은 많은 경우 무리한 주장으로 이어지고 있다"라고 했습니다. 그리고 그러한 주장의 근거로 '~것이다' '~여겨진다' '~보인다' '~않을까?' 등의 표현을 자주 사용하는 것을 들었습니다.

저는 근거가 확실하지 않거나 미흡한 경우에 '~것이다' '~여겨진다' '~보인다' '~않을까?'와 같은 표현을 의식적으로 사용했습니다. 한 가지 뚜렷한 사료나 근거가 있더라도 그것을 뒷받침하는 다른 사료가 없을 때 유보적인 표현을 한 경우도 적지 않습니다. 그에 따라 근거에 대해 지나치게 까다롭다는 지적을 여러 차례 받았습니다. 저는 근거가 없거나 부족한 경우에 단정적인 표현을 하는 것이 더 올바르지 않다고 생각하는데 두 분의 생각은 어떠한지요?

일반적인 이야기는 이 정도로 마치고 구체적인 문제에 들어가도록 하겠습니다. 그것이 지금까지 제가 말한 내용을 검증하는 것이기도 할 테니까요.

2

두 분 교수께서는 제 글의 구체적인 오류 또는 문제점으로 '제중원과 세브란스 병원의 승계'와 '1908년 세브란스 의학교 졸업생들에게 주어진 최초의 의사면허 부여'에 관한 부분 두 가지를 지적했습니다.

첫 번째 문제에 대해 두 분이 언급한 것을 논의의 편의를 위해 그대로 인용하겠습니다.

황 교수가 남이 하지 않은 독특한 주장을 하게 된 배경에는 남이 하지 않았던 독특한 발상이 있다. 그는 제중원의 경영권과 소유권을 분리시키고 있다. 그에 따르면, 경영권은 병원을 운영하는 권리, 소유권은 병원의 대지와 건물에 대한 권리이다.

그는 1894년 에비슨과 조선 정부의 계약을 통해 제중원의 경영권이 에비슨에게, 궁극적으로는 미국 북장로회 선교부에 이관되었음을 인정하고 있다. 이 사실은 1998년 연세대 의사학과 연구진에 의해 발굴되었고, 황 교수도 인용하고 있는 조선 정부의 공식 문서를 통해 재확인되었다. 공식 문서에 나타난 사실을 그대로 인정하면 더 이상의 논란은 없을 것이다. 미 선교부로 이관된 제중원은 세브란스 병원, 연세대로 이어졌기 때문이다.

하지만 여기서 황 교수는 독특한 주장을 내세운다.

"제중원의 건물, 대지와 분리된 별도의 운영권이라는 것은 없었다." ('근대

의료의 풍경' 제39회 제중원의 퇴장)

운영권이 건물과 대지의 소유권과 직결되어 있었다는 주장이다. 이 주장의 타당성을 검토하기 위해 몇 가지 질문을 던져보자. 만일 그렇다면, 전세나 월세를 들어 있는 모든 병·의원들의 운영권은 그 건물이나 대지의 소유권자에게도 있는 것인가? 그 병·의원들이 이사를 갈 경우 그 건물이나 대지의 소유권자들은 옮겨간 병·의원의 운영에 간섭할 수 있다는 것인가? 이 질문에 대한 대답이 '아니오'라면 황 교수의 주장은 무리한 주장이 될 수밖에 없다.

두 분께서는 제가 "제중원의 경영권과 소유권을 분리시키고 있다"라고 했습니다. 그리고는 그 근거로 "제중원의 건물, 대지와 분리된 별도의 운영권이라는 것은 없었다"라는 제 글을 인용했습니다. 저는 혼란스럽습니다. 제 '독특한 발상' 또는 '독특한 주장' 이 운영권(저는 영리 추구의 뉘앙스가 강한 경영권이라는 단어를 병원과 학교에는 가급적 사용하지 않고 있습니다)과 소유권을 분리했다는 것인가요, 분리하지 않았다는 것인가요? 제 뜻은 제중원의 소유권은 대지와 건물뿐만 아니라 제중원이라는 기관에 대한 권리를 말하는 것이고, 운영권은 그 일부이거나 그것에 귀속된다는 것입니다.

그리고 제 글을 인용하려면 잘못 해석될 수 있는 부분만이 아니라 다음같이 바로 앞 부분도 함께 인용해야 타당하다고 생각합니다.

"제중원의 운영권은 1894년 9월 에비슨(사실상 미국 북장로교 선교부)에게 이관되었다가 1905년 4월에 건물 및 대지와 함께 환수되었다. 일부에서는 환수된 것은 제중원의 '건물들과 대지' 라고 주장하여, 제중원의 운영권과 법통은 여전히 에비슨에게 남아 있는 것처럼 호도하지만 이는 근거 없는 주장일 뿐이다. 제중원의 건물, 대지와 분리된 별도의 운영권이라는 것은 없었다."(제39회)

자, 이제 '경영권은 병원을 운영하는 권리, 소유권은 병원의 대지와 건물에 대한 권리'라고 해석하고 그 두 가지를 분리한 사람이 누구인지 명백하지 않습니까?

다음으로 "전세나 월세를 들어 있는 모든 병·의원들의 운영권은 그 건물이나 대지의 소유권자에게도 있는 것인가?"라고 질문했습니다. 그리고는 "이 질문에 대한 대답이 '아니오'라면 황 교수의 주장은 무리한 주장이 될 수밖에 없다"라고 했습니다. 이 또한 매우 혼란스럽습니다. 사실과 전혀 다른 질문을 하면서 대답을 요구하고 있기 때문입니다.

두 분의 주장은 미국 북장로회 선교부가 조선 정부의 건물과 대지를 세를 내어 제중원을 설립하고 운영했다는 뜻이겠지요. 과연 사실이 그런가요? 제중원은 1885년 4월 조선 정부가 설립한 병원입니다. 그리고 9년 반 가까이 조선 정부가 운영을 하다(서양인 의사들은 1886년 말까지는 무료 봉사로, 그 이후에는 월급을 받으며 일했습니다) 1894년 9월에 운영권을 에비슨에게 이관했습니다. 제중원을 매각, 양도하거나 그 건물을 돈을 받고 세 준 것이 아니라 운영을 에비슨에게 맡긴 것입니다. 제중원의 탄생부터 소멸까지 조선 정부는 단지 건물 소유주가 아니라 제중원이라는 의료 기관의 주인이었습니다.

이 운영권 이관에 관한 문서가 외무대신 김윤식에게 보낸 미국 공사의 1894년 9월 7일자 공문과 거기에 대한 외무대신의 9월 26일자

답신입니다(제37회). 그리고 그 문서들에 "귀 정부는 언제든지 제중원을 환수할 수 있습니다. 그럴 경우 1년 전에 에비슨이나 대리인에게 통보하고 에비슨이 자기 집과 병원 건물의 수리에 실제로 사용한 비용을 지불해야 합니다"(미국 공사의 공문), "조선 정부가 언제라도 제중원의 환취還取를 요구하는 경우 그때까지 들어간 건축비와 수리비를 모두 지불할 것입니다"(외무대신의 공문)라고 환수 조건과 절차를 명기했습니다.

그리고 이 공문들에 언급된 대로 제중원은 1905년에 대한제국 정부로 반환되었으며, 그때 작성된 문서가 〈제중원 반환에 관한 약정서〉(1905년 4월 10일자)입니다(제39회). 이렇게 에비슨은 받았던 것을 돌려주었으며, 대한제국 정부는 주었던 것을 돌려받았습니다. 이들 문서 어디에 제중원은 돌려주었지만 제중원의 운영권은 에비슨 또는 미국 선교부에 존속되어 세브란스 병원으로 이어졌다고 해석할 부분이 있습니까? 그리고 이들 문서가 전세나 월세 계약서인가요? 이렇게 한국과 미국 양측의 공식 문서에 나타난 사실을 그대로 받아들이면 더 이상의 논란은 없을 것입니다.

사실 여기까지 언급하면 충분할 것입니다. 이로써 제중원과 에비슨 또는 미국 선교부와의 관계가 일단락되었을 뿐만 아니라 제중원을 대한제국 정부가 더 이상 병원으로 사용하지 않음으로써 제중원은 역사 속으로 퇴장했으니까요(제39회). 그런데도 제가 '제중원 찬성금'에 대해 언급한 것은 일부에서 그것을 제중원이 세브란스 병원으로 이어졌다는 주장의 근거로 삼고 있기 때문입니다.

대한제국 정부는 세브란스 병원에 1906년 5월 '제중원 찬성금'이라는 명목으로 3,000환을 지원했습니다. 두 분께서는 그것을 근거로 제중원이 세브란스 병원으로 이어졌다고 주장합니다. 저는 '제중원'이라는 명칭의 용례에 대해 여러 가지 예를 들어 설명했고, 제중원 찬성금 지급에 관련된 문서인 '청의서'의 내용을 분석해서 제중원 찬성금 지급이 제중원이 세브란스 병원으로 이어졌다는 주장의 근거가 될 수 없음을 논증했습니다(제39회).

특히 청의서는 제 '입론에 불리' 해서가 아니라 그 내용이 사실에 너무 어긋나서 사료로서의 가치가 없다고 판단한 것임을 거듭 말씀드립니다. 역사학자라면 어떤 자료라도 엄밀한 사료 비판 없이 사실로 단정해서는 안 되는 것이 아닌가요? 두 분께서는 제중원 찬성금에 관한 청의서가 사료로서의 가치가 있다고 생각하시는지 묻고 싶습니다.

'1908년 세브란스 의학교 졸업생들에게 주어진 최초의 의사면허 부여'에 대해서 길게 언급하셨지만 제가 답변해야 할 것은 그리 많지 않다고 생각합니다. 의견의 차이가 크지 않으니까요. 두 분의 지적과 달리 저는 에비슨과 한국인 제자들의 노력과 성과를 무시하거나 폄하하지 않았습니다. 제 글을 제 뜻과 달리 해석하셨다면 다시 말씀드리겠습니다. 저는 에비슨과 한국인 제자들의 노력과 성과를 무시하지 않을 뿐만 아니라 한국 근대 의학 역사에서 차지하는 가치를 인정하고 있습니다.

또한 저는 '에비슨의 '친일성'에만 주목'하지 않습니다. 에비슨이 이토 히로부미를 찾아가 청탁한 것이 잘못되었다고 지적했을 따름입니다. 지석영이 이토 히로부미의 추도사를 낭독한 것에 대한 비판(제2회)이 지석영의 친일성에만 주목한 때문이 아닌 것과 마찬가지입니다. 저는 '근대 의료의 풍경'에서 한국 근대 의학의 발전에 기여한 많은 한국인의 친일 행각을 보기에 따라서는 지나치다 할 정도로 비판했습니다. 공적과 더불어 과오도 드러내야만 제대로 된 역사 서술이라고 생각했기 때문입니다. 그리고 두 분께서는 에비슨의 자서전을 에비슨이 친일적이 아니라는 주장의 근거로 들었습니다. 저는 다른 사료들보다 '자서전'에는 더욱 엄정한 비판적 사료 검토가 필요하다고 생각합니다. 그리고 저는 에비슨의 생애가 친일로만 점철되었다고 말하는 것이 결코 아닙니다.

1908년 6월 세브란스 의학교 졸업생들에게 '의술개업인허장'이 발급된 것은 역사적 성찰의 대상이지 찬양할 일이 아니라는 점(제85회)을 다시 한 번 강조합니다. 일제에 의해 대한의원이 설립된 일(제53회)이 그렇듯이 말입니다.

두 분께서는 제가 "자신의 염원을 과거의 인물에게 요구하기도 하였"으며, 그런 요구는 부당하고 역사가의 몫이 아니라고 했습니다. "에비슨이 진정으로 한국인 청년들에게 의학을 가르치고 그들을 의사로 양성할 뜻이 있었다면, 무엇보다도 〈의학교 규칙〉에 정해진 대로 의학교 설립 신청을 했어야 할 것이다"(제84회)라는 제 글에 대한 비판입니다. 저는 이 지적이 무슨 뜻인지 아리송합니다. 특히 '염원'이라는 어휘는 마치 제가 이루어질 수 없는 허황된 것을 바랐다는 듯 보여 당황스럽기도 합니다.

오늘날 누군가에게 독자적으로 의학을 가르쳐서 의사로 양성할 뜻이 있다면 어떻게 해야 할까요? 당연히 관련 법령에 따라 의과대학 설립 신청을 하고 인가를 받는 일부터 해야겠지요. 100여 년 전에도 마찬가지였습니다. 에비슨은 무엇보다도 1899년에 제정된 〈의학교 규칙〉(학부령)의 사립 의학교 설립 규정("공사립 의학교는 지방관과 관찰사를 경經하야 학부대신의 인가를 승承함이라")에 따라(제65회) 설립 신청을 했어야 했겠지요. 그랬더라면 구차하게 이토 히로부미를 찾아가는 일도 없었겠지요.

이런 언급이 어떻게 "현재의 시점에서 볼 때 실현되지 않은 염원을 갈 수 없는 과거에 요구하"는 것인가요? 일부에서는 1908년 〈사립학교령〉이 제정되기 전에는 사립 의학교 설립에 관한 법령이 없어서 에비슨이 의학교 설립 신청을 할 수 없었다고 주장하는데 두 분께서는 거기에 대해서 어떻게 생각하시는지요?

저로써는 두 분 교수의 지적과 비판에 대해 답변을 하느라고 했습니다만 어떤지요? 또 두 분이 지난번 글에 언급하지 않은 점이 적지 않으리라고 생각합니다. 앞으로 《프레시안》 지면이나 학회 모임, 또는 다른 경로를 통해 많은 지적과 비판을 부탁드립니다. 한국 근대의학의 역사에 대한 본격적 논의는 이제야 출발선을 떠났다고 생각합니다. 두 분과 저의 글이 이러한 논의에 밑거름이 되기를 바랍니다.

한국 근대 의료 연표
(1876~1910)

p.24

p.225

p.22

2월 27일 일본과 조일수호조규 朝日修好條規(강화도조약) 체결
4월 29일 수신사 김기수金綺秀 일행 한성 출발, 6월 1일 일본 요코하마 도착, 6월 28일 도쿄 출발, 7월 21일 국왕에게 귀국 보고(수행원 박영선朴永善, 준텐토의원順天堂醫院의 의사 오다키大瀧富三에게서 약식으로 우두술을 배우고 구가久我克明가 저술한 《종두귀감》을 구해서 귀국)

2월 9일 개화파의 대부 박규수朴珪壽 별세
2월 11일 부산에 일본 해군 소속 제생의원濟生醫院 설립, 초대 원장에 해군 군의관 야노矢野義徹 부임
3월 24일 제생의원에서 매달 15일에 종두 시술한다고 공고

8월 7일 동래부사 심동신沈東臣, 절영도에 일본인의 격리병원 설치를 허용했다고 보고
10월경 지석영池錫永 부산 제생의원에서 우두종법牛痘種法 학습

1876 *1877* *1879*

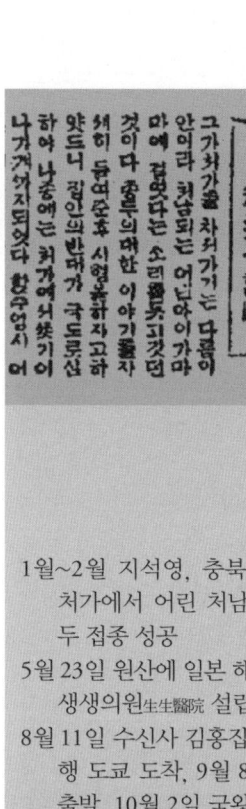

p.26

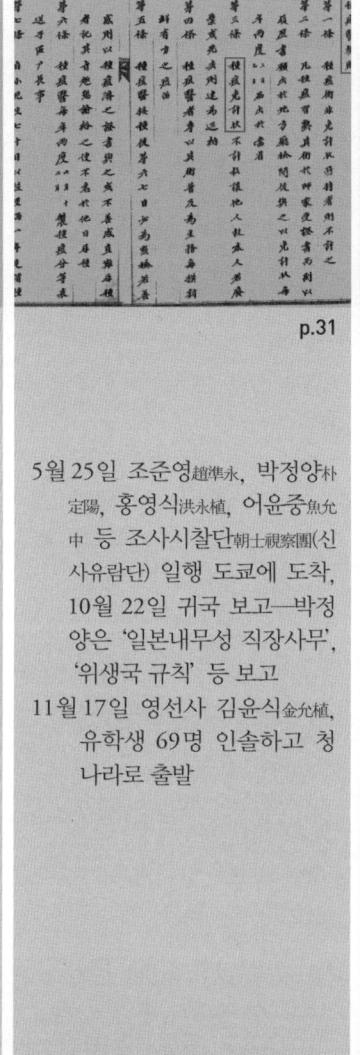

p.31

p.29

1880

- 1월~2월 지석영, 충북 덕산면 처가에서 어린 처남에게 우두 접종 성공
- 5월 23일 원산에 일본 해군 소속 생생의원生生醫院 설립
- 8월 11일 수신사 김홍집金弘集 일행 도쿄 도착, 9월 8일 도쿄 출발, 10월 2일 국왕에게 귀국보고(수행원으로 동행한 지석영, 우두종접소牛痘種接所에서 기쿠치菊池康庵로부터 우두묘제조법 전수, 두묘기기 구입)
- 10월 지석영, 종두장種痘場 설치하고 우두 시술
- 11월 22일 해군 군의관 마에타前田淸則 한성 일본공사관 의관으로 부임

1881

- 5월 25일 조준영趙準永, 박정양朴定陽, 홍영식洪英植, 어윤중魚允中 등 조사시찰단朝士視察團(신사유람단) 일행 도쿄에 도착, 10월 22일 귀국 보고—박정양은 '일본내무성 직장사무', '위생국 규칙' 등 보고
- 11월 17일 영선사 김윤식金允植, 유학생 69명 인솔하고 청나라로 출발

1882

- 5월 22일 제물포에서 미국과 조미수호통상조약朝美修好通商條約 체결
- 7월 19일 임오군란 발발(도봉소 사건)—지석영의 종두장이 방화로 소실
- 10월경 전라도 어사 박영교朴泳敎 '권종우두문勸種牛痘文' 발표

p.181

p.184

p.175

1883

- 1월 1일 제물포(인천) 개항, 일본 영사관 설치
- 1월 13일 묄렌도르프Paul Georg von Möllendorff 교섭통상사무 협판(외교부차관) 임명
- 2월 2일 육군 1등군의 고이케小池正直 부산 제생의원 원장으로 부임
- 2월 6일 감생청에서 혜민서, 활인서 혁파 결정
- 6월 9일 한성에 일본관의원 설치-1등군의 카이로세海瀬政行 진료 개시
- 7월 14일 정사 민영익閔泳翊, 부사 홍영식 등 미국 파견 사절단 출발
- 7월 14일 지석영, 충청도어사 이용호李容鎬의 초청으로 공주부에 우두국 설치, 우두 시술 및 종두법 교습
- 10월 31일 한성순보漢城旬報 창간

1884

- 3월 27일 한성순보 제16호에 각국의 서의학당西醫學堂 시설 소개
- 7월 3일 김옥균金玉均 한성순보 제26호에 〈치도약론治道略論〉 발표.
- 여름 국왕 고종이 일본 주재 감리교 선교사 맥클레이Robert Maclay의 병원 설립 제안에 대해 수락 의사 표명
- 9월 20일 미국 북장로교회 의료선교사 알렌Horace Newton Allen 제물포에 도착, 9월 22일 한성 도착
- 10월초 고종이 미국 공사 푸트에게 이듬해 봄에 의료 사업 개시 제의
- 12월 4일 갑신 쿠데타 발발
- 12월 6일 홍영식, 박영교 피살. 김옥균, 박영효, 서광범, 서재필 등 일본으로 망명
- 12월 11일 일본공사관 부속 의원(일본관의원) 폐쇄

1885

- 1월 27일 알렌, 조선정부에 '병원설립제안朝鮮政府京中設建病院節論' 제출
- 2월 16일 병원 설립 책임자로 외아문 독판 김윤식 임명
- 2월 18일 김윤식, 미국공사관을 직접 방문하여 홍영식의 집을 병원 건물로 결정했다고 통보
- 4월 3일 통리교섭통상사무아문에서 4대문과 종각에 새로운 병원施醫院 개원 공고
- 4월 3일 알렌에게 〈광혜원廣惠院 규칙〉 전달
- 4월 14일 국왕의 재가로 광혜원 정식 설립
- 4월 21일 박준우, 신낙균, 성익영, 김규희, 전양묵 등 5명을 제중원 주사로 임명
- 4월 26일 광혜원을 제중원濟衆院으로 개부표

846 근대 의료의 풍경

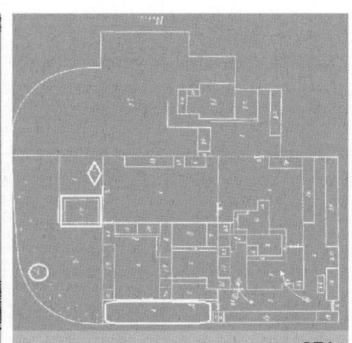

p.35 p.276  p.180

1885
5월 3일 미국 북감리교회 선교의사 스크랜튼William B Scranton 제물포 도착, 5월 22일부터 6월 24일까지 제중원 근무
5월 29일 의과시험 시행―김성집金性集 등 19명 합격
5월경 지석영, 《우두신설牛痘新說》 발간
6월 21일 미국 북장로교회 선교의사 헤론John W Heron 한성 도착, 제중원 근무 시작
9월 10일 스크랜튼, 자택에서 진료 개시
10월 14일 의과시험 시행―피병준皮秉俊 등 44명 합격
11월 6일 부사과 지석영, 충청도 우두교수관으로 임명

1886
3월 25일 코죠 바이케이古城梅溪 외무성의 한성 파견 개업의로 발령, 5월 14일 한성 도착
3월 29일 제중원 학당 개교
11월 초 제중원을 구리개(현재 외환은행 본점 동쪽 일대)로 이전

1887
연초 알렌을 '제중원 의사'로 채용
3월 23일 알렌에게 봉급(월 50달러) 지급 시작
5월 22일 지석영, 전남 강진현 신지도에 유배
6월 15일 스크랜튼, 시의원(정동제일병원) 개원
10월 20일 미국 부인외국선교회 소속 여의사 하워드Meta Haward 한성 도착, 12월 7일 보구여관普救女館 설립

847 한국 근대 의료 연표(1876~1910)

p.110

p.37

p.57

3월 27일 미국 북장로교회 여의사 호튼Lillian Stirling Horton 한성 도착, 제중원 근무 시작
5월 29일 의과시험 시행—이제규李濟奎 등 18명 합격
지석영, 《중맥설重麥說》 저술

3월 18일 영남 의사 이재하李在夏, 강영노姜永老, 강해원姜海遠, 조연하趙寅夏 등이 각 읍에 우두국과 분국을 설치하고 우두접종 및 우두교육 실시
4월 상순 이재하李在夏 《제영신편濟嬰新編》 간행

7월 7일 서재필徐在弼 한국계로 첫 미국 국적 취득
7월 26일 제중원 의사 헤론, 이질로 병사
7월 29일 양화진에 외국인묘지 조성
8월 15일 관에서 허가한 우두국 일제 철폐

1888

1889

1890

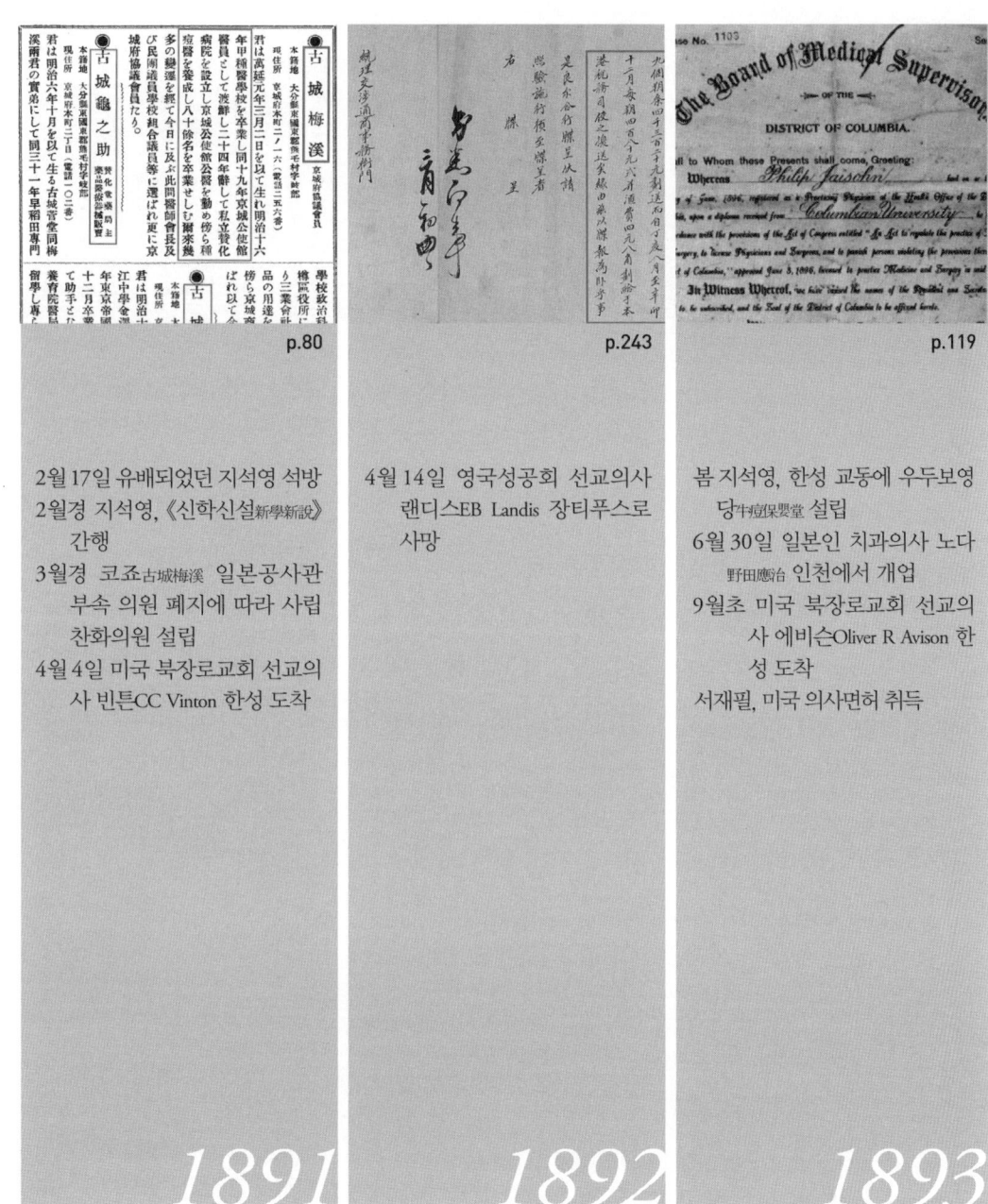

p.80 　　　　　　　　p.243 　　　　　　　　p.119

2월 17일 유배되었던 지석영 석방
2월경 지석영, 《신학신설新學新設》 간행
3월경 코죠古城梅溪 일본공사관 부속 의원 폐지에 따라 사립 찬화의원 설립
4월 4일 미국 북장로교회 선교의사 빈튼CC Vinton 한성 도착

4월 14일 영국성공회 선교의사 랜디스EB Landis 장티푸스로 사망

봄 지석영, 한성 교동에 우두보영당우두보영당牛痘保嬰堂 설립
6월 30일 일본인 치과의사 노다野田應治 인천에서 개업
9월초 미국 북장로교회 선교의사 에비슨Oliver R Avison 한성 도착
서재필, 미국 의사면허 취득

1891 　　　　　　　*1892* 　　　　　　　*1893*

849 한국 근대 의료 연표(1876~1910)

p.436

p.329

p.73

5월 17일 이제마李濟馬《동의수세보원東醫壽世保元》간행
5월 25일 미국 감리교회 여자선교의사 홀Rosetta S Hall, 평양에서 광혜여원廣惠女院 개원
8월 22일 〈궁내부宮內府 관제〉 반포—내의원은 '어약의 조화調和를 관장'
9월 7일 미국 공사 실John MB Sill, 외무대신 김윤식에게 제중원 의사 에비슨의 요구 사항(운영권 이관) 승인 요청
9월 12일 지석영, 한성부윤에 임명
9월 26일 외무대신 김윤식, 미국 공사 실에게 에비슨의 요구를 수락한다고 전함—제중원 운영권 이관
12월 25일 서재필 10년 만에 귀국해서 중추원中樞院 고문으로 계약

1894

4월 20일 〈내부 관제〉 반포—위생국 설치
4월 25일 김인식金仁植 내부 위생국장 임명
5월 1일 관비 유학생 제1진 113명, 도쿄 도착
6월 13일 김익남 등 관비 유학생 제2진 26명, 게이오 의숙 입교
6월 14일 내부대신 박영효, 외부대신 김윤식에게 에비슨에게 빌려준 제중원 관사 반환 요청
6월 25일 '에비슨의 순검 폭행 사건' 발생
7월 4일 〈검역규칙檢疫規則〉 반포
7월 6일 〈호열자병 예방규칙虎列剌病豫防規則〉 반포
7월 25일 〈호열자병 소독규칙虎列剌病消毒規則〉 반포
10월 8일 을미사변 발발—민 왕비 피살

1895

11월 23일 〈종두 규칙種痘規則〉 반포
11월 27일 춘생문 사건春生門事件 발생
12월 22일 〈종두의양성소규정種痘醫養成所規程〉 반포
12월 29일 김윤구, 김익남 등 관비 유학생 8명, 게이오 의숙 보통과 졸업
12월 30일 〈단발령〉 반포, 국왕 단발
조선국 위생고문 세와키瀨脇壽雄 진고개에 한성병원漢城病院 설립

1895

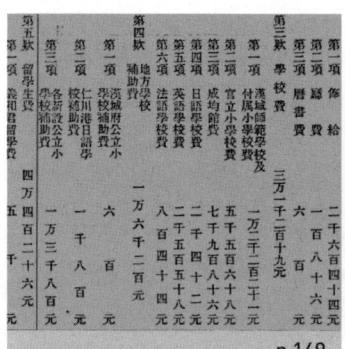
p.149

p.302

p.120

1896

- 1월 1일 태양력 사용—1895년 11월 17일을 건양 원년 1월 1일로 정함
- 1월 5일 1896년 예산에 의학교비 6,906원, 의학교 부속 병원비 14,353원, 종두의양성소비 1,368원, 종두중계소비 2,866원 책정
- 2월 11일 아관파천俄館播遷 발발
- 4월 7일 독립신문 창간
- 5월 11일 내부 위생국장에 이근호李根澔 임명
- 7월 2일 서재필, 윤치호尹致昊 등 30여 명 독립협회 창설
- 10월 김점동(박에스터), 미국 볼티모어 여자의과대학 입학

1897

- 2월 9일 의정부회의에서 군대병원 설치건 의결
- 2월 10일 평양에 기홀병원紀笏病院 개원(원장 폴웰Edward D Follwell)
- 2월 20일 국왕 경운궁(덕수궁)으로 환궁
- 7월 10일 내부 위생국 윤허 종두의양성소 제1회 졸업—이겸래李謙來, 고희준 등 10명
- 8월 15일 연호를 '광무光武'로 변경
- 10월 11일 국호를 '대한제국大韓帝國'으로 개칭
- 10월 12일 원구단圜丘壇에서 황제 즉위식 거행
- 11월 29일 학부 인허 종두의양성소 제2회 졸업(19명)

1898

- 3월 8일 최훈주崔勳柱 내부 위생국장 임명
- 4월 9일 매일신문每日新聞 창간
- 4월 10일 대한신보大韓新報 창간
- 4월 19일 〈종두소 세칙種痘所細則〉 반포
- 4월 27일 중추원 고문관 서재필, 약정된 보수 받고 미국으로 귀국
- 4월 박일근朴逸根 제생의원濟生醫院 설립
- 7월 15일 종로에서 열린 만민공동회에서 의숙학교 설립 집중 논의
- 8월 10일 제국신문帝國新聞 창간
- 9월 5일 황성신문皇城新聞 창간
- 11월 7일 지석영, 학부대신 이도재에게 의학교 설립 청원
- 11월 9일 학부대신 이도재, 지석영에게 의학교 설립 통보

851 한국 근대 의료 연표(1876~1910)

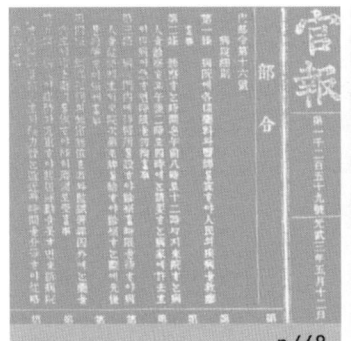
p.668

p.552

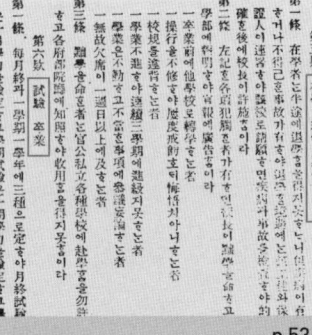
p.534

3월 24일 〈의학교 관제醫學校官制〉 반포

3월 28일 의학교 교장에 지석영, 교관에 경태협景台協과 남순희南舜熙, 서기에 유홍劉泓 임명

4월 4일 의학교 교장 지석영, 입궐하여 세자에게 우두 시술

4월 8일 학부 인허 종두의양성소 제3회 졸업(53명)

4월 9일 남산노인정에서 종두의 양성소 졸업식 거행

4월 21일 전주관찰사 이완용李完用, 전주부에 약령시 개설

4월 24일 〈병원 관제病院官制〉 반포

4월 26일 내부 위생국장 최훈주崔勳柱 병원장 겸 병원기사 임명

5월 8일 〈병원 세칙病院細則〉 반포

5월 9일 일본인 의사 코죠古城梅溪 의학교 교사로 고용

5월 20일경 훈동의 옛 김홍집 집 (현재 재동 SK 주유소 일대)을 의학교 교사로 결정

7월 5일 〈의학교 규칙醫學校規則〉 반포

7월 13일 의학교 학생 모집 광고

7월 30일 김익남, 일본 지케이의원慈惠醫院 의학교 졸업—한국 최초의 근대식 의사

8월 16일 의학교에서 입학시험으로 학도 50인 선발

8월 16일 〈전염병 예방규칙傳染病預防規則〉 반포

8월 23일 〈호열자 예방규칙虎列剌預防規則〉 반포

8월 25일 〈장질부사 예방규칙腸窒扶私預防規則〉 반포

8월 29일 〈적리 예방규칙赤痢預防規則〉 반포

9월 6일 〈두창 예방규칙痘瘡預防規則〉 반포

9월 7일 〈전염병 소독규칙傳染病消毒規則〉 반포

9월 13일 〈검역정선 규칙檢疫停船規則〉 반포

10월 2일 의학교 개교식 거행

12월 25일 미국 북장로교회 선교의사 존슨Woodbridge O Johnson 대구 제중원 개원

1899 *1899* *1899*

p.586

p.221

p.443

1월 2일 〈의사 규칙醫士規則〉,〈약제사 규칙藥劑士規則〉,〈약종상 규칙藥種商規則〉,〈약품순시 규칙藥品巡視 規則〉 반포
1월 15일 이준규李峻奎 내부병원장 임명
1월 24일 한성漢城 5서署내의 약포藥舖와 의국醫局 수 267호(경무청 조사)
4월 12일 전의 박준승朴準承 내부 위생국장 임명
5월 21일 코죠古城梅溪, 의학교 교사직 해고
5월 24일 일본군 1등군의 고다케 小竹武次 의학교 교사로 채용
6월 30일 〈한성종두사 관제漢城種痘司官制〉 반포
6월 박에스터, 미국 볼티모어 여자의과대학 졸업

7월 6일 김익남, '당직의원醫員 증명서' 수령
8월 2일 김익남, 귀국하여 의학교 교관 취임
9월 28일 의학교 교장 지석영, 의학교에 수의과 설치를 학부에 청원
10월 중순 광제원을 옛 재동 제중원으로 이전
12월 6일 공주의 김원일과 김인제, 병원과 의학교 설립 청원

1월 의학교 교관 김익남, 자택에서 환자 진료 개시
2월 8일 이용상李容相, 최홍섭崔弘燮 한성에 소아병원 개설
2월 17일 강홍대康洪大 광제원 원장 임명
10월 16일 〈혜민원 관제惠民院官制〉 반포

1900 *1900* *1901*

853 한국 근대 의료 연표(1876~1910)

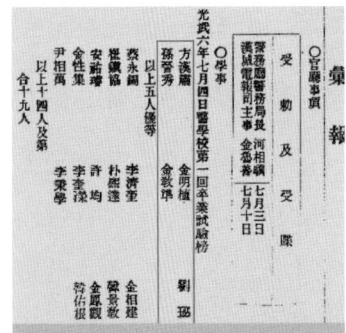
p.579

p.572

p.699

1902

6월 16일 도쿄에서 동인회同仁會 발기총회 개최

6월 28일 안상호安商浩 일본 의술 개업시험 합격

7월 4일 의학교 제1회 졸업―방한숙 등 19명

8월 11일 의학교 부속 병원 개원

1903

1월 9일 의학교 제1회 졸업식 거행

2월 18일 〈육군위생원 관제陸軍衛生院官制〉 반포

2월 21일 의학교 제1회 졸업생 김교준金教準 의학교 교관 취임

6월 30일 〈한성종두사 관제漢城種痘司官制〉 반포

7월 7일 의학교 제2회 졸업―지성연 등 13명

11월 한성부 내 의료 선교의사 20명이 'Korea Medical Missionary Association' 결성

1904

5월 17일 의정부 회의에서 한성 내 청결법淸潔法 실시에 관한 청의서 의결

6월 8일 장용준張容駿 광제원 원장 임명

9월 23일 세브란스 기념병원 봉헌식 거행

854 근대 의료의 풍경

p.326

p.721

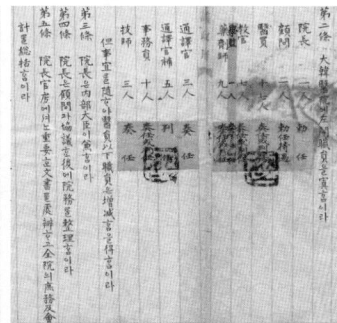
p.737

1905

4월 10일 〈제중원 반환에 관한 약정서〉 체결 – 제중원 환수
7월 21일 〈광제원 처무세칙廣濟院處務細則〉,〈광제원 시술세칙廣濟院施術細則〉,〈광제원 종두지소세칙廣濟院種痘支所細則〉 반포
10월 27일 〈대한적십자사 규칙大韓赤十字社規則〉,〈육군위생관 관제陸軍衛生官官制〉 반포
11월 17일 '을사늑약' 강제 조인
12월 13일 의학교 제3회 졸업 — 장기무 등 4명
12월 21일 초대 한국 통감으로 이토 히로부미伊藤博文 임명

1906

1월 25일 보구여관普救女館 간호부양성소 제1회 간호부대관식 거행
2월 1일 통감부 업무 개시
2월 중순 일본인 의사 사사키佐佐木四方志 광제원 의사로 채용
4월 9일 일본 통감부에서 이토 히로부미 주관으로 한국시정개선협의회(제3회) 개최 — 이토가 적십자병원, 광제원, 의학교 및 부속 병원 등을 통합하는 방안 제시
6월 대한의원 창립준비위원장으로 사토 스스무佐藤進 내정
9월 대한의원 부지확정 – 한성부 동서 마등산(현재 서울대학교병원 자리)
11월 13일 대한의원 건설비 293,566원 책정

1907

2월 10일 대구동인의원 설립
2월 27일~3월 1일 광제원에서 의사 채용시험 실시
3월 10일 〈대한의원 관제大韓醫院官制〉 반포
3월 19일 내부대신 이지용李址鎔(을사5적) 대한의원 원장 겸임 임명
4월 1일 용산동인의원 개설
5월 22일 내부대신 임선준任善準(정미7적) 대한의원 원장 겸임 임명
7월 9일 대한의원 교육부 제1회 졸업
7월 20일 황제 양위식 — 순종 즉위
7월 24일 '한일신협약韓日新協約' 조인
8월 1일 군대 해산 조칙

855 한국 근대 의료 연표(1876~1910)

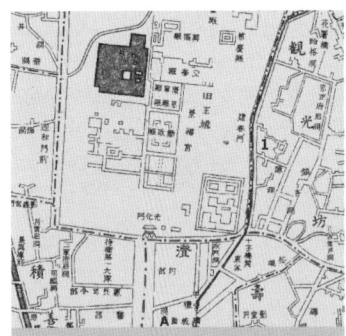
p.320

p.644

p.734

9월 10일 동인회 의사 76명을 각도 경찰서에 경무고문으로 임명
9월 23일 조선의학선교협회The Korea Medical Missionary Society 구성
9월 24일 내부 위생국장 민원식閔元植《위생신문衛生新聞》발간
11월 9일~10일 대한의원 치료부, 재동에서 마등산으로 이전
11월 14일 적십자사병원, 의통방(통의동)에서 마등산으로 이전
11월 21일 대한의원 교육부, 훈동에서 마등산으로 이전
12월 8일 지석영,《자전석요》간행
12월 21일 〈한성위생회규약漢城衛生會規約〉반포

1907

1월 1일 유맹劉猛 내부 위생국장 임명
1월 1일 사토佐藤進 대한의원 원장 임명
1월 25일《의약신보醫藥新報》창간
2월 1일 대한의원 교육부를 의육부로 개칭
3월 3일 월간《경성의보京城醫報》창간
3월 23일 대한의원 의육부에서 일본인 병사자 시체해부
6월 3일 세브란스 병원 의학교 제1회 졸업식 거행—이토 통감이 홍종은洪鍾殷 등 7명에게 졸업장 수여. 내부는 이들에게 의술개업인허장 수여

1908

8월 13일 염중모廉仲模 내부 위생국장 임명
10월 24일 대한의원 개원식
10월 28일 계림의학회 창립(회장 다카카이高階經本 대한의원 부원장)
11월 15일 의사연구회 창립(회장 김익남)
12월 12일 의사연구회 학술 토론회 개최

1908

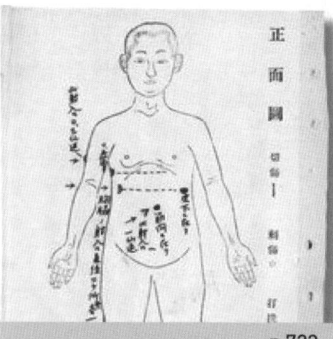
p.723

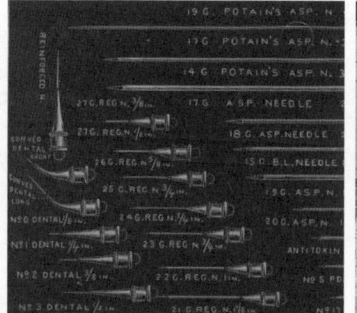
p.784

p.797

2월 4일 사토佐藤進 대한의원 원장 사임
4월 21일 의사연구회에서 의사법 반포 요구
5월 5일 김익남, 내부 위생국에 의술연구조합소 설립 청원
7월 20일 일본 육군 군의총감 기쿠치菊池常三郎 대한의원 원장 임명
7월 사립 세브란스 의학교, 정부 인가 취득
8월 21일 〈자혜의원 관제慈惠醫院官制〉 반포
8월 25일 《중외의약신보》 창간 (주필 장기무)
10월 26일 안중근安重根, 하르빈 역에서 이토 히로부미 처단

11월 16일 대한의원 부속 의학교 신축교사 낙성식 및 졸업식 거행
11월 28일 의사연구회 1주년 기념식
12월 22일 이재명李在明 총리대신 이완용 처단 미수, 대한의원에서 이완용 치료

2월 1일 〈대한의원 부속 의학교 규칙大韓醫院附屬醫學校規則〉 반포
4월 14일 한국 최초의 여의사 박에스터 병사
6월 10일 세브란스 병원 간호부양성소 제1회 졸업식
8월 27일 기쿠치菊池常三郎 대한의원 원장 사직
8월 29일 일한병합 공포—대한제국 멸망, 한국을 조선으로 개칭하고 총독부 설치
9월 2일 대한의원을 중앙의원으로 개칭
9월 9일 대한의원 원장 후지타藤田嗣章를 중앙의원 원장사무로 촉탁
9월 30일 이재명 사형 집행

1909 *1909* *1910*

참고문헌

사서류史書類

《세종실록》

《정조실록》

《고종실록》

《순종실록》

《순종실록 부록》

《일성록日省錄》

《비변사등록備邊司謄錄》

《승정원일기承政院日記》

《통서일기統署日記》

《팔도사도삼항구일기八道四都三港口日記》

《경기관초京畿關草》

《전라도관초全羅道關草》

《함경도관초咸鏡道關草》

《팔도사도관초八道四都關草》

《관보》(구한국)

《朝鮮總督府官報》

고려대학교 아세아문제연구소. 《구한국외교문서》. 고려대학교 출판부. 1968

관상감. 《운관과목안雲觀科目案》. 1885

국가보훈처 공훈전자사료관. 《독립 유공 포상자 공적 조서》. http://e-gonghun.mpva.go.kr/

국사편찬위원회. 《대한제국 관원이력서》. 국사편찬위원회. 1972

군부軍部. 《갑오군공록甲午軍功錄》. 1895

김정명 편. 《일한외교자료집성》. 국학자료원. 2012

내각기록과. 《법규류편法規類編》. 1905

내부위생국. 《한국위생일반韓國衛生一斑》. 1909

내의원. 《의과방목醫科榜目》. 1891

충청도순영忠淸道巡營. 《우두절목牛痘節目》. 1880년대

문서 (규장각 한국학연구원 소장)

〈의학교 관제〉

〈병원 관제〉

〈제중원 반환에 관한 약정서〉

〈대한의원 관제〉

연속간행물

《가톨릭청년》, 《개벽》, 《기독신보》, 《기호흥학회월보》, 《대동학회월보》, 《대조선독립협회회보》, 《대조선협회보》, 《대종교교보》, 《대한매일신보》, 《대한유학생회학보》, 《대한의학협회지》, 《대한자강회월보》, 《대한학회월보》, 《대한협회회보》, 《대한흥학보》, 《독립신문》, 《동광》, 《동아일보》, 《만세보》, 《별건곤別乾坤》, 《삼천리》, 《상무총보商務總報》, 《서북학회월보》, 《서우西友》, 《신동아》, 《신문계新文界》, 《신시대》, 《신천지》, 《신태양》, 《신한민보》, 《오마이뉴스》, 《재만조선인통신》, 《제국신문》, 《조선일보》, 《중외일보》, 《태극학보》, 《프레시안》, 《한겨레》, 《한겨레21》, 《한성순보》, 《한성주보》, 《해조신문海潮新聞》, 《향토서울》, 《황성신문》

《京城日報》, 《國民新聞(東京新聞)》, 《每日新報》, 《半島の光》, 《時事新報》, 《醫師新聞》, 《朝鮮洋醫學會雜誌》, 《朝野新聞》, 《漢城新報》

San Francisco Chronicle, Seoul Press

저서 및 논문

강재언. 《한국근대사》. 한울. 1990

김교헌.《신단민사神檀民史》. 1904

김대희.《20세기조선론二十世紀朝鮮論》. 중앙서관. 1907

김명수.《일당기사一堂紀事》. 일당기사출판소. 1927

김삼웅.《백범 김구 평전》. 시대의창. 2004

김용구.《거문도와 블라디보스토크》. 서강대학교 출판부. 2009

김윤식.《속음청사續陰晴史》. 국사편찬위원회. 1960

김응호.《사진으로 보는 한국 신교 백년》. 일맥사. 1978

김인수.《알렌 외사의 선교 외교 편지: 1884~1905》. 장로회신학대학교 부설 한국교회사연구원. 2007

김인수.《헤론 의사의 선교 편지: 1885~1890》. 장로회신학대학교 부설 한국교회사연구원. 2007

김장춘.《세밀한 일러스트와 희귀 사진으로 본 근대조선》. 살림. 2009

남순희.《정선산학精選算學》. 황성신문사. 1900

대조선인일본유학생친목회.《대조선일본유학생 친목회회보》. 1896

류진영·구자흥.《신찬중등무기화학新撰中等無機化學》. 광동서국光東書局. 1910

문일평.《호암전집湖岩全集》. 조광사朝光社. 1946

박용남.《정선 가정구급법》. 공애당共愛堂. 1909

박윤재.《한국 근대의학의 기원》. 혜안. 2005

_____ "대한제국기 종두의양성소의 설립과 활동"《정신문화연구》32권 4호 pp.29~54. 2009

박찬승. "1890년대 후반 관비유학생의 도일 유학"《근대교류사와 상호인식 1》. pp.89~160. 아연출판부. 2001

박형우.《한국근대서양의학교육사》. 청년의사. 2008

_____《제중원》. 21세기북스. 2010(몸과마음. 2002)

백낙준.《한국개신교사 1832~1910》. 연세대학교 출판부. 1973(L George Paik. *The history of protestant missions in Korea 1832~1910*. Union College Press. 1929)

서울대 정치학과 독립신문강독회.《독립신문 다시읽기》. 푸른역사. 2004

서울대학교병원 병원역사문화센터.《한국근현대의료문화사》. 웅진지식하우스. 2009

송상도.《기려수필騎驢隨筆》. 국사편찬위원회. 1955
신기수.《한일병합사(1875~1945)》. 눈빛. 2009
신동원. "공립의원 제중원, 1885~1894"《한국문화》16집 pp.181~260. 1995
_____ 《한국근대 보건의료사》. 한울. 1997
신해영.《윤리학교과서》. 보성중학교. 1906
안국선.《금수회의록禽獸會議錄》. 1908
_____ 《공진회》. 1915
알렌 H N(김원모 옮김).《알렌의 일기》. 단국대학교출판부. 2004
_____ (신복룡 옮김).《조선 견문기》. 집문당. 2010
알렌, 호레이스 N.《알렌의 조선 체류기》. 예영커뮤니케이션. 1996
에비슨.《구한말 비록 (상)》. 대구대학교 출판부. 1986
_____ 《에비슨 전집》. 청년의사. 2010
윤치호(국사편찬위원회 편).《윤치호 일기》. 탐구당. 1971
이광린.《개화기의 한미관계》. 일조각. 1973
_____ 《올리버 알 에비슨의 생애》. 연세대학교 출판부. 1992
이규경李圭景.《오주연문장전산고五洲衍文長箋散稿》. 명문당. 1982, 1992.
이만규.《가정독본》. 영창서관. 1941
_____ 《여운형 선생 투쟁사》. 민주문화사. 1947
_____ 《조선교육사》. 을유문화사. 1947
이만열·옥성득.《언더우드 자료집》. 연세대학교 출판부, 2005
이면우.《회사법會社法》. 1907
이미륵.《압록강은 흐른다》. 푸른책들. 2009
이상익.《세계문명산육신법世界文明産育新法》. 종로고금서해관鐘路古今書海館. 1908
이재하.《제영신편濟嬰新編》. 1889
이충호.《일제 암흑기 의사 교육사》. 국학자료원. 2011
인천광역시 화도진도서관.《사진으로 보는 인천 한 세기》. 인천광역시 화도진도서관. 2003
장도.《신구형사법규대전新舊刑事法規大全》. 보성사. 1907

정교.《대한계년사大韓季年史》. 국사편찬위원회. 1957

정구충.《한국의학의 개척자》. 동방도서. 1985

정약용.《마과회통麻科會通》. 1798

지거리스트, 헨리(황상익 옮김).《문명과 질병》. 한길사. 2008

지석영·전용규.《아학편兒學編》. 1908

지석영.《우두신설》. 1885

친일인명사전편찬위원회.《일제협력단체사전》. 민족문제연구소. 2004

_____《친일인명사전》. 민족문제연구소. 2009

클락, 알렌 디그레이.《에비슨 전기─한국 근대 의학의 개척자 Avison of Korea : The Life of Oliver R Avison, M.D》. 연세대학교 출판부. 1979

함석헌.《죽을 때까지 이 걸음으로》. 한길사. 2009

홍종욱.《신찬 산술통의新撰算術通義》. 보문사普文社. 1908

황상익. "20세기초 미국 의학교육의 개혁과 〈플렉스너 보고서〉"《의사학》 3권 1호 pp.1~19. 1994

_____《문명과 질병으로 보는 인간의 역사》. 한울림. 1998

_____ "舊韓末 近代西洋醫學의 수용 과정 연구 (1)"《의사학》 7권 1호 pp.13~22. 1998

_____ "제중원의 신화와 역사 (1)"《국제고려학회 서울지회 논문집》 13호 pp.7~40. 2010

_____ "제중원의 신화와 역사 (2)"《국제고려학》 14호 pp.89~125. 2012

황현(임형택 옮김).《역주 매천야록梅泉野錄 (상, 하)》. 문학과지성사. 2005

岡山醫學專門學校.《岡山醫學專門學校一覽》. 1914

京城府.《京城府史》. 京城府. 1934

古城梅溪.《衛生新論》. 1899

久我克明.《種痘龜鑑》. 東京英蘭堂. 1871

九州帝國大學.《九州帝國大學一覽》. 1925

菊池常三郎.《實用外科各論(第9版)》. 1908

今田束.《實用解剖學》. 今田十五郎. 1908

內閣統計局.《日本帝國統計摘要》. 1888~1910

臺灣總督府.《臺灣總督府統計書》. 1897~1910

大村友之丞 編.《朝鮮貴族列傳》. 1910

大韓醫院.《大韓醫院開院記念寫眞帖》. 1908

東京慈惠會醫科大學.《東京慈惠會醫科大學醫學專門學校一覽》. 1922

東京統計協會.《日本帝國統計全書》. 東京統計協會. 1928

杉田成卿.《濟生備考》. 勝村治右衛門. 1850

杉田玄白, 前野良澤, 中川淳庵.《解體新書》. 須原屋市兵衛. 1774

石幡貞.《朝鮮歸好餘錄》. 日就社. 1878

小池正直.《鷄林醫事》. 日本陸軍文庫. 1887

新宮義愼.《コレラ病論》. 1858

岩崎鐵次郎.《東京諸學校規則集》. 成文館. 1890

醫事時論社.《醫籍錄》. 東京醫事時論社. 1925, 1928

日本內務省衛生局.《衛生局年報》. 1887~1899

朝鮮思想通信社.《朝鮮思想通信》. 1926~1929

朝鮮中央經濟會.《京城市民名鑑》. 1922

朝鮮總督府.《朝鮮總督府統計年報》. 1911~1919

朝鮮總督府.《朝鮮總督府統計要覽》. 1911

朝鮮總督府醫院.《朝鮮總督府醫院 20年史》. 1928

朝鮮總督府醫院.《朝鮮總督府醫院 年報》. 1911, 1913, 1915, 1916, 1918

朝鮮總督府總務部人事局.《朝鮮總督府及所屬官署》. 1912

宗田一.《圖說 日本醫療文化史》. 思文閣出版. 1989

佐藤剛藏.《朝鮮醫育史》. 佐藤先生喜壽祝賀會. 1956

佐藤進.《外科通論》. 佐藤尙中藏版. 1880

志賀潔.《或る細菌學者の回想》. 日本圖書センター. 1966

川端源太郎.《京城と內地人》. 日韓書房. 1910

川端源太郎.《朝鮮在住內地人實業家人名辭典》. 朝鮮實業新聞社. 1913

統監官房人事課.《統監府及所屬官署職員錄》. 1908

統監府.《統監府統計年報》. 1907

河口信任.《解屍編》. 1772

黃遵憲.《朝鮮策略》. 1880(?) (범우사. 2007)

Allen, HN, Heron, JW. *First Annual Report of the Korean Government Hospital*(조선정부병원 제1차년도 보고서). R. Meiklejohn & Co, Japan. 1886

Allen, Horace Newton. *Korea: Fact and Fancy*. Methodist Publishing House, Seoul. 1904

Allen, Horace Newton. *Things Korean*. Fleming H Revell Co, New York. 1908

Andreas Vesalius. *De humani corporis fabrica*. Ex officina Joannis Oporini, Basileae. 1543

Ellinwood, Mary G. *Frank Field Ellinwood, His Life and Work*. Fleming H Revell Co, New York. 1911

Evans & Wormull Manufacturers. *Illustrated Catalogue of Surgical Instruments*. Evans & Wormull, London. 1876

Federal Council of Evangelical Missions in Korea. *Korea Mission Field*. 1906~1941

Gerardus Dicten. *Ontleedkundige Tafelen*. van Waesberge. 1734

Gilmore, George William. *Korea from its Capita*. Presbyterian Board of Publication, Philadelphia. 1892

Harrington, Fred Harvey. *God, Mammon, and the Japanese*. The University of Wisconsin Press, Wisconsin. 1944

Heath, Christopher. *A Course of Operative Surgery*. P Blakiston, Son & Co, Philadelphia. 1884

Howe, AJ. *Manual of Eye Surgery*. Wilstach, Baldwin, Co, Cincinnati. 1874

Napheys, George H. *Modern Medical Therapeutics*. D.G. Brinton Co, Philadelphia. 1882

Napheys, George H. *Modern Surgical Therapeutics*. D.G. Brinton Co, Philadelphia. 1878

Power, D'arcy (ed). *A System of Syphilis*. Oxford University Press, London. 1914

The Methodist Publishing House. *The Korean Repository*. 1901~1906

Underwood(Horton), Lillias H. *Fifteen Years among the Top-knots or Life in Korea*. American Tract Society. 1904

Wm. Hatteroth's Surgical House. *Illustrated Catalogue*. Wm. Hatteroth's Surgical House, San Francisco. 1910

Wyeth, John A. A *Textbook on Surgery—General, Operative, and Mechanical*. D. Appleton and Co, New York. 1889

찾아보기

【ㄱ】

가네이 701
가네자와 의학전문학교 611
가쓰라·태프트 밀약 596, 640, 714
가와구치 376, 377
《가정독본》 758
가쿠다 789
가타야마 783
각기 345, 347, 409, 410
각모 748, 754
각파유지연맹 584, 585
각혈 369, 370
간도특설대 818
간질 372, 373
간호부 115, 116
갈레노스 376, 411
갑신 쿠데타(갑신정변) 46, 49, 116, 135, 136, 179, 183~186, 191, 192, 194, 227, 228, 270, 293, 325, 526, 829
갑오개혁 65, 107, 174, 322, 435, 438, 513, 693

갑오농민전쟁 29, 65, 67, 84, 433, 440, 767
갑오·을미 개혁 163, 645
강남형 48, 55
강민 602
강병옥 819
강영균 819
강영노 36, 48
강원영 603, 604, 611~614, 626, 658
강창오 613
강필우 99
강해원 36, 48
개부표 219, 228, 677, 679
《개화기의 한미관계》 830
건강 지표 469
건국훈장 799, 800
건중회 764
건춘문 693, 694
검안경 292, 386
검역 484, 486, 489, 494, 495
〈검역 규칙〉 68~70

게이오 의숙 135, 136, 138~141, 143~145, 148, 150, 546, 547, 549, 568, 781
격리 489, 495, 503, 509
결핵 384, 498
결핵균 499
결핵약 499
〈경고 급수 군비서〉 799~801
경상도 우두국 50
경상사범학교 부속여자보통학교 633
경성변호사회 168
경성병원 603, 614
경성보호관찰소 820
《경성부사》 633
경성여자의전 822
〈경성유람기〉 603
경성의사회 83, 125
경성의원 725, 828
경성의학전문학교 744, 748, 766, 808, 810~812, 820, 821
경성일보사 712

경성하감 353, 387, 390, 399, 401

경성학당 85, 86, 94, 99, 542, 543

경술국치 569, 574, 583, 623, 709, 710, 726, 799, 809

경술늑약 722

경운동 629~631, 633

계득하 36, 37

《계림의사》346, 461, 827, 828

계림의학회 568

계몽운동 118, 582, 584, 605

계병로 818

고다케 츠쿠지 573, 581, 587, 588, 594~597, 599, 723, 724, 736

고든 446

고등여학교 629, 631

고려병원 756

고야마 젠 722, 723, 736

고영실 683

고영희 515

고원식 72, 93~95

고이케 345, 461, 827

고종 173, 187, 227~229, 532, 555, 636, 661, 708, 709, 717, 722, 725, 730, 731, 773, 806

고준식 93, 94

고지마 다카사토 724

고체병리학 17

고쿠분 쇼타로 722

고희준 99, 138

골육종 390

골절 404

공공성 520, 523

공립병원 206, 299

공립의원 174, 206

공립의원 규칙 174, 203~207, 209, 266, 299

공립협회 793

공사립 의학교 540, 541, 635

공애당 603

공의 763

《공진회》160, 161

과학기술인 명예의 전당 59, 61

〈관립 각종학교 교관교원 봉급 개정〉680

관립병원 174

〈관립병원 관등 봉급령〉678, 680

관립의학교 540, 637, 659

관립일어학교 549, 562, 567, 569, 781

관립일어학당 567

관민공동회 516, 517

관비생 744

관훈동 629~631

광무 신문지법 619

광무개혁 156

광제원 51, 70, 97, 98, 108, 125, 220, 221, 228, 229, 305, 320~323, 443, 449, 451, 457, 484, 513, 525, 538, 568, 601, 615, 617, 618, 629, 660~663, 666, 676~679, 683, 686, 689~702, 718, 725, 729, 736, 744, 783, 819

〈광제원 관제〉678, 679

광제원 의사 698

광제원 의장 665, 686, 694, 723, 736

광제의원 619

광주 제중원(광주 기독병원) 454

광학사 632

광혜원 197, 206, 210, 211, 215~217, 219, 222, 223, 227, 228, 677

〈광혜원 규칙〉197

〈교육입국조서〉133, 135, 512

교풍회 584

구가 24, 25

구니에타 히로 724

구리개 제중원 304~306, 308, 310, 313~319, 321~323, 325, 327, 329, 439, 447, 451, 672

구본신참 155, 322
구세의원 580, 582, 583
구자흥 745, 753, 762, 763
국립병원 174, 178, 187, 194, 229, 305, 317, 322, 437, 438, 449, 451, 452, 455, 456, 526, 601, 615, 661, 662, 670, 678, 684
국립의과대학 526
국문연구회 564, 565, 632
국민정신총동원 조선연맹 820
국민총력조선연맹 821
국자감 174
국채보상운동 624, 733, 770, 774
군대 해산 730, 773
군의관 553, 556, 611, 618, 665, 723, 783, 817, 818, 825, 828
권영직 761
권중현 717, 770
권태동 573, 630~633
권태완 738
권희목 755
귀족회관 313, 327, 450
그레이트하우스 250, 419
근대 정신 520, 523
금계랍(키니네) 129, 349~351
《금수회의록》 154, 160, 169
금정 702

《금파 홍석후》 621
기독교 794
《기독신보》 638
《기려수필》 771
기산도 769, 775
기생 의녀 200, 264
기생충 365, 367, 368
기오 779, 780
기초의학 615, 760
기쿠치 783, 785, 789, 791
기타사토 시바사부로 367, 372, 489, 490, 493, 505, 721, 783
기호흥학회 623, 747
《기호흥학회월보》 625, 626
기흥 785, 786
길모어 191, 208, 242, 255, 259, 270
김가진 139
김각현 685
김교각 92, 683, 685~689
김교준 536, 544, 553, 556, 558, 559, 561, 562, 571~574, 576~579, 601, 602, 606, 610, 655, 659
김교창 753, 754, 761, 763
김교헌 559, 574~577
김구 756, 799, 801
김국주 250

김규식 547, 756, 763
김규흥 589, 590, 594
김기수 24
김기웅 760, 761, 763, 764
김달식 105, 106, 614
김달환 755
김대희 168, 169
김덕환 761
김동산 798, 801~805
김두종 577
김명수 789
김명식 553, 554, 579, 602, 606, 817
김명학 821
김병관 689
김병록 793~795, 799, 800, 804, 805
김병섭 41, 42, 48
김병수 811
김병현 794, 796, 799, 800
김봉관 605, 606, 624~626
김사익 48, 55
김상건 606, 607
김상섭 738
김석규 700
김성근 666
김성배 92, 683, 689, 701
김성집 109, 110, 606

김수현 603, 604, 613, 614
김수현 진찰소 614
김옥균 28, 34, 36, 46, 116, 136, 179, 187
김용문 745, 762, 781, 792, 793~796, 798~805
김용채 753~756, 761, 763
김원영 625
김원일 51, 541
김윤구 138, 144, 145
김윤식 135, 189, 193, 194, 216, 234~236, 325, 327, 328, 432, 435~437, 513, 547, 568, 641, 838
김의환 199, 200, 280
김이걸 794, 799, 800
김익남 113, 122, 137, 138, 143~145, 151, 153, 463, 510, 536, 544~559, 561, 567, 570, 572~574, 576, 579, 583, 599, 623, 655, 656, 772, 782
김인성 818
김인식 68, 69, 70
김인제 45, 48, 50, 51, 98, 541
김정익 794~796, 799, 800, 803
김종현 761
김좌진 576
김중한 139

김지 814
김지현 602
김창룡 818
김창희 571
김철주 738
김탁원 811
김태진 754
김필순 581, 604, 641, 642
김학진 252, 427, 429
김현주 812
김형기 810
김홍집 27, 34~36, 66, 68, 76, 133, 135, 136, 148, 149, 325, 433, 514, 524, 526, 633
김희영 604, 641, 642

【ㄴ】
나가요 483, 645, 646
나도향 761, 766
나병 345
나병규 766
나성연 753, 766
나영환 603
나인영 775, 770
나진환 761
나철 575, 770
나카가와 376
〈낙조〉 141~143

난학 646
남별궁 299~306, 309, 310, 314
남북조선 제정당 사회단체 대표자 연석회의 756
남상교 18, 27
남순희 136, 144, 151, 153, 157, 560~564, 613
〈내부 관제〉 69
내부병원 97, 98, 662, 687~688
내의원 39, 107, 109, 688, 814
노상일 92, 683, 686, 687
노인정 89, 90
노진설 764
늑간동맥 786~789

【ㄷ】
다카다 825
다카카이 789, 795
다케조에 829
〈단발령〉 76, 141
단연동맹회 770
단연운동 624
당산나무 227
당직의원 증명서 549
대구 제중원(동산병원) 454
대동구락부 313, 329, 330, 449, 450
대동문화사 583

《대동신보》 127
《대만총독부 제10 통계서》 471
대방의 663
대성학교 762, 763
대일본의회 656
대일본해외교육회 86
대정친목회 583, 824
대조선국 제생동창학회 140
대종교 575~578, 770
《대종교교보》 577, 578
대증요법 367, 370, 400, 409, 410
《대한계년사》 771
《대한유학생회학보》 626
대한의사총합소 583
대한의사협회 655
대한의원 59, 70, 87, 97, 98, 108, 323, 375, 442, 471, 524, 525, 564, 568, 569, 579, 581~583, 596, 608~610, 612~614, 618, 627, 632, 655, 657, 658, 667, 695, 697, 706, 718, 721~731, 734~736, 738~744, 746~750, 753, 764, 781, 783, 785, 787~791, 793, 795, 801, 804, 818, 841
《대한의원 개원식 기념 사진첩》 706, 745, 747

〈대한의원 개원 칙어〉 730, 732
〈대한의원 관제〉 678, 735~737, 746, 818
대한의원 교육부 627, 641, 658, 743, 744, 772, 790
대한의원 부속 의학교 658, 738, 739, 741, 747, 781, 794, 795, 801
〈대한의원 부속 의학교 규칙〉 613, 741
대한의원 의육부 745, 763
대한의원 창설위원(회) 720, 725, 735, 736
대한의원 창설준비위원장 721
대한자강회 623, 770, 772, 773
《대한자강회월보》 625, 626
대한제국 303
〈대한제국병원 연례 보고서〉 441, 443
대한통의부 127
대한협회 747
《대한흥학보》 625, 626
대화숙 823
덕양 133
덕어학교 627, 630, 744
덕제병원 604
데라우치 마사다케 711, 709, 796
데라우치 총독 암살 음모 사건 780
도봉소 사건 28
도제식 교육 290
도츠카 25
도쿄 약학교 567
도쿄 제국대학 의과대학 567
〈도쿄 제학교 규칙집〉 567
도쿄 지케이 의원 의학교 546, 549, 550, 562
《도쿄 지케이카이 의과대학/의학전문학교 일람》 547, 548, 551
도쿄 지케이카이 의학전문학교 761
도쿄 법학원 164, 166
도쿄 제국대학 병원장 720
도쿄 제국대학 의학부 648
《독립 유공 포상자 공적 조서》 799, 801
〈독립서고문〉 134, 147
독립협회 158~160, 515~517, 574
동덕여자고보 631
동도서기 155, 187, 188, 432
동문학 133, 270, 272, 512
동북항일연군 818
동서의학원 583
동성애 400
동양척식주식회사 313

동우회사건 823
《동의보감》 813
동인회 116, 375, 490, 721, 723, 725, 783, 785
두창(천연두) 17, 18, 24, 25, 32~35, 45, 52, 53, 55, 84, 283, 296, 358, 359, 360, 361, 363, 477, 478, 480, 488, 497, 498, 501, 509, 663, 675
두창 귀신 52
〈두창 예방규칙〉 501
디스토마 345, 369
디프테리아 478, 480, 489, 490, 494, 497, 499, 500, 507, 508, 675
딘스모어 333, 337

【ㄹ】
라베랑 348
람세스 2세 358
러일전쟁 375, 597, 720, 723, 769
레오폴 2세 775
로스 348
록펠러 447
롱 374, 382
루이빌 의대 819
류정수 135

류진영 745, 762
리각경 758, 759
리바 로치 368
리정구 759
리훙장 147, 181, 720
림프선결핵 371

【ㅁ】
《마과회통》 14
마동악 818
마등산 729, 730, 744, 745
마비 372
마에노 376
마에타 828, 829
마이애미 의대 268
마취(술) 379, 382, 408, 412
마취제 376
마츠마에 25
마펫 418, 439
만민공동회 514~516, 527, 574
만제의원 577
말라리아 343, 345, 347~350, 411, 498
맞춤형 연구 815
매독 345, 347, 352~357, 387, 390, 399, 400
매약(처방)기록부 672
매약업(자) 115

매일열 347, 348
《매천야록》 350, 526, 627, 733, 779, 780
맥클레이 187
메가다 수타로 706
메이지 유신 830
메이지의회 656
메타 하워드 257
멜라닌증 345
면허제도 31, 46, 69, 73, 275, 539, 648, 685
명동성당 797
명신학교 182
모리야쓰 755
모차르트 355
모튼 374, 379, 382
모파상 355
목원근 514
몬태규 361
묄렌도르프 181, 182, 187, 192, 193, 198, 233, 263, 829, 830
무당 28, 46, 52, 55
무라타 505
무상진료 670
무오독립선언 575
문일평 225, 229
뮈텔 715, 767
미우라 148

민겸호 182
민권사상 156
민승호 179
민영기 456, 736
민영익 179, 181, 183, 184, 186, 191, 197, 252, 270, 428, 829, 830
민영환 62, 182, 562
민원식 70, 71, 700
민종묵 177, 198, 418
민태호 179, 183

【ㅂ】
바서만 354
박계양 604, 613, 658, 764, 790, 791
박규수 225, 227, 229, 293
박노자 778, 779
박문사 303
박민수 99
박병규 114
박서양 516, 604, 620, 641, 642
박성춘 516
박세환 614
박승원 561, 562
박승환 548
박영교 31~34, 39, 49
박영선 23, 24

박영효 49, 135, 136, 139, 143, 148, 150, 158, 162, 325, 327~329, 450, 513, 526, 770
박완서 139
박용남 603, 604, 607, 613
박원문 777~780, 782, 793
박은식 564, 565
박응조 42, 48
박일근 114, 120~126, 128, 152
박자혜 621, 622
박정양 31, 46, 139, 325, 327
박제순 594, 706, 717, 736, 770, 803
박종환 122, 151, 772, 782, 789~791
박준승 70, 71, 689
박창훈 816, 820, 821
박태원 141~143
박태은 794, 795, 799, 800
박형래 88, 92~95, 683, 701, 738
박희달 606, 655
〈발진질부사 예방규칙〉 500, 501
발진티푸스 492, 497, 498, 500, 501, 509, 674, 675
방춘환 99
방한숙 136, 145, 579, 602, 606
방한식 99
배농(술) 395, 405

배동석 811
배재학당 543
배정자 761
배화여자고보 757
백광현 382
백낙준 281
백내장 386, 397
백내장 수술 397, 398
백대진 127
《백범 김구 평전》 801
백송(나무) 194, 221~229, 322
105인 사건 569
백인제 408, 812
법관양성소 134, 144, 163, 165, 167, 169, 512~514, 538, 539, 690
〈법관양성소 규정〉 134, 163, 164, 512, 539
법정전염병 497, 500, 675
《법정전염병 통계》 483, 485~487, 491~493, 495
벙커 242, 255, 257~259, 270, 427
베살리우스 375, 376
변하진 151~153, 158, 159
〈변호사 규칙〉 117
〈병원 관제 중 개정에 관한 청의서〉 676, 677, 679

〈병원(광제원) 관제〉 92, 531, 661, 662, 669, 676, 678, 679, 683, 698
〈병원 규칙〉 174
〈병원설립제안〉 189, 191, 200, 209, 234, 240, 263, 266, 269
〈병원 세칙〉 668, 669
보성의원 585, 603
보성전문학교 158, 159, 165~169
보성학교 158
보시원 677, 679
보혜의원 614
복수 387, 408, 409
복수 천자 387, 392
본관차첩 46, 273, 275, 648
부골절제술 264, 407
부국강병론 769
부산공립병원 828
부속의학강습소 747
북로군정서 576
북양군의학당 82, 83
북양방역의원 82
북촌 305
북학학도 206
불교 제중원 454
브라운 637
비방 523
비타민 410

빈튼 41, 177, 178, 237, 250, 251, 416~423, 425, 439, 452, 453
빈튼 파동 198, 427
빌로트 375, 412, 720

【ㅅ】
4·19혁명 810
4일열 345, 347~349
사간원 321~323, 687, 693
사료 비판 834, 840
〈사립학교령〉 541, 543, 636, 842
사범강습소 631
사비생 744
사사키 시호지 665, 678, 686, 694, 696, 700, 723, 724, 736
사상충증 345
사상팔변가 771
사시 398
사시 수술 398
《(사의)조선책략》 131, 192
사이고 830
사이토 806
사전검열제 619
사지절단 수술 405, 406
사토 고죠 82, 642, 643, 721, 729
사토 스스무 375, 706, 720, 728, 737, 746, 783, 818, 731

사회진화론 625, 769
산토닌 368
산파 115, 116
살바르산606 355, 721
3·1운동 584, 809~812, 819, 820, 822, 823
3일열 347~349
삼국간섭 327
상소 278, 279
새문안교회 620
《샌프란시스코 크로니클》 449
생도 199, 203, 206, 266, 272, 273, 276~280, 283
생생의원 828
생욕사영가 771
샤우딘 354
서경조 250
서광범 116, 149
서병호 761
서북학회 623, 747
《서북학회월보》 625, 626, 763
서상륜 250
서상보 50
서상설 602
서상영 690, 694
서상우 299, 300, 309
서세동점 344
《서약편방》 621

서양 의서 14
《서우》 624~626
서울노인복지센터 630, 633
서울대학교병원 174, 729
서울출입국관리사무소 630
서일 576
서재필 112, 113, 116~119, 123, 135, 158, 552, 681
서행보 49
석탄산수 384
선교병원 178, 415, 418, 421, 438, 439, 511
선민의식 344
선천 제중원 454
설사 365
설파제 355
성공회 418, 444
성낙춘 689
성병 390
성홍열 478, 480, 492, 497
《세계문명산육신법》 582
세계보건기구 358
세균병인설 499
세균학 53
세균학의 시대 499
세브란스 447, 448
세브란스 기념병원 448
세브란스 병원 70, 87, 414, 441, 442, 444~446, 449, 452~456, 603, 620, 621, 634, 637, 638, 823, 836, 839, 840
세브란스 (병원 부속) 의학교 451, 516, 598, 619, 620, 635, 641~644, 651~653, 655, 764, 819, 836, 840, 841
세브란스 의대 823
세브란스 의전 810, 812, 818, 820, 822~824
세창양행 350, 351
소네 아라스케 711, 717
소독 484, 486, 489, 495, 497, 501, 503, 505, 507, 509, 692
소독소 피병원 506
소래교회 250
소모성 질병 370, 371
소학교 134
〈소학교령〉 134, 207, 512, 537
소화불량 345, 365
손병희 782, 802
손수경 760, 763, 764, 766, 781
손진수 579, 602, 606
손찬수 553
송강의원 800, 801
송병준 706, 780, 782, 791, 803
송상도 771
송석준 514
송석환 602
송영근 745, 761, 764
송영진 700
수도여자의대 822
수액요법 367, 484
수양동우회 사건 757
수은 도포법 357
수은 중독 355, 357
수은치료법 401
수은훈증요법 352
수의사 664
수종 345, 387
순종 61, 707~709, 717, 722, 725, 730, 775, 785, 806
순천병원 604, 819
숭태 813
쉐니케 238, 240, 241
스기다 겐파쿠 265, 376, 378
스즈키 701, 783, 786, 787, 789, 791
스즈키 외과의원 783
스크랜튼 176, 187, 232, 233, 388, 391, 451, 739, 741
스탠더드 석유회사 447
스탠리 777
스티븐스 329, 449, 767
시가 키요시 367, 486, 721
시겔라균 486

시계탑 건물 745, 746
시라이 789, 790
시료환자 740
시모노세키 조약 147
시병원 176
시의원 187
시의제생당 128, 129
신간회 764
《신구 형사법규대전》 167
신기선 49, 517, 530, 666
《신단민사》 574, 575
《신문계》 569, 583, 603
신수비 239~244, 248, 252, 834
〈신증종두기법상실〉 15
《신찬 산술통의》 613
《신찬 중등 무기화학》 762
신창희 641, 642
신토불이 356
《신편 생리교과서》 620
신해영 144, 155, 157~159, 166, 169
신흥무관학교 319
실 237, 252, 427
실력 양성론 625
《실용외과각론(상권)》 785
《실용해부학》 581
심슨 379
심승덕 79, 93, 94

심영섭 561, 562
심의성 564
심훈 758
10·26 사태 775
쏜원 370

【ㅇ】
아관파천 66, 76, 84, 143, 149, 150, 328, 329, 514, 526, 661
아리마 755
아메미야 87
아사카와 239, 242, 563
아사히 731
아산화질소 376
아스피린 349, 351
아펜젤러 336
《아학편》 565
안검내반 386, 387, 390, 396
안경선 151, 153, 164, 165
안국선 154, 155, 159~161, 169
안도 789
안명선 157, 159
안병찬 780, 781
안상호 122, 151, 548, 550, 551, 561, 562, 583, 603, 604, 656, 782, 789, 824
안우선 606
안중근 61, 449, 715, 723, 767,

769, 775, 776, 780, 793, 797, 799, 803
안창호 579, 762, 793, 799, 812
알렌 41, 132, 173, 180, 182~194, 196, 197, 200, 207~209, 211~214, 216, 217, 224, 227, 228, 230~245, 247, 249~253, 255~259, 266~271, 273, 275, 277, 280, 281, 284~288, 290, 292~294, 296, 297, 299~301, 303~306, 309~312, 316~318, 327, 329, 335, 336, 342~349, 354, 357, 360, 369, 370, 379, 386, 388, 391, 398, 399, 405, 406, 415~419, 421, 423, 427, 428, 431, 433~435, 438~440, 444, 445, 447~449, 452, 454, 455, 461, 599, 788, 830
알렌 별장 338
알렌 신화 179
암 390
《압록강은 흐른다》 811
애국계몽운동 126, 565, 581, 583, 623, 625, 626, 772
애국계몽운동 잡지 623
애국단 사건 766
야노 825

야바시 725, 730
야스다 86
약령시 14
약상 116
약제사 115~117
〈약제사 규칙〉 114, 539, 650
약종상 115, 117
〈약종상 규칙〉 114, 539
약품대장 691
〈약품순시 규칙〉 539
약학교 665
양기탁 564, 565
양심 814
양약소 678, 679, 692, 694, 700, 701
양주은 781
양한묵 781, 802
어담 136
어윤적 141
어윤중 135, 139, 149
언더우드 267, 270, 280, 281, 284, 286, 288, 290, 329, 336, 415, 423, 426, 620
에드워드 제너 26, 362, 363
에를리히 355
에밀 폰 베링 489, 490
에바 필드 306, 330, 331, 446
에비슨 41, 178, 208, 251~253, 268, 290, 306, 313, 317, 321, 325, 328~331, 414, 422~441, 443~449, 452, 455, 513, 514, 620, 635~643, 651~653, 661, 820, 836~842
에비슨의 순검 폭행 사건 327
《에비슨 전기-한국근대 의학의 개척자》 638, 639
《에비슨 전집》 639, 640, 652
에스파냐 독감 754
에이크만 409, 410
에테르 374, 379, 382
에테르 마취 374
엘러스 41, 232, 236, 237, 239, 254~260, 297~299, 305, 419, 427, 455
엘린우드 176, 185, 192, 213, 231, 235, 240, 243, 244, 247, 248, 250, 255~259, 265, 268, 273, 277, 278, 280, 284, 286, 287, 296, 297, 309, 311, 312, 317, 335, 339, 344, 398, 405, 416, 418, 423, 431, 435, 438, 439~441, 443, 446, 448
《엘린우드의 생애와 활동》 258
여병현 149
여운형 757, 758
《여운형 선생 투쟁사》 758
연령별 사망률 469
연무공원 512
연성하감 353, 387, 390, 399, 400
연주창 345, 371, 383, 384
염중모 70, 71, 475
염진호 121, 128, 129
영목겸지조 702
영아 사망률 469
영아 소동 333, 335, 336, 340
영아 포식 339
영일동맹 715
영친왕 749
영흥 에메틴 사건 755
예수회 336
오긍선 819, 820
오다키 24
오리엔탈리즘 343, 545
오복원 781, 792~796, 799~805
오사키 779, 780
오상준 802
오상현 604
오인성 797, 803, 805
오장환 614
《오주연문장전산고》 361
오치서 327
오카야마 의학전문학교 612
오쿠라 725, 730

〈온역장정〉 68
와일스 418, 420
왕립병원 173, 174, 421, 438, 441
왕립학회 363
왕진 669, 670, 671, 687, 790
왕진료 201, 202
왜송나무 322
외과 375, 379, 412, 413
외과술 375
《외과통론》 375
외국어학교 134, 629
〈외국어학교 관제〉 134, 512, 567
외상성 늑막염 787
외아문(통리교섭통상사무아문) 40, 41, 42, 45, 47, 53, 54, 55, 57, 100, 174, 175, 193~195, 197~199, 202, 207, 211, 212, 214, 216, 217, 221, 226, 233, 240, 241, 243, 244, 246, 248, 249, 252, 271, 273, 276, 277, 282, 283, 287, 297, 298, 304, 305, 309, 312, 321, 333, 336, 418, 421, 430, 431, 437, 664
요시모토 준료 725
용산 동인의원 723
우당길 317, 319
우두 53, 175, 361~364, 509, 511

우두교수 50, 51
우두교수관 40~42, 48, 49, 54, 55, 57, 98, 273, 275
우두의사 45~49, 51, 55~57, 69, 73, 98, 273, 275, 282, 283, 512, 530
우두국 45, 54, 56, 57
우두법 35
우두보영당 50
우두분국 56, 58
우두세 45~47
우두술 16~18, 23~25, 27~29, 31, 33, 34, 36, 37, 46, 50, 52~55, 59, 135, 184, 488, 501, 545, 594, 827, 828
《우두신설》 34, 35, 515
우두의사 졸업장 274
《우두절목》 45, 46, 47, 54, 282
우두 접종 295, 359, 387
우두접종반대협회 363
우두종계소 28, 31
우범선 101
우정국 182
우창칭 301
우치다 701, 748
워렌 374, 379
원구단 302~304
원덕상 604

원산해관 243
원산공립병원 828
원용덕 818
원의준 761
원태근 767
위궤양 수술 412
위생경찰 481
위생계몽(운동, 활동) 605, 613, 623, 625, 626
위생국 68, 69, 75, 77, 78, 114, 115, 435, 475, 642, 650~652, 655, 671, 673, 674, 683, 692, 699, 723, 735
《위생국 연보》 482, 483, 485~487, 491~493, 495
위생국장 665, 672, 683, 688, 689
위생사상 118
위생술 53
《위생신론》 89
《위생신문》 70
위안스카이 301, 303
위암 수술 412
위정척사파 187, 733
유관희 689
유기환 311, 445, 447, 448
유길준 135, 139
유동열 799

유맹 70, 71
유병필 561, 562, 564, 571, 579~585, 601, 603~606, 621, 625, 626, 655, 656, 658, 739, 747, 772, 824
유사진료 670
유상규 812
유세환 151, 561, 562, 567~569, 738, 747
유용 602
6월 시민항쟁 810
유일선 564
유일준 812
유일한 701
유일환(유관희) 93~95, 738
유진화 48
유창희 157
유철상 88, 93, 94
유치병원 115
유한성 151
유홍 563
육군위생원 614
육영공원 133, 191, 239, 240, 242~244, 255, 259, 270, 289, 336, 429, 430, 437, 512
윤덕용 738
《윤리학 교과서》 159, 169
윤병필 738

윤상만 607, 618
윤유선 676
윤중익 618
윤치성 139
윤치오 139, 141, 144
윤치호 135, 139, 327, 516, 583, 756
윤호 278, 279
윤호정 564, 565, 773
을미개혁 512, 514, 661, 662
을미사변 85, 101, 148, 328
을미의병 767
을사늑약 61, 131, 177, 449, 623, 625, 655, 717, 722, 733, 767~769, 780
을사 5적 546, 717, 737, 769, 770, 775, 780, 818
음경상피종양 403
음경절단술 403
의과 48, 94, 106, 107, 109, 546
〈의규〉 116
의병 투쟁 623
의사국가시험 615
〈의사 규칙〉 70, 114, 117, 539, 540, 649~652
의사담당구역제 669
의사면허 836
〈의사면허 규칙〉 646, 647

의사면허증 647
의사선발시험 615, 617, 618
의사인허장 651
〈의사법〉 654
의사법제정운동 656
의사연구회 583, 614, 653, 655, 656, 658
의생 116, 117, 120, 123, 124, 686
〈의생 규칙〉 117, 124
의생면허 766
의술개업면허장 518, 538, 540, 541, 647, 648
의술개업시험 648
〈의술개업시험 규칙〉 647, 648
의술개업인허장 81, 108, 109, 550~552, 556, 568, 569, 576, 585, 641, 651~653, 655, 657~659, 753, 761, 783, 801, 841
의업자 116, 117
의열투쟁 767, 769, 809
〈의원 규칙〉 827
의육부 610, 611, 613, 630
〈의제〉 645~647
의학교 51, 59, 68~70, 82, 105, 106, 109, 113, 124, 129, 134, 137, 145, 166, 228, 291, 320,

321, 323, 325, 329, 421, 441,
451, 457, 494, 511, 513~519,
521~531, 533, 537, 538, 540,
541, 543, 545, 548, 549, 551,
552, 561~565, 568, 570, 571,
573, 579, 581, 582, 588, 589,
592~596, 598~605, 608~610,
613~633, 635~637, 641, 643,
648, 651, 653, 655~659, 662,
664~666, 678, 679, 698, 718,
719, 724, 725, 729, 736, 738,
740, 741, 743~745, 750, 764,
772, 796, 817, 824, 841
〈의학교 관제〉 517, 519, 521,
524, 527, 530, 532, 563, 568,
661, 666
〈의학교 관제 청의서〉 530
의학교 교관 548, 549, 551, 553,
561, 563, 568, 570, 573, 579,
581, 583, 601, 621, 655, 772
의학교 교사 723, 736
〈의학교 규칙〉 131, 132, 517,
527, 530, 531, 533, 534, 537~
541, 564, 565, 587, 615, 635,
636, 648, 649, 651, 652, 841
의학교 부속 병원 68, 718
의학교 위치 627, 632, 633
의학교 입학시험 광고문 533

의학 전과 졸업증서 549
의학진사 613
이건하 675, 676
이겸래 96, 97, 99~103, 109,
278, 279
이경봉 583
이공우 93, 94
이관호 658
이관화 621, 622
이광수 821
이규경 361
이규명 625
이규선 108, 484, 551, 686, 689,
701, 738
이규영 605, 606, 611, 624, 626
이근명 666
이근택 717, 769
이근호 70, 71
이기정 614
이능화 564
이도재 34, 35, 36, 515, 517,
525, 529, 548
이동상 745, 747
이동수 789, 790, 793~796, 799,
800, 803, 805
이동환 99
이두황 101
이마타 581

이만규 133, 753, 755~758, 762
이만식 92, 683
이면우 144, 159, 164~166, 780,
781
이명래 382
이명래 고약 380, 382
이미경 758
이미륵(이의경) 808, 811
이민창 761, 764
이범수 149
이범진 327
이병무 141, 791
이병선 561, 562
이병학 607, 618
이비인후과 득업증서 549
이사청 461
이상룡 799
이상익 582
이상재 517
이상종 761, 764
이석준 604
이세용 92, 683, 689
이수일 689, 700
이승만 449, 757, 767, 818
이시영 577
이식술 406, 407
《20세기 조선론》 169
이여송 301

이옥경 546
이와쿠라 사절단 645
이와타 779, 780
이완용 62, 327, 328, 449, 706, 709, 711, 717, 718, 722, 726, 736, 740, 762, 775, 777~779, 782, 784~791, 793~795, 799, 801~807
이완용 모살 미수 사건 793~795
《이완용 암살 의거 수기》 798, 801
이용구 780, 793, 795, 803
이용단-적십자사 사건 764
이용설 822, 823
이용익 158, 159, 790
이용호 39~41
이윤용 327~329, 740, 790
이은집 738
이응삼 794, 795, 799~801
이응선 106
이응원 92, 93, 95, 683, 701, 738
이의식 199, 278, 279, 280, 283
이의춘 382
이익종 810
이인직 92, 683
이장성 발열 411
이장열 347
이재곤 641
이재명 62, 144, 166, 449, 740, 777~781, 788, 792~797, 799, 800, 802~805
이재명 의사 의거터 표석 797
이재봉 689, 700
이재하 36, 37, 40, 48
이제규 109, 110, 553, 554, 606, 817
이제마 14
이종일 521, 564, 565
이주환 151, 153, 562
이준 513, 774, 793
이준규 688
이지용 546, 706, 717, 736~738, 770, 818
이진호 278, 279, 819
이창우 753
이채연 327
이철경 758, 759
이충하 761, 764
이케다 783
이타가키 701
이토 히로부미(이등박문) 59, 61, 62, 147, 303, 375, 449, 552, 638~644, 651~653, 655, 706, 711, 715~723, 725, 726, 729, 730, 736, 748~750, 761, 767~773, 775, 776, 788, 793, 795, 830, 840, 842
이하영 327, 444, 452~454
이학필 794, 796, 799, 800
이현유 36
이호경 92, 683, 689
이호영 689
이호익 48
이호형 92, 683, 686
이회영 317, 319, 571
이회영·이시영 6형제 집터 317, 319
이희덕 558, 559
이희민 99
이희복 689
이희영 577
인두 42, 45, 46, 55, 359~361, 363
인두술 17, 18, 24, 46, 54
인명의숙 773
인정 189
인제의원 614
인천해관 240, 241
인천공립병원 828
인천일본의원 828
《인체의 구조에 대하여》 376
인체해부학 17, 375, 376
《일당기사》 709, 789
일본관의원 829
《일본제국 통계전서》 471~473,

478~481, 485~487, 491~493, 495
일본 차관 733
일진회 780, 793, 819
일한병합조약 707, 709~711, 722
임균성요도염 353
임병구 149, 563
임상의학 615, 760
임선준 641, 706, 737, 738, 791, 803, 818
임시위생원 601
임언국 382
임오군란 28, 31, 33, 179, 182, 188, 192, 301, 339, 767
임종국 815
임준상 92, 683, 689
임질 353, 354, 387
입원비 201, 202

【ㅈ】

자혜의원 697, 740, 761
장기무 583, 604, 616, 618, 619, 656
장도 164, 166~168, 561, 562, 567, 570, 583
장연병원 114, 115
장인환 449, 767
장지연 773

〈장질부사 예방규칙〉 499
장티푸스 478, 480, 487~489, 497~499, 506, 507, 674, 675
장홍섭 614
재동 광제원 329
재동 백송 220, 221
재동 제중원 304~306, 308, 311, 321~323, 451, 454
적리(이질) 365, 415, 478, 480, 485~489, 497, 499, 507, 675, 686
적리균 486, 487, 721
〈적리 예방규칙〉 499
적십자(사)병원 323, 718, 725, 744
전명운 449, 767
전봉규 561
전순의 814
전염 병동 295
전염병 발병률 469
〈전염병 예방규칙〉 496, 497, 675
〈전염병 예방령〉 503
〈전염병 예방법〉 496
전용규 561, 562, 564, 565
전위현 99
전유화 753, 761, 762
전의감 106, 107, 221, 549, 662
전태선 794, 799, 800, 803

절단 수술 211
정교 562, 771
정구충 557, 558, 756, 822
정동여학당 260
정동파 328
정미 7적 737, 818
정미 7조약 737, 773, 818
정병하 149
정부병원 173, 174, 177, 232, 421, 423, 436, 438, 441, 444, 445
《정선 가정구급법》 607
《정선산학》 563, 564, 613
정약용 14, 18, 27, 565
정운복 564, 565
정윤해 604
정인호 583
정재홍 552, 770~774
정조 382
정한론 830
《제생비고》 265
제생의원 25, 28, 32, 114, 120~122, 124, 126, 345, 346, 825~828
제약사 116
《제영신론》 44, 64
《제영신편》 36, 37, 40
《제1차 통감부 통계연보》 461, 462,

464, 470~473
제중원 40, 41, 54, 99, 124, 125, 129, 173~178, 183~189, 192, 197, 199~203, 205~209, 211, 213, 215~217, 219~223, 225~229, 231~235, 237, 239~241, 244, 246, 249, 251~253, 263~268, 275, 276, 279, 280, 283, 285~288, 293, 296, 298~300, 302, 304, 306, 309, 310, 314, 315, 317, 322~325, 327, 328, 330, 331, 333~335, 337, 343~345, 347, 349~351, 353~355, 359, 367, 368, 370, 373, 375, 381, 384~387, 389, 390, 392, 394~396, 401, 403~405, 408, 410, 411, 413~423, 425~429, 431~435, 437~441, 443~449, 451~456, 511~514, 525, 621, 629, 662~664, 677, 690, 694, 788, 813, 819, 825, 833, 834, 836~840
제중원 교사 281, 290
〈제중원 규칙〉 196~199, 202, 203, 205~207, 209, 234, 237, 263, 264, 418
제중원 도면 276, 344

〈제중원 반환에 관한 약정서〉 326, 330, 452, 453, 839
제중원 배치도 222~224, 226
제중원 운영권 415, 431~434, 436, 438, 441, 444, 452, 514, 635, 636, 639, 661, 837, 839
제중원 의사 41, 207, 209, 213, 234~241, 243, 244, 246~248, 251, 252, 325, 403, 416~418, 420~422, 425, 427~429, 433, 419
제중원 찬성금 87, 455, 456, 839, 840
제중원 표석 227, 229
제중원 학당 100~103, 133, 199, 206, 209, 263, 267, 268, 271~273, 275~278, 280, 283~285, 287, 289, 290, 293, 302, 304, 334, 421, 512
제중원 환수 313, 327, 330, 418, 436, 447~449, 839
조계사 221
조동현 92, 683, 685, 689
조만식 764
조병식 333, 517
조사망률 471
조사시찰단(신사유람단) 31, 135
《조선교육사》 133, 758

《조선귀족열전》 327, 432, 738
조선기독교연합회 820, 824
조선병원 556
조선보병대 553, 555
조선산직장려계 569
조선어학회 757
〈조선에서의 의료사역〉 190
조선왕립병원 297, 318
조선의사연찬회 613, 614
《조선의육사》 642, 643, 729
조선의학회 123, 125, 755
《조선의학회 잡지》 125
조선인민공화국 757
조선인변호사회 168
〈조선인 유학생 학칙〉 144
조선임전보국단 820~824
〈조선정부병원 제1차년도 보고서〉 172, 173, 200, 212~214, 224, 226, 235, 262, 264, 267, 269, 271, 275, 276, 279, 284, 294, 296, 305, 344, 345, 354, 355, 381, 388, 461, 788
조선중앙위생회 614
조선철도호텔 303, 304
조선총독부의원 123, 108, 612, 747
조선총독부의원 의학강습소 753, 761

《조선총독부의원 20년사》 524, 627
조선통신사 140
조선헌병대 710, 712, 817
조인하 36, 48
조일수호조규(강화도조약) 13, 24, 25, 825
조정구 707~709
조중응 583, 709, 775
조창호 794~796, 799~801, 803, 805
조한성 755
존스홉킨스 의대 256
졸업시험방 609
졸업식 609~611, 618, 638, 639, 641
졸업증서 608~610, 641, 642, 649, 650
종기 380~384, 390, 395
종기 의사 382
종두 26, 68, 501
〈종두 규칙〉 73
《종두귀감》 24, 25
〈종두변증설〉 361
종두 명세서 73
종두 의적 74
종두 증서 73
종두사 443, 676

종두사무위원 97, 98, 105
종두소 678, 679, 694, 700, 701
종두위원 614
〈종두의 규칙〉 31
종두의사 51, 68, 73~75, 79, 89, 91~93, 94, 97, 99, 102, 105, 107, 108, 110, 539, 542, 601, 663, 664, 677
종두의술개업윤허장 72, 73, 108, 648
종두의양성소 68, 70, 72~79, 81~86, 88~94, 97~100, 102, 103, 105~107, 138, 513, 541, 542, 568, 587, 588, 594, 595, 636, 648, 664, 685, 687, 689, 701
〈종두의양성소 규정〉 68, 69, 74, 75
종두인허원 98
종두장 28, 31, 339
종두접종증서 504
종두종계소 51, 68
종두지소 700
종로경찰서 632
종로자혜약방 621
종로자혜의원 764
종묘 제조법 28
종현 교회당 775

주문 맞춤형 연구 832, 835
주시경 564, 681
주영선 754
주임교관 679, 680
주창겸 614
주현측 641, 642
중외의약 582
《중외의약신보》 580, 582, 583, 619
중풍(뇌졸중) 368, 369, 372
〈중학교 관제〉 533
〈중학교 규칙〉 533
쥰텐도 병원 81, 720
쥰텐도 의원 24
지바의학전문학교 819
지석영 22, 23, 25~29, 32, 34~37, 39, 40, 41, 48~51, 54, 55, 59, 61, 89, 124, 135, 228, 273, 275, 339, 494, 515, 517, 525, 527~529, 545, 546, 548, 556, 561~565, 573, 579, 590~592, 594, 599, 621~623, 631~633, 724, 738, 739, 750, 772, 773, 781, 827, 828, 840
지성연 602, 611~614, 625, 626, 658, 659
지운영 49
지청천 763

지케이 (의원 부속) 의학교 145, 151, 547, 548, 772, 824
진고개 84
《진단학 1권》 620
진료 시간 202
진료기록부 671, 691
진료비 201
진학순 278, 279
질병의 사회성 500

【ㅊ】
차이나타운 315
차현성 614
찬화병원(의원) 78, 79, 82~85, 542, 588, 594, 672, 790
창덕의원 104, 108
채영석 606
척사위정파 623
천도교 631, 781, 782, 794, 795, 802, 804
천도교 본부 633
천서우탕 301
천식 370
천연두 74
천자술 403, 409, 784, 786
천황제 769
천황제국가 809
철도병원 723

청년학관 569
청산리대첩 576
청일전쟁 84, 147, 325, 375, 433, 440, 597, 720
초량관 825
《초우야신문》 275, 278, 279, 281, 819
총독부의원(병원) 603, 614, 754~756, 761, 763, 819~821
총독부의원 의학강습소 613, 748
최경하 811
최광섭 688
최국현 600~602, 611~614, 656, 658, 739, 748
최규수 537, 600, 602
최규익 561, 562, 567~569, 570, 738, 747, 748
최남선 821
최달빈 114
최동 811, 823
최영주 761
최용환 114
최운주 70
최익현 733
최익환 602, 614
최종악 278, 279
최진협 606
최창진 36, 37

최창환 761
최형원 700, 701
최홍섭 115
최훈주 71, 89, 683, 684, 688, 689
춘생문 사건 148, 328, 329
충청도 우두국 39, 40
충청우도 우두국 47
치과 의사 117
〈치과 의사 규칙〉 117
치명률 470, 478, 484, 486, 492, 493, 498
치바 의학전문학교 772
치질 365, 394~396
친린의숙 136
친미-친러파 327, 328, 514
친미파 327
친위부 553, 574
《친일인명사전》 110, 554, 815, 817
친일파 59, 61, 66, 559, 737, 769, 770, 775, 782, 815, 817
침의 663, 688

【ㅋ】
카방투 350
카이로세 도시코 81, 182, 197, 206, 207, 211, 216, 217, 829,

830
컬럼비안 의과대학 552
코죠 강도우 81~83
코죠 겐지 83
코죠 바이케이(고성매계) 79, 81, 83, 84, 86, 87, 89, 98, 494, 541, 542, 563, 586~595, 599, 636, 685, 790
코흐 68, 370, 372, 375, 498, 499
콜럼버스 353
콜레라 53, 68, 70, 411, 460, 475, 477, 480, 483~485, 487~489, 497~499, 503, 505, 507, 562, 604, 605, 674, 675, 686, 698
콜레라균 499
콜레라 백신 505
《콜레라 병론》 506
콜레라 혼합물 411
큐슈 제국대학 의학부 754
클로로포름 379
클로로포름 마취 264, 408
키니네 350, 371, 410, 411

【ㅌ】
탑골공원 729
《태극학보》 625, 626
태의원 109, 686, 688

태학 174
통감부 84, 132, 159, 161, 167, 169, 320, 461, 471, 574, 581, 602, 641, 652, 655, 657, 659, 697, 709, 711, 712, 714, 718, 720, 722, 724, 735, 738, 746, 775
통감부 터 표지석 711
통감관저 터 표석 726
《통감부 통계연보》 480
통리교섭통상사무아문 174, 175, 229
통의동 백송 221
트라코마 615, 617

【ㅍ】
파상풍 490
파상풍균 490
파스퇴르 375, 498
판임교관 679, 680
《팔도사도삼항구일기》 204, 205
팔로군 818
패트릭 맨슨 366, 369, 370
페디스토마 369, 370
페스트 493, 494, 496, 497
페스트균 490, 493, 721, 783
펠레티에 350
평균 수명 469

평남 야소교 구제병원 부속 의학교 763
〈평리원 및 기타 각 재판소 직원 관등 봉급령〉 681
평양 제중원 454
평양의전 818
폐결핵 370, 371
폐농양 395, 788
포경 403
폴크 189, 192, 193, 212, 270, 271
폼페 646
푸트 185, 186, 191, 192
프라카스토로 353
프랑스 대혁명 810
〈프랑스병에 걸린 시필리스〉 353
프랑스·일본협정 715
피병간 675
피병실 675
피병원 460, 501, 503, 505, 507, 669, 673, 674, 675
피병준 91~95, 104, 106~110, 484, 551, 568, 683, 686, 688, 689, 701, 738
필수영양소 410
필입 제손(서재필) 117, 118

【ㅎ】

하기와라 329
하디 41, 237, 416, 417
하버드 의대 256
하세가와 711, 716, 768
하타 사하치로 355, 721
학도 175, 194, 199, 200, 263~266, 280
학도지원병 820
학생 인권 조례 538
학질 350
한경교 604, 606
한국 시정 개선에 관한 협의회 718, 729
《한국위생 일반》 475, 477, 479, 481
《한국 의학의 개척자》 557, 756
한방의학 부흥책 616, 619
한성변호사회 165
한성병원 85, 86, 87, 322, 323, 442, 604, 672, 718, 790
한성사범학교 134
〈한성사범학교 관제〉 134, 512
한성위생회 677
한성의사회 583, 585, 755, 821
한성의학강습소 760, 763
한성종두사 70, 97, 98, 677, 689, 693, 694, 700
〈한성종두사 관제〉 689
한약소 678, 679, 692, 694, 700
한양병원 604
한영서원 756
한우 92, 484, 683, 685, 686, 689, 692, 700
한우근 606, 618
한위건 811
한의사면허증 647
한지 개업의 117
함석헌 250
함춘원 730
항독소 혈청요법 490, 494
항생제 355, 367, 400, 484, 499
항혈청요법 489
해관(세관) 의사 208, 209, 213, 234, 235, 242
"해로운 일을 하지 말라" 265
해부병리학 363, 376
해부학 375, 376
해부학 용어 378
《해시편》 376, 377
해열제 349, 351, 411
해외복음선교회 418
해인초 368
《해체신서》 376~378
허균 606
허드 177, 198, 250, 418
허스트 653
헌법재판소 194, 221, 226~228
헌의 6조 516, 517
헐버트 242, 255, 270, 288~290, 329
헤론 41, 173, 176, 213, 230~236, 239~249, 251, 255~259, 265~268, 278, 280, 281, 284~288, 290, 296, 305, 309, 310~312, 335, 336, 339, 344, 345, 348, 354, 357, 360, 369, 370, 379, 388, 391, 398, 399, 415, 417~419, 421, 428, 441, 444, 448, 455, 461, 788
헤이그 밀사 사건 513, 730, 773
헬름홀츠 386
현동숙 99
혈압계 368
혈청검사법 354
혈흉 785, 786
《형법론 총칙》 167
혜민서 106, 107, 174, 187, 189, 211, 215, 662
혜중국 685, 686, 689, 691, 692
호남병원 604
호담당제 669
호열자 506
〈호열자병 소독 규칙〉 68, 497

〈호열자병 예방규칙〉 68, 497, 498, 505
〈호열자병 예방과 소독집행 규정〉 497
호튼 237, 258, 334, 337, 455
호프만 354
홍대철 608, 610
〈홍범 14조〉 134
홍석후 598, 618, 620~622, 641~643, 764, 765
홍영식 49, 179, 181, 194, 211, 221, 225, 227~229, 293, 526
홍운표 779
홍인표 153
홍정후 514
홍종규 48, 55
홍종욱 537, 602, 603, 611, 613, 614
홍종은 618~620, 622, 641~643
홍준 620
홍철보 70, 71
화평당 의원 614
화평당 진찰소 614
화학요법 355
환모 748
활인서 187, 189, 215
황한의 646
황현 350, 526, 627, 733, 779,
780
《회사법》 166
회충 365, 368
후쿠자와 유키치(복택유길) 139, 140~145, 546
훈동 627, 630, 743, 744
훈동 외국어학교 630
훈동 의학교 627
흑사병 493, 494
흥사단 812, 822
흥아협회 818
히포크라테스 265, 376, 411

【기타】

First Annual Report of the Korean Government Hospital 173, 213
Korea from its Capita 191, 208
Ontleedkundige Tafelen 378
Seoul Press 641
SK 재동 주유소 631~633

근대 의료의 풍경

⊙ 2013년 4월 26일 초판 1쇄 발행
⊙ 2014년 9월 29일 초판 2쇄 발행
⊙ 글쓴이   황상익
⊙ 발행인   박혜숙
⊙ 책임편집   신상미
⊙ 디자인   조현주
⊙ 영업·제작   변재원
⊙ 펴낸곳   도서출판 푸른역사
　우 110-040 서울시 종로구 통의동 82
　전화: 02)720-8921(편집부) 02)720-8920(영업부)
　팩스: 02)720-9887
　전자우편: 2013history@naver.com
　등록: 1997년 2월 14일 제13-483호

ⓒ 황상익, 2013
ISBN   978-89-94079-83-7   93900

· 잘못 만들어진 책은 교환해드립니다.

* 이 저서는 2010년도 정부(교육과학기술부 인문사회연구역량강화사업비)의 재원으로 한국연구재단의 지원을 받아 연구되었음(NRF-2010-371-E00002).